会计学国家一流本科专业建设成果

中级财务会计学

（第二版）

曹 越　王一剑 ◎ 主编

中国财经出版传媒集团
中国财政经济出版社
北京

图书在版编目（CIP）数据

中级财务会计学 / 曹越, 王一剑主编. -- 2版. -- 北京 : 中国财政经济出版社, 2024. 10. -- ISBN 978-7-5223-3468-4

Ⅰ. F234.4

中国国家版本馆CIP数据核字第2024DD4153号

责任编辑：温彦君　　　　　　　责任校对：张　凡
封面设计：智点创意　　　　　　责任印制：史大鹏

中级财务会计学（第二版）
ZHONGJI CAIWU KUAIJIXUE

中国财政经济出版社 出版

URL：http://www.cfeph.cn
E-mail：cfeph@cfeph.cn

（版权所有　翻印必究）

社址：北京市海淀区阜成路甲 28 号　邮政编码：100142
营销中心电话：010-88191522
天猫网店：中国财政经济出版社旗舰店
网址：https://zgczjjcbs.tmall.com
北京中兴印刷有限公司印刷　各地新华书店经销
成品尺寸：185mm×260mm　16 开　27.5 印张　687 000 字
2024 年 10 月第 2 版　2024 年 10 月北京第 1 次印刷
定价：88.00 元
ISBN 978-7-5223-3468-4
（图书出现印装问题，本社负责调换，电话：010-88190548）
本社质量投诉电话：010-88190744
打击盗版举报热线：010-88191661　　QQ：2242791300

前 言

党的二十届三中全会强调,高水平社会主义市场经济体制是中国式现代化的重要保障。会计在市场经济的有序运行中处于基础性地位。市场经济本质上是产权经济。存量财产权利的准确计量与增量财产权利的恰当反映,需要会计从基础层面准确界定产权。

自从产生了私有财产,财产的占有者便开始寻找维护私有财产的方法和程序。由此,产权思想便成为经济社会发展的具有持久影响的重要思想。产权思想形成于外部性内部化过程之中。会计思想和行为滥觞于"排他性公有产权"之时(原始社会中晚期),发展于"国有产权(国家所有权)"时期(奴隶社会和封建社会),鼎盛于"私有产权"时期(资本主义社会)。会计作为一种微观计量机制,在维护产权权能、实现产权利益和内部化外部性过程中处于最基础、最重要和最具操作性的地位。外部性内部化的过程,既是产权的缘起过程,也是会计(思想和行为)产生和发展的过程。外部性内部化的"结果"产生了"产权",而外部性内部化的"过程"则催生了"会计"。这就表明,有效保护产权需要会计从基础层面准确界定产权。会计制度乃至整个会计工作的演进,是对所有权、债权和财产继承权系统而具体管理控制的重要前提。中国的会计法律制度体系主要由宪法、民法典、公司法、税法和会计制度构成。会计制度是民法典、公司法和税法的实施细则和运行基础。将会计制度融入法律制度之中,是构建市场经济产权法律制度的重要基础。市场经济也是法治经济,会计制度融入市场经济要求会计从业人员敬畏会计规则,并成为贯彻法治经济原则的中坚力量。值得注意的是,会计制度受上位法的约束,这就要求财会人员平时要加强对税法、公司法、民法典和宪法的学习,从而形成体系化的会计法律制度知识框架。

"中级财务会计学"主要讲述企业通用经济业务的账务处理,在会计学专业知识体系中处于重要地位。本书内容的编排逻辑按会计要素展开,整体上分为资产类、负债类、所有者权益类、收入类、费用类和利润类,再加上四张报表和会计调整。本书章节安排如下:第一部分总论,阐述财务会计的目标、会计准则、基本假设、基本要素和信息质量要求;第二部分资产,包括存货、固定资产、无形资产、数据资源和投资性房地产等实体资产,以摊余成本计量的金融资产、以公允价值计量的金融资产和长期股权投资等金融资产以及非货币性资产交换；第三部分负债，包括流动负债、非流动负债和债务重组；第四部分所有者权益，阐述所有者权益的构成及其会计处理；第五部分收入、费用、利润，包括合同收入、合同成本、费用与利润以及借款费用；第六部分报表，包括资产负债表、利润表、现金流量表、所有者权益变动表以及资产负债表日后事项；第七部分会计调整，阐述会计政策、会计估计变更以及前期差错更正。

本书是湖南大学会计系"中级财务会计学"课程组教师集体智慧的结晶，全书框架体系的设计、统稿、校对与复核由曹越和王一剑负责。本书第一版出版后，得到了兄弟院校和广大读者的积极好评，并收到很多中肯的修改建议。2023年8月，财政部会计司发布《企业数据资源相关会计处理暂行规定》；2024年3月，财政部会计司编写组出版了《企业会计准则应用指南汇编2024（上下册）》；加之近年来税收政策也变动频繁，这些因素使得修订本书显得尤为迫切。本书第二版的修订工作由曹越和王一剑统筹负责，课程组其他老师积极参与，王一剑和肖俊认真审读各章节的修订要点，曹越负责全书定稿。

各章节内容负责人列表如下：

内容	负责人
总论、存货	曹越
数据资源、以摊余成本计量的金融资产、以公允价值计量且其变动计入当期损益（其他综合收益）的金融资产、长期股权投资	王一剑
固定资产、无形资产、投资性房地产、非货币性资产交换	肖俊
流动负债、非流动负债、债务重组	李祎、曹越
所有者权益、会计调整、资产负债表日后事项	徐铁祥
合同收入、合同成本、费用与利润、借款费用	曾永良、曹越
资产负债表、利润表、现金流量表、所有者权益变动表	陈敏、曾永良

尽管编者是从事"中级财务会计学"教学的骨干老师，但是由于水平有限，本书难免存在不足之处，恳请广大师生和其他读者批评指正。我们期待大家的反馈意见，邮箱：caoyue@hnu.edu.cn。本书出版过程中，中国财政经济出版社的樊清玉等编辑付出了艰辛劳动，向他们的高效、敬业和专业致敬！

编者

目 录

第一章 总 论 (1)
- 第一节 企业财务会计的目标 (1)
- 第二节 企业会计准则 (5)
- 第三节 财务会计的基本假设 (7)
- 第四节 财务会计的基本要素 (8)
- 第五节 财务会计信息的质量要求 (15)
- 思考题 (17)

第二章 存 货 (18)
- 第一节 存货及其初始确认和计量 (18)
- 第二节 存货的取得和发出 (21)
- 第三节 存货期末计价 (33)
- 第四节 存货清查 (39)
- 思考题 (42)
- 练习题 (42)

第三章 固定资产 (44)
- 第一节 固定资产的确认 (44)
- 第二节 固定资产的初始计量 (46)
- 第三节 固定资产的后续计量 (54)
- 第四节 固定资产的终止确认 (63)
- 思考题 (69)
- 练习题 (69)

第四章 无形资产 (70)
- 第一节 无形资产的确认 (70)
- 第二节 无形资产的初始计量 (73)
- 第三节 无形资产的后续计量 (77)
- 第四节 无形资产的终止确认 (81)
- 思考题 (83)
- 练习题 (83)

第五章 数据资源 (84)
- 第一节 数据资源概述 (84)
- 第二节 数据资源的确认和计量 (85)

第三节　数据资源的会计披露 …………………………………………………… （87）
　　思考题 ………………………………………………………………………………… （89）
　　练习题 ………………………………………………………………………………… （89）

第六章　投资性房地产 …………………………………………………………………… （90）
　　第一节　投资性房地产的确认 …………………………………………………… （90）
　　第二节　投资性房地产的初始计量 ……………………………………………… （93）
　　第三节　投资性房地产的后续计量 ……………………………………………… （96）
　　第四节　投资性房地产的终止确认 ……………………………………………… （99）
　　思考题 ……………………………………………………………………………… （103）
　　练习题 ……………………………………………………………………………… （103）

第七章　金融资产（Ⅰ）：以摊余成本计量的金融资产 ……………………………… （104）
　　第一节　金融资产概述 …………………………………………………………… （105）
　　第二节　以摊余成本计量的金融资产概述 ……………………………………… （106）
　　第三节　货币资金 ………………………………………………………………… （107）
　　第四节　应收票据 ………………………………………………………………… （117）
　　第五节　应收账款 ………………………………………………………………… （121）
　　第六节　持有至到期债券 ………………………………………………………… （128）
　　第七节　金融工具的减值 ………………………………………………………… （132）
　　思考题 ……………………………………………………………………………… （136）
　　练习题 ……………………………………………………………………………… （136）

第八章　金融资产（Ⅱ）：以公允价值计量且其变动计入当期损益的金融资产 …… （138）
　　第一节　以公允价值计量且其变动计入当期损益的金融资产概述 …………… （138）
　　第二节　以公允价值计量且其变动计入当期损益的金融资产的会计处理 …… （139）
　　第三节　以公允价值计量且其变动计入当期损益的金融资产的重分类 ……… （141）
　　思考题 ……………………………………………………………………………… （143）
　　练习题 ……………………………………………………………………………… （143）

第九章　金融资产（Ⅲ）：以公允价值计量且其变动计入其他综合收益的金融
　　　　　资产 ……………………………………………………………………………… （144）
　　第一节　以公允价值计量且其变动计入其他综合收益的金融资产概述 ……… （144）
　　第二节　其他债权投资的会计处理 ……………………………………………… （145）
　　第三节　其他权益工具投资的会计处理 ………………………………………… （149）
　　第四节　以公允价值计量且其变动计入其他综合收益的金融资产的重分类 … （151）
　　思考题 ……………………………………………………………………………… （153）
　　练习题 ……………………………………………………………………………… （153）

第十章　金融资产（Ⅳ）：长期股权投资 ……………………………………………… （154）
　　第一节　长期股权投资概述 ……………………………………………………… （154）
　　第二节　长期股权投资的初始计量 ……………………………………………… （156）
　　第三节　长期股权投资的后续计量 ……………………………………………… （160）
　　第四节　长期股权投资核算方法的转换 ………………………………………… （168）

第五节　长期股权投资的减值与出售 ………………………………………………（176）
　　思考题 …………………………………………………………………………………（178）
　　练习题 …………………………………………………………………………………（178）

第十一章　非货币性资产交换 ………………………………………………………（180）
　　第一节　非货币性资产交换的确认 ……………………………………………………（180）
　　第二节　非货币性资产交换的计量 ……………………………………………………（182）
　　第三节　非货币性资产交换的会计处理 ………………………………………………（185）
　　思考题 …………………………………………………………………………………（194）
　　练习题 …………………………………………………………………………………（194）

第十二章　流动负债 ……………………………………………………………………（196）
　　第一节　流动负债的定义与分类 ………………………………………………………（197）
　　第二节　短期借款 ………………………………………………………………………（197）
　　第三节　应付票据与应付账款 …………………………………………………………（199）
　　第四节　应付职工薪酬 …………………………………………………………………（202）
　　第五节　应交税费 ………………………………………………………………………（213）
　　第六节　应付利息、应付股利和其他应付款 …………………………………………（223）
　　思考题 …………………………………………………………………………………（226）
　　练习题 …………………………………………………………………………………（226）

第十三章　非流动负债 …………………………………………………………………（228）
　　第一节　非流动负债的定义与分类 ……………………………………………………（228）
　　第二节　长期借款 ………………………………………………………………………（229）
　　第三节　应付债券 ………………………………………………………………………（231）
　　第四节　长期应付款 ……………………………………………………………………（235）
　　思考题 …………………………………………………………………………………（239）
　　练习题 …………………………………………………………………………………（239）

第十四章　债务重组 ……………………………………………………………………（240）
　　第一节　债务重组的相关概念和方式 …………………………………………………（240）
　　第二节　债务重组的账务处理 …………………………………………………………（242）
　　第三节　债务重组的相关披露 …………………………………………………………（251）
　　思考题 …………………………………………………………………………………（255）
　　练习题 …………………………………………………………………………………（255）

第十五章　所有者权益 …………………………………………………………………（256）
　　第一节　所有者权益概述 ………………………………………………………………（256）
　　第二节　实收资本（股本）……………………………………………………………（259）
　　第三节　其他权益工具 …………………………………………………………………（262）
　　第四节　资本公积 ………………………………………………………………………（263）
　　第五节　其他综合收益 …………………………………………………………………（265）
　　第六节　留存收益 ………………………………………………………………………（268）
　　思考题 …………………………………………………………………………………（273）

练习题 …………………………………………………………………………………… (274)
第十六章　合同收入 …………………………………………………………………… (275)
　　第一节　合同收入概述 …………………………………………………………… (275)
　　第二节　合同收入的确认与计量 ………………………………………………… (276)
　　第三节　特定交易合同收入的会计处理 ………………………………………… (297)
　　思考题 …………………………………………………………………………………… (306)
　　练习题 …………………………………………………………………………………… (306)
第十七章　合同成本、费用与利润 ……………………………………………………… (308)
　　第一节　合同成本 ………………………………………………………………… (308)
　　第二节　费用 ……………………………………………………………………… (311)
　　第三节　期间费用 ………………………………………………………………… (312)
　　第四节　利润 ……………………………………………………………………… (313)
　　思考题 …………………………………………………………………………………… (317)
　　练习题 …………………………………………………………………………………… (317)
第十八章　借款费用 ……………………………………………………………………… (319)
　　第一节　借款费用概述 …………………………………………………………… (319)
　　第二节　借款费用确认 …………………………………………………………… (320)
　　第三节　借款费用计量 …………………………………………………………… (322)
　　思考题 …………………………………………………………………………………… (327)
　　练习题 …………………………………………………………………………………… (327)
第十九章　资产负债表 …………………………………………………………………… (329)
　　第一节　财务报告概述 …………………………………………………………… (329)
　　第二节　资产负债表概述及编制 ………………………………………………… (332)
　　思考题 …………………………………………………………………………………… (352)
　　练习题 …………………………………………………………………………………… (352)
第二十章　利润表 ………………………………………………………………………… (353)
　　第一节　利润表概述及编制 ……………………………………………………… (353)
　　第二节　每股收益 ………………………………………………………………… (361)
　　思考题 …………………………………………………………………………………… (367)
　　练习题 …………………………………………………………………………………… (367)
第二十一章　现金流量表 ………………………………………………………………… (368)
　　第一节　现金流量表概述 ………………………………………………………… (368)
　　第二节　现金流量表的编制 ……………………………………………………… (371)
　　思考题 …………………………………………………………………………………… (386)
　　练习题 …………………………………………………………………………………… (386)
第二十二章　所有者权益变动表 ………………………………………………………… (389)
　　第一节　所有者权益变动表概述 ………………………………………………… (389)
　　第二节　所有者权益变动表的编制 ……………………………………………… (392)
　　思考题 …………………………………………………………………………………… (394)

练习题 ··· (394)
第二十三章　会计调整 ··· (395)
　第一节　会计政策变更 ··· (395)
　第二节　会计估计变更 ··· (403)
　第三节　前期差错更正 ··· (406)
　　思考题 ··· (411)
　　练习题 ··· (411)
第二十四章　资产负债表日后事项 ·· (415)
　第一节　资产负债表日后事项概述 ·· (415)
　第二节　调整事项的会计处理 ·· (419)
　第三节　非调整事项的会计处理 ·· (426)
　　思考题 ··· (428)
　　练习题 ··· (429)
参考文献 ··· (430)

第一章

总 论

本章结构

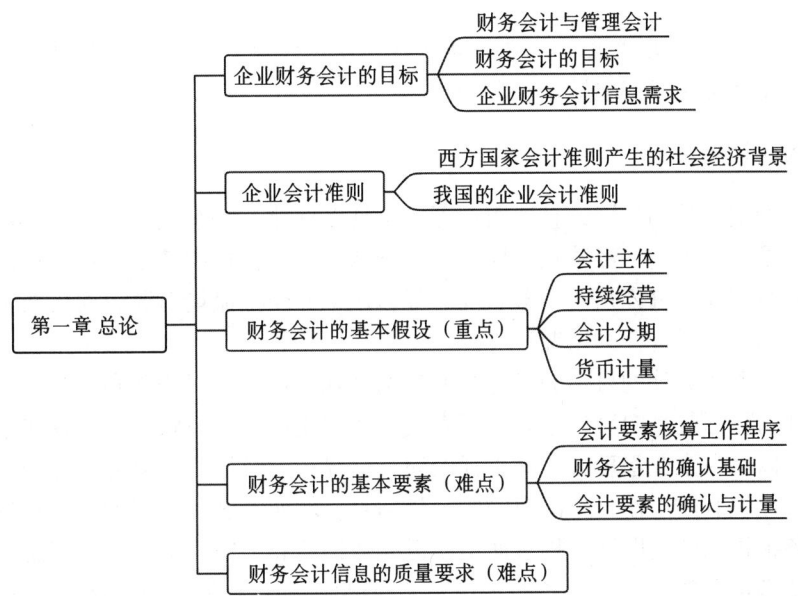

第一节 企业财务会计的目标

一、财务会计与管理会计

现代企业会计可以划分为财务会计（financial accounting）与管理会计（management accounting）两大分支。管理会计的产生与发展是近几十年的事情。在管理会计产生之前，企业会计的全部就是我们现在所说的财务会计。也就是说，财务会计就是传统的企业会计。企业会计从其产生之日起，就是为企业管理服务的，是为实现企业的经营管理目标服务的。企业会计是企业管理的一项重要内容。

财务会计是对外向信息使用者（如投资者、债权人、税务局等外部利益相关者）提供财务信息的一项管理活动；管理会计是对内向企业管理者和经营者提供财务信息、有助于其经济决策的一项管理活动。

财务会计是运用填制与审核凭证、登记账簿、计算成本和编制报表等专门方法，着重对企业已经发生的交易和其他经济事项进行反映和控制的一项管理活动。与管理会计相比，企业财务会计的主要特点是：

（1）从直接的服务对象来看，财务会计除了直接服务于企业内部管理之外，还要以财务报告的形式为企业外部有关方面提供会计信息。

（2）从提供信息的时态来看，财务会计主要提供有关企业过去和现在的经济活动情况及其结果的会计信息。

（3）从提供信息的跨度来看，财务会计主要定期反映企业作为一个整体的财务状况、经营成果以及现金流量情况。

（4）从工作程序的约束依据来看，财务会计要受外在统一的会计规范（如会计准则）的约束。

（5）从会计程序与方法来看，财务会计有一套比较科学、统一、定型的会计处理程序与方法，如填制凭证、登记账簿、编制报表等。

二、财务会计的目标

现代企业的规模日趋扩展，企业组织形式呈现多样化，特别是股份公司的产生与发展对企业会计产生了巨大影响。经营权与所有权的分离是现代公司的基本特征，在两权分离的情况下，公司股东有权了解公司的财务状况、经营成果和现金流量情况，而公司管理层有义务向股东报告其履行受托责任的情况。

目前，关于财务会计的目标的表述主要有两种观点：受托责任观和决策有用观。前者认为，财务会计的目标就是向会计信息使用者提供经济主体的财务状况、经营成果和现金流量等相关信息，以反映企业管理者受托责任的履行情况；后者认为，财务会计的目标就是向会计信息使用者提供有助于作出经济决策的会计信息。然而，这两种观点一直争论不休。

国际财务报告准则是以证券投资而不是以企业经营和国民经济管理的信息需求为主要着眼点的，侧重满足证券市场投资者的决策需要。其纲领性文件《编报财务报表的框架》第10段写道：投资者是企业风险资本的提供者，如果财务报表（financial statements）能够满足他们的需要，那么它也就能满足其他使用者的大部分需求。这就是流行的"决策有用观"。虽然该文件象征性地提到受托责任观，但是该观念是从属于决策有用观的（周华，2016）。从字面上看，以"决策有用性"为目标的财务报告模式更有利于保护投资者，其实不尽然。会计实践长期以来的发展一直都是在保护投资者，"受托责任"是从会计实践中总结提炼出来的概念，高度概括了财务报告保护投资者的功能。决策有用性的财务报告模式对保护投资者的作用取决于特定的经济体制、商业惯例和相关市场成长发育特征；受托责任的财务报告模式对保护投资者的作用则是发挥公司治理机制的功能。公司治理机制是企业业绩的基础保证，受托责任的会计信息有利于完善公司治理机制，从而更基础、更长远地保护投资者。向股东报告管理层的受托责任，可以发挥会计在企业管理中的作用，是会计管理活动论在财务会计中的表现之一（夏冬林，2015）。也有学者指出，时下有关决策有用观与受托责任观之间的争论没有必要，决策有用观不过是受托责任观发展的一个层次而已（伍中信，1998）。不论是受托责任观还是决策有用观，都是不同社会环境下会计内部化外部性的不同表述方式而已，体现了会计发展的不同阶段（曹越，2011）。企业以财务报告的形式对外提供会计信息。外界对会计信息的需求、企业提供会计信息的能力以及企业的意愿或外界的约束，这三项因素决定了企业财务报告的目标。而影响与制约财务报告目标的各项因素本身是变化的，因而企业财务报告的目标也会随之发生变化。决定财务报告目标的各项因素受社会、政治、经济、法律和文化等环境因素的影响，而其中经济因素的影响最为明显。一定时期的财务报告目标和会计实践是与特定的经济环境相适应的（戴德明等，2021）。受托责任观表明，财务会计要为因资源的让渡而形成的委托代理关系提供信息。决策有用观适用的企业外部经济环境的根本特征在于：社会资源的所有权与经营权一般是分离的，但与受托责任观所认定的经济环境有着较大差异的是，社会生产资源的分配是通过资本市场进行的，也就是说，资源的委托与受托关系是通过资本市场建立起来的（葛家澍、刘峰，2002）。

目前，IASB（国际会计准则理事会）和 FASB（美国财务会计准则委员会）均采用决策有用观，而中国 CAS（企业会计准则）则采用了"受托责任"与"决策有用"并行的观点。按照我国《企业会计准则——基本准则》的规定，在目前的经济环境下，企业财务会计报告的目标是：向财务会计报告使用者提供与企业财务状况、经营成果和现金流量等有关的会计信息，反映企业管理层受托责任履行情况，有助于财务会计报告使用者作出经济决策。我们不妨这样来描述财务会计的目标：为现在的和潜在的使用者提供受托责任和决策有用的信息（王善平，2019）。

一般认为，决策有用观是与完善的资本市场相适应的，而受托责任观是与不完善或新兴资本市场相适应的。因为资本市场越完善，管理层的受托责任履行情况越能够迅速反映到股价波动上，委托者与受托者的关系通过资本市场而间接建立，这导致了委托者与受托者之间关系的模糊；相反，资本市场越不完善，管理层的受托责任履行情况难以反映到股价波动上，且资本市场传递会计信息的功能得到抑制，委托者与受托者的关系不是通过资本市场建立，而是通过直接投资等方式直接建立的，这使得委托者与受托者之间关系没有模糊和缺位现象，是清晰的。我国的财务会计目标之所以采用"受托责任＋决策有用"，是因为我国的资本市场属于新兴的资本市场，处于不完善到完善的转型过程之中。

三、企业财务会计信息需求

企业财务会计发挥作用的主要形式是为企业管理和企业外部使用者提供有用的会计信息（accounting information）。因此，要做好财务会计工作，实现财务会计的目标，就需要明确企业会计为谁提供和怎样提供信息的问题。为此，首先应明确有关方面对企业会计信息的需求。

对企业会计信息的需求，来自企业内部与外部两个方面。

（一）企业内部管理对会计信息的需求

企业要实现经营目标，就必须对经营过程中所遇到的重大问题进行正确的决策。企业决策的正确与否，关系到企业的兴衰成败。而正确的企业决策必须以客观的、有用的数据和资料为依据，会计信息在企业决策中起着极其重要的作用。企业会计要采用一定的程序和方法，将大量的经济数据转化为有用的会计信息，为企业管理决策提供依据。

（二）企业外部对会计信息的需求

企业的会计信息不仅为内部管理所需要，还为外部有关决策者所需要。因为企业不是孤立存在的，它必然要与外界发生各种各样的联系，进行信息交流。例如，企业的投资者、债权人、政府管理部门等，需要利用会计信息进行有关的经济决策。具体来说，在市场经济条件下，至少有以下五个方面的关系人需要利用会计信息进行决策：

1. 企业的所有者。在经营权与所有权相分离的情况下，企业所有者需要利用会计信息进行重要决策，例如：

（1）是否应该对企业投入更多的资金？

（2）是否应该转让在企业中的投资（如出售股份）？

（3）企业管理层是否实现了企业目标？

（4）企业的经营成果如何？

（5）企业的利润分配政策（如股利政策）如何？

对于潜在的投资者来说，主要依赖会计信息作出是否参与企业投资的决策，如决定是否购买某家公司的股票。

2. 企业的债权人。贷给企业资金者，即成为企业的债权人。债权人主要关心企业是否能够按期还本付息，即了解企业的偿债能力，以便作出有关决策。具体而言，债权人需要的信息是：

（1）企业的财力是否充裕，是否足以偿还其债务？

（2）企业的获利情况如何？

（3）是否应该贷给企业更多的资金？

（4）是否应该继续保持对企业的债权（如是否转让公司的债券）？

对于潜在的债权人来说，需要依靠会计信息作出是否贷给企业资金的决策。

3. 政府部门。有关政府部门（如税务机关），要通过会计信息了解企业承担义务的情况。例如：

（1）企业缴纳所得税和其他税金的情况。

（2）企业是否遵守有关的法律规定？

（3）企业向各级政府的法定机构提供的各种报告是否正确？

对国有企业来说，企业还有义务向有关政府管理部门提供宏观调控所需要的会计信息。

4. 职工与工会。企业的职工与工会主要关心下列问题：

（1）企业是否按正确的方向开展经营以及为职工提供稳定持久的工作岗位？

（2）企业的福利待遇有何变动？

（3）企业的获利情况如何？利润增加时，企业是否能支付较高的工资与奖金？

5. 企业的顾客。企业的顾客虽然不参与企业资源的配置，但在许多方面与企业存在着利益关系。顾客主要关心下列问题：

（1）企业的财力是否充裕？是否足以保证长期供应顾客所需要的商品？

（2）是否应该从该企业购买更多的商品？

（3）企业的经营行为和政策是否与顾客的目的相矛盾？

以上分析表明，企业内部管理和企业外部有关方面都需要利用会计信息进行经济决策。在明确了对会计信息的需求之后，还要进一步分析企业会计能够提供和实际提供了什么会计信息，并按照企业会计实际提供信息的对象与种类，对企业会计进行适当分类。

第二节 企业会计准则

为了保证对外提供会计信息的质量,需要建立一套财务会计规范体系,也就是会计标准,明确规定会计信息的质量要求。具体来说,会计标准是会计人员从事会计工作(主要是从事确认、计量、记录、报告工作)必须遵循的基本原则,是会计行为的规范化要求,其表现形式主要有会计准则(accounting standards)与会计制度两种。

一、西方国家会计准则产生的社会经济背景

会计准则不是人们主观意志的产物,而是社会生产发展到一定阶段的必然结果,体现了社会生产对会计的客观要求。会计准则最早出现于西方资本主义国家,美国的公认会计原则具有代表性。下面以美国为例,说明西方国家会计准则的产生与发展过程。

19世纪下半叶,美国资本主义经济得到迅速发展,企业规模日益扩大,股份公司这种企业组织形式逐步发展起来;20世纪初,股份公司成为资本主义企业的典型形式,企业的所有权与经营权分离,形成股东、债权人、政府税务机关、企业管理当局等各种与企业有利害关系的利益集团。它们为了维护各自的利益,要求企业定期提供真实可靠的会计报表,真实反映企业的财务状况与经营成果,以便作出正确的经济决策。总之,社会经济的发展客观上提出了会计信息(会计报表)社会化、标准化的要求。

1909年,美国公共会计师协会(AAPA)[美国注册会计师协会(AICPA)的前身]任命了一个会计名词特别委员会,准备进行会计实务的规范化。1917年,美国联邦储备理事会和联邦贸易委员会一致决定,对企业向银行申请贷款而编制的资产负债表进行标准化,并委托当时的美国会计师协会(AIA)提供一份关于统一与标准会计程序的备忘录,在经过评审之后,于1917年4月作为联邦储备公报正式发表。这是美国统一规范会计处理方法程序的早期尝试。

20世纪20年代末30年代初的经济危机,客观上起到了推动会计准则制定进程的作用。这次经济危机之后,美国公众对会计报表缺乏信任,纷纷指责会计实务处理的随意性,这种状况严重破坏了金融市场,妨碍了资本市场的形成,迫切需要加强会计实务的规范化,提高会计信息质量。1933年和1934年,美国国会先后通过了《证券法》和《证券交易法》,规定所有上市企业都必须执行统一的会计程序与方法,并授权证券交易委员会(SEC)负责制定统一的会计准则。

1934年,美国会计师协会批准了六条会计原则为"认可的会计原则",并以《公司会计资料的审计》为名,以小册子的形式发表。尽管证券交易委员会是美国国会授权负责制定统一会计准则的机构,但该委员会于1937年发布了第1号《会计处理文集》之后,很快将制定会计准则的权限转授予美国会计师协会这一职业团体。

美国会计师协会于1938年成立了会计程序委员会(CAP),负责制定会计准则,成为美国公认会计原则正式形成的起点。

二、我国的企业会计准则

我国的企业会计标准自20世纪50年代起直至90年代初,一直采用企业会计制度的形

式。自 1988 年起开始研究起草我国的企业会计准则。1992 年 11 月经国务院批准，正式发布《企业会计准则》（称为基本会计准则）。这是我国会计改革的一项重要措施，标志着我国企业会计工作进入了一个新的发展时期。

我国的企业会计准则分为基本会计准则与具体会计准则两个层次。1992 年发布的《企业会计准则》属于基本会计准则，主要就企业财务会计的一般要求和主要方面作出原则性的规定，为制定具体会计准则和会计制度提供依据。它包括四个部分：会计核算的基本前提、会计核算的一般原则、会计要素准则、会计报表的基本内容与要求。

基本会计准则颁布之后，具体会计准则的制定提上议事日程。1997 年上半年正式发布了一项具体会计准则：《企业会计准则——关联方关系及其交易的披露》。截至 2001 年年底，共发布了 16 项具体会计准则。2006 年 2 月 15 日，财政部在对原基本会计准则作出重大修订的基础上，发布了《企业会计准则——基本准则》和 38 项具体会计准则，标志着我国已基本建立起既适合中国国情又与国际会计准则趋同的能够独立实施的企业会计准则体系。2014 年上半年又先后发布了《企业会计准则第 39 号——公允价值计量》《企业会计准则第 40 号——合营安排》《企业会计准则第 41 号——在其他主体中权益的披露》，并对部分会计准则进行了修订。

2017 年，财政部先后发布修订后的《企业会计准则第 22 号——金融工具确认和计量》《企业会计准则第 23 号——金融资产转移》《企业会计准则第 24 号——套期会计》《企业会计准则第 37 号——金融工具列报》《企业会计准则第 16 号——政府补助》和《企业会计准则第 14 号——收入》。同时，发布一项新的企业会计准则，即《企业会计准则第 42 号——持有待售的非流动资产、处置组和终止经营》。2018 年，财政部发布了修订后的《企业会计准则第 21 号——租赁》，2019 年，财政部发布了修订后的《企业会计准则第 7 号——非货币性资产交换》和《企业会计准则第 12 号——债务重组》。

我国的具体会计准则如表 1-1 所示。

表 1-1 我国的具体会计准则

序号	名称	序号	名称	序号	名称
1	存货	16	政府补助	30	财务报表列报
2	长期股权投资	17	借款费用	31	现金流量表
3	投资性房地产	18	所得税	32	中期财务报告
4	固定资产	19	外币折算	33	合并财务报表
5	生物资产	20	企业合并	34	每股收益
6	无形资产	21	租赁	35	分部报告
7	非货币性资产交换	22	金融工具确认和计量	36	关联方披露
8	资产减值	23	金融资产转移	37	金融工具列报
9	职工薪酬	24	套期会计	38	首次执行企业会计准则
10	企业年金基金	25	原保险合同	39	公允价值计量
11	股份支付	26	再保险合同	40	合营安排
12	债务重组	27	石油天然气开采	41	在其他主体中权益的披露
13	或有事项	28	会计政策、会计估计变更和差错更正		
14	收入	29	资产负债表日后事项	42	持有待售的非流动资产、处置组和终止经营
15	建造合同				

第三节　财务会计的基本假设

财务会计的基本假设是指组织和开展财务会计工作必须具备的前提条件，或者说必须首先明确和解决的基本问题。不具备这些条件，不明确和解决这些基本问题，就不能有效地开展财务会计工作。财务会计的基本假设也是财务会计的理论基础，离开这些假设条件，就不能构建财务会计的理论体系。

财务会计的基本假设可以概括为会计主体、持续经营、会计分期和货币计量。

一、会计主体

会计主体（accounting entity）是指会计为之服务的特定单位。要开展会计工作，首先应明确认定会计主体，也就是要明确会计人员的立足点（立场），解决为谁记账、算账、报账的问题。简单地说，明确会计主体，就是要明确"记谁的账，编谁的表"；否则，就只能是胡乱记账、盲目编表。

会计主体应是一个独立核算的经济实体，特别是需要单独反映财务状况与经营成果、编制独立的财务会计报告的实体。明确会计主体就是要求会计人员明白，他们必须站在这个特定会计主体的立场上来开展会计工作。

会计主体可以分为记账主体和报告主体。一般情况下，记账主体与报告主体是一致的，但在将母公司和其子公司组成的企业集团作为报告主体编制合并财务报表的情况下，二者就不一致。这样的企业集团只是一个报告主体，而不是一个独立的记账主体。

二、持续经营

持续经营（going concern）是指作为会计主体的企业，其经营活动将按照既定的目标持续下去，在可以预见的将来，不会面临破产、进行清算。这是绝大多数企业所处的正常状况，其所有资产将按照预定的目标在正常的经营过程中被耗用或出售，它所承担的债务也将如期偿还。对于处在持续经营状况的企业，在进行会计确认、计量、记录和报告时，要采用非清算基础，要着眼于企业的可持续发展。财务会计的一系列方法都是以会计主体持续经营为前提的。例如，只有在持续经营的前提下，企业的资产才能按历史成本计价，固定资产才可以按其使用年限计提折旧。

对于处在非持续经营状况的企业，则要采用清算基础，着眼于清算资产和清算损益的核算。

三、会计分期

对于持续经营的企业来说，为了定期反映企业的财务状况和经营成果，向有关各方提供信息，需要清楚划分会计期间（accounting period），即人为地把持续不断的生产经营活动划分为较短的经营期间。会计期间通常为一年，称为会计年度。世界各国的会计年度起讫日期并不统一，例如，有的国家以本年的7月1日至下年的6月30日为一会计年度，有的国家以本年的4月1日至下年的3月31日为一会计年度。

我国《企业会计准则——基本准则》规定，会计期间分为年度和中期。中期是指短于一个完整的会计年度的报告期间，如季度和月份。

四、货币计量

财务会计主要提供定量的会计信息，因此开展会计工作，会计记账或编表时需要恰当选择计量尺度。会计计量尺度的选择涉及三个层次的问题。

第一，在众多计量尺度中选择货币作为主要计量尺度提供会计信息。为了实现会计目标，企业会计必须综合反映企业的各种经济活动，这就要求有一个统一的计量尺度。在商品经济条件下，货币作为一种特殊的商品，最适合充当这种统一的计量尺度。

第二，选择某种具体的货币作为会计本位币。会计本位币是会计记账或编表时作为统一计量尺度的货币，一般选用企业主要经营活动中的结算货币。会计本位币可以分为记账本位币与报告本位币。记账本位币是会计记账时作为统一计量尺度的货币，报告本位币则是会计编表时作为统一计量尺度的货币。一般情况下，记账本位币与报告本位币是一致的，但二者也可能不一致。《中华人民共和国会计法》规定：会计核算以人民币作为记账本位币；业务收支以人民币以外的货币为主的单位，可以选定其中一种货币作为记账本位币，但是编报的财务会计报告应当折算为人民币。

第三，要选择会计本位币的具体计量尺度是名义会计本位币还是不变会计本位币。以货币作为统一计量尺度，为会计计量提供了方便，同时也带来了问题。货币作为一种特殊的商品，其价值不是固定不变的。为了简化会计计量，也便于会计信息的使用，在币值变动不大的情况下一般不考虑币值的变动。然而，由于世界性的通货膨胀给经济发展带来很大的影响，对于财务会计报告如何反映通货膨胀的影响这种客观要求有逐渐增长的趋势，因此产生了通货膨胀会计。对于我国而言，2005年会计准则国际趋同谈判时，财政部向IASB（国际会计准则理事会）阐述"中华人民共和国在中国共产党的领导下，不可能发生恶性通货膨胀"的立场，得到认可。所以，我国暂无通货膨胀会计准则。

第四节 财务会计的基本要素

会计对象是社会再生产过程中的资金运动。会计对象的具体化形成会计要素。为了实现财务报告的目标，在明确财务会计的基本假设之后，还需要对企业发生的能够以货币计量的经济活动内容（资金运动）进行适当分类。对会计所要反映的经济活动内容的基本分类项目，称为财务会计的基本要素，简称会计要素。会计要素既是会计核算内容的具体分类，同时也是作为财务报告核心内容的财务报表的基本构成要素。

由于企业对外提供的财务报表主要有资产负债表、利润表、现金流量表和所有者权益变动表，故财务报表的基本要素可以相应分为资产负债表要素、利润表要素、现金流量表要素和所有者权益变动表要素。由于种种原因，国际会计准则与各国会计准则所规定的报表要素，在数量、名称及定义等方面均有所不同。例如，国际会计准则规定，资产负债表要素为资产、负债与权益；收益表要素为收益与费用。我国《企业会计准则——基本准则》规定，资产负债表要素包括资产、负债与所有者权益；利润表要素包括收入、费用与利润。

一、会计要素核算工作程序

既然企业会计核算的具体内容可以归结为资产、负债、所有者权益、收入、费用和利润六项会计要素,那么,企业的日常会计核算也就是对各项会计要素的核算。会计要素的核算工作程序主要应解决会计确认、会计计量、会计记录与会计报告四个方面的问题。

(一) 会计确认

对企业经济活动及其所产生的经济数据进行分析、识别与判断,以明确它们是否对会计要素产生影响以及影响哪些会计要素。这一过程通常称为会计确认(accounting recognition)。在实际进行会计核算之前,需要对企业所发生的经济活动及其所产生的经济数据进行分析,把非会计核算内容排除在外,而对于影响会计要素的内容,则要进一步明确其性质,即影响什么会计要素。从会计核算的具体方法来看,填制与审核原始凭证属于会计确认,编制记账凭证也包含会计确认的内容。

会计确认主要是解决进入会计系统的问题,具体来说,主要是解决入账(又称初始确认,即需要填制记账凭证)和入表(又称后续确认,即账簿中的数据需要填入会计报表)的问题。此外,还包括终止确认,即解决退出会计系统的问题。因而,会计确认可以分为进入会计系统时的确认与退出会计系统时的确认,前者可以进一步分为入账环节的确认与入表环节的确认。换一种表达方式,会计确认可以分为初始确认、后续确认与终止确认。

入账环节的确认要同时考虑管理的要求与对外提供财务报告的要求。企业应当根据会计准则的规定与企业自身的特点及管理要求,进行会计制度设计。入表环节的确认则应当严格遵循会计准则的规定。

值得注意的是,入表环节的确认,必须同时满足四项确认标准:(1) 符合定义,即所确认的项目要符合财务报表中某一要素的定义;(2) 可计量性,即所确认的项目要能用货币量化;(3) 相关性,即所确认的项目所生成的信息对使用者的决策有影响;(4) 可靠性,即所确认的项目是真实、可验证的。这四条标准缺一不可,确认标准可以概括为:符合会计要素的定义并能够可靠地计量,同时与会计信息使用者相关。

(二) 会计计量

在明确企业经济活动所影响的会计要素之后,要进一步确定其影响的程度,即确定特定的经济活动对有关会计要素的数量增减变化会产生多大的影响。这一过程通常称为会计计量(accounting measurement)。如前所述,会计计量主要是货币计量,因而也可称为货币计价。但企业会计有时也提供一些非货币信息。会计计量与会计确认是紧密联系的。例如,编制记账凭证既是会计确认的过程,同时也是会计计量的过程。

企业在将符合会计要素确认条件的金额登记入账并列报于会计报表(又称财务报表,下同)时,应当针对计量对象的某种计量属性进行计量,确定其金额。我国《企业会计准则——基本准则》规定的会计计量属性主要包括:

1. 历史成本(historical cost)。历史成本计量属性适用于资产与负债,换言之,资产和负债都可以按其历史成本进行计量。资产的历史成本是指企业取得资产时所实际付出的代价,即取得资产所支付的现金及现金等价物的金额,或者取得资产时所付出的对价的公允价值。例如,甲公司在 2×23 年 12 月 31 日有一批库存商品,系 2×23 年 10 月 20 日以不含税价格 200 万元购入,则该批商品的历史成本为 200 万元。

对于负债而言，其历史成本（严格来说是历史流入）则是指因承担现时义务而实际收到的款项或者资产的金额，或者承担现时义务的合同金额，或者按照日常活动中为偿还负债预期需要支付的现金及现金等价物的金额。例如，甲公司在2×23年12月31日有一笔长期借款。该借款系2×22年12月31日借入，期限为5年，到期连本带息需要偿还银行2 000万元，实际收到款项1 800万元，则该笔长期借款的历史成本（历史流入）为1 800万元。

2. 重置成本（replacement cost）。重置成本计量属性适用于资产与负债，换言之，资产和负债都可以按其重置成本进行计量。资产的重置成本是指企业现在购买相同或者相似资产所需支付的现金及现金等价物的金额。对于负债而言，其重置成本则是指企业现在重新承接相同的债务所能收到的现金及现金等价物的金额。

【例1-1】甲公司2×23年12月31日有一台设备，该设备于2×21年12月31日购入，当时的成本为500万元，预计使用寿命为10年，采用直线法计提折旧。2×23年12月31日该设备的折余价值为400万元。如果2×23年12月31日重新购入一台全新的设备需要花费600万元，则该设备的重置成本为：

600×(10-2)÷10=480（万元）

3. 可变现净值（net realizable value）。可变现净值计量属性适用于资产，而且通常是对存货而言的。资产的可变现净值是指其正常对外销售产品所能收到的现金及现金等价物的金额扣减该资产至完工时估计将要发生的成本、估计的销售费用以及相关税费后的金额。

4. 现值（present value）。现值计量属性适用于资产与负债，换言之，资产和负债都可以按其现值进行计量。资产的现值是指预计从其持续使用和最终处置中所产生的未来净现金流入量的折现金额。负债的现值是指预计期限内需要偿还的未来净现金流出量的折现金额。

现值计量属性的运用有两种情况：第一，合同现金流量的现值，例如，债权投资，按实际利率法摊销利息调整金额，则意味着该投资是按合同现金流量的现值计量的。应付债券，按实际利率法摊销利息调整金额，则意味着期末应付债券是按合同现金流量的现值计量的。第二，预计未来现金流量的现值。例如，固定资产减值测试时可收回金额的确定，所计算的现值是一种预计未来现金流量的现值，而不是合同现金流量的现值。显然，合同现金流量的现值比较可靠，而预计现金流量的现值带有较大的主观性。

5. 公允价值（fair value）。公允价值计量属性适用于资产与负债。我国《企业会计准则第39号——公允价值计量》规定，公允价值是计量日转让资产所收到的金额或转移一项负债所付出的金额。公允价值是一种脱手价格。

按照我国现行会计准则的规定，企业在对资产或负债进行计量时，一般应当采用历史成本，如果需要采用重置成本、可变现净值、现值或公允价值进行计量，应当保证相关金额能够可靠地取得。

（三）会计记录

企业财务会计要将企业经济活动对有关会计要素的影响、性质与数量正确地记录下来，这一过程通常称为会计记录。取得原始凭证是会计记录的依据（前提），设置会计科目是会计记录的基础，填制记账凭证是广义的会计记录，登记账簿是典型的会计记录方法。

(四) 会计报告

对于企业外部使用者来说，企业财务会计的最终成果是会计报告（也称财务会计报告、财务报告）。会计报告是指企业对外提供的反映企业某一特定日期的财务状况和某一会计期间的经营成果、现金流量等会计信息的文件。会计报告包括会计报表及其附注和其他应当在会计报告中披露的相关信息和资料。会计报表至少应当包括资产负债表、利润表、现金流量表和所有者权益变动表。小企业编制的会计报表可以不包括现金流量表。

资产负债表是反映企业在某一特定日期的财务状况的会计报表。

利润表是反映企业在一定会计期间的经营成果的会计报表。

现金流量表是反映企业在一定会计期间的现金及现金等价物流入和流出的会计报表。

所有者权益变动表是反映一定会计期间构成所有者权益的各组成部分当期的增减变动情况的会计报表。

附注是指对在会计报表中列示项目所作的进一步说明，以及对未能在这些报表中列示项目的补充说明等。

需要指出的是，在实际工作中，会计确认、计量、记录与报告是紧密联系的，而且常常相互交织在一起，很难截然划分为四个过程。

二、财务会计的确认基础

开展企业财务会计工作，特别是进行会计确认必须正确运用确认基础。按照前文的表述，会计确认就是解决能否进入会计系统的问题。这里所说的会计系统包括账务系统和报表系统。因此，简单地说，会计确认就是要确定能否入账和能否入表。

现代企业财务会计以权责发生制（accrualbasis）为确认基础。权责发生制也称为应计制，它要求对会计主体在一定期间内发生的各项业务，以是否取得经济权利（是否导致经济利益净流入，最终导致所有者权益增加）、是否承担经济责任（是否导致经济利益净流出，最终导致所有者权益减少）为标准，决定资产、负债、收入（广义）和费用（广义）的确认。权责发生制是会计要素确认的共同基础，但重点是收入（广义）与费用（广义）。简言之，在权责发生制下，当经济业务引起权利和责任发生变动时，就应该进行会计处理。

对于收入（广义）与费用（广义）的确认而言，权责发生制不以款项是否收到为确认标准。凡符合收入确认标准的本期收入，不论其款项是否收到，均应作为本期收入处理；凡符合费用确认标准的本期费用，不论其款项是否付出，均应作为本期费用处理。反之，凡不符合收入确认标准的款项，即使在本期收到，也不能作为本期收入处理；凡不符合费用确认标准的款项，即使在本期付出，也不能作为本期费用处理。显然，权责发生制所反映的经营成果与现金的收付是不一致的。

与权责发生制相对应的会计确认基础是收付实现制，它是以收到或支付的现金作为确认收入和费用等的依据。目前，我国行政事业单位的预算会计通常采用收付实现制，其财务会计通常采用权责发生制。

我国《企业会计准则——基本准则》规定，企业的会计确认、计量和报告应当采用权责发生制。在真实反映企业的财务状况和经营成果方面，权责发生制比收付实现制具有更大的优越性。

三、会计要素的确认与计量

（一）资产

1. 资产的确认

资产（asset）是企业过去的交易或事项形成的、由企业拥有或者控制的、预期会给企业带来经济利益的资源。需要着重强调以下几个方面：

（1）资产的内涵是资源。企业的资产只限于资源，非资源不是企业的资产。一个企业的资源就其存在形式来看，既有有形的（如机器设备、存货等），也有无形的（如专利权、商标权等）；既可以是货币形式的（如库存现金、银行存款等），也可以是实物形式的（如房屋建筑物、机器设备等）。

（2）作为资产的资源应该为特定企业现在所拥有或者控制。一项资源是否属于企业的资产，通常要看其所有权是否属于该企业。但企业是否拥有一项资源的所有权，不是确认资产的绝对标准。有些资源虽然其所有权不属于特定企业，但为该企业所实际控制，也是该企业的资产。所谓"实际控制"一项资源，从形式上看，意味着企业对该项资源具有实际经营管理权，能够自主地运用它从事经营活动，谋求经济利益；从实质上看，它意味着企业享有与该项资源的所有权有关的经济利益，并承担相应的风险。例如，企业以融资租赁方式租入的固定资产，尽管其所有权不属于该承租企业，但由于受该承租企业实际控制，因而在会计实务中将其列作该承租企业的资产。总之，一项企业现在不具有所有权或不能实际控制的资源，就不是该企业的资产。

（3）作为资产的资源必须具有能为特定企业带来未来经济利益的服务潜力，即具有有用性。企业现在所拥有或控制的资源，只有能为企业带来未来经济利益，才属于企业的资产。如果一项资源虽然为企业所拥有或实际控制，但不能为企业带来未来经济利益，就不能确认为企业的资产。

（4）作为资产的资源必须能够用货币进行可靠计量。在会计核算中常常要进行估计，但对一项资源如果无法作出合理估计，就不应将其列作企业的资产。例如，某一诉讼案件将会带来的赔款收入，如果不能可靠地计量赔款的金额，就不能将其确认为资产。

2. 资产的分类

为了正确反映企业的财务状况（financial position），通常将企业的全部资产按其流动性划分为流动资产与非流动资产两大类。流动资产是指那些可以合理地预期将在一年内（或超过一年的一个正常营业周期以内）转换为现金或被销售、耗用的资产，主要包括货币资金、应收票据、应收账款和存货等。除流动资产以外的所有其他资产统称为非流动资产，包括债权投资、其他债权投资、长期股权投资、固定资产、无形资产等。

3. 资产的计价

企业财务会计要正确反映企业各项资产的增减变动及其结存情况，就要求对企业在一定时期内增加与减少的资产以及期末结存的资产进行正确计价。因此，会计上对企业资产的计价包括三个方面的内容：（1）资产增加时，确定按何种金额入账，即要确定资产的入账金额；（2）资产减少时，确定按何种金额从账面上减记资产；（3）会计期末编制财务会计报告时，确定结存资产的金额，即确定在资产负债表上按何种金额列示各项资产。下面分别说明资产计价的一般原则。

（1）资产的入账价值。长期以来，会计上奉行资产入账按实际（历史）成本计价的原则，即所有资产都应按其取得成本入账，理由如下：

①资产的取得成本具有客观性。资产的取得成本一般是通过市场交易确定的，是市场上客观存在的成交价格；资产的取得成本一般有相应的原始凭证作为依据，因而可以验证。

②资产的取得成本具有较强的可操作性。从实务的观点来看，资产的成本数据易于取得，便于进行会计处理，因而具有较强的可操作性。

③资产的取得成本比较接近资产在取得时的价值。在正常情况下，成本总是资产在取得时价值的可靠标志。

（2）资产减少与期末结存的计价。随着时间的推移，资产的账面价值与其公允价值之间可能会出现较大的差异。现代会计越来越重视资产的正确计价。企业持有的各项资产如果发生减值，一般应按规定计提相应的减值准备。在资产负债表上，各项资产往往分别按历史成本、可变现净值、现值或公允价值等属性计价。

（二）负债

负债（liability）是企业权益的重要组成部分。

1. 负债的特点

负债是企业过去的交易或事项形成的、预期会导致经济利益流出企业的现时义务。基于负债的这一定义，需要强调负债的以下几个基本特征：

（1）负债是现时存在的、由过去的经济业务所产生的经济责任。未来经济业务可能产生的经济负担不是会计上的负债。例如，企业管理部门决定以后购买资产，这项决定的实施属于未来的经济业务，其本身并不产生现时义务，因而不属于企业现在的负债。

（2）负债是能够用货币确切计量或合理估计的经济责任。负债通常有一个可确定的到期偿付金额，或者虽无确切金额，但有一个合理的估计数。反之，若金额无法确定或估计，就不是会计上的负债。

（3）负债有明确的受款人和偿付日期，或者受款人和偿付日期可以合理地估计确定。反之，如果无法确定或合理估计受款人和偿付日期，就不是会计上的负债。

2. 负债的分类

负债按其偿还期长短可分为流动负债与非流动负债。流动负债是指偿还期在一年或长于一年的一个营业周期以内的债务，主要包括短期借款、应付票据、应付账款、应付职工薪酬、应交税费、其他应付款等。非流动负债则是指偿还期在一年或长于一年的一个营业周期以上的债务，主要包括长期借款、应付债券和长期应付款等。

3. 负债的计价

为了正确反映企业的财务状况，必须采用适当的方法对负债进行计价。

从实际操作来看，负债的计价至少有两种可供选择的标准：一是未来应予偿付的金额（到期值）；二是未来偿付金额的贴现价值（现值）。从理论上说，所有负债的计价都应采用第二种标准。然而，在会计实务中，根据重要性原则，对负债的计价往往根据不同的情况采用不同的标准。由于流动负债的偿还期限较短，现值与到期值（未来偿付金额）非常接近，因此在会计实务中，流动负债通常按到期值进行计价。

（三）所有者权益

所有者权益（owner's equity）是指企业资产扣除负债后由所有者享有的剩余权益。公司的所有者权益又称为股东权益。所有者权益的来源包括所有者投入的资本、直接计入所有者权益的利得和损失、留存收益等。

直接计入所有者权益的利得和损失，是指不应计入当期损益、会导致所有者权益发生增减变动的、与所有者投入资本或者向所有者分配利润无关的利得或损失。利得是由企业非日常活动所形成的、会导致所有者权益增加的、与所有者投入资本无关的经济利益的流入。损失是由企业非日常活动所形成的、会导致所有者权益减少的、与向所有者分配利润无关的经济利益的流出。

我国现行企业会计准则规定，所有者权益主要包括六个部分：一是实收资本或股本；二是其他权益工具；三是资本公积，包括资本溢价（或股本溢价）和其他资本公积；四是其他综合收益；五是盈余公积，指按国家规定从税后利润中提取的盈余公积金；六是未分配利润。盈余公积与未分配利润可以合称为留存收益。这六个部分应在资产负债表中分项列示。概括而言，所有者权益包括本钱（资本）和利钱（盈余）两大部分，会计上应将两者严格区分，并要提供投资者是谁，投入资本是多少的信息，以明确产权关系。

从数量上看，企业的所有者权益只是某种数学运算的结果，只是一个平衡数，即所有者权益 = 资产 − 负债。可见，企业的所有者权益金额取决于资产和负债的计量。即企业的所有者权益基本上不存在专门的计量问题，它一般是通过对相应资产或负债的计量间接得到的。

（四）收入

企业以获取利润为其主要目的。利润常常用作评价企业经营业绩的指标，它还是计算投资报酬率等许多其他指标的基础。企业要获取利润，就必须取得收入。

1. 收入的定义与范围

收入（revenue）有广义与狭义之分。我国《企业会计准则——基本准则》采用的是狭义的收入概念。

广义收入是指会计期间内经济利益的增加。狭义收入是指企业在日常活动中形成的、会导致所有者权益增加的、与所有者投入资本无关的经济利益的总流入。其核心内容是营业收入。营业收入是指企业由于销售商品、提供劳务及让渡资产使用权等日常活动所形成的经济利益的总流入。它有各种各样的名称，如销售收入、服务费收入、使用费收入和租金收入等。

2. 收入的确认

收入确认的一般标准是：经济利益很可能流入从而导致资产的增加或负债的减少，并且经济利益的流入额能够可靠地用货币加以计量。这就意味着，在确认收入的同时，要确认资产的增加或负债的减少。例如，企业销售商品，确认销售收入增加，同时要确认库存现金、银行存款或应收账款等资产项目的增加；如果销售的商品已经预收货款，则在确认销售收入增加的同时，还要确认预收款项的减少。

（五）费用

1. 费用的定义与范围

费用（expense）有广义与狭义之分。我国《企业会计准则——基本准则》采用的是狭义的费用概念。

广义费用是指会计期间内经济利益的减少。狭义费用是指企业在日常活动中发生的、会导致所有者权益减少的、与向所有者分配利润无关的经济利益的总流出。它主要包括营业成本、税金及附加、销售费用、管理费用、研发费用、财务费用等。

2. 费用的确认

费用只有在经济利益很可能流出从而导致企业资产减少或负债增加，且经济利益的流出额能够可靠地用货币加以计量时才能予以确认。这就意味着，在确认费用的同时，要确认资产的减少或负债的增加（如计提固定资产折旧或预提产品保修费用）。

（六）利润

利润（profit）是企业在一定会计期间的经营成果。会计上将利润定义为广义收入与广义费用之间的差额。由于这一定义是以已经完成取得收入和发生费用的经济业务为基础的，因而比较实用，便于实际操作，能够提供定期报告所需要的详细数据，能够说明利润形成的原因，其计量的结果也比较客观。利润的确认与计量，也就是收入与费用的确认与计量。

根据《企业会计准则——基本准则》的规定，利润包括收入减去费用后的净额、直接计入当期利润的利得和损失等。直接计入当期利润的利得和损失，是指应当计入当期损益、会导致所有者权益发生增减变动的、与所有者投入资本或者向所有者分配利润无关的利得或者损失。利润项目应当列入利润表。后续章节经常提及的"计入当期损益"，实际上就是计入当期利润表。

第五节　财务会计信息的质量要求

为了实现财务会计报告目标，保证会计信息质量，必须明确会计信息的质量要求。会计信息的质量要求是财务会计报告所提供信息应达到的基本标准和要求。一般认为，会计信息的质量要求主要包括客观性、相关性、明晰性、可比性、实质重于形式、重要性、谨慎性和及时性。

一、客观性

客观性（objectivity）是指企业的会计记录和财务会计报告必须真实、客观地反映企业的经济活动。企业的会计核算应当以实际发生的经济业务为依据，如实反映企业的财务状况和经营成果。

会计信息的客观性主要包括真实性和可靠性两方面含义。

真实性是指会计反映的结果应当同企业实际的财务状况和经营成果相一致。每一项会计记录都要有合法的凭证为依据，不允许弄虚作假。财务会计报告必须如实反映情况，要保证账证、账账、账表和账实之间相互一致。

可靠性是指对于经济业务的记录和报告，应当做到不偏不倚，以客观事实为依据，而不应受主观意志的左右，力求使会计信息可靠。

二、相关性

相关性（relevance）是指会计信息要与信息使用者的经济决策相关联，即人们可以利用会计信息作出有关的经济决策。在目前情况下，强调会计信息的相关性，就是要求企业会计信息要满足投资者、债权人等利益相关者进行经济决策的需要。

三、明晰性

明晰性，也称为可理解性（understandability），是指会计记录必须清晰、简明，便于理解和使用。

提供会计信息的目的在于帮助有关方面进行经济决策，要运用会计信息就必须理解会计信息的内涵。这就要求会计信息能简单明了地反映企业的财务状况与经营成果，容易为使用者所理解。要在保证会计信息的客观性与相关性的前提下，力求使会计信息简明易懂。当然，要真正发挥会计信息的作用，还需要使用者具备一定的会计专业知识。

四、可比性

可比性（comparability）是指企业提供的会计信息应当相互可比。

具体来说，可比性包括两个方面：一是同一企业不同时期发生的相同或相似的交易或事项，应当采用一致的会计政策，不得随意变更。确需变更的，应当在附注中说明。二是不同企业发生的相同或相似的交易或事项，应当采用规定的会计政策，确保会计信息口径一致，相互可比。

强调可比性并不要求企业采用的会计政策绝对不变。如果原来采用的会计程序和方法已不符合客观性与相关性的要求，企业就不宜继续采用。如果存在更为相关和可靠的会计处理程序与方法，企业不宜保持其会计方法不变。因此，按照可比性的要求，企业不但要揭示其编制财务报告所采用的会计程序与方法，而且在企业确有必要改变原有的会计处理程序与方法时，应当将变更的内容和理由、变更的累积影响数，以及累积影响数不能合理确定的理由等，在会计报表附注中予以说明。

五、实质重于形式

实质重于形式（substance over form）是指企业应当按照交易或事项的经济实质进行会计确认、计量和报告，而不应仅以交易或事项的法律形式为依据。这是因为，有时候交易或事项的法律形式并不能真实反映其实质内容，因此，为了真实反映企业的财务状况和经营成果，就不能仅仅根据交易或事项的外在表现形式来进行会计确认、计量和报告，而应反映其经济实质。

企业以融资租赁方式租入的固定资产，从法律形式来看，其所有权尚不属于承租企业，但从经济实质来看，该资产受承租企业实际控制，因此应当将其作为承租企业的资产进行核算，否则，就不能真实反映该项业务对企业的影响。

六、重要性

重要性（materiality）是指企业提供的会计信息应当反映与企业财务状况、经营成果和现金流量等有关的所有重要交易或事项。企业在保证尽可能全面完整地反映企业的财务状况与经营成果的前提下，要根据一项交易或事项是否会对会计信息使用者的决策产生重大影响来决定对其反映的精确程度，以及是否需要在会计报表上予以单独反映。凡是对会计信息使用者的决策有较大影响的交易或事项，应作为会计确认、计量和报告的重点；对不重要的经济业务则可以采用简化的会计处理程序和方法，也不必在会计报表上详细列示。

七、谨慎性

谨慎性（conservatism）也称为稳健性，是指企业对交易或事项进行会计确认、计量和报告应当保持应有的谨慎，不应高估资产或者收益、低估负债或者费用。在对某一会计事项有多种不同的处理方法可供选择时，应尽可能选择一种不导致高估资产或收入、低估负债或者费用的做法，以免虚增企业的财务实力，防止会计信息使用者对企业的财务状况与经营成果持盲目乐观的态度。例如，对期末应收账款预计坏账发生、计提坏账准备，对期末存货估价采用成本与可变现净值孰低法等做法，都体现了谨慎性的要求。但是，谨慎性的运用要求企业不能设置秘密准备（如大额计提减值准备）。

八、及时性

会计信息具有时效性，其价值会随着时间的流逝而逐渐降低。这就要求企业的会计确认、计量和报告必须满足及时性的要求。具体来说，及时性（timeliness）包括及时记录与及时报告两个方面：及时记录要求对企业的经济业务及时地进行会计处理，本期的经济业务应当在本期内进行处理，不能延至下一个会计期间或提前至上一个会计期间；及时报告是指要把会计资料及时传送出去，将财务报告及时报出，也就是说，财务报告应该在会计期间结束后规定的日期内呈报给有关单位或个人。因此，企业会计应将及时记录与及时报告统一起来。

思考题

1. 财务会计的目标是什么？明确财务会计的目标有何意义？
2. 财务会计的基本假设有哪些？权责发生制为什么也是财务会计的一项基本假设？
3. 什么是财务会计的基本要素？它包括哪些具体内容？这些要素之间有何联系？
4. 会计信息的质量要求有哪些？在具体的会计确认、计量和报告中，这些质量要求是如何体现的？

第二章

存　货

本章结构

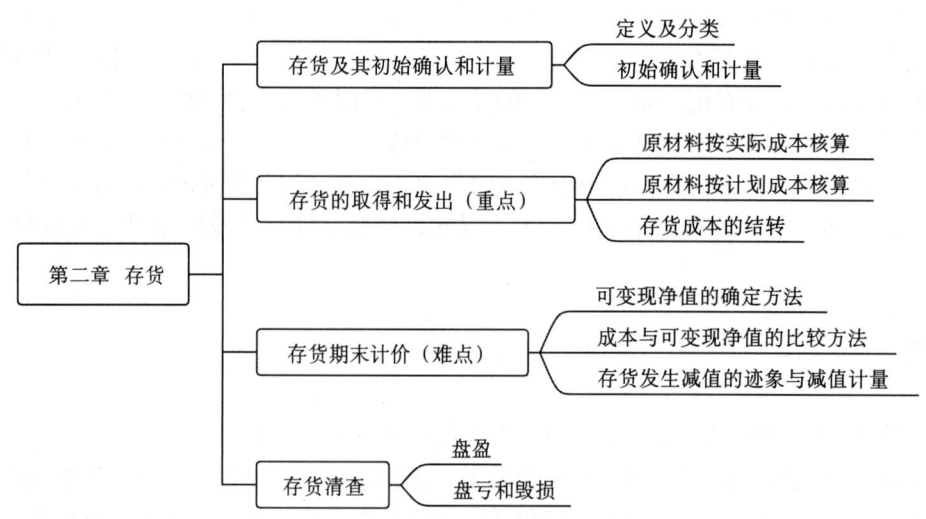

第一节　存货及其初始确认和计量

一、存货及其分类

1. 存货的界定

存货（inventory）是指企业在日常活动中持有以备出售的产成品或商品、处在生产过程中的在产品、在生产过程中或提供劳务过程中耗用的材料和物资等。包括企业为产品生产和商品销售而持有的原材料、在产品、产成品、商品、周转材料、数据资源（详见第五章）等。存货通常在一年或超过一年的一个营业周期内被消耗或经出售转换为现金、银行存款或应收账款等，具有明显的流动性，属于流动资产。大多数制造业企业的存货在流动资产中占有很大比重，是流动资产的重要组成部分。

随着企业生产经营过程的进行，有的存货被耗用后形成了在产品成本、产成品成本等；有的存货被销售后形成产品或商品的销售成本；有的存货以管理费用的形式被耗用；有的存货仍以原有形态存在。因此,存货的会计核算所生成的会计信息是否真实、可靠,不仅影响资产的价值是否准确,同时也影响损益的确定是否正确。

列示于资产负债表的存货,都应是为了进行正常生产经营而储存的流动资产。不是为了此种目的而储存的资产,都不能列为企业的存货。例如,特种储备的资产以及按有关部门的指令专项储备的资产,应列为其他资产;为购置和建造固定资产而储备的专用物资,应列为有关的长期资产等。

企业应以所有权的归属而不以物品的存放地点为依据来界定企业的存货范围。即在盘存日,法定所有权归属企业的一切存货,无论其存放于何处,都应作为企业的存货。依所有权的归属确定存货范围时,应特别注意以下四点:

(1) 商品所有权以及相应的风险和报酬已经转移的物品,即使暂时存放于本企业,也不能将其作为本企业的存货,如已售出的待运商品等。

(2) 未转移所有权以及风险和报酬的发出商品,即使未存放于本企业,也应将其作为本企业的存货,如以支付手续费方式委托其他单位代销的存货、未出售的外出展销存货等。

(3) 所有权以及相应的风险和报酬已经归属于本企业的购入存货,即使未存放于本企业,也应作为本企业的存货列报,如已经购入而尚未收到的运输途中的货物等。

(4) 不属于本企业所有以及企业未控制的货物,即使存放于本企业,也不能作为本企业的存货,如以收取手续费方式受托代销的存货、收取加工费方式的受托加工存货等。

2. 存货的分类

存货的构成内容很多,不同存货的具体特点和管理要求各不相同。为了有效进行各项存货的会计处理,应对存货进行科学分类。从会计处理角度看,存货至少有以下两种分类方法:

(1) 按存货的具体内容分类。存货按具体内容通常分为原材料、在产品、半成品、产成品(商品)、周转材料等。

原材料(raw materials)是指用于生产产品并构成产品主要实体的原料及主要材料、辅助材料、外购半成品(外购件)、修理用备件(备品备件)、包装材料、燃料等。用于固定资产建造工程的专项材料不能作为存货。

在产品(work-in-process)是指处于生产阶段尚未完工的生产物,包括处于各生产工序正在加工的在制品,以及尚未办理入库手续的制成品等。在产品一般不需要入半成品库。

半成品(semi-manufactured goods)是指经过一定生产过程并由半成品库验收入库保管,但尚未制造完成,仍需进一步加工的中间产品,这部分中间产品能够单独计价。半成品一般需要入半成品库。从一个生产车间转到另一个生产车间继续加工制造的自制半成品,以及不能单独计价的自制半成品,属于在产品,不作为半成品对待。

产成品(finished goods)是指已经全部完成生产过程并验收入库,达到可出售或交货状态,可以作为商品对外销售或按合同规定的条件送交订货单位的产品。既包括存放在成品库的产品,也包括存放在企业所属门市部备售的产品、送交展览会展出的产品,还包括企业接受外来原材料加工制成的代制品,以及为外单位加工修理完成的代修品等。产成品和商品流通企业用于销售的物品具有类似性质,因此产成品和商品也可统称为商品。

周转材料(revolving materials)是指能够多次使用但不符合固定资产条件的用品,主要包括用于包装本企业商品的各种包装物(但一次性包装材料不作为周转材料,而是作为原材料对待)、工具、管理用具、玻璃器皿、劳动保护用品、在生产经营过程中周转使用的容器等低值易耗品,以及建造承包商的钢模板、木模板、脚手架等。多数周转材料从性质上讲具有固定资产特征,经多次使用不改变其实物形态,因而,只要周转材料符合固定资产标准,就应作为固定资产对待。

(2) 按取得存货的不同来源分类。按取得存货不同的来源,存货可以分为外购取得的存货、加工制造取得的存货(含委托外单位加工的存货)和其他方式取得的存货。

外购取得的存货是从企业外部购入的存货,如商业企业的外购商品,工业企业的外购材料、外购零部件等。

加工制造取得的存货是由企业制造的存货,如工业企业的自制材料、在产品、产成品等。委托加工存货也是一种自制存货,是指企业将外购或自制的某些存货通过支付加工费的方式委托外单位进行加工生产的存货,如工业企业的委托加工物资、委托加工商品等。

其他方式取得的存货主要是外购和加工制造以外的方式取得的存货,这些方式主要有:投资者投入、接受捐赠、非货币性资产交换换入、债务重组方式取得等。

二、存货的初始确认和计量

存货的初始确认和计量是指取得的符合存货标准的资产确认时间、项目和金额。

1. 存货的初始确认

按照会计准则的相关要求,符合以下持有目的或用途的资产才作为存货:

(1) 在正常生产经营过程中持有待售的资产(如产成品);

(2) 为了销售但仍在生产过程的资产(如在产品);

(3) 在生产或提供服务的过程中将消耗的资产(如周转材料、物料用品等)。会计准则要求,企业对存货进行初始确认要同时满足两个条件:一是对存货有控制权;二是预期存货带来的未来经济利益以及存货的成本能够可靠计量。

因此,只有符合存货持有目的或用途条件,且同时满足企业对存货拥有控制权、预期存货带来未来经济利益及存货成本能够可靠计量的资产,才可以作为存货项目予以确认。

按照这一存货确认原则,制造业企业通过各种方式取得以备出售的商品、为销售而处于生产过程中的在制品,以及在生产或提供劳务过程中将被消耗的原材料、物料用品和低值易耗品等,都属于应确认的存货。

2. 存货的初始计量

初始成本也称为初始入账价值。企业会计准则要求,存货以成本进行初始计量。不同来源取得的存货,其成本的构成各不相同,本章仅对外购存货成本的确定方法进行说明。

根据我国企业会计准则的有关规定,外购存货以其采购成本入账,存货的采购成本包括购货价格、相关税费以及其他可直接归属于存货采购成本的费用。

(1) 购货价格是因购货而支付的对价,但不包括按规定可以抵扣的增值税额。支付的对价一般按照购货发票上注明的货款价格(不包括准予抵扣的增值税)确定。发生现金折扣时,一般也不调整购货价格,而是把获得的现金折扣作为理财收入冲减财务费用。

(2) 相关税费一般是指企业外购货物应支付的税金及相关费用。

(3) 其他可直接归属于存货采购成本的费用,一般是指为使外购存货达到预定可使用状态所支付的除买价及相关税费以外的费用,主要包括:外购存货到达仓库以前发生的仓储费、包装费、运输费、保险费、运输途中合理损耗以及入库前的挑选整理费用等。发生这些可归属于存货采购成本的费用时,一般根据这些费用的受益对象,直接计入或选择合理分配标准计入各受益对象。

【例2-1】北京宏达电子股份有限公司根据发生的有关存货的经济业务,编制会计分录如下(如无特殊说明,本书例中的增值税进项税额均视为准予抵扣):

(1) 2×25年3月5日,宏达公司从郑新达科技有限公司购入一批CPU插件,进货价格10 000元,增值税1 300元,货款总额11 300元,付款条件为"1/20,n/30";该公司在20天内付款,获得现金折扣1%,计100(10 000×1%)元,实际支付货款11 200元。注:现金折扣一般采用不含税价格计算。

①购入原材料时:
借:原材料——CPU插件　　　　　　　　　　　　　　　　　　　10 000
　　应交税费——应交增值税(进项税额)　　　　　　　　　　　　1 300
　　贷:应付账款——郑新达　　　　　　　　　　　　　　　　　　　　11 300

②支付价款时:
借:应付账款——郑新达　　　　　　　　　　　　　　　　　　　11 300
　　贷:银行存款　　　　　　　　　　　　　　　　　　　　　　　　11 200
　　　　财务费用　　　　　　　　　　　　　　　　　　　　　　　　　100

(2) 3月8日,宏达公司从郑新达科技有限公司购入CPU插件和显示器两种原材料,价格分别为20 000元和30 000元,增值税为6 500元;运输费为400元,运输费增值税为36元;全部价款为56 936元。运输费按照两种原材料的价格进行分配。

原材料入账价值合计 = 20 000 + 30 000 + 400 = 50 400(元)
CPU插件入账价值 = 20 000 + 400 × 20 000/(20 000 + 30 000) = 20 160(元)
显示器入账价值 = 30 000 + 400 × 30 000/(20 000 + 30 000) = 30 240(元)
增值税进项税额 = 6 500 + 36 = 6 536(元)

借:原材料——CPU插件　　　　　　　　　　　　　　　　　　　20 160
　　　　　——显示器　　　　　　　　　　　　　　　　　　　　30 240
　　应交税费——应交增值税(进项税额)　　　　　　　　　　　　6 536
　　贷:应付账款——郑新达　　　　　　　　　　　　　　　　　　　　56 936

第二节　存货的取得和发出

存货包括的内容很多,本章仅以原材料为例说明存货取得和发出的会计处理。

实务中,企业可以根据自身生产经营特点及管理要求,对原材料采用不同的方法进行核算。根据"原材料"科目记录的价格不同,原材料的核算方法可以分为两种:一是按实际成本核算;二是按计划成本核算。

一、原材料按实际成本核算

原材料按实际成本核算时,原材料的收入、发出及结存都按其实际成本计价。会计核算上，一般需要设置"原材料"、"在途物资"、"委托加工物资"、"生产成本"等科目，并按材料种类设置明细科目。

不同方式（外购、自制、委托加工、接受投资、接受捐赠等）取得的原材料，其会计处理方法各不相同，本节仅重点说明外购原材料和委托加工原材料的会计处理方法。

1. 外购原材料

企业外购材料时，既可以从本地进货，也可以从外埠进货。企业从外埠进货时，结算凭证通过银行传递，材料由有关部门运输。因此，企业从外埠采购材料时，收到结算凭证的时间和材料验收入库的时间并不一定完全一致。有三种可能：（1）结算凭证到达的同时，材料验收入库；（2）结算凭证先到，材料后入库；（3）材料先验收入库，结算凭证后到。企业从本地进货时，一般于同日收到结算凭证并将材料验收入库。

（1）结算凭证到达的同时，材料验收入库。此时，应根据入库材料的实际成本，借记"原材料"科目，根据入库材料的增值税，借记"应交税费——应交增值税（进项税额）"科目，根据实际付款金额，贷记"银行存款"、"其他货币资金"等科目，或根据已承兑的商业汇票，贷记"应付票据"科目。

【例2-2】某企业根据下列购进原材料的经济业务，编制相关会计分录。

①从本地以支票购进甲材料，货款计3 164元（价款2 800元，增值税364元）。材料全部验收入库，货款全部支付。

借：原材料 2 800
    应交税费——应交增值税（进项税额） 364
    贷：银行存款 3 164

如果企业采用的是商业汇票结算方式，在签发承兑商业汇票时：

借：原材料 2 800
    应交税费——应交增值税（进项税额） 364
    贷：应付票据 3 164

②从外埠购进乙材料，货款计45 200元（价款40 000元，增值税5 200元），运费2 180元（价款2 000元，增值税180元），随运费支付的保险费530元（价款500元，增值税30元）。货款已支付，材料验收入库。

材料成本 = 40 000 + 2 000 + 500 = 42 500（元）
进项税额 = 5 200 + 180 + 30 = 5 410（元）

借：原材料 42 500
    应交税费——应交增值税（进项税额） 5 410
    贷：银行存款 47 910

（2）结算凭证先到，材料后入库。此时，应根据有关结算凭证得到的已付款材料价格，借记"在途物资"科目，根据可予抵扣的增值税，借记"应交税费——应交增值税（进项税额）"科目，根据实际付款金额，贷记"银行存款"或"其他货币资金"科目，或根据已承兑的商业汇票，贷记"应付票据"科目等。

【例2-3】某企业从外埠购进材料，货款计5 650元（材料价款5 000元，增值税650元），购进材料支付运费436元（价款400元，增值税36元）、装卸费212元（价款200元，增值税12元）。结算凭证到达，支付全部货款及运费、装卸费。相关会计分录如下：

材料成本 = 5 000 + 400 + 200 = 5 600（元）
进项税额 = 650 + 36 + 12 = 698（元）

借：在途物资　　　　　　　　　　　　　　　　　　　　　5 600
　　应交税费——应交增值税（进项税额）　　　　　　　　　698
　　贷：银行存款　　　　　　　　　　　　　　　　　　　　　　6 298

收到材料，验收入库时：

借：原材料　　　　　　　　　　　　　　　　　　　　　　5 600
　　贷：在途物资　　　　　　　　　　　　　　　　　　　　　　5 600

（3）材料先验收入库，结算凭证后到。发生此类业务时，因企业从外埠进货未收到有关结算凭证，尚无法确定入库材料实际成本，而且材料先到、结算凭证后到，是材料运输时间短于结算凭证的传递时间所致，并不是一般的赊购业务。因此，为了简化会计核算手续，在收到材料并验收入库时，可以暂不作账务处理，只将有关的入库单证单独保管，待结算凭证到达后，按结算凭证到达同时将材料验收入库的情况处理。但如果会计期末仍有已经入库而未付款的材料，为了反映企业存货及负债的情况，应在月末按货物清单或相关合同协议上的价格暂估入账，借记"原材料"科目，贷记"应付账款"科目，下月初再以红字冲回。由于尚未收到增值税扣税凭证，不需要将增值税的进项税额暂估入账。待取得相关增值税扣税凭证并经认证后，按应计入相关成本费用或资产的金额，借记"原材料"、"库存商品"等科目，按可抵扣的增值税额，借记"应交税费——应交增值税（进项税额）"科目，按应付金额，贷记"应付账款"等科目。

【例2-4】某企业根据发生的有关购货业务，编制相关会计分录。

①从外埠采用委托收款结算方式购进的材料已于3月4日收到并验收入库。3月8日结算凭证到达，货款计5 650元（材料价款5 000元，增值税650元），购进材料支付运费436元（价款400元，增值税36元），装卸费212元（价款200元，增值税12元）。结算凭证到达，支付全部货款及运费、装卸费。

3月4日，不作入账处理。

3月8日，作如下处理：

借：原材料　　　　　　　　　　　　　　　　　　　　　　5 600
　　应交税费——应交增值税（进项税额）　　　　　　　　　698
　　贷：银行存款　　　　　　　　　　　　　　　　　　　　　　6 298

②采用托收承付结算方式从外埠购进的材料已于4月25日收到并验收入库。5月7日结算凭证到达，货款共计135 600元（材料价款120 000元，增值税15 600元），购进材料支付运费2 180元（价款2 000元，增值税180元）、装卸费和运输保险费共计1 272元（价款1 200元，增值税72元）。

4月30日，结算凭证未到，按材料价款120 000元暂估入账。

借：原材料　　　　　　　　　　　　　　　　　　　　　　120 000
　　贷：应付账款　　　　　　　　　　　　　　　　　　　　　　120 000

5月1日，将暂估入账的材料以红字冲回。

借：原材料　　　　　　　　　　　　　　　　　　　　　　120 000

  贷：应付账款 120 000

  5月7日结算凭证到达，办理付款手续。

  材料成本 = 120 000 + 2 000 + 1 200 = 123 200（元）

  进项税额 = 15 600 + 180 + 72 = 15 852（元）

  借：原材料 123 200
    应交税费——应交增值税（进项税额） 15 852
    贷：银行存款 139 052

  企业外购原材料可能发生溢余或短缺，应及时查明原因，作出处理，并根据不同的处理结果分别予以反映。（1）定额内合理损耗，按其实际成本计入入库原材料成本；（2）超定额损耗，将其中由保险公司、运输部门或其他过失人赔偿后尚不能弥补的部分按具体原因分别作为期间费用（一般以管理费用反映）或营业外支出；（3）购进原材料发生的非正常损失（如因管理不善造成被盗、丢失、霉烂变质的损失，不包括自然灾害造成的损失），将其实际成本及应负担的进项税额中由保险公司及有关责任人赔偿后尚不能弥补的部分计入营业外支出。

  发生购进原材料短缺，尚未查明原因或尚未作出处理之前，一般先按短缺原材料的实际成本记入"待处理财产损溢"科目的借方，贷记"在途物资"等科目；待查明原因后，再转入有关科目，借记"管理费用"、"营业外支出"等科目，贷记"待处理财产损溢"等科目。

  【例2-5】 某企业5月29日从外埠购进甲材料100吨，每吨单价1 130元（价款1 000元，增值税130元），每吨运费109元（价款100元，增值税9元），运输保险费共计1 060元（价款1 000元，增值税60元），货款及运杂费已支付。6月4日原材料到达，验收入库的合格品为90吨，残损5吨，另5吨缺少，原因待查。根据发生的有关购进原材料的经济业务，编制相关会计分录。

  （1）5月29日付款时：

  购进原材料的实际成本 = (1 000 + 100) × 100 + 1 000 = 111 000（元）

  购进原材料的进项税额 = (130 + 9) × 100 + 60 = 13 960（元）

  借：在途物资 111 000
    应交税费——应交增值税（进项税额） 13 960
    贷：银行存款 124 960

  （2）6月4日材料验收入库时：

  单位原材料的实际成本 = 111 000/100 = 1 110（元/吨）

  单位原材料的进项税额 = 13 960/100 = 139.6（元/吨）

  入库原材料的实际成本 = 1 110 × 90 = 99 900（元）

  短缺原材料的实际成本 = 1 110 × 10 = 11 100（元）

  借：原材料 99 900
    待处理财产损溢 11 100
    贷：在途物资 111 000

  （3）后查明原因，5吨残损系运输部门失责造成，已由运输部门承担修复费用后作为合格品入库；另外5吨短缺系本单位在提货以后、验收入库以前被盗所致。保险公司已按规定同意赔偿 5 000 元，但赔款尚未收到。

修复后原材料的实际成本 = 1 110 × 5 = 5 550（元）
被盗原材料的实际成本 = 1 110 × 5 = 5 550（元）
被盗原材料的进项税额 = 139.6 × 5 = 698（元）
被盗原材料的实际损失 = 5 550 + 698 - 5 000 = 1 248（元）

借：原材料	5 550
其他应收款	5 000
营业外支出	1 248
贷：待处理财产损溢	11 100
应交税费——应交增值税（进项税额转出）	698

企业购进原材料发生溢余时，未查明原因的溢余材料一般只作为代保管物资在备查账中登记，不作为进货业务入账核算。查明原因后，根据具体处理决定再作相应的处理。

2. 委托加工原材料

委托加工原材料是指由企业提供原料及主要材料，通过支付加工费，由受托加工单位按合同要求加工成企业所需的原材料。企业委托其他单位加工原材料，需要按合同规定支付加工费用，也可能发生相应的运费等，因此拨付加工材料的实际成本、支付的加工费用以及运输材料的运费等共同构成加工原材料的实际成本，待加工材料收回后，应按一定方法计算加工完成的原材料的实际成本。

会计核算上，对于加工原材料的处理，一般单独设置"委托加工物资"科目进行总分类核算，并按委托加工合同和受托加工单位设置明细科目，同时按加工原材料的成本构成项目进行明细核算。下面通过一个例子阐述委托加工原材料委托方的账务处理。

【例 2-6】某企业有关委托加工原材料的经济业务如下：

（1）按合同约定，将库存积压的甲材料拨付××加工厂进行加工，以制成生产产品所需的乙材料，拨付加工甲材料的实际成本共计 5 000 元。

借：委托加工物资——××加工厂	5 000
贷：原材料——甲材料	5 000

（2）以现金支付运送甲材料的运费 506.85 元（价款 465 元，增值税 41.85 元）。

借：委托加工物资——××加工厂	465.00
应交税费——应交增值税（进项税额）	41.85
贷：库存现金	506.85

（3）按规定以银行存款支付全部加工费用 2 260 元（价款 2 000 元，增值税 260 元）。

借：委托加工物资——××加工厂	2 000
应交税费——应交增值税（进项税额）	260
贷：银行存款	2 260

（4）委托加工的材料有一半加工完成，将加工完成的乙材料收回，以现金支付收回乙材料的运费 327 元（价款 300 元，增值税 27 元）。

借：委托加工物资——××加工厂	300
应交税费——应交增值税（进项税额）	27
贷：库存现金	327

(5) 收回的加工材料验收入库，实际成本为 4 032.5 元。其计算过程是：

耗用的甲材料成本 = 5 000/2 = 2 500（元）

负担的拨付材料的运费 = 465/2 = 232.5（元）

负担的加工费用 = 2 000/2 = 1 000（元）

负担的收回材料的运费 = 300 元

实际成本 = 2 500 + 232.5 + 1 000 + 300 = 4 032.5（元）

借：原材料——乙材料　　　　　　　　　　　　　　　　　4 032.50

　　贷：委托加工物资——××加工厂　　　　　　　　　　　4 032.50

"委托加工物资"科目的借方余额 3 732.5 元表示企业尚未加工完成的原材料的实际成本。

值得注意的是，受托方如何进行账务处理呢？我们认为，应这样进行处理：

(1) 收到材料时，因该材料所有权不属于受托方，不需要进行会计处理，仅仅备查登记即可。

(2) 发生加工费和辅料时：

借：生产成本

　　贷：原材料——辅料

　　　　应付职工薪酬

　　　　制造费用

(3) 加工完毕之后入库时：

借：库存商品——代制品

　　贷：生产成本

(4) 交货给委托方时：

借：银行存款

　　贷：主营业务收入/其他业务收入

　　　　应交税费——应交增值税（销项税额）

同时：

借：主营业务成本/其他业务成本

　　贷：库存商品——代制品

3. 发出材料实际成本的计算与结转

(1) 发出材料实际成本的计算。

原材料按实际成本核算时，由于不同批次购入或形成的原材料的单位成本不同，发出、领用原材料时，应按一定方法计算确定发出、领用原材料的实际成本。企业可根据实际情况，选择采用先进先出法（first – in first – out method，FIFO）、加权平均法（weighted average method）、移动加权平均法（moving weighted average method）和个别计价法（specific identification method）等。

①先进先出法是指以先购入的存货应先发出（销售或耗用）这样一种存货实物流转假设为前提，对发出存货进行计价的一种方法。值得注意的是，在先进先出法下，当期末存货成本接近于市价，如果存货的市价呈上升趋势则发出成本偏低，会高估企业当期利润和库存存货价值；反之，会低估企业当期利润和存货价值。

②移动加权平均法是指以每次进货的成本加上原有库存存货的成本，除以每次进货数量

与原有库存存货的数量之和,据此计算加权平均单位成本,作为在下次进货前计算各次发出存货成本的依据。计算公式如下:

存货单位成本=(原有库存存货的实际成本+本次进货的实际成本)/(原有库存存货数量+本次进货数量)

本次发出存货的成本=本次发出存货的数量×本次发货前存货的单位成本

本月月末库存存货成本=月末库存存货的数量×本月月末存货单位成本

③月末一次加权平均法是指以当月全部进货数量加上月初存货数量作为权数,去除当月全部进货成本加上月初存货成本,计算出存货的加权平均单位成本,以此为基础计算当月发出存货的成本和期末存货的成本的一种方法。计算公式如下:

存货单位成本=[月初库存存货的实际成本+∑(本月某批进货的实际单位成本×本月某批进货的数量)]/(月初库存存货数量+本月各批进货数量之和)

本月发出存货的成本=本月发出存货的数量×存货单位成本

本月月末库存存货成本=月末库存存货的数量×存货单位成本

④个别计价法,采用这一方法是假设存货具体项目的实物流转与成本流转相一致,逐一辨认各批发出存货和期末存货所属的购进批别或生产批别,分别按其购入或生产时所确定的单位成本计算各批发出存货和期末存货成本。在这种方法下,是把每一批存货的实际成本作为计算发出存货成本和期末存货成本的基础。值得注意的是,对于不能替代使用的存货、为特定项目专门购入或制造的存货以及提供的劳务,通常采用个别计价法确定发出存货的成本。

【例2-7】甲公司2×25年3月A商品有关收、发、存情况如下:

(1) 3月1日结存300件,单位成本为2万元。
(2) 3月8日购入200件,单位成本为2.2万元。
(3) 3月10日发出400件。
(4) 3月20日购入300件,单位成本为2.3万元。
(5) 3月28日发出200件。
(6) 3月31日购入200件,单位成本为2.5万元。

要求:

(1) 采用先进先出法计算A商品2×25年3月发出存货的成本和3月31日结存存货的成本。

(2) 采用移动加权平均法计算A商品2×25年3月发出存货的成本和3月31日结存存货的成本。

(3) 采用月末一次加权平均法计算A商品2×25年3月发出存货的成本和3月31日结存存货的成本。

根据上述资料,解答如下:

(1) 先进先出法:

本月可供发出存货成本=300×2+200×2.2+300×2.3+200×2.5=2 230(万元)

本月发出存货成本=(300×2+100×2.2)+(100×2.2+100×2.3)=1 270(万元)

本月月末结存存货成本=2 230-1 270=960(万元)

（2）移动加权平均法：

3月8日购货的移动加权平均单位成本 = (300×2 + 200×2.2)/(300 + 200)
= 2.08（万元）

3月10日发出存货的成本 = 400×2.08 = 832（万元）

3月20日购货的移动加权平均单位成本 = (100×2.08 + 300×2.3)/(100 + 300)
= 2.245（万元）

3月28日发出存货的成本 = 200×2.245 = 449（万元）

本月发出存货成本 = 832 + 449 = 1 281（万元）

本月月末结存存货成本 = 2 230 - 1 281 = 949（万元）

（3）月末一次加权平均法：

加权平均单位成本 = 2 230÷(300 + 200 + 300 + 200) = 2.23（万元）

本月发出存货成本 = (400 + 200)×2.23 = 1 338（万元）

本月月末结存存货成本 = 2 230 - 1 338 = 892（万元）

对不同的原材料可采用不同的计价方法，但企业在同一会计年度内不能随意变更同种材料的计价方法。确实需要变更计价方法的，因变更计价方法而对本期及以后各期有重大影响时，应按会计政策变更的要求在会计报表附注中披露变更理由及其对财务状况和经营成果的影响。

（2）发出材料实际成本的结转。

原材料按实际成本核算的情况下，发出原材料的实际成本应按一定的存货计价方法计算确定。在会计核算上，发出原材料时，应按其具体用途反映原材料的实际耗费情况，借记有关科目，贷记"原材料"科目。其中，直接用于产品生产的，应借记"生产成本"科目；用于车间一般耗用的，应借记"制造费用"科目；用于企业管理方面的，借记"管理费用"科目；为销售产品而消耗的，借记"销售费用"科目；等等。

值得注意的是，企业发出材料直接用于产品生产，也可能借记"合同履约成本"科目。《企业会计准则第14号——收入》应用指南指出，企业为履行合同可能会发生各种成本，同时满足下列条件的，应当作为合同履约成本确认为一项资产：一是该成本与一份当前或预期取得的合同直接相关；二是该成本增加了企业未来用于履约的资源；三是该成本预期能够收回。"合同履约成本"科目核算企业为履行当前或预期取得的合同所发生的、不属于其他准则规范范围且按收入准则应当确认为一项资产的成本。

那么，实务中究竟是记入"生产成本"科目还是记入"合同履约成本"科目？（1）对生产产品的企业而言，若企业采用"以销定产"（已经签合同或预期签合同）方式生产产品，则借记"合同履约成本"科目，贷记"原材料"科目；反之，若企业采用"先产后销"方式生产产品，则借记"生产成本"科目，贷记"原材料"科目。（2）对提供劳务或服务的企业而言，其提供劳务或服务是基于交易双方已经签合同或预期签合同（即便合同的形式是多样的），因而适用"合同履约成本"科目。

【例2-8】某企业根据当月发料凭证，按领用部门和材料用途编制发料凭证汇总表，详见表2-1。

表 2-1　　　　　　　　　　　　　发料凭证汇总表　　　　　　　　　　　　单位：元

应借科目	应贷科目		
	原料及主要材料	辅助材料	合计
生产成本	50 000	2 400	52 400
制造费用	1 000	1 100	2 100
管理费用	3 000	800	3 800
销售费用		7 000	7 000
委托加工物资	10 000	6 000	16 000
合计	64 000	17 300	81 300

根据发料凭证汇总表编制会计分录如下：

借：生产成本　　　　　　　　　　　　　　　　　　　　52 400
　　制造费用　　　　　　　　　　　　　　　　　　　　 2 100
　　管理费用　　　　　　　　　　　　　　　　　　　　 3 800
　　销售费用　　　　　　　　　　　　　　　　　　　　 7 000
　　委托加工物资　　　　　　　　　　　　　　　　　　16 000
　　贷：原材料　　　　　　　　　　　　　　　　　　　　　　　81 300

二、原材料按计划成本核算

原材料按计划成本核算时，原材料的收入、发出及结存都按其计划成本计价。在会计核算上，一般应设置"材料采购"、"原材料"、"材料成本差异"等科目对原材料日常收发业务进行核算。

1. 原材料收发核算的一般程序和方法

会计实务中，原材料按计划成本核算的情况下，原材料收发业务一般包括六个方面的内容，按下列程序和方法进行会计处理：

（1）采购材料时，按发生的属于材料成本的价款和运杂费等借记"材料采购"科目，按应予抵扣的进项税额借记"应交税费——应交增值税（进项税额）"科目，按实际付款额贷记"银行存款"、"库存现金"、"其他货币资金"等科目。

（2）月份终了（或材料入库时），根据已经办理结算的入库外购材料的计划成本，借记"原材料"科目，贷记"材料采购"科目。同时，按入库材料的实际成本小于计划成本的差额（节约差异），借记"材料采购"科目，贷记"材料成本差异"科目，或按入库材料的实际成本大于计划成本的差额（超支差异），借记"材料成本差异"科目，贷记"材料采购"科目。

（3）月份终了，对于尚未收到发票账单的收料凭证，应抄列清单，并按计划成本暂估入账，借记"原材料"科目，贷记"应付账款"科目，下月初用红字冲回。

（4）发出材料时，根据领用的部门和具体用途，按发出原材料的计划成本，借记"生产成本"、"制造费用"、"管理费用"、"销售费用"、"委托加工物资"等科目，贷记"原材料"科目。

（5）月份终了，将材料成本差异总额在发出材料和期末库存材料之间分摊，按照发出原材料的计划成本分摊的成本差异额，结转超支差异，借记"生产成本"、"制造费用"、"管理费用"、"销售费用"、"委托加工物资"等科目，贷记"材料成本差异"科目；结转节约差异，作相反分录。

计算发出材料应负担的成本差异的方法有两种：一是按当月的成本差异率计算；二是按上月的成本差异率计算。为保持会计方法的一贯性，计算方法一经确定，不得随意变更。根据企业会计准则应用指南汇编的规定，材料成本差异率的计算公式为：

本月材料成本差异率 =（月初结存材料的成本差异 + 本期验收入库材料的成本差异）/（月初结存材料的计划成本 + 本期验收入库材料的计划成本）× 100%

月初材料成本差异率 = 月初结存材料的成本差异 / 月初结存材料的计划成本 × 100%

计算分摊材料成本差异时，需要注意以下四点：①发出材料应负担的成本差异应当按月分摊，不得在季末或年末一次计算，以便及时将发生的材料差异结转到相应的成本费用中；②发出材料应负担的成本差异，除委托外部加工发出材料可按照月初成本差异率计算外，应使用本月的实际成本差异率；③月初成本差异率与本月实际成本差异率相差不大的，也可按照月初成本差异率计算；④分摊差异使用的差异率计算方法一经确定，不得随意变更。

（6）会计期末，"材料采购"科目的借方余额反映已承担所购材料风险和报酬但尚未验收入库的在途物资的实际成本；"原材料"科目的借方余额反映入库后未发出的原材料的计划成本；"材料成本差异"科目的余额反映入库后未发出的原材料负担的材料成本差异。在编制资产负债表时，应将"材料采购"、"原材料"科目的借方余额合计再加上"材料成本差异"科目的借方余额或减去"材料成本差异"科目的贷方余额后的数额作为存货项目的金额予以反映。

2. 原材料收发核算举例

下面主要针对外购原材料实行计划成本核算的一般方法进行举例说明。

【例 2-9】某企业对甲材料采用计划成本核算，甲材料计划单位成本为 25 元/千克。1 月 31 日，有关甲材料的科目余额如表 2-2 所示。

表 2-2　　　　　　　　　　　　　　　科目余额

科目名称	余额方向	金额（元）
材料采购	借方	3 270
原材料	借方	14 700
材料成本差异	贷方	370

根据 2 月发生的有关甲材料收入、发出及结存的经济业务，编制会计分录如下：

（1）上月已经办理结算但材料尚未运到的在途物资 132 千克，于本月 3 日全部到达并入库。材料实际成本 3 270 元，计划成本 3 300（132 × 25）元。

借：原材料　　　　　　　　　　　　　　　　　　　　　　　　　　3 300
　　贷：材料采购　　　　　　　　　　　　　　　　　　　　　　　　　　3 300

(2) 2月18日采购甲材料480千克,材料验收入库,货款13 560元(价款12 000元,增值税1 560元),以支票付讫,并以现金支付装卸费106元(价款100元,增值税6元)。

材料实际成本 = 12 000 + 100 = 12 100(元)

材料计划成本 = 480 × 25 = 12 000(元)

借:材料采购	12 100
应交税费——应交增值税(进项税额)	1 566
贷:银行存款	13 560
库存现金	106

同时:

借:原材料	12 000
贷:材料采购	12 000

(3) 2月25日从外埠采购甲材料180千克,结算凭证到达并办理付款手续。付款总额为5 010.1元,其中,货款4 859元(价款4 300元和增值税559元),进货运费98.1元(价款90元和增值税8.1元),装卸费53元(价款50元和增值税3元),材料尚未运到。

材料实际成本 = 4 300 + 90 + 50 = 4 440(元)

材料进项税额 = 559 + 8.1 + 3 = 570.1(元)

借:材料采购	4 440
应交税费——应交增值税(进项税额)	570.10
贷:银行存款	5 010.10

(4) 本月购进的甲材料300千克已经验收入库,月末时结算凭证仍未到。先按计划成本入账,下月初转回。

材料计划成本 = 300 × 25 = 7 500(元)

①本月月末:

借:原材料	7 500
贷:应付账款	7 500

②下月月初:

借:原材料	7 500
贷:应付账款	7 500

(5) 根据本月发料凭证汇总表,共计发出材料960千克,计划成本24 000元。其中:直接用于产品生产600千克,计划成本15 000元;车间一般耗用300千克,计划成本7 500元;管理部门耗用40千克,计划成本1 000元;产品销售消耗20千克,计划成本500元。

借:生产成本	15 000
制造费用	7 500
管理费用	1 000
销售费用	500
贷:原材料	24 000

(6) 月末结转已付款并验收入库材料发生的成本差异,详见表2-3。

表 2-3　　　　　　　　　　　　　　甲材料采购明细账

借方						贷方						材料成本差异
日期	供货单位	凭证号数	摘要	实际成本	其他	合计	日期	凭证号数	摘要	计划成本	其他	合计
2月1日	略		略	3 270		3 270	2月3日	1	略	3 300		3 300	-30
2月18日		2		12 100		12 100	2月18日	2		12 000		12 000	+100
2月25日		3		4 440		4 440							
2月28日			月结	19 810		19 810			月结	15 300		15 300	+70
			结转差异									70	
			余额			4 440							

借：材料成本差异　　　　　　　　　　　　　　　　　　　　　70
　　贷：材料采购　　　　　　　　　　　　　　　　　　　　　　70

月末，"材料采购"科目的借方余额 4 440 元，表示在途物资成本，转入下月材料采购明细账。

(7) 按本月材料成本差异率，计算分摊本月发出材料负担的成本差异，将发出材料的计划成本调整为实际成本。其计算过程如下：

本月材料成本差异率 = (-370+70)/(14 700+12 000+3 300+7 500)×100%
　　　　　　　　　 = -0.8%

生产成本负担的差异 = 15 000×(-0.8%) = -120（元）
制造费用负担的差异 = 7 500×(-0.8%) = -60（元）
管理费用负担的差异 = 1 000×(-0.8%) = -8（元）
销售费用负担的差异 = 500×(-0.8%) = -4（元）

借：材料成本差异　　　　　　　　　　　　　　　　　　　　192
　　贷：生产成本　　　　　　　　　　　　　　　　　　　　　120
　　　　制造费用　　　　　　　　　　　　　　　　　　　　　60
　　　　管理费用　　　　　　　　　　　　　　　　　　　　　8
　　　　销售费用　　　　　　　　　　　　　　　　　　　　　4

月末，有关甲材料的科目余额如表 2-4 所示。

表 2-4　　　　　　　　　　　　　　甲材料科目余额

科目余额	余额方向	金额
材料采购	借方	4 440 元
原材料	借方	13 500（14 700+12 000+3 300+7 500-24 000）元
材料成本差异	贷方	108（370-70-192）元

库存原材料的实际成本 = 13 500 - 108 = 13 392（元）

假如不考虑材料跌价准备，资产负债表中的"存货"项目应为 17 832（4 440+13 392）元。

值得注意的是，关于暂估入账的计划成本（本例中为 7 500 元）在月末是否要参与材料成本差异率计算？这个问题争论很多；赞成者认为，如果暂估入账的存货已发出，尤其是在已发出的金额很大时，不参与分摊明显不合理；反对者认为，如果暂估入账的存货未发出，参与分摊明显不合理。实务中，一般参与分摊，这与企业会计准则应用指南规定的按"验收入库材料"计算材料成本差异率相一致。

原材料的日常核算既可以采用计划成本，也可以采用实际成本，还可以对不同的材料分别采用计划成本或实际成本。具体采用哪种方法，由企业根据具体情况自行决定。一般来说，材料品种繁多的企业，可以采用计划成本进行日常核算；对于某些品种不多且占产品成本比重较大的原料或主要材料，也可以单独采用实际成本进行核算，以保证产品成本的真实、准确。对于企业规模较小、材料品种简单、采购业务不多的企业，一般采用实际成本进行原材料的日常收发核算。企业在选用材料核算方法后，一般不得随意变更，如需变更，应按会计政策变更的原则进行处理。

三、存货成本的结转

企业销售存货，应当将已售存货的成本结转为当期损益，计入营业成本。也就是说，企业在确认存货销售收入的当期，应当将已经销售存货的成本结转为当期营业成本。账务处理为：借记"主营业务成本"科目，贷记"库存商品"科目。

存货为非商品存货的，如材料等，应将已出售的材料的实际成本予以结转，计入当期其他业务成本。账务处理为：借记"其他业务成本"科目，贷记"原材料"科目。

对已售存货计提了存货跌价准备的，还应结转已计提的存货跌价准备，冲减当期主营业务成本或其他业务成本，实际上是按已售产成品或商品的账面价值结转主营业务成本或其他业务成本。企业按存货类别计提存货跌价准备的，也应按比例结转相应的存货跌价准备。相应的账务处理为：借记"主营业务成本/其他业务成本"、"存货跌价准备"科目，贷记"库存商品/原材料"科目。

企业的周转材料（如包装物和低值易耗品）符合存货定义和确认条件的，按照使用次数分次计入成本费用。金额较小的，可在领用时一次计入成本费用，以简化核算，但为加强实物管理，应当在备查簿上进行登记。具体而言：（1）生产领用的包装物，借记"制造费用/生产成本"科目，贷记"周转材料——包装物"科目；（2）出借包装物及随同产品出售不单独计价的包装物，借记"销售费用"科目，贷记"周转材料——包装物"科目；（3）出租包装物及随同产品出售单独计价的包装物，借记"其他业务成本"科目，贷记"周转材料——包装物"科目。

第三节　存货期末计价

存货期末计价是指会计期末对存货价值的重新计量。根据我国企业会计准则的有关规定，资产负债表日，企业应当按照成本与可变现净值孰低计量。当存货成本低于可变现净值时，存货按成本计量；当存货成本高于可变现净值时，存货按可变现净值计量，同时按照成本高于可变现净值的差额计提存货跌价准备，计入当期损益（资产减值损失）。

一、可变现净值的确定方法

1. 存货的可变现净值

存货可变现净值是指企业在日常活动中，存货的估计售价减去至完工时估计将要发生的成本、估计的销售费用以及相关税费后的金额。可变现净值实质上是存货在正常生产经营环境下可获得的未来净现金流入，而不是存货的售价（市价或合同价）。

理解存货可变现净值，需要注意以下三个问题：

（1）确定存货可变现净值应基于企业处于正常的经营活动这一前提，如果企业处于清算过程，则不可按照上述方法确定存货的可变现净值。

（2）存货可变现净值表现为存货的预计未来现金流量而不是存货的售价或合同价格。

（3）为直接出售而持有的存货和为加工制造而持有的存货，其可变现净值的确定方法不同。即使都是为直接出售而持有的存货，有合同约定和没有合同约定的，其可变现净值的确定方法也不一样。

2. 存货可变现净值的确定方法

直接对外出售的存货与为生产目的而持有的存货的可变现净值的确定方法有所不同。

直接对外出售的存货一般是指企业生产的产品，购入并直接对外销售的商品，以及购入未用且不再需要投入生产的材料等。由于这部分存货不需要继续加工，不存在生产环节的继续投入，因此，其可变现净值的计算方法如下：

直接对外出售存货的可变现净值 = 估计售价 - 估计销售费用 - 估计发生的相关税费

为生产目的而持有的存货主要是指企业的原材料、在产品和委托加工材料等。由于这部分存货还要继续加工，不能直接出售，因此需要先将这部分存货的数量采用一定方法折算为直接出售存货的数量，采用前述方法确定其估计售价，再扣除继续加工的成本和相关税费确定其可变现净值，计算方法如下：

为生产目的持有存货的可变现净值 = 产成品估计售价 - 估计销售费用 - 估计发生的相关税费 - 估计继续加工成本

3. 存货估计售价的确定方法

企业的存货可以分为有合同约定的存货和无合同约定的存货。而合同约定既可以是对现有存货的出售约定，也可以是对即将产出或购入存货的出售约定。对于有合同约定的存货，应以存货的合同价格作为估计售价；对于无合同约定的存货，应以市场销售价格作为估计售价。

二、成本与可变现净值的比较方法

存货按成本与可变现净值孰低法计价时，可以采用不同的方法对成本与可变现净值进行比较。比较的方法主要有三种：按存货项目比较、按存货类别比较和按全部存货比较。这三种方法的区别可以通过表2-5的数据予以解释。

表 2-5　　　　　　　　　　　　成本与可变现净值比较表　　　　　　　　　　　单位：元

项目	成本	可变现净值	成本与可变现净值孰低的选择金额		
			按存货项目	按存货类别	按全部存货
家用电器类					
A					
有合同约定	1 000	1 500	1 000		
无合同约定	0	0	0		
B					
有合同约定	0	0	0		
无合同约定	4 000	3 000	3 000		
小计	5 000	4 500	—	4 500	
百货类					
C					
有合同约定	0	0	0		
无合同约定	3 500	3 000	3 000		
D					
有合同约定	1 000	1 400	1 000		
无合同约定	1 000	1 400	1 000		
小计	5 500	5 800	—	5 500	
合计	10 500	10 300	9 000	10 000	10 300

1. 按存货项目比较

按存货项目比较时，只要某存货项目的可变现净值低于其成本，就将该存货项目按可变现净值计价，不考虑其他存货的可变现净值是否低于成本，不受其他存货可变现净值大小的影响。当某存货项目的成本高于该项目的可变现净值时，就应按其差额对该存货项目计提存货跌价准备。

在表 2-5 中，企业如果采用按存货项目比较的方法，应对家用电器类中有合同约定的存货项目 B 计提存货跌价准备 1 000（4 000－3 000）元，对百货类中无合同约定的存货项目 C 计提存货跌价准备 500（3 500－3 000）元，共应计提存货跌价准备 1 500 元。

2. 按存货类别比较

按存货类别比较时，只要某类存货的可变现净值低于其成本，就将该类存货按可变现净值计价，不考虑其他类存货的可变现净值是否低于成本，不受其他类别存货市价的影响。但采用这种方法时，有些存货的可变现净值可能高于、低于或等于其成本，按该类存货可变现净值总额计价就会将不同存货项目可变现净值与成本的差异相互抵销，使得不同存货项目的可变现净值与成本的关系不能清晰地反映。

在表 2-5 中，如果企业采用按存货类别比较的方法，则应对全部存货计提存货跌价准备 500（5 000－4 500）元，共应计提存货跌价准备 500 元。

3. 按全部存货比较

按全部存货比较时，只有全部存货的可变现净值低于全部存货的成本时，才按可变现净值计价。这种情况下，不仅会将不同存货项目之间可变现净值与成本的差异相互抵销，而且会将不同存货类别之间可变现净值与成本之间的差异相互抵销，使得不同存货项目的可变现净值与成本的关系，以及不同类别存货可变现净值与成本的关系无法清晰地反映。

在表2-5中，如果企业采用按全部存货比较的方法，则应对全部存货共计提200（10 500 - 10 300）元的存货跌价准备。

根据我国企业会计准则的规定，企业通常应当按照单个存货项目计提存货跌价准备。存货项目不多，或虽然存货项目很多但属于重要的存货项目（如原材料中的主要材料、产品中的主要产品等），应采用单项比较法计提存货跌价准备。资产负债表日同一项存货中一部分有合同约定价格，另一部分不存在合同约定价格的，应分别确定其可变现净值，并与相应的存货成本进行比较，分别确定存货跌价准备，不得合并计量存货跌价准备，由此计提的存货跌价准备不得相互抵销。

如果企业的存货项目过多，也可以按存货类别进行成本与可变现净值的比较。与在同一地区生产和销售的产品系列相关、具有相同或类似最终用途或目的且难以与其他项目分开计量的存货，也可以合并计提存货跌价准备。但不论企业根据具体情况使用哪一种方法，原则上应保持各期方法的一致性。

三、存货发生减值的迹象与减值计量

1. 判断存货发生减值的主要迹象

会计实务中，一般可根据下列迹象判断存货发生了减值，并计提存货跌价准备，确认存货减值损失：

（1）市价持续下跌，并且在可预见的未来无回升的希望；

（2）企业使用该项原材料生产的产品的成本大于产品的销售价格；

（3）企业因产品更新换代，原有库存原材料已不适应新产品生产的需要，而该原材料的市场价格又低于其账面价值；

（4）企业所提供的商品或劳务过时或消费者偏好改变而使市场需求发生变化，导致市场价格逐渐下跌；

（5）其他足以证明该项存货实质上已经发生减值的情形。

2. 存货跌价准备的计量

存货发生减值时，应采用合理方法对存货成本与可变现净值进行比较。若存货可变现净值低于存货成本，应将该差额作为存货跌价准备，抵减存货成本以反映存货的可变现净值。在存货跌价准备的计量中，应注意以下问题：

（1）当存在以下一项或若干项情况时，表明存货价值为零，此时应将存货账面价值（存货成本减去该存货计提的存货跌价准备后的余额）全额计提存货跌价准备并计入当期损益。这些情况包括：已霉烂变质的存货；已过期且无转让价值的存货；生产中已不再需要并且已无使用价值和转让价值的存货；其他足以证明已无使用价值和转让价值的存货。

（2）已计提跌价准备的存货转出时（如销售、消耗、换出、损失等），转出存货部分所计提的跌价准备也应一并转出，即转出存货以账面价值计量。这种情况下，一般按转出存货成本占该存货成本（单项计提存货跌价准备的为该存货项目的成本，按存货类别计提存

跌价准备的为该类存货的成本)的比例,对计提的存货跌价准备分摊,以确定转出存货应承担的存货跌价准备。

(3) 为生产而持有的材料以及为继续加工而拥有的在产品、委托加工物资等,是否计提跌价准备,不能只考虑其自身的可变现净值与其成本的关系,而应以其完成生产过程后的产成品的可变现净值与产成品的生产成本的关系为判断基础。即如果用其生产的产成品的可变现净值不低于产成品的成本,无论其市场价格是否下降,这些材料、在产品仍以成本计量;如果用其生产的产成品的可变现净值低于产成品的成本,且其价格有明显下降时,这些材料、在产品应按可变现净值计量,并按其差额计提存货跌价准备。

(4) 当减记存货价值(计提存货跌价准备)的影响因素已经消失时,应在原已计提的存货跌价准备的金额内转回,按转回金额冲减资产减值损失和存货跌价准备。转回的存货跌价准备与计提该跌价准备的存货项目或类别应当直接对应,转回的金额以该存货跌价准备额为限。

计提存货跌价准备时,借记"资产减值损失——存货跌价准备"科目,贷记"存货跌价准备"科目;存货跌价准备转回时,做相反会计分录。"存货跌价准备"可按存货种类设置明细科目。已计提存货跌价准备的存货发出时,应将与发出存货相对应的存货跌价准备一并转出。

下面举例说明存货跌价准备的会计处理及存货期末列报方法。

【例2-10】 某企业自2×24年开始对存货采用成本与可变现净值孰低法计价,并采用按存货类别计提存货跌价准备的方法。2×24年年末,该企业存货账面成本为730 000元,其中,原材料80 000元,在产品200 000元,库存商品300 000元,周转材料150 000元。2×24年年末,该企业应计提的存货跌价准备分别为:原材料200元,库存商品1 000元,周转材2 800元,共计4 000元。

2×24年年末应编制如下会计分录:

借:资产减值损失——存货跌价准备　　　　　　　　　　　　　　4 000
　　贷:存货跌价准备——原材料　　　　　　　　　　　　　　　　　　200
　　　　　　　　　　——库存商品　　　　　　　　　　　　　　　　1 000
　　　　　　　　　　——周转材料　　　　　　　　　　　　　　　　2 800

计提存货跌价准备后,资产负债表上列示的存货价值为726 000 (730 000 - 4 000)元。当转出已计提跌价准备的存货时,转出存货部分所计提的存货跌价准备也应一并转销。

【例2-11】 沿用【例2-10】的资料,假如2×25年年初生产领用材料(均为2×24年年末的原材料) 40 000元,应转销的原材料存货跌价准备为100 [(40 000/80 000)×200]元。

应编制如下会计分录:

借:生产成本　　　　　　　　　　　　　　　　　　　　　　　　39 900
　　存货跌价准备　　　　　　　　　　　　　　　　　　　　　　　　100
　　贷:原材料　　　　　　　　　　　　　　　　　　　　　　　　40 000

【例2-12】 沿用【例2-10】的资料,假如2×25年2月将库存商品330 000元出售(2×25年年初库存商品全部出售,并将2×25年1月购入且未计提过存货跌价准备的商品的一部分出售),出售该批库存商品应转销的存货跌价准备为1 000元。

结转商品销售成本时,应编制如下会计分录:

借：主营业务成本　　　　　　　　　　　　　　　　　　　　　　　329 000
　　存货跌价准备——库存商品　　　　　　　　　　　　　　　　　1 000
　　贷：库存商品　　　　　　　　　　　　　　　　　　　　　　　　　330 000

【例2-13】沿用【例2-10】至【例2-12】的资料，2×25年年末，该企业存货账面余额为450 000元，其中，原材料50 000元，在产品150 000元，库存商品100 000元，周转材料150 000元。按存货类别确定的存货跌价准备分别为：原材料700元，库存商品300元，周转材料1 700元，共计2 700元。对此，应对原材料计提存货跌价准备600 [700 - (200 - 100)] 元，对库存商品计提存货跌价准备300元，冲减（转回）周转材料已计提的存货跌价准备1 100元。

应编制如下会计分录：

借：资产减值损失——存货跌价准备　　　　　　　　　　　　　　600
　　贷：存货跌价准备——原材料　　　　　　　　　　　　　　　　　600
借：资产减值损失——存货跌价准备　　　　　　　　　　　　　　300
　　贷：存货跌价准备——库存商品　　　　　　　　　　　　　　　　300
借：存货跌价准备——周转材料　　　　　　　　　　　　　　　　1 100
　　贷：资产减值损失——存货跌价准备　　　　　　　　　　　　　　1 100

2×25年年末，资产负债表上列示的存货价值为447 300（450 000 - 2 700）元。

除在资产负债表上以存货账面价值列示于存货项目外，还应按存货种类披露存货账面余额及存货跌价准备的情况。如表2-6和表2-7所示。

表2-6　　　　　　　　　　　　　　存货账面价值　　　　　　　　　　　　　　单位：元

存货种类	年初账面余额	本期增加额	本期减少额	期末账面余额
1. 原材料	80 000	10 000	40 000	50 000
2. 在产品	200 000	100 000	150 000	150 000
3. 库存商品	300 000	130 000	330 000	100 000
4. 周转材料	150 000	70 000	70 000	150 000
……				
合计	730 000	310 000	590 000	450 000

表2-7　　　　　　　　　　　　　　存货跌价准备　　　　　　　　　　　　　　单位：元

存货种类	年初账面余额	本期计提额	本期减少额		期末账面余额
			转回	转销	
1. 原材料	200	600		100	700
2. 在产品					—
3. 库存商品	1 000	300		1 000	300
4. 周转材料	2 800		1 100		1 700
……					
合计	4 000	900	1 100	1 100	2 700

第四节 存货清查

企业在进行存货的日常收发及保管过程中,因种种原因可能造成存货实际结存数量与账面结存数量不符,有时还会因非常事项造成存货毁损。为了确保存货账实相符,企业应定期或不定期进行存货清查。发生存货盘盈(实际结存数量大于账面结存数量)、盘亏(实际结存数量小于账面结存数量)及毁损(非常事项造成的存货损失),应及时查明原因,并进行账务处理,以保证账实相符。

一、存货盘盈

发生存货盘盈时,应按规定的程序报经有关部门(如董事会、管理层或类似机构等)批准后才能作出处理。在批准处理以前,一般先根据盘盈的存货,按同类或类似存货的重置成本计价入账,调整存货账面记录,以使账实相符,即借记"原材料"、"库存商品"等科目,贷记"待处理财产损溢——待处理流动资产损溢"科目。

盘盈的存货查明原因后,应按不同的原因及处理决定分别入账,借记"待处理财产损溢——待处理流动资产损溢"科目,贷记有关科目。其中,对于无法确定具体原因的,一般应冲减企业的管理费用,借记"待处理财产损溢——待处理流动资产损溢"科目,贷记"管理费用"科目。

【例2-14】 某企业进行财产清查,发生如下经济业务:
(1) 盘点原材料,发现甲材料溢余,按重置成本计算其成本为900元,盘盈原因待查。
借:原材料 900
　　贷:待处理财产损溢——待处理流动资产损溢 900
(2) 查明原因,盘盈的原材料系收发时的计量误差所致,经批准冲销企业的管理费用。
借:待处理财产损溢——待处理流动资产损溢 900
　　贷:管理费用 900

二、存货盘亏和毁损

发生存货盘亏和毁损,在批准处理以前,应先通过"待处理财产损溢——待处理流动资产损溢"科目进行核算。盘亏和毁损时,一般按盘亏和毁损存货的实际成本(该实际成本一般按盘亏、毁损的数量和该存货的期初结存单价计算确定),冲减存货的账面记录,借记"待处理财产损溢——待处理流动资产损溢"科目,贷记有关存货科目。

需要指出的是,根据《中华人民共和国增值税暂行条例》的规定,企业发生非正常损失的购进货物以及非正常损失的在产品、产成品所耗用的购进货物或应税劳务的进项税额不得从销项税额中抵扣。因此,非正常损失的存货价值应包括其实际成本和应负担的进项税额两部分,发生非正常损失(因管理不善造成被盗、丢失、霉烂变质以及被执法部门没收的损失)时,应按非正常损失的价值,借记"待处理财产损溢——待处理流动资产损溢"科目,按非正常损失存货的实际成本,贷记有关存货科目,按非正常损失存货应负担的进项税额，贷记"应交税费——应交增值税（进项税额转出）"科目。值得注意的是，如果是自然灾害等不可抗力因素导致的存货毁损，存货负担的进项税额不需要进项转出。因为进项转出需要多交增值税，为了减少不可抗力因素引发的存货毁损给企业带来的负担，税法规定不需要进项转出。上述规则可以总结为：人为原因导致的存货毁损需要进项转出；不可抗力因素导致的存货毁损不需要进项转出。

查明盘亏和毁损的原因后，应按不同的原因及处理决定分别入账，借记有关科目，贷记"待处理财产损溢——待处理流动资产损溢"科目。其中，属于定额合理盘亏的，作为管理费用列支；属于计量收发差错和管理不善的，扣除残料价值以及保险赔偿和过失人赔偿后的净损失，经批准也作为管理费用列支；属于自然灾害损失等非常原因的，按扣除保险赔偿及残料价值后的净损失，作为营业外支出处理。

【例 2-15】 某企业发生如下经济业务：

(1) 盘亏甲材料，实际成本为 400 元，原因待查。

借：待处理财产损溢——待处理流动资产损溢　　　　　400
　　贷：原材料　　　　　　　　　　　　　　　　　　400

(2) 查明原因，盘亏甲材料系定额内合理损耗，批准作为管理费用列支。

借：管理费用　　　　　　　　　　　　　　　　　　　400
　　贷：待处理财产损溢——待处理流动资产损溢　　　400

(3) 因管理不善，财产被盗，对财产进行清查盘点。其中，被盗产成品的实际成本为 7 000 元，生产被盗产成品耗用的原材料及应税劳务的进项税额为 350 元，企业已通知保险公司并按保险条款相关内容开始申请理赔。

借：待处理财产损溢——待处理流动资产损溢　　　7 350
　　贷：库存商品　　　　　　　　　　　　　　　　7 000
　　　　应交税费——应交增值税（进项税额转出）　　350

(4) 被盗造成的产成品损失处理结果如下：保险公司已确认应赔偿的损失为 3 000 元（赔偿款正在办理中），残料估价 1 350 元作为原材料入库，相关责任人赔偿 650 元（现金已由财务收讫），企业承担损失为 2 350 元。

借：原材料　　　　　　　　　　　　　　　　　　1 350
　　库存现金　　　　　　　　　　　　　　　　　　650
　　其他应收款　　　　　　　　　　　　　　　　3 000
　　管理费用　　　　　　　　　　　　　　　　　2 350
　　贷：待处理财产损溢——待处理流动资产损溢　7 350

需要强调的是，企业清查的各种存货及其他资产的损溢，应于期末前查明原因，并根据企业的管理权限，经股东会或董事会，或经理（厂长）会议等类似机构批准后，在期末结账前处理完毕。如清查的各种财产损溢在期末结账前尚未批准的，在对外提供财务报表时应先按上述处理原则进行处理，并在会计报表附注中说明；如果其后批准处理的金额与已处理的金额不一致的，还应作为资产负债表日后事项调整会计报表相关项目的金额。期末，"待处理财产损溢"科目应无余额。

案例分析：

What？獐子岛扇贝6年逃4次！证监会借北斗卫星找扇贝

从2014年獐子岛发生所谓的冷水团事件到2019年，董事长吴厚刚表示由于海水温度变化等原因扇贝再次大量损失，六年四次扇贝大逃亡使獐子岛这家上市公司一再引发外界对其关注。2018年，中国证监会正式启动对獐子岛的调查。

獐子岛的所谓"扇贝跑路死亡"事件为何一再发生？调查人员又是如何认定獐子岛的违法违规行为呢？

问题一：肆意操纵财务报表　寅吃卯粮

2016年，獐子岛公司已经连续两年亏损，当年能否盈利直接关系到公司是否会"暂停上市"。为了达到盈利目的，獐子岛利用了底播养殖产品的成本与捕捞面积直接挂钩的特点，在捕捞记录中刻意少报采捕面积，通过虚减成本的方式来虚增2016年利润。

调查发现，獐子岛捕捞面积的多少由公司负责捕捞的人员按月提供给财务人员，整个过程无逐日客观记录可参考，财务人员也没有有效手段核验，公司内控严重缺失。可实际上公司采捕船去过哪些海域，停留了多长时间，早已被数十颗北斗卫星组成的"天网"记录了下来。

调查人员正是利用客观的卫星定位数据，还原出獐子岛公司采捕船实际捕捞轨迹图。结果发现，獐子岛并没有如实记录采捕海域。

调查人员还聘请了两家专业的第三方机构分别对卫星定位数据进行作业状态分析，对捕捞轨迹进行还原并计算面积，分别还原出来的捕捞航行轨迹高度一致。

通过对比，2016年，公司实际采捕的海域面积比账面记录多出近14万亩，这意味着实际的成本比账面上要多出6 000万元，这6 000万元成本都被獐子岛公司隐藏了起来。

调查人员还发现，獐子岛在部分海域没有捕捞的情况下，在2016年年底重新进行了底播，根据獐子岛成本核算方式，重新底播的区域的库存资产应作核销处理，又涉及库存资产7 111万元，需要计入营业外支出视为亏损。通过这两种方式，獐子岛成功地在2016年实现了所谓的"账面盈利"，成功摘帽，保住了上市公司地位。到了2017年，獐子岛故伎重演，再度宣称扇贝跑路和死亡，借此消化掉前一年隐藏的成本和亏损，共计约1.3亿元。这种乾坤大挪移，把2016年的成本和损失移转到2017年的做法，是典型的"寅吃卯粮"，操纵财务报表的行为。

问题二：抽测数据造假　虾夷扇贝库存成谜

獐子岛在2017年披露的《秋测结果公告》中称，公司在120个不同点位进行了抽测。但卫星定位系统数据显示，抽测船只在执行秋测期间并没有经过其中60个点位，这说明抽测船只根本没有在这些点位执行过抽测。獐子岛故弄玄虚，凭空捏造"抽测"数据，掩盖自身资产盘点混乱的问题。

问题三：短时间内业绩大变脸公司未及时披露

2018年1月初，獐子岛财务总监勾荣就知晓公司2017年净利润不超过3 000万元。

之前獐子岛一直对外声称，2017 年的盈利预估在 9 000 万元至 1.1 亿元。勾荣还向獐子岛公司董事长吴厚刚汇报了此事，这属于应当在两个工作日内披露的重大事项，但是獐子岛并没有按规定时间披露，直到 1 月 30 日，业绩变脸的公告才对外披露，严重误导了投资者。

证监会对獐子岛公司案作出行政处罚及市场禁入决定。

根据中国证监会的行政处罚决定，对獐子岛公司给予警告，并处以 60 万元罚款，对 15 名责任人员处以 3 万元至 30 万元不等罚款，对 4 名主要责任人采取 5 年至终身市场禁入。

——资料来源：央视财经

讨论：
1. 獐子岛财务造假中涉及存货这一章中的哪些知识点？
2. 请您根据存货这一章所学，谈谈未来该如何防范獐子岛的财务造假？

思考题

1. 存货包括的具体内容有哪些？持有这些存货的目的是什么？
2. 不同来源取得的存货，其初始成本在构成上各有什么特点？
3. 原材料按实际成本核算与按计划成本核算相比较各有什么特点？
4. 材料的可变现净值如何确定？
5. 存货减值迹象有哪些？何时表明存货价值为零？

练习题

1. 某企业为增值税一般纳税人，原材料采用实际成本核算，2×25 年 3 月发生下列经济业务：

（1）购买甲材料，货款总额（含增值税）11 300 元，其中，价款 10 000 元，增值税 1 300 元，购进货物支付保险费、包装费共 300 元（保险费和包装费未取得专用发票，无准予抵扣的增值税），货款及保险费以银行存款支付。

（2）购进的甲材料全部验收入库。

（3）同时购进乙和丙两种材料，乙材料 300 吨，货款总额 33 900 元（含增值税），丙材料 200 吨，货款总额 22 600 元（含增值税），乙、丙两种材料的运费共 1 090 元（按重量付费且准予抵扣的增值税进项税额为 90 元）、保险费 1 590 元（按货物价格支付保险费且准予抵扣的增值税进项税额为 90 元）。材料款及运杂费以银行存款支付。

（4）乙、丙两种材料均如数运达入库，计算并结转乙、丙材料的实际成本。

（5）购入甲材料，货款总额 22 600 元（含增值税），货款已支付，但材料未到。

（6）上月已付款的乙材料本月运达，材料全部入库，实际成本为 9 000 元。

（7）本月运达的丁材料，月末尚未收到结算清单，未办理结算手续，估价金额为 30 000 元。

要求：根据以上经济业务编制会计分录。

2. 甲公司是一家生产电子产品的上市公司,为增值税一般纳税人,适用的增值税税率为13%。甲公司按单项存货、按年计提跌价准备。2×24年1月1日,B产品的存货跌价准备余额为10万元,C产品的存货跌价准备余额为180万元,2×24年销售C产品结转存货跌价准备130万元。对其他存货未计提存货跌价准备。2×24年12月31日,甲公司期末存货有关资料如下。

(1) A产品库存300台,单位成本为每台15万元,A产品市场销售价格为每台18万元,预计平均运杂费等销售税费为每台1万元,未签订不可撤销的销售合同。

(2) B产品库存500台,单位成本为每台4.5万元,B产品市场销售价格为每台4.5万元。甲公司已经与长期客户M企业签订一份不可撤销的销售合同,约定在2×25年2月10日向该企业销售B产品300台,合同价格为每台4.8万元。向长期客户销售的B产品平均运杂费等销售税费为每台0.3万元;向其他客户销售的B产品平均运杂费等销售税费为每台0.4万元。

(3) C产品库存1 000台,单位成本为每台2.55万元,市场销售价格为每台3万元,预计平均运杂费等销售税费为每台0.3万元,未签订不可撤销的销售合同。

(4) D原材料400公斤,单位成本为每公斤2.25万元,D原材料的市场销售价格为每公斤1.2万元。现有D原材料可用于生产400台C产品,预计加工成C产品还需每台投入成本0.38万元,未签订不可撤销的销售合同。

(5) E配件100公斤,每公斤配件的成本为12万元,市场价格为10万元。该批配件可用于加工80件E产品,估计加工成产成品每件尚需投入17万元。E产品2×24年12月31日的市场价格为每件28.7万元,估计销售过程中每件将发生销售费用及相关税费1.2万元。

(6) 甲公司与乙公司签订一份F产品销售合同,该合同为不可撤销合同,约定在2×25年2月底以每件0.45万元的价格向乙公司销售300件F产品,如果违约应支付违约金60万元。F产品直接对外出售的市场价格为每件0.6万元。2×24年12月31日,甲公司已经生产出F产品300件,每件成本0.6万元,总额为180万元。假定甲公司销售F产品不发生销售费用。

要求:

(1) 分别计算甲公司各项存货2×24年12月31日应计提或转回的存货跌价准备,并分别说明各项存货在资产负债表中的列示金额。

(2) 分别编制各项存货2×24年12月31日应计提或转回存货跌价准备的相关会计分录。

第三章

固定资产

本章结构

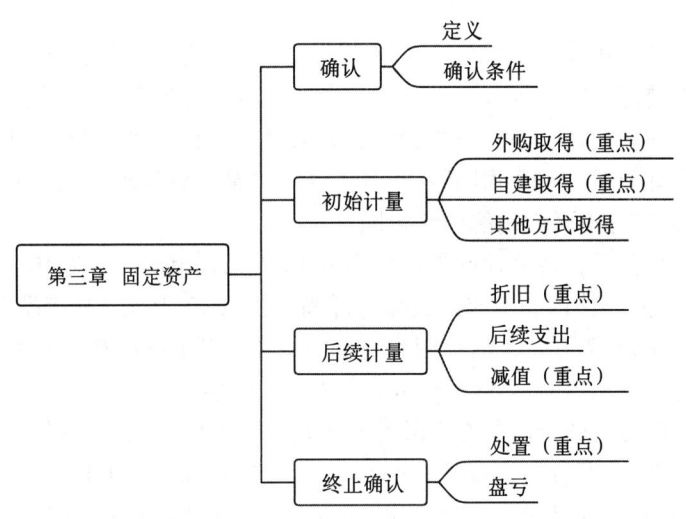

第一节 固定资产的确认

一、固定资产的定义

固定资产,是指为生产商品、提供劳务、出租或经营管理而持有且使用寿命超过一个会计年度的有形资产。从固定资产的定义看,固定资产具有以下三个特征:

1. 为生产商品、提供劳务、出租或经营管理而持有

企业持有固定资产的目的是生产商品、提供劳务、出租或经营管理,即企业持有的固定资产是企业的劳动工具或手段,而不是用于销售的产品。其中"出租"的固定资产,是指企业以经营租赁方式出租的机器设备类固定资产,不包括以经营租赁方式出租的房屋及建筑物,后者属于企业的投资性房地产,不属于固定资产。

2. 使用寿命超过一个会计年度

通常情况下,固定资产的使用寿命是指使用固定资产的预计期间,比如自用房屋建筑物的使用寿命表现为企业对该建筑物的预计使用年限。对于某些机器设备或运输设备等固定资产，其使用寿命表现为以该固定资产所能生产产品或提供劳务的数量，例如，汽车或飞机等，按其预计行驶或飞行里程估计使用寿命。

固定资产使用寿命超过一个会计年度，意味着固定资产属于非流动资产，这一特征表明固定资产给企业带来的收益期超过一年，能在一年以上的时间里为企业创造经济利益。

3. 具有实物形态

固定资产具有实物形态，且该实物形态不会随着固定资产的使用而发生明显改变。固定资产的这一特征，将其与无形资产、应收款项等区别开来。有些无形资产可能同时符合固定资产的其他特征，如为生产商品而持有的专利权，使用寿命超过一个会计年度，但是由于其没有实物形态，所以不属于固定资产。

二、固定资产的确认条件

固定资产在符合定义的前提下，应当同时满足以下两个条件，才能加以确认。

1. 与该固定资产有关的经济利益很可能流入企业

企业在确认固定资产时，需要判断与该项固定资产有关的经济利益是否很可能流入企业。实务中，主要是通过判断与该固定资产所有权相关的风险和报酬是否转移到了企业来确定。与固定资产有关的经济利益，是指与该固定资产所有权相关的风险和报酬。其中的风险是指由于经营情况变化造成的相关收益的变动，以及由于资产闲置、技术陈旧等原因造成的损失；报酬是指在使用寿命内直接使用该资产而获得的收入，以及处置该资产所实现的利得等。某些情况下，固定资产的所有权虽然不属于企业，但企业能够控制并且与该项固定资产有关的经济利益很可能流入企业，那么也应视同满足固定资产的这一确认条件。

值得注意的是，固定资产的各组成部分具有不同使用寿命或者以不同方式为企业提供经济利益，适用不同折旧率或折旧方法的，表明这些组成部分实际上是以独立的方式为企业提供经济利益，应当分别将各组成部分确认为单项固定资产。比如，飞机的引擎，如果其与飞机机身具有不同的使用寿命，适用不同折旧率和折旧方法，则企业应当将其单独确认为一项固定资产。

此外，企业由于安全或环保的要求购入设备等，虽然不能直接给企业带来经济利益，但有助于企业从其他相关资产的使用获得未来经济利益或者获得更多的未来经济利益，也应确认为固定资产。

2. 该固定资产的成本能够可靠地计量

固定资产的成本能够可靠地计量，必须以取得的确凿、可靠的证据为依据，并且具有可验证性。但是，有时需要根据所获得的最新资料，对固定资产的成本进行合理的估计。如果企业能够合理地估计出固定资产的成本，则视同固定资产的成本能够可靠地计量。

例如，企业对于已达到预定可使用状态但尚未办理竣工决算的固定资产，需要根据工程预算、工程造价或者工程实际发生的成本等资料，按估计价值确定其成本，办理竣工决算后，再按照实际成本调整原来的暂估价值。

三、固定资产的分类

企业为了加强对固定资产的管理与核算，必须对固定资产进行科学而合理的分类以促进固定资产结构的优化。根据不同的管理需要和核算要求，可以对固定资产按不同的标准进行适当的分类，常见的固定资产分类方法主要有按实物形态分类、按经济用途分类和按使用情况分类。

（一）按实物形态分类

固定资产按实物形态分类，可分为房屋及建筑物、机器设备、电子设备、运输设备及其他设备五大类。(1) 房屋和建筑物，是指产权属于本企业的所有房屋和建筑物，包括办公室（楼）、会堂、宿舍、食堂、车库、仓库、油库、档案馆、活动室、锅炉房、烟囱、水塔、水井、围墙等及其附属的水、电、煤气、取暖、卫生等设施。(2) 机器设备，是指由金属或其他材料组成，由若干零部件装配起来，在一种或几种动力驱动下，能够完成生产、加工、运行等功能或效用的装置。机器设备按其在生产中的作用，可分为生产工艺类设备、辅助生产设备和服务设备三类。(3) 电子设备，主要包括电脑、打印机、程控交换机、网络服务器、扫描仪、传真机、复印机、投影仪、一体机、数码相机、手机、摄像机、录音设备等。(4) 运输设备，是指企业使用的各种交通运输工具，包括轿车、吉普、摩托车、面包车、客车、轮船、运输汽车、三轮卡车、人力拖车、板车、自行车和小轮车等。(5) 其他设备，是指以上各类未包括的固定资产，如办公家具、碎纸机、考勤机、装订机等办公设备。

（二）按经济用途分类

固定资产按经济用途分类，可分为生产经营用固定资产和非生产经营用固定资产。(1) 生产经营用固定资产，是指直接服务于企业生产、经营过程的各种固定资产。如生产经营用的房屋、建筑物、机器、设备、器具、工具等。(2) 非生产经营用固定资产，是指不直接服务于企业生产、经营过程的各种固定资产。如文化娱乐、卫生保健、职工宿舍、食堂等使用的房屋、设备和其他固定资产等。

（三）按使用情况分类

固定资产按使用情况分类，可分为使用中固定资产、未使用固定资产和不需用固定资产。(1) 使用中固定资产，是指正在使用中的经营性和非经营性固定资产。由于季节性经营或大修理等原因，暂时停止使用的固定资产仍属于企业使用中的固定资产；企业出租（指经营性租赁）给其他单位使用的固定资产和内部替换使用的固定资产也属于使用中的固定资产。(2) 未使用固定资产，是指已完工或已购建的尚未正式使用的新增固定资产以及因进行改建、扩建等原因暂停使用的固定资产。如企业购建的尚未正式使用的固定资产、经营任务变更停止使用的固定资产以及主要的备用设备等。(3) 不需用固定资产，是指本企业多余或不适用而报经有关部门批准，等待处理的固定资产。

第二节　固定资产的初始计量

固定资产的初始计量是指确定固定资产的取得成本。固定资产取得成本，即历史成本、原始成本或原始价值（简称为原值或原价），包括企业为购建某项固定资产达到预定可使用状态前所发生的一切合理且必要的支出。

在实务中，企业取得固定资产的方式是多种多样的，包括外购、自行建造、投资者投入、非货币性资产交换、债务重组和企业合并等。固定资产取得方式不同,其成本的具体构成内容及确定方法也不尽相同。本节主要介绍外购和自行建造两种方式取得固定资产的初始计量,其他方式取得固定资产的初始计量在本教材其他相关章节具体介绍。

一、外购固定资产

企业外购固定资产的成本,包括购买价款、相关税费、使固定资产达到预定可使用状态前所发生的可归属于该项资产的运输费、装卸费、安装费和专业人员服务费等。

外购固定资产是否达到预定可使用状态,需要根据具体情况进行分析判断。如果购入不需安装的固定资产,购入后即可发挥作用,因此,购入后即可达到预定可使用状态。如果购入需安装的固定资产,只有安装调试后,达到设计要求或合同规定的标准,该项固定资产才可发挥作用,才意味着达到预定可使用状态。

(一) 购入不需安装固定资产

企业购入不需安装固定资产,是指购入后不需要安装就可以直接交付使用的固定资产。企业应按购入固定资产时实际支付的购买价款、包装费、运杂费、保险费、专业人员服务费和相关税费(不含可抵扣的增值税进项税额)等,借记"固定资产"科目,贷记"银行存款"、"应付账款"、"应付票据"等科目。

【例3-1】2×25年2月14日,甲公司购入一台不需要安装的生产用设备,取得的增值税专用发票上注明的设备价款100 000元,增值税进项税额13 000元。另取得的运输业增值税专用发票上注明的运输劳务的价款20 000元,增值税进项税额1 800元。全部款项均通过银行转账支付。甲公司的账务处理如下(除特殊说明外,本节例题中的企业均为增值税一般纳税人):

借:固定资产——××设备　　　　　　　　　　　　　　　120 000
　　应交税费——应交增值税(进项税额)　　　　　　　　 14 800
　　贷:银行存款　　　　　　　　　　　　　　　　　　　134 800

(二) 购入需要安装固定资产

购入需要安装固定资产,是指购入后需要经过安装、调试和试运行才能交付使用的固定资产。企业购入固定资产时实际支付的买价、运输费、装卸费、专业人员服务费和其他相关税费等均应先通过"在建工程"科目核算,待安装完毕达到预定可使用状态时,再由"在建工程"科目转入"固定资产"科目。

【例3-2】假设【例3-1】中甲公司购入的生产用设备需要安装后才可使用。在安装设备时,领用本公司原材料一批,成本30 000元,未计提存货跌价准备,购进该批原材料时支付了增值税进项税额3 900元;应支付安装工人的薪酬5 000元。假定不考虑其他相关税费。甲公司的账务处理如下:

(1) 支付设备价款、运输劳务价款和增值税款时:

借:在建工程——××设备　　　　　　　　　　　　　　　120 000
　　应交税费——应交增值税(进项税额)　　　　　　　　 14 800
　　贷:银行存款　　　　　　　　　　　　　　　　　　　134 800

(2) 设备安装领用原材料、应付安装工人薪酬时:

借:在建工程——××设备　　　　　　　　　　　　　　　 35 000

贷：原材料	30 000
应付职工薪酬	5 000

（3）设备安装完毕交付使用时：

借：固定资产——××设备	155 000
贷：在建工程——××设备	155 000

（三）以一笔款项购入多项没有单独标价固定资产

在实务中，企业可能以一笔款项同时购入多项没有单独标价的资产。如果这些资产均符合固定资产的定义，并满足固定资产的确认条件，则应将各项资产单独确认为固定资产，并按各项固定资产公允价值的比例对总成本进行分配，分别确定各项固定资产的成本。如果以一笔款项购入的多项资产中还包括固定资产以外的其他资产，也应按类似的方法予以处理。

【例3-3】2×24年5月5日，甲公司向某企业一次购入三套不同型号且具有不同生产能力的设备A、B和C。甲公司为该批设备共支付价款500 000元，增值税进项税额65 000元，已取得增值税专用发票。暂不考虑其他相关税费，全部款项以支票支付；假定A、B和C设备分别满足固定资产确认条件，公允价值分别为165 000元、275 000元和110 000元。甲公司的账务处理如下：

（1）确认计入固定资产成本的金额500 000元。

（2）确定设备A、B和C的价值分配比例：

A设备应分配的固定资产价值比例为：165 000/(165 000 + 275 000 + 110 000) ×100% = 30%

B设备应分配的固定资产价值比例为：275 000/(165 000 + 275 000 + 110 000) ×100% = 50%

C设备应分配的固定资产价值比例为：110 000/(165 000 + 275 000 + 110 000) ×100% = 20%

（3）确定设备A、B和C各自的成本：

A设备的成本 = 500 000 ×30% = 150 000（元）

B设备的成本 = 500 000 ×50% = 250 000（元）

C设备的成本 = 500 000 ×20% = 100 000（元）

（4）会计分录：

借：固定资产——A设备	150 000
——B设备	250 000
——C设备	100 000
应交税费——应交增值税（进项税额）	65 000
贷：银行存款	565 000

（四）超过正常信用条件付款购入固定资产

企业在确定销售信用政策时，通常会为客户设定"正常信用条件"，比如一定的赊销额和赊销期限。而超出正常信用条件，就是延期支付或者支付的利率高于正常利率等。企业购买固定资产通常在正常信用条件期限内付款，但也会发生超过正常信用条件购买固定资产的情况，如采用分期付款方式购买固定资产，且在合同中规定的付款期限比较长，超过了正常信用条件，该项购货合同实质上具有融资性质，购入固定资产的成本不能以各期付款额之和确定，而应以各期付款额的现值之和确定。固定资产购买价款的现值，应当按照各期支付的价款选择恰当的折现率进行折现后的金额加以确定。折现率是反映当前市场货币时间价值和延期付款债务特定风险的利率。其账务处理为：购入固定资产时，按购买价款的现值，借记"固定资产"或"在建工程"等科目，按应支付的金额，贷记"长期应付款"科目，按其差额，借记"未确认融资费用"科目。

【例3-4】2×25年1月1日，甲公司与乙公司签订一项购货合同，甲公司从乙公司购入一台不需要安装的用于经营管理的大型设备。合同约定，甲公司采用分期付款方式支付价款，该设备价款共计600 000元，分别于2×25年年末支付100 000元、2×26年年末支付200 000元和2×27年年末支付300 000元。税法规定，增值税在约定的付款时间按约定的付款额计算缴纳。假定资本市场利率为10%，无其他相关税费。甲公司的账务处理如下：

（1）确定设备的成本：

设备的入账成本 = $100\,000/(1+10\%) + 200\,000/(1+10\%)^2 + 300\,000/(1+10\%)^3$
   ≈ 481 592.79（元）

（2）会计分录：

借：固定资产——××设备　　　　　　　　　　　　　　　481 592.79
　　未确认融资费用　　　　　　　　　　　　　　　　　　118 407.21
　　贷：长期应付款——乙公司　　　　　　　　　　　　　　　　　600 000

二、自行建造固定资产

自行建造固定资产的成本，由建造该项资产达到预定可使用状态前所发生的必要支出构成。包括工程物资成本、人工成本、缴纳的相关税费、应予资本化的借款费用以及应分摊的间接费用等。企业自行建造固定资产包括自营建造和出包建造两种方式。实务中，企业较少采用自营方式建造固定资产，多数情况下采用出包方式。无论采用何种方式，所建工程都应当按照实际发生的支出确定其工程成本并单独核算。

（一）自营方式建造固定资产

企业以自营方式建造固定资产，意味着企业自行组织工程物资采购、自行组织施工人员从事工程施工。企业如有以自营方式建造固定资产，其成本应当按照直接材料、直接人工、直接机械施工费等计量。

企业为建造固定资产准备的各种物资应当按照实际支付的买价、运输费、保险费等相关税费作为实际成本，并按照各种专项物资的种类进行明细核算。工程完工后，剩余的工程物资转为本企业存货的，按其实际成本或计划成本进行结转。建设期间发生的工程物资盘亏、报废及毁损，减去残料价值以及保险公司、过失人等赔款后的净损失，计入所建工程项目的成本；盘盈的工程物资或处置净收益，冲减所建工程项目的成本。建设期间发生非正常原因导致的在建工程毁损，减去残料价值及保险公司、过失人等赔款后的净损失，计入营业外支出。工程完工后发生的工程物资盘盈、盘亏、报废、毁损，计入当期损益。

建造固定资产领用工程物资、原材料或库存商品，应按其实际成本转入所建工程成本。自营方式建造固定资产应负担的职工薪酬、辅助生产部门为之提供的水、电、运输等劳务，以及其他必要支出等也应计入所建工程项目的成本。符合资本化条件，应计入所建造固定资产成本的借款费用按照《企业会计准则第17号——借款费用》的有关规定处理。

根据企业会计准则解释第15号规定，企业测试固定资产可否正常运转（指评估该固定资产的技术和物理性能是否达到生产产品、提供服务、对外出租或用于管理等标准的活动，不包括评估固定资产的财务业绩）而发生的支出属于固定资产达到预定可使用状态前的必要支出，应该计入该固定资产成本。企业将固定资产达到预定可使用状态前产出的产品或副产品对外销售的应当确认收入，并结转成本，不应将试运行销售相关收入抵销相关成本后的净额冲减固定资产成本。试运行产出的有关产品或副产品在对外销售前，应当确认为存货或相关资产。

企业采用自营方式建造固定资产，发生的工程成本应通过"在建工程"科目核算，工程完工达到预定可使用状态时，从"在建工程"科目转入"固定资产"科目。

【例3－5】 甲公司在生产经营期间以自营方式建造一条生产线。2×25年1月至4月发生的有关经济业务如下：(1) 为建造生产线购入一批物资，收到的货物增值税专用发票上注明的价款200万元，增值税进项税额26万元，款项已通过银行转账支付。(2) 建造生产线领用上述物资180万元。(3) 建造生产线领用库存商品一批，成本80万元，已计提存货跌价准备10万元。该商品属于应税消费品，计税价100万元，消费税税率20%。(4) 应付工程人员职工薪酬50万元。(5) 生产线建造过程中，由于非正常原因造成部分毁损，该部分工程实际成本20万元，未计提在建工程减值准备；毁损工程可从保险公司收取赔偿款5万元，该赔偿款尚未收到。(6) 以银行存款支付工程其他支出40万元。(7) 辅助生产车间为建造生产线提供相关支出15万元。(8) 工程达到预定可使用状态并交付使用。甲公司的账务处理如下：

(1) 购入建造生产线用的物资：

借：工程物资　　　　　　　　　　　　　　　　　　　2 000 000
　　应交税费——应交增值税（进项税额）　　　　　　　260 000
　　　贷：银行存款　　　　　　　　　　　　　　　　　　　2 260 000

(2) 建造生产线领用工程物资：

借：在建工程——生产线　　　　　　　　　　　　　　1 800 000
　　　贷：工程物资　　　　　　　　　　　　　　　　　　　1 800 000

(3) 建造生产线领用库存商品：

借：在建工程——生产线　　　　　　　　　　　　　　　900 000
　　存货跌价准备　　　　　　　　　　　　　　　　　　　100 000
　　　贷：库存商品　　　　　　　　　　　　　　　　　　　　800 000
　　　　　应交税费——应交消费税　　　　　　　　　　　　　200 000

(4) 应付工程人员职工薪酬：

借：在建工程——生产线　　　　　　　　　　　　　　　500 000
　　　贷：应付职工薪酬　　　　　　　　　　　　　　　　　　500 000

(5) 生产线建造中的非正常损失：

借：营业外支出　　　　　　　　　　　　　　　　　　　150 000
　　其他应收款　　　　　　　　　　　　　　　　　　　　50 000
　　　贷：在建工程——生产线　　　　　　　　　　　　　　　200 000

(6) 支付工程其他支出：

借：在建工程——生产线　　　　　　　　　　　　　　　400 000

贷：银行存款　　　　　　　　　　　　　　　　　　　　　　　400 000
（7）辅助生产车间提供支出：
借：在建工程——生产线　　　　　　　　　　　　　　　　　　150 000
　　贷：生产成本——辅助生产车间　　　　　　　　　　　　　　150 000
（8）生产线达到预定可使用状态交付使用：
　　生产线的入账成本：1 800 000 + 900 000 + 500 000 − 200 000 + 400 000 + 150 000 = 3 550 000（元）。
借：固定资产——生产线　　　　　　　　　　　　　　　　　　3 550 000
　　贷：在建工程——生产线　　　　　　　　　　　　　　　　　3 550 000

此外，高危行业企业按照国家规定提取的安全生产费，应计入相关产品的成本或当期损益，同时记入"专项储备"科目。企业使用提取的安全生产费形成固定资产的，应当通过"在建工程"科目归集所发生的支出，待安全项目完工达到预定可使用状态时确认为固定资产；同时，按照形成固定资产的成本冲减专项储备，并确认相同金额的累计折旧，该固定资产在以后期间不再计提折旧。

【例3-6】 甲公司为大中型煤矿企业，属于高瓦斯的矿井，按照国家规定该煤炭生产企业按原煤实际产量每吨30元从成本中提取安全生产费。2×24年5月31日，甲公司"专项储备——安全生产费"科目余额为2 000万元。2×24年6月按照原煤实际产量计提安全生产费600万元；6月以银行存款支付安全生产检查费20万元；6月购入一批需要安装的用于改造和完善矿井瓦斯抽采等安全防护设备，价款为300万元，立即投入安装，安装中应付安装人员薪酬5万元。7月安装完毕达到预定可使用状态。请根据上述资料编制相关会计分录。

（1）计提安全生产费时：
借：生产成本　　　　　　　　　　　　　　　　　　　　　　　6 000 000
　　贷：专项储备　　　　　　　　　　　　　　　　　　　　　　6 000 000
（2）支付安全生产检查费时：
借：专项储备　　　　　　　　　　　　　　　　　　　　　　　　200 000
　　贷：银行存款　　　　　　　　　　　　　　　　　　　　　　　200 000
（3）购入安全防护设备时：
借：在建工程　　　　　　　　　　　　　　　　　　　　　　　3 000 000
　　贷：银行存款　　　　　　　　　　　　　　　　　　　　　　3 000 000
借：在建工程　　　　　　　　　　　　　　　　　　　　　　　　 50 000
　　贷：应付职工薪酬　　　　　　　　　　　　　　　　　　　　　 50 000
（4）安装完毕达到预定可使用状态时：
借：固定资产　　　　　　　　　　　　　　　　　　　　　　　3 050 000
　　贷：在建工程　　　　　　　　　　　　　　　　　　　　　　3 050 000
借：专项储备　　　　　　　　　　　　　　　　　　　　　　　3 050 000
　　贷：累计折旧　　　　　　　　　　　　　　　　　　　　　　3 050 000

（二）出包方式建造固定资产

在出包方式下，企业通过招标方式将工程项目发包给建造承包商，由建造承包商（即施工企业）组织工程项目施工。企业要与建造承包商签订建造合同，企业是建造合同的甲方，负责筹集资金和组织管理工程建设，通常称为建设单位；建造承包商是建造合同的乙方，负责建筑安装工程施工任务。

企业以出包方式建造固定资产，其成本由建造该项固定资产达到预定可使用状态前所发生的必要支出构成，包括发生的建筑工程支出、安装工程支出以及需分摊计入各固定资产价值的待摊支出。建筑工程、安装工程支出，如人工费、材料费、机械使用费等由建造承包商核算。对于发包企业而言，建筑工程支出、安装工程支出是构成在建工程成本的重要内容，发包企业按照合同规定的结算方式和工程进度定期与建造承包商办理工程价款结算，结算的工程价款计入在建工程成本。待摊支出，是指在建设期间发生的，不能直接计入某项固定资产价值，而应由所建造固定资产共同负担的相关费用，包括为建造工程发生的管理费、可行性研究费、临时设施费、公证费、监理费、应负担的税金、符合资本化条件的借款费用、建设期间发生的工程物资盘亏、报废及毁损净损失以及负荷联合试车费等。企业为建造固定资产通过出让方式取得土地使用权而支付的土地出让金不计入在建工程成本，应确认为无形资产（土地使用权）。

在出包方式下，"在建工程"科目主要是企业与建造承包商办理工程价款的结算科目，企业支付给建造承包商的工程价款，作为工程成本通过"在建工程"科目核算。企业应按合理估计的工程进度和合同规定结算的进度款，借记"在建工程"科目，贷记"银行存款"、"预付账款"等科目。工程完成时，按合同规定补付的工程款，借记"在建工程"科目，贷记"银行存款"等科目。企业将需安装设备运抵现场安装时，借记"在建工程"科目，贷记"工程物资"科目；企业为建造固定资产发生的待摊支出，借记"在建工程"科目，贷记"银行存款"、"应付职工薪酬"等科目。在建工程达到预定可使用状态时，借记"固定资产"科目，贷记"在建工程"科目。

【例 3-7】 2×24 年 1 月，甲公司与乙公司签订一项合同，将一套工程项目出包给乙公司承建，该套工程项目包括 A、B 两个单项工程，A 工程的合同价款 600 万元，B 工程的合同价款 400 万元。项目建造期间发生的有关事项如下：(1) 2×24 年 2 月 2 日，甲公司按合同约定向乙公司预付 10% 备料款 100 万元，其中 A 工程 60 万元，B 工程 40 万元。(2) 2×24 年 8 月 2 日，建造 A 工程和 B 工程的完工进度达到 50%，甲公司与乙公司办理工程价款结算 500 万元，其中 A 工程 300 万元，B 工程 200 万元。甲公司抵扣了预付备料款后，将余款用银行存款付讫。(3) 2×25 年 3 月 10 日，工程项目已全部完工，甲公司与乙公司办理工程价款结算 500 万元，其中 A 工程 300 万元，B 工程 200 万元，款项已通过银行转账支付。(4) 整个工程项目发生管理费、可行性研究费、公证费、监理费共计 50 万元，已通过银行转账支付。(5) 2×25 年 6 月 1 日，工程项目完成验收，各项指标达到设计要求。假定不考虑其他相关费用，甲公司的账务处理如下：

(1) 2×24 年 2 月 2 日，预付合同款：

借：预付账款——乙公司　　　　　　　　　　　　　　　　1 000 000
　　贷：银行存款　　　　　　　　　　　　　　　　　　　　　　1 000 000

(2) 2×24 年 8 月 2 日，办理工程价款结算：

借：在建工程——A 工程　　　　　　　　　　　　　　　　3 000 000
　　　　　　——B 工程　　　　　　　　　　　　　　　　2 000 000

    贷:银行存款 4 000 000
        预付账款——乙公司 1 000 000
(3) 2×25年3月10日,办理工程价款结算:
借:在建工程——A工程 3 000 000
        ——B工程 2 000 000
    贷:银行存款 5 000 000
(4) 支付工程的管理费、可行性研究费、公证费、监理费:
借:在建工程——待摊支出 500 000
    贷:银行存款 500 000
(5) 2×25年6月1日,完成验收:
A工程应分配的待摊支出 = 500 000 × 6 000 000/(6 000 000 + 4 000 000) × 100%
                  = 300 000(元)
B工程应分配的待摊支出 = 500 000 × 4 000 000/(6 000 000 + 4 000 000) × 100%
                  = 200 000(元)
借:在建工程——A工程 300 000
        ——B工程 200 000
    贷:在建工程——待摊支出 500 000
完工A工程的入账成本:6 000 000 + 300 000 = 6 300 000(元)
完工B工程的入账成本:4 000 000 + 200 000 = 4 200 000(元)
借:固定资产——A 6 300 000
        ——B 4 200 000
    贷:在建工程——A工程 6 300 000
        ——B工程 4 200 000

三、存在弃置费用的固定资产

对于特殊行业的特定固定资产,确定其初始成本时,还应考虑弃置费用。弃置费用通常是指根据国家法律和行政法规、国际公约等规定,企业承担的环境保护和生态恢复等义务所确定的支出,如核电站核设施等的弃置和恢复环境义务。弃置费用的金额与其现值比较通常较大,需要考虑货币时间价值,对于这些特殊行业的特定固定资产,企业应当根据《企业会计准则第13号——或有事项》,按照现值计算确定应计入固定资产成本的金额和相应的预计负债。一般工商企业的固定资产发生的报废清理费用不属于弃置费用,应当在发生时作为固定资产处置费用处理。

【例3-8】甲公司经国家批准于2×25年1月1日建造完成核电站核反应堆并交付使用,建造成本为20 000万元,预计使用寿命40年。该核反应堆将会对当地的生态环境产生一定的影响,根据法律规定,企业应在该项设施使用期满后将其拆除,并对造成的污染进行整治,预计发生弃置费用2 500万元。经计算,弃置费用在2×25年1月1日的现值为56万元。甲公司的账务处理如下:
(1) 确定固定资产的入账成本:
核电站的成本 = 建造成本 + 弃置费用的现值 = 20 000 + 56 = 20 056(万元)

(2) 会计分录：

借：固定资产——核电站　　　　　　　　　　　　200 560 000
　　贷：在建工程　　　　　　　　　　　　　　　　　　200 000 000
　　　　预计负债　　　　　　　　　　　　　　　　　　　　560 000

四、其他方式取得固定资产

企业取得固定资产的其他方式与存货类似，也主要包括接受投资者投资、非货币性资产交换、债务重组、企业合并等。

（一）投资者投入固定资产

投资者投入固定资产的成本，应当按照投资合同或协议约定的价值确定，但合同或协议约定价值不公允的除外。在投资合同或协议约定价值不公允的情况下，应按照该项固定资产的公允价值作为入账价值。

企业对投资者投资转入的机器设备等固定资产，在办理了固定资产移交手续之后，按投资合同或协议约定的价值，借记"固定资产"科目；按投资各方确认的价值在其注册资本中所占的份额，贷记"实收资本"或"股本"科目；按应支付的相关税费，贷记"银行存款"、"应交税费"等科目；按投资各方确认的价值与确认为实收资本或股本以及银行存款等的差额，确认为资本公积，贷记"资本公积——资本溢价（股本溢价）"科目。

（二）通过非货币性资产交换、债务重组、企业合并等方式取得的固定资产

企业通过非货币性资产交换、债务重组、企业合并等方式取得的固定资产的成本，应当分别按照《企业会计准则第7号——非货币性资产交换》《企业会计准则第12号——债务重组》《企业会计准则第20号——企业合并》等的规定确定。但是，其后续计量和披露应当执行固定资产准则的规定。

（三）盘盈固定资产

盘盈的固定资产，作为前期差错处理，在按管理权限报经批准处理前，应先通过"以前年度损益调整"科目核算。具体来说，盘盈固定资产发生，按固定资产的重置成本，借记"固定资产"科目，贷记"以前年度损益调整"科目。盘盈的固定资产报经批准后，借记"以前年度损益调整"科目，贷记"应交税费——应交所得税"、"盈余公积"和"利润分配——未分配利润"科目。

第三节　固定资产的后续计量

固定资产的后续计量主要包括固定资产折旧的计提、减值损失的确定以及后续支出的计量。其中，固定资产的减值应当按照《企业会计准则第8号——资产减值》处理。

一、固定资产折旧

（一）固定资产折旧的定义

固定资产与存货不同，它的价值不是一次转移计入产品成本或费用，而是在长期使用过程中，随着损耗程度，以折旧费项目分期计入产品成本或费用并通过取得相应的收入而得到

补偿。固定资产折旧，即是对固定资产由于磨损和损耗而转移到产品成本或构成企业费用的那一部分价值的补偿。

折旧，是指在固定资产的使用寿命内，按照确定的方法对应计折旧额进行的系统分摊。应计折旧额，是指应当计提折旧的固定资产的原价扣除其预计净残值后的金额；如果已对固定资产计提减值准备，还应当扣除已计提的固定资产减值准备累计金额。

折旧实质上是为了满足配比原则而对固定资产成本进行的一种分摊程序，不应将其理解为对固定资产的计价手段，折旧并不试图反映固定资产的公允市价。从经济性质上讲，折旧是反映了固定资产使用效能随着不断使用而逐渐减低这一经济事实。

（二）影响固定资产折旧的因素

影响固定资产折旧的主要因素有固定资产的折旧基数、固定资产的使用寿命、固定资产的净残值以及固定资产的减值准备。

1. 固定资产的折旧基数

固定资产的折旧基数，是指计算固定资产折旧的基准，一般为取得固定资产的原始成本，即固定资产的账面原价。在《企业会计准则第4号——固定资产》中规定的可选用的折旧方法中，大部分以固定资产的原始价值作为计提折旧的依据，只有在选用双倍余额递减法时，会以固定资产的账面净值作为计提折旧的依据。

2. 固定资产的使用寿命

企业确定固定资产使用寿命时，应当考虑下列因素：（1）该项资产预计生产能力或实物产量；（2）该项资产预计有形损耗，指固定资产在使用过程中，由于正常使用和自然力的作用而引起的使用价值和价值的损失，如设备使用中发生磨损、房屋建筑物受到自然侵蚀等；（3）该项资产预计无形损耗，指由于科学技术的进步和劳动生产率的提高而带来的固定资产价值上的损失，如因新技术的出现而使现有的资产技术水平相对陈旧、市场需求变化使其所生产的产品过时等；（4）法律或者类似规定对该项资产使用的限制，指某些固定资产的使用寿命可能受法律或类似规定的约束。

3. 固定资产的净残值

固定资产的净残值，是指假定固定资产预计使用寿命已满并处于使用寿命终了时的预期状态。固定资产的净残值是固定资产使用期满时的回收额，在计提折旧时，应从固定资产原价中扣除。

4. 固定资产的减值准备

固定资产的减值准备，指已计提的固定资产减值准备累计金额。固定资产计提减值准备后，应当在剩余使用寿命内根据调整后的固定资产账面价值（固定资产账面余额扣减累计折旧和累计减值准备后的金额）和预计净残值重新计算确定折旧率和折旧额。

（三）固定资产折旧范围

固定资产应自达到预定可使用状态时开始计提折旧，终止确认时或划分为持有待售非流动资产时停止计提折旧。在会计实务中，为了简化核算，当月增加的固定资产，当月不计提折旧，从下月起计提折旧；当月减少的固定资产，当月仍计提折旧，从下月起不计提折旧。按照《企业会计准则第4号——固定资产》的规定，除以下情况外，企业应对所有固定资产按月计提折旧：

1. 已提足折旧仍继续使用的固定资产

所谓已提足折旧，是指已经提足该项固定资产的应计折旧额。固定资产提足折旧后，不论能否继续使用，均不再计提折旧；提前报废的固定资产，也不再补提折旧。

2. 按照规定单独估价作为固定资产入账的土地

土地，主要是指已估价并单独入账的土地。因征地而支付的补偿费，应计入与土地有关的房屋、建筑物的价值内，不单独作为土地价值入账。在我国，土地归国家所有，任何企业和个人只拥有土地的使用权，企业取得的土地使用权应作为"无形资产"入账。"计入固定资产的土地"是指特定情况下按国家规定允许入账的土地，如我国曾经对部分公有制企业作出过规定，根据土地的评估价值将其作为企业固定资产入账。根据这一规定，这些企业曾经在固定资产账面上确认了一批土地的价值，但对这部分作为固定资产入账的土地，仍然是不能计提折旧的，原因在于土地不同于其他固定资产，其不存在损耗问题，因此无需计提折旧。对于其他企业，不涉及土地单独估价计入固定资产的问题，取得的土地使用权通常应作为无形资产管理，不作为固定资产管理。

3. 已达到预定可使用状态但尚未办理竣工决算的固定资产，应当按照估计价值确定其成本，并计提折旧；待办理竣工决算后再按实际成本调整原来的暂估价值，但不需要调整原已计提的折旧额。

（四）固定资产折旧方法

企业应当根据与固定资产有关的经济利益的预期消耗方式，合理选择折旧方法。会计实务中，企业可选用的固定资产折旧的方法很多，主要有直线法和加速折旧法两大类。直线法包括年限平均法和工作量法，加速折旧法包括双倍余额递减法和年数总和法。

1. 年限平均法

年限平均法，是指将固定资产的应计折旧额均衡地分摊到固定资产预计使用寿命内的一种方法。计算公式如下：

年折旧率 = (1 - 预计净残值率)/预计使用年限 × 100%

月折旧率 = 年折旧率/12 × 100%

月折旧额 = 固定资产原始价值 × 月折旧率

【例3-9】甲公司某项设备原价为120万元，预计使用寿命为5年，预计净残值率为4%；假设甲公司没有对该机器设备计提减值准备。甲公司对该设备按年限平均法计提折旧，计算如下：

年折旧率 = (1 - 4%)/5 × 100% = 19.2%

月折旧率 = 19.2%/12 × 100% = 1.6%

月折旧额 = 120 × 1.6% = 1.92（万元）

年限平均法是建立在固定资产的使用效能随着其使用时间推移而等量减少的假设上，将固定资产的转移价值平均分摊于固定资产使用寿命的各个时期，每期计提的折旧额相等。采用这种方法计算固定资产折旧虽然比较简便，但它也存在着一些明显的局限性。首先，固定资产在不同使用年限提供的经济效益是不同的。一般来讲，固定资产在其使用前期的工作效率相对较高，所带来的经济利益也就多；而在其使用后期的工作效率一般呈下降趋势，所带来的经济利益也就逐渐减少。年限平均法不予考虑，明显是不合理的。其次，固定资产在不同的使用年限发生的维修费用也不一样。固定资产的维修费用将随着其使用时间的延长而不断增加,而年限平均法也没有考虑这一因素。当固定资产各期负荷程度相同时,各期应分摊相同的折旧费,这时采用年限平均法计算折旧是合理的。但是,如果固定资产各期负荷程度不同,采用年限平均法计算折旧时,则不能反映固定资产的实际使用情况,计提的折旧额与固定资产的损耗程度也不相符。

2. 工作量法

工作量法是根据实际工作量计算每期应提折旧额的一种方法,这里的"工作量"可以是小时数、产量数、行驶里程数、工作台班数等。计算公式如下:

单位工作量折旧额 = 固定资产原值 × (1 - 预计净残值率)/预计总工作量

该项固定资产某月折旧额 = 该项固定资产当月实际工作量 × 单位工作量折旧额

【例3-10】甲公司的一辆客运汽车,原始价值为120万元,预计净残值率为5%,预计总行驶里程为80万公里,当月该汽车实际行驶了4 000公里。甲公司对该汽车按工作量法计提折旧,计算如下:

每公里折旧额 = 1 200 000 × (1 - 5%)/800 000 = 1.425(元)

本月折旧额 = 4 000 × 1.425 = 5 700(元)

工作量法假定固定资产在使用期内依工作量均匀损耗,按工作量平均计算折旧,即每个工作量的折旧额是相等的,在一定期间内固定资产的实际工作量越多,其计提的折旧越多。因此,固定资产在各个会计期间的实际工作量不同,其计提的折旧额也就不相等。该方法比较符合收入与费用相配比原则,即资产的实际使用程度越高,则磨损程度也越大,为企业提供的效益越高,计提的折旧费越高;反之亦然。对于在使用期内工作量负担程度差异大,提供的经济效益不均衡的固定资产而言,特别是在有形磨损比经济折旧更为重要的情况下,工作量法的这一假定是合理的。但是,工作量法把有形损耗看作是引起固定资产折旧的唯一因素,由于无形损耗的客观存在,固定资产即使不使用也会发生折旧,使用工作量法难以在账面上对这种情况作出反映。

3. 双倍余额递减法

双倍余额递减法是指在不考虑固定资产预计净残值的情况下,根据每期期初固定资产原价减去累计折旧后的金额(即固定资产净值)和双倍的直线法折旧率计算固定资产折旧的一种方法。计算公式如下:

年折旧率 = 2/固定资产预计使用年限 × 100%

月折旧率 = 年折旧率/12 × 100%

月折旧额 = 固定资产账面净值 × 月折旧率

由于每年年初固定资产净值没有扣除预计净残值,因此,在应用这种方法计算折旧额时必须注意不能使固定资产的净值降低到其预计净残值以下,即采用双倍余额递减法计提折旧的固定资产,通常在其折旧年限到期前两年内,将固定资产净值扣除预计净残值后的余额平均摊销。

【例3-11】沿用【例3-9】的资料,甲公司对该设备按双倍余额递减法计提折旧,每年折旧额计算如下:

年折旧率 = 2/5 × 100% = 40%

第一年应提的折旧额 = 120 × 40% = 48(万元)

第二年应提的折旧额 = (120 - 48) × 40% = 28.8(万元)

第三年应提的折旧额 =（120 - 48 - 28.8）× 40% = 17.28（万元）

从第四年起改按年限平均法（直线法）计提折旧：

第四年、第五年应提的折旧额 =（120 - 48 - 28.8 - 17.28 - 120 × 4%）/2 = 10.56（万元）

4. 年数总和法

年数总和法又称年限合计法，是将固定资产的原价减去预计净残值的余额乘以一个以固定资产尚可使用寿命为分子、以预计使用寿命逐年数字之和为分母的逐年递减的分数计算每年的折旧额。计算公式如下：

年折旧率 = 尚可使用寿命/预计使用寿命的年数总和 × 100%

月折旧率 = 年折旧率/12 × 100%

月折旧额 =（固定资产原价 - 预计净残值）× 月折旧率

【例3-12】沿用【例3-9】的资料，甲公司对该设备按年数总和法计提折旧，计算的各年折旧额如表3-1所示。

表3-1　　　　　　　　　　　　折旧计算表　　　　　　　　　　　　单位：元

年份	尚可使用寿命	原价 - 预计净残值	年折旧率	每年折旧额	累计折旧
第1年	5	1 152 000	5/15	384 000	384 000
第2年	4	1 152 000	4/15	307 200	691 200
第3年	3	1 152 000	3/15	230 400	921 600
第4年	2	1 152 000	2/15	153 600	1 075 200
第5年	1	1 152 000	1/15	76 800	1 152 000

双倍余额递减法和年数总和法都属于加速折旧法，其特点是在固定资产使用的早期多提折旧，后期少提折旧，其递减的速度逐年加快，从而相对加快折旧的速度，目的是使固定资产成本在估计使用寿命内加快得到补偿。从理论上讲，加速折旧法比直线法更具有合理性。但加速折旧法的主要缺点是方法比较复杂，在企业固定资产种类比较多的情况下，可操作性存在一定问题。另外，加速折旧法还会使得报告的收益率迅速递增，可能造成财务报告使用者的误解。

值得注意的是，企业在选择固定资产折旧方法时，应当根据与固定资产有关的经济利益的预期消耗方式做出决定。由于收入可能受到投入、生产过程、销售等因素的影响，这些因素与固定资产有关经济利益的预期消耗方式无关，因此，企业不应以包括使用固定资产在内的经济活动所产生的收入为基础进行折旧。企业选用不同的固定资产折旧方法，将影响固定资产使用寿命期间内不同时期的折旧费用，因此，固定资产的折旧方法一经确定，不得随意变更。如需变更应当符合固定资产准则的规定，至少于每年年度终了对固定资产的使用寿命、预计净残值和折旧方法进行复核时，按复核的结果进行处理。

(五) 固定资产折旧会计处理

企业各月计算提取折旧时，可以在上月计提折旧的基础上，对上月固定资产的增减情况进行调整后计算当月应计提的折旧额，计算公式如下：

本月固定资产应计提的折旧额 = 上月固定资产计提的折旧额 + 上月增加的固定资产应计

提折旧额－上月减少的固定资产应计提折旧额

固定资产按月计提的折旧应通过"累计折旧"科目核算，并根据用途计入相关资产的成本或者当期损益：企业基本生产车间所使用的固定资产，其计提的折旧应计入制造费用；管理部门所使用的固定资产，其计提的折旧应计入管理费用；销售部门所使用的固定资产，其计提的折旧应计入销售费用；自行建造固定资产过程中使用的固定资产，其计提的折旧应计入在建工程成本；经营租出的固定资产，其计提的折旧应计入其他业务成本。

【例3－13】甲公司2×24年12月固定资产计提折旧情况如表3－2所示：

表3－2　　　　　　　　　固定资产折旧计算汇总表　　　　　　　　　单位：元

使用部门	上月折旧额	上月增加固定资产应计提折旧额	上月减少固定资产应计提折旧额	本月折旧额
行政部门	45 000	10 000	—	55 000
车间部门	38 000	—	8 000	30 000
销售部门	15 000	9 000	2 000	22 000
工程部门	10 000	—	—	10 000
合计	108 000	19 000	10 000	117 000

甲公司2×24年12月计提折旧的账务处理如下：

借：管理费用　　　　　　　　　　　　　　　　　　　55 000
　　制造费用　　　　　　　　　　　　　　　　　　　30 000
　　销售费用　　　　　　　　　　　　　　　　　　　22 000
　　在建工程　　　　　　　　　　　　　　　　　　　10 000
　　贷：累计折旧　　　　　　　　　　　　　　　　　117 000

（六）固定资产使用寿命、预计净残值和折旧方法的复核

由于固定资产的使用寿命长于一年，属于企业的非流动资产，企业至少应当于每年年度终了，对固定资产的使用寿命、预计净残值和折旧方法进行复核。

在固定资产使用过程中，其所处的经济环境、技术环境以及其他环境有可能对固定资产使用寿命和预计净残值产生较大影响。例如，固定资产使用强度比正常情况大大加强，致使固定资产实际使用寿命大大缩短；替代该项固定资产的新产品的出现致使其实际使用寿命缩短，预计净残值减少，等等。为真实反映固定资产为企业提供经济利益的期间及每期实际的资产消耗，企业至少应当于每年年度终了，对固定资产使用寿命和预计净残值进行复核。如有确凿证据表明，固定资产使用寿命预计数与原先估计数有差异，应当调整固定资产使用寿命；如果固定资产净残值预计数与原先估计数有差异，应当调整预计净残值。

固定资产使用过程中所处经济环境、技术环境以及其他环境的变化也可能致使与固定资产有关的经济利益的预期消耗方式发生重大改变。如果固定资产给企业带来经济利益的方式发生重大变化，企业也应相应改变固定资产折旧方法。例如，某企业以前年度采用年限平均法计提固定资产折旧，此次年度复核中发现，与该固定资产相关的技术发生很大变化，年限平均法已很难反映该项固定资产给企业带来经济利益的方式，因此，决定变年限平均法为加速折旧法。

企业应当结合实际情况，制定固定资产目录、分类方法、每类或每项固定资产的使用寿命、预计净残值、折旧方法等。固定资产使用寿命、预计净残值和折旧方法的改变应作为会计估计变更，按照《企业会计准则第28号——会计政策、会计估计变更和差错更正》处理。

二、固定资产后续支出

企业的固定资产投入使用后，为了适应新技术发展的需要，或者为维护或提高固定资产的使用效能，往往需要对现有固定资产进行维护、改建、扩建或者改良，为此所发生的支出即为固定资产的后续支出。后续支出的处理原则为：符合资本化条件的，应当计入固定资产成本或其他相关资产的成本（例如，与生产产品相关的固定资产的后续支出计入相关产成品的成本），同时将被替换部分的账面价值扣除；不符合资本化条件的，应当计入当期损益。

（一）资本化的后续支出

与固定资产有关的后续支出，如果使可能流入企业的经济利益超过了原先的估计，如延长了固定资产的使用寿命，或者使产品质量实质性提高，或者使产品成本实质性降低，则应当将后续支出资本化计入固定资产账面价值。固定资产发生可资本化的后续支出时，企业一般应将该固定资产的原价、已计提的累计折旧和减值准备转销，将固定资产的账面价值转入在建工程时，并在此基础上重新确定固定资产原价。当固定资产转入在建工程时，应停止计提折旧。在固定资产发生的后续支出完工并达到预定可使用状态时，再从在建工程转为固定资产，并按重新确定的固定资产原价、使用寿命、预计净残值和折旧方法计提折旧。固定资产发生的可资本化的后续支出，通过"在建工程"科目核算。

企业发生的某些固定资产后续支出可能涉及替换原固定资产的某组成部分，当发生的后续支出符合固定资产确认条件时，应将其计入固定资产成本，同时将被替换部分的账面价值扣除。这样可以避免将替换部分的成本和被替换部分的成本同时计入固定资产成本，导致固定资产成本高估。企业对固定资产进行定期检查发生的大修理费用，符合资本化条件的，可以计入固定资产成本或其他相关资产的成本，不符合资本化条件的，应当费用化，计入当期损益。固定资产在定期大修理间隔期间，照提折旧。

【例3-14】甲公司是一家饮料生产企业，有关业务资料如下：(1) 2×23年12月，该公司自行建成了一条生产线并投入使用，建造成本600 000元，采用年限平均法计提折旧，预计净残值率为固定资产原价的3%，预计使用年限为6年。(2) 2×24年12月31日，由于生产的饮料适销对路，现有这条饮料生产线的生产能力已难以满足公司生产发展的需要，但若新建生产线成本过高，周期过长，于是公司决定对现有生产线进行改扩建，以提高其生产能力。假定该生产线未发生过减值。(3) 2×25年4月30日，完成了对该生产线的改扩建工程，达到预定可使用状态。改扩建过程中共发生支出47 000元，全部以银行存款支付。另在改扩建过程中拆除了生产线中某一部件予以报废，其账面价值10 000元。该生产线改扩建工程达到预定可使用状态后，大大提高了生产能力，预计尚可使用年限为8年，假定改扩建后的生产线的预计净残值率为改扩建后其账面价值的5%，折旧方法仍为年限平均法。假定甲公司按年度计提固定资产折旧，不考虑其他相关税费。甲公司的账务处理如下：

(1) 2×23年12月，自建生产线交付使用：

借：固定资产——生产线　　　　　　　　　　　　　600 000
　　贷：在建工程——生产线　　　　　　　　　　　　　　600 000

(2) 2×24 年 12 月 31 日,生产线计提当年折旧 600 000 × (1 - 3%)/6 × 100% = 97 000 (元):

借:制造费用	97 000	
贷:累计折旧		97 000

(3) 2×24 年 12 月 31 日,生产线转入改扩建:

借:在建工程——生产线(改扩建)	503 000	
累计折旧	97 000	
贷:固定资产——生产线		600 000

(4) 2×25 年 1 月至 4 月,发生的改扩建支出和拆除的部件:

借:在建工程——生产线(改扩建)	47 000	
贷:银行存款		47 000
借:营业外支出	10 000	
贷:在建工程——生产线(改扩建)		10 000

(5) 2×25 年 4 月 30 日,生产线改扩建完成交付使用:

借:固定资产——生产线	540 000	
贷:在建工程——生产线(改扩建)		540 000

(6) 2×25 年 12 月 31 日,改扩建后的生产线计提当年折旧 540 000 × (1 - 5%)/8 × 100% × 8/12 = 42 750 (元):

借:制造费用	42 750	
贷:累计折旧		42 750

(二) 费用化的后续支出

一般情况下,固定资产投入使用之后,由于固定资产磨损、各组成部分耐用程度不同,可能导致固定资产的局部损坏,为了维护固定资产的正常运转和使用,充分发挥其使用效能,企业将对固定资产进行必要的维护。发生固定资产维护支出只是确保固定资产的正常工作状况,没有满足固定资产的确认条件。因此,与固定资产有关的修理费用等后续支出,应当根据不同情况分别在发生时计入当期管理费用或销售费用。除与存货的生产和加工相关的固定资产的修理费用应按照存货成本确定原则进行处理外,行政管理部门、企业专设的销售机构等发生的固定资产修理费用等后续支出计入管理费用或销售费用。企业固定资产更新改造支出不满足资本化条件的,在发生时应直接计入当期损益。

三、固定资产减值

固定资产发生损坏、技术陈旧或者其他经济原因,导致其可收回金额低于其账面价值,这种情况称之为固定资产减值。在会计实务中为了简化工作,一般在年度资产负债表日先判断固定资产是否存在可能发生减值的迹象,然后对存在可能发生减值迹象的固定资产需要进行减值测试。在对固定资产进行减值测试时,需要估计其可收回金额,并将可收回金额与其账面价值进行比较,以便确定固定资产减值是否存在。

(一) 固定资产减值迹象

从企业外部信息来源来看,如果出现了资产的市价当期大幅度下跌,其跌幅明显高于因时间的推移或者正常使用而预计的下跌;企业经营所处的经济、技术或者法律等环境以及资产所处的市场在当期或者将在近期发生重大变化，从而对企业产生不利影响；市场利率或者其他市场投资报酬率在当期已经提高，从而影响企业计算资产预计未来现金流量现值的折现率，导致资产可收回金额大幅度降低等，均属于资产可能发生减值的迹象。

从企业内部信息来源来看，如果有证据表明资产已经陈旧过时或者其实体已经损坏；资产已经或者将被闲置、终止使用或者计划提前处置；企业内部报告的证据表明资产的经济绩效已经低于或者将低于预期，如资产所创造的净现金流量或者实现的营业利润远远低于原来的预算或者预计金额、资产发生的营业损失远远高于原来的预算或者预计金额、资产在建造或者收购时所需的现金支出远远高于最初的预算、资产在经营或者维护中所需的现金支出远远高于最初的预算等，均属于资产可能发生减值的迹象。

（二）固定资产可收回金额

固定资产可收回金额，应当根据其公允价值减去处置费用后的净额与其预计未来现金流量的现值两者之间较高者确定。可收回金额实际上反映了企业在处置资产和继续使用资产两者之间作出的决策。在资产减值存在时，企业要么将资产变卖，要么继续使用该资产。如果处置资产给企业带来的利益较高，企业就会处置该资产；如果继续使用该资产所带来的利益较高，企业就会继续使用该资产。

1. 公允价值减去处置费用后的净额

固定资产的公允价值减去处置费用后的净额，是指固定资产如果被出售或者处置时可以收回的净现金收入。公允价值是指在公平交易中，熟悉情况的交易双方自愿进行资产交换的金额；处置费用是指可以直接归属于资产处置的增量成本，包括与资产处置有关的法律费用、相关税费、搬运费以及为使资产达到可销售状态所发生的直接费用等，但是财务费用和所得税费用等不包括在内。

2. 预计未来现金流量的现值

固定资产预计未来现金流量的现值，应当按照固定资产在持续使用过程中和最终处置时所产生的预计未来现金流量，选择恰当的折现率对其进行折现后的金额加以确定。因此，预计资产未来现金流量的现值，主要应当综合考虑以下因素：（1）固定资产的预计未来现金流量；（2）固定资产的使用寿命；（3）折现率。其中，固定资产使用寿命的预计与《企业会计准则第 4 号——固定资产》规定的使用寿命预计方法相同。

（三）固定资产减值会计处理

固定资产的可收回金额低于其账面价值的，应当将可收回金额低于其账面价值的差额作为固定资产减值准备处理，设置"固定资产减值准备"科目来进行核算。企业发生固定资产减值时，借记"资产减值损失——计提的固定资产减值准备"科目，贷记"固定资产减值准备"科目。这样，企业当期确认的减值损失反映于利润表中，而计提的资产减值准备作为固定资产的备抵项目反映于资产负债表中，从而夯实企业资产价值，避免利润虚增。

考虑到固定资产发生减值后，一方面价值回升的可能性比较小，通常属于永久性减值；另一方面从会计信息稳健性要求考虑，为了避免确认资产重估增值和操纵利润，其减值损失一经确认，在以后会计期间不得转回。以前期间计提的固定资产减值准备，需要等到固定资产终止确认时才可转出。

值得注意的是，固定资产减值损失确认后，减值资产的折旧费用应当在未来期间作相应调整，以使该资产在剩余使用寿命内，系统地分摊调整后的资产账面价值（扣除预计净残值)。固定资产计提了减值准备后,固定资产账面价值将根据计提的减值准备相应抵减。因此,固定资产在未来计提折旧时,应当以新的固定资产账面价值为基础计提每期折旧。

【例3–15】 甲公司在2×22年12月取得一项固定资产交付销售部门使用,原值51 000元,预计使用寿命10年,预计净残值1 000元,假定采用年限平均法按年度计提折旧。2×24年12月31日,该固定资产出现减值迹象,估计其可收回金额为38 000元。发生减值后重新预计其净残值800元,预计使用寿命和折旧方法保持不变。甲公司该项固定资产折旧、减值相关账务处理如下:

(1) 2×23年12月31日,计提本年折旧 (51 000 – 1 000)/10 = 5 000 (元):

借:销售费用　　　　　　　　　　　　　　　　　　　　　　　5 000
　　贷:累计折旧　　　　　　　　　　　　　　　　　　　　　　　5 000

(2) 2×24年12月31日,计提本年折旧 (51 000 – 1 000 – 5 000)/9 = 5 000 (元):

借:销售费用　　　　　　　　　　　　　　　　　　　　　　　5 000
　　贷:累计折旧　　　　　　　　　　　　　　　　　　　　　　　5 000

(3) 2×24年12月31日,减值测试:

固定资产账面价值51 000 – 5 000×2 = 41 000 (元),可收回金额38 000元,计提减值准备3 000元。

借:资产减值损失——计提的固定资产减值准备　　　　　　　3 000
　　贷:固定资产减值准备　　　　　　　　　　　　　　　　　　3 000

(4) 2×25年12月31日,计提本年折旧 (51 000 – 800 – 5 000×2 – 3 000)/8 = 4 650 (元):

借:销售费用　　　　　　　　　　　　　　　　　　　　　　　4 650
　　贷:累计折旧　　　　　　　　　　　　　　　　　　　　　　　4 650

此外,企业的固定资产建设工程和工程物资,随着市场或其他因素的变化,会发生停建、缓建,导致建设工程和工程物资减值等情况。为了较合理地反映在建工程和工程物资的价值,企业应该定期或在年度终了,对在建工程和工程物资进行全面检查,如果有证据表明在建工程和工程物资已经发生了减值的,应当计提减值准备。资产负债表日,在建工程和工程物资发生减值的,按应减记的金额,借记"资产减值损失——计提的在建工程减值准备"科目或"资产减值损失——计提的工程物资减值准备"科目,贷记"在建工程减值准备"科目或"工程物资减值准备"科目。在建工程和工程物资的减值损失一经确认,在以后会计期间不得转回。

第四节　固定资产的终止确认

一、固定资产终止确认的条件

固定资产满足下列条件之一的,应当予以终止确认:

1. 该固定资产处于处置状态

固定资产处置包括固定资产的出售、转让、报废或毁损、对外投资、非货币性资产交换、债务重组等。处于处置状态的固定资产不再用于生产商品、提供劳务、出租或经营管理，因此不再符合固定资产的定义，应予以终止确认。

2. 该固定资产预期通过使用或处置不能产生经济利益

固定资产的确认条件之一是"与该固定资产有关的经济利益很可能流入企业"，如果一项固定资产预期通过使用或处置不能产生经济利益，那么它就不再符合固定资产的定义和确认条件，应予以终止确认。

本节主要介绍出售、转让、报废或毁损、盘亏固定资产的终止确认，因其他方式而终止确认固定资产在本教材其他相关章节具体介绍。

二、固定资产出售与转让

（一）划归为持有待售类别

按照《企业会计准则第 42 号——持有待售的非流动资产、处置组和终止经营》的规定，企业主要通过出售而非持续使用一项非流动资产或处置组收回其账面价值的，应当将其划分为持有待售类别。除处置组中包含的流动资产以外，其他流动资产不能划分为持有待售类别。非流动资产或处置组划分为持有待售类别，应当同时满足下列条件：（1）企业已经就处置该非流动资产作出决议；（2）企业已经与受让方签订了不可撤销的转让协议；（3）该项转让将在一年内完成。

企业的固定资产因出售、转让而划归为持有待售类别的，按照持有待售非流动资产、处置组的相关规定进行会计处理。首先，在转为持有待售日，按固定资产账面价值，借记"持有待售资产"科目，按已计提的累计折旧，借记"累计折旧"科目，按已计提的减值准备，借记"固定资产减值准备"科目，按固定资产账面余额，贷记"固定资产"科目。然后，比较其账面价值与公允价值减去处置费用后的净额，如果账面价值高于公允价值减去处置费用后的净额的，应按其差额，借记"资产减值损失"科目，贷记"持有待售资产减值准备"科目；如果账面价值低于公允价值减去处置费用后的净额的，则不作处理。

应特别注意的是，固定资产因出售与转让而划归为持有待售类别的，在以后的持有期间不计提折旧。

企业在资产负债表日重新计量持有待售的固定资产时，如果其账面价值高于公允价值减去出售费用后的净额，应当将其差额确认为资产减值损失，同时计提持有待售资产减值准备，借记"资产减值损失"科目，贷记"持有待售资产减值准备"科目。如果后续资产负债表日持有待售固定资产的公允价值减去出售费用后的净额增加，以前减记的金额应当予以恢复，并在划分为持有待售类别后非流动资产确认的资产减值损失金额内转回，转回金额计入当期损益，划分为持有待售类别前确认的资产减值损失不得转回，借记"持有待售资产减值准备"科目，贷记"资产减值损失"科目。

固定资产因不再满足持有待售类别划分条件而不再继续划分为持有待售类别或非流动资产从持有待售的处置组中移除时，应当按照以下两者孰低计量：（1）划分为持有待售类别前的账面价值，按照假定不划分为持有待售类别情况下本应确认的折旧、摊销或减值等进行调整后的金额；（2）可收回金额。这样处理的结果是，原来划分为持有待售的固定资产在重新分类后的账面价值，与其从未划分为持有待售类别情况下的账面价值相一致。由此产生的差额计入当期损益，可以通过"资产减值损失"科目进行会计处理。

持有待售的固定资产在终止确认时，企业应当将尚未确认的利得或损失计入当期损益

(资产处置损益)。

持有待售其他非流动资产(如无形资产、金融资产、投资性房地产等)的会计处理与持有待售固定资产的会计处理规则类同,本书其他章节不再赘述。

【例3-16】甲公司在2×20年12月31日购买了一台设备,原价为100万元,预计使用寿命为10年,预计净残值为10万元,采用直线法计提折旧。

(1) 2×24年12月31日,因产品生产调整,甲公司该设备划分为持有待售固定资产,满足划分条件。该设备当日公允价值为50万元,相关处置费用预计为5万元,此前未计提减值准备。

(2) 2×25年6月30日,该设备的公允价值下降到30万元,相关处置费用预计为5万元。

(3) 2×25年9月30日,该公司出售该设备,实际售价为25万元,相关处置费用为5万元。

假设不考虑其他相关税费。

要求:作出甲公司该设备划分为持有待售资产的相关会计处理。

(1) 2×24年12月31日:

借:持有待售资产——固定资产　　　　　　　　　　　　640 000
　　累计折旧　　　　　　　　　　　　　　　　　　　　360 000
　　贷:固定资产　　　　　　　　　　　　　　　　　　　　　　1 000 000

计提减值准备 = 账面价值64万元 - 公允价值减去处置费用后的净额45(50-5)万元
　　　　　　 = 19万元

借:资产减值损失　　　　　　　　　　　　　　　　　　190 000
　　贷:持有待售资产减值准备　　　　　　　　　　　　　　　190 000

(2) 2×25年6月30日:

计提减值准备 = 账面价值45万元 - 公允价值减去处置费用后的净额25(30-5)万元
　　　　　　 = 20万元

借:资产减值损失　　　　　　　　　　　　　　　　　　200 000
　　贷:持有待售资产减值准备　　　　　　　　　　　　　　　200 000

(3) 2×25年9月30日出售时:

借:银行存款　　　　　　　　　　　　(250 000 - 50 000) 200 000
　　持有待售资产减值准备　　　　　　　　　　　　　　　390 000
　　资产处置损益　　　　　　　　　　　　　　　　　　　 50 000
　　贷:持有待售资产——固定资产　　　　　　　　　　　　　640 000

(二) 未划归为持有待售类别

未划归为持有待售类别的固定资产出售与转让,应通过"固定资产清理"科目归集所发生的损益,其产生的利得或损失转入"资产处置损益"科目,计入当期损益。其会计处理一般经过以下几个步骤:

第一,固定资产转入清理。固定资产转入清理时,按固定资产账面价值,借记"固定资产清理"科目,按已计提的累计折旧,借记"累计折旧"科目,按已计提的减值准备,借记"固定资产减值准备"科目,按固定资产账面余额,贷记"固定资产"科目。

第二，发生的处置费用。固定资产出售与转让过程中发生的有关费用以及应支付的相关税费，借记"固定资产清理"科目，贷记"银行存款"、"应交税费"等科目。

第三，形成的处置收入。企业收回出售与转让固定资产的价款收入，应冲减清理支出。按实际收到的出售价款和增值税款，借记"银行存款"等科目，贷记"固定资产清理"、"应交税费——应交增值税"等科目。

第四，处置净损益的结转。固定资产出售与转让完成后的净损益，借记或贷记"资产处置损益"科目，贷记或借记"固定资产清理"科目。

【例3-17】因产品转型，甲公司将车间一台不需用的机器设备出售给乙公司，开具的增值税专用发票上注明的价款160 000元，增值税额20 800元，全部款项已收存银行。该机器设备原价200 000元，已累计提取折旧50 000元，已累计提取减值准备4 000元。出售时，甲公司以银行存款支付该机器设备的拆卸费用5 000元，假定不考虑其他相关税费。甲公司账务处理如下：

(1) 终止确认固定资产：

借：固定资产清理	146 000
累计折旧	50 000
固定资产减值准备	4 000
贷：固定资产——××机器设备	200 000

(2) 收取销售价款和增值税款：

借：银行存款	180 800
贷：固定资产清理	160 000
应交税费——应交增值税（销项税额）	20 800

(3) 支付拆卸费用：

| 借：固定资产清理 | 5 000 |
| 　贷：银行存款 | 5 000 |

(4) 结转出售净损益：

| 借：固定资产清理 | 9 000 |
| 　贷：资产处置损益 | 9 000 |

三、固定资产报废和毁损

固定资产的报废有两种情况：(1) 正常的报废，包括由于固定资产长期使用发生损耗不能继续使用而报废，或由于社会技术进步必须以先进设备代替落后设备而提前报废；(2) 非正常报废，包括因火灾、水灾等自然灾害不可抗力原因和人为管理不善原因导致固定资产报废。

固定资产发生正常报废和非正常报废时应转入固定资产清理，其会计处理与未划归为持有待售类别的固定资产出售与转让相同。

但要注意，非正常报废造成的固定资产损失，一般会取得保险公司或责任人的赔偿，企业计算或收到的应由保险公司或过失人赔偿所产生的收入，应冲减清理支出，借记"其他应收款"、"银行存款"等科目，贷记"固定资产清理"科目。此外，在结转报废固定资产净损益时，属于已丧失使用功能正常报废所产生的利得或损失，借记或贷记"营业外支出——非流动资产报废"科目，贷记或借记"固定资产清理"科目；属于自然灾害等非正常原因造成的，借记或贷记"营业外支出——非常损失"科目，贷记或借记"固定资产清理"科目。

关于固定资产非正常损失的增值税处理如下：（1）因管理不善原因造成的固定资产毁损、被盗、丢失、盘亏及被依法没收、销毁、拆除等非正常损失，是由纳税人自身原因造成征税对象主体的灭失，其进项税额不得抵扣，需要进项税额转出；（2）因自然灾害等不可抗力原因造成的固定资产毁损、灭失、盘亏等非正常损失，其进项税额允许抵扣，不需要进项税额转出。

【例3-18】甲公司行政管理部门使用的一辆汽车，因遭受意外灾害而提前报废。该汽车账面原值500 000元，已累计提取折旧100 000元，无减值准备。甲公司以银行存款支付汽车报废的相关费用2 000元。由于该汽车已投保，经保险公司核准，可获得保险赔款200 000元，暂未收到。假定不考虑其他相关税费，甲公司的账务处理如下：

（1）终止确认固定资产：

借：固定资产清理　　　　　　　　　　　　　　　　400 000
　　累计折旧　　　　　　　　　　　　　　　　　　100 000
　　贷：固定资产——××汽车　　　　　　　　　　　　　　　500 000

（2）支付报废费用：

借：固定资产清理　　　　　　　　　　　　　　　　2 000
　　贷：银行存款　　　　　　　　　　　　　　　　　　　2 000

（3）应获得的保险赔款：

借：其他应收款——××保险公司　　　　　　　　　200 000
　　贷：固定资产清理　　　　　　　　　　　　　　　　　200 000

（4）结转报废净损益：

借：营业外支出——非常损失　　　　　　　　　　　202 000
　　贷：固定资产清理　　　　　　　　　　　　　　　　　202 000

四、固定资产盘亏

固定资产是一种价值较高、使用期限较长的有形资产，企业应当定期或者至少于每年年末对固定资产进行清查盘点，以保证固定资产核算的真实性和完整性，充分挖掘企业现有固定资产的潜力。在固定资产清查过程中，如果发现盘亏的固定资产，应当及时查明原因，并按照规定程序报批处理。对于管理规范的企业而言，盘亏的固定资产较为少见。

固定资产盘亏造成的损失，应当计入当期损益。企业在财产清查中盘亏的固定资产应终止确认，按盘亏固定资产的账面价值，借记"待处理财产损溢——待处理固定资产损溢"科目，按已计提的累计折旧，借记"累计折旧"科目，按已计提的减值准备，借记"固定资产减值准备"科目，按固定资产原价，贷记"固定资产"科目。按管理权限报经批准后处理时，按可收回的保险赔偿或过失人赔偿，借记"其他应收款"科目，按应计入营业外支出的金额，借记"营业外支出——盘亏损失"科目，按批准处理的盘亏固定资产的账面价值，贷记"待处理财产损溢——待处理固定资产损溢"科目。

案例分析：

ABC 公司是一家注册并主要在北京地区经营的汽车陪练公司，成立已有 10 年之久，2010 年拥有 20 辆车，30 位陪练教练，管理及后勤人员 10 名左右，公司办公用房是租用，资产负债表中最主要的资产是固定资产，即陪练用汽车，固定资产占企业总资产比重为 85%，是一个典型的"重资产"公司。由于宏观经济的发展，居民私人买车的需求大量增加，使得该汽车陪练公司的业务持续稳定增长，2010 年的收入更是突破 500 万元。公司创始人也雄心勃勃想要大力开拓市场，力求下一年度收入翻一番。

该公司的收入来源就是汽车陪练收入，按小时计费，客户越多，陪练时间越长，收入越多，同时也有一部分汽车陪练卡资金的利息收入。该公司平均汽车陪练价格，以大众速腾为例，如果办 20 小时的汽车陪练卡，单价平均为 95 元每小时。公司有 20 辆车，扣除尾号限行不能运营的影响，每年工作天数大约为 300 天。算下来每辆车每天需要工作时长为：5 000 000 元÷(20 辆×300 天)=833 元，也即每辆车每天要挣毛收入 833 元，按每小时平均单价 100 元来算，每辆车每天工作时长为 8.3 小时，考虑到不同客户之间的衔接，实际每辆车每天运行时间在 10 - 12 小时。每个客户最低陪练时间为 2 小时，则每辆车每天最多服务 5 个客户。20 辆车，每天最多服务 100 个客户。

该陪练公司的主要成本为汽车维修保养、油耗、折旧、更新换代等费用。由于新手练车时车速较慢，刹车多，因此油耗、刹车片以及维修保养费用的成本较正常办公用车辆要高，同时，为了保持良好的车况以及出于规避意外风险考虑，该公司保险费用也属于一笔较大的支出。

公司开业以来，一直大力开拓市场，并秉承低成本策略。但自 2010 年 12 月 24 日起北京市实行机动车摇号制度以后，该公司却由于缺乏陪练车不得不减少客户承接，而运营成本却居高不下，公司发展遇到了巨大的障碍。具体来说，公司原有模式下的发展障碍有三个：第一，北京市购车摇号政策出台后，该汽车陪练公司在客户充足的情况下，由于无法购买足够陪练车辆，出现了约车困难的情况，导致客户流失。第二，汽车行业不断推出新品牌，该汽车陪练公司为了能跟上客户的需求，需要不断地对陪练车辆进行更新换代，折旧费用非常高。而淘汰的陪练车辆处理价格基本上是原价的 10% - 20%，导致企业成本进一步增大。第三，汽车的保险保养维修费用非常高，原来公司是自己拥有车辆招募陪练人员进行培训之后上岗，但是由于车是公司的，陪练员在保养的过程中并没有那么精细，所以导致公司的汽车保养费用比较高，这也是公司一个沉重的负担。

从会计数据来看，该公司固定资产折旧费用高、运营费用高直接导致成本费用居高不下，而不能购买足够的陪练车辆又直接导致收入的减少。该公司属于私营小微企业，首要目的是企业先生存下来，其次谋求发展，而非篡改利润数字，玩弄数字游戏。但上述三个问题严重制约着该陪练公司的发展。

——资料来源：中国会计视野网站

讨论：
1. 有什么办法大幅度减少公司的折旧和运营费用？
2. 有什么办法解决该公司陪练车辆不足的问题？

思考题

1. 如何确认企业的固定资产？
2. 如何对固定资产进行初始计量？
3. 对固定资产计提折旧的方法有哪些？各种折旧方法的特点是什么？
4. 如何确定固定资产的减值？
5. 固定资产终止确认的情形有哪些？

练习题

甲公司属于增值税一般纳税人企业，其拥有的一条生产线（作为固定资产核算和管理）在 2×22 年至 2×25 年的有关业务资料如下：

资料一：2×22 年 10 月 1 日，甲公司为建造该条生产线而购入一批工程物资，价款 2 200 万元，增值税款 286 万元；发生运输费，价款 100 万元，增值税款 9 万元。上述购入的工程物资和运输劳务均已取得可抵扣的增值税专用发票，全部款项通过银行转账支付。

资料二：2×22 年 10 月 2 日，甲公司开始以自营方式建造该生产线，领用上述购入的全部工程物资。生产线建造期间领用原材料的实际成本 550 万元，发生建造人员薪酬 70 万元，没有发生其他相关税费。该原材料未计提存货跌价准备。

资料三：生产线达到预定可使用状态前，领用原材料 20 万元，该批原材料未计提存货跌价准备。

资料四：2×22 年 12 月 2 日，该生产线达到预定可使用状态，当日投入使用。该生产线预计使用年限 6 年，预计净残值 60 万元，采用直线法计提折旧。

资料五：2×23 年 12 月 31 日，甲公司在对该生产线进行检查时发现其已经发生减值，该生产线可收回金额 2 118 万元。计提减值后该生产线的预计尚可使用年限 5 年，预计净残值 18 万元，仍然采用直线法计提折旧。

资料六：2×24 年 6 月 30 日，甲公司采用出包方式对该生产线进行改良。当日，该生产线停止使用，开始进行改良。在改良过程中，被更换部件的账面价值 10 万元。

资料七：2×24 年 8 月 20 日，生产线改良工程完工验收合格并于当日投入使用，甲公司以银行存款支付工程总价款 52 万元（不考虑相关增值税）。改良后的生产线预计尚可使用 8 年，预计净残值 30 万元，采用直线法计提折旧。2×24 年 12 月 31 日，该生产线未发生减值。

资料八：2×25 年 4 月 20 日，甲公司与某企业达成协议，决定将该生产线出售给该企业。2×25 年 4 月 30 日，甲公司与该企业办理完毕财产移交手续，开出增值税发票并收到价款 2 000 万元和增值税款 260 万元存入银行，同时以支票支付相关清理费用 2 万元。

要求：根据上述资料，作出甲公司生产线的相关账务处理。

第四章

无形资产

本章结构

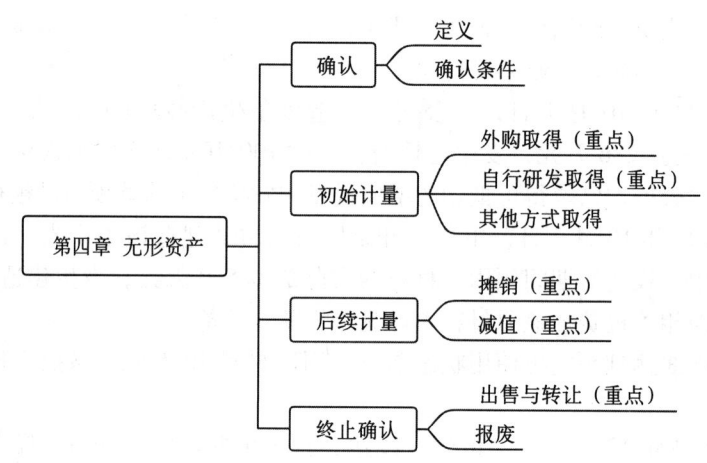

第一节　无形资产的确认

一、无形资产的定义

无形资产，是指企业拥有或者控制的没有实物形态的可辨认非货币性资产。从无形资产的定义可以看出，无形资产具有以下特征：

1. 由企业拥有或者控制并能为其带来未来经济利益

通常情况下，企业拥有或者控制的无形资产，是指企业拥有该项无形资产的所有权，且该项无形资产能够为企业带来未来经济利益。例如，企业自行研制的技术通过申请依法取得专利权后，在一定期限内拥有了该专利技术的法定所有权。

但在某些情况下并不需要企业拥有其所有权，如果企业有权获得某项无形资产产生的经济利益，同时又能约束其他人获得这些经济利益，则说明企业控制了该无形资产，或者说控制了该无形资产所产生的经济利益，并受法律的保护。例如，对于会产生经济利益的技术知识，若其受到版权、贸易协议约束（如果允许）等法定权利或雇员保密法定职责的保护，那么说明该企业控制了相关利益。

2. 不具有实物形态

无形资产通常表现为某种权利、某项技术或是某种获取超额利润的综合能力。它们不具有实物形态，看不见，摸不着，比如，土地使用权、非专利技术等。不具有实物形态是无形资产区别于其他资产的特征之一，但不是确认无形资产的充分必要条件，也不能成为决定一项资产是不是无形资产的实质性标准。比如，企业销售商品产生的收款权、有价证券投资所获得的债权和股权，都不具有实物形态，但不应确认为无形资产。

需要指出的是，某些无形资产的存在有赖于实物载体，比如，计算机软件需要存储在介质中，但这并不改变无形资产本身不具有实物形态的特性。在确定一项包含无形和有形要素的资产是属于固定资产还是属于无形资产时，需要通过判断来加以确定，通常以哪个要素更重要作为判断的依据。例如，计算机控制的机械工具没有特定计算机软件就不能运行时，则说明该软件是构成相关硬件不可缺少的组成部分，该软件应作为固定资产处理；如果计算机软件不是相关硬件不可缺少的组成部分，则该软件应作为无形资产核算。

3. 具有可辨认性

企业的资产，符合以下条件之一的，则认为其具有可辨认性：

（1）能够从企业中分离或者划分出来，并能单独用于出售或转让等，而不需要同时处置在同一获利活动中的其他资产，则说明无形资产可以辨认。某些情况下无形资产可能需要与有关的合同一起用于出售、转让等，这种情况下也视为可辨认无形资产。

（2）产生于合同性权利或其他法定权利，无论这些权利是否可以从企业或其他权利和义务中转移或者分离。如一方通过与另一方签订特许权合同而获得的特许使用权，通过法律程序申请获得的商标权、专利权等。

要作为无形资产进行核算，该资产必须是能够区别于其他资产可单独辨认的，如企业持有的专利权、非专利技术、商标权、土地使用权、特许权等。从可辨认性角度考虑，商誉是与企业整体价值联系在一起的，无形资产的定义要求无形资产是可辨认的，以便与商誉清楚地区分开来。企业合并中取得的商誉，代表了购买方为从不能单独辨认并独立确认的资产中获得预期未来经济利益而付出的代价。这些未来经济利益可能产生于取得的可辨认资产之间的协同作用，也可能产生于购买者在企业合并中准备支付的但不符合在财务报表上确认条件的资产。从计量上来讲，商誉是企业合并成本大于合并中取得的各项可辨认资产、负债公允价值份额的差额，代表的是企业未来现金流量大于每一单项资产产生未来现金流量的合计金额，其存在无法与企业自身区分开来，由于不具有可辨认性，虽然商誉也是没有实物形态的非货币性资产，但不构成无形资产。与此类似，内部产生的品牌、报刊名、刊头、客户名单和实质上类似项目的支出不能与整个业务开发成本区分开来。因此，这类项目也不应确认为无形资产。

4. 属于非货币性资产

非货币性资产，是指货币性资产以外的资产。货币性资产，则是指企业持有的货币资金和将以固定或可确定的金额收取的资产。无形资产由于没有发达的交易市场，一般不容易转化成现金，在持有过程中为企业带来未来经济利益的情况不确定，不属于以固定或可确定的金额收取的资产，属于非货币性资产。

二、无形资产的确认条件

无形资产应当在符合定义的前提下,同时满足以下两个确认条件时,才能予以确认:

1. 与该无形资产有关的经济利益很可能流入企业

作为无形资产确认的项目,必须具备产生的经济利益很可能流入企业。通常情况下,无形资产产生的未来经济利益可能包括在销售商品、提供劳务的收入中,或者企业使用该项无形资产而减少或节约的成本中,或体现在获得的其他利益中。

2. 该无形资产的成本能够可靠地计量

成本能够可靠地计量是资产确认的一项基本条件。比如,企业内部产生的品牌、报刊名等,因其成本无法可靠计量,不作为无形资产确认。

三、无形资产的内容

无形资产通常包括专利权、非专利技术、商标权、著作权、特许权、土地使用权和数据资源等。

(一)专利权

专利权是指国家专利主管机关依法授予发明创造专利申请人,对其发明创造在法定期限内所享有的专有权利,包括发明专利权、实用新型专利权和外观设计专利权。发明专利权的期限为 20 年,外观设计专利权的期限为 15 年,实用新型专利权的期限为 10 年,均自申请之日起计算。

(二)非专利技术

非专利技术也称专有技术。它是指不为外界所知、在生产经营活动中已采用了的、不享有法律保护的、可以带来经济效益的各种技术和诀窍。非专利技术一般包括工业专有技术、商业贸易专有技术、管理专有技术等。非专利技术并不是专利法的保护对象,非专利技术用自我保密的方式来维持其独占性,具有经济性、机密性和动态性等特点。

(三)商标权

商标是用来辨认特定的商品或劳务的标记,商标权指专门在某类指定的商品或产品上使用特定的名称或图案的权利。经商标局核准注册的商标为注册商标,包括商品商标、服务商标、集体商标、证明商标;商标注册人享有商标专用权,受法律保护。

(四)著作权

著作权又称版权,指作者创作的文学、科学和艺术作品依法享有的某些特殊权利。著作权包括作品署名权、发表权、修改权和保护作品完整权,还包括复制权、发行权、出租权、展览权、表演权、放映权、广播权、信息网络传播权、摄制权、改编权、翻译权、汇编权以及应当由著作权人享有的其他权利。

(五)特许权

特许权又称经营特许权、专营权,指企业在某一地区经营或销售某种特定商品的权利或是一家企业接受另一家企业使用其商标、商号、技术秘密等的权利。通常有两种形式,一种是由政府机构授权,准许企业使用或在一定地区享有经营某种业务的特权,如水、电、邮电通信等专营权、烟草专卖权等;另一种指企业间依照签订的合同,有限期或无限期使用另一家企业的某些权利,如连锁店分店使用总店的名称等。

(六) 土地使用权

土地使用权指国家准许某企业在一定期间内对国有土地享有开发、利用、经营的权利。根据我国土地管理法的规定，我国土地实行公有制，任何单位和个人不得侵占、买卖或者以其他形式非法转让。企业取得土地使用权的方式大致有行政划拨取得、外购取得（如以缴纳土地出让金方式取得）及投资者投资取得几种。通常情况下，符合投资性房地产或者固定资产确认要求的土地，应作为投资性房地产或者固定资产核算；以缴纳土地出让金等方式外购的土地使用权、投资者投入等方式取得的土地使用权，作为无形资产核算。

(七) 数据资源

数据资源是指企业或个人在生产、消费、生活中累积的各类原始记录数据及经过加工整理的再生数据化资源。从会计角度来看，企业的数据资源就是一种由企业拥有或控制并能为其带来经济利益流入的数据资产。企业使用的数据资源，符合无形资产定义和确认条件的，应当确认为无形资产。有关数据资源的会计处理参见本书第五章。

第二节 无形资产的初始计量

无形资产应按取得成本予以初始计量。无形资产的取得成本，是指取得无形资产并使之达到预定用途而发生的全部支出。对于不同来源取得的无形资产，其成本构成不尽相同。

在实务中，企业取得无形资产与取得固定资产的方式一样，包括外购、自行建造、投资者投入、非货币性资产交换、债务重组和企业合并等。对于不同来源取得的无形资产，其初始计量也不尽相同。本节主要介绍外购和自行研究开发两种方式取得无形资产的初始计量，其他方式取得无形资产的初始计量在本教材其他相关章节具体介绍。

一、外购无形资产

(一) 外购无形资产成本的确定

外购的无形资产，其成本包括购买价款、相关税费以及直接归属于使该项资产达到预定用途所发生的其他支出。其中，直接归属于使该项资产达到预定用途所发生的其他支出包括使无形资产达到预定用途所发生的专业服务费用、测试无形资产是否能够正常发挥作用的费用等，但不包括为引入新产品进行宣传发生的广告费、管理费用及其他间接费用，也不包括在无形资产已经达到预定用途以后发生的费用。无形资产达到预定用途后所发生的支出，不构成无形资产的成本。

企业外购取得的无形资产，应按其初始计量金额，借记"无形资产"科目，按应支付的款项，贷记"银行存款"、"应付账款"等科目。

【例 4-1】2×25 年 3 月 14 日，甲公司购入一项商标权，取得的增值税专用发票上注明的价款 100 000 元，增值税进项税额 6 000 元，全部款项签发支票支付。假定不考虑其他税费，甲公司的账务处理如下（除特殊说明外，本章例题中的企业均为增值税一般纳税人）：

借：无形资产——商标权　　　　　　　　　　　　　　　　　100 000
　　应交税费——应交增值税（进项税额）　　　　　　　　　　 6 000
　　贷：银行存款　　　　　　　　　　　　　　　　　　　　　106 000

（二）超过正常信用条件付款购入无形资产

与购买固定资产一样，企业也可以采用分期付款方式购买无形资产。购买无形资产的价款超过正常信用条件延期支付，实际上具有融资性质的，无形资产的成本应以购买价款的现值为基础计量。购入无形资产时，按确定的初始成本，借记"无形资产"科目，按应支付的金额，贷记"长期应付款"科目，按其差额，借记"未确认融资费用"科目。

（三）一揽子购入无形资产

所谓"一揽子交易"，是指符合以下一种或多种情况的多次交易事项：(1) 这些交易是同时或者在考虑了彼此影响的情况下先后订立的；(2) 这些交易形成一个整体才能达成一项完整的商业结果；(3) 一项交易的发生取决于其他至少一项交易的发生；(4) 一项交易单独看是不经济的，但和其他交易一并考虑是经济的。

对于一揽子购入的无形资产，其成本通常应按该无形资产和其他资产的公允价值相对比例确定。采用公允价值相对比例来确定与其他资产一同购入的无形资产的成本，须考虑该无形资产的相对价值的大小。如果相对价值较小，则无须单独核算，可以计入其他资产的成本，视为其他资产的组成部分核算；反之，则需要单独核算。比如，作为计算机必不可少的附件随机购入的、金额相对较小的软件，就不必单独核算；但是连同一组计算机购入、金额也相对较大（甚至占主要部分）的管理系统软件，则应单独核算。

需要说明的是，如果一揽子购入的无形资产与其他资产在使用上不可分离，在使用年限方面也基本一致，则无须将其与其他资产分开核算。

（四）购入土地使用权

企业购入的土地使用权，通常应当确认为无形资产，并按照取得时所支付的价款及相关税费等进行初始计量。但如果改变用途将其用于出租或增值目的的，应将其转为投资性房地产。购入的土地使用权用于自行开发建造厂房等地上建筑物时，土地使用权与地上建筑物应分别确认为无形资产和固定资产，并按规定分别进行初始计量。但下列情况除外：

1. 房地产开发企业取得的土地使用权用于建造对外出售的房屋建筑物，相关的土地使用权应当计入所建造的房屋建筑物成本。

2. 企业外购的房屋建筑物，实际支付的价款中包括土地以及建筑物的价值，则应当对支付的价款按照合理的方法（比如公允价值比例）在土地和地上建筑物之间进行分配；如果确实无法在地上建筑物与土地使用权之间进行合理分配的，应当全部作为固定资产，按照固定资产确认和计量的规定进行处理。

【例 4-2】 2×25 年 1 月 1 日，甲公司购入一块土地使用权，通过银行转账支付 8 000 万元，并在该土地上自行建造房屋。房屋完工达到预定可使用状态时的建造成本 30 000 万元，假定全部以银行存款支付。为简化核算，不考虑其他相关税费。

(1) 如果甲公司为房地产开发企业，建造的房屋用于出售，甲公司的账务处理如下：

借：开发成本——土地使用权　　　　　　　　　　　80 000 000
　　　　　　——房屋开发　　　　　　　　　　　　300 000 000
　　贷：银行存款　　　　　　　　　　　　　　　　380 000 000
借：开发产品——房屋　　　　　　　　　　　　　　380 000 000
　　贷：开发成本——土地使用权　　　　　　　　　 80 000 000
　　　　　　　——房屋开发　　　　　　　　　　　300 000 000

（2）如果甲公司为非房地产开发企业，建造的房屋自用，甲公司的账务处理如下：

借：无形资产——土地使用权　　　　　　　　80 000 000
　　贷：银行存款　　　　　　　　　　　　　　　　80 000 000
借：在建工程　　　　　　　　　　　　　　　300 000 000
　　贷：银行存款　　　　　　　　　　　　　　　　300 000 000
借：固定资产　　　　　　　　　　　　　　　300 000 000
　　贷：在建工程　　　　　　　　　　　　　　　　300 000 000

二、自行研究开发无形资产

对于企业自行进行的研究开发项目，应区分研究阶段与开发阶段两个阶段分别进行核算。

（一）研究阶段

研究阶段是指为获取新的技术和知识等进行的有计划的调研，研发项目已经董事会或者相关管理层的批准，并着手收集相关资料、进行市场调查等。研究阶段基本上是探索性的，其研究是否能在未来形成成果，即通过开发后是否会形成无形资产均具有很大的不确定性，因此，研究阶段的有关支出在发生时，应当予以费用化计入当期损益。

（二）开发阶段

开发阶段是指在进行商业性生产或使用前，将研究成果或其他知识应用于某项计划或设计，以生产出新的或具有实质性改进的材料、装置、产品等。进入开发阶段的研发项目往往形成成果的可能性较大。此时如果企业能够证明满足无形资产的定义及相关确认条件，所发生的开发支出可资本化，确认为无形资产的成本。

开发阶段的支出，同时满足以下条件的，应予以资本化计入无形资产成本：（1）完成该无形资产以使其能够使用或出售在技术上具有可行性；（2）具有完成该无形资产并使用或出售的意图；（3）无形资产产生经济利益的方式，包括能够证明运用该无形资产生产的产品存在市场或无形资产自身存在市场，无形资产将在内部使用的，应当证明其有用性；（4）有足够的技术、财务资源和其他资源支持，以完成该无形资产的开发，并有能力使用或出售该无形资产；（5）归属于该无形资产开发阶段的支出能够可靠地计量。

值得说明的是，内部开发无形资产的成本仅包括在满足资本化条件的时点至无形资产达到预定用途前发生的支出总和，对于同一项无形资产在开发过程中达到资本化条件之前已经费用化计入当期损益的支出不再进行调整。

（三）自行研究开发无形资产会计处理

企业研究阶段的支出全部费用化，计入当期损益；开发阶段的支出符合条件的才能资本化，不符合资本化条件的计入当期损益。如果确实无法区分研究阶段的支出和开发阶段的支出，应将其所发生的研发支出全部费用化，计入当期损益。具体账务处理如下：

1. 企业自行研究开发项目发生的研发支出，未满足资本化条件的，借记"研发支出——费用化支出"科目，满足资本化条件的，借记"研发支出——资本化支出"科目，按可抵扣的增值税，借记"应交税费——应交增值税（进项税额）"科目，同时贷记"原材料"、"银行存款"、"应付职工薪酬"等科目。

2. 企业以其他方式取得的正在进行中的研究开发项目，应按确定的金额，借记"研发支出——资本化支出"科目，贷记"银行存款"等科目。以后发生的研发支出，应当比照上述第 1 条的规定进行处理。

3. 研究开发项目达到预定用途形成无形资产的，应按"研发支出——资本化支出"科目的余额，借记"无形资产"科目，贷记"研发支出——资本化支出"科目。

【例 4-3】甲公司自行研究开发并按法律程序申请取得一项专利权。该专利研究过程中发生材料费用 500 000 元、职工薪酬 1 500 000 元；开发过程中支付费用 24 000 000 元（其中符合资本化条件的为 20 000 000 元），支付可抵扣的增值税进项税额 1 440 000 元，款项均以银行存款支付；依法申请取得专利权时发生了注册费 4 000 000 元、律师费 300 000 元，款项均以银行存款支付。假定不考虑其他相关税费，甲公司的账务处理如下：

(1) 发生研究费用时：

借：研发支出——费用化支出　　　　　　　　　　　　　2 000 000
　　贷：原材料　　　　　　　　　　　　　　　　　　　　　500 000
　　　　应付职工薪酬　　　　　　　　　　　　　　　　　1 500 000

(2) 发生开发费用时：

借：研发支出——资本化支出　　　　　　　　　　　　　20 000 000
　　　　　　——费用化支出　　　　　　　　　　　　　　4 000 000
　　应交税费——应交增值税（进项税额）　　　　　　　　1 440 000
　　贷：银行存款　　　　　　　　　　　　　　　　　　25 440 000

(3) 期末将费用化支出转入当期损益：

借：管理费用——研发费用　　　　　　　　　　　　　　6 000 000
　　贷：研发支出——费用化支出　　　　　　　　　　　　6 000 000

(4) 支付专利注册费和律师费时：

借：无形资产——专利权　　　　　　　　　　　　　　　4 300 000
　　贷：银行存款　　　　　　　　　　　　　　　　　　　4 300 000

(5) 研发项目达到预定用途形成专利权时：

借：无形资产——专利权　　　　　　　　　　　　　　　20 000 000
　　贷：研发支出——资本化支出　　　　　　　　　　　　20 000 000

此外，还应该注意的是，企业在研发过程中产出的产品或副产品对外销售（以下统称为试运行销售）的，应当按照《企业会计准则第 14 号——收入》《企业会计准则第 1 号——存货》等规定，对试运行销售相关的收入和成本分别进行会计处理，计入当期损益，不应将试运行销售相关收入抵销相关成本后的净额冲减研发支出。试运行产出的有关产品或副产品在对外销售前，符合《企业会计准则第 1 号——存货》规定的应当确认为存货，符合其他相关企业会计准则中有关资产确认条件的应当确认为相关资产。

三、其他方式取得无形资产

1. 投资者投入的无形资产的成本，应当按照投资合同或协议约定的价值确定无形资产的取得成本。如果投资合同或协议约定价值不公允的，应按无形资产的公允价值作为无形资产初始成本入账。

2. 企业通过非货币性资产交换、债务重组、企业合并等方式取得的无形资产的成本，应当分别按照《企业会计准则第 7 号——非货币性资产交换》《企业会计准则第 12 号——债务重组》《企业会计准则第 20 号——企业合并》等的规定确定。但是，其后续计量和披露应当执行无形资产准则的规定。

3. 通过政府补助取得的无形资产成本，应当按照公允价值计量；公允价值不能可靠取得的，按照名义金额计量。

第三节 无形资产的后续计量

无形资产初始确认和计量后，在其后使用该项无形资产期间内应以成本减去累计摊销额和累计减值准备后的余额计量。但要注意，要确定无形资产在使用过程中的累计摊销额，基础是估计其使用寿命，而使用寿命有限的无形资产才需要在估计使用寿命内采用系统合理的方法进行摊销，对于使用寿命不确定的无形资产则不需要摊销。

一、无形资产的使用寿命

（一）无形资产使用寿命的估计

企业应当在取得无形资产时分析判断其使用寿命。无形资产的使用寿命如为有限的，应当估计该使用寿命的年限或者构成使用寿命的产量等类似计量单位数量；无法预见无形资产为企业带来未来经济利益期限的，应当视为使用寿命不确定的无形资产。

估计无形资产使用寿命应考虑的主要因素包括：（1）该资产通常的产品寿命周期，以及可获得的类似资产使用寿命的信息；（2）技术、工艺等方面的现实情况及对未来发展的估计；（3）该资产在该行业运用的稳定性和生产的产品或服务的市场需求情况；（4）现在或潜在的竞争者预期采取的行动；（5）为维持该资产产生未来经济利益的能力所需要的维护支出，以及企业预计支付有关支出的能力；（6）对该资产的控制期限，以及对该资产使用的法律或类似限制，如特许使用期间、租赁期间等；（7）与企业持有的其他资产使用寿命的关联性等。

（二）无形资产使用寿命的确定

1. 某些无形资产的取得源自合同性权利或其他法定权利，其使用寿命不应超过合同性权利或其他法定权利的期限。但如果企业使用资产的预期的期限短于合同性权利或其他法定权利规定的期限的，则应当按照企业预期使用的期限确定其使用寿命。

2. 如果合同性权利或其他法定权利能够在到期时因续约等延续，则仅当有证据表明企业续约不需要付出重大成本时，续约期才能够包括在使用寿命的估计中。下列情况下，一般说明企业无需付出重大成本即可延续合同性权利或其他法定权利：（1）有证据表明合同性权利或法定权利将被重新延续，如果在延续之前需要第三方同意，则还需有第三方将会同意的证据；（2）有证据表明为获得重新延续所必需的所有条件将被满足，以及企业为延续持有无形资产付出的成本相对于预期从重新延续中流入企业的未来经济利益相比不具有重要性。

如果企业为延续无形资产持有期间而付出的成本与预期从重新延续中流入企业的未来经济利益相比具有重要性，则从本质上来看是企业获得的一项新的无形资产。

3. 没有明确的合同或法律规定无形资产的使用寿命的，企业应当综合各方面情况，例如企业经过努力，聘请相关专家进行论证、与同行业的情况进行比较以及参考企业的历史经验等，来确定无形资产为企业带来未来经济利益的期限。如果经过这些努力，仍确实无法合理确定无形资产为企业带来经济利益的期限的，才能将该无形资产作为使用寿命不确定的无形资产。

（三）无形资产使用寿命的复核

企业至少应当于每年年度终了，对无形资产的使用寿命及摊销方法进行复核，如果有证据表明无形资产的使用寿命及摊销方法不同于以前的估计，如由于合同的续约或无形资产应用条件的改善，延长了无形资产的使用寿命，则对于使用寿命有限的无形资产，应改变其摊销年限及摊销方法，并按照会计估计变更进行处理。又如，某项无形资产计提了减值准备，这可能表明企业原估计的摊销期限需要作出变更。

例如，企业使用的某项非专利技术，原预计使用寿命为 5 年，使用至第 2 年年末，该企业计划再使用 2 年即不再使用，为此，企业应当在第 2 年年末变更该项无形资产的使用寿命，并作为会计估计变更进行处理。

对于使用寿命不确定的无形资产，如果有证据表明其使用寿命是有限的，则应视为会计估计变更，应当估计其使用寿命并按照使用寿命有限的无形资产的处理原则进行处理。

二、使用寿命有限的无形资产的摊销

（一）摊销的含义

使用寿命有限的无形资产，应在其预计的使用寿命内采用系统合理的方法对应摊销金额进行摊销。应摊销金额，是指无形资产的成本扣除残值后的金额。已计提减值准备的无形资产，还应扣除已计提的无形资产减值准备累计金额。

使用寿命有限的无形资产，其残值一般应估计为零，但下列情况下除外：（1）有第三方承诺在无形资产使用寿命结束时购买该项无形资产；（2）可以根据活跃市场得到无形资产预计残值信息，并且该市场在该项无形资产使用寿命结束时可能存在。

残值确定以后，在持有无形资产期间，至少应于每年年末进行复核，预计其残值与原估计金额不同的，应按照会计估计变更进行处理。如果无形资产的残值重新估计以后高于其账面价值的，则无形资产不再摊销，直至残值降至低于账面价值时再恢复摊销。

（二）摊销期和摊销方法

使用寿命有限的无形资产的摊销，应自其可供使用（即其达到预定用途）时起至终止确认时止，即当月增加的无形资产，当月开始摊销；当月减少的无形资产，当月不再摊销。

无形资产的摊销存在多种方法，这些方法包括直线法、产量法等。企业选择的无形资产摊销方法，应当能够反映与该项无形资产有关的经济利益的预期消耗方式，并一致地运用于不同会计期间。例如，受技术陈旧因素影响较大的专利权和专有技术等无形资产，可采用类似固定资产加速折旧的方法进行摊销；有特定产量限制的特许经营权或专利权，应采用产量法进行摊销。无法可靠确定其预期消耗方式的，应当采用直线法进行摊销。

（三）摊销的会计处理

使用寿命有限的无形资产摊销时，应当考虑其所服务的对象，并以此为基础将其摊销价值计入相关资产的成本或者当期损益。无形资产的摊销一般应计入当期损益，但如果某项无形资产是专门用于生产某种产品或者其他资产,其所包含的经济利益是通过转入到所生产的产品或其他资产中实现的,则无形资产的摊销费用应当计入相关资产的成本。例如,某项专门用于生产过程中的专利技术,其摊销费用应构成所生产产品成本的一部分,计入制造该产品的制造费用。无形资产摊销时,应借记"管理费用"、"制造费用"、"其他业务成本"等科目,贷记"累计摊销"科目。

【例4-4】甲公司拥有三项无形资产,分别是非专利技术、商标权和特许权,其成本分别为800万元、600万元和240万元,使用寿命分别为10年、15年和12年,残值均估计为零,采用直线法按年摊销。非专利技术用于车间产品生产;特许权以经营租赁方式出租给乙公司,租期5年,每年收取租金50万元。假定不考虑其他相关税费,甲公司的账务处理如下:

(1) 非专利技术、商标权每年摊销:

借:制造费用——非专利权技术摊销　　　　　　　　　　　　800 000
　　管理费用——商标权摊销　　　　　　　　　　　　　　　400 000
　　贷:累计摊销　　　　　　　　　　　　　　　　　　　1 200 000

(2) 特许权在租赁期内每年的摊销和取得的租金收入:

借:其他业务成本——特许权摊销　　　　　　　　　　　　　200 000
　　贷:累计摊销　　　　　　　　　　　　　　　　　　　　200 000
借:银行存款　　　　　　　　　　　　　　　　　　　　　　500 000
　　贷:其他业务收入——特许权租金收入　　　　　　　　　500 000

三、无形资产的减值

企业应定期对无形资产的账面价值进行检查,至少于每年年末检查一次。如果无形资产将来为企业创造的经济利益还不足以补偿无形资产的成本,则说明无形资产发生了减值,应该计提减值准备。对于使用寿命有限的无形资产,与固定资产的减值处理一样,在年度资产负债表日先判断其是否存在可能发生减值的迹象,然后对存在可能发生减值迹象的无形资产进行减值测试,估计其可收回金额,并将可收回金额与账面价值进行比较,以便确定无形资产减值是否存在。但对于使用寿命不确定的无形资产,不管有没有发生减值迹象,都应当在每个会计期间进行减值测试。另外,对于尚未达到预定可使用状态的无形资产,由于其价值具有较大的不确定性,也应当每年进行减值测试。

如发现以下一种或数种情况,应对无形资产的可收回金额进行估计:(1) 该无形资产已被其他新技术等所替代,使其为企业创造经济利益的能力受到重大不利影响;(2) 该无形资产的市价在当期大幅下跌,在剩余摊销年限内预期不会恢复;(3) 其他足以表明该无形资产的账面价值已超过可收回金额的情形。

无形资产的可收回金额是指以下两项金额中的较大者:(1) 无形资产的销售净价,即该无形资产的销售价格减去因出售该无形资产所发生的律师费和其他相关税费后的余额;(2) 预期从无形资产的持续使用和使用年限结束时的处置中产生的预计未来现金流量的现值。

如经减值测试表明无形资产的账面价值超过可收回金额的部分,则需要计提相应的减值准备,并确认为减值损失,借记"资产减值损失"科目,贷记"无形资产减值准备"科目。

无形资产减值损失一经确认，在以后会计期间不得转回。以前期间计提的无形资产减值准备，需要等到无形资产处置时才可转出。此外，无形资产减值损失确认后，减值资产的摊销费用应当在未来期间作相应调整，以使该资产在剩余使用寿命内，系统地分摊调整后的资产账面价值（扣除预计残值）。

【例4-5】甲公司2×24年年初以银行存款购买一项无形资产，初始成本400万元，使用寿命4年，残值估计为零，采用直线法按年摊销。2×24年年末估计该无形资产的可收回金额为270万元。计提减值准备后，该无形资产的摊销方法、预计残值等均保持不变。假定不考虑相关税费，甲公司的账务处理如下：

(1) 2×24年年初购入时：

借：无形资产　　　　　　　　　　　　　　　　　　　　4 000 000
　　贷：银行存款　　　　　　　　　　　　　　　　　　　　4 000 000

(2) 2×24年年末摊销时：

本年摊销额400/4 = 100（万元）

借：管理费用　　　　　　　　　　　　　　　　　　　　1 000 000
　　贷：累计摊销　　　　　　　　　　　　　　　　　　　　1 000 000

(3) 2×24年年末减值时：

2×24年年末该无形资产的账面价值400 - 100 = 300（万元），估计可收回金额270万元，应计提减值准备30万元。

借：资产减值损失　　　　　　　　　　　　　　　　　　　300 000
　　贷：无形资产减值准备　　　　　　　　　　　　　　　　300 000

(4) 2×25年年末、2×26年年末和2×27年年末摊销时：

每年摊销额（400 - 100 - 30）/3 = 90（万元）

借：管理费用　　　　　　　　　　　　　　　　　　　　　900 000
　　贷：累计摊销　　　　　　　　　　　　　　　　　　　　900 000

【例4-6】2×24年1月1日，甲公司购入一项市场领先的畅销产品的商标，成本6 000万元。该商标按照法律规定还有5年的使用寿命，但是在保护期届满时，甲公司可每10年以较低的手续费申请延期，同时，甲公司有充分的证据表明其有能力申请延期。此外，有关的调查表明，根据产品生命周期、市场竞争等方面情况综合判断，该商标将在不确定的期间内为企业带来现金流量。

根据上述情况，该商标可视为使用寿命不确定的无形资产，在持有期间内不需要进行摊销。2×25年年底，甲公司对该商标按照资产减值的原则进行减值测试，经测试表明该商标已发生减值。2×25年年底，该商标的公允价值为4 000万元。则甲公司的账务处理如下：

(1) 2×24年购入商标时：

借：无形资产——商标权　　　　　　　　　　　　　　60 000 000
　　贷：银行存款　　　　　　　　　　　　　　　　　　　60 000 000

(2) 2×25年发生减值时：

借：资产减值损失　　　　　　　　　　　　　　　　　20 000 000
　　贷：无形资产减值准备——商标权　　　　　　　　　20 000 000

第四节 无形资产的终止确认

企业的无形资产在出售与转让、以融资租赁方式对外出租、对外投资、对外捐赠以及用于非货币性资产交换、债务重组等，或者是无法为企业带来未来经济利益时，应予终止确认并转销。本节主要介绍出售、转让、报废无形资产的终止确认，因其他方式而终止确认的无形资产在本教材其他相关章节具体介绍。

一、无形资产出售与转让

企业出售与转让未划归为持有待售类别无形资产，表明企业放弃无形资产的所有权，如果此项出售与转让未划归为持有待售类别的，应当将取得的价款与该无形资产账面价值的差额，作为资产处置利得和损失计入当期损益。无形资产出售与转让时，按实际收到的金额，借记"银行存款"科目，按已计提的累计摊销，借记"累计摊销"科目，按已计提的减值准备，借记"无形资产减值准备"科目，按无形资产账面余额，贷记"无形资产"科目，按收到的增值税额，贷记"应交税费——应交增值税"科目，按应支付的相关税费，贷记"银行存款"、"应交税费"等科目，按其差额，借记或贷记"资产处置损益"科目。

【例4-7】 甲公司将一项商标权出售给乙公司，该商标权的成本100万元，已摊销50万元，已计提减值准备2万元。出售时，甲公司开出的增值税专用发票上注明价款60万元、增值税款3.6万元，全部款项已收存银行。假定不考虑其他相关税费，甲公司的账务处理如下：

借：银行存款　　　　　　　　　　　　　　　　　　　　　636 000
　　累计摊销　　　　　　　　　　　　　　　　　　　　　500 000
　　无形资产减值准备　　　　　　　　　　　　　　　　　 20 000
　　贷：无形资产——商标权　　　　　　　　　　　　　1 000 000
　　　　应交税费——应交增值税（销项税额）　　　　　　 36 000
　　　　资产处置损益——处置非流动资产利得　　　　　　120 000

二、无形资产报废

如果无形资产预期不能为企业带来未来经济利益，例如，该无形资产已被其他新技术所替代或超过法律保护期，不能再为企业带来经济利益的，则不再符合无形资产的定义，应将其报废并予以转销，其账面价值转作当期损益。转销时，应按已计提的累计摊销，借记"累计摊销"科目；按其账面余额，贷记"无形资产"科目；按其差额，借记"营业外支出"科目。已计提减值准备的，还应同时结转减值准备。

【例4-8】 甲公司原拥有一项非专利技术，采用直线法进行摊销，预计使用期限为20年。现该项非专利技术已被内部研发成功的新技术所替代，并且根据市场调查，用该非专利技术生产的产品已没有市场，预期不能再为企业带来任何经济利益，故应当予以转销。转销时，该项非专利技术的成本为200万元，已摊销6年，累计计提减值准备为40万元，该项非专利技术的残值为零。假定不考虑其他相关因素。甲公司的账务处理如下：

借：累计摊销　　　　　　　　　　　　　　　　　600 000
　　无形资产减值准备　　　　　　　　　　　　　400 000
　　营业外支出　　　　　　　　　　　　　　　1 000 000
　　贷：无形资产——非专利技术　　　　　　　2 000 000

案例分析：

　　乐视网信息技术（北京）股份有限公司（以下简称"乐视网"）在2004年11月注册成立，2010年8月在创业板挂牌上市。2016年年底，乐视体系危机爆发，实际控制人贾跃亭称从2017年7月开始，已累计解决上市体系（含乐融致新）关联欠款超27亿元，但乐视网在2019年年报中称，贾跃亭方面并未还钱。2018年8月至2019年2月，双方进行多次谈判，但未达成一致意见。由于2018年经审计净资产为负，乐视网股票已于2019年4月27日起停牌。5月正式被深交所暂停上市，其时乐视网市值缩水已达96%。连亏三年、两年年末净资产为负，2019年年报披露后，乐视网或将在15个交易日内退市。2019年，乐视网领亏创业板，亏损排名第二的华谊兄弟仅是其亏损额的约三分之一。加总乐视网过去三年的亏损总额，已经逼近290亿元，是A股历史上亏损规模第二大公司。

　　乐视网的主要业务是网络视频和智能终端。网络视频业务是指以网络视频为基础的影视制作、版权分销和广告等业务，其中，乐视网网络视频业务的基础性业务是影视剧版权分销业务。乐视网的无形资产由影视剧版权、系统软件和非专利技术构成。乐视网没上市前就非常重视无形资产，在2010年时无形资产就高达2亿元，到2016年其无形资产已增长到近70亿元，年平均增长率约69.67%，其中2013年、2015年是非专利技术和系统软件增幅较大的两年；影视剧版权在无形资产中占比较大，2010年的影视剧版权金额将近2亿元，到2016年已增长至50多亿元，增长速度之快让人难以想象；每年影视剧版权的数额大于非专利技术和系统软件的总和，这足以说明乐视网相当重视影视剧版权。从无形资产占总资产的比例可见，无形资产是乐视的主要资产之一，占比最高达60%多，最低也达到20%，2010—2016年的平均占比为38.78%，说明乐视网是一家成熟的轻资产类型的公司。

　　乐视网对无形资产采用的会计政策主要有：(1) 乐视网将购买的影视剧版权、系统软件和非专利技术作为无形资产处理，而同行业的华谊兄弟却将制作的影视剧作为存货处理。(2) 同为网络视频行业的优酷、爱奇艺等其他企业对影视剧版权都采用加速摊销法，只有乐视网是采用直线摊销法，即乐视网的无形资产按照授权期限或10年进行直线摊销。(3) 自2013年以来，乐视网的研发投入迅速增长，由2013年的3.7亿元增加到2016年的18.6亿元，研发投入资本化金额也从2013年的2亿元增加到2016年的11.8亿元，并且资本化比例一直保持在60%左右，远远高于同类企业。

　　　　　　　　　　　　　　　　　　　　　　——资料来源：根据网络资料收集整理

　　讨论： 请就乐视网所采用的无形资产会计政策发表自己的看法。

思考题

1. 无形资产有哪些特点？
2. 自行研究开发取得的无形资产应如何初始计量？
3. 无形资产的摊销会受到哪些因素的影响？
4. 无形资产的出售应如何进行会计处理？

练习题

甲公司自行研发取得一项无形资产，其相关资料如下（假定暂不考虑与无形资产交易相关的增值税等税费）：

资料一：该无形资产在研发过程中，以银行存款支付累计研究开发支出5 000万元，其中符合资本化条件的支出为3 450万元。研发成功后向国家专利局提出专利权申请并获得批准，实际支付注册登记费750万元。2×22年1月1日，该无形资产达到预定可使用状态。为使用该项无形资产，以银行存款支付有关人员培训费24万元。

资料二：该无形资产法律保护期限15年，预计运用该无形资产在未来10年内会为公司带来经济利益，假定该项无形资产的残值预计为零，并采用直线法摊销。

资料三：2×23年1月1日，甲公司将该无形资产以经营租赁方式出租给乙公司使用，租期2年，每年年初收取不含增值税的年租金720万元，在出租期间内甲公司不再使用该无形资产。

资料四：2×23年12月31日，由于与该无形资产相关的经济因素发生不利变化，致使其发生价值减值，甲公司估计其可收回金额为3 240万元。发生减值后该无形资产的预计剩余使用年限6年，摊销方法保持不变。

资料五：2×25年5月1日，甲公司与丁公司达成协议，将该无形资产对外出售。2×25年5月25日，甲公司办理好该无形资产转移的相关手续，并取得不含增值税的销售价款3 000万元收存银行。

要求：根据上述资料，作出甲公司该项无形资产的相关会计处理。

第五章 数据资源

本章结构

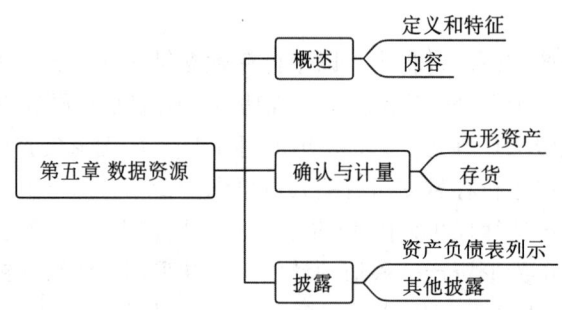

第一节 数据资源概述

一、数据资源的定义和特征

数据资源是指企业或个人在生产、消费、生活中累积的各类原始记录数据及经过加工整理的再生数据化资源。它包括但不限于客户记录、销售数据、人事信息、采购记录、财务报表及库存数据等。从会计角度来看，企业的数据资源就是一种由企业拥有或控制并能为其带来经济利益流入的数据资产。

可见，数据资源具有以下特征：

（1）由企业拥有或控制并能为其带来经济利益流入。数据资源作为企业的一项资产，无论是主动获取还是被动获取，企业拥有对数据的删除、复制、加工等权利，并通过对数据的加工、挖掘使得数据能够为企业带来未来的经济利益，对有些数据，企业不一定拥有其所有权，比如网络上用户的评论，如果企业能约束或控制这些数据获取经济利益，则表明企业控制了该数据资源。

（2）不具有实物形态。数据资源的存在有赖于实物载体，需要存储在有形的介质中，比如计算机硬盘、移动硬盘，但这不改变数据资源不具有实物形态的特性。大数据通过数据挖掘形成资产后，虽然以抽象的形态存储于介质中，但资产价值与存储的介质无关，因而不能将其具化于某一项实物形态的资产上。

(3) 具有可辨认性。数据资源无论作为无形资产还是作为存货核算，该资产必须能够区别于其他资产可单独确认。数据资源于数据的加工、挖掘，能够从企业中单独分离或划分出来，能够单独确认、计量，用于出售、转移或交换等。

(4) 属于非货币性资产。

二、数据资源的内容

(1) 从表现形式看，数据资源包括采购记录、生产数据、销售数据、库存数据、客户记录、研发数据、人事信息、财务报表等。

(2) 从获取来源看，数据资源包括原始数据资源和再生数据资源。

(3) 从会计处理看，数据资源包括计入无形资产的数据资源和计入存货的数据资源。

第二节 数据资源的确认和计量

2023年8月21日，财政部会计司发布了《企业数据资源相关会计处理暂行规定》（财会〔2023〕11号），自2024年1月1日起施行。该规定旨在规范企业数据资源相关会计处理，强化相关会计信息披露，其适用范围如下：(1) 确认为无形资产或存货等资产类别的数据资源；(2) 企业合法拥有或控制的、预期会给企业带来经济利益的、但由于不满足企业会计准则相关资产确认条件而未确认为资产的数据资源。

企业应当按照企业会计准则相关规定，根据数据资源的持有目的、形成方式、业务模式，以及与数据资源有关的经济利益的预期消耗方式等，对数据资源相关交易和事项进行会计确认、计量和报告。

一、确认为无形资产的数据资源

(1) 企业使用的数据资源，符合《企业会计准则第6号——无形资产》规定的定义和确认条件的，应当确认为无形资产。

(2) 企业应当按照无形资产准则及应用指南等规定，对确认为无形资产的数据资源进行初始计量、后续计量、处置和报废等相关会计处理。

企业通过外购方式取得确认为无形资产的数据资源，其成本包括购买价款、相关税费，直接归属于使该项无形资产达到预定用途所发生的数据脱敏、清洗、标注、整合、分析、可视化等加工过程所发生的有关支出，以及数据权属鉴证、质量评估、登记结算、安全管理等费用。企业通过外购方式取得数据采集、脱敏、清洗、标注、整合、分析、可视化等服务所发生的有关支出，不符合无形资产准则规定的无形资产定义和确认条件的，应当根据用途计入当期损益。

企业内部数据资源研究开发项目的支出，应当区分研究阶段支出与开发阶段支出。研究阶段的支出，应当于发生时计入当期损益。开发阶段的支出，只有满足无形资产准则第九条规定的有关条件的，才能确认为无形资产。

企业在对确认为无形资产的数据资源的使用寿命进行估计时，应当考虑无形资产准则及应用指南规定的因素，并重点关注数据资源相关业务模式、权利限制、更新频率和时效性、有关产品或技术迭代、同类竞品等因素。

（3）企业在持有确认为无形资产的数据资源期间，利用数据资源对客户提供服务的，应当按照无形资产准则及应用指南等规定，将无形资产的摊销金额计入当期损益或相关资产成本；同时，企业应当按照《企业会计准则第14号——收入》等规定确认相关收入。

【例5-1】2×25年1月1日，甲公司从乙公司购入一批原始数据资源，取得的增值税专用发票上注明的价款10 000元，增值税进项税额600元，款项已付。甲公司委托丙公司对该批数据资源进行标注整理，至3月1日，加工完毕，达到预定用途，满足无形资产的确认条件，期间发生加工费用5 000元，进项税额300元。甲公司将该数据资源作为无形资产管理，预计使用年限为5年，无残值。2×25年7月1日，甲公司将数据资源出租给丁公司，租期为半年，不含税价格6 000元，增值税360元，丁公司一次性支付全部租金，甲公司负责该批数据资源的后期服务。假定不考虑其他税费。

要求：作出甲公司2×25年该交易事项的账务处理。

（1）2×25年1月1日：

借：研发支出——资本化支出　　　　　　　　　　　　　　　　　10 000
　　应交税费——应交增值税（进项税额）　　　　　　　　　　　　600
　　贷：银行存款　　　　　　　　　　　　　　　　　　　　　　　　　10 600

（2）2×25年3月1日：

借：研发支出——资本化支出　　　　　　　　　　　　　　　　　5 000
　　应交税费——应交增值税（进项税额）　　　　　　　　　　　　300
　　贷：银行存款　　　　　　　　　　　　　　　　　　　　　　　　　5 300

借：无形资产——数据资源　　　　　　　　　　　　　　　　　　15 000
　　贷：研发支出——资本化支出　　　　　　　　　　　　　　　　　15 000

（3）2×25年3—6月的每个月月末：

15 000÷(5×12)=250（元）

借：管理费用　　　　　　　　　　　　　　　　　　　　　　　　250
　　贷：累计摊销　　　　　　　　　　　　　　　　　　　　　　　　　250

（4）2×25年7月1日：

借：银行存款　　　　　　　　　　　　　　　　　　　　　　　6 360
　　贷：合同负债　　　　　　　　　　　　　　　　　　　　　　　　6 000
　　　　应交税费——应交增值税（销项税额）　　　　　　　　　　　　360

（5）2×25年7—12月的每个月月末：

借：合同负债　　　　　　　　　　　　　　　　　　　　　　　1 000
　　贷：其他业务收入　　　　　　　　　　　　　　　　　　　　　　1 000

借：其他业务成本　　　　　　　　　　　　　　　　　　　　　　250
　　贷：累计摊销　　　　　　　　　　　　　　　　　　　　　　　　　250

二、确认为存货的数据资源

（1）企业日常活动中持有、最终目的用于出售的数据资源，符合《企业会计准则第1号——存货》规定的定义和确认条件的，应当确认为存货。

（2）企业应当按照存货准则及应用指南等规定，对确认为存货的数据资源进行初始计量、后续计量等相关会计处理。

企业通过外购方式取得确认为存货的数据资源，其采购成本包括购买价款、相关税费、保险费，以及数据权属鉴证、质量评估、登记结算、安全管理等所发生的其他可归属于存货采购成本的费用。

企业通过数据加工取得确认为存货的数据资源，其成本包括采购成本，数据采集、脱敏、清洗、标注、整合、分析、可视化等加工成本和使存货达到目前场所和状态所发生的其他支出。

企业出售确认为存货的数据资源，应当按照存货准则将其成本结转为当期损益；同时，企业应当按照收入准则等规定确认相关收入。

值得注意的是，企业出售未确认为资产的数据资源，应当按照收入准则等规定确认相关收入。

【例5-2】甲公司是一家信息科技公司。2×25年1月1日，从乙公司购入一批原始消费数据资源，取得的增值税专用发票上注明的价款10 000元，增值税进项税额600元，款项已付。甲公司继续对该批数据资源进行标注整理，至3月1日，加工完毕，甲公司拟将该数据资源用于对外出售，其间发生内部加工成本5 000元，另外发生数据权属鉴证及登记等开支500元（不含税），增值税30元。2×25年7月1日，甲公司将批数据资源出售给丙公司，不含税价格50 000元，增值税3 000元，款项已收到。假定不考虑其他税费。

要求：作出甲公司2×25年该交易事项的账务处理。

(1) 2×25年1月1日：

借：合同履约成本　　　　　　　　　　　　　　　　　　　　　　　10 000
　　应交税费——应交增值税（进项税额）　　　　　　　　　　　　　600
　　贷：银行存款　　　　　　　　　　　　　　　　　　　　　　　　10 600

(2) 2×25年3月1日：

借：合同履约成本　　　　　　　　　　　　　　　　　　　　　　　　5 500
　　应交税费——应交增值税（进项税额）　　　　　　　　　　　　　 30
　　贷：银行存款　　　　　　　　　　　　　　　　　　　　　　　　 5 530

(3) 2×25年7月1日：

借：银行存款　　　　　　　　　　　　　　　　　　　　　　　　　53 000
　　贷：主营业务收入　　　　　　　　　　　　　　　　　　　　　　50 000
　　　　应交税费——应交增值税（销项税额）　　　　　　　　　　　3 000
借：主营业务成本　　　　　　　　　　　　　　　　　　　　　　　15 500
　　贷：合同履约成本　　　　　　　　　　　　　　　　　　　　　　15 500

第三节　数据资源的会计披露

一、资产负债表相关列示

企业在编制资产负债表时，应当根据重要性原则并结合本企业的实际情况，在"存货"

项目下增设"其中：数据资源"项目，反映资产负债表日确认为存货的数据资源的期末账面价值；在"无形资产"项目下增设"其中：数据资源"项目，反映资产负债表日确认为无形资产的数据资源的期末账面价值；在"开发支出"项目下增设"其中：数据资源"项目，反映资产负债表日正在进行数据资源研究开发项目满足资本化条件的支出金额。

二、相关披露

企业应当按照企业会计准则及《企业数据资源相关会计处理暂行规定》等，在会计报表附注中对数据资源相关会计信息进行披露。

案例分析：

2024年1月1日，由财政部印发的《企业数据资源相关会计处理暂行规定》正式施行。随着A股上市公司2024年一季报披露完毕，首批数据资产"入表"上市公司成绩单顺利揭晓。

随着数字化转型的推进，各行各业都在不同程度上依赖或产生数据，同时越来越多的企业意识到数据的价值，并开始重视对数据资源、数据资产的管理与利用。第七届数字中国建设峰会上发布的一份《全国数据资源调查报告》显示，2023年，我国数据产生总量达32.85泽字节（ZB），相当于1000多万个中国国家图书馆的数字资源总量。换算成我们熟悉的GB单位来说，全国每天产生的数据量就达到了惊人的900亿个GB，数据资源规模总量位居世界前列。报告预计，数据生产能力将随着卫星通信、自动驾驶、生成式AI等新技术的规模化应用而持续提升，预计2024年数据生产量增长将超25%。

据《证券日报》记者不完全统计，至少有22家A股上市公司在一季报的资产负债表中披露了"数据资源"的数据，涉及总金额达7.61亿元。首批数据资产"入表"上市公司中，有13家将数据资产计入"无形资产"，有4家计入"存货"，有6家计入"开发支出"。其中，开普云和南钢股份2家公司同时计入"无形资产"和"开发支出"。同时，从上述22家公司主营业务来看，涉及信息技术、汽车、港口、电力、塑料等众多领域。从数据资源披露的金额看，金龙汽车的披露金额超亿元，中闽能源、恒信东方、山东钢铁、航天宏图、喜临门和每日互娱的披露金额均在1 000万元至5 000万元之间，剩余15家则均低于1 000万元。

2024年一季报作为观察数据资产"入表"成果的第一个窗口期，预示着数据资产"入表"大幕的开启，万亿元的资产规模也将激发新的市场空间。此前，上海数据交易所预测，数据资产在表内表达将为国家新增万亿元级的资产规模。此外，数据资产"入表"是一项跨领域、跨行业，且需要多方协同完成的专业工作，目前相关业务仍处于探索阶段。探索过程带来的挑战和机遇，不仅会对法律、会计、资产评估等传统第三方服务机构提出新要求，例如要了解数据结构、数据流等，还会激发新的发展空间，比如数据资产评估，从而带来整个服务市场的增长。

随着《企业数据资源相关会计处理暂行规定》《关于加强数据资产管理的指导意见》等有关文件的进一步落实和完善，越来越多的上市公司将在财务报告中披露数据资产。

> 在数据资产"入表"过程中,企业和会计师均面临诸多待解决的难题,主要包括数据质量、会计处理标准化、数据安全和隐私保护、技术支持和人才短缺等问题。
>
> 例如,《证券日报》记者在调查中发现,某上市公司在制表过程中出现数据提取错误,导致资产负债表中其他项目下的数据误入数据资产项下。目前,该公司已与监管部门取得联系,后续或会发布更正信息。
>
> 正因如此,为了后续更好地推进数据资产"入表"工作,相关各方都应在实践中进一步探索优化实施路径。作为会计师事务所,在协助企业完成数据资产"入表"过程中,不仅需要扮演技术性角色,如需要根据企业会计准则相关规定,对数据资源相关交易和事项进行会计确认、计量,确保数据资源的价值得到合理反映,还包括战略性角色和咨询性角色,如帮助企业更好地利用数据资源以实现商业目标,以及最大化地释放数据要素价值。对于企业而言,可利用数据科学和人工智能技术来提升数据资产的评估效率和准确性,如使用机器学习模型来预测数据资产带来的潜在经济利益。同时,建立强有力的数据治理框架,确保数据的质量和完整性,包括数据的采集、验证、存储和访问控制等。此外,还要对关键员工进行数据资产管理和会计处理的培训,增强其对数据资产战略价值和操作要求的理解。
>
> ——资料来源:根据网络资料收集整理
>
> **讨论**:请就数据资源"入账"、"入表"问题发表自己的看法。

思考题

1. 数据资源有哪些特点?
2. 数据资源的会计处理有哪两种方法?
3. 数据资源应该如何披露?

练习题

甲公司是一家信息科技服务有限公司。2×25年1月1日,甲公司与乙公司签订一份数据资源销售合同。合同规定,甲公司为乙公司收集并标注整理加工我国证券市场过去20年的债券交易数据用于乙公司的投资决策,合同金额为不含税价格100 000元,增值税6 000元,款项于当日收到。为完成合同,甲公司不仅收集了深沪交易所的债券公开交易信息,而且花费10 000元(不含税)从第三方购买经过初步整理的二手交易数据,另外,发生内部加工整理开支5 000元,数据权属鉴证及登记等开支2 000元(不含税),增值税120元,款项均已付。2×25年1月31日,甲公司将标注整理完毕的数据资源交付给乙公司,从而完成合同履约义务。假定不考虑其他税费。

要求:作出甲公司2×25年该交易事项的相关会计处理。

第六章

投资性房地产

本章结构

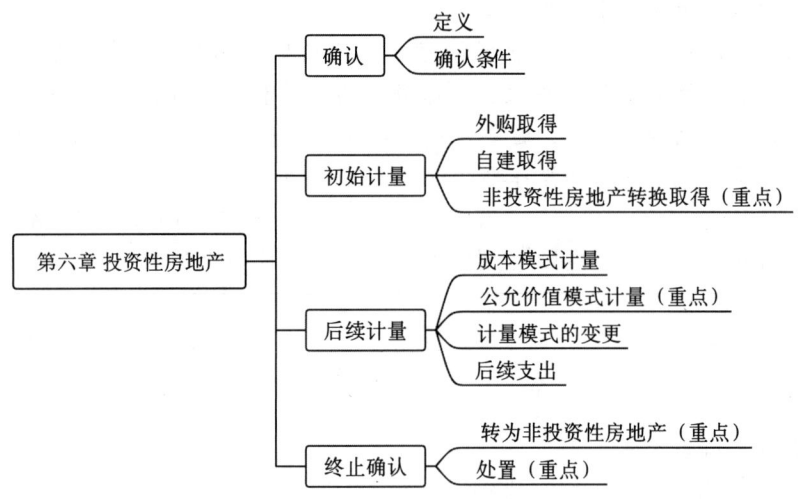

第一节 投资性房地产的确认

一、投资性房地产的定义

房地产是土地和房屋及其权属的总称。在我国，土地归国家或集体所有，企业只能取得土地使用权。因此，房地产中的土地是指土地使用权，房屋是指土地上的房屋等建筑物及构筑物。企业持有的房地产，除了用作自身管理、生产经营活动场所和对外销售之外，出现了将房地产用于赚取租金或增值收益的活动。这就使得这些用于赚取租金或增值收益的房地产在一定程度上具备了金融资产的属性，所以需要作为一项单独的资产予以确认、计量和列报。

按照《企业会计准则第3号——投资性房地产》的规定，投资性房地产是指为赚取租金或资本增值，或者两者兼有而持有的房地产。从定义可以看出，投资性房地产具有以下特征：

1. 以赚取租金或资本增值或者两者兼有为持有目的

与自用房地产和作为存货的房地产相比，投资性房地产要么是让渡房地产使用权以赚取使用费收入，要么是持有并准备增值赚取增值收益，这就需要将投资性房地产与自用的厂房、办公楼等房地产和作为存货（已建完工商品房）的房地产加以区别，从而更加清晰地反映企业所持有房地产的构成情况和盈利能力。因此，企业应当根据投资性房地产的定义对企业资产进行重新分类，凡是符合投资性房地产定义和确认条件的建筑物和土地使用权，应当归为投资性房地产。

2. 投资性房地产是一种经营性活动

投资性房地产的主要形式是出租建筑物、出租土地使用权，这实质上属于一种让渡资产使用权行为。房地产租金就是让渡资产使用权取得的使用费收入，是企业为完成其经营目标所从事的经营性活动以及与之相关的其他活动所形成的经济利益总流入。投资性房地产的另一种形式是持有并准备增值后转让的土地使用权，尽管其增值收益通常与市场供求、经济发展等因素相关，但目的是增值后转让以赚取增值收益，也是企业为完成其经营目标所从事的经营性活动以及与之相关的其他活动所形成的经济利益总流入。就某些企业而言，投资性房地产属于日常经营性活动，形成的租金收入或转让增值收益确认为企业的主营业务收入，但对于大部分企业而言，是与经营性活动相关的其他经营活动，形成的租金收入或转让增值收益构成企业的其他业务收入。

3. 投资性房地产有两种后续计量模式

因投资性房地产在一定程度上具备了金融资产的属性，这就使得其后续计量模式可以采用成本模式或公允价值模式。企业通常应当采用成本模式对投资性房地产进行后续计量，只有在满足特定条件的情况下，即有确凿证据表明其所有投资性房地产的公允价值能够持续可靠取得的，才可以采用公允价值模式进行后续计量。但是，同一企业只能采用一种模式对所有投资性房地产进行后续计量，不得同时采用两种计量模式进行后续计量。

二、投资性房地产的确认条件

投资性房地产只有在符合定义的前提下，同时满足以下两个条件，才能予以确认：一是与该投资性房地产有关的经济利益很可能流入企业；二是该投资性房地产的成本能够可靠地计量。

在实务中，存在某项房地产部分自用或作为存货出售、部分用于赚取租金或资本增值的情形。如果某项房地产不同用途的部分能够单独计量和出售的，应当分别确认为固定资产、无形资产、存货和投资性房地产。

例如，甲房地产开发商建造了一栋商住两用楼盘，一层出租给一家大型超市，已签订经营租赁合同；其余楼层均为普通住宅，正在公开销售中。这种情况下，如果一层商铺能够单独计量和出售，应当确认为甲企业的投资性房地产，其余楼层为甲企业的存货，即开发产品。

三、投资性房地产的范围

投资性房地产的范围包括：已出租的土地使用权、持有并准备增值后转让的土地使用权、已出租的建筑物。

(一) 已出租的土地使用权

已出租的土地使用权，是指企业通过出让或转让方式取得的、以经营租赁方式出租的土地使用权。企业取得的土地使用权通常包括在一级市场上以交纳土地出让金的方式取得的土地使用权，也包括在二级市场上接受其他单位转让的土地使用权。对于以经营租赁方式租入土地使用权再转租给其他单位的，不能确认为投资性房地产。

(二) 持有并准备增值后转让的土地使用权

持有并准备增值后转让的土地使用权，是指企业取得的、准备增值后转让的土地使用权。这类土地使用权很可能给企业带来资本增值收益，符合投资性房地产的定义。对持有并准备增值后转让的土地使用权，其作为投资性房地产的确认时点为企业将自用土地使用权停止使用、准备增值后转让的日期。但是，土地使用权在我国属于稀缺资源，国家严格限制与之相关的投机行为，按照国家有关规定认定的闲置土地，不属于持有并准备增值后转让的土地使用权，也就不属于投资性房地产。因此，在我国实务中，持有并准备增值后转让的土地使用权这种情况较少。

(三) 已出租的建筑物

已出租的建筑物是指企业拥有产权的、以经营租赁方式出租的建筑物，包括自行建造或开发活动完成后用于出租的建筑物以及正在建造或开发过程中将来用于出租的建筑物。企业在判断和确认已出租的建筑物时，应当把握以下几点：

1. 用于出租的建筑物是指企业拥有产权的建筑物。企业以经营租赁方式租入再转租的建筑物不属于投资性房地产。

2. 已出租的建筑物是企业已经与其他方签订了租赁协议，约定以经营租赁方式出租的建筑物。一般应自租赁协议规定的租赁期开始日起，经营租出的建筑物才属于已出租的建筑物。通常情况下，对企业持有以备经营出租的空置建筑物或在建建筑物，如董事会或类似机构作出书面决议，明确表明将其用于经营租出且持有意图短期内不再发生变化的，即使尚未签订租赁协议，也应视为投资性房地产。这里的空置建筑物，是指企业新购入、自行建造或开发完成但尚未使用的建筑物，以及不再用于日常生产经营活动且经整理后达到可经营出租状态的建筑物。

3. 企业将建筑物出租，按租赁协议向承租人提供的相关辅助服务在整个协议中不重大的，应当将该建筑物确认为投资性房地产。例如，企业将其办公楼出租，同时向承租人提供维护、保安等日常辅助服务，企业应当将其确认为投资性房地产。

四、不属于投资性房地产的项目

(一) 自用房地产

自用房地产是指为生产商品、提供劳务或者经营管理而持有的房地产，如企业生产经营用的厂房和办公楼属于固定资产，企业生产经营用的土地使用权属于无形资产。

自用房地产的特征在于服务于企业自身的生产经营，其价值会随着房地产的使用而逐渐转移到企业的产品或服务中去，通过销售商品或提供服务为企业带来经济利益，在产生现金流量的过程中与企业持有的其他资产密切相关。

(二) 作为存货的房地产

作为存货的房地产通常是指房地产开发企业在正常经营过程中销售的或为销售而正在开

发的商品房和土地。这部分房地产属于房地产开发企业的存货，其生产、销售构成企业的主营业务活动，产生的现金流量也与企业的其他资产密切相关。因此，具有存货性质的房地产不属于投资性房地产。

从事房地产经营开发的企业依法取得的、用于开发后出售的土地使用权，属于房地产开发企业的存货，即使房地产开发企业决定待增值后再转让其开发的土地，也不得将其确认为投资性房地产。

第二节　投资性房地产的初始计量

根据《企业会计准则第3号——投资性房地产》的规定，投资性房地产应当按照成本进行初始计量。投资性房地产取得方式不一样，其初始计量也不一样。投资性房地产取得方式包括外购、自行建造、投资者投入、非货币性资产交换、债务重组、企业合并以及非投资性房地产转换等。本节主要介绍外购、自行建造和非投资性房地产转换三种方式取得投资性房地产的初始计量，其他方式取得投资性房地产的初始计量在本教材其他相关章节具体介绍。

一、外购投资性房地产

在采用成本模式计量下，外购的土地使用权和建筑物，按照取得时的实际成本进行初始计量，借记"投资性房地产"科目，贷记"银行存款"等科目。取得时的实际成本包括购买价款、相关税费和可直接归属于该资产的其他支出。企业购入的房地产，部分用于出租（或资本增值）、部分自用，用于出租（或资本增值）的部分应当予以单独确认的，应按照不同部分的公允价值占公允价值总额的比例将成本在不同部分之间进行分配。

在采用公允价值模式计量下，外购的投资性房地产应当按照取得时的实际成本进行初始计量，其实际成本的确定与采用成本模式计量的投资性房地产一致。企业应当在"投资性房地产"科目下设置"成本"和"公允价值变动"两个明细科目，按照外购的土地使用权和建筑物发生的实际成本，记入"投资性房地产——成本"科目。

【例6-1】2×24年6月，甲公司计划购入一栋写字楼用于对外出租。6月6日，甲公司与乙公司签订了经营租赁合同，约定自写字楼购买日起将这栋写字楼出租给乙公司，为期5年。7月1日，甲公司完成购买写字楼的全部手续，当日支付价款3 500万元（假设不考虑相关税费）。甲公司采用成本模式进行后续计量，甲公司7月1日的账务处理如下：

借：投资性房地产——写字楼　　　　　　　　　　　　35 000 000
　　贷：银行存款　　　　　　　　　　　　　　　　　　　　35 000 000

假设本例中投资性房地产采用公允价值模式进行后续计量，则甲公司的账务处理如下：

借：投资性房地产——写字楼（成本）　　　　　　　　35 000 000
　　贷：银行存款　　　　　　　　　　　　　　　　　　　　35 000 000

二、自行建造投资性房地产

自行建造投资性房地产，其成本由建造该项资产达到预定可使用状态前发生的必要支出构成，包括土地开发费、建筑成本、安装成本、应予以资本化的借款费用、支付的其他费用和分摊的间接费用等。建造过程中发生的非正常性损失，直接计入当期损益，不计入建造成本。

采用成本模式计量的，应按照确定的成本，借记"投资性房地产"科目，贷记"在建工程"或"开发成本"科目。采用公允价值模式计量的，应按照确定的成本，借记"投资性房地产——成本"科目，贷记"在建工程"或"开发成本"科目。

【例6-2】2×23年1月，甲公司从其他单位购入一块土地的使用权，成本900万元，并在该块土地上开始自行建造一栋房屋。2×24年7月5日，该栋房屋完工达到预定可使用状态，实际造价1 500万元，当日甲公司与乙公司签订了经营租赁合同，将该栋房屋租赁给乙公司使用，即日起租。该栋房屋确认为投资性房地产，同时土地使用权应自无形资产转换为投资性房地产（会计处理见【例6-3】）。假设投资性房地产采用成本模式计量，甲公司的账务处理如下：

借：投资性房地产——××房屋　　　　　　　　　　　　15 000 000
　　贷：在建工程　　　　　　　　　　　　　　　　　　　15 000 000

三、非投资性房地产转换为投资性房地产

非投资性房地产转换为投资性房地产，实质上是因房地产用途发生改变而对房地产进行的重新分类，应在转换日将其确认投资性房地产。转换日，通常为房地产的租赁期开始日。租赁期开始日，是指出租人提供租赁资产使其可供承租人使用的起始日期。对于企业自行建造或开发完成但尚未使用的建筑物，以及不再用于日常生产经营活动且经整理后达到可经营出租状况的房地产，如果企业董事会或类似机构正式作出书面决议，明确表明其自行建造或开发产品以及自用房地产用于经营出租、持有意图短期内不再发生变化的，应视为投资性房地产，转换日为企业董事会或类似机构作出书面决议的日期。

（一）自用房地产转换为投资性房地产

企业将原本用于日常生产商品、提供劳务或者经营管理的房地产改用于出租的，应将固定资产或无形资产转换为投资性房地产。

企业将自用房地产转换为采用成本模式计量的投资性房地产，应当按该项房地产在转换日的账面余额，借记"投资性房地产"科目，贷记"固定资产"或"无形资产"科目，按已计提的折旧或摊销，借记"累计折旧"或"累计摊销"科目，贷记"投资性房地产累计折旧"科目或"投资性房地产累计摊销"科目，原已计提减值准备的，借记"固定资产减值准备"或"无形资产减值准备"科目，贷记"投资性房地产减值准备"科目。

【例6-3】沿用【例6-2】的资料，2×24年7月5日，将作为无形资产核算的土地使用权转换为投资性房地产。土地使用权成本900万元，已累计摊销135万元，无减值准备。甲公司的账务处理如下：

借：投资性房地产——土地使用权　　　　　　　　　　　9 000 000
　　累计摊销　　　　　　　　　　　　　　　　　　　　1 350 000
　　贷：无形资产——土地使用权　　　　　　　　　　　　9 000 000
　　　　投资性房地产累计摊销　　　　　　　　　　　　　1 350 000

企业将自用房地产转换为采用公允价值模式计量的投资性房地产，应当按该项房地产在

转换日的公允价值，借记"投资性房地产——成本"科目，按已计提的累计折旧或累计摊销，借记"累计折旧"或"累计摊销"科目；原已计提减值准备的，借记"固定资产减值准备"或"无形资产减值准备"科目；按其账面余额，贷记"固定资产"或"无形资产"科目。同时，转换日的公允价值小于账面价值的，按其差额，借记"公允价值变动损益"科目；转换日的公允价值大于账面价值的，按其差额，贷记"其他综合收益"科目。当该项投资性房地产处置时，因转换计入其他综合收益的部分应转入当期损益。

【例6-4】2×24年6月，甲公司准备将一栋闲置的房屋以经营租赁方式对外出租，以赚取租金收入。2×24年9月20日，甲公司就该栋房屋与乙公司签订了租赁协议，租赁期开始日为2×24年9月30日，租期2年。2×24年9月30日，该房屋账面原价4 800万元，已提折旧800万元，公允价值3 900万元。假设投资性房地产采用公允价值模式计量，甲公司的账务处理如下：

借：投资性房地产——房屋（成本） 39 000 000
　　累计折旧 8 000 000
　　公允价值变动损益 1 000 000
　贷：固定资产 48 000 000

（二）作为存货的房地产转换为投资性房地产

这种情况通常是指房地产开发企业将其持有的开发产品以经营租赁的方式出租，应将存货转换为投资性房地产。

企业将作为存货的房地产转换为采用成本模式计量的投资性房地产，应在转换日按存货的账面价值对投资性房地产进行初始计量。转换时，应当按该项存货的账面价值，借记"投资性房地产"科目，原已计提跌价准备的，借记"存货跌价准备"科目，按其账面余额，贷记"开发成本"、"开发产品"科目。值得注意的是，如果企业将作为存货的房地产开发完成之后再签经营租赁协议出租，则贷记"开发产品"科目；反之，如果企业将作为存货的房地产开发完成之前就已签经营租赁协议出租，则贷记"开发成本"科目。

【例6-5】甲公司是从事房地产开发业务的企业，2×25年3月10日，甲公司与乙公司签订了租赁协议，将其开发的一栋写字楼出租给乙公司使用，租赁期开始日为2×25年4月15日。2×25年4月15日，该写字楼的账面余额80 000万元，未计提存货跌价准备。假设投资性房地产采用成本模式计量，甲公司的账务处理如下：

借：投资性房地产——写字楼 800 000 000
　贷：开发成本 800 000 000

企业将作为存货的房地产转换为采用公允价值模式计量的投资性房地产，应在转换日按房地产的公允价值对投资性房地产进行初始计量。转换时，按转换日房地产的公允价值，借记"投资性房地产——成本"科目，原已计提跌价准备的，借记"存货跌价准备"科目；按其账面余额，贷记"开发产品"等科目。同时，转换日的公允价值小于账面价值的，按其差额，借记"公允价值变动损益"科目；转换日的公允价值大于账面价值的，按其差额，贷记"其他综合收益"科目。当该项投资性房地产处置时，因转换计入其他综合收益的部分应转入当期损益。

【例6-6】沿用【例6-5】的资料，2×25年4月15日，该写字楼的账面余额80 000万元，未计提存货跌价准备，公允价值82 000万元。假设投资性房地产采用公允价值模式计量，甲公司的账务处理如下：

借：投资性房地产——写字楼（成本）　　　　　　　　　820 000 000
　　贷：开发成本　　　　　　　　　　　　　　　　　　　　800 000 000
　　　　其他综合收益　　　　　　　　　　　　　　　　　　 20 000 000

第三节　投资性房地产的后续计量

投资性房地产后续计量可以选择成本模式或公允价值模式，但同一企业只能采用一种模式对其所有投资性房地产进行后续计量，不得同时采用两种计量模式，即不得对一部分投资性房地产采用成本模式进行后续计量，对另一部分投资性房地产采用公允价值模式进行后续计量。

一、采用成本模式计量

采用成本模式进行后续计量的投资性房地产，其中的建筑物应当按照《企业会计准则第4号——固定资产》的规定计提折旧，设置"投资性房地产累计折旧"科目核算。计提建筑物折旧时，应当按照计提的折旧金额，借记"其他业务成本"科目，贷记"投资性房地产累计折旧"科目。

采用成本模式进行后续计量的投资性房地产，其中的土地使用权应当按照《企业会计准则第6号——无形资产》的规定进行摊销，设置"投资性房地产累计摊销"科目核算。土地使用权摊销时，应当按照计提的摊销金额，借记"其他业务成本"科目，贷记"投资性房地产累计摊销"科目。

投资性房地产如存在减值迹象，应按《企业会计准则第8号——资产减值》的规定进行减值测试，并计提相应减值准备，设置"投资性房地产减值准备"科目核算。计提投资性房地产减值准备时，借记"资产减值损失——计提的投资性房地产减值准备"科目，贷记"投资性房地产减值准备"科目。如果已经计提减值准备的投资性房地产的价值又得以恢复，不得转回。

【例6-7】甲企业的一栋办公楼出租给乙企业使用，已确认为投资性房地产，采用成本模式进行后续计量。该办公楼的成本1 800万元，按照直线法计提折旧，使用寿命20年，预计净残值为零。按照经营租赁合同约定，乙企业每月支付甲企业租金8万元。当年年末，这栋办公楼发生减值迹象，经减值测试，其可收回金额为1 200万元，此时办公楼的账面价值1 500万元，以前未计提减值准备。假定不考虑相关税费，甲企业的账务处理如下：

（1）计提折旧：

每月计提的折旧 = 1 800 ÷ 20 ÷ 12 = 7.5（万元）

借：其他业务成本　　　　　　　　　　　　　　　　　　　　75 000
　　贷：投资性房地产累计折旧　　　　　　　　　　　　　　　　75 000

（2）确认租金收入：

借：银行存款（或其他应收款）　　　　　　　　　　　　　　80 000
　　贷：其他业务收入　　　　　　　　　　　　　　　　　　　　80 000

(3) 计提减值准备：
借：资产减值损失——计提的投资性房地产减值准备　　　　3 000 000
　　贷：投资性房地产减值准备　　　　　　　　　　　　　　　　　3 000 000

二、采用公允价值模式计量

公允价值模式的最大特点是在会计期末按照公允价值调整投资性房地产的账面价值，并将公允价值变动计入当期损益。从理论上说，采用公允价值模式进行后续计量更符合投资性房地产的特点，但实务中能否持续可靠取得公允价值是较大的挑战。为此，会计准则提出了两种计量模式供企业选择，并对选择公允价值模式所应具备的条件进行了规定。

（一）采用公允价值模式计量的条件

企业存在确凿证据表明其投资性房地产的公允价值能够持续可靠取得的，可以对投资性房地产采用公允价值模式进行后续计量。采用公允价值模式计量的投资性房地产，应当同时满足下列条件：

1. 投资性房地产所在地有活跃的房地产交易市场。所在地，通常指投资性房地产所在的城市。对于大中型城市，应当为投资性房地产所在的城区。活跃的交易市场，是指同时具有下列特征的市场：（1）市场内交易对象具有同质性；（2）可随时找到自愿交易的买方或卖方；（3）市场价格信息是公开的。

2. 企业能够从活跃的房地产交易市场上取得同类或类似房地产的市场价格及其他相关信息，从而对投资性房地产的公允价值作出合理的估计。同类或类似的房地产，对建筑物而言，是指所处地理位置和地理环境相同、性质相同、结构类型相同或相近、新旧程度相同或相近、可使用状况相同或相近的建筑物；对于土地使用权而言，是指同一城区、同一位置区域、所处地理环境相同或相近、可使用状况相同或相近的土地。

（二）采用公允价值模式计量的会计处理

投资性房地产采用公允价值模式进行后续计量的，不计提折旧或摊销，也不计提减值准备，应当以资产负债表日的公允价值计量。资产负债表日，投资性房地产的公允价值高于其账面余额的差额，借记"投资性房地产——公允价值变动"科目，贷记"公允价值变动损益"科目；公允价值低于其账面余额的差额，则作相反的会计分录。

【例6-8】甲公司的投资性房地产采用公允价值模式进行后续计量。2×24年8月1日，取得一项投资性房地产（写字楼），公允价值5 000万元。2×24年12月31日，该项投资性房地产的公允价值5 200万元。2×25年12月31日，该项投资性房地产的公允价值5 170万元。甲公司的账务处理如下：

(1) 2×24年12月31日，以公允价值计量：
借：投资性房地产——写字楼（公允价值变动）　　　　　　　2 000 000
　　贷：公允价值变动损益　　　　　　　　　　　　　　　　　　　2 000 000

(2) 2×25年12月31日，以公允价值计量：
借：公允价值变动损益　　　　　　　　　　　　　　　　　　　　300 000
　　贷：投资性房地产——写字楼（公允价值变动）　　　　　　　　　300 000

三、计量模式的变更

为保证会计信息的可比性，企业对投资性房地产的计量模式一经确定，不得随意变更。只有在房地产市场比较成熟、能够满足采用公允价值模式条件的情况下，才允许企业对投资性房地产从成本模式计量变更为公允价值模式计量。成本模式变更为公允价值模式的，应当作为会计政策变更处理，并按计量模式变更时公允价值与账面价值的差额调整期初留存收益。已采用公允价值模式计量的投资性房地产，不得从公允价值模式转为成本模式。

【例6-9】2×25年5月1日，由于市场条件变化，为得到更可靠更相关的会计信息，甲公司决定将某投资性房地产（写字楼）的计量模式由成本模式变更为公允价值模式。该投资性房地产账面原价700万元，累计摊销200万元，已计提减值准备100万元，公允价值500万元，假定不考虑其他相关因素和所得税的影响，按净利润的10%提取盈余公积。甲公司的账务处理如下：

借：投资性房地产——写字楼（成本） 5 000 000
　　投资性房地产累计折旧 2 000 000
　　投资性房地产减值准备 1 000 000
　　贷：投资性房地产 7 000 000
　　　　盈余公积 100 000
　　　　利润分配——未分配利润 900 000

四、投资性房地产的后续支出

（一）资本化的后续支出

与投资性房地产有关的后续支出，满足投资性房地产确认条件的，应当计入投资性房地产成本。例如，企业为了提高投资性房地产的使用效能，往往需要对投资性房地产进行改建、扩建而使其更加坚固耐用，或者通过装修而改善其室内装潢，改扩建或装修支出满足确认条件的，应当将其资本化。企业对某项投资性房地产进行改扩建等再开发且将来仍作为投资性房地产的，在再开发期间应继续将其作为投资性房地产，再开发期间不计提折旧或摊销。

【例6-10】2×23年12月10日，甲公司与乙公司的一项仓库经营租赁合同即将到期，为了提高仓库的租金收入，甲公司决定在租赁期满后对仓库进行改扩建，并与丙公司签订了经营租赁合同，约定自改扩建完工时将仓库出租给丙公司。2×24年1月1日，与乙公司的租赁合同到期，仓库随即进入改扩建工程。该仓库按照公允价值模式进行后续计量，账面价值2 800万元，其中成本2 600万元，公允价值变动200万元。2×24年7月1日，仓库改扩建工程完工，共发生支出100万元，以存款支付。即日按照租赁合同将仓库出租给丙公司。假设不考虑相关税费，改扩建支出全部资本化。甲公司的账务处理如下：

(1) 2×24年1月1日，仓库转入改扩建工程：

借：投资性房地产——仓库（在建） 28 000 000
　　贷：投资性房地产——仓库（成本） 26 000 000
　　　　　　　　　　——仓库（公允价值变动） 2 000 000

(2) 2×24年1月至7月，发生的仓库改扩建支出：
借：投资性房地产——仓库（在建） 1 000 000
　　贷：银行存款 1 000 000
(3) 2×24年7月1日，仓库改扩建工程完工：
借：投资性房地产——仓库（成本） 29 000 000
　　贷：投资性房地产——仓库（在建） 29 000 000

（二）费用化的后续支出

与投资性房地产有关的后续支出，不满足投资性房地产确认条件的，应当在发生时计入当期损益。例如，企业对投资性房地产进行日常维护发生一些支出。企业在发生投资性房地产费用化的后续支出时，借记"其他业务成本"等科目，贷记"银行存款"等科目。

第四节　投资性房地产的终止确认

当投资性房地产因用途的改变而转换为非投资性房地产，或者发生处置，如出售、转让、对外投资、非货币性资产交换、债务重组、报废与毁损等，或者永久退出使用且预计不能从其处置中取得经济利益时，应当终止确认该项投资性房地产。本节主要介绍投资性房地产转换为非投资性房地产、出售与转让投资性房地产的终止确认，因其他方式而终止确认的投资性房地产在本教材其他相关章节具体介绍。

一、投资性房地产转换为非投资性房地产

这里所说的房地产转换是针对房地产用途发生改变而言，是对房地产进行的重新分类，而不是后续计量模式的转变。企业必须有确凿证据表明房地产用途发生改变，才能将投资性房地产转换为非投资性房地产。这里的确凿证据包括两个方面：一是企业董事会或类似机构应当就改变房地产用途形成正式的书面决议；二是房地产因用途改变而发生实际状态上的改变，如从出租状态改为自用状态。

转换日是指房地产的用途发生改变、状态相应发生改变的日期。投资性房地产开始自用的，转换日是指房地产达到自用状态，企业开始将房地产用于生产商品、提供劳务或者经营管理的日期。投资性房地产转换为存货的，转换日为租赁期届满、企业董事会或类似机构作出书面决议明确表明将其重新开发用于对外销售的日期。

（一）投资性房地产转换为自用房地产

企业将原本用于赚取租金或资本增值的房地产改用于生产商品、提供劳务或者经营管理，投资性房地产相应地转换为固定资产或无形资产。

企业将采用成本模式计量的投资性房地产转换为自用房地产时，应当在转换日按投资性房地产的账面余额，借记"固定资产"或"无形资产"科目，贷记"投资性房地产"科目；按已计提的折旧或摊销，借记"投资性房地产累计折旧"科目或"投资性房地产累计摊销"科目，贷记"累计折旧"或"累计摊销"科目；原已计提减值准备的，借记"投资性房地产减值准备"科目，贷记"固定资产减值准备"或"无形资产减值准备"科目。

【例6-11】2×24年8月31日，甲公司将出租在外的厂房收回，开始用于本企业生产商品。该项房地产账面价值7 800万元，其中，原价8 000万元，累计已提折旧200万元。假设投资性房地产采用成本模式计量，甲公司的账务处理如下：

借：固定资产——厂房　　　　　　　　　　　　　　　　80 000 000
　　投资性房地产累计折旧　　　　　　　　　　　　　　 2 000 000
　　贷：投资性房地产——厂房　　　　　　　　　　　　　　 80 000 000
　　　　累计折旧　　　　　　　　　　　　　　　　　　　　 2 000 000

企业将采用公允价值模式计量的投资性房地产转换为自用房地产时，应当以其转换当日的公允价值作为自用房地产的入账价值，投资性房地产的公允价值与原账面价值的差额计入当期损益。转换日，按该项投资性房地产的公允价值，借记"固定资产"或"无形资产"科目，按该项投资性房地产的成本，贷记"投资性房地产——成本"科目，按该项投资性房地产的累计公允价值变动，贷记或借记"投资性房地产——公允价值变动"科目，按其差额，贷记或借记"公允价值变动损益"科目。

【例6-12】2×24年6月30日，甲公司因租赁期满，将出租的写字楼收回，开始作为办公楼用于本企业的行政管理。当日，该写字楼的公允价值6 100万元。该项房地产在转换前采用公允价值模式计量，原账面价值6 300万元，其中，成本6 000万元，公允价值变动为增值300万元。甲公司的账务处理如下：

借：固定资产——办公楼　　　　　　　　　　　　　　　 61 000 000
　　公允价值变动损益　　　　　　　　　　　　　　　　　 2 000 000
　　贷：投资性房地产——写字楼（成本）　　　　　　　　 60 000 000
　　　　　　　　　　——写字楼（公允价值变动）　　　　　 3 000 000

（二）投资性房地产转换为存货

房地产开发企业将用于经营出租的房地产重新开发用于对外销售的，应从投资性房地产转换为存货。

企业将采用成本模式计量的投资性房地产转换为存货时，应当在转换日按照该项房地产的账面价值，借记"开发成本"等科目，按照已计提的折旧或摊销，借记"投资性房地产累计折旧"科目或"投资性房地产累计摊销"科目，原已计提减值准备的，借记"投资性房地产减值准备"科目，按其账面余额，贷记"投资性房地产"科目。

企业将采用公允价值模式计量的投资性房地产转换为存货时，应当以其转换当日的公允价值作为存货的入账价值，投资性房地产的公允价值与原账面价值的差额计入当期损益。转换日，按该项投资性房地产的公允价值，借记"开发成本"等科目，按该项投资性房地产的成本，贷记"投资性房地产——成本"科目；按该项投资性房地产的累计公允价值变动，贷记或借记"投资性房地产——公允价值变动"科目，按其差额，贷记或借记"公允价值变动损益"科目。

【例6-13】甲房地产开发公司将其开发的部分写字楼用于对外经营租赁。2×24年11月20日，因租赁期满，甲公司将出租的写字楼收回，同时董事会作出书面决议，将该写字楼重新开发用于对外销售，即由投资性房地产转换为存货。该项房地产在转换前采用公允价值模式计量，账面价值9 000万元，其中，成本9 200万元，公允价值变动减值200万元。该项房地产在转换日的公允价值9 400万元。甲公司的账务处理如下：

借:开发成本——写字楼 94 000 000
  投资性房地产——写字楼(公允价值变动) 2 000 000
 贷:投资性房地产——写字楼(成本) 92 000 000
  公允价值变动损益 4 000 000

二、投资性房地产的处置

企业出售、转让、报废投资性房地产或者发生投资性房地产毁损时,应当将处置收入扣除其账面价值和相关税费后的金额计入当期损益(将实际收到的处置收入计入其他业务收入,所处置投资性房地产的账面价值计入其他业务成本)。

处置采用成本模式计量的投资性房地产时,应当按实际收到的金额,借记"银行存款"等科目,贷记"其他业务收入"、"应交税费——应交增值税(销项税额)"科目;按该项投资性房地产的账面价值,借记"其他业务成本"科目,按其账面余额,贷记"投资性房地产"科目,按照已计提的折旧或摊销,借记"投资性房地产累计折旧"科目或"投资性房地产累计摊销"科目,原已计提减值准备的,借记"投资性房地产减值准备"科目。

【例6-14】2×24年8月31日,甲公司一栋以经营租赁方式出租的房屋因到期收回,立即将其出售,开具的增值税专用发票注明的价款5 000万元,增值税税款450万元,全部款项收存银行。该房屋在出租期间采用成本模式计量,出售时的账面价值4 600万元,其中,原值6 000万元,已提取折旧1 200万元,已计提减值准备200万元。假定不考虑其他相关税费,甲公司的账务处理如下:

借:银行存款 54 500 000
 贷:其他业务收入 50 000 000
  应交税费——应交增值税(销项税额) 4 500 000
借:其他业务成本 46 000 000
 投资性房地产累计折旧 12 000 000
 投资性房地产减值准备 2 000 000
 贷:投资性房地产 60 000 000

处置采用公允价值模式计量的投资性房地产时,应当按实际收到的金额,借记"银行存款"等科目,贷记"其他业务收入"、"应交税费——应交增值税(销项税额)"科目;按该项投资性房地产的账面价值,借记"其他业务成本"科目,按其成本,贷记"投资性房地产——成本"科目,按其累计公允价值变动,贷记或借记"投资性房地产——公允价值变动"科目。同时结转投资性房地产累计公允价值变动损益。若存在原转换日计入其他综合收益的金额,也一并结转。

【例6-15】甲公司与乙公司签订了租赁协议,将一栋建筑物出租给乙公司使用,租赁期开始日为2×23年8月15日,到期日为2×25年8月15日。甲公司对该项投资性房地产采用公允价值模式计量。该建筑物2×23年8月15日的公允价值7 500万元,2×23年12月31日的公允价值7 300万元,2×24年12月31日的公允价值7 700万元。2×25年8月15日,企业收回该建筑物,并以8 000万元价款出售,价款和增值税税款720万元已收讫。假定不考虑其他相关税费,甲公司出售该建筑物的账务处理如下:

借：银行存款	87 200 000	
贷：其他业务收入		80 000 000
应交税费——应交增值税（销项税额）		7 200 000
借：其他业务成本	77 000 000	
贷：投资性房地产——建筑物（成本）		75 000 000
——建筑物（公允价值变动）		2 000 000
借：公允价值变动损益	2 000 000	
贷：其他业务成本		2 000 000

案例分析：

  业绩不够，卖房来凑。用卖房所获的钱，来填补经营的"黑洞"，在 A 股上市公司中屡见不鲜。截至 2019 年第一季度末，有多达 1 726 家 A 股上市公司持有"投资性房地产"，占总体上市公司近一半，合计持有的"投资性房地产"价值约高达 1.26 万亿元。其中，除本身为房地产属性的公司之外，持有"投资性房地产"的上市公司的类别中，商业贸易类上市公司拥有的"投资性房地产"最多，居榜首的是美凯龙 785.33 亿元，其次是豫园股份 145.10 亿元。

  如果说房地产公司拥有"投资性房地产"属情理之中，那么商业贸易、机械设备、生物医药、化工、计算机，甚至汽车类上市公司购置"投资性房地产"，意义又何在？

  按照现行的会计准则，"投资性房地产"属于独立科目，其"管辖"的范围包括：已出租的土地使用权、持有并准备增值后转让的土地使用权和已出租的建筑物。由此，"投资性房地产"与过去被简单归入固定资产的做法完全分离。

  现在，只要看资产负债表中的"投资性房地产"科目的数据以及情况，即可判断公司是否持有非主业以外的物业。以美凯龙为例，根据其近三年的年报显示，2016 年至 2018 年末，公司"投资性房地产"账面价值分别为 669.48 亿元、708.31 亿元、785.33 亿元，逐年升值较快，而根据 2018 年末计算，美凯龙的"投资性房地产"占总资产的比例高达 70.84%。为此，上交所向其发出问询函，美凯龙的回复显示，其在全国共持有 68 家物业，"投资性房地产"账面价值 785.33 亿元。而所有这些房产的购置成本为 460.45 亿元。同时，公司也明确表示："公司持有房地产的目的是用于赚取租金用途。"

  表面上，美凯龙的"投资性房地产"账面价值比购置成本高出 324.88 亿元，但是如按实际市场价格来看，其存在数倍的溢价。也就是说，如果美凯龙遇到业绩不善，只要模仿一些上市公司"业绩不够，卖房来凑"，即可轻松抵消经营不力的问题。另外，基于"投资性房地产"占总资产高达 70.84% 的比例，也意味着美凯龙的商业贸易属性在淡化，而房地产属性在增强。

——资料来源：《经理人》杂志 2019 年 7 月刊

  讨论： 美凯龙作为一家经营家具卖场的公司，为什么其主要资产不是经营性资产，而是用于赚取租金的投资性房地产？

思考题

1. 企业的房屋及建筑物应如何区分为固定资产和投资性房地产？
2. 投资性房地产与非投资性房地产相互转换时的转换日应如何认定？
3. 投资性房地产采用公允价值模式计量的会计核算有何特点？
4. 与投资性房地产相关的其他综合收益应怎样进行会计处理？
5. 出售投资性房地产与出售固定资产的会计处理有何区别？

练习题

1. 某公司为增值税一般纳税人企业，不动产租赁服务和销售不动产适用的增值税税率为9%，投资性房地产采用成本模式进行后续计量。2×24年12月31日，该公司将自用的办公楼对外出租，租期为4年，每年12月31日收取租金150万元。出租时该办公楼的账面原价2 800万元，已提折旧500万元，已提减值准备300万元，尚可使用年限20年，甲公司对该办公楼采用年限平均法计提折旧，假定无残值。2×26年年末、2×27年年末该办公楼的可收回价值分别为1 710万元和1 560万元。假定办公楼的折旧方法、预计折旧年限和预计净残值一直未发生变化。2×28年12月31日，租赁到期该公司收回办公楼立即出售，不含税价款1 600万元，全部款项已收存银行。假定不考虑除增值税外的其他税费。

要求：根据上述资料，做出该公司办公楼的相关账务处理。

2. 甲公司为增值税一般纳税人企业，不动产租赁服务和销售不动产适用的增值税税率为9%，投资性房地产采用公允价值模式进行后续计量。甲公司与乙公司于2×23年12月20日签订协议，将自用的办公楼出租给乙公司，租期为3年，每年租金为500万元，于年初收取，2×24年1月1日为租赁期开始日，2×26年12月31日到期。2×24年1月1日此办公楼的公允价值900万元，账面原价2 000万元，已提折旧1 200万元，未计提减值准备。2×24年12月31日该办公楼的公允价值1 200万元，2×25年12月31日该办公楼的公允价值1 800万元，2×26年12月31日该办公楼的公允价值1 700万元。2×26年12月31日租赁协议到期，甲公司与乙公司达成协议，将该办公楼出售给乙公司，不含税价款3 000万元，全部款项已收存银行。假定不考虑除增值税外的其他税费。

要求：根据上述资料，作出甲公司办公楼的相关账务处理。

第七章

金融资产（Ⅰ）：以摊余成本计量的金融资产

本章结构

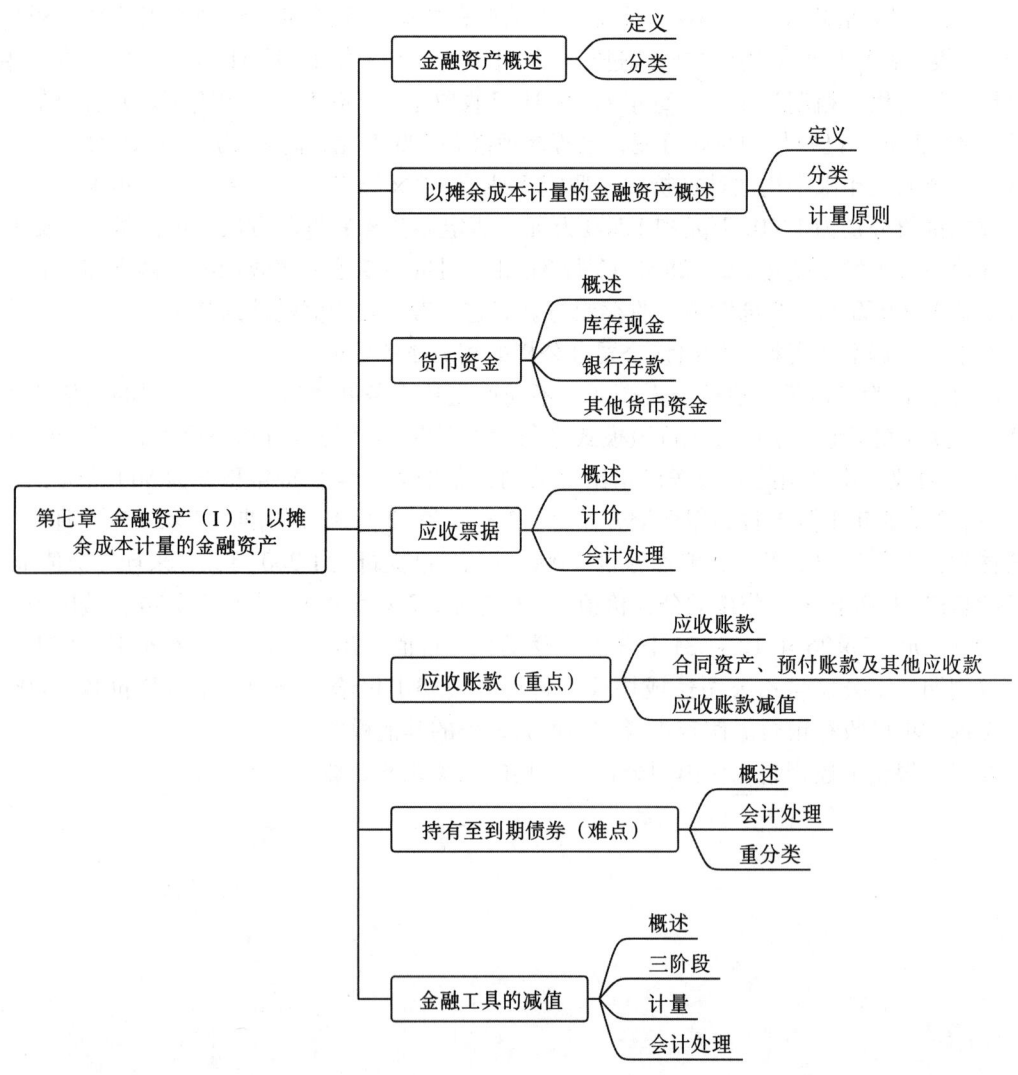

第一节　金融资产概述

一、金融资产的定义

（一）金融工具的定义

企业在经营活动中需要应用各种类型的金融工具。金融工具是指形成一方的金融资产并形成其他方的金融负债或权益工具的合同。金融工具包括金融资产、金融负债和权益工具。比如，货币资金合同包括持有者的金融资产和银行的金融负债；债权合同包括债权人的金融资产和债务人的金融负债；股权合同包括投资人的金融资产和被投资人的权益工具等。其中，合同的形式多种多样，可以是书面的，也可以不采用书面形式。实务中的金融工具合同通常采用书面形式。

（二）金融资产的定义

按照《企业会计准则第22号——金融工具确认和计量》（2017）的规定，金融资产是指企业持有的现金、其他方的权益工具以及符合下列条件之一的资产：

（1）从其他方收取现金或其他金融资产的合同权利。

（2）在潜在有利条件下，与其他方交换金融资产或金融负债的合同权利。

（3）将来须用或可用企业自身权益工具进行结算的非衍生工具合同，且企业根据该合同将收到可变数量的自身权益工具。

（4）将来须用或可用企业自身权益工具进行结算的衍生工具合同，但以固定数量的自身权益工具交换固定金额的现金或其他金融资产的衍生工具合同除外。衍生工具，是指属于金融工具准则范围并同时具备下列特征的金融工具或其他合同：①其价值随特定利率、金融工具价格、商品价格、汇率、价格指数、费率指数、信用等级、信用指数或其他变量的变动而变动；②不要求初始净投资，或者与对市场因素变化预期有类似反应的其他合同相比，要求较少的初始净投资；③在未来某一日期结算。衍生工具主要包括期货、期权、远期合同、利率互换合同等。

金融负债，是指企业符合下列条件之一的负债：①向其他方交付现金或其他金融资产的合同义务，例如发行的公司债券。②在潜在不利条件下，与其他方交换金融资产或金融负债的合同义务，例如签出的外汇期权。③将来须用或可用企业自身权益工具进行结算的非衍生工具合同，且企业根据该合同将交付可变数量的自身权益工具。④将来须用或可用企业自身权益工具进行结算的衍生工具合同（以固定数量的自身权益工具交换固定金额的现金或其他金融资产的衍生工具合同除外），例如以普通股净额结算的股票期权。

权益工具，是指能证明拥有某个企业在扣除所有负债后的资产中的剩余权益的合同，比如股权投资。

二、金融资产的分类

企业应当根据金融资产的管理业务模式和合同现金流量特征，对金融资产进行分类。企业金融资产可以划分为以下四大类：

（一）以摊余成本计量的金融资产
（二）以公允价值计量且其变动计入当期损益的金融资产
（三）以公允价值计量且其变动计入其他综合收益的金融资产
（四）长期股权投资

为表述方便，本书将上述四类金融资产分别定义为金融资产Ⅰ类、Ⅱ类、Ⅲ类、Ⅳ类，其中前三类由《企业会计准则第22号——金融工具确认和计量》（2017）规范，第Ⅳ类由《企业会计准则第2号——长期股权投资》（2014）规范；从会计计量属性来看，第Ⅰ、第Ⅳ类采用历史成本计量，第Ⅱ、第Ⅲ类则采用公允价值计量。

第二节 以摊余成本计量的金融资产概述

一、以摊余成本计量的金融资产的定义

会计准则规定，企业金融资产同时符合下列条件的，应当分类为以摊余成本计量的金融资产（Ⅰ类）：

（1）该金融资产的管理业务模式是以收取合同现金流量为目标。

（2）该金融资产的合同条款规定，特定日期产生的现金流量仅为对本金和以未偿付本金金额为基础的利息的支付。

二、以摊余成本计量的金融资产的分类

企业可以将以摊余成本计量的金融资产（Ⅰ类）分为以下三类：

（1）货币资金，包括库存现金、银行存款、其他货币资金等。货币资金的未来合同现金流量包括本金及利息（银行存款、其他货币资金），故作为以摊余成本计量的金融资产。

（2）应收项目，包括应收票据、应收账款、合同资产、其他应收款等。企业经营活动中形成的应收项目，通常在未来较短时间内收取本金及利息（带息票据），故作为以摊余成本计量的金融资产。值得注意的是，企业会计准则应用指南汇编指出，预付账款不是金融资产，因为其产生的未来经济利益不是收取现金或其他金融资产的权利。但也有学者认为，从资金的用途上看，预付账款类似于其他货币资金，仍属于金融资产。

（3）持有至到期债券，包括有意愿且有能力持有至到期的国债、公司债券等普通债券。普通债券不同于可转换公司债券。企业按照持有普通债券时间长短，可以分为短期交易性持有、持有至到期及介于二者之间三种情况。其中，持有至到期债券的未来合同现金流量是到期收回本金及按约定利率在合同期间收取固定或浮动利息，故将持有至到期债券作为以摊余成本计量的金融资产。

三、以摊余成本计量的金融资产的计量原则

（一）以摊余成本计量原则

金融资产的摊余成本，应当以该金融资产的初始确认金额经下列调整确定：①扣除已偿还的本金；②加上或减去采用实际利率法将该初始确认金额与到期日金额之间的差额进行摊

销形成的累计摊销额；③扣除计提的累计信用减值准备。以摊余成本计量的金融资产所产生的利得或损失，应当在终止确认、重分类、按照实际利率法摊销或确认减值时，计入当期损益。

采用上述摊余成本计量的金融资产仅限于持有至到期债券。

（二）以名义成本计量原则

货币资金和应收项目由于具有期限短、高流动性等特点，通常简化处理，采用名义成本计量，换言之，采用名义利率计量而不是实际利率计量。

第三节　货币资金

一、货币资金概述

货币资金是指企业拥有的以货币形态存在的资产，具有强通用性、强流动性和高风险性的特点。货币资金可以随时直接投入流通，用于购买货品、偿付债务等目的。

货币资金是通用的交换媒介，是衡量企业其他各种资产和负债的尺度。企业在生产经营过程中经常会收到货币资金，如销售产品、接受投资、取得借款等。企业在生产经营过程中也经常需要使用货币资金，如购买原材料、支付工资、交纳税金、支付利息和股利等。

货币资金是最强流动性资产，直接反映企业偿债能力、股利支付能力等，单独列示和反映在资产负债表的第一资产项目。

由于货币资金具有强通用性、强流动性的特点，导致企业的货币资金容易被挪用、占用甚至被侵吞、盗窃等。企业应当按照货币资金管理的有关规定加强对货币资金的管理，以避免发生不必要的货币资金的损失。

货币资金按照存放地点和用途可以分为库存现金、银行存款和其他货币资金三类。

二、库存现金

（一）库存现金的定义

库存现金是指企业存放在财务部门由出纳人员保管的用于日常零星开支的现钞，是流动性最强的一种货币性资产。现金的概念有狭义、中义和广义之分，狭义的现金是指库存现金；中义的现金是指货币资金，包括库存现金、银行存款和其他货币资金；广义的现金是指现金流量表的现金，包括货币资金和现金等价物。本节现金的概念是指狭义的现金，即库存现金。

（二）库存现金的管理

1. 使用范围管理

根据国家现金管理和结算制度的规定，企业收支的各种款项必须按照国务院颁发的《现金管理暂行条例》的规定办理，在规定的范围内使用现金。允许企业使用现金结算的范围是：（1）职工工资、津贴；（2）个人劳务报酬；（3）根据国家规定颁发给个人的科学技术、文化艺术、体育等各种奖金；（4）各种劳保、福利费用以及国家规定的对个人的其他支出；（5）向个人收购农副产品和其他物资的价款；（6）出差人员必须随身携带的差旅费；

(7) 零星支出；(8) 中国人民银行确定需要支付现金的其他支出。属于上述现金结算范围的支出，企业可以根据需要向银行提取现金支付，不属于上述现金结算范围的款项支付一律通过银行进行转账结算。

2. 使用限额管理

库存现金限额是指为保证各单位日常零星支出按规定允许留存现金的最高数额。库存现金的限额，由开户银行根据开户单位的实际需要和距离银行远近等情况核定。其限额一般按照单位 3—5 天日常零星开支所需现金确定。远离银行或交通不便的企业，银行最多可以根据企业 15 天的正常开支需要量来核定库存现金的限额。正常开支需要量不包括企业每月发放工资和不定期差旅费等大额现金支出。库存限额一经核定，要求企业必须严格遵守，不能任意超过，超过限额的现金应及时存入银行；库存现金低于限额时，可以签发现金支票从银行提取现金，补足限额。

3. 收支管理

企业的现金收入，应及时送存银行，不得直接用于支付自己的支出。用收入的现金直接支付支出的，叫作坐支。企业如因特殊情况需要坐支现金的，应当事先报经开户银行审核批准，由开户银行核定坐支范围和限额。企业应定期向开户银行报送坐支金额和使用情况。未经银行批准，企业不得擅自坐支现金。为了加强银行的监督，企业向银行送存现金时，应在送款簿上注明款项的来源。从开户银行提取现金时，应当在现金支票上写明用途，由本单位财会部门负责人签字盖章，经开户银行审核后，予以支付现金。

不准用不符合制度的凭证顶替库存现金，即不得"白条顶库"；不准谎报用途套取现金；不准用银行账户代其他单位和个人存入或支取现金；不准将单位收入的现金以个人名义存储，不准保留账外公款，不得设置"小金库"等。

（三）库存现金的会计处理

1. 账户设置

企业应当设置"库存现金"科目对库存现金进行会计核算。为了加强对库存现金的管理，随时掌握库存现金收付的动态和库存余额，保证库存现金的安全，企业必须设置库存现金日记账。库存现金日记账必须采用订本式账簿，按照库存现金发生的先后顺序逐日逐笔序时登记账簿。

2. 日常收支的会计处理

企业收到现金，应根据审核无误的原始凭证，借记"库存现金"科目，贷记有关科目。企业实际支付现金，应根据审核无误的原始凭证，借记有关科目，贷记"库存现金"科目。

3. 备用金的会计处理

企业应将每天收到的库存现金及时、全额地存入银行，对每一笔现金支出都应该经严格的审批程序后方能用库存现金支付。但是在日常经营过程中，有些业务部门与财会部门的办公场所不在一起，但这些部门可能经常发生零星采购或紧急小额支付。为了避免影响工作，同时也可以省略重复、繁琐的日常审批、签发支票、记账等工作，企业应建立定额备用金制度。

采用定额备用金制度的企业一般都事先由会计部门根据实际的零星开支情况 拨出一笔固定金额的备用金。备用金核算一般通过"其他应收款"账户，或设立"备用金"账户予以记录。

单独设置"备用金"科目的企业,由企业财务部门单独拨给企业内部各单位周转使用的备用金时,借记"备用金"科目,贷记"库存现金"科目或"银行存款"科目。从备用金中支付的零星支出,应根据有关的支出凭单,定期编制备用金报销清单,财务部门根据内部各单位提供的备用金报销清单,定期补足备用金,借记"管理费用"等科目,贷记"库存现金"或"银行存款"科目。

【例7-1】甲公司财务部门于2×25年1月2日在总务处实行定额备用金制度,每10天补足备用金。

会计分录如下:

(1) 1月5日拨付库存现金1 000元给总务处时:

借:其他应收款——备用金　　　　　　　　　　　　　　　　　1 000
　　贷:库存现金　　　　　　　　　　　　　　　　　　　　　　　1 000

(2) 1月15日总务处凭票报账,支付了报刊费240元、文具用品费60元、差旅费390元,经审核予以报销,补足备用金时:

借:管理费用　　　　　　　　　　　　　　　　　　　　　　　　690
　　贷:库存现金　　　　　　　　　　　　　　　　　　　　　　　 690

(3) 当公司需要增减备用金定额时,再借或贷"其他应收款——备用金"科目。如果公司撤销备用金制度,应将备用金定额转回。例如,上例总务处在最后一次报销时差旅费为560元,交回备用金余额440元,会计部门应编制的分录为:

借:管理费用　　　　　　　　　　　　　　　　　　　　　　　　560
　　库存现金　　　　　　　　　　　　　　　　　　　　　　　　　440
　　贷:其他应收款——备用金　　　　　　　　　　　　　　　　1 000

期末,"其他应收款——备用金"余额应并入资产负债表"货币资金"项目。

4. 库存现金清查的会计处理

为了确保库存现金账实相符,应对现金进行清查。库存现金的清查方法采用账实核对法。对库存现金进行账实核对时,如发现账实不符,应立即查明原因,并按规定进行处理,不得以今日之长款弥补他日之短款。库存现金清查和核对后,应及时编制"库存现金盘点报告表"。

对于库存现金收支、财产清查等发现的有待查明原因的差异额,即库存现金的短缺或溢余,应先通过"待处理财产损溢"科目核算,待查明原因后根据不同情况分别进行会计处理。

(1) 发现差异时的会计处理。

如属于库存现金短缺,应按实际短缺的金额,借记"待处理财产损溢——待处理流动资产损溢"科目,贷记"库存现金"科目;属于库存现金溢余,按实际溢余的金额,借记"库存现金"科目,贷记"待处理财产损溢——待处理流动资产损溢"科目。

(2) 查明原因时的会计处理。

如为库存现金短缺,应贷记"待处理财产损溢——待处理流动资产损溢"科目;属于责任人赔偿部分,借记"其他应收款——应收库存现金短缺款(××个人)"或"库存现金"等科目;属于保险公司赔偿部分,借记"其他应收款——应收保险赔款"科目;属于公司自行承担部分,借记"管理费用"科目。

如为库存现金溢余，应借记"待处理财产损溢——待处理流动资产损溢"科目；属于应支付给有关人员或单位的，贷记"其他应付款——应付库存现金溢余（××个人或单位）"科目；属于无法查明原因的库存现金溢余，贷记"营业外收入——库存现金溢余"科目。

【例7-2】甲公司于2×24年5月不定期进行了两次库存现金盘点工作，发生了下列库存现金清查业务，编制会计分录如下：

（1）公司第一次盘点，发现有无法查明具体原因的短款210元。

借：待处理财产损溢——待处理流动资产损溢　　210
　　贷：库存现金　　　　　　　　　　　　　　　　　210

（2）经核查，上述库存现金短款系出纳不小心造成，应由出纳赔偿并向其发出赔偿通知书，从其工资中扣除。

借：其他应收款——出纳员　　　　　　　　　　　210
　　贷：待处理财产损溢——待处理流动资产损溢　　　210

（3）公司第二次进行库存现金盘点，发现长款150元，原因待查。

借：库存现金　　　　　　　　　　　　　　　　　150
　　贷：待处理财产损溢——待处理流动资产损溢　　　150

（4）经查实，上述款项系无法查明具体原因的长款，经批准，将其作为公司利得。

借：待处理财产损溢——待处理流动资产损溢　　150
　　贷：营业外收入　　　　　　　　　　　　　　　　150

三、银行存款

（一）银行存款的定义

银行存款是企业存放在银行或其他金融机构的货币资金。

（二）银行存款的管理

企业除按照《现金管理暂行条例》的规定留取现金用于日常支出外，应根据国家《支付结算办法》的规定，在银行开立账户，办理存款、收款和转账等结算。

1. 银行存款账户的开立和使用

按照国家《支付结算办法》的规定，企业应在银行开立账户，办理存款、取款和转账等结算。企业在银行开立人民币存款账户，必须遵守中国人民银行《银行账户管理办法》及《人民币银行结算账户管理办法实施细则》的各项规定。

（1）银行存款开户的有关规定。

银行存款账户分为基本存款账户、一般存款账户、临时存款账户和专用存款账户。基本存款账户是企业办理日常结算和现金收付的账户。企业的工资、奖金等现金的支取，只能通过基本存款账户办理。一般存款账户是企业在基本存款账户以外的银行借款转存、与基本存款账户的企业不在同一地点的附属非独立核算单位的账户。企业可以通过本账户办理转账结算和现金缴存，但不能办理现金支取。临时存款账户是企业因临时经营活动需要而开立的账户。企业可以通过本账户办理转账结算和根据国家现金管理的规定办理现金收付。专用存款账户是企业因特定用途需要开立的账户。

一家企业只能选择一家银行的一个营业机构开立一个基本存款账户，不得在多家银行机构开立基本存款账户；不得在同一家银行的几个分支机构开立一般存款账户。

(2) 银行结算纪律。

企业除了按规定留存的库存现金以外，所有货币资金都必须存入银行，企业与其他单位之间的一切收付款项，除制度规定可用现金支付的部分以外，都必须通过银行办理转账结算，也就是由银行按照事先规定的结算方式，将款项从付款人的账户划出，转入收款单位的账户。企业通过银行办理支付结算时，应当认真执行国家各项管理办法和结算制度。

中国人民银行 1997 年颁布的《支付结算办法》规定：单位和个人办理支付结算，不准签发没有资金保证的票据或远期支票，套取银行信用；不准签发、取得和转让没有真实交易和债权债务的票据，套取银行和他人资金；不准无理拒绝付款，任意占用他人资金；不准违反规定开立和使用账户。

2. 银行结算的种类

银行转账结算就是通过银行划拨进行往来结算。目前银行转账结算主要包括银行汇票、银行本票、支票、商业汇票、汇兑、委托收款、托收承付、信用卡、信用证和电子支付等十种支付结算办法。

(1) 银行汇票。

银行汇票是汇款人将款项交存当地出票银行，由出票银行签发的，由其在见票时按照实际结算金额无条件支付给收款人或持票人的票据。银行汇票具有使用灵活、票随人到、兑现性强等特点，适用于先收款后发货或钱货两清的商品交易。单位和个人的各种款项结算，均可使用银行汇票。银行汇票的付款期限为自出票日起 1 个月内。银行汇票的收款人可以将银行汇票背书转让给他人。

(2) 银行本票。

银行本票是银行签发的，承诺自己在见票时无条件支付确定的金额给收款人或者持票人的票据。银行本票由银行签发并保证兑付，而且见票即付，具有信誉高、支付功能强等特点。用银行本票购买材料物资，销货方可以见票付货，购货方可以凭票提货；债权债务双方可以凭票清偿；收款人将本票交存银行，银行即可为其入账。无论单位或个人，在同一票据交换区域支付各种款项，都可以使用银行本票。银行本票分定额本票和不定额本票。定额本票面值分别为 1 000 元、5 000 元、10 000 元和 50 000 元。在票面划去转账字样的，为现金本票。银行本票的付款期限为自出票日起最长不超过 2 个月。收款企业可以根据需要在票据交换区域内背书转让银行本票。

(3) 商业汇票。

商业汇票是出票人签发的，委托付款人在指定日期无条件支付确定的金额给收款人或者持票人的票据。在银行开立存款账户的法人以及其他组织之间须具有真实的交易关系或债权债务关系，才能使用商业汇票。商业汇票的付款期限由交易双方商定，但最长不得超过 6 个月。

商业汇票可以由付款人签发并承兑，也可以由收款人签发交付款人承兑。商业汇票可以背书转让。符合条件的商业承兑汇票的持票人可持未到期的商业承兑汇票连同贴现凭证，向银行申请贴现。商业汇票按承兑人不同分为商业承兑汇票和银行承兑汇票两种。

(4) 支票。

支票是单位或个人签发的，委托办理支票存款业务的银行或者其他金融机构在见票时无条件支付确定的金额给收款人或者持票人的票据。支票的支付功能非常明显，在流通中成为货币替代工具。支票可在全国流通使用。支票按照用途，分为现金支票、转账支票和普通支票三种。现金支票只能用于支取现金；转账支票只能用于转账；普通支票既可以用于支取现金，也可以用于转账。支票的提示付款期限为自出票日起 10 日内。

（5）信用卡。

信用卡是指商业银行向个人和单位发行的，凭以向特约单位购物、消费和向银行存取现金，且具有消费信用的特制载体卡片。信用卡按使用对象分为单位卡和个人卡。信用卡在规定的限额和期限内允许善意透支。透支期限最长为 60 天。

（6）汇兑。

汇兑是汇款人委托银行将其款项支付给收款人的结算方式。单位和个人的各种款项的结算，均可使用汇兑结算方式。汇兑分为信汇、电汇两种。信汇是指汇款人委托银行通过邮寄方式将款项划转给收款人。电汇是指汇款人委托银行通过电报将款项划给收款人。这种汇兑方式由汇款人根据需要选择使用。汇兑结算方式适用于异地之间的各种款项结算。这种结算方式划拨款项简便、灵活。

（7）委托收款。

委托收款是收款人委托银行向付款人收取款项的结算方式。委托收款结算款项划回的方式分为邮寄和电报两种。企业委托开户银行收款时，应填写银行印制的委托收款凭证和有关的债务证明。在委托收款凭证中写明付款人的名称、收款单位名称、账号及开户银行、委托收款金额的大小写、款项内容、委托收款凭据名称及附寄单证张数等。企业的开户银行进行审核，并通知付款人。付款人收到银行交给的委托收款凭证及债务证明后，应签收并在 3 天之内审查债务证明是否真实，是否是本单位的债务，确认之后通知银行付款。

（8）托收承付。

托收承付是根据购销合同由收款人发货后委托银行向异地付款人收取款项，由付款人向银行承认付款的结算方式。办理托收承付结算的款项，必须是商品交易以及因商品交易而发生的劳务供应的款项。代销、寄销、赊销商品的款项，不得办理托收承付结算。

托收承付款项划回方式分为邮寄和电报两种，由收款人根据需要选择使用。收款单位办理托收承付，必须具有商品发出的证件或其他证明。托收承付结算每笔的金额起点为 10 000 元，新华书店系统每笔金额起点为 1 000 元。

采用托收承付结算方式时，购销双方必须签有符合《中华人民共和国合同法》的购销合同，并在合同上写明使用托收承付结算方式。销货企业按照购销合同发货后，填写托收承付凭证，盖章后连同发运证件（包括铁路、航运、公路等运输部门签发运单、运单副本和邮局包裹回执）或其他符合托收承付结算的有关证明和交易单证送交开户银行办理托收手续。

销货企业开户银行接受委托后，将托收结算凭证回单联退给企业，作为企业进行会计处理的依据，并将其他结算凭证寄往购货单位开户银行，由购货单位开户银行通知购货单位承认付款。

购货企业收到托收承付结算凭证和所附单据后，应立即审核是否符合订货合同的规定。按照《支付结算办法》的规定，承付货款分为验单付款与验货付款两种，这在双方签订合同时约定。验单付款是购货企业根据经济合同对银行转来的托收结算凭证、发票账单、托运单及代垫运杂费单据进行审查无误后，即可承认付款。验货付款是购货企业待货物运达企业，对其进行检验与合同完全相符后才承认付款。

(9) 信用证。

信用证结算方式是国际结算的一种主要方式。经中国人民银行批准经营结算业务的商业银行总行以及经商业银行总行批准开办信用证结算业务的分支机构,也可以办理国内企业之间商品交易的信用证结算业务。采用信用证结算方式的,收款单位收到信用证后,即备货装运,签发有关发票账单,连同运输单据和信用证送交银行,根据退还的信用证等有关凭证编制收款凭证;付款人在接到开证行的通知时,根据付款的有关单据编制付款凭证。

(10) 电子支付。

电子支付是以电子数据为载体,以金融电子化网络为基础,通过计算机网络系统及通信信息系统等以传输电子信息的方式实现支付功能的一种新型支付方式。与传统支付方式相比,电子支付具有虚拟性、开放性和快捷性的特点。近年来,我国的电子支付持续保持迅速发展态势,应用非常广泛,支付方式也不断创新。根据发起电子支付指令的电子终端不同,电子支付可以分为网上支付、电话支付、移动支付、销售点终端交易、自动柜员机交易等种类。

(三) 银行存款的会计处理

1. 银行存款收付的核算

企业将款项存入银行等金融机构时,借记"银行存款"科目,贷记"库存现金"等有关科目;提取或支付在银行等金融机构中的存款时,借记"库存现金"等有关科目,贷记"银行存款"科目。

企业在银行的其他存款,如外埠存款、银行本票存款、银行汇票存款、信用证存款等,在"其他货币资金"科目核算,不通过"银行存款"科目进行会计处理。

【例7-3】甲公司根据发生的有关银行存款收付业务,编制会计分录如下(本章例题企业原材料均采用计划成本法):

(1) 甲公司销售产品,价税款为 339 000 元(增值税税率13%),公司收到支票存入银行。

借:银行存款　　　　　　　　　　　　　　　　　　　　　339 000
　　贷:主营业务收入　　　　　　　　　　　　　　　　　　300 000
　　　　应交税费——应交增值税(销项税额)　　　　　　　39 000

(2) 甲公司购进材料一批,价税款 90 400 元(增值税税率13%),公司开具转账支票付讫,材料尚未验收入库。

借:材料采购　　　　　　　　　　　　　　　　　　　　　80 000
　　应交税费——应交增值税(进项税额)　　　　　　　　10 400
　　贷:银行存款　　　　　　　　　　　　　　　　　　　　90 400

(3) 甲公司开具现金支票支付销售产品的运杂费价税款 1 308 元(增值税税率9%)。

借:销售费用——运杂费　　　　　　　　　　　　　　　　1 200
　　应交税费——应交增值税(进项税额)　　　　　　　　　108
　　贷:银行存款　　　　　　　　　　　　　　　　　　　　1 308

(4) 甲公司开具现金支票 48 000 元,交付银行代发工资。

借:应付职工薪酬　　　　　　　　　　　　　　　　　　　48 000
　　贷:银行存款　　　　　　　　　　　　　　　　　　　　48 000

2. 银行存款清查的方法

银行存款的清查是采取与银行核对账目的方法进行的。核对账目前出纳员应将已收到的收付款凭证逐笔记入银行存款日记账，并计算出银行存款的余额。然后由清查人员将日记账与银行对账单逐笔核对。核对时，不仅要核对每笔账目的金额、记账方向，还应注意核对结算凭证种类、号码以及款项用途。在大多数情况下，银行对账单余额与企业银行存款日记账余额不符。当发现双方账目记录或账户余额不一致时，应分析原因。导致企业银行存款日记账与银行送来的对账单不相符的原因有三个：一是记账错漏；二是计算错误；三是未达账项的影响。所谓未达账项，是指在企业与银行之间的凭证传递过程中，一方已取得结算凭证并登记入账，另一方尚未收到凭证、尚未入账的账项。企业与银行之间的未达账项有如下四种情况：

（1）企业存入银行的各种款项、票据，企业已登记银行存款的增加，而银行尚未收妥款项未记企业的存款增加。

（2）企业已开出支票和其他银行付款凭证，企业根据存根登记了企业存款的减少，而银行尚未收到凭证未记企业的存款减少。

（3）企业委托银行收款，银行已收妥记了企业的存款增加，而企业尚未收到收账通知未记存款增加。

（4）企业委托银行代付的款项，银行按有关规定付款后记了企业存款的减少，而付款通知尚未传到企业，企业未记存款的减少。

对于上述未达账项，可编制"银行存款余额调节表"以消除其影响。

四、其他货币资金

（一）其他货币资金的定义与分类

其他货币资金是企业除库存现金、银行存款之外，为准备某些特有的结算业务存放在银行或其他金融机构中的货币资金以及在途货币资金的总称。其他货币资金就其性质而言，同库存现金和银行存款一样均属于货币资金，但是存放地点和用途不同于库存现金和银行存款，因而在会计上是分别核算的。其他货币资金包括外埠存款、银行汇票存款、银行本票存款、在途货币资金、信用卡或信用保证金存款等。

为了单独反映企业的各种其他货币资金，企业应设置"其他货币资金"账户，按照其他货币资金的种类，设置"外埠存款"、"银行汇票存款"、"银行本票存款"、"在途存款"、"信用卡存款"、"信用证存款"等明细账户。

（二）其他货币资金的会计处理

1. 外埠存款

外埠存款指企业到外地进行临时或零星采购时，汇往采购地银行开立采购专户的款项。

【例7-4】甲公司委托当地开户银行汇3万元给采购地银行开立专户。

（1）开立专户时，应编制会计分录如下：

借：其他货币资金——外埠存款　　　　　　　　　　　　30 000
　　贷：银行存款　　　　　　　　　　　　　　　　　　　　　　30 000

（2）公司的采购员交来供应单位发票账单等报销凭证22 600元（适用增值税税率13%）时，需编制的会计分录如下：

借：材料采购　　　　　　　　　　　　　　　　　　　　　　　　20 000
　　　　应交税费——应交增值税（进项税额）　　　　　　　　　　　 2 600
　　　　贷：其他货币资金——外埠存款　　　　　　　　　　　　　　　　　　22 600
　（3）采购员完成了采购任务将多余的外埠存款转回当地银行时，根据银行的收账通知，转销"其他货币资金——外埠存款"账户，应编制的会计分录如下：
　　借：银行存款　　　　　　　　　　　　　　　　　　　　　　　　 7 400
　　　　贷：其他货币资金——外埠存款　　　　　　　　　　　　　　　　　　 7 400

2. 银行汇票存款

银行汇票存款指企业为取得银行汇票，按照规定存入银行的款项。

【例7-5】甲公司要求银行办理银行汇票500 000元。

（1）企业在填送"银行汇票委托书"将500 000元交给银行，取得银行汇票时，根据银行盖章的委托书存根联，编制会计分录如下：
　　借：其他货币资金——银行汇票存款　　　　　　　　　　　　　500 000
　　　　贷：银行存款　　　　　　　　　　　　　　　　　　　　　　　　　500 000

（2）企业使用银行汇票，实际支付价税款452 000元，多余额已收存银行。应根据发票账单及开户行转来的银行汇票有关副联等凭证，经核对无误后，编制会计分录如下：
　　借：材料采购　　　　　　　　　　　　　　　　　　　　　　　400 000
　　　　应交税费——应交增值税（进项税额）　　　　　　　　　　52 000
　　　　贷：其他货币资金——银行汇票存款　　　　　　　　　　　　　　　452 000

（3）如果该500 000元汇票因超过付款期限或其他原因未曾使用而退还款项时，则会计分录为：
　　借：银行存款　　　　　　　　　　　　　　　　　　　　　　　500 000
　　　　贷：其他货币资金——银行汇票存款　　　　　　　　　　　　　　　500 000

3. 银行本票存款

银行本票存款指企业为取得银行本票按照规定存入银行的款项。

【例7-6】甲公司在银行办理银行本票，发生了以下业务：

（1）甲公司申请办理银行本票600 000元，在企业向银行提交"银行本票申请书"并将款项交存银行，取得银行本票时，编制会计分录如下：
　　借：其他货币资金——银行本票存款　　　　　　　　　　　　　600 000
　　　　贷：银行存款　　　　　　　　　　　　　　　　　　　　　　　　　600 000

（2）公司使用银行本票，实际支付价税款565 000元，多余额已收存银行。公司根据发票账单等编制如下会计分录：
　　借：材料采购　　　　　　　　　　　　　　　　　　　　　　　500 000
　　　　应交税费——应交增值税（进项税额）　　　　　　　　　　65 000
　　　　银行存款　　　　　　　　　　　　　　　　　　　　　　　 35 000
　　　　贷：其他货币资金——银行本票存款　　　　　　　　　　　　　　　600 000

（3）如公司因本票超过付款期限等原因未曾使用而要求银行退款时，应填制进账单一式两联，连同本票一并交给银行，然后根据银行收回本票时盖章退回的进账单收账通知联，编制如下的会计分录：

借：银行存款 600 000
　　贷：其他货币资金——银行本票存款 600 000

4. 信用证存款

信用证存款指企业存入银行作为信用证保证金专户的款项。国际信用证存款指企业存入中国银行信用证保证金专户的款项。

【例 7-7】 甲公司要求银行对境外供货单位开出信用证 25 万元，以购进机器设备。

(1) 根据开户银行盖章退回的由公司提交的"信用证委托书"的回单，编制会计分录如下：

借：其他货币资金——信用证存款 250 000
　　贷：银行存款 250 000

(2) 公司收到境外供货单位信用证结算凭证及所附发票账单，支付设备款 18 万元，另支付增值税 2.34 万元。经核对无误后，需编制如下的会计分录：

借：固定资产 180 000
　　应交税费——应交增值税（进项税额） 23 400
　　贷：其他货币资金——信用证存款 203 400

(3) 公司未用完的信用证保证金余额 46 600 元转回开户银行，其会计分录为：

借：银行存款 46 600
　　贷：其他货币资金——信用证存款 46 600

5. 信用卡存款

信用卡存款是指采用信用卡结算方式的企业为签发信用卡而存入银行的信用卡账户的款项。

【例 7-8】 甲公司申办信用卡，经银行审核同意后从其基本存款账户开出转账支票 3 万元转入信用卡账户。

(1) 根据支票存根和进账单作会计分录如下：

借：其他货币资金——信用卡存款 30 000
　　贷：银行存款 30 000

(2) 公司持卡向特约单位购进一批办公文具 5 000 元，另支付增值税 650 元，特约单位在签购单上压卡后经银行间结算。公司根据信用卡签购单第一联和银行转来的付款通知等相关凭证，作会计分录如下：

借：管理费用——办公费 5 000
　　应交税费——应交增值税（进项税额） 650
　　贷：其他货币资金——信用卡存款 5 650

6. 存出投资款

存出投资款是指企业已存入证券公司但尚未进行的基于赚取差价为目的的投资的现金。企业向证券公司划出资金时，应按实际划出的金额编制付款凭证，借记"其他货币资金——存出投资款"科目，贷记"银行存款"科目；企业购买股票、债券等时，按实际发生的金额，借记"交易性金融资产"等科目，贷记"其他货币资金——存出投资款"科目。

【例 7-9】 甲公司发生如下业务：

(1) 将银行存款 400 000 元划入长江证券公司准备进行短期股票投资。

借：其他货币资金——存出投资款　　　　　　　　　　　　　400 000
　　贷：银行存款　　　　　　　　　　　　　　　　　　　　　　400 000

（2）将存入证券公司的款项用于购买股票，并已成交，购买股票的成本为250 000元，作为交易性金融资产进行管理。

借：交易性金融资产　　　　　　　　　　　　　　　　　　　250 000
　　贷：其他货币资金——存出投资款　　　　　　　　　　　　250 000

第四节　应收票据

一、应收票据概述

票据是证明债权债务的存在而依一定的形式做成的书面文件，通常包括支票、银行本票、银行汇票和商业汇票等。在我国会计实务中，支票、银行本票、银行汇票都属于即期票据，可以即刻收款或存入银行成为货币资金，不需要作为应收票据核算。因此，我国的应收票据是指应收商业汇票的款项。具体说来，应收票据是指企业因销售商品、产品、提供劳务等而收到的商业汇票。

在我国，商业汇票的期限一般不超过6个月，因而我国的应收票据是一种流动资产。商业汇票按承兑人不同，可分为商业承兑汇票和银行承兑汇票。承兑是汇票付款人承诺在汇票到期日支付汇票金额的票据行为。商业汇票必须经承兑后方可生效。银行承兑汇票的承兑人是承兑申请人的开户银行，商业承兑汇票额的承兑人是付款人。商业汇票按是否带息可分为不带息商业汇票和带息商业汇票。

二、应收票据的计价

（一）应收票据的计价

应收票据入账价值的确定有两种方法，按票据面值和按票据到期值的现值入账。按面值入账比较简单、实用；按票据到期值的现值入账比较科学、合理。在我国，长期应收票据尚不存在。因此，为了简化会计核算手续，应收票据一般按其面值入账。但对于带息的应收票据，按照现行制度的要求，应于期末（指中期期末和年度终了）按应收票据的票面价值和确定的利率计提利息，计提的利息应增加应收票据的账面价值。

（二）应收票据利息及到期日的确定

带息应收票据利息 = 应收票据面值 × 票面利率 × 期限

在计算票据利息时，应特别注意利率和期限保持一致。利率一般为年利率，如果期限是以月、天表示，应将其调整为一致。每月统一按30天计算，全年按360天计算。

应收票据到期日在票据上有两种表示方法，一种是直接标明到期日，如"票据的到期日为××年×月×日"，另一种是实务中一般采用的方法，票据上只标明出票日期和票据期限，到期日需要计算。票据期限如果是按月表示，应以对月对日为到期日。如5月15日签发的3月期票据，到期日8月15日。月末签发的票据，不论月份大小均以到期月份的月末为到期日。如5月31日签发的1月期票据，到期日为6月30日。票据期限如果是按天表示，应按实际日历天数计算，出票日和到期日只算一天，"算尾不算头"或"算头不算尾"。如 5 月 15 日签发的 90 天期票据，到期日为 8 月 13 日 [90 - (31 - 15) - 30 - 31 = 13]。

三、应收票据的会计处理

（一）账户设置

企业应设置"应收票据"账户。该账户是资产类账户，借方登记应收票据的面值及按期确认的应计利息，贷方登记背书转让、到期收回或因未能收回票款而转作应收账款的应收票据账面价值，期末借方余额反映未到期应收票据的账面价值。

（二）不带息应收票据

不带息票据的到期价值等于应收票据的面值。企业因销售商品、产品或提供劳务等收到商业汇票时，按应收票据的面值，借记"应收票据"科目，按实现的营业收入，贷记"主营业务收入"科目，按增值税专用发票上注明的增值税税额，贷记"应交税费——应交增值税（销项税额）"科目。应收票据到期收回时，按票面金额，借记"银行存款"科目，贷记"应收票据"科目。商业承兑汇票到期，承兑人违约拒付或无力偿还票据款，收款企业应将到期票据的票面金额转入"应收账款"科目。一般说来，如果企业收到的是银行承兑汇票则不会出现到期收不回票款的情况。

【例 7 - 10】甲企业向乙企业销售产品一批，售价 100 000 元，增值税专用发票上注明增值税为 13 000 元，按合同约定 5 个月后付款，甲企业收到乙企业开出并承兑的 5 个月不带息商业承兑汇票一张，面值 113 000 元，货已发。编制会计分录如下：

借：应收票据　　　　　　　　　　　　　　　　　　　　113 000
　　贷：主营业务收入　　　　　　　　　　　　　　　　　　　100 000
　　　　应交税费——应交增值税（销项税额）　　　　　　　　 13 000

5 个月后，商业承兑汇票到期，甲企业收到款项 113 000 元，存入银行。编制会计分录如下：

借：银行存款　　　　　　　　　　　　　　　　　　　　113 000
　　贷：应收票据　　　　　　　　　　　　　　　　　　　　　113 000

如果该票据到期，乙企业无力偿还票据款，甲企业应将到期商业汇票的票面金额转入"应收账款"科目。编制会计分录如下：

借：应收账款——乙企业　　　　　　　　　　　　　　　113 000
　　贷：应收票据　　　　　　　　　　　　　　　　　　　　　113 000

（三）带息应收票据

企业收到的带息商业汇票，除按前述原则进行核算外，还应当按规定对带息应收票据计算票据利息，并增加应收票据的账面价值，同时冲减财务费用。一般地，如果应收票据的利息金额较大，应按月计提利息；如果应收票据的利息金额不大，可以于季末或年末计提利息，但至少应于中期期末和年度终了计提持有商业汇票的利息。

带息应收票据到期收回时，应按收到的本息，借记"银行存款"科目，按账面价值，贷记"应收票据"科目，按其差额，贷记"财务费用"科目。到期不能收回的带息应收票据，应按商业汇票的到期值，借记"应收账款"科目，按账面价值，贷记"应收票据"科目，按其差额，贷记"财务费用"科目。

【例7-11】甲企业2×24年10月1日销售产品一批给乙公司,增值税专用发票上注明销售收入为500 000元,增值税税额65 000元。收到乙公司交来6个月带息商业承兑汇票一张,面值565 000元,票面利率为6%。甲企业应作如下会计处理:

(1) 收到票据时:

借:应收票据　　　　　　　　　　　　　　　　　　　　　　565 000
　　贷:主营业务收入　　　　　　　　　　　　　　　　　　　　　500 000
　　　　应交税费——应交增值税(销项税额)　　　　　　　　　　 65 000

(2) 年度终了(2×24年12月31日),计提票据利息=565 000×6%÷12×3=8 475(元):

借:应收票据　　　　　　　　　　　　　　　　　　　　　　　8 475
　　贷:财务费用　　　　　　　　　　　　　　　　　　　　　　　8 475

(3) 票据到期收到款项:

收款金额=565 000+565 000×6%÷12×6=581 950(元)

2×25年的票据利息=565 000×6%÷12×3=8 475(元)

借:银行存款　　　　　　　　　　　　　　　　　　　　　　581 950
　　贷:应收票据　　　　　　　　　　　　　　　　　　　　　　573 475
　　　　财务费用　　　　　　　　　　　　　　　　　　　　　　 8 475

(四) 应收票据贴现

应收票据贴现是指持票人因急需资金,将尚未到期的商业汇票背书转让给银行,银行受理后,从票面金额中扣除按银行的贴现率计算确定的贴现息后,将余额付给贴现企业的业务活动。其实质是企业的短期融资行为。

在贴现时,企业付给银行的利息称之为贴现息,银行计算贴现时的利率称之为贴现率,企业从银行获得的票据到期值扣除贴现利息后的货币收入,称为贴现净额。计算贴现净额的步骤为:第一步,计算到期值。不带息票据的到期值等于其面值;带息票据的到期值=面值+票据利息。第二步,计算贴现期。票据的贴现期是指银行的持票时间也即贴现日至票据到期日前1日的时期,如果承兑人在异地的,贴现利息另加3天的划款日期。第三步,计算贴现利息。贴现利息=到期值×贴现率×贴现期。第四步,计算贴现净额。贴现净额=到期值-贴现利息。

根据贴现的商业汇票是否带有追索权的不同,应分别采用不同的方法进行处理。追索权是指汇票到期被拒绝付款时,持票人可以对背书人、出票人以及汇票的其他债务人行使追索的权利。

1. 不带追索权的应收票据贴现

当企业将不带追索权的商业汇票进行贴现时,企业在转让票据所有权的同时也将票据到期不能收回票款的风险一并转给了贴现银行,企业对票据到期无法收回的票款不承担连带责任,即符合金融资产终止确认的条件。因此,将不带追索权的商业汇票贴现时,企业应按实际收到的贴现金额,借记"银行存款"科目,按应收票据账面价值,贷记"应收票据"科目,按实际收到的贴现金额与应收票据账面价值的差额,借记或贷记"财务费用"科目。

在我国,企业将银行承兑汇票贴现基本上不存在到期不能收回票款的风险,企业应将银行承兑汇票贴现视为不带追索权的商业汇票贴现业务,按金融资产终止确认的原则处理。

【例7-12】甲企业4月29日售给本市乙公司产品一批,货款100 000元,适用增值税税率为13%。乙公司交来一张出票日为5月1日、面值113 000元，期限为90天的银行承兑无息票据。该企业5月31日持票据到银行贴现，贴现率为12%。则：

票据到期值 = 票据面值 = 113 000（元）

票据贴现期 = 1 + 30 + 29 = 60（天）（采用贴现日至到期日计算）

= 90 - (31 - 1) = 60（天）（采用总天数减去无效天数计算）

贴现息 = 113 000 × 12% × 60/360 = 2 260（元）

贴现额 = 113 000 - 2 260 = 110 740（元）

借：银行存款　　　　　　　　　　　　　　　　　　　　　110 740
　　财务费用　　　　　　　　　　　　　　　　　　　　　　2 260
　　贷：应收票据　　　　　　　　　　　　　　　　　　　　　　113 000

【例7-13】若上例中的票据为带息票据，票面年利率为14%，其他条件不变，则：

票据到期值 = 113 000 + 113 000 × 14% × 90/360 = 116 955（元）

贴现息 = 116 955 × 12% × 60/360 = 2 339.1（元）

贴现额 = 116 955 - 2 339.1 = 114 615.9（元）

借：银行存款　　　　　　　　　　　　　　　　　　　　　114 615.9
　　贷：财务费用　　　　　　　　　　　　　　　　　　　　　1 615.9
　　　　应收票据　　　　　　　　　　　　　　　　　　　　113 000

2. 带追索权的应收票据贴现

当企业将带追索权的应收票据贴现，企业并未转嫁票据到期不能收回票据款的风险，贴现企业因背书在法律上负有连带偿还责任。企业所承担的这种连带偿还责任，是企业的一种或有负债，该债务直至贴现银行收到票据款后方可解除。因此，将带追索权的商业汇票贴现后，不符合金融资产终止确认的条件，不应冲销应收票据账户金额。此时，一般根据实际收到的贴现款借记"银行存款"科目，贷记"短期借款"科目。在我国，企业将商业汇票贴现，是一种典型的带追索权的票据贴现业务。

【例7-14】以【例7-12】的资料为例，若贴现的汇票为商业承兑汇票。企业应编制的会计分录如下：

借：银行存款　　　　　　　　　　　　　　　　　　　　　110 740
　　贷：短期借款　　　　　　　　　　　　　　　　　　　　　110 740

带追索权的票据到期，无论票据付款人是否足额向贴现银行支付票款，贴现的票据均满足金融资产终止确认的条件，会计上均应终止确认应收票据。当票据付款人于汇票到期日将票款足额付给银行，企业因票据贴现而产生的负债责任解除，应作为偿还短期借款对待，借记"短期借款"科目，贷记"应收票据"、"应收利息"科目，差额借记或贷记"财务费用"科目。如果票据的付款人于汇票到期日未能向贴现银行足额支付票款，企业则成为实际的债务人。企业在收到银行有关偿债通知后，按照票据的到期值，借记"应收账款"科目；按照票据的账面价值，贷记"应收票据"科目；差额借记或贷记"财务费用"科目。若企业能够向贴现银行支付票据，则按短期借款账面价值，借记"短期借款"科目；按票据的到期值，贷记"银行存款"科目；按两者的差额，借记"财务费用"科目。若企业无力偿还票据款，则贴现银行将对无法偿还的票据款做逾期贷款处理，按短期借款的账面价值，借记"短期借款"科目，贷记"短期借款——逾期贷款。"

【例 7-15】 接【例 7-14】的资料，若贴现的汇票为商业承兑汇票，票据到期时，票据付款人足额向贴现银行支付票款。企业应编制的会计分录为：

借：短期借款 110 740
　　财务费用 2 260
　　　贷：应收票据 113 000

若汇票到期，票据付款人无法向贴现银行支付票款，贴现银行向企业扣款，企业能够偿还票据款，则：

借：短期借款 110 740
　　财务费用 2 260
　　　贷：银行存款 113 000
借：应收账款 113 000
　　　贷：应收票据 113 000

若汇票到期，票据付款人无法向贴现银行支付票款，贴现银行向企业扣款，企业无力偿还票据款，则：

借：短期借款 110 740
　　财务费用 2 260
　　　贷：短期借款——逾期贷款 113 000
借：应收账款 113 000
　　　贷：应收票据 113 000

值得注意的是，也有学者建议第一笔分录这样做：

借：财务费用 2 260
　　　贷：应付利息 2 260

本书认为，这种做法的主要依据是"短期借款"科目不能核算利息。但是，该做法无法清晰地反映经济业务来龙去脉，且应用指南汇编中"短期借款"科目可以核算利息。

第五节　应收账款

一、应收账款

（一）应收账款的定义

应收账款是指企业因销售商品、产品、提供劳务而应向购货单位或接受劳务单位收取的债权。具体包括应收货款、劳务款、代垫的运杂费及代收的增值税。

会计上的应收账款是因赊销业务形成的应收客户的债权，不包括应收职工的欠款、应收债务人的利息、存出保证金等其他应收款，不包括长期性质的债权。

应收账款应于销售实现时予以确认。

（二）应收账款的计价

应收账款一般是在收入实现时按实际发生额计价入账。但实际工作中，许多企业为了扩大销售或及早收回货款，在销售业务中经常采用折扣的方法，所以在确定应收账款的金额时还应当考虑商业折扣和现金折扣等因素。

1. 商业折扣

商业折扣是指企业根据市场的供需要求、季节变化或针对不同客户，在商品的标价上给予一定的折扣。这种方式是企业常常采用的一种促销方式。企业为了拓展市场，增加销量，或者为了处理一些过季商品，常常会采用商业折扣的方式，通常用折扣 10%（九折）、折扣 50%（五折）等表示。商业折扣一般在销售时即已经发生，它不过是确定实际销售价格的一种手段，所以在存在商业折扣的前提下，应收账款是按扣除商业折扣以后的实际售价确认，它不在交易双方的任何一方的账上进行反映。因此，商业折扣对应收账款和营业收入均不产生影响。

2. 现金折扣

现金折扣是指在赊销方式下，债权人为了鼓励债务人在规定时间及早付款而给予的债务扣除。现金折扣一般用符号"折扣/付款期限"表示。例如买方在 10 天内付款给予 2% 的折扣，可用符号表示为"2/10"；买方在 20 天内付款给予 1% 的折扣，可以用符号表示为"1/20"；买方 30 天内付款不给折扣，可以用符号表示为"n/30"。

根据新收入准则的规定，现金折扣实际上是企业为了尽早收到货款而采取的一种激励手段，属于交易价格中的可变对价，应当作为对营业收入的调整。具体方法是：附有现金折扣条件的商品赊销时，将应收账款总额扣除估计的极有可能发生的现金折扣后的余额记入"应收账款"科目，将不含增值税的交易总价格扣除估计的现金折扣后的余额确认为主营业务收入，按照不扣除现金折扣的不含增值税的交易总价格和适用的增值税税率确定的增值税额记入"应交税费——应交增值税（销项税额）"科目。资产负债表日，重新估计可能收到的对价金额，如果实际收款时间晚于估计的收款时间，客户因此丧失的现金折扣额作为可变对价，调增应收账款和主营业务收入；如果实际收款时间早于估计的收款时间，客户享受了现金折扣，则按实际享受的现金折扣大于估计的现金折扣的金额减少应收账款和主营业务收入。

除了现金折扣外，对于已售出的商品，有时因其质量等问题，购货方可能要求部分或全部退货或要求减让部分价款，这种状况称为销售退回与折让。发生销售退回或折让时，应冲减已入账的应收账款，但不影响销售当时应收账款的入账金额。

（三）应收账款的会计处理

1. 账户设置

为了反映和监督应收账款的发生和结算情况，企业应设置"应收账款"账户。该账户是资产类账户，借方登记企业因赊销而实际发生的应收账款，贷方登记企业收回的应收账款，余额一般在借方，表示应收的债权，但有时也可能在贷方，表示预收的款项。

2. 发生时

当企业因赊销发生应收账款时，借记"应收账款"科目，按实现的收入，贷记"主营业务收入"等科目，按增值税专用发票上注明的增值税额，贷记"应交税费——应交增值税（销项税额）"科目。

3. 收回时

收回应收账款时，按实收金额，借记"银行存款"科目，贷记"应收账款"科目。

企业赊销时代垫的运杂费等，在实际发生时，借记"应收账款"科目，贷记"银行存款"等科目；待实际收到时，借记"银行存款"科目，贷记"应收账款"科目。

【例 7-16】甲公司向乙公司销售商品一批，增值税专用发票上注明售价 10 000 元，增值税 1 300 元。销售时用现金代垫运费 500 元，已办妥委托银行托收手续。编制会计分录如下：

借：应收账款——乙公司　　　　　　　　　　　　　　　　　　11 800
　　贷：主营业务收入　　　　　　　　　　　　　　　　　　　10 000
　　　　应交税费——应交增值税（销项税额）　　　　　　　　 1 300
　　　　库存现金　　　　　　　　　　　　　　　　　　　　　　500

【例 7-17】甲公司向乙公司销售商品一批，商品价目表上标明价格 40 000 元，因为是老客户，给予 10% 的商业折扣，适用增值税税率为 13%。编制会计分录如下：
借：应收账款——乙公司　　　　　　　　　　　　　　　　　　40 680
　　贷：主营业务收入　　　　　　　　　　　　　　　　　　　36 000
　　　　应交税费——应交增值税（销项税额）　　　　　　　　 4 680

【例 7-18】某企业根据发生的有关应收账款的经济业务，编制相关会计分录。

(1) 该企业赊销甲产品，合同规定的客户付款期为企业交付货物后 30 天内，付款条件为"2/20，n/30"，按不含增值税的价款计算现金折扣。当日开出增值税专用发票，发票上注明的不含税价款为 50 000 元，增值税税额为 6 500 元，价税合计为 56 500 元。公司依客户以往付款情况的经验及客户现实经营状况，估计客户很可能在 20 天内结清全部款项，并很有可能获得 1 000（50 000×2%）元的现金折扣。

注：增值税中的现金折扣不能从销售额中扣除，现金折扣一般用不含税的价款计算。
借：应收账款　　　　　　　　　　　　　　　　　　　　　　　55 500
　　贷：主营业务收入　　　　　　　　　　　　　　　　　　　49 000
　　　　应交税费——应交增值税（销项税额）　　　　　　　　 6 500

(2) 如果客户于 20 天内付款，则获得 1 000 元的现金折扣，实际收到货款 55 500 元存入银行。
借：银行存款　　　　　　　　　　　　　　　　　　　　　　　55 500
　　贷：应收账款　　　　　　　　　　　　　　　　　　　　　55 500

(3) 如果商品销售后 20 天内客户未能付款，则无法获得现金折扣。
借：应收账款　　　　　　　　　　　　　　　　　　　　　　　 1 000
　　贷：主营业务收入　　　　　　　　　　　　　　　　　　　 1 000

(4) 如果 30 天内客户仍未付款，则应将应收账款 56 500 元作逾期处理，并估计可能的坏账。

二、合同资产、预付账款与其他应收款

(一) 合同资产

1. 合同资产的定义

合同资产，是指企业已向客户转让商品而有权收取对价的权利，且该权利取决于时间流逝之外的其他因素，比如取决于合同其他履约义务的履行情况。应收款项，是企业无条件收取合同对价的权利，该权利应当作为应收款项单独列示。二者区别体现在：应收款项是无条件收款权，即企业仅仅随着时间的流逝即可收款；合同资产是有条件收款权，该权利除了时间流逝之外，还取决于其他条件（例如，履行合同中的其他履约义务）。因此，二者风险不同：应收款项只承担信用风险，而合同资产除信用风险之外，还可能承担履约风险等。合同资产作为一项短期债权，属于流动资产。

2. 合同资产的会计处理

企业应当设置"合同资产"账户对合同资产进行核算。该账户是资产类账户，借方登记增

加,贷方登记减少,余额一般在借方,表示企业有条件的应收货款余额。该账户应按照债务人设置明细账进行明细核算。设置"合同资产减值准备"账户核算合同资产的期末减值情况。

【例7-19】2×25年3月1日,甲公司与客户签订合同,向其销售A、B两项商品,A商品的单独售价为6 000元,B商品的单独售价为24 000元,合同价款为25 000元。合同约定,A商品于合同开始日交付,B商品在一个月之后交付,只有当两项商品全部交付之后,甲公司才有权收取25 000元的合同对价。假定A商品和B商品分别构成单项履约义务,其控制权在交付时转移给客户。上述价格均不包含增值税,且假定不考虑其他相关税费影响。

本例中,分摊至A商品的合同价款为5 000 [6 000÷(6 000+24 000)×25 000]元,分摊至B商品的合同价款为20 000 [24 000÷(6 000+24 000)×25 000]元。

甲公司的账务处理如下:
(1) 交付A商品时:
借:合同资产　　　　　　　　　　　　　　　　　　　　　　5 000
　　贷:主营业务收入　　　　　　　　　　　　　　　　　　　　5 000
(2) 交付B商品时:
借:应收账款　　　　　　　　　　　　　　　　　　　　　　25 000
　　贷:合同资产　　　　　　　　　　　　　　　　　　　　　　5 000
　　　　主营业务收入　　　　　　　　　　　　　　　　　　　20 000

(二) 预付账款

1. 预付账款的概念

预付账款是指企业按照购货合同或劳务合同规定,预先支付给供货单位的款项。它是企业的短期债权。

2. 预付账款的会计处理

企业应单独设置"预付账款"账户进行核算。该账户是资产类账户,借方登记预付的款项,贷方登记收到货物后实际结算的预付账款,余额一般在借方,表示企业预先支付的货款。期末余额如果在贷方,反映企业尚未补付的少付款。该账户应按照供应单位设置明细账进行明细核算。

预付账款按实际发生额记账,实际支付价款和预付款项的差额,也在"预付账款"科目反映。企业按购货合同的规定预付货款时,借记"预付账款"科目,贷记"银行存款"科目。收到所购货物时,按所购货物的实际成本借记"材料采购""原材料"等科目,按增值税专用发票上注明的增值税额借记"应交税费——应交增值税(进项税额)"科目,按实际应付金额,贷记"预付账款"科目;补付货款时,借记"预付账款"科目,贷记"银行存款"科目;退回多余款时,借记"银行存款"科目,贷记"预付账款"科目。

【例7-20】甲企业向乙公司采购原材料一批,按合同规定预付购货款80 000元,以银行存款支付。编制会计分录如下:

借:预付账款——乙公司　　　　　　　　　　　　　　　　　80 000
　　贷:银行存款　　　　　　　　　　　　　　　　　　　　　80 000

收到乙公司材料和增值税专用发票及运单等单据,发票上注明材料货款70 000元,增值税9 100元。对方代垫运杂费1 000元,增值税90元。以银行存款补付货款10元。编制会计分录如下:

借：原材料	71 000	
应交税费——应交增值税（进项税额）	9 190	
贷：预付账款		80 190
借：预付账款	10	
贷：银行存款		10

【例7-21】如上例中增值税专用发票上注明材料货款为60 000元，增值税为7 800元。多余款项通过银行退回，其他条件不变。编制会计分录如下：

借：原材料	61 000	
应交税费——应交增值税（进项税额）	7 890	
贷：预付账款		68 890
借：银行存款	11 110	
贷：预付账款		11 110

预付业务不多的企业可将预付的款项记入"应付账款"科目的借方。但在期末编制资产负债表时，应根据"应付账款"的明细账余额进行分析，分别填列至"预付款项"和"应付账款"项目中。预付账款应按应收款项的相关规定计提坏账准备。

（三）其他应收款

1. 其他应收款的定义

其他应收款是指除应收票据、应收账款、预付账款以外的其他各种应收、暂付款。它主要包括：应收的各种赔偿罚款、存出保证金、应收出租包装物的租金、不设"备用金"账户的备用金、应向职工收取的各种代垫款项、已不符合预付账款性质而按规定转入的预付账款及其他各种应收暂付款。

2. 其他应收款的会计处理

为了反映和监督其他应收款的发生和结算情况，企业应设置"其他应收款"账户。该账户是资产类账户，借方登记发生的各种应收、暂付款，贷方登记其他应收款项的收回，期末余额在借方，表示企业尚未收回的其他应收款。该账户应按不同的债务人进行明细核算。

企业发生各种其他应收款时，借记"其他应收款"科目，贷记"银行存款""库存现金"等相关科目；收回各种其他应收款时，借记"银行存款"等相关科目，贷记"其他应收款"科目。

【例7-22】甲企业租入乙公司包装物一批，以银行存款支付租入包装物押金4 000元。编制会计分录如下：

借：其他应收款——乙公司	4 000	
贷：银行存款		4 000

三、应收款项减值

（一）应收款项减值的定义

应收款项减值是指企业各项应收款项可能会由于债务人发生严重财务困难、破产、死亡、拒付违约等原因而无法收回形成企业坏账损失，从而造成应收款项账面价值的减少。应收款项坏账损失是企业资产减值损失的一个种类。应收款项发生坏账是企业商业信用失败的一种表现，是现实经济社会中客观存在的一种情况。

（二）应收款项减值测试

按企业会计准则的规定，如果应收账款发生减值时，应将其账面价值减记为其预计未来现金流量现值，但由于应收账款属于短期债权，预计未来现金流量与其现值相差很小，因此在确定相关减值金额时，可不对预计未来现金流量进行折现。

企业应当定期或至少每年年度终了，对应收款项进行减值测试，分析各项应收款项的可收回性，预计可能发生的减值损失。

企业出现下列客观证据，表明应收款项发生减值，需要计提减值损失：

（1）债务人发生严重财务困难；

（2）企业出于经济或法律等方面因素的考虑，对发生财务困难的债务人作出让步；

（3）债务人很可能倒闭或进行债务重组。

下列情况下不能全额计提坏账准备：①当年发生的应收款项；②计划对应收款项进行重组；③与关联方发生的应收款项；④其他已逾期，但无确凿证据表明不能收回的应收款项。

（三）应收款项减值的会计处理

企业应当在期末对应收款项进行检查，并预计其可能产生的预期信用损失。应收款项的预期信用损失应当按照应收取的合同现金流量与预期收取的现金流量二者之间的差额计量，即按照预期不能收回的应收款项金额计量。在会计实务中，经常使用的确定应收款项预期信用损失的具体方法有余额百分比法和账龄分析法。

1. 坏账的估计方法

（1）余额百分比法。

余额百分比法是根据会计期末应收款项的期末余额和预期信用损失率计算确定应收款项预期信用损失，据以计提坏账准备的一种方法。预期信用损失率，是指应收款项的预期信用损失金额占应收款项账面余额的比例。

本期预期信用损失金额 = 本期应收款项期末余额 × 预期信用损失率

（2）账龄分析法。

账龄分析法是根据应收款项按账龄的长短进行分组并分别确定预期信用损失率，据以计算确定预期信用损失金额、计提坏账准备的一种方法。账龄是指债务人所欠账款时间的长短，一般来说，账龄越长，坏账的可能性就越大。企业为了加强应收账款的管理，在期末一般都要编制应收账款账龄分析表。根据账龄分析表中各账龄段应收账款的余额，乘以相应的预期信用损失率，就可计算出期末应计提的坏账准备。

【例7-23】 甲公司2×24年12月31日应收账款账龄及估计的坏账损失见表7-1。

表7-1　　　　　　应收账款账龄分析及估计坏账损失表　　　　　　单位：万元

账龄	应收账款金额	估计信用损失率（%）	估计信用损失金额
未到期	6 000	1	60
逾期3个月以内	2 200	2	44
逾期3—6个月内	1 300	4	52
逾期6—12个月	900	6	54
逾期1年以上	600	20	120
破产或追诉中	120	80	96
合计	11 120	—	426

2. 坏账的会计处理

(1) 账户设置。

在核算坏账损失时，企业应开设"坏账准备"科目，该科目是应收款项的备抵调整科目，用来核算企业应收款项等发生减值时计提的减值准备。该账户借方反映企业因应收款项收回或多提而应冲销的坏账准备，贷方反映企业已计提但尚未转销的坏账准备，期末余额在贷方。企业计提的坏账准备记入"信用减值损失"科目，该科目属损益类科目，核算企业根据资产减值准则计提各项资产减值准备所形成的损失。

有关坏账会计处理的内容包括三个方面：一是期末按一定方法估计坏账损失，计提坏账准备的会计处理；二是实际发生坏账时的会计处理；三是已确认的坏账又收回的会计处理。有关坏账准备的会计处理，下面以采用应收款项余额百分比法为例加以说明。

(2) 计提坏账准备。

本期应提取的坏账准备 = 本期按应收款项计算应提取的坏账准备金额 - "坏账准备"科目的原有贷方余额

本期按应收款项计算应提取的坏账准备金额大于"坏账准备"科目的原有贷方余额，应按其差额提取坏账准备，借记"信用减值损失"科目，贷记"坏账准备"科目；如果本期按应收款项计算应提取的坏账准备金额小于"坏账准备"科目的原有贷方余额，应按其差额冲减已计提的坏账准备，借记"坏账准备"科目，贷记"信用减值损失"科目。

(3) 发生坏账损失。

对于有确凿证据表明确认无法收回或收回的可能性不大的应收款项，如债务单位已经撤销、破产、资不抵债，现金流量严重不足时，应根据企业的管理权限报经批准后，按实际坏账损失额转销坏账准备，借记"坏账准备"科目，贷记"应收账款""其他应收款"等科目。

(4) 收回坏账。

已确认为坏账的应收款项以后又收回时，应同时作两笔分录：借记"应收账款""其他应收款"等科目，贷记"坏账准备"科目；同时，借记"银行存款"科目，贷记"应收账款""其他应收款"等科目。

【例7-24】甲公司根据以往的经验、债务单位的财务状况和现金流量情况，并结合当前的市场状况、企业的赊销政策等资料，确定应收账款预期信用损失率为5‰。公司各年应收账款的期末余额、坏账转销、坏账收回的有关资料如下：2×22年12月31日应收账款借方余额为800 000元，"坏账准备"科目原有贷方余额3 000元，2×23年5月应收乙公司货款5 000元有确凿证据表明收不回，年末应收账款借方余额为600 000元，2×24年8月原已确认的乙公司货款5 000元又收回，年末应收账款余额为400 000元。

(1) 2×22年年末估计坏账损失 = 800 000 × 5‰ = 4 000（元）

"坏账准备"科目原有贷方余额 = 3 000（元）

本年应计提的坏账准备 = 4 000 - 3 000 = 1 000（元）

借：信用减值损失　　　　　　　　　　　　　　　　　　　1 000
　　贷：坏账准备　　　　　　　　　　　　　　　　　　　　　　　1 000

(2) 2×23年5月：

借：坏账准备　　　　　　　　　　　　　　　　　　　　　5 000
　　贷：应收账款　　　　　　　　　　　　　　　　　　　　　　　5 000

(3) 2×23年年末估计坏账损失 = 600 000 × 5‰ = 3 000（元）

"坏账准备"科目原有贷方余额 = 4 000 − 5 000 = − 1 000（元）

本年应计提的坏账准备 = 3 000 − (− 1 000) = 4 000（元）

借：信用减值损失　　　　　　　　　　　　　　　　　　　4 000
　　贷：坏账准备　　　　　　　　　　　　　　　　　　　　　　4 000

(4) 2×24年8月：

借：应收账款　　　　　　　　　　　　　　　　　　　　　5 000
　　贷：坏账准备　　　　　　　　　　　　　　　　　　　　　　5 000

借：银行存款　　　　　　　　　　　　　　　　　　　　　5 000
　　贷：应收账款　　　　　　　　　　　　　　　　　　　　　　5 000

(5) 2×24年年末估计坏账损失 = 400 000 × 5‰ = 2 000（元）

"坏账准备"科目原有贷方余额 = 3 000 + 5 000 = 8 000（元）

本年应提的坏账准备 = 2 000 − 8 000 = − 6 000（元）

借：坏账准备　　　　　　　　　　　　　　　　　　　　　6 000
　　贷：信用减值损失　　　　　　　　　　　　　　　　　　　　6 000

第六节　持有至到期债券

一、持有至到期债券概述

普通债券，包括国债、公司债券等，不同于可转换公司债券。企业按照持有普通债券时间长短，可以分为短期交易性持有、持有至到期及介于二者之间三种情况。其中，持有至到期债券是指到期日固定或者可确定、回收金额固定或者可确定且企业有明确意图和有能力持有至到期的普通债券。其未来合同现金流量是到期收回本金及按约定利率在合同期间收取固定或浮动利息，故将持有至到期债券作为以摊余成本计量的金融资产。

二、持有至到期债券的会计处理

（一）账户设置

企业应设置"债权投资"账户核算以摊余成本计量的持有至到期债券投资，该账户属于资产类账户，分别设置"成本""利息调整""应计利息"进行明细核算。

设置"债权投资减值准备"账户核算企业以摊余成本计量的债权投资以预期信用损失为基础计提的损失准备。该账户属于资产类账户。

设置"信用减值损失"账户核算企业按照《企业会计准则第22号——金融工具确认和计量》准则要求计提的各项金融工具减值准备所形成的预期信用损失。该账户属于损益类账户。

（二）取得

企业取得以摊余成本计量的持有至到期债券投资时，应当按取得时的公允价值和相关交易费用之和作为初始确认金额。按该投资的面值，借记"债权投资——成本"科目，按支付的价款中包含的已到付息期但尚未领取的债券利息，借记"应收利息"科目，按实际支付的金额，贷记"银行存款"科目，按其差额借记或贷记"债权投资——利息调整"科目。

(三) 收到债券利息

在持有投资期间收到被投资单位发放的债券利息，借记"银行存款"科目，贷记"应收利息"、"债权投资——应计利息"科目。

(四) 期末

资产负债表日，企业应将按票面或合同利率计算确定的利息，借记"债权投资——应计利息"科目，按实际利率法计算确定的利息收入，贷记"投资收益"科目，按其差额，借记或贷记"债权投资——利息调整"科目。对于已过付息期但尚未收到的利息，应借记"应收利息"科目，贷记"债权投资——应计利息"科目。

值得注意的是，企业会计准则应用指南汇编指出，"应收利息"科目核算企业发放的贷款和持有的各类债权投资、买入返售金融资产等已过付息期（即逾期）但尚未收到的利息（含取得金融资产所支付的价款中包含的已到付息期但尚未领取的利息）。

实际利率法，是指计算金融资产的摊余成本以及将利息收入或利息费用分摊计入各会计期间的方法。实际利率，是指将金融资产在预计存续期的估计未来现金流量折现为该金融资产账面余额（不考虑减值）所使用的利率。在确定实际利率时，应当在考虑金融资产所有合同条款（如提前还款、展期、看涨期权或其他类似期权等）的基础上估计预期现金流量，但不应当考虑预期信用损失。金融资产的摊余成本，应当以该金融资产的初始确认金额经下列调整确定：①扣除已偿还的本金；②加上或减去采用实际利率法将该初始确认金额与到期日金额之间的差额进行摊销形成的累计摊销额；③扣除计提的累计信用减值准备。以摊余成本计量且不属于任何套期关系的金融资产所产生的利得或损失，应当在终止确认、重分类、按照实际利率法摊销时，计入当期损益。

本书认为，金融资产的摊余成本本质上是该金融资产的现值。对于债权投资而言，一旦折现率确定，未来现金流量（本金＋利息）的现值即为该资产的摊余成本。某一时点债权投资摊余成本的金额按前段规则确定：若属于分期付息到期还本的债权投资，其"到期日金额"是不含利息的，因而其摊余成本不包括"债权投资——应计利息"账户的金额（也可以理解为逾期之后计入"应收利息"，并不构成下一资产负债表日的期初摊余成本）；若属于到期一次还本付息的债权投资，其"到期日金额"是含利息的，因而其摊余成本包括"债权投资——应计利息"账户的金额。其他债权投资与此类同，不再赘述。

(五) 减值

资产负债表日，如果企业发现债务人发生了严重的财务困难、债务人信用等级下降、债务人偿付利息或本金发生违约或逾期等证据，表明持有至到期债券投资可能发生减值，需要考虑确认相应的减值损失，计提减值准备。如果企业持有至到期债券投资的账面价值（摊余成本）高于其未来现金流量的折现值，二者差额作为减值准备累计计提数。

对于已经确认了减值损失的持有至到期债券投资，如果确有证据表明价值得到恢复，比如企业发现债务人已经走出了财务困难，能够如数偿付全部债务，那么，企业应当在已确认的减值损失金额范围内，对已确认的减值损失予以恢复。

为核算持有至到期债券投资的减值业务，企业应设置"债权投资减值准备"总账科目。资产负债表日，持有至到期债券投资发生减值的，按应减记的金额，借记"信用减值损失"科目，贷记该科目。该科目期末贷方余额，反映企业已计提但尚未转销的持有至到期投资减值准备。已计提减值准备的持有至到期债券投资价值以后又得以恢复的，应在原已计提的减值准备金额内，按恢复金额，借记该科目，贷记"信用减值损失"科目。

（六）出售

企业出售债权投资，应重新计算剩余存续期预期信用损失，该损失金额大于当前减值准备账面余额的，按其差额，借记"信用减值损失"科目，贷记"债权投资减值准备"科目；该损失金额小于当前减值准备账面余额的，按其差额做相反分录。

企业终止确认债权投资时，按实际收到的金额，借记"银行存款"等科目，按相关债权投资减值准备余额，借记"债权投资减值准备"科目，按该金融资产的账面余额，贷记或借记"债权投资——成本/利息调整/应计利息"科目，按其差额，贷记或借记"投资收益"科目。

上述处理规则表明，企业出售债权投资时，先考虑减值问题（可能会对"信用减值损失"产生影响），再终止确认（记入"投资收益"科目）。即企业出售债权投资时，若不考虑减值直接终止确认，差额全部记入"投资收益"科目；若考虑减值问题，计提或转回的减值记入"信用减值损失"科目及对应的"债权投资减值准备"科目，终止确认时的差额（该差额已经考虑了减值的影响）才记入"投资收益"科目。简言之，企业出售债权投资对当期损益的影响是确定的：若考虑减值，该损益体现在"信用减值损失"科目和"投资收益"科目；若不考虑减值，该损益全部体现在"投资收益"科目。

（七）收回

企业到期收回债权投资，应按实际收到的金额，借记"银行存款"科目，按相关债权投资减值准备余额借记"债权投资减值准备"科目，按该金融资产的账面余额，贷记或借记"债权投资——成本/利息调整/应计利息"科目，按其差额，贷记或借记"信用减值损失"科目。值得注意的是，企业到期收回债权投资，实际收到的款项与债权投资的账面价值之间的差额是记入"信用减值损失"科目（因为这是一种信用风险），而不是记入"投资收益"科目。

【例7-25】 2×19年1月1日，甲公司支付价款95万元（含交易费用5万元）从上海证券交易所购入乙公司同日发行的5年期公司债券110份，债券票面价值总额为110万元，每年末按票面利率可收得固定利息4万元，本金在债券到期时一次性偿还。合同约定，该债券的发行方在遇到特定情况时可以将债券赎回，且不需要为提前赎回支付额外款项。甲公司在购买该债券时，预计发行方不会提前赎回。甲公司根据其管理该债券的业务模式和该债券的合同现金流量特征，将该债券分类为以摊余成本计量的金融资产。相关计算参见表7-2。

假定不考虑所得税、减值损失等因素，计算实际利率如下：$4 \times (1+r)^{-1} + 4 \times (1+r)^{-2} + 4 \times (1+r)^{-3} + 4 \times (1+r)^{-4} + 114 \times (1+r)^{-5} = 95$

计算结果为：r≈6.96%

会计处理如下：

(1) 2×19年1月1日：

借：债权投资——成本	1 100 000
贷：债权投资——利息调整	150 000
银行存款	950 000

(2) 2×19年12月31日：

借：债权投资——应计利息	40 000
——利息调整	26 100
贷：投资收益	66 100

借：银行存款　　　　　　　　　　　　　　　　　　　　　　　　40 000
　　贷：债权投资——应计利息　　　　　　　　　　　　　　　　　　40 000

（3）2×20—2×23 年的会计处理，比照（2）方法进行。

表 7 – 2　　　　　　　　　　　　　　　　　　　　　　　　　　　　　　　单位：万元

年份	年初摊余成本 ①	利息收益② ②=①×r	现金流入 ③	年末摊余成本④ ④=①+②-③
2×19	95.00	6.61	4	97.61
2×20	97.61	6.79	4	100.40
2×21	100.40	6.99	4	103.39
2×22	103.39	7.19	4	106.58
2×23	106.58	7.42*	4+110	0

*数字考虑了计算过程中出现的尾差。

注：7.42=114-106.58。

（4）2×23 年 12 月 31 日：

借：债权投资——应计利息　　　　　　　　　　　　　　　　　　40 000
　　　　　　——利息调整　　　　　　　　　　　　　　　　　　34 200
　　贷：投资收益　　　　　　　　　　　　　　　　　　　　　　74 200
借：银行存款　　　　　　　　　　　　　　　　　　　　　　　1 140 000
　　贷：债权投资——成本　　　　　　　　　　　　　　　　　1 100 000
　　　　　　　——应计利息　　　　　　　　　　　　　　　　　40 000

三、以摊余成本计量的金融资产重分类

企业对金融资产进行重分类，应当自重分类日起采用未来适用法进行会计处理。重分类日，是指导致对金融资产进行重分类的业务模式发生变更后的首个报告期间（季报）的第一天。例如，甲上市公司决定于 2024 年 3 月 22 日改变其管理某金融资产的业务模式，则重分类日为 2024 年 4 月 1 日（即下一个季度会计期间的期初）。

债权投资、其他债权投资和交易性金融资产中的债务工具可以重分类，且三者之间可以相互重分类。

涉及以摊余成本计量的金融资产（Ⅰ类）重分类问题的，仅仅限于持有至到期债券，不包括货币资金和应收项目。

（一）重分类为金融资产Ⅱ类

企业将一项以摊余成本计量的金融资产Ⅰ类重分类为以公允价值计量且其变动计入当期损益的金融资产Ⅱ类的，应当按照该资产在重分类日的公允价值进行计量，原账面价值与公允价值之间的差额计入当期损益。借记"交易性金融资产"科目（公允价值）、"债权投资减值准备"科目（终止确认原损失准备），贷记"债权投资"科目（余额），差额记入"公允价值变动损益"科目（倒挤）。

【例 7–26】2×23 年 10 月 15 日，甲企业以公允价值 500 000 元购入一项债券投资，并按规定将其分类为以摊余成本计量的金融资产，该债券的账面余额为 500 000 元。2×24 年 10 月 15 日，甲企业变更了其管理债券投资组合的业务模式，其变更符合重分类的要求，因

此，甲企业于2×25年1月1日将该债券从以摊余成本计量的金融资产重分类为以公允价值计量且其变动计入当期损益的金融资产。2×25年1月1日，该债券的公允价值为490 000元，已确认的减值准备为6 000元。假设不考虑该债券的利息收入。

甲企业的会计处理如下：

借：交易性金融资产　　　　　　　　　　　　　　　　　490 000
　　债权投资减值准备　　　　　　　　　　　　　　　　　　6 000
　　公允价值变动损益　　　　　　　　　　　　　　　　　　4 000
　　贷：债权投资　　　　　　　　　　　　　　　　　　　500 000

（二）重分类为金融资产Ⅲ类

企业将一项以摊余成本计量的金融资产Ⅰ类重分类为以公允价值计量且其变动计入其他综合收益的金融资产Ⅲ类的，应当按照该金融资产在重分类日的公允价值进行计量，原账面价值与公允价值之间的差额计入其他综合收益。该金融资产重分类不影响其实际利率和预期信用损失的计量。借记"其他债权投资"科目（公允价值）、"债权投资减值准备"科目（冲减原损失准备），贷记"债权投资"科目（余额），差额记入"其他综合收益"科目（倒挤）。

【例7-27】假设【例7-26】中的甲企业于2×25年1月1日将该债券从以摊余成本计量的金融资产重分类为以公允价值计量且其变动计入其他综合收益的金融资产，其他条件不变。

甲企业的会计处理如下：

借：其他债权投资　　　　　　　　　　　　　　　　　　490 000
　　债权投资减值准备　　　　　　　　　　　　　　　　　　6 000
　　其他综合收益　　　　　　　　　　　　　　　　　　　　4 000
　　贷：债权投资　　　　　　　　　　　　　　　　　　　500 000

第七节　金融工具的减值

一、金融工具减值概述

预期信用损失法与根据实际已发生减值损失确认损失准备的方法有着根本不同。在预期信用损失法下，减值准备的计提不以减值的实际发生为前提，而是以未来可能的违约事件造成的损失的期望值来计量当前（资产负债表日）应当确认的损失准备。

企业应当以预期信用损失为基础，对下列项目进行减值会计处理并确认损失准备：

1. 以摊余成本计量的金融资产（应收项目、持有至到期债券）。
2. 以公允价值计量且其变动计入其他综合收益（债权投资）的金融资产。
3. 部分贷款承诺和财务担保合同。

损失准备，是指针对按照以摊余成本计量的金融资产、租赁应收款和合同资产的预期信用损失计提的准备，按照以公允价值计量且其变动计入其他综合收益的金融资产的累计减值金额以及针对贷款承诺和财务担保合同的预期信用损失计提的准备。

预期信用损失，是指以发生违约的风险为权重的金融工具信用损失的加权平均值。信用损失，是指企业按照原实际利率折现的、根据合同应收的所有合同现金流量与预期收取的所有现金流量之间的差额，即全部现金短缺的现值。其中，对于企业购买或源生的已发生信用减值的金融资产，应按照该金融资产经信用调整的实际利率折现。由于预期信用损失考虑付款的金额和时间分布，因此即使企业预计可以全额收款但收款时间晚于合同规定的到期期限，也会产生信用损失。

在估计现金流量时，企业应当考虑金融工具在整个预计存续期的所有合同条款（如提前还款、展期、看涨期权或其他类似期权等）。企业所考虑的现金流量应当包括出售所持担保品获得的现金流量，以及属于合同条款组成部分的其他信用增级所产生的现金流量。

二、金融工具减值的三阶段

一般情况下，企业应当在每个资产负债表日评估相关金融工具的信用风险自初始确认后是否已显著增加，可以将金融工具发生信用减值的过程分为三个阶段，并按照下列情形分别计量其损失准备、确认预期信用损失及其变动。

第一阶段：信用风险自初始确认后未显著增加。

对于处于该阶段的金融工具，企业应当按照未来 12 个月的预期信用损失计量损失准备，并按其账面余额（即未扣除减值准备）和实际利率计算利息收入（若该工具为金融资产，下同）。

第二阶段：信用风险自初始确认后已显著增加但尚未发生信用减值。

对于处于该阶段的金融工具，企业应当按照该工具整个存续期的预期信用损失计量损失准备，并按其账面余额和实际利率计算利息收入。

第三阶段：初始确认后发生信用减值。

对于处于该阶段的金融工具，企业应当按照该工具整个存续期的预期信用损失计量损失准备，但对利息收入的计算不同于处于前两阶段的金融资产。对于已发生信用减值（即存在已经发生信用减值的证据）的金融资产，企业应当按其摊余成本（账面余额减已计提减值准备，也即账面价值）和实际利率计算利息收入。

上述三阶段的划分，适用于购买或源生时未发生信用减值的金融工具。对于购买或源生时已发生信用减值的金融资产，企业应当仅将初始确认后整个存续期内预期信用损失的变动确认为损失准备，并按其摊余成本和经信用调整的实际利率计算利息收入。

三、预期信用损失的计量

企业计量金融工具预期信用损失的方法应当反映下列各项要素：

1. 通过评价一系列可能的结果而确定的无偏概率加权平均金额。
2. 货币时间价值。
3. 在资产负债表日无须付出不必要的额外成本或努力即可获得的有关过去事项、当前状况以及未来经济状况预测的合理且有依据的信息。

企业应当按照下列方法确定有关金融工具的信用损失：

1. 对于金融资产，信用损失应为企业应收取的合同现金流量与预期收取的现金流量之间差额的现值。
2. 对于未提用的贷款承诺，信用损失应为在贷款承诺持有人提用相应贷款的情况下，企业应收取的合同现金流量与预期收取的现金流量之间差额的现值。企业对贷款承诺预期信用损失的估计，应当与其对该贷款承诺提用情况的预期保持一致。

3. 对于财务担保合同，信用损失应为企业就该合同持有人发生的信用损失向其作出赔付的预计付款额，减去企业预期向该合同持有人、债务人或任何其他方收取的金额之间差额的现值。

4. 对于购买或源生时未发生信用减值但在后续资产负债表日已发生信用减值的金融资产，信用损失应为该金融资产账面余额与按原实际利率折现的估计未来现金流量的现值之间的差额。

企业应当以概率加权平均为基础对预期信用损失进行计量。企业对预期信用损失的计量应当反映发生信用损失的各种可能性，但不必识别所有可能的情形。

四、金融工具减值的会计处理

（一）减值准备的计提和转回

企业应当在资产负债表日计算金融工具预期信用损失。如果该预期信用损失大于该工具（或组合）当前减值准备的账面金额，企业应当将其差额确认为减值损失，借记"信用减值损失"科目，根据金融工具的种类，贷记"贷款损失准备"、"债权投资减值准备"、"坏账准备"、"租赁应收款减值准备"、"其他综合收益——信用减值准备"（用于以公允价值计量且其变动计入其他综合收益的债权类资产）等科目。如果资产负债表日计算的预期信用损失小于该工具（或组合）当前减值准备的账面金额，则应当将其差额确认为减值利得，做相反的会计分录。上述方法同样适用于金融工具组合。

值得注意的是，合同资产计提的减值准备是借记"资产减值损失"科目，贷记"合同资产减值准备"科目。本书认为，之所以不是借记"信用减值损失"科目，是因为合同资产除承担信用风险之外还承担履约风险，并且履约风险是需要优先考虑的（如果未能按规定履约，就不存在信用风险）。

（二）已发生信用损失金融资产的核销

企业实际发生信用损失，认定相关金融资产无法收回，经批准予以核销的，应当根据批准的核销金额，借记"贷款损失准备"、"债权投资减值准备"、"坏账准备"、"合同资产减值准备"、"租赁应收款减值准备"等科目，贷记相应的资产科目，如"贷款"、"债权投资"、"应收账款"、"合同资产"、"应收租赁款"等。若核销金额大于已计提的损失准备，还应按其差额借记"信用减值损失"科目。

案例分析：

"专网通信"骗局崩塌

诈骗金额超过900亿元，超过13家上市公司掉进泥坑。这或许是中国资本市场最大骗局！

爆雷过程

最早是从上海电气2021年5月30日的公告开始。上海电气公告称，控股40%的控股子公司上海电气通讯技术有限公司（以下简称"电气通讯"）应收账款普遍逾期，公司对电气通讯的股东权益账面值为 5.26 亿元，另公司向其提供了 77.66 亿元股东借款，最终可能对公司的归母净利润造成 83 亿元损失。上海电气 2019 年、2020 年的净利润分别为 35.01 亿元和 37.58 亿元，而 2021 年一季度净利润为 6.61 亿元，近百亿元的损失显然上海电气无法承受。

原本以为这只是上海电气的个例，但谁也没有想到上海电气的爆雷只是拉开了一场世纪大骗局的序幕。接下来一连串的上市公司炸了。中天科技，其风险金额达 37.54 亿元，其中应收账款逾期 5.12 亿元，存货减值风险 11.07 亿元，预付款项风险 21.35 亿元。紧随其后的是凯乐科技，风险金额 37.28 亿元，其中应收账款逾期 0.61 亿元，存货减值风险 2.11 亿元，预付款项风险 34.56 亿元。中利集团（含参股公司中利电子）风险金额 29.39 亿元，其中应收账款逾期 13.85 亿元，存货减值风险 7.83 亿元，预付款项风险 7.71 亿元；还有瑞斯康达、汇鸿集团、宏达新材、国瑞科技、康隆达等上市公司发布公告称巨额应收账款逾期。

专网通信的幌子

这些爆雷的上市公司都有着共同的特点，所属行业或者公司业务均与专网通信业务有关。

专网通信业务其实并不罕见，相比我们传统印象中电信、移动这种面对公共开放使用的公网，某些特殊行业或者领域因为各种原因需要使用独立的网络，这项业务就是专网通信业务。比如，政府与公共安全、公用事业和工商业等提供的应急通信、指挥调度、日常工作通信等服务，类似银行、证券、公安、轨道交通等行业也都需要专网通信。这些上市公司的专网通信业务基本模式一样，由上市公司向供应商预付货款采购原材料，然后向下游客户进行销售。

但令人蹊跷的是，上市公司向上游预付的货款往往都超过 80%，甚至是 100%，而向下游客户预收的货款仅有 10%，这种模式也就意味着上市公司将随着业务规模的扩大垫付大量的资金。一旦上游的供应商拿到高额预付款之后不正常发货，或者下游客户放弃低比例的预付款拒绝收货支付尾款，整个业务链的风险就全部压在了上市公司身上。而这次爆雷的原因也正是如此，上游供应商逾期供货且不退预付款、应收款逾期、存货减值风险等成了诸多上市公司的公告内容。

明眼人都会觉得这种业务模式明显不合常理，更让人觉得惊讶的是这些上市公司的上游供应商和下游客户，具备着较高的重叠性。比如供应商上海星地通通信科技有限公司（以下简称"上海星地通"），出现在新海宜、华讯方舟、凯乐科技、宁通信 B 等 4 家供应商的名单之中。而下游客户例如富申实业公司（以下简称"富申实业"），更是出现在了高达 7 家上市公司（新海宜、华讯方舟、凯乐科技、瑞斯康达、中利集团、上海电气、国瑞科技）的客户名单中。

融资性贸易的本质

既然这个专网通信业务模式对于上市公司很不合理，有违商业逻辑。但为什么上市公司还会接受？

虽然此事还在进一步发酵中，监管机构和公安部门已经介入调查，真相尚未水落石出。但是从内幕人士处获知,这些上市公司上当的原因都是贪小便宜,所谓的专网通信业务其实就是个幌子。根据部分上市公司的年报和回复监管部门的征询函可知,专网通信业务主要包括智能自组网数据通信台站、量子多网高清视频会议终端、星状网络数据链通信机等。但是这些作为交易标的的产品或原料只不过是个幌子,实际上是一种融资性贸易的行为。

上市公司通过高比例的预付款,将资金放出去,流向隐藏在供应商背后的真正融资方。在指定的融资时间之后,融资方通过下游客户作为载体,将资金以销售回款的方式回流到上市公司。在这个隐蔽融资的闭环网络中,供应商和融资方获得了资金,上市公司得到资金利息,增加收入,做大业绩。参与整个交易的各个主体看似各取所需,皆大欢喜。但一旦操盘者的资金断裂,融资方无法偿还借款,上市公司的风险就会彻底暴露,如同今日之局面。

不把重心放在做好业务经营上而只想钻营旁门左道的上市公司,早晚会受到惩罚。

——资料来源:上海、深圳交易所官网及腾讯网等

讨论:
1. 本案中应收项目(应收账款、应付账款)在整个融资性贸易中起到什么作用?
2. 应收项目(应收账款、预付账款)计提减值准备的前提条件是什么?将如何影响企业利润?

思考题

1. 什么是金融工具?什么是金融资产?
2. 什么是以摊余成本计量的金融资产?其包括哪些种类?
3. 什么是货币资金?其种类和特点是什么?
4. 什么是应收票据?它有哪几种类型?应收票据贴现时如何计算贴现净额?
5. 什么是现金折扣?什么是商业折扣?它们对应收账款及收入产生什么样的影响?
6. 备抵法下计提坏账准备的方法有哪几种?
7. 持有至到期债券的摊余成本计量方法是怎样的?

练习题

1. 甲公司2×19年7月1日向乙企业销售商品一批,价款120 000元,增值税税率13%,产品已经发出,收到对方一张面值为135 600元的已承兑带息商业承兑汇票,期限120天,票面年利率8%,甲公司于2×19年8月20日将票据向银行贴现,贴现率9%。120天后,应收票据到期,面临两种结果:(1)乙企业如期兑现;(2)甲公司与乙企业均无力支付,接银行通知,将该贴现票款转逾期贷款处理。

要求:分别根据资料(1)(2),编制甲公司收到票据、票据贴现及到期的相关会计分录。

2. 甲公司采用"应收账款余额百分比法"核算坏账损失,坏账准备的计提比例为5‰,

有关资料如下:

(1) 甲公司从2×17年开始计提坏账准备,该年年末应收账款余额为4 000 000元;
(2) 2×18年年末应收账款余额为5 000 000元;
(3) 2×19年5月,经有关部门确认一笔坏账损失,金额24 000元;
(4) 2×19年年末应收账款余额为4 400 000元;
(5) 2×20年4月,原已确认的坏账24 000元又收回,并存入银行;
(6) 2×20年年末应收账款余额为4 600 000元。

要求:根据上述资料,编制甲公司有关会计分录。

第八章

金融资产（Ⅱ）：以公允价值计量且其变动计入当期损益的金融资产

本章结构

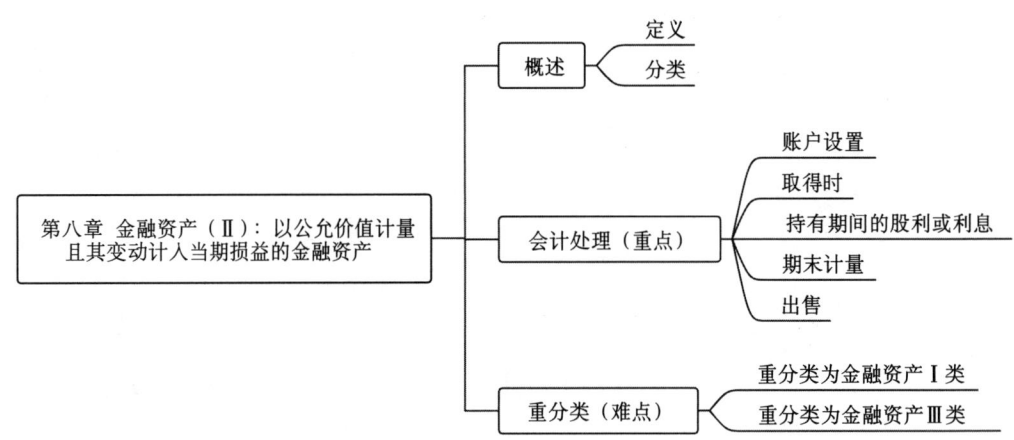

第一节 以公允价值计量且其变动计入当期损益的金融资产概述

一、定义

企业分类为以摊余成本计量的金融资产（Ⅰ类）、以公允价值计量且其变动计入其他综合收益的金融资产（Ⅲ类）和长期股权投资（Ⅳ类）之外的金融资产，应当分类为以公允价值计量且其变动计入当期损益的金融资产（Ⅱ类），统称为交易性金融资产。

交易性金融资产是指企业持有的准备在近期内出售的金融资产，如企业在二级市场购入的股票、债券和基金等。满足下列条件之一的金融资产，应当划分为交易性金融资产：

（1）持有的目的是在短期内出售，以获取购售差价。如企业以赚取差价为目的从二级市场购入的股票、债券等，通常情况下，这是企业交易性金融资产的主要组成部分。企业准备长期持有的金融资产，不属于企业的交易性金融资产。

(2) 属于进行集中管理的可辨认金融工具组合的一部分，且有客观证据表明企业近期采用短期获利方式对该组合进行管理。在这种情况下，即使组合中有某个组成项目持有的期限稍长也不受影响。例如，企业基于其投资策略和风险管理的需要，将某些金融资产进行组合从事短期获利活动，对于组合中的金融资产，应采用公允价值计量，并将其公允价值变动计入当期损益。

(3) 属于衍生金融工具。例如，期货合同、远期合同、期权等，其公允价值变动大于零时，应将其相关变动金额确认为交易性金融资产，同时计入当期损益。但是被指定为有效套期工具的衍生工具、属于财务担保合同的衍生工具、与在活跃市场中没有报价且其公允价值不能可靠计量的权益工具投资挂钩并须通过交付该权益工具结算的衍生工具除外。

二、分类

企业常见的交易性金融资产包括：

(1) 股票。股票的合同现金流量源自收取被投资企业未来股利分配以及其清算时获得剩余收益的权利。由于股利及获得剩余收益的权利均不符合关于本金和利息的定义，因此股票不符合本金加利息的合同现金流量特征。

(2) 基金。常见的股票型基金、债券型基金、货币基金或混合基金，通常投资于动态管理的资产组合，投资者从该类投资中所取得的现金流量既包括投资期间基础资产产生的合同现金流量，也包括处置基础资产的现金流量。基金一般情况下不符合本金加利息的合同现金流量特征。

(3) 债券。包括交易性持有的普通债券和可转换债券两类。交易性持有的普通债券往往在二级资本市场挂牌上市，具有持有时间短和通过价格波动追求短期利润的特征，故划入交易性资产。可转换债券属于混合债券，兼具债权和股权性质，在普通债权基础上嵌入转股权，导致企业获得的收益在基本借贷安排的基础上会产生基于其他因素变动的不确定性，从而可转换债券不符合本金加利息的合同现金流量特征。

(4) 衍生金融工具。包括未作为套期工具的利率互换、外汇期权、外汇期货、商品期货等。

第二节 以公允价值计量且其变动计入当期损益的金融资产的会计处理

一、账户设置

企业应设置"交易性金融资产"账户，核算以公允价值计量且其变动计入当期损益的金融资产。分别设置"成本"、"公允价值变动"账户进行明细核算。

设置"公允价值变动损益"账户，核算以公允价值计量且其变动计入当期损益的金融资产因公允价值变动形成的应计入当期损益的利得和损失，期末余额应转入"本年利润"账户，结转后无余额。

二、取得时

企业取得以公允价值计量且其变动计入当期损益的金融资产时，按公允价值，借记"交易性金融资产——成本"科目；发生的相关交易费用，借记"投资收益"科目；取得交易性金融资产时支付的价款中包含已宣告但尚未发放的现金股利或已到付息期但尚未领取的债券利息，单独确认为"应收股利"或"应收利息"。按实际支付的金额，贷记"银行存款"等科目。

三、持有期间

交易性金融资产持有期间，被投资单位宣告发放现金股利时，企业应借记"应收股利"科目，贷记"投资收益"科目。交易性金融资产为债权投资的可以将按票面或合同利率计算的利息计入投资收益，借记"交易性金融资产——应计利息"科目，贷记"投资收益"科目。也可以不单独确认前述利息，而是通过"交易性金融资产——公允价值变动"汇总反映包含利息的债权投资的公允价值变化。

四、期末计量

资产负债表日，将以公允价值计量且其变动计入当期损益的金融资产的公允价值变动计入当期损益。公允价值高于其账面余额的差额，借记"交易性金融资产——公允价值变动"科目，贷记"公允价值变动损益"科目；公允价值低于其账面余额的差额，做相反会计分录。

五、出售

出售以公允价值计量且其变动计入当期损益的金融资产时，应按实际收到的金额，借记"银行存款"等科目，按该项金融资产的成本，贷记"交易性金融资产——成本"科目，按该项金融资产的公允价值变动，贷记或借记"交易性金融资产——公允价值变动"科目，按其差额，贷记或借记"投资收益"科目。

【例8-1】2×21年5月6日，甲公司支付价款1 016万元（含交易费用1万元和已宣告发放现金股利15万元），购入乙公司发行的股票200万股，占乙公司有表决权股份的0.5%。根据管理业务模式和合同现金流量特征，甲公司将乙公司股票分类为以公允价值计量且其变动计入当期损益的金融资产。

2×21年5月10日，甲公司收到乙公司发放的现金股利15万元。

2×21年6月30日，该股票市价为每股5.2元。

2×21年12月31日，甲公司仍持有该股票；当日，该股票市价为每股4.8元。

2×22年5月9日，乙公司宣告发放现金股利4 000万元。

2×22年5月13日，甲公司收到乙公司发放的现金股利。

2×22年5月20日，甲公司由于某特殊原因，以每股5.3元的价格将股票全部转让。

假定不考虑其他因素。

甲公司的账务处理如下：（单位：万元，本章下同）

(1) 2×21年5月6日，购入股票时：

借：应收股利　　　　　　　　　　　　　　　　15
　　投资收益　　　　　　　　　　　　　　　　　1

　　　　交易性金融资产——成本　　　　　　　　　　　　　　　　1 000
　　　　　贷：银行存款　　　　　　　　　　　　　　　　　　　　　　1 016
(2) 2×21年5月10日，收到现金股利时：
借：银行存款　　　　　　　　　　　　　　　　　　　　　　　　　15
　　贷：应收股利　　　　　　　　　　　　　　　　　　　　　　　　　15
(3) 2×21年6月30日，确认股票价格变动时：
借：交易性金融资产——公允价值变动　　　　　　　　　　　　　　40
　　贷：公允价值变动损益　　　　　　　　　　　　　　　　　　　　　40
(4) 2×21年12月31日，确认股票价格变动时：
借：公允价值变动损益　　　　　　　　　　　　　　　　　　　　　80
　　贷：交易性金融资产——公允价值变动　　　　　　　　　　　　　　80
注：公允价值变动 = 200×(4.8−5.2) = −80（万元）
(5) 2×22年5月9日，确认应收现金股利时：
借：应收股利　　　　　　　　　　　　　　　　　　　　　　　　　20
　　贷：投资收益　　　　　　　　　　　　　　　　　　　　　　　　　20
(6) 2×22年5月13日，收到现金股利时：
借：银行存款　　　　　　　　　　　　　　　　　　　　　　　　　20
　　贷：应收股利　　　　　　　　　　　　　　　　　　　　　　　　　20
(7) 2×22年5月20日，出售股票时：
借：银行存款　　　　　　　　　　　　　　　　　　　　　　　1 060
　　交易性金融资产——公允价值变动　　　　　　　　　　　　　　40
　　贷：交易性金融资产——成本　　　　　　　　　　　　　　　　1 000
　　　　投资收益　　　　　　　　　　　　　　　　　　　　　　　　100
（出售时，不必将"公允价值变动损益"科目余额结转至"投资收益"科目。）

第三节　以公允价值计量且其变动计入当期损益的金融资产的重分类

一、重分类为金融资产Ⅰ类（仅限于债权）

企业将一项以公允价值计量且其变动计入当期损益的金融资产Ⅱ类重分类为以摊余成本计量的金融资产Ⅰ类的，应当以其在重分类日的公允价值作为新的账面余额。借记"债权投资"科目（公允价值），贷记"交易性金融资产"科目（账面价值）。

【例8-2】2×23年10月15日，甲企业以公允价值50万元购入一项面值为50万元且一次还本付息五年期的债券投资，并按规定将其分类为以公允价值计量且其变动计入当期损益的金融资产。2×24年10月15日，甲企业变更了其管理债券投资组合的业务模式，其变更符合重分类的要求，因此，甲企业于2×25年1月1日将该债券从以公允价值计量且其变动计入当期损益的金融资产重分类为以摊余成本计量的金融资产。2×25年1月1日，该债券的公允价值为 49 万元，该债券的账面余额 54 万元（面值 50 万元，应计利息 4 万元）。假设不考虑利息收入。

甲企业的会计处理如下：

借：债权投资——成本		50
——应计利息		4
交易性金融资产——公允价值变动		1
贷：交易性金融资产——成本		50
债权投资——利息调整		5

二、分类为金融资产Ⅲ类（适用于债权）

企业将一项以公允价值计量且其变动计入当期损益的金融资产Ⅱ类重分类为以公允价值计量且其变动计入其他综合收益的金融资产Ⅲ类的，应当继续以公允价值计量该金融资产。借记"其他债权投资"科目（公允价值），贷记"交易性金融资产"科目（账面价值）。

对以公允价值计量且其变动计入当期损益的金融资产进行重分类的，企业应当根据该金融资产在重分类日的公允价值确定其实际利率。同时，企业应当自重分类日起对该金融资产适用准则关于金融资产减值的相关规定，并将重分类日视为初始确认日。

【例 8-3】【例 8-2】中，甲企业将该债券从以公允价值计量且其变动计入当期损益的金融资产重分类为以公允价值计量且其变动计入其他综合收益的金融资产，其余条件不变。

甲企业的会计处理如下：

借：其他债权投资——成本		50
——应计利息		4
交易性金融资产——公允价值变动		1
贷：交易性金融资产——成本		50
其他债权投资——利息调整		5

本书认为，以公允价值计量且其变动计入当期损益的金融资产的重分类，其会计处理是坚持"分离交易"的思想，即假定先将交易性金融资产出售，然后再购入债权投资或其他债权投资等。会计处理时，可以先做出售交易性金融资产的会计分录，再作购买债权投资或其他债权投资等的会计分录，最后将上述会计分录合并即可得出重分类的会计分录。

案例分析：

表 8-1 是三一重工（600031）2006—2008 年度会计报表相关项目数据

表 8-1　　　　三一重工 2006-2008 年度资产负债表部分数据　　　　金额单位：元

年度 项目	2008.12.31	变动数	2007.12.31	变动数	2006.12.31
交易性金融资产	14 443 216.66	-404 760 305.89	419 203 522.55	167 755 741.53	251 447 781.02
	2008 年度		2007 年度		2006 年度

第八章 金融资产（Ⅱ）：以公允价值计量且其变动计入当期损益的金融资产

续表

年度 项目	2008.12.31	变动数	2007.12.31	变动数	2006.12.31
公允价值变动损益	-184 033 483.62	-283 537 469.84	99 503 986.22	66 672 489.87	32 831 496.35
出售交易性金融资产产生的投资收益	-64 802 163.08	-461 589 499.56	396 787 336.48	304 026 459.29	92 760 877.19
净利润	1 474 405 601.58	-431 379 782.10	1 905 785 383.68	1 164 583 772.36	741 201 611.32

数据来源：上海证券交易所官网

讨论：
1. 交易性金融资产如何影响当期利润？
2. 公允价值计量与利润操纵二者的关系。

思考题

1. 什么是交易性金融资产？其具有哪些特征？具体包括哪些金融资产？
2. 交易性金融资产分别在取得时和期末如何计量？
3. 交易性金融资产的重分类有哪两种？分别如何确认与计量？

练习题

资料：甲公司 2×21 年发生如下经济业务：

（1）5月12日，购买乙公司股票6 000股，每股价格12元，股票价款合计为72 000元，交易费用500元，所有款项以银行存款支付，相应投资划分为交易性金融资产投资。
（2）5月20日，乙公司宣告发放现金股利，每股0.5元。
（3）6月2日，收到乙公司宣告发放的现金股利3 000元，款项存入开户银行。
（4）6月30日，乙公司股票市价上涨至每股15元，确认乙公司股票市价变动。
（5）7月25日，出售持有的乙公司股票4 000股，每股出售价格16元，出售价款存入开户银行。

要求：根据以上经济业务，为甲公司编制有关的会计分录。同时，计算甲公司在出售乙公司部分股票后交易性金融资产的账面余额。

第九章

金融资产（Ⅲ）：以公允价值计量且其变动计入其他综合收益的金融资产

本章结构

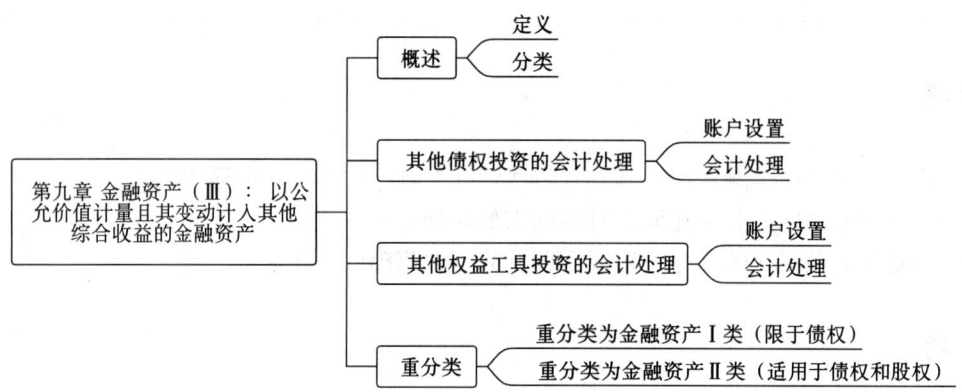

第一节 以公允价值计量且其变动计入其他综合收益的金融资产概述

一、定义

（一）债权工具角度定义

债权工具投资通常指的是债权投资，包括普通债券投资和可转换债券投资两类。准则规定，金融资产同时符合下列条件的，应当分类为以公允价值计量且其变动计入其他综合收益的金融资产（Ⅲ类）：

（1）该金融资产的管理业务模式既以收取合同现金流量为目标又以出售该金融资产为目标。

（2）该金融资产的合同条款规定，在特定日期产生的现金流量，仅为对本金和以未偿付本金金额为基础的利息的支付。

普通债券按照持有时间可以分为短期交易性持有、持有至到期和介于二者之间三种情况，第一种情况应该划入以公允价值计量且其变动计入当期损益的金融资产（Ⅱ类），第二种情况应该划入以摊余成本计量的金融资产（Ⅰ类），第三种情况则应当分类为以公允价值计量且其变动计入其他综合收益的金融资产（Ⅲ类）。

（二）权益工具角度定义

权益工具投资通常指的是股权投资，包括上市公司股票投资和非上市公司股权投资两类。权益工具投资除了划入长期股权投资（即出现投资方对被投资方产生重大影响、构成合营安排以及施加控制三种情况）之外，可以根据持有目的分为交易性权益工具投资和非交易性工具投资两种情况。

准则规定，金融资产满足下列条件之一的，表明企业持有该金融资产的目的是交易性，否则就是非交易性：

（1）相关金融资产的取得目的，主要是为了近期出售或回购。例如，企业以赚取差价为目的从二级市场购入的股票、债券和基金等。

（2）相关金融资产在初始确认时属于集中管理的可辨认金融工具组合的一部分，且有客观证据表明近期实际存在短期获利模式。

（3）相关金融资产属于衍生工具。但符合财务担保合同定义的衍生工具以及被指定为有效套期工具的衍生工具除外。例如，未作为套期工具的利率互换或外汇期权等。

可见，满足上面条件之一的股权投资（上市公司股票）属于交易性权益工具投资，划入以公允价值计量且其变动计入当期损益的金融资产（Ⅱ类）；其余的股权投资（上市公司股票和非上市公司股权）则属于非交易性工具投资，应当分类为以公允价值计量且其变动计入其他综合收益的金融资产（Ⅲ类）。

二、分类

由前面定义可知，以公允价值计量且其变动计入其他综合收益的金融资产（Ⅲ类）可以分为其他债权投资和其他权益工具投资两类。

（一）其他债权投资

持有时间介于短期交易性持有和持有至到期二者之间的普通债券，符合分类为金融资产Ⅲ类的定义条件（该金融资产的管理业务模式既以收取合同现金流量为目标又以出售该金融资产为目标；在特定日期产生的现金流量仅为对本金和以未偿付本金金额为基础的利息的支付），故应当分类为以公允价值计量且其变动计入其他综合收益的金融资产（Ⅲ类），简称为其他债权投资。

（二）其他权益工具投资

非交易性工具投资，应当指定为以公允价值计量且其变动计入其他综合收益的金融资产（Ⅲ类），简称为其他权益工具投资，包括除长期股权投资之外的非交易性目的持有的上市公司股票和非上市公司股权。

第二节 其他债权投资的会计处理

一、账户设置

企业应设置"其他债权投资"账户以核算企业其他债权投资，分别设置"成本"、"利息调整"、"应计利息"、"公允价值变动"进行明细核算。

设置"其他综合收益——其他债权投资公允价值变动"账户，核算企业其他债权投资公允价值与账面余额的差额。

二、会计处理

其他债权投资的期末计量与其他资产相比较，具有唯一独特性，表现在同时采用摊余成本计量和公允价值计量的双重计量属性，前者用于核算期末计息的计提，后者用于核算期末公允价值的变动。

（一）取得

企业取得其他债权投资时，应当按取得时的公允价值和相关交易费用之和作为初始确认金额。按该投资的面值借记"其他债权投资——成本"科目，按支付的价款中包含的已到付息期但尚未领取的债券利息，借记"应收利息"科目，按实际支付的金额，贷记"银行存款"科目，按其差额借记或贷记"其他债权投资——利息调整"科目。若购买的债券为到期一次还本付息债券，则购买价款中包含的利息，记入"其他债权投资——应计利息"科目。

（二）期末计提利息

资产负债表日，其他债权投资先要采用摊余成本计量计提的利息，再考虑减值问题，最后考虑公允价值变动问题。值得注意的是，其他债权投资摊余成本的取数，不应考虑"其他债权投资——公允价值变动"账户的金额（因为不符合摊余成本的定义），即其他债权投资的摊余成本是在其账面价值的基础上剔除"其他债权投资——公允价值变动"账户的余额。

具体而言，资产负债表日，企业应将按票面或合同利率计算确定的利息，借记"其他债权投资——应计利息"科目，按实际利率法计算确定的利息收入，贷记"投资收益"科目，按其差额，借记或贷记"其他债权投资——利息调整"科目。对于已过付息期但尚未收到的利息，应借记"应收利息"科目，贷记"其他债权投资——应计利息"科目。资产负债表日，企业应以预期信用损失为基础确定应计提的减值准备金额，该金额大于当前减值准备账面余额的，按其差额，借记"信用减值损失"科目，贷记"其他综合收益——信用减值准备"科目。应计提的减值准备金额小于当前减值准备账面余额的，按其差额做相反会计分录。

值得注意的是，也有学者认为其他债权投资不应考虑减值准备的计提。本书将该观点的理由列示如下，供读者参考：(1) 期末公允价值变动已经考虑了资产未来价值变动的影响因素，不需要在期末通过计提减值准备重复考虑；(2) 减值准备计提与公允价值变动的方向是一致的，计提减值准备的会计分录是：

借：信用减值损失
　　贷：其他综合收益

公允价值变动的会计分录是：

借：其他综合收益
　　贷：其他债权投资——公允价值变动

上述两笔会计分录合二为一的结果是：

借：信用减值损失
　　贷：其他债权投资——公允价值变动

该学者认为，上述结果违背了将其他债权投资划入"以公允价值计量且其变动计入其他综合收益的金融资产"的初衷。

本书认为，上述观点忽略了如下事实：（1）计提减值的目的是计入当期损益，其他债权投资的公允价值变动是计入其他综合收益（是一种所有者权益类型），并不能实现计提减值的目的；交易性金融资产的公允价值变动是计入公允价值变动损益（是一种损益类型），能够实现计提减值的目的，所以不需要计提减值。（2）计提信用减值损失的目的是及时反映信用风险。其他债权投资能否按时收回本金和利息是一种信用风险，计提信用减值损失可以及时反映其他债权投资面临的信用风险，但是其他债权投资的公允价值变动主要是反映市场价格波动，并不能完全反映信用风险。因此，本书支持企业会计准则应用指南计提减值的做法。

（三）期末公允价值变动

其他债权投资采用以公允价值计量期末公允价值的变动。

资产负债表日，其他债权投资的公允价值发生变动产生的利得和损失，应按公允价值变动额借记或贷记"其他债权投资——公允价值变动"科目，贷记或借记"其他综合收益——其他债权投资公允价值变动"科目。

（四）出售

企业出售其他债权投资，应重新计算剩余存续期预期信用损失，该损失金额大于当前减值准备账面余额的，按其差额，借记"信用减值损失"科目，贷记"其他综合收益——信用减值准备"科目；该损失金额小于当前减值准备账面余额的，按其差额做相反会计分录。

终止确认其他债权投资时，按实际收到的金额，借记"银行存款"科目，按相关债权投资减值准备余额，借记"其他综合收益——信用减值准备"科目，按该金融资产的账面余额，贷记或借记"其他债权投资——成本/利息调整/应计利息/公允价值变动"科目，按应从其他综合收益中转出的公允价值累计变动额，借记或贷记"其他综合收益——其他债权投资公允价值变动"科目，按其差额，贷记或借记"投资收益"科目。

（五）到期

企业到期收回其他债权投资时，应按收到的金额，借记"银行存款"等科目，按相关债权投资减值准备余额，借记"其他综合收益——信用减值准备"科目，按该金融资产的账面余额，贷记或借记"其他债权投资——成本/利息调整/应计利息/公允价值变动"科目，按应从其他综合收益中转出的公允价值累计变动额，借记或贷记"其他综合收益——其他债权投资公允价值变动"科目，按其差额，贷记或借记"信用减值损失"科目。

【例9-1】2×21年1月1日，甲公司支付价款95万元（含交易费用5万元）从上海证券交易所购入A公司同日发行的5年期公司债券110份，债券票面价值总额为110万元，每年末按票面利率可收得固定利息4万元，本金在债券到期时一次性偿还。合同约定，该债券的发行方在遇到特定情况时可以将债券赎回，且不需要为提前赎回支付额外款项。甲公司在购买该债券时，预计发行方不会提前赎回。甲公司根据其管理该债券的业务模式和该债券的合同现金流量特征，将该债券分类为以公允价值计量且其变动计入其他综合收益的金融资产。

其他资料如下：

(1) 2×21年12月31日，A公司债券的公允价值为100万元（不含利息）。

(2) 2×22年12月31日，A公司债券的公允价值为108万元（不含利息）。

(3) 2×23年12月31日，A公司债券的公允价值为103万元（不含利息）。

(4) 2×24年12月31日，A公司债券的公允价值为100万元（不含利息）。

(5) 2×25年1月20日，通过上海证券交易所出售了A公司债券110份，取得价款107万元。

假定不考虑所得税、减值损失等因素，计算实际利率如下：$4\times(1+r)^{-1} + 4\times(1+r)^{-2} + 4\times(1+r)^{-3} + 4\times(1+r)^{-4} + 114\times(1+r)^{-5} = 95$ 计算结果为：$r \approx 6.96\%$

表9-1 　　　　　　　　　　其他债权投资摊余成本计算表　　　　　　　　　　单位：万元

日期	现金流入（A）	实际利息收入（B=期初D×6.96%）	已收回的本金（C=A-B）	期末摊余成本余额（D=期初D-C）	公允价值（E）	公允价值变动额（F=E-D-期初G）	公允价值变动累计金额（G=期初G+F）
2×21年1月1日				95	95	0	0
2×21年12月31日	4	6.61	-2.61	97.61	100	2.39	2.39
2×22年12月31日	4	6.79	-2.79	100.40	108	5.21	7.6
2×23年12月31日	4	6.99	-2.99	103.39	103	-7.99	-0.39
2×24年12月31日	4	7.20	-3.20	106.59	100	-6.20	-6.59
2×25年1月20日	0	0.41*	-0.41	107	107	6.59	0
小计	16	28	-12				
2×25年1月20日	107	—	107	0			
合计	123	28	95	0			

注：* 尾数调整 107+0-106.59=0.41（万元）。

（上面尾数调整是建立在出售时的摊余成本等于售价即公允价值的假设基础上。）

账务处理如下：（单位：万元，本章下同，计算过程参见表9-1）

(1) 2×21年1月1日：

借：其他债权投资——成本	110	
贷：其他债权投资——利息调整		15
银行存款		95

(2) 2×21年12月31日：

借：其他债权投资——应计利息	4	
——利息调整	2.61	
贷：投资收益		6.61
借：银行存款	4	
贷：其他债权投资——应计利息		4
借：其他债权投资——公允价值变动	2.39	
贷：其他综合收益——其他债权投资公允价值变动		2.39

(3) 2×22年12月31日：

借：其他债权投资——应计利息	4	
——利息调整	2.79	
贷：投资收益		6.79

借：银行存款　　　　　　　　　　　　　　　　　　　　　　　　　　　　4
　　贷：其他债权投资——应计利息　　　　　　　　　　　　　　　　　　　　4
借：其他债权投资——公允价值变动　　　　　　　　　　　　　　　　　5.21
　　贷：其他综合收益——其他债权投资公允价值变动　　　　　　　　　　　5.21

(4) 2×23 年 12 月 31 日：
借：其他债权投资——应计利息　　　　　　　　　　　　　　　　　　　　4
　　　　　　　　——利息调整　　　　　　　　　　　　　　　　　　　　2.99
　　贷：投资收益　　　　　　　　　　　　　　　　　　　　　　　　　　6.99
借：银行存款　　　　　　　　　　　　　　　　　　　　　　　　　　　　4
　　贷：其他债权投资——应计利息　　　　　　　　　　　　　　　　　　　　4
借：其他综合收益——其他债权投资公允价值变动　　　　　　　　　　　7.99
　　贷：其他债权投资——公允价值变动　　　　　　　　　　　　　　　　7.99

(5) 2×24 年 12 月 31 日：
借：其他债权投资——应计利息　　　　　　　　　　　　　　　　　　　　4
　　　　　　　　——利息调整　　　　　　　　　　　　　　　　　　　　3.20
　　贷：投资收益　　　　　　　　　　　　　　　　　　　　　　　　　　7.20
借：银行存款　　　　　　　　　　　　　　　　　　　　　　　　　　　　4
　　贷：其他债权投资——应计利息　　　　　　　　　　　　　　　　　　　　4
借：其他综合收益——其他债权投资公允价值变动　　　　　　　　　　　6.20
　　贷：其他债权投资——公允价值变动　　　　　　　　　　　　　　　　6.20

(6) 2×25 年 1 月 20 日，确认出售 A 公司债券实现的损益：
借：银行存款　　　　　　　　　　　　　　　　　　　　　　　　　　　107
　　其他债权投资——利息调整　　　　　　　　　　　　　　　　　　　3.41
　　　　　　　　——公允价值变动　　　　　　　　　　　　　　　　　6.59
　　贷：其他债权投资——成本　　　　　　　　　　　　　　　　　　　　110
　　　　投资收益　　　　　　　　　　　　　　　　　　　　　　　　　　7
借：投资收益　　　　　　　　　　　　　　　　　　　　　　　　　　　6.59
　　贷：其他综合收益——其他债权投资公允价值变动　　　　　　　　　　6.59

第三节　其他权益工具投资的会计处理

一、账户设置

企业应设置"其他权益工具投资"账户，核算其他权益工具投资，分别设置"成本"、"公允价值变动"进行明细核算。

设置"其他综合收益——其他权益工具投资公允价值变动"账户，核算其他权益工具投资公允价值与账面余额的差额。

二、会计处理

（一）取得

企业取得其他权益工具投资时，应当按取得时的公允价值和相关交易费用之和作为初始确认金额借记"其他权益工具投资——成本"科目，按支付的价款中包含的已宣告但尚未发放的现金股利，借记"应收股利"科目，按实际支付的金额，贷记"银行存款"等科目。

（二）期末公允价值变动

资产负债表日，其他权益工具投资的公允价值发生变动产生的利得和损失，应按公允价值变动额借记或贷记"其他权益工具投资——公允价值变动"科目，贷记或借记"其他综合收益——其他权益工具投资公允价值变动"科目。在持有期间，被投资单位宣告发放现金股利时，借记"应收股利"科目，贷记"投资收益"科目。

（三）出售

企业对其他权益工具投资进行出售时，应将所得价款与该投资账面价值之间的差额计入留存收益。按收到金额借记"银行存款"等科目，按其账面余额贷记"其他权益工具投资——成本/公允价值变动"科目，按其差额计入留存收益。之前计入其他综合收益的累计利得和损失从其他综合收益中转出，计入留存收益。

值得注意的是，与其他债权投资出售时将出售价款和账面价值差额以及其他综合收益转入"投资收益"不同，其他权益工具投资出售时将上述两者直接计入留存收益（"盈余公积"和"利润分配——未分配利润"），原因在于为了避免其他权益工具投资的价格波动带来的不良影响（利润操纵）。

此外，其他权益工具投资不需要计提减值准备，除取得股利计入投资收益的情形之外，其他相关利得和损失（包括汇兑损益）均应计入其他综合收益，且后续不得转入损益（计入留存收益）。

【例9-2】2×23年5月6日，甲公司支付价款1 016万元（含交易费用1万元和已宣告发放现金股利15万元），购入乙公司发行的股票200万股，占乙公司有表决权股份的0.5%。甲公司将其指定为以公允价值计量且其变动计入其他综合收益的非交易性权益工具投资。

2×23年5月10日，甲公司收到乙公司发放的现金股利15万元。

2×23年6月30日，该股票市价为每股5.2元。

2×23年12月31日，甲公司仍持有该股票；当日，该股票市价为每股5元。

2×24年5月9日，乙公司宣告发放现金股利4 000万元。

2×24年5月13日，甲公司收到乙公司发放的现金股利。

2×24年5月20日，甲公司由于某特殊原因，以每股4.9元的价格将股票全部转让。

假定不考虑其他因素，甲公司的账务处理如下：

(1) 2×23年5月6日，购入股票：

借：应收股利　　　　　　　　　　　　　　　　　　　　15
　　其他权益工具投资——成本　　　　　　　　　　　1 001
　　贷：银行存款　　　　　　　　　　　　　　　　　　　　1 016

(2) 2×23年5月10日，收到现金股利：

借：银行存款　　　　　　　　　　　　　　　　　　　　　　　　15
　　　贷：应收股利　　　　　　　　　　　　　　　　　　　　　　　　15

(3) 2×23年6月30日，确认股票价格变动：
借：其他权益工具投资——公允价值变动　　　　　　　　　　　　39
　　　贷：其他综合收益——其他权益工具投资公允价值变动　　　　　　39

(4) 2×23年12月31日，确认股票价格变动：
借：其他综合收益——其他权益工具投资公允价值变动　　　　　　40
　　　贷：其他权益工具投资——公允价值变动　　　　　　　　　　　　40

(5) 2×24年5月9日，确认应收现金股利：
借：应收股利　　　　　　　　　　　　　　　　　　　　　　　　20
　　　贷：投资收益　　　　　　　　　　　　　　　　　　　　　　　　20

(6) 2×24年5月13日，收到现金股利：
借：银行存款　　　　　　　　　　　　　　　　　　　　　　　　20
　　　贷：应收股利　　　　　　　　　　　　　　　　　　　　　　　　20

(7) 2×24年5月20日，出售股票：
借：银行存款　　　　　　　　　　　　　　　　　　　　　　　　980
　　　其他权益工具投资——公允价值变动　　　　　　　　　　　　　1
　　　利润分配——未分配利润　　　　　　　　　　　　　　　　　　20
　　　贷：其他权益工具投资——成本　　　　　　　　　　　　　　　1 001
借：利润分配——未分配利润　　　　　　　　　　　　　　　　　1
　　　贷：其他综合收益——其他权益工具投资公允价值变动　　　　　　1

值得注意的是，企业会计准则应用指南汇编指出，此处出售股票产生的损失以及之前计入其他综合收益的累计损失转出均计入未分配利润。实务中，影响盈余公积计提的，企业还应对盈余公积作相应调整。也有学者认为，其他综合收益不经过利润表而直接结转至"利润分配——未分配利润"账户，本质上仍然属于税后利润，应当在"利润分配——未分配利润"账户的基础上再计提盈余公积，即主张同时调整盈余公积和未分配利润。本书认为，按《公司法》（2024年7月1日起施行）第二百一十条的规定，公司分配当年税后利润时，应当提取利润的10%列入公司法定公积金（即法定盈余公积）；公司法定公积金累计额为公司注册资本的50%以上的，可以不再提取。因为企业出售其他权益工具并不影响净利润，也就不需要计提盈余公积，所以计入"利润分配——未分配利润"更加符合实际。当然，读者在做题时，若题中给出计提盈余公积的信息，就需要同时调整盈余公积和未分配利润。

第四节　以公允价值计量且其变动计入其他综合收益的金融资产的重分类

一、重分类为金融资产Ⅰ类（限于债权）

企业将一项以公允价值计量且其变动计入其他综合收益的金融资产Ⅲ类重分类为以摊

余成本计量的金融资产Ⅰ类的,应当将之前计入其他综合收益的累计利得或损失转出,调整该金融资产在重分类日的公允价值,并以调整后的金额作为新的账面价值,即视同该金融资产一直以摊余成本计量。该金融资产重分类不影响其实际利率和预期信用损失的计量。一般的会计处理为:借记"债权投资——成本/利息调整/应计利息"科目,贷记"其他债权投资——成本/利息调整/应计利息"科目。如果重分类前该金融资产存在预期信用损失而计提了损失准备,企业应同时结转资产减值准备,借记"其他综合收益——信用减值准备"科目,贷记"债权投资减值准备"科目。同时,企业应当将重分类之前计入其他综合收益的累计利得或损失冲回,借记或贷记"其他综合收益——其他债权投资公允价值变动"科目,贷记或借记"其他债权投资——公允价值变动"科目。

【例9-3】2×23年9月15日,甲公司以公允价值50万元购入一项债券投资,并按规定将其分类为以公允价值计量且其变动计入其他综合收益的金融资产,该债券的面值为50万元。2×24年10月15日,甲公司变更了其管理债券投资组合的业务模式,其变更符合重分类的要求,因此,甲公司于2×25年1月1日将该项债券投资从以公允价值计量且其变动计入其他综合收益的金融资产重分类为以摊余成本计量的金融资产。2×25年1月1日,该债券的公允价值为49万元,已计提的减值准备为0.6万元。假设不考虑该债券的利息。

2×25年1月1日,甲公司对该债券投资进行重分类的账务处理如下:

借:债权投资——成本　　　　　　　　　　　　　　　　　　　　50
　　其他债权投资——公允价值变动　　　　　　　　　　　　　　　1
　　其他综合收益——信用减值准备　　　　　　　　　　　　　　　0.6
　　贷:其他债权投资——成本　　　　　　　　　　　　　　　　　50
　　　　其他综合收益——其他债权投资公允价值变动　　　　　　　1
　　　　债权投资减值准备　　　　　　　　　　　　　　　　　　　0.6

二、分类为金融资产Ⅱ类(适用于债权)

企业将一项以公允价值计量且其变动计入其他综合收益的金融资产Ⅲ类重分类为以公允价值计量且其变动计入当期损益的金融资产Ⅱ类的,应当继续以公允价值计量该金融资产。同时,企业应当将之前计入其他综合收益的累计利得或损失从其他综合收益转入当期损益。一般的会计处理为:借记"交易性金融资产——成本"科目,贷记"其他债权投资——成本"科目;同时,调整其他债权投资的公允价值变动(将"其他债权投资——公允价值变动"账户的余额转入"交易性金融资产——公允价值变动"科目),并把其他综合收益转入当期损益("公允价值变动损益"科目);存在减值准备的,应将"其他综合收益——信用减值准备"账户余额转回至"公允价值变动损益"科目。

【例9-4】资料同【例9-3】,甲公司于2×25年1月1日将该债券从以公允价值计量且其变动计入其他综合收益的金融资产重分类为交易性金融资产,其余条件不变。

甲公司的会计处理如下:

(1)按面值结转成本:

借:交易性金融资产——成本　　　　　　　　　　　　　　　　　50
　　贷:其他债权投资——成本　　　　　　　　　　　　　　　　50

(2) 调整其他债权投资的公允价值变动：

借：其他债权投资——公允价值变动　　　　　　　　　　　　1
　　公允价值变动损益　　　　　　　　　　　　　　　　　　1
　　贷：其他综合收益——其他债权投资公允价值变动　　　　　　　1
　　　　交易性金融资产——公允价值变动　　　　　　　　　　　1

(3) 减值转回：

借：其他综合收益——信用减值准备　　　　　　　　　　　　0.6
　　贷：公允价值变动损益　　　　　　　　　　　　　　　　　0.6

读者在应试时，也可以合并编制重分类日的会计分录。

根据前述重分类日的会计处理规则，我们可以将重分类日的会计处理要点归纳如下（FV 代表公允价值，BV 代表账面价值，OCI 代表其他综合收益）：

(1) 摊余成本（第Ⅰ类）→FV + 当期损益（第Ⅱ类）：按 FV 计量 +（FV – BV）计入当期损益（公允价值变动损益）。

(2) 摊余成本（第Ⅰ类）→FV + OCI（第Ⅲ类）：按 FV 计量 +（FV – BV）计入 OCI（其他综合收益）；不影响其实际利率和预期信用损失计量。

(3) FV + OCI（第Ⅲ类）→摊余成本（第Ⅰ类）：之前的 OCI 转出调整重分类日的 FV；不影响其实际利率和预期信用损失计量。

(4) FV + OCI（第Ⅲ类）→FV + 当期损益（第Ⅱ类）：FV 计量 + OCI 转当期损益（公允价值变动损益）。

(5) FV + 当期损益（第Ⅱ类）→摊余成本（第Ⅰ类）：FV 计量 + 分离交易。

(6) FV + 当期损益（第Ⅱ类）→FV + OCI（第Ⅲ类）：FV 计量 + 分离交易。

值得注意的是，(5) 和 (6) 的重分类按重分类日的 FV 确定实际利率，重分类日视为初始确认日。

思考题

1. 简述以公允价值计量且其变动计入其他综合收益的金融资产的定义和分类。
2. 简述其他债权投资和其他权益工具投资会计处理的异同。

练习题

2×21 年 4 月 1 日，甲公司购买丙公司的股票 200 万股，共支付价款 870 万元，包含丙公司已宣告但未实际支付股利 30 万元，另支付交易费用 10 万元。甲公司取得丙公司股票时将其指定为以公允价值计量且其变动计入其他综合收益的金融资产。

2×21 年 4 月 20 日，收到丙公司发放股利 30 万元。

2×21 年 12 月 31 日，丙公司股票公允价值为每股 5 元。

2×22 年 5 月 31 日，甲公司将持有的丙公司股票全部出售，售价为每股 6 元。

要求：不考虑其他相关税费，作相关会计处理。

第十章

金融资产（Ⅳ）：长期股权投资

本章结构

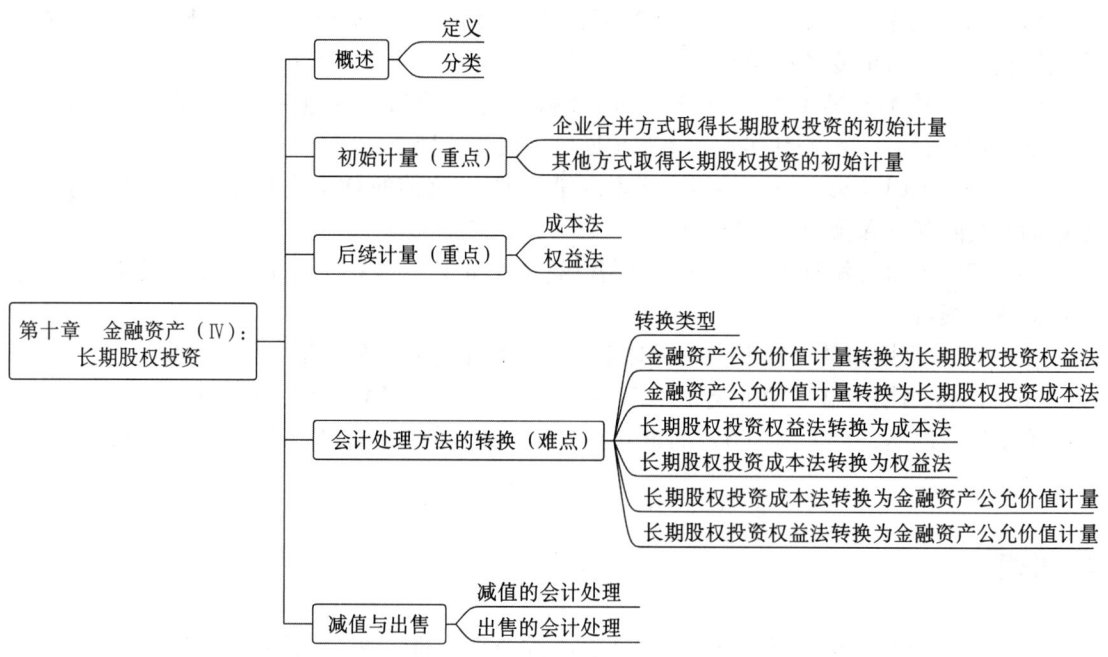

第一节 长期股权投资概述

一、定义及特点

（一）定义

股权投资，又称权益性投资，是指通过付出现金或非现金资产等取得被投资单位的股份或股权，享有一定比例的权益份额代表的资产。

投资企业取得被投资单位的股权，相应地享有被投资单位净资产有关份额，通过被投资单位分得现金股利或利润以及待被投资单位增值后出售等获利。股权投资基于投资合同、协议等约定，会形成投资方的金融资产，而对被投资单位，其所接受的来自投资方的出资会形成所有者权益，因此，按照《企业会计准则第 22 号——金融工具确认和计量》的界定，股权投资一方面形成投资方的金融资产，另一方面形成被投资单位的权益工具，原则上属于金融工具。在大的范畴属于金融工具的情况下，根据投资方在投资后对被投资单位能够施加影响的程度，企业会计准则将股权投资区分为应当按照金融工具确认和计量准则进行核算和应当按照长期股权投资准则进行核算两种情况。

属于长期股权投资准则规范的长期股权投资，是根据投资方在获取投资以后，能够对被投资单位施加影响的程度来划分的，而不是根据持有投资的期限长短。会计意义上的长期股权投资包括投资方持有的对联营企业、合营企业以及子公司的投资。本书将其表述为金融资产Ⅳ类。

（二）特点

长期股权投资通常具有如下特点：（1）长期持有。长期股权投资的目的是为长期持有被投资企业的股份，成为被投资企业的股东，并通过所持有的股份，对被投资企业实施控制或施加影响，或为了改善和巩固贸易关系，或持有不易变现的长期股权投资等。（2）获取经济利益，并承担相应风险。长期股权投资的最终目的是获取较大的经济利益，这种经济利益可以通过分利方式获取，也可以通过其他方式取得，如保证产品销售或稳定取得原材料供应等。但是，如果被投资企业经营状况不佳，投资企业也需承担相应的投资损失。（3）除股票投资外，长期股权投资通常不会随意出售。投资企业一旦成为被投资企业的股东，依所持股份份额享有股东的权利并承担相应业务，一般情况下不会随意抽回投资。（4）长期股权投资相对于长期债权投资而言，投资风险较大。

二、类型

依据投资方对被投资方产生的影响程度，长期股权投资分为以下三种类型：

（一）对子公司投资

投资方能够对被投资方实施控制的股权投资，即对子公司投资。控制，是指投资方拥有对被投资方的权力，通过参与被投资方的相关活动而享有可变回报，并且有能力应用对被投资方的权力影响其回报金额。对子公司投资的取得一般是通过企业合并方式。

（二）对合营企业投资

投资方持有的对构成合营企业的合营安排的股权投资，即对合营企业投资。投资方判断持有的对合营企业的投资，应当首先看是否构成合营安排，其次看有关合营安排是否构成合营企业。投资方通过与其他方共同出资设立被投资单位或是通过购买等方式取得对被投资单位的投资，能够与其他方一并对被投资单位实施共同控制的，虽然从法律形式上体现为投资，但是否能够作为会计意义上对合营企业的投资还是仅构成对合营安排中的投资，并最终体现为投资方财务报表中占合营安排中有关资产、负债、收入、费用的份额，要依有关判断确定。

（三）对联营企业投资

投资方能够对被投资单位施加重大影响的股权投资，即对联营企业投资。重大影响是指投资方对被投资单位的财务和生产经营决策有参与决策的权力，但并不能够控制或者与其他方一起共同控制这些政策的制定。

当投资企业直接或是通过子公司间接拥有被投资单位 20% 或以上但低于 50% 的表决权

资本时，一般认为对被投资单位具有重大影响，除非有明确的证据表明该种情况下不能参与被投资单位的生产经营决策，不形成重大影响。在以持有股权来判断投资方对被投资单位的影响程度时，应综合考虑投资方自身持有的股权、通过子公司间接持有的股权以及投资方或其他方持有的可转换为对被投资单位股权的其他潜在因素影响，该类潜在因素通常包括被投资单位发行的当期可转换的认股权证、股份期权及可转换公司债券等的影响。上述因素中，以投资方自身直接或通过子公司间接持有的股权来分析和判断，且在判断中注重的是投资方现时施加重大影响的能力。

此外，企业可以通过以下一种或几种情形来判断是否对被投资单位具有重大影响：(1) 在被投资单位的董事会或类似权力机构中派有代表；(2) 参与被投资单位的财务和经营政策制定过程，包括股利分配政策等的制定；(3) 向被投资单位派出管理人员；(4) 向被投资单位提供关键技术资料；(5) 与被投资单位之间发生重要交易。存在上述一种或多种情形并不意味着投资方一定对被投资单位具有重大影响。企业需要综合考虑所有事实和情况来作出恰当的判断。

第二节 长期股权投资的初始计量

一、企业合并方式取得的长期股权投资的初始计量（子公司）

长期股权投资在取得时，应按初始投资成本入账。长期股权投资的初始投资成本，应当分别企业合并方式取得和非企业合并方式取得两种情况确定。通过企业合并方式取得的长期股权投资中，还应进一步区分同一控制下的企业合并和非同一控制下的企业合并两种方式。

（一）同一控制下的企业合并方式取得的长期股权投资初始成本的计量

同一控制下的企业合并，是指参与合并的各方在合并前后均受同一方或相同的多方最终控制，且该控制并非暂时性的。其中：同一方是指母公司或有关主管单位；相同的多方是根据投资者的合同或协议约定的投资各方。暂时性一般是指合并前后均在1年以内，非暂时性是指合并前后均应超过1年。同一控制下企业合并不属于交易事项，而是资产和负债的重新组合，因此其合并对价往往不公允。

1. 合并方以支付现金、转让非现金资产或承担债务方式作为合并对价的

应当在合并日（即取得被合并方控制权的日期）按照所取得的被合并方所有者权益在最终控制方合并财务报表中的账面价值的份额作为长期股权投资的初始投资成本。被合并方在合并日的净资产账面价值为负数的，长期股权投资成本按零确定，同时在备查簿中予以登记。如果被合并方在被合并以前，是最终控制方通过非同一控制下的企业合并所控制的，则合并方长期股权投资的初始投资成本还应包含相关的商誉金额。长期股权投资的初始投资成本与支付的现金、转让的非现金资产及所承担债务账面价值之间的差额，应当调整资本公积（资本溢价或股本溢价）；资本公积（资本溢价或股本溢价）的余额不足冲减的，依次冲减盈余公积和未分配利润。

【例10-1】 A企业集团内一子公司甲公司以账面价值为2 000万元，公允价值为3 200万元的无形资产作为对价，取得同一集团内另外一家企业乙公司60%的股权。乙公司所有

者权益在最终控制方合并财务报表中的账面价值为 3 000 万元（其中，资本公积 500 万元）。

这种合并属于同一控制下的企业合并，长期股权投资的成本应按投资方在被投资单位所有者权益在最终控制方合并财务报表中的账面价值的份额 1 800（3 000×60%）万元计量，差额 200（2 000 - 1 800）万元应调整资本公积和留存收益。

甲公司账务处理如下：（单位：万元，本章下同）

借：长期股权投资——乙公司　　　　　　　　　　　　　　　1 800
　　资本公积——资本溢价　　　　　　　　　　　　　　　　　200
　　贷：无形资产　　　　　　　　　　　　　　　　　　　　　　　2 000

若甲公司资本公积（资本溢价）不足冲减，则冲减其盈余公积和未分配利润。

2. 合并方以发行权益性证券作为合并对价的

应当在合并日按照被合并方所有者权益在最终控制方合并财务报表中的账面价值的份额作为长期股权投资的初始投资成本。按照发行股份的面值总额作为股本，长期股权投资初始投资成本与所发行股份面值总额之间的差额调整资本公积（资本溢价或股本溢价），资本公积（资本溢价或股本溢价）不足冲减的，依次冲减盈余公积和未分配利润。

【例 10 - 2】甲公司和乙公司均属于 A 公司下属的两个子公司，2×21 年 5 月，甲公司发行 600 万股普通股（每股面值 1 元）作为对价从 A 公司取得乙公司 60% 的股权，合并日乙公司所有者权益在 A 公司合并财务报表中的账面价值为 1 300 万元。

这种情况，也属于同一控制下的企业合并，投资后乙公司成为甲公司的子公司，但仍被 A 公司控制。长期股权投资初始成本应按乙公司所有者权益在 A 公司合并财务报表中的账面价值的份额 780（1 300×60%）万元计量。账务处理如下：

借：长期股权投资——乙公司　　　　　　　　　　　　　　　780
　　贷：股本　　　　　　　　　　　　　　　　　　　　　　　　600
　　　　资本公积——股本溢价　　　　　　　　　　　　　　　　180

3. 通过多次交换交易，分步取得股权最终形成同一控制下控股合并的

应当判断多次交易是否属于"一揽子交易"。各项交易的条款、条件以及经济影响符合以下一种或多种情况的，通常应将多次交易事项作为"一揽子交易"进行会计处理：（1）这些交易是同时或者在考虑了彼此影响的情况下订立的；（2）这些交易整体才能达成一项完整的商业结果；（3）一项交易的发生取决于至少一项其他交易的发生；（4）一项交易单独看是不经济的，但是和其他交易一并考虑时是经济的。

若多次交易属于一揽子交易的，合并方应当将各项交易作为一项取得控制权的交易进行会计处理。若多次交易不属于"一揽子交易"的，合并方取得控制权日，应按照下列步骤进行会计处理：

（1）确定同一控制下企业合并形成的长期股权投资的初始投资成本。在合并日，根据合并后应享有被合并方净资产在最终控制方合并财务报表中的账面价值的份额，确定长期股权投资的初始投资成本。

（2）长期股权投资初始投资成本与合并对价账面价值之间差额的处理。合并日长期股权投资的初始投资成本，与达到合并前的长期股权投资账面价值加上合并日进一步取得股份新支付对价的账面价值之和的差额，调整资本公积（资本溢价或股本溢价），资本公积不足冲减的，冲减留存收益。

（3）合并日之前持有的股权投资，因采用权益法核算或按金融工具确认和计量核算而确认的其他综合收益，暂不进行会计处理，直至处置该项投资时采用与被投资单位直接处置相关资产或负债相同的基础进行会计处理；因采用权益法核算而确认的被投资单位净资产中除净损益、其他综合收益和利润分配以外的所有者权益其他变动，暂不进行会计处理，直至处置该项投资时转入当期损益。其中，处置后的剩余股权采用成本法或权益法核算的，其他综合收益和其他所有者权益应按比例结转，处置后的剩余股权改按金融工具确认和计量进行会计处理的，其他综合收益和其他所有者权益应全部结转。

合并方发生的审计、法律服务、评估咨询等中介费用以及其他相关管理费用，于发生时计入当期损益（管理费用）。与发行权益性工具作为合并对价直接相关的交易费用，应当冲减资本公积（资本溢价或股本溢价），资本公积（资本溢价或股本溢价）不足冲减的，依次冲减盈余公积和未分配利润。与发行债务性工具作为合并对价直接相关的交易费用，应当计入债务性工具的初始确认金额。

（二）非同一控制下的企业合并形成的长期股权投资成本的初始计量

非同一控制下的企业合并是指参与合并的各方在合并前后不属于同一方或相同的多方最终控制的情况下进行的合并。该种合并本质上为市场上购买，其处理原则与一般的单项资产购买有相同之处，同时亦有区别。相同之处在于因为交易本身是按照市场化原则进行的，购买方在支付有关对价后，对于该项交易中自被购买方取得的各项资产、负债应当按照其在购买日的公允价值计量；与单项资产购买的不同之处在于，企业合并是构成业务的多项资产及负债的整体购买，由于在交易价格形成过程中购买方与出售方之间议价等因素的影响，交易的最终价格与通过交易取得被购买方持有的有关单项资产、负债的公允价值之和一般会存在差异。

1. 一次性交易合并取得长期股权投资的初始投资成本

在非同一控制下一次性交易取得长期股权投资的企业合并中，购买方应当按照企业合并成本作为长期股权投资的初始投资成本，企业合并成本包括购买方付出的资产、发生或承担的负债及发行的权益性证券或债务性工具的公允价值之和。

具体进行会计处理时，对于非同一控制下企业合并形成的长期股权投资，应在购买日按企业合并成本（不含应自被投资单位收取的现金股利或利润），借记"长期股权投资"科目，按享有被投资单位已宣告但尚未发放的现金股利或利润，借记"应收股利"科目，按支付合并对价的账面价值，贷记有关资产或负债科目，按其差额，贷记或借记"资产处置损益"、"投资收益"等科目。购买方以发行权益性证券作为合并对价的，应在购买日按照发行的权益性证券的公允价值，借记"长期股权投资"科目，按照发行的权益性证券的面值总额，贷记"股本"科目，按其差额，贷记"资本公积——资本溢价或股本溢价"科目。企业发生的直接相关费用，应借记"管理费用"科目，贷记"银行存款"等科目。

非同一控制下控股合并涉及以库存商品等作为合并对价的，应按库存商品的公允价值，贷记"主营业务收入"或"其他业务收入"科目，并同时结转相关的成本。以公允价值计量且其变动计入其他综合收益的债权性金融资产作为合并对价的，原持有期间公允价值变动形成的其他综合收益应一并转入投资收益，借记"其他综合收益"科目，贷记"投资收益"科目，或者相反分录。

【例10-3】甲企业以所持有的部分非流动资产为对价,自乙企业的控股股东处购入乙企业70%的股权,作为合并对价的无形资产的原价为9 600万元,至控股合并发生时已累计摊销1 800万元,购买日的公允价值为12 000万元。账务处理如下:

借:长期股权投资——乙企业　　　　　　　　　　　　　　　　　12 000
　　累计摊销　　　　　　　　　　　　　　　　　　　　　　　　　 1 800
　　贷:无形资产　　　　　　　　　　　　　　　　　　　　　　　　9 600
　　　　资产处置损益　　　　　　　　　　　　　　　　　　　　　　4 200

2. 多次交换交易分步合并取得长期股权投资的初始投资成本

购买方在编制个别财务报表时,应当按照原持有的股权投资的账面价值加上新增投资成本之和,作为改按成本法核算的初始投资成本。

购买日之前持有的股权采用权益法核算的,相关其他综合收益应当在处置该项投资时采用与被投资单位直接处置相关资产或负债相同的基础进行会计处理;因被投资单位除净损益、其他综合收益和利润分配以外的其他所有者权益变动而确认的所有者权益,应当在处置该项投资时相应转入处置期间的当期损益。其中,处置后的剩余股权采用成本法或权益法核算的,其他综合收益和其他所有者权益应按比例结转,处置后的剩余股权改按金融工具确认和计量进行会计处理的,其他综合收益和其他所有者权益应全部结转。

购买日之前持有的股权投资,采用金融工具确认和计量进行会计处理的,应当将按照该股权投资的公允价值加上新增投资成本之和,作为改按成本法核算的初始投资成本。原持有股权的公允价值与账面价值之间的差额以及原计入其他综合收益的累计公允价值变动应当在改按成本法核算时采用与处置原持有的股权投资相同的基础进行会计处理。原持有的股权投资指定为以公允价值计量且其变动计入其他综合收益的非交易性权益工具投资的,其公允价值与账面价值之间的差额以及原计入其他综合收益的累计公允价值变动应当直接转入留存收益。

购买方为企业合并发生的审计、法律服务、评估咨询等中介费用以及其他相关管理费用,应于发生时计入当期损益(管理费用);购买方作为合并对价发行的权益性工具或债务性工具的交易费用,应当计入权益性工具或债务性工具的初始确认金额。

二、其他方式取得的长期股权投资的初始计量(联营企业和合营企业)

(一)以支付现金方式取得的长期股权投资的初始投资成本

应当按照实际支付的购买价款作为长期股权投资的初始投资成本。包括与取得长期股权投资直接相关的费用、税金及其他必要支出,但实际支付的价款中包含的被投资单位已宣告但尚未发放的现金股利或利润,应作为应收项目核算,不构成取得长期股权投资的成本。

【例10-4】甲公司购买乙公司20%的股份,共计2 000万股,准备长期持有,甲公司对乙公司构成重大影响。每股买价7.4元,其中含有已宣告尚未支付的现金股利0.4元,另需支付交易手续费及印花税400万元,款项用银行存款支付。

长期股权投资成本 = 2 000 × (7.4 − 0.4) + 400 = 14 400(万元)

账务处理如下:

借:长期股权投资——乙公司　　　　　　　　　　　　　　　　　14 400
　　应收股利——乙公司　　　　　　　　　　　　　　　　　　　　　800

贷：银行存款　　　　　　　　　　　　　　　　　　　　　　　　　　15 200

（二）以发行权益性证券方式取得的长期股权投资的初始投资成本

应当按照发行权益性证券的公允价值作为初始投资成本，但不包括自被投单位收取的已宣告但尚未发放的现金股利或利润。为发行权益性证券支付给有关证券承销机构等的手续费、佣金等与权益性证券发行直接相关的费用，不构成取得长期股权投资的成本。该部分费用应自权益性证券的溢价发行收入中扣除，权益性证券的溢价收入不足冲减的，应冲减盈余公积和未分配利润。

【例10-5】W上市公司以发行股票1 000万股的方式取得X公司20%的股份，W公司股票的发行价为每股4.5元，另需要支付相关税费100万元。

W公司取得X公司20%的长期股权投资的初始投资成本=1 000×4.5=4 500（万元）

账务处理如下：

借：长期股权投资——X公司　　　　　　　　　　　　　　　　　4 500
　　贷：股本　　　　　　　　　　　　　　　　　　　　　　　　　1 000
　　　　资本公积——股本溢价　　　　　　　　　　　　　　　　　34 00
　　　　银行存款　　　　　　　　　　　　　　　　　　　　　　　100

（三）以债务重组、非货币性资产交换等方式取得长期股权投资

其初始投资成本应按照债务重组和非货币性资产交换的有关内容确定。

（四）企业进行公司制改建的长期股权投资的初始投资成本

企业进行公司制改建，此时，对资产、负债的账面价值按照评估价值调整的，长期股权投资应以评估价值作为改制时的认定成本，评估值与原账面价值的差异应计入资本公积（资本溢价或股本溢价）。借记"长期股权投资"科目（评估价值），贷记"长期股权投资"科目（账面价值），差额贷记或借记"资本公积——资本溢价/股本溢价"科目。

第三节　长期股权投资的后续计量

投资企业在持有长期股权投资期间，应当根据对被投资单位能够施加的影响程度进行划分，在个别财务报表中分别采用成本法和权益法两种方法进行核算。

一、成本法

（一）成本法的定义及其适用范围

成本法，指长期股权投资按照投资成本进行计价的后续计量方法。长期股权投资的成本法适用于企业持有的能够对被投资单位实施控制的长期股权投资，即对子公司的投资。

（二）成本法的会计处理

设置"长期股权投资"账户，按被投资单位设明细账户进行二级核算。借方记发生的投资成本；贷方记收回的投资成本；余额在借方，为已发生尚未收回的投资成本。

具体内容如下：

1. 在初始投资或追加投资时，按照初始投资或追加投资时的成本增加长期股权投资的账面价值。

2. 除取得投资时实际支付价款中包含的已宣告但尚未发放的现金股利或利润外，投资企业应当按照享有被投资方宣告发放的现金股利或利润确认投资收益（不区分是属于被投资方对投资方取得投资前还是取得投资后实现净利润的分配）。

3. 当被投资方将未分配利润或盈余公积转增股本（实收资本），且未向投资方提供等值现金股利或利润的选择权时，投资方不需要进行会计处理。

【例10－6】2×21年7月20日，甲公司以3 000万元购入乙公司80%的股权。2×21年9月29日，乙公司宣告分派现金股利，甲公司可获得40万元现金股利。账务处理如下：

(1) 2×21年7月20日：

借：长期股权投资——乙公司　　　　　　　　　　　　3 000
　　贷：银行存款　　　　　　　　　　　　　　　　　　　　3 000

(2) 2×21年9月29日：

借：应收股利　　　　　　　　　　　　　　　　　　　　40
　　贷：投资收益　　　　　　　　　　　　　　　　　　　　　40

二、权益法

（一）定义与适用范围

权益法，指长期股权投资在以初始投资成本计量后的持有期间，根据被投资方的所有者权益的变动，投资企业按照应享有（或应分担）被投资方所有者权益的份额调整其投资账面价值的核算方法。在权益法下，长期股权投资的账面价值随着被投资方所有者权益的变动而变动，包括被投资单位实现的净利润或发生的净亏损以及其他所有者权益项目的变动。

投资企业对合营企业投资及联营企业投资，应当采用权益法核算。

（二）权益法的会计处理

1. 科目设置

设置"长期股权投资"科目，按被投资方设二级科目，再下设四个三级科目核算：

"投资成本"，核算投资时投资企业在被投资单位所有者权益中所占份额。

"损益调整"，核算投资持有期间，被投资单位实现净利润或发生净亏损，投资企业按持股比例计算的应享有的份额。

"其他综合收益"，核算投资持有期间，被投资单位除净损益、利润分配以外的其他综合收益变动，投资企业按持股比例计算的应享有的份额。

"其他权益变动"，核算投资持有期间，被投资单位除净损益、其他综合收益以及利润分配以外的所有者权益的其他变动，投资企业按持股比例计算的应享有的份额。

2. 调整初始投资成本

初始投资或追加投资时，将初始投资成本或追加投资成本记入"长期股权投资——××公司（投资成本）"明细科目。获得投资时，计算初始投资成本与应享有被投资单位可辨认净资产公允价值份额的差额，分别下面两种情况处理：（1）前者大于后者的（体现与所取得股权份额相对应的商誉价值），不调整长期股权投资成本；（2）前者小于后者的（体现转让方的让步），按照两者差额，借记"长期股权投资——××公司（投资成本）"科目，贷记"营业外收入"科目。简言之，"两者取大"。

【例 10-7】甲公司以 2 000 万元取得乙公司 30% 的股权，取得投资时被投资单位可辨认净资产的公允价值为 6 000 万元。如甲公司能够对乙公司施加重大影响，则甲公司应采用权益法核算，本例中甲公司在乙公司可辨认净资产中所享有的份额为 1 800（6 000×30%）万元，但长期股权投资的入账价值仍为 2 000 万元，做会计分录如下：

借：长期股权投资——乙公司（投资成本）　　　　　　　　2 000
　　贷：银行存款　　　　　　　　　　　　　　　　　　　　　　2 000

如投资时乙公司可辨认净资产的公允价值为 7 000 万元，甲公司在乙公司可辨认净资产中所享有的份额为 2 100（7 000×30%）万元，但长期股权投资的入账价值应为 2 000 万元，做会计分录如下：

借：长期股权投资——乙公司（投资成本）　　　　　　　　2 000
　　贷：银行存款　　　　　　　　　　　　　　　　　　　　　　2 000
借：长期股权投资——乙公司（投资成本）　　　　　　　　　100
　　贷：营业外收入　　　　　　　　　　　　　　　　　　　　　 100

3. 确认投资损益

投资企业取得长期股权投资后，应当按照应享有被投资单位的净利润份额，借记"长期股权投资——××公司（损益调整）"科目，同时贷记"投资收益"科目；按照应分担被投资单位净亏损的份额，作相反分录，"长期股权投资"科目账面价值以减记至零为限。

在确认应享有或应分担被投资单位的净利润或净亏损时，需要从以下三个方面对被投资单位净利润（净亏损）进行适当调整：

（1）被投资单位采用的会计政策及会计期间与投资企业不一致的，应当按照投资企业的会计政策及会计期间对被投资单位的财务报表进行调整，在此基础上确定被投资单位的净利润（净亏损）。

（2）以取得投资时被投资单位固定资产、无形资产的公允价值为基础计提的折旧额或摊销额，及投资企业取得投资时的公允价值为基础计算确定的资产减值准备金额等对被投资单位净利润（净亏损）进行调整。

需要注意的是，尽管在评估投资方对被投资单位是否具有重大影响时，应当考虑潜在表决权的影响，但在确定应享有的被投资单位实现的净损益、其他综合收益和其他所有者权益变动的份额时，潜在表决权所对应的权益份额不应予以考虑。

此外，如果被投资单位发行了分类为权益的可累积优先股等类似的权益工具，无论被投资单位是否宣告分配优先股股利，投资方计算应享有被投资单位的净利润时，均应将归属于其他投资方的累积优先股股利予以扣除。

【例 10-8】甲公司于 2×21 年 1 月 15 日购入乙公司 30% 的股份，购买价款为 3 300 万元，并自取得投资之日起派人参与乙公司的财务和生产经营决策。取得投资当日，乙公司可辨认净资产公允价值为 9 000 万元，其中存货账面价值为 750 万元，公允价值为 1 050 万元，甲项固定资产账面原价 1 800 万元，预计使用年限 20 年，剩余使用年限 16 年，公允价值为 2 400 万元；乙公司其他资产、负债的公允价值与账面价值相同。

假定乙公司于 2×21 年实现净利润 900 万元，其中，在甲公司取得投资时的账面存货有 80% 对外出售。甲公司和乙公司的会计年度及采用的会计政策相同。固定资产按直线法提取折旧，预计净残值为零。假定甲、乙公司间未发生任何内部交易，不考虑所得税影响。

存货账面价值与公允价值的差额应调减的利润 =（1 050 – 750）×80% = 240（万元）
固定资产公允价值与账面价值的差额应调增的折旧额 = 2 400÷16 – 1 800÷20 = 60（万元）
调整后的净利润 = 900 – 240 – 60 = 600（万元）
甲公司应享有份额 = 600×30% = 180（万元）
确认投资收益的会计分录如下：

借：长期股权投资——乙公司（损益调整）　　　　　　　　　　180
　　贷：投资收益　　　　　　　　　　　　　　　　　　　　　　　　180

(3) 未实现内部损益的抵销。

投资方与联营、合营企业之间发生投出或出售资产的交易，该资产不构成业务的（业务是指企业内部某些生产经营活动或资产负债的组合，该组合具有投入、加工处理过程和产出能力，能够独立计算其成本费用或所产生的收入），确认投资收益时，对于投资企业与其联营企业及合营企业之间发生的未实现内部损益应予抵销。即投资企业与联营企业及合营企业之间发生的未实现内部交易损益按照持股比例计算归属于投资企业的部分应当予以抵销，在此基础上确认投资损益。投资企业与被投资单位发生的内部交易损失，按照资产减值准则等规定属于资产减值损失的，应当全额确认。投资企业对于纳入其合并范围的子公司与其联营企业及合营企业之间发生的内部交易损益，也应当按照上述原则进行抵销，在此基础上确认投资损益。

①逆流交易。逆流交易是指联营企业或合营企业向投资企业出售资产。逆流交易过程中，存在未实现内部损益的情况下，应抵销内部交易损益的影响。投资企业在自其联营企业或合营企业购买资产出售给外部独立的第三方之前，不应确认联营企业或合营企业因该交易产生的损益中本企业应享有的部分。

【例10-9】甲企业于 2×21 年 1 月取得乙公司 20% 有表决权股份，能够对乙公司施加重大影响。假定甲企业取得该项投资时，乙公司各项可辨认资产、负债的公允价值与其账面价值相同。2×21 年 8 月，乙公司将其成本为 600 万元的甲商品以 1 000 万元的价格出售给甲企业，甲企业将取得的商品作为存货。至 2×21 年资产负债表日，甲企业仍未对外出售该存货。乙公司 2×21 年实现净利润为 3 200 万元。假定不考虑所得税因素。

2×21 年，甲企业相关会计分录如下：

借：长期股权投资——乙公司（损益调整）　　[(3 200 – 400)×20%]560
　　贷：投资收益　　　　　　　　　　　　　　　　　　　　　　　　560

假定 2×22 年，甲企业将该商品以 1 200 万元的价格向外部独立第三方出售，因该部分内部交易损益已经实现，甲企业应考虑将原来确认的该部分内部交易损益（400 万元）增加到乙公司 2×22 年净利润，即投资收益调整增加 80（400×20%）万元。

②顺流交易。顺流交易是指投资企业向其联营企业或合营企业出售资产。该交易存在未实现内部交易损益的情况下，投资方应抵销该未实现内部交易损益的影响。

【例10-10】甲企业持有乙公司 20% 有表决权股份，能够对乙公司的财务和生产经营决策施加重大影响。2×21 年，甲企业将其账面价值为 600 万元的商品以 1 000 万元的价格出售给乙公司。至 2×21 年资产负债表日，该批商品尚未对外部第三方出售。假定甲企业取得该项投资时，乙公司各项可辨认资产、负债的公允价值与其账面价值相同，两者在以前期间未发生过内部交易。乙公司 2×21 年净利润为 2 000 万元，假定不考虑所得税因素。

2×21年，甲企业相关会计分录如下：

借：长期股权投资——乙公司（损益调整）　　　[（2 000－400）×20%]320
　　贷：投资收益　　　　　　　　　　　　　　　　　　　　　　　　320

需要注意的是，投资方与联营、合营企业之间发生投出或出售资产的交易，该资产构成业务的，有关会计处理如下（即构成业务的以下两种情形均不需要抵销）：

①联营、合营企业向投资方出售业务的，投资方应全额确认与交易相关的利得或损失。

②投资方向联营、合营企业投出业务，投资方因此取得长期股权投资但未取得控制权的，应以投出业务的公允价值作为新增长期股权投资的初始投资成本，初始投资成本与投出业务的账面价值之差，全额计入当期损益。投资方向联营、合营企业出售业务，取得的对价与业务的账面价值之间的差额，全额计入当期损益。

【例10-11】甲公司为汽车生产厂商。2×25年1月，甲公司以其所属的从事汽车配饰生产的一个分公司（构成业务），向其持股30%的联营企业乙公司增资。同时，乙公司的其他投资方（持有乙企业70%股权）也以现金4 200万元向乙公司增资。增资后，甲公司对乙公司的持股比例不变，并仍能施加重大影响。上述分公司（构成业务）的净资产（资产与负债的差额，下同）账面价值为1 000万元。该业务的公允价值为1 800万元。不考虑相关税费等其他因素影响。

本例中，甲公司是将一项业务投给联营企业作为增资。甲公司应当按照所投出分公司（业务）的公允价值1 800万元作为新取得长期股权投资的初始投资成本，初始投资成本与所投出业务的净资产账面价值1 000万元之间的差额800万元应全额计入当期损益。

借：长期股权投资——乙公司（投资成本）　　　　　　　　　　1 800
　　相关负债　　　　　　　　　　　　　　　　　　　　　　　　X
　　贷：相关资产　　　　　　　　　　　　　　　　　　　　　1 000－X
　　　　资产处置损益等　　　　　　　　　　　　　　　　　　　　800

值得注意的是，还需要考虑是否需要对初始投资成本进行调整。

4. 确认现金股利或利润

按照权益法核算的长期股权投资，投资企业自被投资单位取得现金股利或利润时，应抵减长期股权投资的账面价值。在被投资单位宣告分派现金股利或利润时，借记"应收股利"科目，贷记"长期股权投资——××公司（损益调整）"科目。

5. 确认其他综合收益变动

被投资单位其他综合收益发生变动的，投资方应当按照归属于本企业的部分，记入"长期股权投资——××公司（其他综合收益）"科目，同时记入"其他综合收益"科目。投资方承担被投资单位其他综合收益减少额时，需以"长期股权投资"账户账面价值减记至零为限。

【例10-12】甲企业持有乙企业30%的股份，能够对乙企业施加重大影响。当期乙企业将作为存货的房地产转换为以公允价值模式后续计量的投资性房地产，转换日公允价值大于账面价值1 200万元，计入其他综合收益。不考虑其他因素。

甲企业的会计处理如下：

借：长期股权投资——乙企业（其他综合收益）　　　　　　　　　360
　　贷：其他综合收益　　　　　　　　　　　　　　　　　　　　　360

6. 确认超额净损失（包括净亏损和其他综合收益减少净额）

（1）投资方按权益法确认应分担被投资单位的净亏损或被投资单位其他综合收益减少净额，原则上应以长期股权投资及其他实质上构成对被投资单位净投资的长期权益（如构成对被投资单位净投资的"长期应收款"，不包括因销售商品、提供劳务等日常活动所产生的长期债权）减记至零为限。另外，如果在投资合同或协议中约定投资方将履行其他额外的损失补偿义务，投资方还应按或有事项确认预计将承担的损失金额。

（2）确认超额损失或其他综合收益减少净额之后，被投资单位在以后期间实现净利润或其他综合收益增加净额时，投资方应当按照相反顺序进行会计处理，即依次减记未确认投资净损失金额、恢复其他长期权益和恢复长期股权投资的账面价值，同时，投资方还应当重新复核预计负债的账面价值。有关会计处理如下：

①投资方当期对被投资单位净利润和其他综合收益增加净额的分享额小于或等于前期未确认投资净损失的，根据登记的未确认投资净损失的类型，弥补前期未确认的被投资单位净亏损或其他综合收益减少净额等投资净损失。

②投资方当期对被投资单位净利润和其他综合收益增加净额的分享额大于前期未确认投资净损失的，应先弥补前期未确认投资净损失；然后依次恢复其他长期权益的账面价值和恢复长期股权投资的账面价值，同时按权益法确认该差额。即按顺序分别借记"长期应收款"、"长期股权投资"等科目，贷记"投资收益"、"其他综合收益"科目。

【例10-13】甲企业持有乙企业40%的股权，2×21年12月31日投资的账面价值为2 000万元。乙企业2×22年亏损3 000万元。假定取得投资时点被投资单位各资产公允价值等于账面价值，双方采用的会计政策、会计期间相同。则：甲企业2×22年应确认投资损失1 200万元，做会计分录如下：

借：投资收益　　　　　　　　　　　　　　　　　　　　　　　1 200
　　贷：长期股权投资——乙企业（损益调整）　　　　　　　　　　1 200

确认后，长期股权投资账面价值降至800（2 000 - 1 200）万元。

如果乙企业当年度的亏损额为6 000万元，当年度甲企业应分担损失2 400万元，但由于"长期股权投资"余额只有2 000万元，因此只能确认投资损失2 000万元。会计分录如下：

借：投资收益　　　　　　　　　　　　　　　　　　　　　　　2 000
　　贷：长期股权投资——乙企业（损益调整）　　　　　　　　　　2 000

确认后，长期股权投资账面价值减至0元。

若甲企业无其他实质上构成对乙企业净投资的长期权益，但按照投资合同约定仍由甲企业承担额外义务，则甲企业作以下会计分录：

借：投资收益　　　　　　　　　　　　　　　　　　　　　　　　400
　　贷：预计负债　　　　　　　　　　　　　　　　　　　　　　　400

被投资单位以后期间实现盈利的，按上述相反顺序恢复长期股权投资的账面价值。

7. 确认所有者权益其他变动

投资企业对于被投资单位除净损益、其他综合收益以及利润分配以外所有者权益的其他变动，主要包括被投资单位接受其他股东的资本性投入、被投资单位发行可分离交易的可转债中包含的权益成分、以权益结算的股份支付、其他股东对被投资单位增资导致投资方持股比例变动等。应按照持股比例与被投资单位所有者权益的其他变动计算的归属于本企业的部分,记入"长期股权投资——××公司(其他权益变动)"科目,同时记入"资本公积——其他资本公积"科目,并在备查簿中予以登记,投资方在后续处置股权投资但对剩余股权仍采用权益法核算时,应按处置比例将这部分资本公积转入当期投资收益;对剩余股权终止权益法核算时,将这部分资本公积全部转入当期投资收益。

【例10-14】2×21年3月20日,A、B、C三家公司分别以现金250万元、250万元和500万元出资设立D公司,分别持有D公司25%、25%、50%的股权。A公司对D公司具有重大影响,对该长期股权投资采用权益法核算。D公司自设立日起至2×24年1月1日实现净损益1 000万元,除此以外,无其他影响净资产的事项。2×24年1月1日,经A、B、C公司协商,C公司对D公司增资800万元,增资后D公司净资产为2 800万元,A、B、C公司分别持有D公司20%、20%、60%的股权。相关手续于当日完成。假定A公司与D公司适用的会计政策、会计期间相同,双方在当期及以前期间未发生其他内部交易。不考虑相关税费等其他因素影响。

本例中,2×24年1月1日,C公司增资前,D公司的净资产账面价值为2 000万元,A公司应享有D公司权益的份额为500(2 000×25%)万元。C公司单方面增资后,D公司的净资产增加800万元,A公司应享有D公司权益的份额为560(2 800×20%)万元,A公司享有的权益变动为60(560-500)万元,属于D公司除净损益、其他综合收益和利润分配以外所有者权益的其他变动。A公司的会计处理如下:

借:长期股权投资——D公司(其他权益变动)   60
    贷:资本公积——其他资本公积   60

8. 投资方持股比例增加但仍采用权益法核算的处理

投资方因增加投资等原因对被投资单位的持股比例增加,但被投资单位仍然是投资方的联营企业或合营企业时,投资方应当按照新的持股比例对股权投资继续采用权益法进行核算。在新增投资日,如果新增投资成本大于按新增持股比例计算的被投资单位可辨认净资产于新增投资日的公允价值份额,不调整长期股权投资成本;如果新增投资成本小于按新增持股比例计算的被投资单位可辨认净资产于新增投资日的公允价值份额,应按该差额,调整长期股权投资成本和营业外收入。进行上述调整时,应当综合考虑与原持有投资和追加投资相关的商誉或计入损益的金额。

【例10-15】2×22年1月1日,A公司以现金2 500万元向非关联方购买B公司20%的股权,并对B公司具有重大影响。当日,B公司可辨认净资产公允价值与账面价值相等,均为10 000万元。2×22年1月1日至2×25年1月1日,B公司实现净损益2 000万元,除此以外,无其他引起净资产发生变动的事项。2×25年1月1日,A公司以现金1 200万元向另一非关联方购买B公司10%的股权,仍对B公司具有重大影响,相关手续于当日完成。当日,B公司可辨认净资产公允价值为1.5亿元。不考虑相关税费等其他因素影响。

本例中,A公司于2×22年1月1日第一次购买B公司股权时,应享有B公司可辨认净资产公允价值份额为2 000(10 000×20%)万元,A公司支付对价的公允价值为2 500万元,因此A公司2×22年1月1日确认对B公司的长期股权投资的初始投资成本为2 500万元,其中含500万元的内含商誉。

借:长期股权投资——B公司(投资成本)   2 500
    贷:银行存款   2 500

A公司2×25年1月1日第二次购买B公司股权时，应享有B公司可辨认净资产公允价值份额为1 500（15 000×10%）万元，A公司支付对价的公允价值为1 200万元，A公司本应调整第二次投资的长期股权投资成本为1 500万元，并将300万元的负商誉确认300万元的营业外收入，然而，由于A公司第一次权益法投资时确认了500万元的内含正商誉，两次商誉综合考虑后的金额为正商誉200万元，因此，A公司2×25年1月1日确认的对第二次投资的长期股权投资的初始投资成本仍为1 200万元，并在备查簿中记录两次投资各自产生的商誉和第二次投资时综合考虑两次投资产生的商誉后的调整情况。

借：长期股权投资——B公司（投资成本）　　　　　　　　　　　　1 200
　　贷：银行存款　　　　　　　　　　　　　　　　　　　　　　　　1 200

9. 因被动稀释导致持股比例下降时"内含商誉"的结转

权益法下，因其他投资方对被投资单位增资而导致投资方的持股比例被稀释，且稀释后投资方仍对被投资单位采用权益法核算的情况下，投资方在调整相关长期股权投资的账面价值时，面临是否应当按比例结转初始投资时形成的"内含商誉"问题。其中，"内含商誉"是指长期股权投资的初始投资成本大于投资时享有的被投资单位可辨认净资产公允价值份额的差额。投资方因股权比例被动稀释而"间接"处置长期股权投资的情况下，相关"内含商誉"的结转应当比照投资方直接处置长期股权投资处理，即应当按比例结转初始投资时形成的"内含商誉"，并将相关股权稀释影响计入资本公积（其他资本公积）。

因被动稀释导致持股比例下降时但仍采用权益法的示例：25%→20%

投资方应调整的长期股权投资账面价值 = 被投资单位增资后的所有者权益 × 被稀释后持股比例20% - 被投资单位增资前的所有者权益 × 被稀释前持股比例25% - 内含商誉 × 5%/25%

采用权益法核算的长期股权投资，若因股权被动稀释而使得投资方产生损失，投资方首先应将产生股权稀释损失作为股权投资发生减值的迹象之一，对该笔股权投资进行减值测试。投资方对该笔股权投资进行减值测试后，若发生减值，应先对该笔股权投资确认减值损失并调减长期股权投资账面价值，再计算股权稀释产生的影响并进行相应会计处理。

投资方进行减值测试并确认减值损失（如有）后，应当将相关股权稀释损失计入资本公积（其他资本公积）借方，当资本公积贷方余额不够冲减时，仍应继续计入资本公积借方。

【例10-16】假定A公司与甲公司适用的会计政策、会计期间相同，双方在当期及以前期间未发生其他内部交易。(1) 2×22年1月2日，A公司以现金2 000万元投资甲公司，持有甲公司20%的股权。A公司对甲公司具有重大影响，采用权益法对有关长期股权投资进行核算；B公司能够控制甲公司。(2) 2×22年甲公司实现净损益7 000万元、甲公司接受母公司B公司现金捐赠3 000万元。(3) 2×23年1月1日，经A、B公司协商，B公司对甲公司增资8 000万元，因被动稀释导致持股比例下降，A公司持有甲公司15%的股权。假定B公司增资后，A公司仍能对甲公司施加重大影响。相关手续已于当日完成。

要求：假定2×22年1月2日甲公司可辨认净资产账面价值为9 900万元，账面价值与公允价值相同。编制A公司相关长期股权投资及其股权被动稀释的会计分录。

资料（1）：

借：长期股权投资——甲公司（投资成本）　　　　　　　　　　　　2 000
　　贷：银行存款　　　　　　　　　　　　　　　　　　　　　　　　2 000

内含商誉 = 2 000 - 9 900 × 20% = 20（万元）

资料（2）：

借：长期股权投资——甲公司（损益调整） （7 000 × 20%）1 400
　　贷：投资收益 1 400
借：长期股权投资——甲公司（其他权益变动） （3 000 × 20%）600
　　贷：资本公积——甲公司（其他资本公积） 600

B公司增资前：甲公司的净资产账面价值（公允价值）为19 900万元；A公司应享有甲公司权益的份额 = 19 900 × 20% = 3 980（万元）；长期股权投资 = 2 000 + 1 400 + 600 = 4 000（万元）；内含商誉 = 4 000 - 19 900 × 20% = 20（万元）

资料（3）：

确认的资本公积 = A公司应享有甲公司增资后的所有者权益27 900 × 被稀释后持股比例15% - A公司应享有甲公司增资前的所有者权益19 900 × 被稀释前持股比例20% - 20/20% × 5% = 4 185 - 3 980 - 5 = 200（万元）

借：长期股权投资——其他权益变动 200
　　贷：资本公积——其他资本公积 200

甲公司的净资产账面价值为27 900万元；A公司应享有甲公司权益的份额 = 27 900 × 15% = 4 185（万元）；长期股权投资 = 2 000 + 1 400 + 600 + 200 = 4 200（万元）；内含商誉 = 4 200 - 4 185 = 15（万元）

10. 处理股票股利

被投资单位分派的股票股利，投资企业不作账务处理，但应于除权日注明所增加的股数，以反映股份的变化情况。

第四节　长期股权投资核算方法的转换

一、长期股权投资会计处理方法的转换类型

企业在持有长期股权投资期间，可能因投资方对被投资方影响程度的变化导致后续计量方法（成本法或者权益法）由一种转换为另外一种，也可能因出售股权等原因导致对被投资方丧失了控制、共同控制或重大影响从而需要由长期股权投资（Ⅳ类）转换为金融资产（Ⅱ、Ⅲ类）核算。另外，还有可能企业持有的金融资产（Ⅱ、Ⅲ类）因增持股权等原因导致企业对被投资方形成控制、共同控制或重大影响从而需要由金融资产（Ⅱ、Ⅲ类）转换为长期股权投资（Ⅳ类）核算。

可见，涉及长期股权投资会计处理方法的转换存在六种类型，包括：（1）金融资产（Ⅱ、Ⅲ类）转换为长期股权投资（Ⅳ类）权益法核算；（2）金融资产（Ⅱ、Ⅲ类）转换为长期股权投资（Ⅳ类）成本法核算；（3）长期股权投资（Ⅳ类）权益法转换为成本法核算；（4）长期股权投资（Ⅳ类）成本法转换为权益法核算；（5）长期股权投资（Ⅳ类）成本法转换为金融资产（Ⅱ、Ⅲ类）核算；（6）长期股权投资（Ⅳ类）权益法转换为金融资

产（Ⅱ、Ⅲ类）核算。参见图 10-1。

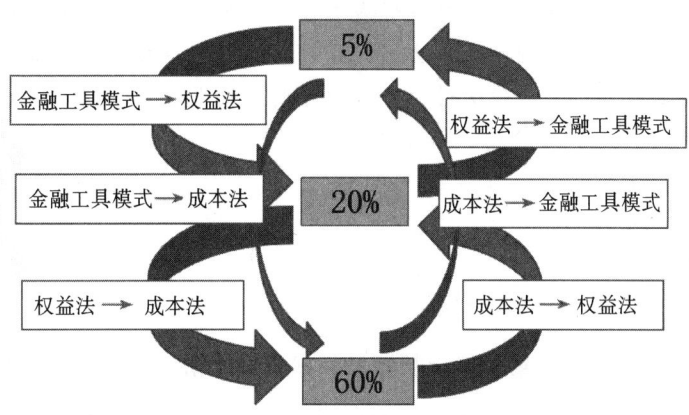

图 10-1 股权投资及其转换

注：图中，本书以股权比例5%代表金融资产Ⅱ类或Ⅲ类，20%代表对联营企业或合营企业的长期股权投资，60%代表对子公司的长期股权投资。

二、金融资产公允价值计量转换为长期股权投资权益法

原持有的对被投资单位的股权投资（不具有控制、共同控制或重大影响的），按照金融工具确认和计量准则进行会计处理的，因追加投资等原因导致持股比例上升，能够对被投资单位实施共同控制或重大影响的，在转按权益法核算时，投资方应当按照原股权投资的公允价值加上为取得新增投资而应支付对价的公允价值，作为改按权益法核算的初始投资成本。原股权投资于转换日的公允价值与账面价值之间的差额，以及原计入其他综合收益的累计公允价值变动转入改按权益法核算的当期损益（投资收益）；但如原投资属于分类为公允价值计量且其变动计入其他综合收益的非交易性权益工具投资与其相关的原计入其他综合收益的累计公允价值变动转入改按权益法核算当期的留存收益，不得计入当期损益。在此基础上，比较初始投资成本与获得被投资单位共同控制或重大影响时应享有被投资单位可辨认净资产公允价值份额之间的差额，前者大于后者的，不调整长期股权投资的账面价值；前者小于后者的，调整长期股权投资的账面价值，并计入当期营业外收入。

【例10-17】2×21年1月，甲公司以600万元现金自非关联方处取得乙公司10%的股权。甲公司根据金融工具确认和计量准则将其分类为以公允价值计量且其变动计入其他综合收益的非交易性权益工具投资的金融资产。2×22年1月2日，甲公司又以1 200万元的现金自另一非关联方处取得乙公司12%的股权，取得该部分股权后，按照乙公司章程规定，甲公司能够对乙公司施加重大影响，对该项股权投资转为采用权益法核算。假定甲公司在取得对乙公司10%的股权后，双方未发生任何内部交易。2×22年1月2日，乙公司可辨认净资产公允价值总额为8 000万元，甲公司对乙公司投资原10%股权的公允价值为1 000万元，原计入其他综合收益的累计公允价值变动为400万元。不考虑相关税费等其他因素影响。

本例中，10%股权的公允价值为1 000万元，为取得新增投资而支付对价的公允价值为1 200万元，因此甲公司对乙公司22%股权的初始投资成本为2 200万元。

甲公司对乙公司新持股比例为22%，应享有乙公司可辨认净资产公允价值的份额为1 760（8 000×22%）万元。由于初始投资成本2 200万元大于应享有乙公司可辨认净资产公允价值的份额1 760万元，因此，甲公司无需调整长期股权投资的成本。

2×22年1月2日，甲公司确认对乙公司的长期股权投资，会计处理如下：

借：长期股权投资——乙公司（投资成本）　　　　　　　　　2 200
　　贷：银行存款　　　　　　　　　　　　　　　　　　　　1 200
　　　　其他权益工具投资　　　　　　　　　　　　　　　　1 000
借：其他综合收益　　　　　　　　　　　　　　　　　　　　　400
　　贷：利润分配——未分配利润　　　　　　　　　　　　　　400

三、金融资产公允价值计量转换为长期股权投资成本法

因追加投资原因导致原持有的分类为以公允价值计量的金融资产Ⅱ、Ⅲ类转换为对子公司的长期股权投资，长期股权投资账面价值的调整应当按照本章关于对子公司投资初始计量的相关规定处理。

转换时，金融资产Ⅱ类应当按照转换时的公允价值确认为长期股权投资；金融资产Ⅲ类应当按照转换时的公允价值确认长期股权投资，同时，原确认计入其他综合收益的累计公允价值变动应结转计入留存收益，不得计入当期损益。

【例10-18】 甲公司2×22年、2×23年投资业务资料如下（不考虑相关税费等其他因素影响）：(1) 2×22年6月1日，甲公司以每股5元的价格购入某上市公司乙公司的股票1 000万股，并由此持有乙公司5%的股权。甲公司与乙公司不存在关联方关系。甲公司根据其管理乙公司股票的业务模式和乙公司股票的合同现金流量特征，将对乙公司的投资分类为交易性金融资产进行会计处理。2×22年12月31日，该股票的收盘价格为每股7元。

要求：根据资料（1），编制甲公司有关交易性权益工具投资的会计分录。

借：交易性金融资产——成本　　　　　　　（1 000×5）5 000
　　贷：银行存款　　　　　　　　　　　　　　　　　　　5 000
借：交易性金融资产——公允价值变动　　[1 000×(7-5)] 2 000
　　贷：公允价值变动损益　　　　　　　　　　　　　　　2 000

(2) 2×23年4月1日，甲公司以银行存款105 600万元为对价，向乙公司大股东收购乙公司55%的股权，相关手续于当日完成。假设甲公司购买乙公司5%的股权和后续购买55%的股权不构成"一揽子交易"，甲公司取得乙公司控制权之日为2×23年4月1日，原5%股权的公允价值为9 600万元。

要求：根据资料（2），计算甲公司购买日由交易性金融资产转换为成本法核算的长期股权投资的初始投资成本、计算影响甲公司2×23年个别财务报表投资收益的金额，编制甲公司转换时相关会计分录。

①购买日对子公司按成本法核算的长期股权投资的初始投资成本=购买日原金融资产的公允价值9 600+追加投资应支付对价的公允价值105 600=115 200（万元）。

②影响甲公司2×23年个别财务报表投资收益的金额=原持有5%股权的公允价值9 600-原持有5%股权的账面价值7 000=2 600（万元）。

借：长期股权投资　　　　　　　　　　　　　　　　　　　115 200
　　贷：交易性金融资产——成本　　　　　　　　　　　　　　5 000
　　　　　　　　　　　——公允价值变动　　　　　　　　　　2 000
　　　　投资收益　　　　　　　　　　　　　　（9 600-7 000）2 600
　　　　银行存款　　　　　　　　　　　　　　　　　　　105 600

【例10-19】 2×24年1月，甲公司以600万元现金自关联方处取得乙公司10%的股权，甲、乙同属于丙公司的子公司。甲公司根据金融工具确认和计量准则将其分类为以公允价值计量且其变动计入其他综合收益的非交易性权益工具投资的金融资产。2×25年1月2日，甲公司又以5 000万元的现金自另一关联方处取得乙公司50%的股权，取得该部分股权后，按照乙公司章程规定，甲公司能够对乙公司施加控制，对该项长期股权投资转为采用成本法核算。假定甲公司在取得对乙公司10%的股权后，双方未发生任何内部交易。2×25年1月2日，乙公司合并财务报表中所有者权益总额为8 000万元，甲公司对乙公司投资原10%股权的账面价值为1 000万元，原计入其他综合收益的累计公允价值变动为400万元，公司的资本公积为3 000万元。不考虑相关税费等其他因素影响。

本例中，甲公司持有乙公司股权比例由10%增加到60%，核算方法由以公允价值计量且其变动计入其他综合收益的金融资产转换为长期股权投资成本法核算。故甲公司对乙公司60%股权的初始投资成本为4 800（8 000×60%）万元。

借：长期股权投资——乙公司　　　　　　　　　　　　　　4 800
　　资本公积　　　　　　　　　　　　　　　　　　　　　1 200
　　贷：银行存款　　　　　　　　　　　　　　　　　　　5 000
　　　　其他权益工具投资　　　　　　　　　　　　　　　1 000
借：其他综合收益　　　　　　　　　　　　　　　　　　　　400
　　贷：利润分配——未分配利润　　　　　　　　　　　　　400

四、长期股权投资权益法转换为成本法

因追加投资原因导致原持有的对联营企业或合营企业的长期股权投资转变为对子公司的长期股权投资，长期股权投资账面价值的调整应当按照本章关于对子公司投资初始计量的相关规定处理。

【例10-20】 A公司有关投资资料如下：(1) 2×22年12月31日，A公司与甲、乙、丙和丁公司出资设立B公司，各方共同控制B公司。A公司与甲、乙、丙和丁公司的持股比例分别为20%。A公司以公允价值为2 500万元的一条流水线出资，该设备系A公司于一年前自行建造取得，至投资设立B公司时账面价值为500万元，尚可使用10年。A公司开出增值税专用发票，增值税销项税额为325万元。此外，A公司另支付相关税费175万元。

2×23年11月，A公司将其账面价值为600万元的商品以840万元的价格出售给B公司，B公司将取得的商品作为管理用固定资产使用，预计使用寿命为10年，预计净残值为0，按照年限平均法计提折旧。B公司自2×23年年初至2×25年6月30日，累计实现净利润3 162万元、分类为以公允价值计量且其变动计入其他综合收益的金融资产的债务工具发生公允价值变动（增加）750万元、其他所有者权益变动（增加）250万元。

要求：根据资料（1），计算A公司2×25年6月30日长期股权投资明细科目余额和账面价值。

长期股权投资——投资成本 = 2 500 + 325 + 175 = 3 000（万元）

长期股权投资——损益调整 = [3 162 − (2 500 − 500) + (2 500 − 500)/10 × 2.5 − (840 − 600) + (840 − 600)/10 × (1 + 12 + 6)/12] × 20% = 292（万元）

长期股权投资——其他综合收益 = 750 × 20% = 150（万元）

长期股权投资——其他权益变动 = 250 × 20% = 50（万元）

至2×25年6月30日长期股权投资的账面价值 = 3 000 + 292 + 150 + 50 = 3 492（万元）。

（2）2×25年7月1日，A公司另支付银行存款8 000万元，自甲、乙公司处取得B公司40%的股权，并取得对B公司的控制权。购买日，A公司原持有的对B公司20%的股权的公允价值为4 000万元；B公司可辨认净资产公允价值为18 000万元。假设A公司投资取得B公司20%的股权和后续购买40%的股权的交易不构成"一揽子交易"。

要求：根据资料（2），计算A公司购买日由权益法转换为成本法时，对B公司按成本法核算的初始投资成本，计算对2×25年7月个别财务报表投资收益的影响金额，并编制相关会计分录。

①购买日对B公司按成本法核算的初始投资成本 = 购买日前A公司原持有股权的账面价值3 492 + 本次投资应支付对价8 000 = 11 492（万元）。

对2×25年7月个别财务报表投资收益的影响金额为0。

借：长期股权投资——B公司　　　　　　　　　　　　　　　　8 000
　　贷：银行存款　　　　　　　　　　　　　　　　　　　　　　　8 000
借：长期股权投资——B公司　　　　　　　　　　　　　　　　3 492
　　贷：长期股权投资——B公司（投资成本）　　　　　　　　　　3 000
　　　　　　　　　　——B公司（损益调整）　　　　　　　　　　　292
　　　　　　　　　　——B公司（其他综合收益）　　　　　　　　　150
　　　　　　　　　　——B公司（其他权益变动）　　　　　　　　　　50

②购买日前A公司原持有股权相关的其他综合收益150万元以及其他所有者权益变动50万元在购买日均不进行会计处理。

【例10-21】2×24年1月，甲公司以600万元现金自关联方处取得乙公司20%的股权，甲、乙同属于丙公司的子公司。甲公司对该项长期股权投资采用权益法核算。2×25年1月2日，甲公司又以2 000万元从另一关联方处取得乙公司40%的股权，取得该部分股权后，按照乙公司章程规定，甲公司能够对乙公司施加控制，对该项长期股权投资转为采用成本法核算。假定甲公司在取得对乙公司20%的股权后，双方未发生任何内部交易。2×25年1月2日，乙公司在最终控制方合并财务报表中所有者权益总额为4 000万元，2×24年度乙公司实现净利润500万元；持有的其他债券投资形成的其他综合收益增加100万元；甲公司的资本公积为400万元，无利润分配及其他调整事项，不考虑相关税费等其他因素影响。

借：长期股权投资——乙公司　　　　　　　　　　　　　　　　2 400
　　资本公积　　　　　　　　　　　　　　　　　　　　　　　　　320
　　贷：银行存款　　　　　　　　　　　　　　　　　　　　　　　2 000

长期股权投资——乙公司（投资成本）	600
——乙公司（损益调整）	100
——乙公司（其他综合收益）	20

五、长期股权投资成本法转换为权益法

因处置投资等原因导致对被投资单位由能够实施控制转为具有重大影响或者与其他投资方一起实施共同控制的，在投资企业的个别财务报表中，首先应按处置投资的比例结转应终止确认的长期股权投资成本。在此基础上，将剩余的长期股权投资转为采用权益法核算，即应当比较剩余的长期股权投资成本与按照剩余持股比例计算原投资时应享有被投资单位可辨认净资产公允价值的份额，属于投资作价中体现的商誉部分，不调整长期股权投资的账面价值；属于投资成本小于应享有被投资单位可辨认净资产公允价值份额的，在调整长期股权投资成本的同时，应调整留存收益。对于原取得投资后至转变为权益法核算之间被投资单位实现的净损益中应享有的份额，一方面应调整长期股权投资的账面价值，同时对于原取得投资时至处置投资当期期初被投资单位实现的净损益（扣除已发放及已宣告发放的现金股利及利润）中应享有的份额，调整留存收益；对于处置投资当期期初至处置投资之日被投资单位实现的净损益中享有的份额，调整当期损益（投资收益）；其他原因导致被投资单位所有者权益变动中应享有的份额，在调整长期股权投资账面价值的同时，应当计入"其他综合收益"或"资本公积——其他资本公积"。

【例10–22】甲公司原持有乙公司60%的股权，能够对乙公司实施控制。2×21年11月6日，甲公司对乙公司的长期股权投资的账面价值为6 000万元，未计提减值准备，甲公司将其持有的对乙公司长期股权投资中的1/3出售给非关联方，取得价款3 600万元，当日被投资单位可辨认净资产公允价值总额为16 000万元。相关手续于当日完成，甲公司不再对乙公司实施控制，但具有重大影响。甲公司原取得乙公司60%股权时，乙公司可辨认净资产公允价值总额为9 000万元（假定公允价值与账面价值相同）。乙公司自甲公司对乙公司投资日至部分处置投资前实现净利润5 000万元（其中，自甲公司对乙公司投资日至2×21年年初实现净利润4 000万元）。假定乙公司一直未进行利润分配。除所实现净损益外，乙公司未发生其他计入资本公积的交易或事项。甲公司按净利润的10%提取盈余公积。不考虑相关税费等其他因素影响。

本例中，在出售20%的股权后，甲公司对乙公司的持股比例为40%，对乙公司具有重大影响。对乙公司长期股权投资应由成本法改为权益法核算。有关会计处理如下：

1. 确认长期股权投资处置损益：

借：银行存款	3 600	
贷：长期股权投资——乙公司		2 000
投资收益		1 600

2. 调整长期股权投资账面价值：

（1）剩余长期股权投资的账面价值为4 000万元，与原投资时应享有被投资单位可辨认净资产公允价值份额之间的差额400（4 000 – 9 000×40%）万元为商誉，该部分商誉的价值不需要对长期股权投资的成本进行调整。会计处理如下：

借：长期股权投资——乙公司（投资成本） 4 000
    贷：长期股权投资——乙公司 4 000

（2）处置投资以后按照持股比例计算享有被投资单位自购买日至处置投资日期初之间实现的净损益为 1 600（4 000×40%）万元，应调整增加长期股权投资的账面价值和留存收益；处置期初至处置日之间实现的净损益 400（1 000×40%）万元，应调整增加长期股权投资的账面价值和投资收益。会计分录如下：

借：长期股权投资——乙公司（损益调整） 2 000
    贷：盈余公积 （1 600×10%）160
        利润分配——未分配利润 （1 600×90%）1 440
        投资收益 400

六、长期股权投资成本法转换为金融资产公允价值计量

投资企业原持有被投资单位的股份使得其能够对被投资单位实施控制，其后因部分处置等原因导致持股比例下降，不能再对被投资单位实施控制，同时对被投资单位亦不具有共同控制能力或重大影响的，应将剩余股权改按金融工具确认和计量准则的要求进行会计处理，并于丧失控制权日将剩余股权按公允价值重新计量，公允价值与其账面价值的差额计入当期损益。

【例 10-23】甲公司持有乙公司 60% 的有表决权股份，能够对乙公司实施控制，对该股权投资采用成本法核算。2×21 年 10 月，甲公司将该项投资中的 80% 出售给非关联方，取得价款 8 000 万元。甲公司将剩余股权分类为以公允价值计量且其变动计入当期损益的金融资产。出售时，该项长期股权投资的账面价值为 8 000 万元，剩余股权投资的公允价值为 2 000 万元。不考虑相关税费等其他因素影响。

甲公司有关会计处理如下：
（1）确认长期股权投资的处置损益：
借：银行存款 8 000
    贷：长期股权投资——乙公司 （8 000×80%）6 400
        投资收益 1 600

（2）剩余股权投资转为以公允价值计量且其变动计入当期损益的金融资产，当天公允价值为 2 000 万元，账面价值为 1 600 万元，两者差异应计入当期投资收益。
借：交易性金融资产——成本 2 000
    贷：长期股权投资——乙公司 （8 000×20%）1 600
        投资收益 400

七、长期股权投资权益法转换为金融资产公允价值计量

原持有的对被投资单位具有共同控制或重大影响的长期股权投资，因部分处置等原因导致持股比例下降，不能再对被投资单位实施共同控制或重大影响的，应改按金融工具确认和计量准则对剩余股权投资进行会计处理。即对剩余股权在改按公允价值计量时，公允价值与其原账面价值之间的差额计入当期损益（投资收益）。同时，原采用权益法核算的其他综合收益应当在终止采用权益法核算时，采用与被投资单位直接处置相关资产或负债相同

的基础进行会计处理；因被投资单位除净损益、其他综合收益和利润分配以外的其他所有者权益变动而确认的所有者权益，应当在终止采用权益法时全部转入当期损益（投资收益）。

【例10-24】 甲公司持有乙公司30%的有表决权股份，能够对乙公司施加重大影响，对该股权投资采用权益法核算。2×21年10月，甲公司将该项投资中的50%出售给非关联方，取得价款1 800万元。相关股权划转手续于当日完成。甲公司无法再对乙公司施加重大影响，将剩余股权投资转为以公允价值计量且其变动计入其他综合收益的非交易性权益工具投资。出售时，该项长期股权投资的账面价值为3 200万元，其中投资成本2 600万元，损益调整为300万元，因被投资单位的以公允价值计量且其变动计入其他综合收益的金融资产的累计公允价值变动享有部分为200万元，除净损益、其他综合收益和利润分配外的其他所有者权益变动为100万元。不考虑相关税费等其他因素影响。

甲公司有关会计处理如下：

1. 确认长期股权投资的处置损益：

借：银行存款　　　　　　　　　　　　　　　　　　　　　　1 800
　　贷：长期股权投资——乙公司（投资成本）　　　　　　　　1 300
　　　　　　　　　　——乙公司（损益调整）　　　　　　　　　150
　　　　　　　　　　——乙公司（其他综合收益）　　　　　　　100
　　　　　　　　　　——乙公司（其他权益变动）　　　　　　　 50
　　　　投资收益　　　　　　　　　　　　　　　　　　　　　　200

2. 因与对乙公司投资相关的其他综合收益为被投资公司持有的非交易性权益工具投资的公允价值变动，由于终止采用权益法核算，将原确认的相关其他综合收益全部转入留存收益。

借：其他综合收益　　　　　　　　　　　　　　　　　　　　　200
　　贷：盈余公积　　　　　　　　　　　　　　　　　　　　　　 20
　　　　利润分配——未分配利润　　　　　　　　　　　　　　　180

3. 由于终止采用权益法核算，将原计入资本公积的其他所有者权益变动全部转入当期损益。

借：资本公积——其他资本公积　　　　　　　　　　　　　　　100
　　贷：投资收益　　　　　　　　　　　　　　　　　　　　　　100

4. 剩余股权投资转换为以公允价值计量且其变动计入其他综合收益的金融资产，当天公允价值为1 800万元，账面价值为1 600万元，两者差异应计入当期投资收益。

借：其他权益工具投资——投资成本　　　　　　　　　　　　　1 800
　　贷：长期股权投资——乙公司（投资成本）　　　　　　　　1 300
　　　　　　　　　　——乙公司（损益调整）　　　　　　　　　150
　　　　　　　　　　——乙公司（其他综合收益）　　　　　　　100
　　　　　　　　　　——乙公司（其他权益变动）　　　　　　　 50
　　　　投资收益　　　　　　　　　　　　　　　　　　　　　　200

第五节 长期股权投资的减值与出售

一、长期股权投资的减值

企业应对长期股权投资的账面价值定期逐项检查。至少于每年年末检查一次。如果由于市价持续下跌或被投资单位经营状况变化等原因导致其可收回金额低于投资的账面价值,应将可收回金额低于长期股权投资账面价值的差额,确认为当期资产减值损失。

企业应设置"长期股权投资减值准备"账户,核算长期股权投资计提的减值准备。长期股权投资的减值准备应按照个别投资项目计算确定,如果按照上述判断标准其估计未来可收回金额低于长期股权投资账面价值的,应将可收回金额低于长期股权投资账面价值的差额,借记"资产减值损失"科目,贷记"长期股权投资减值准备"科目。处置长期股权投资时,应当同时结转已计提的长期股权投资减值准备。长期股权投资所计提的减值准备不允许转回。

【例10-25】2×24年1月1日,甲企业持有乙企业20%的股权比例,具有重大影响,采用权益法核算。当日,甲企业该项长期股权投资的账面价值为5 000万元。同年7月10日,由于乙企业所在地区发生洪水,企业被冲毁,大量资产遭受损失。甲企业为此计提了减值准备2 000万元。

账务处理如下:
借:资产减值损失　　　　　　　　　　　　　　　　2 000
　　贷:长期股权投资减值准备　　　　　　　　　　　　　　2 000

二、长期股权投资的出售

企业决定将所持有的对被投资单位的股权全部或部分对外出售时,应相应结转与所售股权相对应的长期股权投资的账面价值,一般情况下,出售所得价款与处置长期股权投资账面价值之间的差额,应确认为处置损益。

投资方全部处置权益法核算的长期股权投资时,原权益法核算的相关其他综合收益应当在终止采用权益法核算时采用与被投资单位直接处置相关资产或负债相同的基础进行会计处理(即其他权益工具投资形成的其他综合收益转入留存收益;其他债权投资、投资性房地产转换等形成的其他综合收益则转入当期损益),因被投资单位除净损益、其他综合收益和利润分配以外的其他所有者权益变动而确认的所有者权益,应当在终止采用权益法核算时全部转入当期投资收益。

投资方部分处置权益法核算的长期股权投资剩余股权仍采用权益法核算的,原权益法核算的相关其他综合收益应当采用与被投资单位直接处置相关资产或负债相同的基础处理并按比例结转(即其他权益工具投资形成的其他综合收益转入留存收益;其他债权投资、投资性房地产转换等形成的其他综合收益则转入当期损益),因被投资单位除净损益、其他综合收益和利润分配以外的其他所有者权益变动而确认的所有者权益,应当按比例结转入当期投资收益。

【例10-26】甲企业原持有乙企业40%的股权，2×24年12月20日，甲企业将股权出售，出售时，甲企业对乙企业长期股权投资的账面价值构成为：投资成本450万元，损益调整120万元，持有的其他债权投资形成的其他综合收益50万元，除净损益、其他综合收益和利润分配以外的其他所有者权益变动为25万元。出售取得价款705万元。不考虑相关税费。财务处理如下：

(1) 确认处置损益：

借：银行存款　　　　　　　　　　　　　　　　　705
　　贷：长期股权投资——乙企业（投资成本）　　　450
　　　　　　　　　　——乙企业（损益调整）　　　120
　　　　　　　　　　——乙企业（其他综合收益）　 50
　　　　　　　　　　——乙企业（其他权益变动）　 25
　　　　投资收益　　　　　　　　　　　　　　　　 60

(2) 将原计入其他综合收益和资本公积的部分转入当期损益：

借：其他综合收益　　　　　　　　　　　　　　　 50
　　资本公积——其他资本公积　　　　　　　　　　25
　　贷：投资收益　　　　　　　　　　　　　　　　75

案例分析：

业绩"变脸"的背后

2019年8月29日，钱江水利（600283）发布2019年半年度报告，公告显示，报告期内实现营收5.49亿元，同比增长9.77%；归属于上市公司股东的净利润-1 553.7万元，上年同期5 922.42万元；基本每股收益为-0.04元，上年同期为0.17元。

据了解，2019年上半年，利润亏损的主要原因系公司采用权益法核算的参股子公司天堂硅谷资产管理集团有限公司本期实现的净利润较上年同期大幅下降，公司按照持股比例确认的投资收益下降所致：天堂硅谷公司因投资持有康美药业股份，按新金融工具准则将其作为"以公允价值计量且其变动计入当期损益的金融资产"进行确认和计量，在2019年半年报中确认了因康美药业股价大幅下跌（背后原因是因财务舞弊被中国证监会处罚）导致的公允价值变动损失，天堂硅谷2019年半年度实现归属于母公司净利润为-19 412.36万元，较上年同期实现归属于母公司净利润9 140.24万元同比下降了312%，公司相应地按持股比例27.90%确认对天堂硅谷的投资收益也同比下降。（天堂硅谷于2016年年中以定向增发方式认购康美药业52 356 020股，锁定期为6个月；康美药业于2018年末和2019半年末的收盘价分别为9.19元和3.45元。）

资料显示，钱江水利主要从事自来水的生产和供应，同时经营污水处理和市政自来水管道安装业务，属于公用事业集团公司，经营业务稳定。

——资料来源：上海证券交易所官网

讨论：

1. 从会计视角分析康美药业如何影响天堂硅谷的业绩？
2. 从会计视角分析天堂硅谷如何影响钱江水利的业绩？

思考题

1. 简述核算长期股权投资的成本法与权益法的异同。
2. 长期股权投资核算方法转换类型有哪些？长期股权投资成本法转换为权益法核算的会计处理特点是什么？

练习题

甲股份有限公司（以下简称"甲公司"）系一家上市公司，2×21年至2×23年对乙股份有限公司（以下简称"乙公司"）股权投资业务的有关资料如下：

（1）2×21年5月16日，甲公司与乙公司的股东丙公司签订股权转让协议。该股权转让协议规定：甲公司以5 400万元收购丙公司持有的乙公司2 000万股普通股，占乙公司全部股份的20%。收购价款于协议生效后以银行存款支付。该股权转让协议生效日期为2×21年6月30日。该股权转让协议于2×21年6月15日分别经各公司临时股东会审议通过，并依法报经有关部门批准。

（2）2×21年7月1日，甲公司以银行存款5 400万元支付股权转让款，另支付相关税费20万元，并办妥股权转让手续，从而对乙公司的财务和经营决策具有重大影响，采用权益法核算。

（3）2×21年7月1日，乙公司可辨认净资产公允价值为30 000万元。除表10-1所列项目外，乙公司其他可辨认资产、负债的公允价值与账面价值相等。

表10-1 乙公司可辨认资产、负债公允价值与账面价值差异表

项目	账面原价（万元）	预计使用年限（年）	已使用年限（年）	已提折旧或摊销（万元）	公允价值（万元）	预计净残值	折旧、摊销方法
存货	800				1 000		
固定资产	2 100	15	5	700	1 800	0	年限平均法
无形资产	1 200	10	2	240	1 200	0	直线法
合计	4 100			940	4 000		

上述资产均未计提资产减值准备，其中，固定资产和无形资产计提的折旧和摊销额均计入当期管理费用，存货于2×21年下半年对外出售60%，2×22年将剩余的40%全部对外出售。

（4）2×21年度乙公司实现净利润1 200万元，其中，1月至6月实现净利润600万元；无其他所有者权益变动。

（5）2×22年3月10日，乙公司股东会通过决议，宣告分配2×21年度现金股利1 000万元。

（6）2×22年3月25日，甲公司收到乙公司分配的2×21年度现金股利。

（7）2×22年12月31日，乙公司因投资性房地产转换确认其他综合收益100万元，因持有权益法核算的长期股权投资确认资本公积80万元；2×22年度，乙公司发生亏损800

万元；无其他所有者权益变动。

(8) 2×22年12月31日，甲公司判断对乙公司的长期股权投资发生减值迹象，经测试，该项投资的预计可收回金额为5 535万元。

(9) 2×23年1月6日，甲公司将持有乙公司股份中1 000万股转让给其他企业，收到转让价款2 852万元存入银行，另支付相关税费2万元。由于处置部分股份后甲公司对乙公司的持股比例已经降至10%，对乙公司不再具有重大影响，剩余部分投资划分为以公允价值计量且其变动计入当期损益的金融资产，其公允价值为2 852万元。

(10) 其他资料如下：

①甲公司与乙公司的会计年度及采用的会计政策相同，不考虑所得税等相关税费的影响。

②除上述交易或事项外，甲公司和乙公司未发生导致其所有者权益变动的其他交易或事项。

③在持有股权期间甲公司与乙公司未发生内部交易。

④不考虑其他因素。

要求：

(1) 计算2×21年7月1日甲公司对乙公司长期股权投资调整后的投资成本，并编制相关会计分录。

(2) 计算2×21年12月31日甲公司对乙公司长期股权投资应确认的投资收益，并编制相关会计分录。

(3) 编制2×22年度甲公司与投资业务有关的会计分录。

(4) 编制2×23年1月6日甲公司对乙公司投资业务有关的会计分录。

第十一章

非货币性资产交换

本章结构

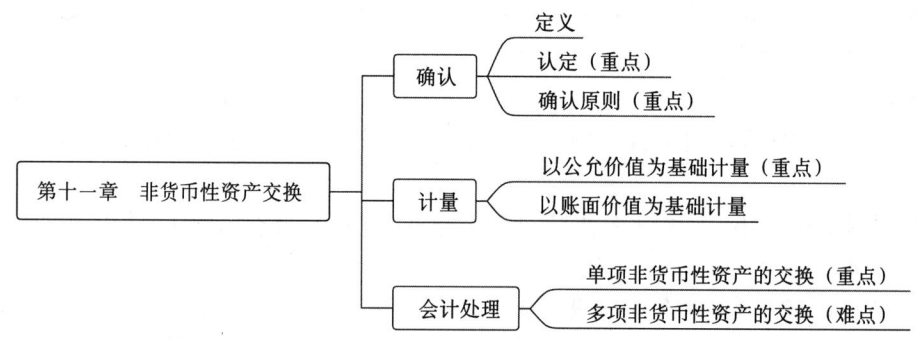

第一节 非货币性资产交换的确认

一、非货币性资产的定义

资产按未来经济利益流入（表现形式是货币金额）是否固定或可确定，分为货币性资产和非货币性资产。非货币性资产是相对于货币性资产而言的。货币性资产，是指企业持有的货币资金和收取固定或可确定金额的货币资金的权利，包括库存现金、银行存款、应收账款和应收票据等。非货币性资产，是指货币性资产以外的资产，如存货（原材料、包装物、低值易耗品、库存商品等）、固定资产、在建工程、无形资产、投资性房地产和长期股权投资等。

二、非货币性资产交换的认定

非货币性资产交换是一种非经常性的特殊交易行为，是指交易双方主要以存货、固定资产、无形资产和长期股权投资等非货币性资产进行的交换，该交换一般不涉及货币性资产，或只涉及少量货币性资产（即补价）。从非货币性资产交换的定义可以看出，非货币性资产交换具有如下特征：

1. 非货币性资产交换的交易对象主要是非货币性资产

在有些情况下，为了满足各自生产经营的需要，同时减少货币性资产的流入和流出，企业会进行非货币性资产交换交易。比如，甲企业需要乙企业闲置的生产设备，乙企业需要甲企业生产的产品，双方在货币性资产短缺的情况下，可能会出现非货币性资产交换的交易行为。

2. 非货币性资产交换是以非货币性资产为形式的互惠转让

非货币性资产交换是企业之间主要以非货币性资产形式的互惠转让，即企业取得一项非货币性资产，必须以付出自己拥有的非货币性资产作为代价，而不是单方向的非互惠转让。

所谓非互惠转让，是指企业将其拥有的非货币性资产无代价地转让给其所有者或其他企业，或由其所有者或其他企业将非货币性资产无代价地转让给企业。非互惠的非货币性资产转让不属于本章所述的非货币性资产交换。实务中，与所有者的非互惠转让如以非货币性资产作为股利发放给股东等，属于资本性交易，适用《企业会计准则第37号——金融工具列报》。企业与所有者以外方面发生的非互惠转让，如政府无偿提供非货币性资产给企业建造固定资产，属于政府以非互惠方式提供非货币性资产，适用《企业会计准则第16号——政府补助》。

3. 非货币性资产交换可能涉及少量的货币性资产

非货币性资产交换中涉及少量的货币性资产，即补价。补价就是两项资产交换时一项资产价值高于另一项资产价值，价值较低一方给予价值较高一方的补偿或是补齐之间的差价。在交换中，补价占整个资产交换金额的比例不能过高，否则的话，就视为货币性资产交换。

按照《企业会计准则第7号——非货币性资产交换》的规定，如果非货币性资产交换涉及少量货币性资产（即补价）的，认定其是否为非货币性资产交换，通常以补价占整个资产交换金额的比例是否低于25%作为参考比例。具体来说，从收到补价的企业来看，收到的补价的公允价值占换出资产公允价值（或占换入资产公允价值和收到的货币性资产之和）的比例低于25%的，视为非货币性资产交换；从支付补价的企业来看，支付的补价的公允价值占换出资产公允价值与支付的补价的公允价值之和（或占换入资产公允价值）的比例低于25%的，视为非货币性资产交换；如果上述比例高于25%（含25%）的，则视为货币性资产交换，适用《企业会计准则第14号——收入》等相关准则的规定。

值得注意的是，非货币性资产交换构成权益性交易的，应当适用权益性交易的有关会计处理规定，企业不确认构成权益性交易部分的相关损益。企业应当遵循实质重于形式的原则判断非货币性资产交换是否构成权益性交易。主要包括下列情形：（1）非货币性资产交换的一方直接或间接对另一方持股且以股东身份进行交易；（2）非货币性资产交换的双方均受同一方或相同的多方最终控制且该非货币性资产交换的交易实质是交换的一方向另一方进行了权益性分配或交换的一方接受了另一方权益性投入。例如，集团重组中发生的非货币性资产划拨、划转行为，在股东或最终控制方的安排下，企业无代价或以明显不公平的代价将非货币性资产转让给其他企业或接受其他企业的非货币性资产，该类转让的实质是企业进行了权益性分配或接受了权益性投入，应当适用权益性交易会计处理的有关规定。

三、非货币性资产交换确认原则

企业应当分别按照下列原则对非货币性资产交换中的换入资产进行确认，对换出资产终止确认：对于换入资产，应当在其符合资产定义并满足资产确认条件时予以确认；对于换出资产，应当在其满足资产终止确认条件时终止确认。根据上述原则，对于非货币性资产交换，企业将换入的资产视为购买取得资产，并按照相关会计准则的规定进行初始确认；将换出的资产视为销售或处置资产，并按照相关会计准则的规定进行终止确认。

通常情况下，换入资产的确认时点与换出资产的终止确认时点应当相同或相近，也就是说，作为非货币性资产交换的一方，企业取得换入资产的时点与其销售或处置换出资产的时点应当相同或相近。实务中，由于资产控制权转移所必需的运输或转移程序等方面的原因（如资产运输至对方地点所需的合理运输时间、办理股权或房产过户手续等），可能导致换入资产满足确认条件的时点与换出资产满足终止确认条件的时点存在短暂不一致，企业可以按照重要性原则，在换入资产满足确认条件和换出资产满足终止确认条件孰晚的时点进行会计处理。在换入资产的确认时点与换出资产的终止确认时点存在不一致的情形下，在资产负债表日，企业应当按照下列原则进行会计处理：换入资产满足资产确认条件，换出资产尚未满足终止确认条件的，在确认换入资产的同时将交付换出资产的义务确认为一项负债，如其他应付款；换入资产尚未满足资产确认条件，换出资产满足终止确认条件的，在终止确认换出资产的同时将取得换入资产的权利确认为一项资产，如其他应收款。

第二节　非货币性资产交换的计量

一、非货币性资产交换计量原则

非货币性资产交换，可以是一项资产与一项资产的交换，也可以是一项资产与多项资产的交换，还可以是多项资产与多项资产的交换。不管发生哪种情况的非货币性资产交换，其计量原则如下：

（一）以公允价值为基础计量

非货币性资产交换同时满足下列条件的，应当以公允价值为基础计量：（1）该项交换具有商业实质；（2）换入资产或换出资产的公允价值能够可靠地计量。

以公允价值为基础计量的非货币性资产交换，企业应当以换出资产的公允价值为基础确定换入资产的成本，但换出资产的公允价值不能可靠地计量或有确凿证据表明换入资产的公允价值更加可靠的，企业应当以换入资产的公允价值为基础确定换入资产的初始计量金额。

（二）以账面价值为基础计量

不满足以公允价值为基础计量条件的非货币性资产交换，应当以账面价值为基础计量。以账面价值为基础计量的非货币性资产交换，企业应当以换出资产的账面价值为基础确定换入资产的初始计量金额。

二、商业实质的判断

在确定非货币性资产交换是否具有商业实质时，企业应当重点考虑由于发生了该项资产交换预期使企业未来现金流量发生变动的程度，通过比较换出资产和换入资产预计产生的未来现金流量或其现值,确定交换是否具有商业实质。只有当换出资产和换入资产预计未来现金流量或其现值两者之间的差额较大时,才能表明交易的发生使企业经济状况发生了明显改变,非货币性资产交换因而具有商业实质。

(一) 判断条件

企业发生的非货币性资产交换,符合下列条件之一的,视为具有商业实质:

1. 换入资产的未来现金流量在风险、时间或金额方面与换出资产显著不同

企业应当对比考虑换入资产与换出资产的未来现金流量在风险、时间分布或金额的三个方面,对非货币性资产交换是否具有商业实质进行综合判断。通常情况下,只要换入资产和换出资产的未来现金流量在其中某个方面存在显著不同,即表明满足商业实质的判断条件。

例如,某企业以对联营企业的投资换入一项设备,对联营企业的投资与设备两者产生现金流量的时间相差较大,则可以判断上述对联营企业投资与固定资产的未来现金流量显著不同,因而该两项资产的交换具有商业实质。

2. 使用换入资产所产生的预计未来现金流量现值与继续使用换出资产所产生的预计未来现金流量现值不同,且其差额与换入资产和换出资产的公允价值相比是重大的

企业如按照上述第一个条件难以判断某项非货币性资产交换是否具有商业实质,即可根据第二个条件,通过计算换入资产和换出资产的预计未来现金流量现值,进行比较后判断。资产预计未来现金流量现值,应当按照资产在持续使用过程和最终处置时预计产生的税后未来现金流量,根据企业自身而不是市场参与者对资产特定风险的评价,选择恰当的折现率对预计未来现金流量折现后的金额加以确定,即国际财务报告准则所称的"主体特定价值"。

例如,某企业以一项专利权换入另一企业拥有的长期股权投资,假定从市场参与者来看,该项专利权与该项长期股权投资的公允价值相同,两项资产未来现金流量的风险、时间分布或金额亦相同,但是,对换入企业来讲,换入该项长期股权投资使该企业对被投资方由重大影响变为控制关系,从而对换入企业产生的预计未来现金流量现值与换出的专利权有较大差异;另一企业换入的专利权能够解决生产中的技术难题,从而对换入企业产生的预计未来现金流量现值与换出的长期股权投资有明显差异,因而该两项资产的交换具有商业实质。

(二) 交换涉及的资产类别与商业实质的关系

企业在判断非货币性资产交换是否具有商业实质时,还可以从资产是否属于同一类别进行分析,因为不同类非货币性资产因其产生经济利益的方式不同,一般来说,其产生的未来现金流量风险、时间分布或金额也不相同,因而不同类非货币性资产之间的交换是否具有商业实质,通常较易判断。不同类非货币性资产是指在资产负债表中列示的不同大类的非货币性资产,比如固定资产、投资性房地产、生物资产、长期股权投资、无形资产等都是不同类别的资产。

例如,企业以一项用于出租的投资性房地产交换一项固定资产自用,属于不同类非货币性资产交换,在这种情况下,企业就将未来现金流量由每期产生的租金流,转化为该项资产独立产生,或包括该项资产的资产组协同产生的现金流。通常情况下,由定期租金带来的现金流量与用于生产经营的固定资产产生的现金流量在风险、时间分布或金额方面有所差异,

因此，该两项资产的交换应当视为具有商业实质。

同类非货币性资产交换是否具有商业实质，通常较难判断，需要根据上述两项判断条件综合判断。企业应当重点关注的是换入资产和换出资产为同类资产的情况，同类资产产生的未来现金流量既可能相同，也可能显著不同，其之间的交换因而可能具有商业实质，也可能不具有商业实质。此外，需要说明的是，从事相同经营业务的企业之间相互交换具有类似性质和相等价值的商品，以便在不同地区销售，这种同类别的非货币性资产之间的交换不具有商业实质。实务中，这种交换通常发生在某些特定商品上，如石油或牛奶等。

例如，丙石油销售公司有部分客户在丁石油销售公司的所在地，丁公司有部分客户在丙公司所在地，为了满足两地客户的即时需求，丙公司将其相同型号、容量和价值的石油供应给丁公司在丙公司所在地的客户，同样，丁公司也将相同型号、容量和价值的石油供应给丙公司在丁公司所在地的客户，这样的非货币性资产交换不具有商业实质。

（三）关联方交易与商业实质的关系

在确定非货币性资产交换是否具有商业实质时，企业应当关注交易各方之间是否存在关联方关系。关联方关系的存在可能导致发生的非货币性资产交换不具有商业实质。比如，集团重组中发生的非货币性资产划拨、划转行为，在股东或最终控制方的安排下，企业无代价或以明显不公平的代价将非货币性资产转让给其他企业或接受其他企业的非货币性资产，该类转让的实质是企业进行了权益性分配或接受了权益性投入，属于权益性交易，这类非货币性资产交换通常认定不具有商业实质。

三、换出资产或换入资产的公允价值能可靠计量的判断

资产存在活跃市场，是资产公允价值能够可靠计量的明显证据，但不是唯一要求。一般情况下，非货币性资产公允价值能够可靠计量的原则是：

（1）如果该资产存在活跃市场，则该资产的市价即为公允价值。

（2）如果该资产不存在活跃市场，但与该资产类似的资产存在活跃市场，则该资产的公允价值比照相关类似资产的市价确定。

（3）如果该资产及其类似资产均不存在活跃市场，则该资产的公允价值按照使用该资产所能产生的未来现金流量的现值评估确定。采用估值技术确定的公允价值估计数的变动区间很小，或者在公允价值估计数变动区间内各种用于确定公允价值估计数的概率能够合理确定的，视为公允价值能够可靠计量。

实务中，企业在进行非货币性资产交换时，相关换入资产或换出资产的公允价值通常会在合同中约定；对于合同中没有约定的，应当按照合同开始日（合同生效日）的公允价值确定。如果换入资产和换出资产公允价值均能够可靠计量的，应当以换出资产公允价值作为确定换入资产成本的基础。

应该注意的是，企业在判断是否有确凿证据表明换入资产的公允价值更加可靠时，应当考虑确定公允价值所使用的输入值层次，企业可以参考以下情况：第一层次输入值为公允价值提供了最可靠的证据，第二层次直接或间接可观察的输入值比第三层次不可观察输入值为公允价值提供更确凿的证据。实务中，在考虑了补价因素的调整后，正常交易中换入资产的公允价值和换出资产的公允价值通常是一致的。

第三节 非货币性资产交换的会计处理

一、单项非货币性资产交换的会计处理

单项非货币性资产交换,是指企业以一项非货币性资产来交换另一企业的一项非货币性资产。对于单项非货币性资产之间的交换,企业应当首先判断是否符合以公允价值计量的两个条件,再分别情况确定各项换入资产的初始计量金额,以及各项换出资产的终止确认。

(一)以公允价值为基础计量的单项非货币性资产交换

1. 换入资产的入账价值

(1)不涉及补价的情形:

非货币性资产交换具有商业实质且公允价值能够可靠计量的,应当以换出资产的公允价值和应支付的相关税费作为换入资产的入账价值,除非有确凿证据表明换入资产的公允价值比换出资产公允价值更加可靠。其中,计入换入资产的应支付的相关税费应当符合相关会计准则对资产初始计量成本的规定。

例如,换入资产为存货的,包括相关税费、使该资产达到目前场所和状态所发生的运输费、装卸费、保险费以及可归属于该资产的其他成本;换入资产为长期股权投资的,包括与取得该资产直接相关的费用、税金和其他必要支出;换入资产为投资性房地产的,包括相关税费和可直接归属于该资产的其他支出;换入资产为固定资产的,包括相关税费、使该资产达到预定可使用状态前所发生的可归属于该资产的运输费、装卸费、安装费和专业人员服务费等;换入资产为无形资产的,包括相关税费以及直接归属于使该资产达到预定用途所发生的其他支出。

上述税费均不包括准予从增值税销项税额中抵扣的进项税额。

(2)涉及补价的情形:

对于支付补价的企业,以换出资产的公允价值为基础计量的,应当以换出资产的公允价值,加上支付补价的公允价值和应支付的相关税费,作为换入资产的入账价值;有确凿证据表明换入资产的公允价值更加可靠的,即以换入资产的公允价值为基础计量的,应当以换入资产的公允价值和应支付的相关税费作为换入资产的入账价值。

对于收到补价的企业,以换出资产的公允价值为基础计量的,应当以换出资产的公允价值,减去收到补价的公允价值,加上应支付的相关税费,作为换入资产的入账价值;有确凿证据表明换入资产的公允价值更加可靠的,即以换入资产的公允价值为基础计量的,应当以换入资产的公允价值和应支付的相关税费作为换入资产的入账价值。

2. 交换损益的处理

在以公允价值计量的情况下,不论是否涉及补价,只要换出资产的公允价值与其账面价值不相同,就一定会涉及损益的确认,因为非货币性资产交换损益通常是换出资产公允价值与换出资产账面价值的差额,通过非货币性资产交换予以实现。

企业应当在换出资产终止确认时,将换出资产的公允价值与其账面价值之间的差额计入当期损益。换出资产的公允价值不能够可靠计量,或换入资产和换出资产的公允价值均能够

可靠计量但有确凿证据表明换入资产的公允价值更加可靠的，应当在终止确认时，将换入资产的公允价值（涉及补价的，还应减去支付补价的公允价值或加上收到补价的公允价值）与换出资产账面价值之间的差额计入当期损益。其中，计入当期损益的会计处理视换出资产类别的不同而有所区别：

（1）换出资产为固定资产、在建工程和无形资产的，计入当期损益的部分通过"资产处置损益"科目核算，在利润表"资产处置收益"项目中列示。

（2）换出资产为投资性房地产的，按换出资产公允价值或换入资产公允价值确认其他业务收入，按换出资产账面价值结转其他业务成本，二者之间的差额计入当期损益，二者分别在利润表"营业收入"和"营业成本"中列示。

（3）换出资产为交易性金融资产、其他债权投资和长期股权投资的，计入当期损益的部分通过"投资收益"科目核算，在利润表"投资收益"项目中列示。

【例11-1】甲公司和乙公司均为增值税一般纳税人，适用的增值税税率均为13%。经协商，甲公司与乙公司于2×24年6月30日签订资产交换合同，当日生效。合同约定，甲公司以其行政管理部门使用的一辆汽车与乙公司生产的一台设备进行交换，用于交换的汽车和设备当日的公允价值均为10万元。合同签订日即交换日，甲公司汽车的账面价值11万元（其中账面原价25万元，已计提折旧14万元）；乙公司设备的账面价值7万元。甲公司将换入的设备作为固定资产使用和管理；乙公司将换入的汽车作为固定资产使用和管理。甲公司和乙公司开具的增值税专用发票注明的计税价格均为10万元，增值税税额1.3万元。交易过程中，甲公司以银行存款支付汽车清理费用5 000元。甲公司和乙公司此前均未对上述资产计提减值准备。假设整个交易过程中未发生除增值税以外的其他税费，甲公司和乙公司均认定为非货币性资产交换，且以公允价值为基础计量。

（1）甲公司的账务处理如下：

借：固定资产清理　　　　　　　　　　　　　　　　　　110 000
　　累计折旧　　　　　　　　　　　　　　　　　　　　140 000
　　贷：固定资产——汽车　　　　　　　　　　　　　　　　　250 000
借：固定资产清理　　　　　　　　　　　　　　　　　　　5 000
　　贷：银行存款　　　　　　　　　　　　　　　　　　　　　5 000
借：固定资产——设备　　　　　　　　　　　　　　　　100 000
　　应交税费——应交增值税（进项税额）　　　　　　　　13 000
　　资产处置损益　　　　　　　　　　　　　　　　　　　15 000
　　贷：固定资产清理　　　　　　　　　　　　　　　　　　115 000
　　　　应交税费——应交增值税（销项税额）　　　　　　　13 000

（2）乙公司的账务处理如下：

对乙公司来说，换出的资产是其生产的设备，即产品，相关收入应当按照《企业会计准则第14号——收入》的相关规定进行会计处理。假定换出存货的交易符合该准则规定的收入确认条件。

借：固定资产——汽车　　　　　　　　　　　　　　　　100 000
　　应交税费——应交增值税（进项税额）　　　　　　　　13 000
　　贷：主营业务收入　　　　　　　　　　　　　　　　　　100 000

        应交税费——应交增值税（销项税额）   13 000
  借：主营业务成本   70 000
    贷：库存商品   70 000

【例11-2】 甲公司和乙公司均为增值税一般纳税人，适用的增值税税率均为13%。经协商，甲公司与乙公司于2×25年2月28日签订资产交换合同，当日生效，合同签订日即交换日。甲公司固定资产账面原值600万元，累计折旧200万元，累计减值准备100万元，合同约定的公允价值400万元，开具的增值税专用发票注明的计税价格400万元，增值税税额52万元。乙公司无形资产账面原值700万元，累计摊销200万元，累计减值准备50万元，合同约定的公允价值500万元，开具的增值税专用发票注明的计税价格500万元，增值税税额65万元。甲公司以银行存款向乙公司支付补价及增值税113万元。甲公司和乙公司收到的换入资产均维持其原使用状态，乙公司以存款支付换入固定资产的运输费1万元。假设整个交易过程中不考虑其他相关税费。

（1）甲公司的账务处理如下：

对于甲公司而言，该交易涉及补价，支付的补价的公允价值100万元占换出资产公允价值400万元与支付的补价的公允价值100万元之和的比例为20%，小于25%，认定为非货币性资产交换。由于是不同类非货币性资产的交换，具有商业实质，且公允价值能可靠计量，应以公允价值为基础计量换入资产的成本。

换入的无形资产的入账价值 = 400 + 100 = 500（万元）

  借：固定资产清理   3 000 000
     累计折旧   2 000 000
     固定资产减值准备   1 000 000
    贷：固定资产   6 000 000
  借：无形资产   5 000 000
     应交税费——应交增值税（进项税额）   650 000
    贷：固定资产清理   3 000 000
       应交税费——应交增值税（销项税额）   520 000
       银行存款   1 130 000
       资产处置损益   1 000 000

（2）乙公司的账务处理如下：

对于乙公司而言，该交易涉及补价，收到的补价的公允价值100万元占换出资产公允价值500万元的比例为20%，小于25%，认定为非货币性资产交换。由于是不同类非货币性资产的交换，具有商业实质，且公允价值能可靠计量，应以公允价值为基础计量换入资产的成本。

换入的固定资产的入账价值 = 500 - 100 + 1 = 401（万元）

  借：固定资产   4 010 000
     应交税费——应交增值税（进项税额）   520 000
     银行存款   1 130 000
     累计摊销   2 000 000
     无形资产减值准备   500 000

贷：无形资产	7 000 000
应交税费——应交增值税（销项税额）	650 000
银行存款	10 000
资产处置损益	500 000

（二）以账面价值为基础计量的单项非货币性资产交换

当非货币性资产交换不满足以公允价值为基础计量的条件时，即非货币性资产交换不具有商业实质，或者虽然具有商业实质但换入资产和换出资产的公允价值均不能可靠计量的，企业应当以账面价值为基础计量，无论是否涉及补价，均不确认损益。

1. 不涉及补价的情形

对于换入资产，应当以换出资产的账面价值和应支付的相关税费作为换入资产的成本。对于换出资产，终止确认时不确认损益。

2. 涉及补价的情形

对于以账面价值为基础计量的非货币性资产交换，涉及补价的，应当将补价作为确定换入资产初始计量金额的调整因素，分别下列情况进行处理：

（1）支付补价的企业，应当以换出资产的账面价值，加上支付补价和应支付的相关税费，作为换入资产的初始计量金额。对于换出资产，终止确认时不确认损益。

（2）收到补价的企业，应当以换出资产的账面价值，减去收到补价，加上应支付的相关税费，作为换入资产的初始计量金额。对于换出资产，终止确认时不确认损益。

【例11-3】 沿用【例11-2】的资料，假定甲公司和乙公司之间的非货币性资产交换不具备商业实质，其他资料保持不变。

（1）甲公司的账务处理如下：

借：固定资产清理	3 000 000
累计折旧	2 000 000
固定资产减值准备	1 000 000
贷：固定资产	6 000 000
借：无形资产	4 000 000
应交税费——应交增值税（进项税额）	650 000
贷：固定资产清理	3 000 000
应交税费——应交增值税（销项税额）	520 000
银行存款	1 130 000

（2）乙公司的账务处理如下：

借：固定资产	3 510 000
应交税费——应交增值税（进项税额）	520 000
银行存款	1 130 000
累计摊销	2 000 000
无形资产减值准备	500 000
贷：无形资产	7 000 000
应交税费——应交增值税（销项税额）	650 000
银行存款	10 000

二、多项非货币性资产交换的会计处理

多项货币性资产交换，是指企业以一项非货币性资产同时换入另一企业的多项非货币性资产，或以多项非货币性资产同时换入另一企业的一项非货币性资产，或以多项非货币性资产同时换入另一企业的多项非货币性资产。与单项非货币性资产之间的交换一样，多项资产的非货币性资产交换的计量，企业也应当首先判断是否符合以公允价值计量的两个条件，再分别情况确定各项换入资产的初始计量金额，以及各项换出资产的终止确认。

（一）以公允价值为基础计量的多项非货币性资产交换

1. 换出资产的公允价值能可靠计量的情形

对于同时换入的多项非货币性资产，由于通常无法将换出资产与换入的某项特定资产相对应，应当按照各项换入资产的公允价值的相对比例（换入资产的公允价值不能够可靠计量的，可以按照换入的金融资产以外的各项资产的原账面价值的相对比例或其他合理的比例），将换出资产公允价值总额（涉及补价的，加上支付补价的公允价值或减去收到补价的公允价值）分摊至各项换入资产，以分摊额和应支付的相关税费作为各项换入资产的成本进行初始计量。需要说明的是，如果同时换入的多项非货币性资产中包含由《企业会计准则第22号——金融工具确认和计量》规范的金融资产，应当按照《企业会计准则第22号——金融工具确认和计量》的规定进行会计处理，在确定换入的其他多项资产的初始计量金额时，应当将金融资产公允价值从换出资产公允价值总额中扣除。

对于同时换出的多项非货币性资产，应当将各项换出资产的公允价值与其账面价值之间的差额，在各项换出资产终止确认时计入当期损益。

2. 有证据表明换入资产的公允价值更加可靠的情形

对于同时换入的多项非货币性资产，应当以各项换入资产的公允价值和应支付的相关税费作为各项换入资产的初始计量金额。

对于同时换出的多项非货币性资产，应当按照各项换出资产的公允价值的相对比例（换出资产的公允价值不能够可靠计量的，可以按照各项换出资产的账面价值的相对比例），将换入资产的公允价值总额（涉及补价的，减去支付补价的公允价值或加上收到补价的公允价值）分摊至各项换出资产，分摊额与各项换出资产账面价值之间的差额，在各项换出资产终止确认时计入当期损益。需要说明的是，如果同时换出的多项非货币性资产中包含由《企业会计准则第22号——金融工具确认和计量》规范的金融资产，该金融资产应当按照《企业会计准则第22号——金融工具确认和计量》和《企业会计准则第23号——金融资产转移》的规定判断换出的该金融资产是否满足终止确认条件并进行终止确认的会计处理。在确定其他各项换出资产终止确认的相关损益时，终止确认的金融资产公允价值应当从换入资产公允价值总额中扣除。

【例11-4】2×24年6月6日，甲公司与乙公司签订合同，甲公司以一台生产产品的设备和其持有的对联营企业丙公司的30%股权换入乙公司的一项专利权和一批产品。合同约定：甲公司设备的公允价值200万元、长期股权投资的公允价值600万元，乙公司专利权的公允价值570万元、产品的公允价值230万元。甲公司的设备和乙公司的产品均在2×24年6月20日完成交割，甲公司将换入的乙公司产品作为原材料，乙公司将换入的甲公司设备作为固定资产。专利权的过户手续于2×24年6月28日完成，正式转移至甲公司。乙公司

取得对丙公司30%股权后,能够对丙公司实施重大影响。丙公司的股权过户、董事更换、相关董事会决议和章程修订于2×24年6月30日完成并生效。2×24年6月30日,甲公司的设备账面价值150万元(其中原值350万元,累计折旧200万元)、长期股权投资的账面价值为630万元(其中投资成本670万元,损益调整-40万元);乙公司专利权的账面价值为680万元(其中账面原价800万元,累计摊销120万元)、产品的账面价值160万元。甲公司和乙公司此前均未对上述资产计提减值准备。丙公司自成立以来未发生其他综合收益变动。假定整个交易过程中未发生相关税费。

(1) 甲公司2×24年6月30日的账务处理如下:

换出资产公允价值总额=200+600=800(万元)

换入无形资产的入账价值=800×570/(570+230)=570(万元)

换入原材料的入账价值=800×230/(570+230)=230(万元)

借:固定资产清理	1 500 000
累计折旧	2 000 000
贷:固定资产——设备	3 500 000
借:无形资产——专利权	5 700 000
原材料	2 300 000
长期股权投资——丙公司(损益调整)	400 000
投资收益	300 000
贷:固定资产清理	1 500 000
长期股权投资——丙公司(投资成本)	6 700 000
资产处置收益	500 000

(2) 乙公司2×24年6月30日的账务处理如下:

换出资产公允价值总额=570+230=800(万元)

换入设备的入账价值=800×200/(600+200)=200(万元)

换入长期股权投资的入账价值=800×600/(600+200)=600(万元)

借:固定资产——设备	2 000 000
长期股权投资——丙公司(投资成本)	6 000 000
累计摊销	1 200 000
资产处置损益	1 100 000
贷:无形资产——专利权	8 000 000
主营业务收入	2 300 000
借:主营业务成本	1 600 000
贷:库存商品	1 600 000

【例11-5】甲公司和乙公司均为增值税一般纳税人。经协商,甲公司和乙公司于2×25年1月25日签订资产交换合同,当日生效。合同约定,甲公司用于交换的资产包括:一间生产用厂房,公允价值110万元;一幢自购入时就全部用于经营出租的公寓楼,公允价值390万元。乙公司用于交换的资产包括:一块土地的使用权,公允价值240万元;经营过程中使用的10辆货车,公允价值300万元。甲公司以银行存款向乙公司支付补价40万元。双方于2×25年1月31日完成了资产交换手续。交换当日,甲公司厂房的账面价值120万元

（其中账面原价150万元，已计提折旧30万元），作为采用成本模式计量的投资性房地产的公寓楼的账面价值360万元（其中账面原价420万元，已计提折旧60万元），乙公司的土地使用权的账面价值210万元（其中成本220万元，累计摊销10万元），10辆货车的账面价值320万元（其中账面原价400万元，已计提折旧80万元）。甲公司开具两张增值税专用发票，分别注明厂房的计税价格110万元、增值税税额9.9万元；公寓楼的计税价格390万元、增值税税额35.1万元。乙公司开具两张增值税专用发票，分别注明土地使用权的计税价格240万元、增值税税额21.6万元；10辆货车的计税价格300万元、增值税税额39万元。甲公司以银行存款向乙公司支付增值税差额15.6万元。交易过程中，甲公司用银行存款支付了土地使用权的契税及过户费用2万元，乙公司用银行存款分别支付了厂房和公寓楼的契税及过户费用3万元和10万元。假设甲公司和乙公司此前均未对上述资产计提减值准备，上述资产交换后的用途不发生改变。不考虑其他税费。

分析：本例中，涉及收付货币性资产，应当计算货币性资产占整个资产交换的比例。补价40万元占整个资产交换金额540万元的比例为7.41%，小于25%，属于非货币性资产交换。

本例中用于交换的厂房是通过在厂房使用寿命内与其他资产协同生产产品并对外销售而产生现金流量，公寓楼是通过经营出租并定期收取租金而产生稳定均衡的现金流量，土地使用权是通过在其上建造房屋后与房屋共同产生现金流量，货车是通过使用或提供服务而产生独立的现金流量，各项资产的未来现金流量在风险、时间分布和金额方面均明显不同，因而交换具有商业实质。同时，各项资产的公允价值都能够可靠地计量，符合以公允价值为基础计量的条件。假设均没有确凿证据表明换入资产的公允价值更加可靠，甲公司和乙公司均以换出资产的公允价值为基础确定各项换入资产的成本，并确认各项换出资产产生的损益。

（1）甲公司2×25年1月31日的账务处理如下：

换出资产公允价值总额 = 110 + 390 = 500（万元）

换入土地使用权的入账价值 = (500 + 40) × 240/(240 + 300) + 2 = 242（万元）

换入货车的入账价值 = (500 + 40) × 300/(240 + 300) = 300（万元）

借：固定资产清理	1 200 000
累计折旧	300 000
贷：固定资产——厂房	1 500 000
借：无形资产——土地使用权	2 420 000
固定资产——货车	3 000 000
应交税费——应交增值税（进项税额）	606 000
资产处置损益	100 000
贷：固定资产清理	1 200 000
其他业务收入	3 900 000
应交税费——应交增值税（销项税额）	450 000
银行存款	576 000
借：其他业务成本	3 600 000
投资性房地产累计折旧	600 000
贷：投资性房地产——公寓楼	4 200 000

(2) 乙公司 2×25 年 1 月 31 日的账务处理如下：
换出资产公允价值总额 = 240 + 300 = 540（万元）
换入厂房的入账价值 = (540 - 40) × 110/(110 + 390) + 3 = 113（万元）
换入公寓楼的入账价值 = (540 - 40) × 390/(110 + 390) + 10 = 400（万元）

借：固定资产清理		3 200 000
累计折旧		800 000
贷：固定资产——货车		4 000 000
借：固定资产——厂房		1 130 000
投资性房地产——公寓楼		4 000 000
应交税费——应交增值税（进项税额）		450 000
银行存款		556 000
累计摊销		100 000
贷：无形资产——土地使用权		2 200 000
应交税费——应交增值税（销项税额）		606 000
资产处置损益		100 000
固定资产清理		3 200 000
银行存款		130 000

（二）以账面价值为基础计量的多项非货币性资产交换

对于换入的多项非货币性资产，应当按照各项换入资产的公允价值的相对比例（换入资产的公允价值不能够可靠计量的，也可以按照各项换入资产的原账面价值的相对比例或其他合理的比例），将换出资产的账面价值总额（涉及补价的，加上支付补价的账面价值或减去收到补价的公允价值）分摊至各项换入资产，加上应支付的相关税费，作为各项换入资产的初始计量金额。

对于同时换出的多项资产，各项换出资产终止确认时均不确认损益。

【例 11-6】 沿用【例 11-4】的资料，假定甲公司和乙公司用于交换的资产的公允价值均不能可靠计量，其他资料保持不变。

(1) 甲公司 2×24 年 6 月 30 日的账务处理如下：
换出资产账面价值总额 = 150 + 630 = 780（万元）
换入无形资产的入账价值 = 780 × 680/(680 + 160) ≈ 631.43（万元）
换入原材料的入账价值 = 780 × 160/(680 + 160) ≈ 148.57（万元）

借：固定资产清理		1 500 000
累计折旧		2 000 000
贷：固定资产——设备		3 500 000
借：无形资产——专利权		6 314 300
原材料		1 485 700
长期股权投资——丙公司（损益调整）		400 000
贷：固定资产清理		1 500 000
长期股权投资——丙公司（投资成本）		6 700 000

(2) 乙公司 2×24 年 6 月 30 日的账务处理如下：

换出资产账面价值总额 = 680 + 160 = 840（万元）
换入设备的入账价值 = 840 × 150/(150 + 630) ≈ 161.54（万元）
换入长期股权投资的入账价值 = 840 × 630/(150 + 630) ≈ 678.46（万元）

借：固定资产——设备　　　　　　　　　　　　　　　　　　　1 615 400
　　长期股权投资——丙公司（投资成本）　　　　　　　　　　6 784 600
　　累计摊销　　　　　　　　　　　　　　　　　　　　　　　1 200 000
　　贷：无形资产——专利权　　　　　　　　　　　　　　　　　　　8 000 000
　　　　库存商品　　　　　　　　　　　　　　　　　　　　　　　　1 600 000

【例11-7】沿用【例11-5】的资料，假定甲公司和乙公司用于交换的资产的公允价值均不能可靠计量，其他资料保持不变。

(1) 甲公司 2×25 年 1 月 31 日的账务处理如下：
换出资产账面价值总额 = 120 + 360 = 480（万元）
换入土地使用权的入账价值 = (480 + 40) × 210/(210 + 320) + 2 ≈ 208.04（万元）
换入货车的入账价值 = (480 + 40) × 320/(210 + 320) ≈ 313.96（万元）

借：固定资产清理　　　　　　　　　　　　　　　　　　　　　1 200 000
　　累计折旧　　　　　　　　　　　　　　　　　　　　　　　　300 000
　　贷：固定资产——厂房　　　　　　　　　　　　　　　　　　　　1 500 000
借：无形资产——土地使用权　　　　　　　　　　　　　　　　2 080 400
　　固定资产——货车　　　　　　　　　　　　　　　　　　　3 139 600
　　投资性房地产累计折旧　　　　　　　　　　　　　　　　　　600 000
　　应交税费——应交增值税（进项税额）　　　　　　　　　　606 000
　　贷：固定资产清理　　　　　　　　　　　　　　　　　　　　　　1 200 000
　　　　投资性房地产——公寓楼　　　　　　　　　　　　　　　　　4 200 000
　　　　应交税费——应交增值税（销项税额）　　　　　　　　　　　450 000
　　　　银行存款　　　　　　　　　　　　　　　　　　　　　　　　576 000

(2) 乙公司 2×25 年 1 月 31 日的账务处理如下：
换出资产账面价值总额 = 210 + 320 = 530（万元）
换入厂房的入账价值 = (530 − 40) × 120/(120 + 360) + 3 = 125.5（万元）
换入公寓楼的入账价值 = (530 − 40) × 360/(120 + 360) + 10 = 377.5（万元）

借：固定资产清理　　　　　　　　　　　　　　　　　　　　　3 200 000
　　累计折旧　　　　　　　　　　　　　　　　　　　　　　　　800 000
　　贷：固定资产——货车　　　　　　　　　　　　　　　　　　　　4 000 000
借：固定资产——厂房　　　　　　　　　　　　　　　　　　　1 255 000
　　投资性房地产——公寓楼　　　　　　　　　　　　　　　　3 775 000
　　应交税费——应交增值税（进项税额）　　　　　　　　　　450 000
　　银行存款　　　　　　　　　　　　　　　　　　　　　　　556 000
　　累计摊销　　　　　　　　　　　　　　　　　　　　　　　100 000
　　贷：无形资产——土地使用权　　　　　　　　　　　　　　　　　2 200 000
　　　　固定资产清理　　　　　　　　　　　　　　　　　　　　　　3 200 000

应交税费——应交增值税（销项税额）		606 000
银行存款		130 000

三、非货币性资产交换会计处理的注意事项

1. 企业以存货换取客户的非货币性资产（如固定资产、无形资产等）的，换出存货的企业相关会计处理适用《企业会计准则第 14 号——收入》。

2. 非货币性资产交换中涉及企业合并的，适用《企业会计准则第 20 号——企业合并》《企业会计准则第 2 号——长期股权投资》和《企业会计准则第 33 号——合并财务报表》。

3. 非货币性资产交换中涉及由《企业会计准则第 22 号——金融工具确认和计量》规范的金融资产的，金融资产的确认、终止确认和计量适用《企业会计准则第 22 号——金融工具确认和计量》和《企业会计准则第 23 号——金融资产转移》。

4. 非货币性资产交换中涉及由《企业会计准则第 21 号——租赁》规范的使用权资产或应收融资租赁款等的，相关资产的确认、终止确认和计量适用《企业会计准则第 21 号——租赁》。

5. 非货币性资产交换构成权益性交易的，应当适用权益性交易的有关会计处理规定。企业应当遵循实质重于形式的原则判断非货币性资产交换是否构成权益性交易。主要包括以下情形：（1）非货币性资产交换的一方直接或间接对另一方持股且以股东身份进行交易；（2）非货币性资产交换的双方均受同一方或相同的多方最终控制，且该非货币性资产交换的交易实质是交换的一方向另一方进行了权益性分配或交换的一方接受了另一方权益性投入。

此外，在企业合并、债务重组中取得的非货币性资产，其成本确定分别适用《企业会计准则第 20 号——企业合并》和《企业会计准则第 12 号——债务重组》；企业以发行股票方式取得的非货币性资产，相当于以权益工具换入非货币性资产，其成本确定适用《企业会计准则第 37 号——金融工具列报》。

思考题

1. 如何确定企业的资产是否属于非货币性资产？
2. 如何认定一项交易是否属于非货币性资产交换？
3. 如何判断非货币性资产交换是否具备商业实质？
4. 通过非货币性资产交换而取得的资产应如何初始计量？

练习题

甲公司和乙公司均为增值税一般纳税人企业，销售建筑物等不动产和土地使用权适用的增值税税率为 9%、销售无形资产（土地使用权除外）适用的增值税税率为 6%，销售机器设备和存货适用增值税税率为 13%。2×24 年 8 月甲公司为适应经营业务发展的需要，经与乙公司协商，进行资产置换，资料如下：

资料一：甲公司换出的资产为固定资产、投资性房地产和库存商品。其中，固定资产

（厂房）的账面价值 12 000 万元（原值 15 000 万元、折旧 3 000 万元），公允价值 10 000 万元，增值税销项税额 900 万元；换出的投资性房地产账面价值 9 000 万元（成本 8 000 万元，公允价值变动 1 000 万元，自用房地产转换为投资性房地产时产生其他综合收益 200 万元），公允价值 11 800 万元，增值税销项税额 1 062 万元；换出的库存商品成本 2 000 万元，未计提跌价准备，公允价值 3 000 万元，增值税销项税额 390 万元。三项换出资产的不含税公允价值合计 24 800 万元，增值税合计 2 352 万元。

资料二：乙公司换出资产为固定资产、无形资产和原材料。其中，固定资产（设备）的账面价值为 10 000 万元（原值 20 000 万元、折旧 10 000 万元），公允价值为 11 000 万元，增值税销项税额 1 430 万元；换出的无形资产的账面价值为 10 000 万元（原值 13 000 万元、摊销 3 000 万元），公允价值 13 000 万元，增值税销项税额 780 万元；换出的原材料成本 800 万元，未计提跌价准备，公允价值为 900 万元、增值税销项税额 117 万元。三项换出资产的不含税公允价值合计 24 900 万元，增值税合计 2 327 万元。

资料三：甲公司应收乙公司增值税差额 25 万元，应付乙公司资产公允价值补价 100 万元，最终甲公司以银行存款支付乙公司交换差额 75 万元。甲、乙公司将换入的存货均作为库存商品管理，其他资产交换前后用途不变。

要求：根据上述资料，分别作出甲公司和乙公司的相关账务处理。

第十二章

流动负债

本章结构

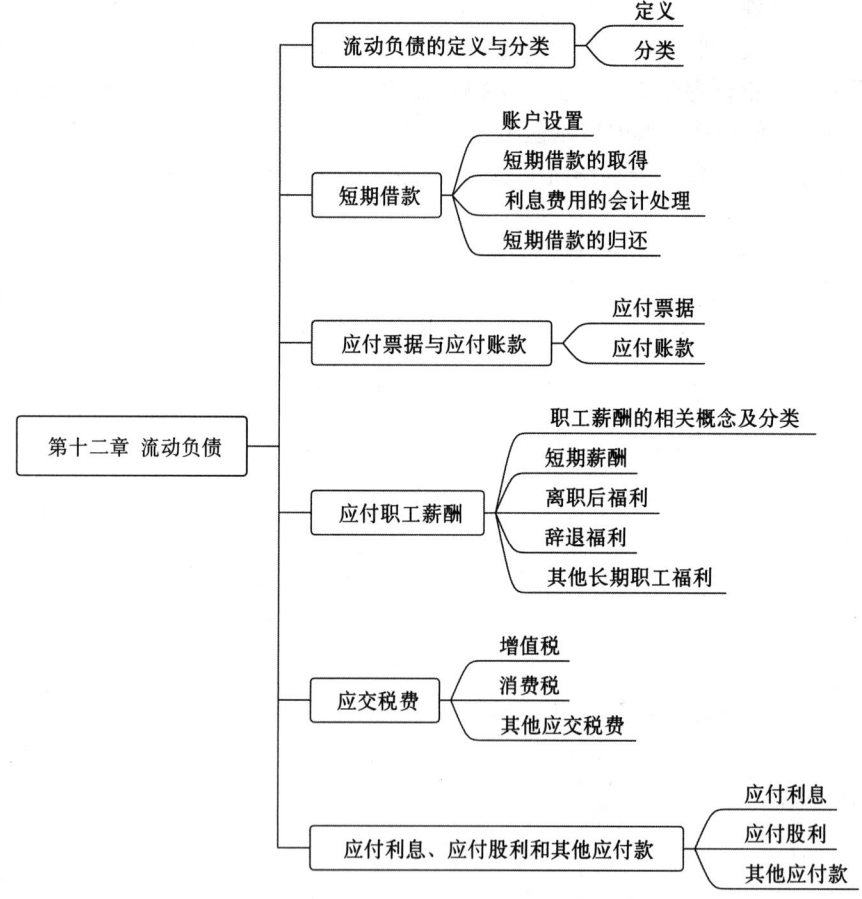

第一节　流动负债的定义与分类

一、流动负债的定义

流动负债（current liability）是企业将在一年或者超过一年的一个营业周期内偿还的债务。满足下列条件之一的负债属于流动负债：

(1) 预计在一年内或者超过一年的一个营业周期内偿还；
(2) 主要为交易目的而持有；
(3) 自资产负债表日起一年内到期应予以清偿；
(4) 企业无权自主地将清偿推迟至资产负债表日后一年或者超过一年的一个营业周期以上。

流动负债主要包括：短期借款、交易性金融负债、应付票据、应付账款、应交税费、应付职工薪酬、应付股利、应付利息、其他应付款以及一年内到期的非流动负债等。

二、流动负债的分类

（一）按照企业业务活动的性质分类

流动负债按照企业业务活动的性质划分为以下几类：

(1) 融资活动形成的流动负债，是指企业从银行或其他金融机构等筹集资金所形成的流动负债，主要包括短期借款、应付利息、应付股利等。
(2) 经营活动形成的流动负债，是指企业在经营核算或者与其他机构结算业务过程中形成的流动负债，主要包括应付票据、应付账款、预收账款、应交税费、应付职工薪酬等。

（二）按照金额是否确定分类

流动负债按照金额是否确定划分为以下几类：

(1) 金额确定的流动负债，是指到期需要偿还金额确定的流动负债，主要包括短期借款、应付票据、应付账款、应付职工薪酬、应付利息、应付股利、应交税费、其他应付款等。
(2) 金额需要估计的流动负债，是指到期需要偿还的金额由企业先进行估计的流动负债，主要包括预计负债等。

第二节　短期借款

短期借款是指企业向银行或其他金融机构等借入的期限在一年以下（含一年）的各种借款。企业借入短期借款通常是为了维持正常的生产经营所需资金或为抵偿某项债务。

一、账户设置

短期借款的核算主要涉及短期借款的取得、利息费用的确认及短期借款本息的归还。企业应设置"短期借款"账户,核算企业以摊余成本计量的向银行或其他金融机构等借入的期限在一年以下(含一年)的各项借款。该账户下可以设置"短期借款——本金/利息调整/应计利息"账户,核算短期借款的取得、计提利息和归还。

二、主要账务处理

企业借入的各种短期借款,借记"银行存款"账户,贷记"短期借款"账户;归还借款做相反会计分录。资产负债表日,应按计算确定的短期借款利息费用,借记"财务费用"等科目,贷记"银行存款"(计提利息的同时支付利息)、"短期借款——应计利息"(计提的利息)等账户。已过付息期但尚未支付的利息,借记"短期借款——应计利息"账户,贷记"应付利息"账户。

本书认为,若企业的短期借款金额很大或通过借新还旧、展期等方式实质上具有长期借款性质的,根据重要性原则,短期借款的核算可以设置"短期借款——本金/利息调整/应计利息"账户,比照长期借款的核算进行会计处理。

【例12-1】2×25年3月1日,甲公司向银行借入一笔短期借款500 000元,以维持日常生产经营活动使用,款项存入开户银行。借款协议约定,借款期限为6个月,每季度末收取一次利息,年利率为6%,本金到期一次偿还。

假定不考虑其他因素,甲公司的账务处理如下:

(1) 3月1日,甲公司取得短期借款时:

借:银行存款　　　　　　　　　　　　　　　　　　　500 000
　　贷:短期借款　　　　　　　　　　　　　　　　　　　500 000

(2) 3月31日,甲公司计算应支付3月的借款利息时:

支付的借款月利息为:500 000 × 6% ÷ 12 = 2 500(元)

借:财务费用　　　　　　　　　　　　　　　　　　　2 500
　　贷:银行存款　　　　　　　　　　　　　　　　　　　2 500

(3) 4月30日、5月31日、6月30日,甲公司计算应计提的借款月利息时:

借:财务费用　　　　　　　　　　　　　　　　　　　2 500
　　贷:短期借款——应计利息　　　　　　　　　　　　　2 500

(4) 6月30日,甲公司支付第2季度的借款利息时:

借:短期借款——应计利息　　　　　　　　　　　　　7 500
　　贷:银行存款　　　　　　　　　　　　　　　　　　　7 500

(5) 7月31日、8月31日,甲公司计算应计提的借款月利息时:

借:财务费用　　　　　　　　　　　　　　　　　　　2 500
　　贷:短期借款——应计利息　　　　　　　　　　　　　2 500

(6) 8月31日,甲公司支付7月和8月的借款利息,并偿还借款本金时:

借:短期借款——应计利息　　　　　　　　　　　　　5 000
　　贷:银行存款　　　　　　　　　　　　　　　　　　　5 000
借:短期借款　　　　　　　　　　　　　　　　　　　500 000
　　贷:银行存款　　　　　　　　　　　　　　　　　　　500 000

第三节 应付票据与应付账款

一、应付票据

(一) 应付票据的概念

应付票据是指企业因购买材料、商品或接受劳务供应等而开出、承兑的商业汇票;商业汇票尚未到期前,构成企业的一项负债,期末反映在资产负债表上的"应付票据"项目内。按照承兑人的不同,商业汇票可以划分为商业承兑汇票和银行承兑汇票。按照是否附带利息,商业汇票可以划分为带息商业汇票和不带息商业汇票。

(二) 应付票据的核算

应付票据是由出票人出票,付款人在指定日期无条件支付特定的金额给收款人或者持票人的票据。为核算应付票据的业务,企业应设置"应付票据"账户,反映企业购买材料、商品或接受劳务供应而开出或承兑的商业汇票的增减变动情况。由于商业汇票的付款期限不超过一年且偿付时间较短,考虑到货币时间价值的现值和到期价值相差较小,因此,根据重要性原则,应付票据按照商业承兑汇票的票面价值入账。

1. 不带息应付票据的核算

企业开出不带息应付票据,直接按照票面价值入账。借记"材料采购"、"库存商品"、"原材料"、"应交税费——应交增值税(进项税额)"等账户,贷记"应付票据"账户。若企业开出的是银行承兑汇票,支付银行手续费时,借记"财务费用"账户,贷记"银行存款"账户。到期支付票款时,则借记"应付票据"账户,贷记"银行存款"等账户。

【例12-2】2×24年12月1日,甲公司从乙公司购买一批原材料,购买价款为200 000元,增值税专用发票上注明的增值税为26 000元(税率为13%)。原材料已验收入库。甲公司开出并承兑一张商业汇票,票面价值为226 000元,付款期限为3个月。2×25年2月28日,甲公司向乙公司支付到期应付票据的款项226 000元,款项以银行存款支付。假定不考虑其他因素,甲公司的账务处理如下:

(1) 2×24年12月1日,甲公司开出并承兑商业汇票时:

借:原材料 200 000
　　应交税费——应交增值税(进项税额) 26 000
　　贷:应付票据 226 000

(2) 2×25年2月28日,甲公司偿付到期应付票据款项时:

借:应付票据 226 000
　　贷:银行存款 226 000

2. 带息应付票据的核算

企业开出带息应付票据,应按照票面价值入账。借记"材料采购"、"库存商品"、"原材料"、"应交税费——应交增值税(进项税额)"等账户,贷记"应付票据"账户。由于我国商业汇票期限较短,通常在票据持有期内的期末对尚未支付的应付票据计提利息,计入当期财务费用;借记"财务费用"账户,贷记"应付票据"账户。票据到期支付本息时,应按照应付票据的账面余额，借记"应付票据"账户，按照尚未计提的利息，借记"财务费用"账户，按照实际支付的金额，贷记"银行存款"等账户。

【例12-3】2×24年12月1日，甲公司从乙公司购买一批原材料，购买价款为200 000元，增值税专用发票上注明的增值税为26 000元（税率为13%）。原材料已验收入库。甲公司开出并承兑一张商业汇票，票面价值为226 000元，付款期限为4个月，票面利率为5%。2×24年12月31日，甲公司应计12月的票据利息。2×25年3月31日，甲公司以银行存款如数支付到期应付票据款项。假定不考虑其他因素，甲公司的账务处理如下：

(1) 2×24年12月1日，甲公司开出并承兑商业汇票时：

借：原材料　　　　　　　　　　　　　　　　　　　　　　200 000
　　应交税费——应交增值税（进项税额）　　　　　　　　 26 000
　　　贷：应付票据　　　　　　　　　　　　　　　　　　　　　226 000

(2) 2×24年12月31日，公司计算应计商业承兑汇票的利息时：

商业承兑汇票1个月的应付利息=226 000×5%÷12=942（元）

借：财务费用　　　　　　　　　　　　　　　　　　　　　　 942
　　　贷：应付票据　　　　　　　　　　　　　　　　　　　　　　942

(3) 2×25年3月31日，甲公司偿付到期应付票据款项时：

商业承兑汇票4个月的应计利息合计=226 000×5%×4/12=3 767（元）
商业承兑汇票2×25年1—3月的应付利息=3 767-942=2 825（元）
偿付的银行存款=226 000+3 767=229 767（元）

借：财务费用　　　　　　　　　　　　　　　　　　　　　 2 825
　　　贷：应付票据　　　　　　　　　　　　　　　　　　　　　 2 825
借：应付票据　　　　　　　　　　　　　　　　　　　　　229 767
　　　贷：银行存款　　　　　　　　　　　　　　　　　　　　　229 767

3. 逾期应付票据的核算

企业开出并承兑的商业承兑汇票如果不能如期支付的，应在票据到期时，将"应付票据"的账面价值转入"应付账款"账户，待协商后再行处理。如果重新签发新的票据以清偿原应付票据的，再从"应付账款"账户转入"应付票据"账户。

【例12-4】沿用【例12-2】的资料。假设甲公司于2×25年2月28日应付票据到期时，无力向乙公司支付票款226 000元。假定不考虑其他因素，甲公司的账务处理如下：

借：应付票据　　　　　　　　　　　　　　　　　　　　　226 000
　　　贷：应付账款　　　　　　　　　　　　　　　　　　　　　226 000

此外，甲公司与乙公司需要就相应货款的结算作进一步的协商，确定支付方式与支付金额。

企业开出银行承兑汇票如果到期无力支付票款时，承兑银行除凭票向持票人无条件付款外，对出票人尚未支付的汇票金额转作逾期贷款处理。企业无力支付到期银行承兑汇票，在接到银行转来的"××号汇票无款支付转入逾期贷款户"等有关凭证时，借记"应付票据"账户，贷记"短期借款——逾期借款"账户。对计收的利息，按短期借款利息的原则处理。

【例12-5】沿用【例12-2】的资料。假设甲公司开出的商业汇票向银行申请承兑，同时，以银行存款向承兑银行支付相应的承兑手续费117元。甲公司于2×25年2月28日应付票据到期时，无力向乙公司支付票款 226 000 元。假定不考虑其他因素，甲公司的账务处理如下：

（1）甲公司向承兑银行支付承兑手续费时：

借：财务费用　　　　　　　　　　　　　　　　　　　　117
　　贷：银行存款　　　　　　　　　　　　　　　　　　　　117

（2）2×25 年 2 月 28 日，甲公司无力支付票款时：

借：应付票据　　　　　　　　　　　　　　　　　　　226 000
　　贷：短期借款——逾期借款　　　　　　　　　　　　　226 000

此外，甲公司的货款已由承兑银行代为支付给乙公司。甲公司需要就相应货款与承兑银行做进一步的协商，及时向承兑银行偿还其向乙公司支付的货款。在甲公司与乙公司的货款结算业务中，银行承兑汇票的信用度高于商业承兑汇票。

二、应付账款

（一）应付账款的概念

1. 应付账款的定义

应付账款是指企业因购买材料、商品或接受劳务供应等而发生的应支付但尚未支付的款项。这是买卖双方由于取得物资或服务与支付货款在时间上不一致而产生的负债。

2. 应付账款的确认时点

应付账款入账时间的确定，一般应以与所购买物资所有权有关的风险和报酬已经转移或劳务已经接受为标志。但在实际工作中，一般是区别下列情况处理：

（1）在物资和发票账单同时到达的情况下，应付账款一般待物资验收入库后，才按发票账单登记入账，目的在于确认所购入的物资是否在质量、数量和品种上都与合同上订明的条件相符，以免因验收入库时发现购入物资错、漏、破损等问题可能与发票账单存在差异，从而需要针对已经入账的应付账款再行调整。购买的物资在会计期末仍未完成验收的，则应先按合理估计金额将物资和应付账款入账，待下一期初再用红字予以冲回。

（2）在物资和发票账单未同时到达的情况下，由于应付账款需根据发票账单登记入账，有时货物已到，发票账单要间隔较长时间才能到达，这笔负债已经成立，应作为一项负债反映。为在资产负债表上客观反映企业所拥有的资产和承担的债务，在实际工作中采用在月份终了将所购物资和应付债务合理估计入账，待下月初再用红字予以冲回的办法。

（二）应付账款的核算

企业因购买材料、商品或接受劳务等而产生的应付账款业务，应设置"应付账款"账户进行核算，用以反映这部分负债的价值。应付账款一般按应付金额入账，而不按到期应付金额的现值入账。如果企业在购买原材料形成一笔应付账款时是带有现金折扣的，应付账款入账金额的确定有两种做法：第一，如果买方能够确定付款时可以取得多少现金折扣，那么按照新收入准则的规定去调整购买价格。比如购买价格是 1 000 元（不含税），企业确定能够拿到 1% 的现金折扣，即可以拿到 10 元（不含税），这时企业取得的固定资产或者存货的入账价值应该按照 990 元来入账，应付账款为 990 元加上取得增值税专用发票上的税款。第二，如果买方不能够确定能否拿到现金折扣。这种情况下，买方购买的资产按照最可能支付的价格（不含税）来入账，这与卖方处理相对应，即计入应付账款的金额为最可能支付的金额和增值税专用发票上的税款。但是,后续实际支付的价款大于初始确认金额的,差额计入财务费用,而不能去调整购买方存货或固定资产的入账价值,因为存货可能已经发出进入了成本,固定资产已经提了折旧。

【例12-6】甲公司于2×24年11月20日从乙公司购入一批原材料,购买价款为100 000元,增值税专用发票上注明的增值税为13 000元,原材料已经验收入库,发票账单都已送达。乙公司提供的付款条件是(2/10,n/30)。现金折扣通常只针对购买价款,应交增值税税额通常不受现金折扣业务的影响。假定不考虑其他因素,甲公司的账务处理如下:

第一种情况,如果甲公司确定10天内付款,则:

(1) 2×24年11月20日,甲公司购入原材料时:

借:原材料   98 000
    应交税费——应交增值税(进项税额)   13 000
    贷:应付账款   111 000

(2) 甲公司在10天内支付款项时:

借:应付账款   111 000
    贷:银行存款   111 000

第二种情况,如果甲公司不能确定能否拿到现金折扣,估计最可能支付的价格为100 000元,则:

(3) 2×24年11月20日,甲公司购入原材料时:

借:原材料   100 000
    应交税费——应交增值税(进项税额)   13 000
    贷:应付账款   113 000

(4) 甲公司在10天内支付款项时:

借:应付账款   113 000
    贷:银行存款   111 000
        财务费用   2 000

(5) 甲公司在11—30天内支付款项时:

借:应付账款   113 000
    贷:银行存款   113 000

第四节 应付职工薪酬

一、职工薪酬的相关概念及分类

(一)职工薪酬的相关概念

职工是指与企业订立劳动合同的所有人员,含全职、兼职和临时职工,也包括虽未与企业订立劳动合同但由企业正式任命的人员。具体而言,包括以下人员:(1)与企业订立劳动合同的所有人员,含全职、兼职和临时职工。(2)未与企业订立劳动合同但由企业正式任命的人员,如董事会成员、监事会成员等。(3)在企业的计划和控制下,虽未与企业订立劳动合同或未由其正式任命,但向企业所提供服务与职工所提供服务类似的人员,也属于职工的范畴,包括通过企业与劳务中介公司签订用工合同而向企业提供服务的人员。

职工薪酬,是指企业为获得职工提供的服务或终止劳动合同关系而给予的各种形式的报酬。企业提供给职工配偶、子女、受赡养人、已故员工遗属及其他受益人等的福利,也属于职工薪酬的范畴。

（二）职工薪酬的分类

根据我国《企业会计准则第9号——职工薪酬》的规定,职工薪酬主要包括短期薪酬、离职后福利、辞退福利和其他长期职工福利等四个种类。

（三）账户设置

企业发放给职工的因其提供服务或终止劳动合同关系而给予的各种形式的报酬,应设置"应付职工薪酬"账户进行核算。"应付职工薪酬"账户下需要按照"工资"、"职工福利"、"社会保险费"、"住房公积金"、"工会经费"、"职工教育经费"、"非货币性福利"、"累计带薪缺勤"、"利润分享计划"、"辞退福利"等应付职工薪酬项目进行明细核算。

二、短期薪酬

（一）短期薪酬的概念和分类

短期薪酬,是指企业预期在职工提供相关服务的年度报告期间结束后12个月内将全部予以支付的职工薪酬,因解除与职工的劳动关系给予的补偿除外。短期薪酬主要包括:

（1）职工工资、奖金、津贴和补贴,是指按照构成工资总额的计时工资、计件工资、支付给职工的超额劳动报酬等劳动报酬、为了补偿职工特殊或额外的劳动消耗和因其他特殊原因支付给职工的津贴,以及为了保证职工工资水平不受物价影响支付给职工的物价补贴等。其中,企业的短期奖金计划属于短期薪酬,而长期奖金计划则属于其他长期职工福利。

（2）职工福利费,是指企业为职工提供的除职工工资、奖金、津贴和补贴、职工教育经费、社会保险费及住房公积金等以外的福利待遇支出,包括发放给职工或为职工支付的以下各项现金补贴和非货币性集体福利,如:职工因公外地就医费用、职工疗养费用、防暑降温费、丧葬补助费、抚恤费、职工异地安家费、独生子女费等。

（3）医疗保险费、工伤保险费和生育保险费等社会保险费,是指企业按照国家规定的基准和比例计算,向社会保险经办机构缴纳的医疗保险费、工伤保险费和生育保险费。

（4）住房公积金,是指企业按照国家规定的基准和比例计算,向住房公积金管理机构缴存的住房公积金。

（5）工会经费和职工教育经费,是指企业为了改善职工文化生活、为职工学习先进技术和提高文化水平和业务素质,用于开展工会活动和职工教育及职业技能培训等相关支出。

（6）短期带薪缺勤,是指企业支付工资或提供补偿的职工缺勤,包括年休假、病假、短期伤残、婚假、产假、丧假、探亲假等。

（7）短期利润分享计划,是指因职工提供服务而与职工达成的基于利润或其他经营成果提供薪酬的协议。而长期利润分享计划则属于其他长期职工福利。

（8）非货币性福利,是指企业以自己的产品或外购商品发放给职工作为福利,企业提供给职工无偿使用自己拥有的资产或租赁资产供职工无偿使用等。

（9）其他短期薪酬,是指除上述薪酬以外的其他为获得职工提供的服务而给予的短期薪酬。

(二) 短期薪酬的核算

职工的工资、奖金、津贴和补贴,大部分的职工福利费、医疗保险费、工伤保险费和生育保险费等社会保险费,住房公积金、工会经费和职工教育经费一般属于货币性短期薪酬。

1. 职工工资、奖金、津贴和补贴

企业应当根据职工提供服务情况和工资标准计算应计入职工薪酬的工资总额,并按照受益对象计入当期损益或相关资产成本。具体处理为:对于应由生产产品、提供劳务负担的职工薪酬,计入产品成本或劳务成本;对于应由在建工程或无形资产负担的职工薪酬,计入在建工程或无形资产的成本;对于其他职工薪酬,如管理部门人员、销售部门人员等的职工薪酬,因难以确定直接对应的受益对象,则计入当期损益。

为了核算企业发生的应付职工薪酬,生产部门人员的职工薪酬,应设置"生产成本"、"制造费用"等账户;应由在建工程、研发支出负担的职工薪酬,应设置"在建工程"、"研发支出"等账户;管理部门人员、销售部门人员的职工薪酬,应设置"管理费用"、"销售费用"等账户。因此,企业在计提职工薪酬时,借记"生产成本"、"制造费用"、"在建工程"、"研发支出"、"管理费用"、"销售费用"等账户,贷记"应付职工薪酬"账户。企业实际发放上述货币性薪酬时,借记"应付职工薪酬"账户,贷记"库存现金"、"银行存款"等账户;按照应从职工薪酬中代扣的各种款项数额,如代扣代缴的社会保险费、住房公积金、个人所得税等,企业应借记"应付职工薪酬——工资"账户,贷记"其他应付款"、"应交税费——应交个人所得税"等账户。

【例 12-7】甲公司于 2×24 年 10 月 31 日计算当月应付职工工资,编制的职工工资结算汇总表如表 12-1 所示。

表 12-1　　　　　　　　　　职工工资结算汇总表

2×24 年 10 月　　　　　　　　　　　　　　　　　　　单位:元

	应付职工工资总额					代扣款项		实发工资
	计时工资	计件工资	奖金	津贴和补贴	合计	代扣个人所得税	代扣社会保险费和住房公积金等	
生产部门生产人员	140 000	32 000	25 000	3 000	200 000	3 500	65 000	131 500
生产部门管理人员	32 000		5 000	3 000	40 000	700	13 000	26 300
企业管理部门人员	26 000		2 000	2 000	30 000	500	9 750	19 750
专设销售机构人员	3 000		6 000	1 000	10 000	200	3 250	6 550
研发部门人员	15 000		2 000	3 000	20 000	400	6 500	13 100
合计	216 000	32 000	40 000	12 000	300 000	5 300	97 500	197 200

假定不考虑其他因素，根据表12-1，甲公司的账务处理如下：

借：生产成本 200 000
　　制造费用 40 000
　　管理费用 30 000
　　销售费用 10 000
　　研发支出 20 000
　　　贷：应付职工薪酬——工资 300 000

【例12-8】沿用【例12-7】的资料。甲公司于2×24年11月5日发放职工工资。根据表12-1，甲公司在扣除了有关代扣款项后，实发工资数额197 200元通过银行转账向职工支付。同时，甲公司将代扣的个人所得税5 300元转入"应交税费——应交个人所得税"账户，准备向税务机关缴纳；将代扣的社会保险费和住房公积金97 500元转入"其他应付款"账户，准备向有关社会保险经办机构和住房公积金管理机构缴纳。假定不考虑其他因素，甲公司的账务处理如下：

借：应付职工薪酬——工资 300 000
　　贷：银行存款 197 200
　　　　应交税费——应交个人所得税 5 300
　　　　其他应付款——社会保险费、住房公积金 97 500

甲公司实际缴纳职工个人负担的个人所得税、社会保险费和住房公积金时：

借：其他应付款——社会保险费、住房公积金 97 500
　　应交税费——应交个人所得税 5 300
　　　贷：银行存款 102 800

2. 社会保险费、住房公积金、工会经费和职工教育经费

企业为职工缴纳的医疗保险费、工伤保险费、生育保险费等社会保险费和住房公积金，以及按规定提取的工会经费和职工教育经费，应当在职工为其提供服务的会计期间，根据规定的计提基础和计提比例计算确定相应的职工薪酬金额，并确认相关负债，按照受益对象计入当期损益或相关资产成本。

（1）医疗保险费、工伤保险费、生育保险费和住房公积金。企业应当按照国务院、所在地政府或企业年金计划规定的标准，计量应付职工薪酬义务和应相应计入成本费用的薪酬金额。

（2）工会经费和职工教育经费。企业应当按照职工工资总额的2%计提工会经费和不超过8%计提职工教育经费，计量应付职工薪酬（工会经费、职工教育经费）义务金额，同时根据受益对象计入当期损益或相关资产成本。

【例12-9】2×24年6月，甲公司当月应发工资1 560万元，其中：生产部门直接生产人员工资1 000万元，生产部门管理人员工资200万元，公司管理部门人员工资360万元。根据所在地政府规定，甲公司分别按照职工工资总额的10%和8%计提医疗保险费和住房公积金，缴纳给当地社会保险经办机构和住房公积金管理机构。甲公司分别按照职工工资总额的2%和8%计提工会经费和职工教育经费。假定不考虑其他因素，甲公司的账务处理如下：

应计入生产成本的职工薪酬 = 1 000 + 1 000 × (10% + 8% + 2% + 8%) = 1 280（万元）
应计入制造费用的职工薪酬 = 200 + 200 × (10% + 8% + 2% + 8%) = 256（万元）

应计入管理费用的职工薪酬 = 360 + 360 × (10% + 8% + 2% + 8%) = 460.8（万元）

甲公司应根据上述业务，进行如下账务处理（单位：万元）：

借：生产成本	1 280
制造费用	256
管理费用	460.8
贷：应付职工薪酬——工资	1 560
——医疗保险费	156
——住房公积金	124.8
——工会经费	31.2
——职工教育经费	124.8

3. 职工福利费

企业发生的职工福利费，应当在实际发生时根据实际发生额计入当期损益或相关资产成本。企业在决定向职工发放福利费时，借记"生产成本"、"制造费用"、"管理费用"、"销售费用"等账户，贷记"应付职工薪酬"账户。企业在向职工发放货币性福利费时，借记"应付职工薪酬"账户，贷记"库存现金"、"银行存款"等账户。

【例 12-10】甲公司于 2×24 年 9 月 21 日决定向全体职工发放国庆节假日生活福利费共计 8 500 元。其中，生产部门直接生产人员职工福利费 5 500 元，生产部门管理人员职工福利费 1 500 元，企业管理部门人员职工福利费 750 元，企业专设销售机构人员职工福利费 250 元，研发部门人员职工福利费 500 元。假定不考虑其他因素，甲公司的账务处理如下：

借：生产成本	5 500
制造费用	1 500
管理费用	750
销售费用	250
研发支出	500
贷：应付职工薪酬——职工福利	8 500

甲公司实际发放国庆节假日生活福利费时：

借：应付职工薪酬——职工福利	8 500
贷：银行存款	8 500

4. 非货币性福利

非货币性福利是指企业以自己的产品或外购商品发放给职工作为福利，或企业提供给职工无偿使用自己拥有或租入的资产，或企业向职工提供企业支付了补贴的商品或服务等。非货币性福利通常在职工薪酬中单独进行核算，以与货币性职工薪酬相区分。企业向职工提供非货币性福利的，应当按照公允价值计量。公允价值不能可靠取得的，可以采用成本计量。企业向职工提供非货币性福利时，应当分别情况处理：

（1）以自产产品或外购商品发放给职工作为福利。

企业以其生产的产品作为非货币性福利提供给职工的，应当按照该产品的公允价值和相关税费确定职工薪酬的金额，相关收入的确认、销售成本的结转和相关税费的处理，与正常商品销售相同。以外购商品作为非货币性福利提供给职工的，应当按照该商品的公允价值和相关税费确定职工薪酬的金额，并计入当期损益或相关资产成本。

需要注意的是，在以自产产品或外购商品发放给职工作为福利的情况下，企业在进行账务处理时，应当先通过"应付职工薪酬"账户归集当期应计入成本费用的非货币性薪酬金额。企业在决定以自产产品或外购商品作为非货币性福利发放给职工时，借记"生产成本"、"制造费用"、"管理费用"、"销售费用"等账户，贷记"应付职工薪酬——非货币性福利"账户。企业以自产产品向职工实际发放非货币性福利时，借记"应付职工薪酬——非货币性福利"账户，贷记"主营业务收入"、"应交税费——应交增值税（销项税额）"等账户；同时，借记"主营业务成本"账户，贷记"库存商品"账户。企业以外购商品向职工实际发放非货币性福利时，借记"应付职工薪酬——非货币性福利"账户，贷记"库存商品"、"应交税费——应交增值税（进项税额转出）"等账户；同时，借记"库存商品"、"应交税费——应交增值税（进项税额）"等账户，贷记"库存现金"、"银行存款"等账户。

【例12–11】甲公司为一家生产笔记本电脑的企业，共有职工200名，2×25年2月，公司以其生产的成本为10 000元的高级笔记本电脑和外购的每部不含税价格为1 000元的手机作为春节福利发放给公司每名职工。该型号笔记本电脑的售价为每台14 000元，甲公司适用的增值税税率为13%，已开具了增值税专用发票；甲公司以银行存款支付了购买手机的价款和增值税进项税额，已取得增值税专用发票，适用的增值税税率为13%。假定200名职工中170名为直接参加生产的职工，30名为总部管理人员。假定不考虑其他因素，甲公司的账务处理如下：

【分析】：企业以自己生产的产品作为福利发放给职工，应当按照该产品的公允价值和相关税费确定职工薪酬的金额，相关收入的确认、销售成本的结转和相关税费的处理，视同销售产品处理。将外购商品发放给职工作为福利，应当将缴纳的增值税进项税额计入成本费用。

笔记本电脑的售价 = 14 000 × 170 + 14 000 × 30 = 2 380 000 + 420 000 = 2 800 000（元）

笔记本电脑的增值税销项税额 = 14 000 × 170 × 13% + 14 000 × 30 × 13%

$$= 309\ 400 + 54\ 600 = 364\ 000（元）$$

(1) 2×25年2月甲公司决定发放非货币性福利笔记本电脑时：

借：生产成本　　　　　　　　　　　　　　　　　　　　　　　　2 689 400
　　管理费用　　　　　　　　　　　　　　　　　　　　　　　　　 474 600
　　　贷：应付职工薪酬——非货币性福利　　　　　　　　　　　　3 164 000

(2) 实际发放笔记本电脑时：

借：应付职工薪酬——非货币性福利　　　　　　　　　　　　　　3 164 000
　　　贷：主营业务收入　　　　　　　　　　　　　　　　　　　　2 800 000
　　　　　应交税费——应交增值税（销项税额）　　　　　　　　　　364 000
借：主营业务成本　　　　　　　　　　　　　　　　　　　　　　2 000 000
　　　贷：库存商品　　　　　　　　　　　　　　　　　　　　　　2 000 000

手机的售价 = 1 000 × 170 + 1 000 × 30 = 170 000 + 30 000 = 200 000（元）

手机的增值税进项税额 = 1 000 × 170 × 13% + 1 000 × 30 × 13%

$$= 22\ 100 + 3\ 900 = 26\ 000（元）$$

(3) 甲公司决定发放非货币性福利手机时：

借：生产成本　　　　　　　　　　　　　　　　　　　　　　　　　192 100

管理费用		33 900
贷：应付职工薪酬——非货币性福利		226 000

(4) 购买和实际发放手机时，甲公司应进行如下账务处理：

借：库存商品——手机		200 000
应交税费——应交增值税（进项税额）		26 000
贷：银行存款		226 000
借：应付职工薪酬——非货币性福利		226 000
贷：库存商品——手机		200 000
应交税费——应交增值税（进项税额转出）		26 000

(2) 将拥有的房屋等资产无偿提供给职工使用或租赁住房等资产供职工无偿使用。

企业将拥有的房屋等资产无偿提供给职工使用的，应当根据受益对象，将住房每期的固定资产折旧计入相关资产成本或当期损益，并确认应付职工薪酬。租赁住房等资产供职工无偿使用的，应当根据受益对象，将每期应付的租金计入相关资产成本或当期损益，并确认应付职工薪酬。

【例 12-12】 2×24 年甲公司为总部各部门经理级别以上职工提供自建单位宿舍免费使用，同时为副总裁以上高级管理人员每人租赁一套住房。甲公司总部共有部门经理以上职工 60 名，每人提供一间单位宿舍免费使用，假定每间单位宿舍每月计提折旧 1 000 元；甲公司共有副总裁以上高级管理人员 10 名，公司为其每人租赁一套月租金为 10 000 元的公寓。假定不考虑其他因素，甲公司的账务处理如下：

借：管理费用		60 000
贷：应付职工薪酬——非货币性福利		60 000
借：应付职工薪酬——非货币性福利		60 000
贷：累计折旧		60 000
借：管理费用		100 000
贷：应付职工薪酬——非货币性福利		100 000
借：应付职工薪酬——非货币性福利		100 000
贷：其他应付款		100 000

(3) 向职工提供企业支付了补贴的商品或服务。

企业有时以低于企业取得资产或服务成本的价格向职工提供资产或服务，比如以低于成本的价格向职工出售住房，以低于企业支付的价格向职工提供医疗保健服务，公允价值与内部售价间差额的实质为企业向职工提供补贴。以提供包含补贴的住房为例，企业在出售住房等资产时，资产的公允价值与其内部售价之间的差额需要分情况进行处理：

①如果出售住房的合同或协议中规定了职工在购得住房后至少应提供服务的年限，且如果职工提前离开则应退回部分差价，企业应当将该项差额作为长期待摊费用处理，并在合同或协议规定的服务年限内平均摊销，根据受益对象分别计入相关资产成本或当期损益。

②如果出售住房的合同或协议中未规定职工在购得住房后必须服务的年限，企业应当将该项差额直接计入出售住房当期相关资产成本或当期损益。

企业向职工提供支付了补贴的商品或服务时，如果合同或协议中规定了职工应当为企业提供服务的年限，应按从职工收到的款项，借记"银行存款"等账户，根据向职工提供商品或服务的公允价值与内部售价间的差额,借记"长期待摊费用"账户,根据向职工提供商品或服务的公允价值,贷记"固定资产"等账户。在职工服务的期限内,分期摊销长期待摊费用并确认应付职工薪酬,借记"生产成本"、"制造费用"、"管理费用"、"销售费用"等账户,贷记"应付职工薪酬"账户;同时借记"应付职工薪酬"账户,贷记"长期待摊费用"账户。如果合同或协议中没有规定职工应当为企业提供服务的年限,应按从职工收到的款项,借记"银行存款"等账户,根据向职工提供商品或服务的公允价值与内部售价间的差额,借记"生产成本"、"制造费用"、"管理费用"、"销售费用"等账户,根据向职工提供商品或服务的公允价值,贷记"应付职工薪酬"等账户;同时借记"应付职工薪酬"账户,贷记"固定资产"等账户。

【例12-13】2×24年5月,甲公司购买了100套全新的公寓拟以优惠价格向职工出售,该公司共有100名职工,其中,80名为直接生产人员,20名为公司总部管理人员。甲公司拟向直接生产人员出售的住房平均每套购买价为100万元,向职工出售的价格为每套80万元;拟向管理人员出售的住房平均每套购买价为180万元,向职工出售的价格为每套150万元。假定该100名职工均在2×24年度中陆续购买了公司出售的住房,售房协议规定,职工在取得住房后必须在公司服务15年。不考虑相关税费。假定不考虑其他因素,甲公司的账务处理如下:

(1) 甲公司向职工出售住房时:

借:银行存款　　　　　　　　　　　　　　　　　　　　　　　　94 000 000
　　长期待摊费用　　　　　　　　　　　　　　　　　　　　　　22 000 000
　　贷:固定资产　　　　　　　　　　　　　　　　　　　　　　　116 000 000

(2) 出售住房后的15年内,甲公司每年应当按照直线法在15年内摊销长期待摊费用,并进行相应处理时:

借:生产成本　　　　　　　　　　　　　　　　　　　　　　　　 1 066 667
　　管理费用　　　　　　　　　　　　　　　　　　　　　　　　　 400 000
　　贷:应付职工薪酬——非货币性福利　　　　　　　　　　　　　1 466 667
借:应付职工薪酬——非货币性福利　　　　　　　　　　　　　　　1 466 667
　　贷:长期待摊费用　　　　　　　　　　　　　　　　　　　　　 1 466 667

【例12-14】沿用【例12-13】的资料。假定该100名职工均在2×24年度中陆续购买了公司出售的住房,售房协议没有规定职工在取得住房后的服务年限,不考虑相关税费;假定不考虑其他因素,甲公司的账务处理如下:

甲公司向职工出售住房时:

借:生产成本　　　　　　　　　　　　　　　　　　　　　　　　16 000 000
　　管理费用　　　　　　　　　　　　　　　　　　　　　　　　 6 000 000
　　贷:应付职工薪酬——非货币性福利　　　　　　　　　　　　22 000 000
借:银行存款　　　　　　　　　　　　　　　　　　　　　　　　94 000 000
　　应付职工薪酬——非货币性福利　　　　　　　　　　　　　　22 000 000
　　贷:固定资产　　　　　　　　　　　　　　　　　　　　　　 116 000 000

5. 带薪缺勤

带薪缺勤是指企业对各种原因产生的缺勤支付工资或提供补偿,包括:年休假、病假、短期伤残假、婚假产假、丧假、探亲假等。带薪缺勤主要分为累积带薪缺勤和非累积带薪缺勤两类。

（1）累积带薪缺勤。

累积带薪缺勤，是指带薪权利可以结转下期的带薪缺勤，本期尚未用完的带薪缺勤权利可以在未来期间使用。企业应当在职工提供了服务从而增加了其未来享有的带薪缺勤权利时，确认与累积带薪缺勤相关的职工薪酬，并以累积未行使权利而增加的预期支付金额计量。企业在会计期末确认累积带薪缺勤时，借记"生产成本"、"制造费用"、"管理费用"、"销售费用"等账户，贷记"应付职工薪酬"等账户。

值得特别说明的是，如果职工在离开企业时能够获得对未行使权利的现金支付，企业就应当确认企业必须支付的、职工全部累积未使用权利的金额。如果职工在离开企业时不能获得对未行使权利的现金支付，则企业应当根据资产负债表日因累积未使用权利而导致预期支付的追加金额，作为累积带薪缺勤费用的预计。

【例12－15】甲公司共有1 000名职工，自2×24年1月1日起，该公司实行累积带薪缺勤制度。该制度规定，每个职工每年可享受5个工作日带薪年休假，未使用的年休假只能向后结转一个日历年度，超过1年未使用的权利作废，不能在职工离开公司时获得现金支付；职工年休假是以后进先出为基础，即首先从当年可享受的权利中扣除，再从上年结转的带薪年休假余额中扣除；职工离开公司时，公司对职工未使用的累积带薪年休假不支付现金。2×24年12月31日，每个职工当年平均未使用带薪年休假为2天。根据过去的经验并预期该经验将继续适用，甲公司预计2×25年有950名职工将享受不超过5天的带薪年休假，剩余50名职工每人将平均享受6天半的年休假，假定这50名职工全部为总部各部门经理，该公司平均每名职工每个工作日工资为300元。假定不考虑其他因素，甲公司的账务处理如下：

【分析】：甲公司在2×24年12月31日应当预计由于职工累积未使用的带薪年休假权利而导致预期将支付的工资负债，即相当于75（1.5天/人×50人）天的年休假工资22 500（300元/天×75天）元。

借：管理费用 22 500
　　贷：应付职工薪酬——累积带薪缺勤 22 500

2×25年，如果50名职工均未享受累积未使用的带薪年休假，则冲回上年度确认的费用：

借：应付职工薪酬——累积带薪缺勤 22 500
　　贷：管理费用 22 500

2×25年，如果50名职工均享受了累积未使用的带薪年休假，则：

借：应付职工薪酬——累积带薪缺勤 22 500
　　贷：银行存款 22 500

（2）非累积带薪缺勤。

非累积带薪缺勤，是指带薪权利不能结转下期的带薪缺勤，本期尚未用完的带薪缺勤权利将予以取消，并且职工离开企业时也无权获得现金支付。我国企业职工休婚假、产假、丧假、探亲假、病假期间的工资通常属于非累积带薪缺勤。

由于职工提供服务本身不能增加其能够享受的福利金额，企业在职工未缺勤时不应当计提相关费用和负债;企业应在职工缺勤时确认职工享有的带薪权利,即视同职工出勤确认的相关资产成本或当期费用。企业应当在缺勤期间计提应付工资时一并处理。企业应当在职工实际发生缺勤的会计期间确认与非累积带薪缺勤相关的职工薪酬。

6. 短期利润分享计划

企业制订有利润分享计划的,如规定当职工在企业工作了特定期限后,能够享有按照企业净利润的一定比例计算的薪酬,如果职工在企业工作到特定期末,其提供的服务就会增加企业应付职工薪酬金额,或者尽管企业没有支付这类薪酬的法定义务,但是有支付此类薪酬的惯例,或者说企业除了支付此类薪酬外没有其他现实的选择,企业应当及时按照规定,进行相应的会计处理。

利润分享计划同时满足下列条件的,企业应当确认相关的应付职工薪酬,并计入当期损益或者相关资产成本:

(1) 企业因过去事项导致现在具有支付职工薪酬的法定义务。

(2) 因利润分享计划所产生的应付职工薪酬义务能够可靠估计。属于以下三种情形之一的,视为义务金额能够可靠估计:①在财务报告批准报出之前企业已确定应支付的薪酬金额;②该利润分享计划的正式条款中包括确定薪酬金额的方式;③过去的惯例为企业确定推定义务金额提供了明显证据。

企业根据企业经济效益增长的实际情况提取的奖金,属于奖金计划,应当比照利润分享计划进行处理。职工只有在企业工作一段特定期间才能分享利润的,企业在计量利润分享计划产生的应付职工薪酬时,应当反映职工因离职而没有得到利润分享计划支付的可能性。如果企业在职工为其提供相关服务的年度报告期间结束后 12 个月内,不需要全部支付利润分享计划产生的应付职工薪酬,该利润分享计划应当适用其他长期职工福利的有关规定。

【例 12-16】甲公司于 2×24 年年初制订并实施了一项短期利润分享计划,以对公司管理层进行激励。该计划规定,公司全年的净利润指标为 1 000 万元,如果在公司管理层的努力下完成的净利润超过 1 000 万元,公司管理层将可以分享超过 1 000 万元净利润部分的 10% 作为额外报酬。假定至 2×24 年 12 月 31 日,公司全年实际完成净利润 1 500 万元。假定不考虑离职等其他因素,则公司管理层按照利润分享计划可以分享利润 50 [(1 500 - 1 000) × 10%] 万元作为其额外的薪酬。

甲公司的账务处理如下:

借:管理费用　　　　　　　　　　　　　　　　　　　　　　　500 000
　　贷:应付职工薪酬——利润分享计划　　　　　　　　　　　　500 000

三、离职后福利

(一) 离职后福利的相关概念

离职后福利,是指企业为获得职工提供的服务而在职工退休或与企业解除劳动关系后,提供的各种形式的报酬和福利,属于短期薪酬和辞退福利的除外。

离职后福利计划,是指企业与职工就离职后福利达成的协议,或者企业为向职工提供离职后福利制定的规章或办法等。离职后福利计划按其特征可以分为设定提存计划和设定受益计划。

(二) 离职后福利的核算

1. 设定提存计划

设定提存计划，是指向独立的基金缴存固定费用后，企业不再承担进一步支付义务的离职后福利计划。设定提存计划的会计处理比较简单，因为企业在每一期间的义务取决于该期间将要提存的金额。因此，在计量义务或费用时不需要精算假设，通常也不存在精算利得或损失。企业应在资产负债表日确认为换取职工在会计期间内为企业提供的服务而应付给设定提存计划的提存金，并作为一项费用计入当期损益或相关资产成本。借记"生产成本"、"制造费用"、"管理费用"、"销售费用"等账户，贷记"应付职工薪酬"等账户。

【例 12–17】甲企业为管理人员设立了一项企业年金。每月该企业按照每个管理人员工资的5%向独立于甲企业的年金基金缴存企业年金，年金基金将其计入该管理人员个人账户并负责资金的运作。该管理人员退休时可以一次性获得其个人账户的累积额，包括公司历年来的缴存额以及相应的投资收益。公司除了按照约定向年金基金缴存之外不再负有其他义务，既不享有缴存资金产生的收益，也不承担投资风险。因此，该福利计划为设定提存计划。2×24年，按照计划安排，该企业向年金基金缴存的金额为1 000万元。假定不考虑其他因素，甲公司的账务处理如下：

借：管理费用　　　　　　　　　　　　　　　　　　　　10 000 000
　　贷：应付职工薪酬——设定提存计划（企业年金）　　　　10 000 000
借：应付职工薪酬——设定提存计划（企业年金）　　　　10 000 000
　　贷：银行存款　　　　　　　　　　　　　　　　　　　10 000 000

2. 设定受益计划

设定受益计划，是指除设定提存计划以外的离职后福利计划。两者的区分取决于计划的主要条款和条件所包含的经济实质。在设定提存计划下，企业的法定义务是以企业同意向基金的缴存额为限，职工所取得的离职后福利金额取决于向离职后福利计划或保险公司支付的提存金金额，以及提存金所产生的投资回报，从而精算风险（即福利将少于预期）和投资风险（即投资的资产将不足以支付预期的福利）实质上要由职工来承担。在设定受益计划下，企业的义务是为现在及以前的职工提供约定的福利，并且精算风险和投资风险实质上由企业来承担，因此，如果精算或者投资的实际结果比预期差，则企业的义务可能会增加。

目前，我国很少有企业存在设定受益计划。因此，这部分内容的会计处理不予介绍，有兴趣的读者可以参考《企业会计准则第9号——职工薪酬》及其应用指南。

四、辞退福利

辞退福利，是指企业在职工劳动合同到期之前解除与职工的劳动合同关系，或者为鼓励职工自愿接受裁减而给予职工的补偿。辞退福利主要包括：①在职工劳动合同尚未到期前，不论职工本人是否愿意，企业决定解除与职工的劳动关系而给予的补偿。②在职工劳动合同尚未到期前，为鼓励职工自愿接受裁减而给予的补偿，职工有权利选择继续在职或接受补偿离职。

辞退福利通常采取解除劳动关系时一次性支付补偿的方式，也有通过提高退休后养老金或其他离职后福利的标准，或者在职工不再为企业带来经济利益后，将职工工资支付到辞退后未来某一期间的方式。企业与职工解除劳动关系的补偿计划或辞退福利计划应当经企业董事会或类似权力机构的批准。

企业根据辞退福利的定义和包括的内容，区分辞退福利与正常退休养老金。辞退福利是在职工与企业签订的劳动合同到期前，企业根据法律与职工本人或职工代表（工会）签订的协议，或者基于商业惯例，承诺当其提前终止对职工的雇佣关系时支付的补偿，引发补偿的事项是辞退，因此，企业应当在辞退时进行确认和计量；正常退休养老金，是指在职工与企业签订的劳动合同到期时，或者职工达到了国家规定的退休年龄时获得的退休后生活补偿金额，此种情况下给予补偿的事项是职工在职时提供的服务而不是退休本身，因此，企业应当在职工提供服务的会计期间确认和计量。

另外，职工虽然没有与企业解除劳动合同，但未来不再为企业提供服务，不能为企业带来经济利益，企业承诺提供实质上具有辞退福利性质的经济补偿的，发生"内退"的情况，在其正式退休日期之前应当比照辞退福利处理，在其正式退休日期之后，应当按照正常退休养老金处理。

企业在具有支付辞退福利的义务时，做如下会计处理：

借：管理费用
　　贷：应付职工薪酬——辞退福利

五、其他长期职工福利

其他长期职工福利，是指企业向职工支付的除短期薪酬、离职后福利和辞退福利以外的其他所有职工福利。其他长期职工福利包括以下各项（假设预计在职工提供相关服务的年度报告期末以后12个月内不会全部结算）：长期带薪缺勤，如其他长期服务福利、长期残疾福利、长期利润分享计划和长期奖金计划，以及递延酬劳等。

企业向职工提供的其他长期职工福利，符合设定提存计划条件的，应当按照设定提存计划的有关规定进行会计处理。符合设定受益计划条件的，企业应当按照设定受益计划的有关规定，确认和计量其他长期职工福利净负债或净资产。在报告期末，企业应当将其他长期职工福利产生的职工薪酬成本确认为下列组成部分：①服务成本；②其他长期职工福利净负债或净资产的利息净额；③重新计量其他长期职工福利净负债或净资产所产生的变动。

为了简化相关会计处理，上述项目的总金额应计入相关资产成本或当期损益。

第五节　应交税费

企业在一定时期内取得的营业收入和实现的利润或发生特定经营行为，要按照规定向国家缴纳各种税金，主要包括增值税、消费税、所得税、资源税、房产税、车船税、城市维护建设税、教育费附加等。企业在形成应纳税义务时，应按照权责发生制的原则确认应交税费。这些应交税费在尚未缴纳之前，形成企业的一项流动负债。企业通过设置"应交税费"账户，并在该账户下按照税种设置有关明细账进行核算。

一、增值税

（一）增值税的定义

增值税是以商品（含货物、加工修理修配劳务、服务、无形资产或不动产，以下统称商品）在流转过程中产生的增值额作为计税依据而征收的一种流转税。按照增值税有关规定，企业购入商品支付的增值税（即进项税额），可以从销售商品按规定收取的增值税（即销项税额）中抵扣。增值税纳税人按其经营规模和会计核算健全程度划分为一般纳税人和小规模纳税人，其中小规模纳税人是指年销售额在规定标准以下，并且会计核算不健全，不能按规定报送有关税务资料的增值税纳税人。自2018年5月1日起，增值税小规模纳税人标准为年应征增值税销售额为500万元及以下。

（二）账务处理

1. 小规模纳税人发生的应税行为适用简易计税方法计税

小规模纳税人在销售商品时，实行按照销售额和征收率计算应纳税额的简易计税方法计算增值税税额，支付的增值税税额均不计入进项税额，不得由销项税额抵扣，应计入相关成本费用。其应纳税额的计算公式如下：

应纳税额 = 销售额 × 征收率

在以上计算公式中，简易计税方法的销售额是指不含税销售额，即不含增值税税额的销售额。小规模纳税人在销售商品时采用销售额和应纳税额合并定价方法的，需要将含税销售额换算成不含税销售额。换算公式如下：

销售额 = 含税销售额 ÷ (1 + 征收率)

小规模纳税人在销售商品时，一般只能开具普通发票。如果需要开具增值税专用发票，可以向主管税务机关申请代开。小规模纳税人购买商品时，无论是否取得增值税专用发票，其支付的增值税税额均不确认为进项税额，也不能抵扣应纳税额，而应计入购买商品的成本。

小规模纳税企业核算应缴纳的增值税税额，应设置"应交税费——应交增值税"账户。

【例12-18】甲公司为工业生产企业，被核定为小规模纳税人，本期购入原材料，按照增值税专用发票上记载的原材料价款为100万元，支付的增值税税额为13万元，企业开出承兑的商业汇票，材料已到达并验收入库（材料按实际成本核算）。该企业本期销售产品，销售价格总额为90万元（含税），假定符合收入确认条件，货款尚未收到。该企业适用减按1%征收率征收增值税。假定不考虑其他因素，甲公司的账务处理如下：

(1) 购进货物时：

借：原材料　　　　　　　　　　　　　　　　　1 130 000
　　贷：应付票据　　　　　　　　　　　　　　　　1 130 000

(2) 销售货物时：

不含税价格 = 900 000 ÷ (1 + 1%) = 891 089.11（元）
应交增值税 = 891 089.11 × 1% = 8 910.89（元）

借：应收账款　　　　　　　　　　　　　　　　900 000
　　贷：主营业务收入　　　　　　　　　　　　　　891 089.11
　　　　应交税费——应交增值税　　　　　　　　　　8 910.89

2. 一般纳税人增值税业务的核算

（1）账户设置。

增值税一般纳税人应当在"应交税费"账户下设置"应交增值税"、"未交增值税"、"预交增值税"、"待抵扣进项税额"、"待认证进项税额"、"待转销项税额"、"增值税留抵税额"、"简易计税"、"转让金融商品应交增值税"、"代扣代交增值税"等明细科目。

①增值税一般纳税人应在"应交增值税"明细科目下设置"进项税额"、"销项税额抵减"、"已交税金"、"转出未交增值税"、"减免税款"、"出口抵减内销产品应纳税额"、"销项税额"、"出口退税"、"进项税额转出"、"转出多交增值税"等专栏。其中："进项税额"专栏记录一般纳税人购进货物、加工修理修配劳务、服务、无形资产或不动产而支付或负担的、准予从当期销项税额中抵扣的增值税额；"销项税额抵减"专栏记录一般纳税人按照现行增值税制度规定因扣减销售额而减少的销项税额；"已交税金"专栏记录一般纳税人当月已交纳的应交增值税额；"转出未交增值税"和"转出多交增值税"专栏分别记录一般纳税人月度终了转出当月应交未交或多交的增值税额；"减免税款"专栏记录一般纳税人按现行增值税制度规定准予减免的增值税额；"出口抵减内销产品应纳税额"专栏记录实行"免、抵、退"办法的一般纳税人按规定计算的出口货物的进项税抵减内销产品的应纳税额；"销项税额"专栏记录一般纳税人销售货物、加工修理修配劳务、服务、无形资产或不动产应收取的增值税额；"出口退税"专栏记录一般纳税人出口货物、加工修理修配劳务、服务、无形资产按规定退回的增值税额；"进项税额转出"专栏记录一般纳税人购进货物、加工修理修配劳务、服务、无形资产或不动产等发生非正常损失以及其他原因而不应从销项税额中抵扣、按规定转出的进项税额。

②"未交增值税"明细科目核算一般纳税人月度终了从"应交增值税"或"预交增值税"明细科目转入当月应交未交、多交或预缴的增值税额，以及当月交纳以前期间未交的增值税额。

③"预交增值税"明细科目核算一般纳税人转让不动产、提供不动产经营租赁服务、提供建筑服务、采用预收款方式销售自行开发的房地产项目等，以及其他按现行增值税制度规定应预缴的增值税额。

④"待抵扣进项税额"明细科目核算一般纳税人已取得增值税扣税凭证并经税务机关认证，按照现行增值税制度规定准予以后期间从销项税额中抵扣的进项税额。包括：实行纳税辅导期管理的一般纳税人取得的尚未交叉稽核比对的增值税扣税凭证上注明或计算的进项税额。

⑤"待认证进项税额"明细科目核算一般纳税人由于未经税务机关认证而不得从当期销项税额中抵扣的进项税额。包括：一般纳税人已取得增值税扣税凭证、按照现行增值税制度规定准予从销项税额中抵扣，但尚未经税务机关认证的进项税额；一般纳税人已申请稽核但尚未取得稽核相符结果的海关缴款书进项税额。

⑥"待转销项税额"明细科目核算一般纳税人销售货物、加工修理修配劳务、服务、无形资产或不动产，已确认相关收入（或利得）但尚未发生增值税纳税义务而需于以后期间确认为销项税额的增值税额。

⑦"增值税留抵税额"明细科目核算经税务机关核准的允许退还的增值税期末留抵税额以及缴回的已退还的留抵退税款项。纳税人在税务机关准予留抵退税时，按税务机关核准

允许退还的留抵税额,借记"应交税费——增值税留抵税额"账户,贷记"应交税费——应交增值税(进项税额转出)"账户;在实际收到留抵退税款项时,按收到留抵退税款项的金额,借记"银行存款"账户,贷记"应交税费——增值税留抵税额"账户。纳税人将已退还的留抵退税款项缴回并继续按规定抵扣进项税额时,按缴回留抵退税款项的金额,借记"应交税费——应交增值税(进项税额)"账户,贷记"应交税费——增值税留抵税额"账户,同时借记"应交税费——增值税留抵税额"账户,贷记"银行存款"账户。

⑧ "简易计税"明细科目核算一般纳税人采用简易计税方法发生的增值税计提、扣减、预缴、缴纳等业务。

⑨ "转让金融商品应交增值税"明细科目核算增值税纳税人转让金融商品发生的增值税额。

⑩ "代扣代交增值税"明细科目核算纳税人购进在境内未设经营机构的境外单位或个人在境内的应税行为代扣代缴的增值税。

(2) 采购商品或接受劳务、服务的账务处理。

① 一般业务的处理。

增值税一般纳税人发生的应税行为适用一般计税方法计税。在这种方法下,采购等业务进项税额允许抵扣销项税额。在购进阶段,会计处理时实行价与税的分离,属于价款部分,计入购入商品的成本;属于增值税税额部分,按规定计入进项税额,借记"材料采购"、"在途物资"、"原材料"、"库存商品"、"委托加工物资"、"固定资产"、"无形资产"、"生产成本"、"管理费用"、"应交税费——应交增值税(进项税额)"等账户,贷记"银行存款"、"应付票据"、"应付账款"等账户。

【例 12-19】甲公司为工业生产企业,认定为增值税一般纳税人,本期从房地产开发企业购入不动产作为行政办公场所,按固定资产核算。甲公司为购置该项不动产共支付价款和相关税费 8 000 万元,其中含增值税 330 万元。根据现行增值税制度规定,假定不考虑其他因素,甲公司的账务处理如下:

借:固定资产 76 700 000
    应交税费——应交增值税(进项税额) 3 300 000
  贷:银行存款 80 000 000

② 进项税额不予抵扣的情况及抵扣情况发生变化的会计处理。

按照增值税有关规定,一般纳税人购进货物、加工修理修配劳务、服务、无形资产或不动产,用于简易计税方法计税项目、免征增值税项目、集体福利或个人消费等,其进项税额不得从销项税额中抵扣的,应当计入相关成本费用,不通过"应交税费——应交增值税(进项税额)"账户核算。

因发生非正常损失或改变用途等,导致原已计入进项税额但按现行增值税制度规定不得从销项税额中抵扣的,应当将进项税额转出,借记"待处理财产损溢"、"应付职工薪酬"等账户,贷记"应交税费——应交增值税(进项税额转出)"账户。

原不得抵扣且未抵扣进项税额的固定资产、无形资产等,因改变用途等用于允许抵扣进项税额的应税项目的,应当在用途改变的次月调整相关资产账面价值,按允许抵扣的进项税额,借记"应交税费——应交增值税(进项税额)"账户,贷记"固定资产"、"无形资产"等账户,并按调整后的账面价值计提折旧或者摊销。

【例12-20】甲公司为工业企业,核定为增值税一般纳税人,本期购入一批材料,增值税专用发票上注明的增值税税额为15.6万元,材料价款为120万元。材料已入库,货款已经支付(假如该企业材料采用实际成本进行核算)。材料入库后,该企业将该批材料全部用于发放职工福利。假定不考虑其他因素,甲公司的账务处理如下:

(1) 材料入库时:

借:原材料　　　　　　　　　　　　　　　　　　　　　　　1 200 000
　　应交税费——应交增值税(进项税额)　　　　　　　　　　156 000
　　贷:银行存款　　　　　　　　　　　　　　　　　　　　　1 356 000

(2) 用于发放职工福利时:

借:应付职工薪酬——非货币性福利　　　　　　　　　　　　1 356 000
　　贷:应交税费——应交增值税(进项税额转出)　　　　　　156 000
　　　　原材料　　　　　　　　　　　　　　　　　　　　　　1 200 000

【例12-21】沿用【例12-20】的资料。假设材料入库后,该企业将该批材料全部用于办公楼工程建设项目。假定不考虑其他因素,甲公司的账务处理如下:

(1) 材料入库时:

借:原材料　　　　　　　　　　　　　　　　　　　　　　　1 200 000
　　应交税费——应交增值税(进项税额)　　　　　　　　　　156 000
　　贷:银行存款　　　　　　　　　　　　　　　　　　　　　1 356 000

(2) 工程领用材料时:

借:在建工程　　　　　　　　　　　　　　　　　　　　　　1 200 000
　　贷:原材料　　　　　　　　　　　　　　　　　　　　　　1 200 000

(3) 销售商品或提供劳务、服务的账务处理。

①一般业务的处理。

在销售阶段,销售价格中不再含税,如果定价时含税,应还原为不含税价格作为销售收入,确认收入的同时结转成本,并将向购买方收取的增值税作为销项税额,借记"银行存款"、"应收账款"、"应收票据"等账户,贷记"主营业务收入"、"应交税费——应交增值税(销项税额)"等账户,同时借记"主营业务成本",贷记"库存商品"等账户。

②视同销售的会计处理。

按照增值税有关规定,对于企业将自产、委托加工或购买的货物分配给股东或投资者;将自产、委托加工的货物用于集体福利或个人消费等行为,视同销售货物,需计算交纳增值税。对于税法上某些视同销售的行为,如以自产产品对外投资,从会计角度看属于非货币性资产交换,因此,会计核算遵照非货币性资产交换准则进行会计处理。但是,无论会计上如何处理,只要税法规定需要交纳增值税的,应当计算交纳增值税销项税额,并记入"应交税费——应交增值税(销项税额)"账户。

③差额征税的会计处理。

一般纳税人提供应税服务,按照营业税改征增值税有关规定允许从销售额中扣除其支付给其他单位或个人价款的,在收入采用总额法确认的情况下,减少的销项税额应借记"应交税费——应交增值税(销项税额抵减)"账户,同理,小规模纳税人应借记"应交税费——应交增值税"账户;在收入采用净额法确认的情况下,按照增值税有关规定确定的销售额计算增值税销项税额并记入"应交税费——应交增值税（销项税额）"账户。

【例12-22】 乙客运场站为增值税一般纳税人，为甲客运公司提供客源组织、售票、检票、发车、运费结算等服务。乙公司采用差额征税的方式，以其取得的全部价款和价外费用，扣除支付给承运方运费后的余额为销售额。本期乙公司向旅客收取车票款项530 000元，应向甲客运公司支付477 000元，剩下的53 000元中，50 000元作为销售额，3 000元为增值税销项税额。假定不考虑其他因素，乙公司的账务处理如下：

借：银行存款　　　　　　　　　　　　　　　　　　　　　　530 000
　　贷：主营业务收入　　　　　　　　　　　　　　　　　　　50 000
　　　　应交税费——应交增值税（销项税额）　　　　　　　　3 000
　　　　应付账款　　　　　　　　　　　　　　　　　　　　　477 000

【例12-23】 甲公司为旅游企业，认定为增值税一般纳税人，选择差额征税的方式。甲公司本期向旅游服务购买方收取的含税价款为530 000元（含增值税30 000元），应支付给其他接团旅游企业的旅游费用和其他单位的相关费用为424 000元，其中因允许扣减销售额而减少的销项税额24 000元。假设甲公司采用总额法确认收入，假定不考虑其他因素，甲公司的账务处理如下：

借：银行存款　　　　　　　　　　　　　　　　　　　　　　530 000
　　贷：主营业务收入　　　　　　　　　　　　　　　　　　　500 000
　　　　应交税费——应交增值税（销项税额）　　　　　　　　30 000
借：主营业务成本　　　　　　　　　　　　　　　　　　　　400 000
　　应交税费——应交增值税（销项税额抵减）　　　　　　　24 000
　　贷：应付账款　　　　　　　　　　　　　　　　　　　　　424 000

（4）转出多交增值税和未交增值税的会计处理。

为了分别反映增值税一般纳税人欠交增值税款和待抵扣增值税的情况，确保企业及时足额上交增值税，避免出现企业用以前月份欠交增值税抵扣以后月份未抵扣的增值税的情况，企业应在"应交税费"账户下设置"未交增值税"明细科目，核算企业月份终了从"应交税费——应交增值税"账户转入的当月未交或多交的增值税；同时，在"应交税费——应交增值税"账户下设置"转出未交增值税"和"转出多交增值税"专栏。月份终了，企业计算出当月应交未交的增值税，借记"应交税费——应交增值税（转出未交增值税）"账户，贷记"应交税费——未交增值税"账户；当月多交的增值税，借记"应交税费——未交增值税"账户，贷记"应交税费——应交增值税（转出多交增值税）"账户。

（5）交纳增值税的会计处理。

企业当月交纳当月的增值税，通过"应交税费——应交增值税（已交税金）"账户进行核算，借记"应交税费——应交增值税（已交税金）"账户（小规模纳税人应借记"应交税费应交增值税"账户），贷记"银行存款"账户；当月交纳以前各期未交的增值税，通过"应交税费——未交增值税"账户核算，借记"应交税费——未交增值税"账户，贷记"银行存款"账户。企业预缴增值税，借记"应交税费——预交增值税"账户，贷记"银行存款"账户。月末，企业应将"预交增值税"明细账户余额转入"未交增值税"明细账户，借记"应交税费——未交增值税"账户，贷记"应交税费——预交增值税"账户。

(6) 增值税税控系统专用设备和技术维护费用抵减增值税额的会计处理。

按增值税有关规定，初次购买增值税税控系统专用设备支付的费用以及缴纳的技术维护费允许在增值税应纳税额中全额抵减。企业购入增值税税控系统专用设备，按实际支付或应付的金额，借记"固定资产"账户，贷记"银行存款"、"应付账款"等账户。按规定抵减的增值税应纳税额，借记"应交税费——应交增值税（减免税款）"账户（小规模纳税人借记"应交税费——应交增值税"账户），贷记"管理费用"账户。

企业发生技术维护费，按实际支付或应付的金额，借记"管理费用"等账户，贷记"银行存款"等账户。按规定抵减的增值税应纳税额，借记"应交税费——应交增值税（减免税款）"账户（小规模纳税人借记"应交税费——应交增值税"账户），贷记"管理费用"等账户。

（7）减免、免征和加计抵减增值税的会计处理

属于一般纳税人的加工型企业根据税法规定招用自主就业退役士兵，并按定额扣减增值税的，即对于当期直接减免的增值税，应当将减征的税额计入当期损益。借记"应交税费——应交增值税（减免税款）"账户，贷记"其他收益"账户。小规模纳税人在取得销售收入时，应当按照税法的规定计算应交增值税，如其销售额满足税法规定的免征增值税条件时，应当将免征的税额转入当期损益，借记"应交税费——应交增值税"账户，贷记"其他收益"账户。

生产性服务业和生活性服务业的纳税人以及先进制造业企业、集成电路企业和工业母机企业适用增值税加计抵减政策，实际缴纳增值税时，按应纳税额借记"应交税费——未交增值税"账户，按实际纳税金额贷记"银行存款"账户，按加计抵减金额贷记"其他收益"账户。

二、消费税

（一）消费税的概念

消费税是国家为了正确引导消费方向，在普遍征收增值税的基础上，选择部分消费品再征收一道税收的商品流转税。

消费税的征收方法采取从价定率和从量定额两种方法。在从价定率的征收方法下，应纳税额等于应税消费品的销售额乘以适用的消费税税率。

在从量定额的征收方法下，应纳税额等于应税消费品的销售数量乘以单位税额。

（二）账户设置

企业按规定应交的消费税，在"应交税费"账户下应设置"应交消费税"明细科目核算。"应交税费——应交消费税"账户的借方发生额，反映实际交纳的消费税和待扣的消费税；贷方发生额，反映按规定应交纳的消费税；期末贷方余额，反映尚未交纳的消费税，期末借方余额，反映多交或待扣的消费税。

（三）产品销售的会计处理

企业销售产品时应交纳的消费税，应分别情况进行处理：

企业将生产的产品直接对外销售的，对外销售产品应交纳的消费税，通过"税金及附加"账户核算；企业按规定计算出应交的消费税，借记"税金及附加"账户，贷记"应交税费——应交消费税"账户。企业以应税消费品用于在建工程项目，应交的消费税计入在

建工程成本。

【例12-24】甲公司于2×24年5月15日销售一批自产化妆品,售价为70 000元,成本为42 000元,款项尚未收到。该化妆品适用的消费税税率为30%,增值税税率为13%。假定不考虑其他因素,甲公司的账务处理如下:

(1) 2×24年5月15日,销售化妆品、确认营业收入时:

应交增值税 = 70 000 × 13% = 9 100(元)

借:应收账款 79 100
  贷:主营业务收入 70 000
    应交税费——应交增值税(销项税额) 9 100

(2) 2×24年5月15日,计算化妆品应纳消费税税额时:

应交消费税 = 70 000 × 30% = 21 000(元)

借:税金及附加 21 000
  贷:应交税费——应交消费税 21 000

(3) 2×24年5月15日,结转化妆品销售成本时:

借:主营业务成本 42 000
  贷:库存商品 42 000

(四) 委托加工应税消费品的会计处理

按照税法规定,企业委托加工的应税消费品,由受托方在向委托方交货时代扣代缴税款(除受托加工或翻新改制金银首饰按规定由受托方交纳消费税外)。委托加工的应税消费品,委托方用于直接对外销售的,不再征收消费税;委托方用于连续生产应税消费品的,其已缴纳的消费税税款准予按规定从连续生产的应税消费品的应纳消费税税额中抵扣。

委托加工应税消费品,是指由委托方提供原料和主要材料,受托方只收取加工费和代垫部分辅助材料加工的应税消费品。对于由受托方提供原材料生产的应税消费品,或者受托方先将原材料卖给委托方,然后再接受加工的应税消费品,以及由受托方以委托方名义购进原材料生产的应税消费品,都不作为委托加工应税消费品,而应当按照销售自制应税消费品交纳消费税。

需要交纳消费税的委托加工应税消费品,在委托方提货时,由受托方代收代缴税款。受托方按应扣税款金额,借记"应收账款"、"银行存款"等账户,贷记"应交税费——应交消费税"账户。委托加工应税消费品收回后,直接用于销售时,委托方应将代收代缴的消费税计入委托加工的应税消费品成本,借记"委托加工物资"、"合同履约成本"等账户,贷记"应付账款"、"银行存款"等账户,待委托加工应税消费品销售时,不需要再交纳消费税;委托加工的应税消费品收回后用于连续生产应税消费品,按规定准予抵扣的,委托方应按代收代缴的消费税款,借记"应交税费——应交消费税"账户,贷记"应付账款"、"银行存款"等账户,待用委托加工的应税消费品生产出应纳消费税的产品销售时,再缴纳消费税。

【例12-25】甲公司委托外单位加工材料(非金银首饰),原材料价款为20万元,加工费用为5万元,由受托方代收代缴的消费税为0.5万元(不考虑增值税),材料已经加工完毕验收入库,加工费用尚未支付。假定该企业材料采用实际成本核算。假定不考虑其他因素,甲公司的账务处理如下:

如果甲公司收回加工后的材料用于继续生产应税消费品时：

借：委托加工物资　　　　　　　　　　　　　　　　200 000
　　　贷：原材料　　　　　　　　　　　　　　　　　　　200 000
借：委托加工物资　　　　　　　　　　　　　　　　 50 000
　　应交税费——应交消费税　　　　　　　　　　　　5 000
　　　贷：应付账款　　　　　　　　　　　　　　　　　 55 000
借：原材料　　　　　　　　　　　　　　　　　　　250 000
　　　贷：委托加工物资　　　　　　　　　　　　　　　250 000

如果甲公司收回加工后的材料直接用于销售时：

借：委托加工物资　　　　　　　　　　　　　　　　200 000
　　　贷：原材料　　　　　　　　　　　　　　　　　　　200 000
借：委托加工物资　　　　　　　　　　　　　　　　 55 000
　　　贷：应付账款　　　　　　　　　　　　　　　　　 55 000
借：原材料　　　　　　　　　　　　　　　　　　　255 000
　　　贷：委托加工物资　　　　　　　　　　　　　　　255 000

（五）进出口产品的会计处理

需要缴纳消费税的进口消费品，其缴纳的消费税应计入该进口消费品的成本，借记"固定资产"、"材料采购"等账户，贷记"银行存款"等账户。

免征消费税的出口应税消费品分不同情况进行账务处理：①属于生产企业直接出口应税消费品或通过外贸企业出口应税消费品，按规定直接予以免税的，可以不计算应交消费税；②属于委托外贸企业代理出口应税消费品的生产企业，应在计算消费税时，按应交消费税税额，借记"应收账款"账户，贷记"应交税费——应交消费税"账户。应税消费品出口收到外贸企业退回的税金时，借记"银行存款"账户，贷记"应收账款"账户。发生退关、退货而补交已退的消费税时，作相反的会计分录。

【例12-26】 甲公司于2×24年12月6日从国外进口一批需要缴纳消费税的商品，该批商品的价款为360 000元，由海关核定的应纳消费税税额为82 000元，商品已验收入库，货款尚未支付。消费税税款已经以银行存款支付。假定不考虑其他因素，甲公司的账务处理如下：

借：库存商品　　　　　　　　　　　　　　　　　　442 000
　　　贷：银行存款　　　　　　　　　　　　　　　　　 82 000
　　　　　应付账款　　　　　　　　　　　　　　　　　360 000

三、其他应交税费

（一）资源税

资源税是对在我国领域或管辖的其他海域开发应税资源的单位和个人征收的一种税。我国对绝大多数矿产品实施从价计征。

企业按规定应交的资源税，在"应交税费"账户下设置"应交资源税"明细科目核算。企业按规定计算出销售应税产品应交纳的资源税，借记"税金及附加"账户，贷记"应交税费——应交资源税"账户。

（二）土地增值税

土地增值税是对有偿转让国有土地使用权及地上建筑物和其他附着物，取得增值收入的单位和个人征收的一种税。土地增值税按照转让房地产所取得的增值额和规定的税率计算征收。其中，增值额是指转让房地产所取得的收入减除规定扣除项目金额后的余额。企业转让房地产所取得的收入，包括货币收入、实物收入和其他收入。计算土地增值额的主要扣除项目有：①取得土地使用权所支付的金额；②开发土地的成本、费用；③新建房屋及配套设施的成本、费用，或者旧房及建筑物的评估价格；④与转让房地产有关的税金。

企业应交的土地增值税通过"应交税费——应交土地增值税"账户核算。兼营房地产业务的企业，应由当期的收入负担土地增值税时，借记"税金及附加"账户，贷记"应交税费——应交土地增值税"账户。转让的国有土地使用权与其地上建筑物及其附着物一并在"固定资产"或"在建工程"账户核算的，转让时应缴纳的土地增值税，借记"固定资产清理"或"在建工程"账户，贷记"应交税费——应交土地增值税"账户。企业在项目全部竣工结算前转让房地产取得的收入，按税法规定预交的土地增值税，借记"应交税费——应交土地增值税"账户，贷记"银行存款"等账户；待该项房地产销售收入实现时，再按上述销售业务的原则进行处理。该项目全部竣工、办理结算后进行清算，收到退回多交的土地增值税时，借记"银行存款"等账户，贷记"应交税费——应交土地增值税"账户，补交的土地增值税做相反的会计分录。

（三）房产税、土地使用税、车船税和印花税

房产税是国家对在城市、县城、建制镇和工矿区征收的由产权所有人缴纳的一种税。房产税依照房产原值一次减除10%至30%后的余额计算缴纳。没有房产原值作为依据的，由房产所在地税务机关参考同类房产核定；房产出租的，以房产租金收入作为房产税的计税依据。

土地使用税是国家为了合理利用城镇土地，调节土地级差收入，提高土地使用效益，加强土地管理而开征的一种税，以纳税人实际占用的土地面积为计税依据，依照规定税额计算征收。

车船税是由拥有并且使用车船的单位和个人缴纳的一种税。车船税按照适用税额计算缴纳。

企业按规定计算应交的房产税、土地使用税、车船税时，借记"税金及附加"账户，贷记"应交税费——应交房产税（或土地使用税、车船税）"账户；上交时，借记"应交税费——应交房产税（或土地使用税、车船税）"账户，贷记"银行存款"账户。

印花税的纳税人是在境内书立应税凭证（指《中华人民共和国印花税法》所附《印花税税目税率表》列明的合同、产权转移书据和营业账簿）、进行证券交易的单位和个人。印花税的纳税义务发生时间为纳税人书立应税凭证或者完成证券交易的当日。印花税按季、按年或者按次计征。实行按季、按年计征的，纳税人应当自季度、年度终了之日起15日内申报缴纳税款；实行按次计征的，纳税人应当自纳税义务发生之日起15日内申报缴纳税款。印花税可以采用粘贴印花税票或者由税务机关依法开具其他完税凭证的方式缴纳。印花税票粘贴在应税凭证上的，由纳税人在每枚税票的骑缝处盖戳注销或者画销。因此，企业采用粘贴印花税票的方式缴纳印花税不需要通过"应交税费"账户核算，在购买印花税票时，直接借记"税金及附加"账户，贷记"银行存款"账户。

(四) 城市维护建设税

城市维护建设税是为了加强城市的维护建设,扩大和稳定城市维护建设资金的来源,国家开征的一种税。企业按规定计算出的城市维护建设税,借记"税金及附加"等账户,贷记"应交税费——应交城市维护建设税"账户;实际上交时,借记"应交税费——应交城市维护建设税"账户,贷记"银行存款"账户。

(五) 所得税

企业的生产、经营所得和其他所得,依照有关所得税法及其细则的规定需要缴纳所得税。企业应缴纳的所得税,在"应交税费"账户下设置"应交所得税"明细科目核算;当期应计入损益的所得税,作为一项费用,在净收益前扣除。企业按照一定方法计算,计入损益的所得税,借记"所得税费用"等账户,贷记"应交税费——应交所得税"账户。

(六) 耕地占用税

耕地占用税是国家为了利用土地资源,加强土地管理,保护农用耕地而征收的一种税。耕地占用税以实际占用的耕地面积计税,按照规定税额一次征收。企业交纳的耕地占用税,不需要通过"应交税费"账户核算。企业按规定计算交纳耕地占用税时,借记"在建工程"账户,贷记"银行存款"账户。

第六节 应付利息、应付股利和其他应付款

一、应付利息

应付利息核算企业按照合同约定应支付的已过付息期但尚未支付的利息,包括分期付息、到期还本的长期借款和企业债券等的利息。"应付利息"账户可按债权人进行明细核算。应付利息的主要账务处理请参见长期借款、应付债券的账务处理。

【例12-27】甲公司于2×25年5月31日计算应支付的短期借款利息为1 500元,假定不考虑其他因素,甲公司的账务处理如下:

借:财务费用　　　　　　　　　　　　　　　　　　1 500
　　贷:短期借款——应计利息　　　　　　　　　　　　　　1 500

若合同约定的付息日为6月30日,甲公司在6月30日尚未支付该利息,则:

借:短期借款——应计利息　　　　　　　　　　　　1 500
　　贷:应付利息　　　　　　　　　　　　　　　　　　　1 500

二、应付股利

应付股利,是指企业经股东会或类似机构审议批准分配的现金股利或利润。企业股东会或类似机构审议批准的利润分配方案、宣告分派的现金股利或利润,在实际支付前,形成企业的负债。

为核算应付股利的相关业务,企业应设置"应付股利"账户。企业经股东会或类似机构审议批准利润分配方案,按应支付的现金股利或利润,借记"利润分配"账户,贷记"应付股利"账户;实际支付现金股利或利润时,借记"应付股利"账户,贷记"银行存

款"等账户。企业董事会或类似机构通过的利润分配方案中拟分配的现金股利或利润，不应确认负债，但应在附注中披露。

三、其他应付款

其他应付款，是指企业除应付票据、应付账款、预收账款、应付职工薪酬、应付利息、应付股利、应交税费、长期应付款等以外的其他各项应付、暂收的款项。

为核算其他应付款的相关业务，企业应设置"其他应付款"账户。

企业采用售后回购方式融入资金的，应按实际收到的金额，借记"银行存款"账户，贷记"其他应付款"、"应交税费"等账户。约定的回购价格与原销售价格之间的差额，应在售后回购期间内按期计提利息费用，借记"财务费用"账户，贷记"其他应付款"账户。按照合同约定购回该项商品时，应按实际支付的金额，借记"其他应付款"、"应交税费"等账户，贷记"银行存款"账户。

企业发生的其他各种应付、暂收款项，借记"管理费用"等账户，贷记"其他应付款"账户；支付的其他各种应付、暂收款项，借记"其他应付款"账户，贷记"银行存款"等账户。

案例分析：

核销应付款项获益 1 200 万元，皇台酒业被疑年末突击调节利润收关注函

上市逾十年的白酒上市公司皇台酒业走到了是否将被第四次挂上"*ST"的紧要关头。2018 年 1 月 4 日，皇台酒业发布公告称收到深交所关注函，要求公司结合 2016 年和 2017 年前三季度的财务情况，说明是否存在年末突击进行利润调节的问题。

据悉，皇台酒业因核销 16 家单位的长期挂账，在 2017 年末获得净利润 1 200 万元，而 2017 年前三季度，皇台酒业累计净亏损 6 740.36 万元，同比下降 37.74%。如果 2017 年年度报告披露的净资产或净利润为负值，皇台酒业将再次被实施*ST 特别处理。

核销 16 家单位应付账款

2017 年 12 月 28 日，皇台酒业披露《关于核销长期挂账应付款项的公告》，称公司董事会和监事会通过决议，拟对公司长期存在的应付款项进行核销，涉及 16 个应付款主体。经公司对前述主体进行核查，国家企业公示信息系统中无债权人信息的有 14 家，处于注销状态的 1 家，处于吊销、未注销状态的 1 家；"企查查"中无债权人信息的有 11 家，处于注销状态的 3 家，处于吊销状态的 2 家，武威市天马公证处对查询过程进行证据保全公证，并出具了公证书。

皇台酒业称与这 16 家单位自挂账以来不存在交易和对账往来情况。16 家单位的诉讼时效已全部过期。本次核销的长期挂账应付款项，将增加 2017 年度合并报表归属于母公司所有者净利润 0.12 亿元。

对此，深交所要求皇台酒业结合 2016 年和 2017 年前三季度的财务情况，说明是否存在年末突击进行利润调节的问题，并请皇台酒业会计师核查本次债务核销理由是否充分，相关账务处理是否合规。

此外，深交所还要求皇台酒业说明相关企业的工商登记信息是否充分，是否存在相关原主体已解散和注销，但存在存续主体承接相关债权的情形，请皇台酒业律师对此进行核查并出具专业意见。

皇台酒业需在2018年1月9日前将公司及相关中介的核查结果书面回复深交所。

存在第四次被实施*ST的风险

2017年10月31日，皇台酒业发布2017年第三季度报告，前三季度公司实现营业收入4 063.57万元，同比下降72.65%；实现归属于上市公司股东的净利润为亏损6 740.36万元，同比下降37.74%。与此同时，公司净资产为-2 247.11万元，同比减少150.01%。

报告还显示，第三季度公司实现营业收入252.89万元，同比下降97.04%；实现归属于上市公司股东的净利润为亏损1 277.82万元，同比下降85.72%。

对于业绩下滑及亏损原因，皇台酒业方面表示，主要是本报告期内计提预计负债增加营业外支出，以及销售渠道、产品结构调整造成阶段性销售额萎缩所致。皇台酒业还表示，此前因财务造假，被投资者索赔，当期损益受到影响。

公告显示，2017年8月1日，公司收到兰州市中级人民法院就10名自然人投资者诉皇台酒业"证券虚假陈述责任纠纷案"的民事判决书，判决公司合计赔付金额2 311万元。此次判决导致公司2017年半年报净资产为负值。

皇台酒业同时承认，如果2017年年度报告披露的净资产或净利润为负值，公司将再次被实施*ST特别处理。2001—2015年，皇台酒业已经先后三次被给予退市风险警示。

偏离主业转型幼教

皇台酒业早已显露出改变发展方向的迹象。2017年8月，皇台酒业宣布拟剥离白酒主业，转战幼教领域。

当时，皇台酒业发布《关于筹划重组停牌期满申请继续停牌公告》称，此次重大资产重组中，资产出售的交易方式为上海厚丰投资有限公司以现金方式购买公司拟剥离的白酒业务相关资产；对外投资的交易方式为公司以现金方式对标的公司进行增资。

本次重大资产重组中，资产出售的标的资产为公司拟剥离的与白酒业务相关的资产；对外投资的标的资产属于教育行业，主营业务为幼儿园课程开发与运营。

这并不是皇台酒业第一次试图转型。2015年，皇台酒业出资1 000万元设立了新疆安格瑞番茄产业投资有限公司，主营业务为番茄产业投资和番茄酱制造。2016年，该公司实现番茄制品销售收入1.05亿元，但毛利率为1.74%，净亏损1 122万元。

2016年12月，皇台酒业提出，基于公司发展战略，专注做强主营业务，公司董事会同意出让公司持有的新疆安格瑞全部股权。

——资料来源：新京报，2018-01-04.

讨论：

应付账款核销的条件是什么？将如何影响企业利润？

思考题

1. 什么是流动负债？其具有哪些特征？具体包括哪些？
2. 企业的职工薪酬主要包括哪些内容？企业应当如何核算提供给职工无偿使用的企业拥有或租入的资产？
3. 小规模纳税人与一般纳税人的增值税业务会计核算方法有什么主要不同？

练习题

1. 甲公司为上市公司，内审部门在审核公司及下属子公司 2×22 年度财务报表时，质疑以下交易或事项的会计处理：

2×21 年 12 月 20 日，甲公司与 10 名公司高级管理人员分别签订商品房销售合同。合同约定，甲公司将自行开发的 10 套房屋以每套 600 万元的优惠价格销售给 10 名高级管理人员；高级管理人员自取得房屋所有权后必须在甲公司工作 5 年，如果在工作未满 5 年的情况下离职，需根据服务期限补交款项。2×22 年 6 月 25 日，甲公司收到 10 名高级管理人员支付的款项 6 000 万元。2×22 年 6 月 30 日，甲公司与 10 名高级管理人员办理完毕上述房屋产权过户手续。上述房屋成本为每套 420 万元，市场价格为每套 800 万元。

甲公司对上述交易或事项的会计处理为：

借：银行存款　　　　　　　　　　　　　　　　　　　　6 000
　　贷：主营业务收入　　　　　　　　　　　　　　　　　　　6 000
借：主营业务成本　　　　　　　　　　　　　　　　　　4 200
　　贷：开发产品　　　　　　　　　　　　　　　　　　　　　4 200

要求：判断甲公司的会计处理是否正确，并说明理由，如果甲公司的会计处理不正确，编制更正甲公司 2×22 年度财务报表的会计分录（编制更正分录时可以使用报表项目）。

2. 甲股份有限公司（以下简称"甲公司"）2×24 年发生的与职工薪酬相关的事项如下：

（1）4 月 10 日，甲公司董事会通过决议，以本公司自产产品作为奖品，对乙车间全体员工超额完成一季度生产任务进行奖励，每名员工奖励一件产品，该车间员工总数为 200 人，其中车间管理人员 30 人，一线生产工人 170 人，发放给员工的本公司产品市场售价为 3 000 元/件，成本为 1 800 元/件。4 月 20 日，200 件产品发放完毕。

（2）甲公司共有 2 000 名员工，自 2×24 年 1 月 1 日起，该公司实行累积带薪休假制度，规定每名职工每年可享受 7 个工作日带薪休假，未使用的年休假可向后结转 1 个年度，超过期限未使用的作废，员工离职时也不能取得现金支付。2×24 年 12 月 31 日，每名职工当年平均未使用带薪休假为 2 天。根据过去的经验并预期该经验将继续适用，甲公司预计 2×25 年有 1 800 名员工将享受不超过 7 天带薪休假，剩余 200 名员工每人将平均享受 8.5 天休假，该 200 名员工中 150 名为销售部门人员，50 名为总部管理人员。甲公司平均每名员工每个工作日工资为 400 元。甲公司职工年休假以后进先出为基础，即有关休假首先从当年可享受的权利中扣除。

(3) 甲公司正在开发丙研发项目，2×24 年其发生项目研发人员工资 200 万元，其中自 2×24 年 1 月 1 日研发开始至 6 月 30 日发生的研发人员工资 120 万元属于费用化支出，7 月 1 日至 11 月 30 日研发项目达到预定用途前发生的研发人员工资 80 万元属于资本化支出，有关工资以银行存款支付。

(4) 2×24 年 12 月 20 日，甲公司董事会作出决议，拟关闭设在某地区的一分公司，并对该分公司员工进行补偿，方案为：对因尚未达到法定退休年龄提前离开公司的员工给予一次性离职补偿 30 万元，另外自其达到法定退休年龄后，按照每月 1 000 元的标准给予退休后补偿。涉及员工 80 人、每人 30 万元的一次性补偿 2 400 万元已于 12 月 26 日支付。每月 1 000 元的退休后补偿将自 2×25 年 1 月 1 日起陆续发放，根据精算结果，甲公司估计该补偿义务的现值为 1 200 万元。

其他有关资料：甲公司为增值税一般纳税人，适用的增值税税率为 17%。不考虑其他因素。

要求：就甲公司 2×24 年发生的与职工薪酬有关的事项，逐项说明其应进行的会计处理并编制相关会计分录。

3. 甲公司为增值税一般纳税人，适用一般计税方法计税。2×21 年 5 月 1 日，甲公司购入一套办公用房，购入价款为 780 000 元，增值税税额为 70 200 元，款项合计 850 200 元，以银行存款支付，购入后用于日常管理活动。2×21 年 12 月 31 日，该套办公用房累计计提折旧 26 000 元，账面价值为 754 000 元，公允价值为 880 000 元，甲公司随即与乙公司签订租赁协议，以经营租赁的方式将该套办公用房出租给乙公司。租赁协议约定，乙公司每季度末向甲公司支付一次租金，季度含税租金为 26 160 元，租期为 3 年。甲公司采用公允价值模式对出租的办公用房进行后续计量。2×22 年、2×23 年和 2×24 年年末，该办公用房的公允价值分别为 890 000 元、940 000 元和 920 000 元。2×24 年 12 月 31 日，租期届满，经与乙公司协商，甲公司将该办公用房出售给了乙公司，出售价款为 920 000 元，相应的增值税税额为 82 800 元，款项合计 1 002 800 元已存入银行。根据增值税法规的规定，甲公司以取得的全部价款扣除不动产购置原价后的余额，按照 5% 的预征率向税务机关预缴增值税税款。

2×24 年 12 月 31 日，甲公司"应交税费——应交增值税"账户有贷方余额 24 960 元，将其转入"应交税费——未交增值税"账户。

2×25 年 1 月 10 日，以银行存款缴纳上月全部未交增值税。

甲公司销售不动产租赁服务、购入和销售不动产适用的增值税税率为 9%。根据以上经济业务，为甲公司编制有关会计分录。

第十三章

非流动负债

本章结构

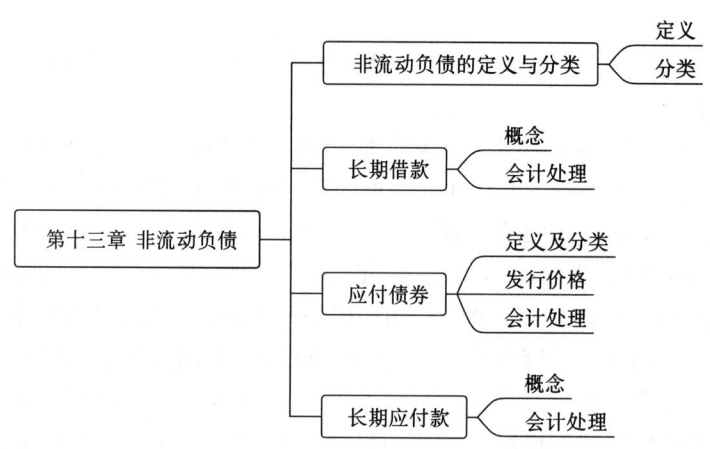

第一节 非流动负债的定义与分类

一、非流动负债的定义

根据财务报表列报准则的规定，资产负债表上负债应当按照流动性分为流动负债和非流动负债列示。流动性，通常按负债的偿还时间长短来确定。非流动负债，是指除流动负债以外的负债，偿还期限在一年以上的负债，也称为长期负债。与流动负债相比，非流动负债具有偿还期限长、债务金额大、可以分期偿还的特点。企业举借长期负债主要是为了补充企业营运资金和扩大企业经营规模。由于非流动性负债具有偿还期限长、金额大等特征，非流动负债通常以摊余成本计量。

非流动负债主要包括长期借款、应付债券、长期应付款等。

二、非流动负债的分类

（一）按照筹措资金的来源渠道分类

非流动负债按照筹措资金的来源渠道划分为以下几类：

(1) 资金来源于银行或其他金融机构的非流动负债，主要包括长期借款。
(2) 资金来源于购买企业债券的投资者的非流动负债，主要包括应付债券。
(3) 资金来源于其他企业长期债务资金提供者的非流动负债，主要包括长期应付款等。

（二）按照偿还和付息方式分类

非流动负债按照偿还和付息方式划分为以下几类：
(1) 定期偿还的非流动负债；
(2) 分期偿还的非流动负债。

第二节 长期借款

一、长期借款的概念

长期借款，是指企业从银行或其他金融机构借入的期限在一年以上（不含一年）的借款。企业借入长期借款一般用于固定资产的构建、改扩建或大修理工程，或用于其他能提高企业长期经营能力的方面。

企业向银行和其他金融机构借入长期借款，必须符合借款的原则和条件，并履行各项手续才能申请到贷款。企业在向银行或其他金融机构申请取得长期借款时，应当编制长期借款计划。取得长期借款后，企业应按照借款计划使用借款资金，提高长期借款资金的使用效益，并接受贷款银行或其他金融机构的监督，遵守信贷纪律，按期支付借款利息和偿付借款本金。贷款到期，企业必须如数归还本息。如果确因企业暂时困难，需要延期归还贷款，应向金融机构申请并提交延期归还计划审批，逾期期间内，按逾期贷款计收利息。对经营管理不善或有破产危险的借款企业，经协商或督促，状况仍无好转，金融机构可以提前收取贷款，或向人民法院对借款企业提出破产申请。

二、长期借款的核算

为核算长期借款的业务，企业应设置"长期借款"账户，该账户核算企业向银行或其他金融机构借入的期限在一年以上（不含一年）的各项借款。

企业借入各种长期借款时，按实际收到的款项，借记"银行存款"账户，贷记"长期借款——本金"账户；按借贷双方之间的差额，借记"长期借款——利息调整"账户。

资产负债表日，企业应将按摊余成本和实际利率计算确定的长期借款利息费用，借记"在建工程"、"制造费用"、"财务费用"、"研发支出"、"合同履约成本"等账户，按合同利率计算确定的应付未付利息，贷记"长期借款——应计利息"账户，按其差额，贷记或借记"长期借款——利息调整"账户。对于已过付息期但尚未支付的利息，应借记"长期借款——应计利息"账户，贷记"应付利息"账户。值得注意的是，企业会计准则应用指南汇编指出，"应付利息"账户核算企业按照合同约定应支付的已过付息期（即逾期）但尚未支付的利息。

本书认为，金融负债的摊余成本本质上是该金融负债的现值。对于长期借款而言，一旦折现率确定，未来现金流量（本金＋利息）的现值即为该负债的摊余成本。某一时点的长期借款摊余成本的确定要注意：若属于分期付息到期还本的长期借款，其"到期日金额"是不含利息的，因而其摊余成本不包括"长期借款——应计利息"账户的金额（也可以理解为逾期之后计入"应付利息"，并不构成下一资产负债表日的期初摊余成本）；若属于到期一次还本付息的长期借款，其"到期日金额"是含利息的，因而其摊余成本包括"长期借款——应计利息"账户的金额。应付债券与此类同，不再赘述。

长期借款到期，支付借款本息时，借记"长期借款——本金/应计利息"、"应付利息"等账户，贷记"银行存款"账户。存在利息调整余额的，借记或贷记"在建工程"、"制造费用"、"财务费用"、"研发支出"、"合同履约成本"等账户，贷记或借记"长期借款——利息调整"账户。

【例13-1】甲公司于2×25年1月1日，向银行借入一笔长期专门借款1 500 000元，期限为2年，款项已存入银行。借款利率按市场利率确定为9%，每年年末付息一次，到期一次偿还本金。按照借款计划，2×25年年初，该企业以银行存款支付工程价款共计900 000元，2×26年年初，该企业以银行存款支付工程价款共计600 000元。2×26年8月31日完工，达到预定可使用状态。假定不考虑其他因素，甲公司的账务处理如下：

(1) 2×25年1月1日取得借款时：

借：银行存款 1 500 000
　　贷：长期借款——本金 1 500 000

(2) 2×25年年初支付工程款时：

借：在建工程 900 000
　　贷：银行存款 900 000

(3) 2×25年12月31日计算应计入在建工程的利息费用时：

借：在建工程 135 000
　　贷：长期借款——应计利息 135 000

(4) 2×25年12月31日实际支付借款利息时：

借：长期借款——应计利息 135 000
　　贷：银行存款 135 000

(5) 2×26年年初支付工程款时：

借：在建工程 600 000
　　贷：银行存款 600 000

(6) 2×26年8月31日工程完工达到预定可使用状态时：

该期应计入在建工程的利息费用 = 1 500 000 × 9% × 8/12 = 90 000（元）

借：在建工程 90 000
　　贷：长期借款——应计利息 90 000

借：固定资产 1 725 000
　　贷：在建工程 1 725 000

(7) 2×26年12月31日计算9—12月的利息费用时：

该期应计入财务费用的利息费用 = 1 500 000 × 9% × 4/12 = 45 000（元）

借：财务费用 45 000
　　贷：长期借款——应计利息 45 000

(8) 2×26年12月31日实际支付借款利息时:
借: 长期借款——应计利息　　　　　　　　　　　　　　135 000
　　贷: 银行存款　　　　　　　　　　　　　　　　　　　　　135 000
(9) 2×27年1月1日到期还本时:
借: 长期借款——本金　　　　　　　　　　　　　　　1 500 000
　　贷: 银行存款　　　　　　　　　　　　　　　　　　　　1 500 000

第三节　应付债券

一、债券的定义及分类

(一) 定义

债券是企业依照法定程序发行、约定在一定期限内还本付息的有价证券。债券是企业为筹集资金而发行的一种书面凭证，可以用来确定债券发行方与债券购买方之间的债权债务关系，是企业筹集资金的一个重要渠道。公司债券的发行企业发行的超过一年期的债券（包括企业发行的归类为金融负债的优先股、永续债等），构成企业的长期负债。

(二) 债券的分类

1. 按照可否转换为发行企业的股票分类

公司债券按照可否转换为发行企业的股票可以划分为可转换公司债券和不可转换公司债券。其中，可转换公司债券是指按照一定的条件，债券购买方可以转换为发行企业股票的债券。

2. 按照有无抵押品担保分类

公司债券可以按照有无抵押品担保划分为抵押债券和信用债券。抵押债券是指附有以一定财产作担保品的债券；信用债券是指没有特定财产作为担保，单凭债券发行方的经济实力来保证对债券本息支付的债券。

二、债券的发行价格

公司债券的发行方式有三种，即面值发行、溢价发行和折价发行。假设其他条件不变，债券的票面利率高于同期银行存款利率时，可按超过债券票面价值的价格发行，称为溢价发行。溢价是企业以后各期多付利息而事先得到的补偿。如果债券的票面利率低于同期银行存款利率，可按低于债券面值的价格发行，称为折价发行。折价是企业以后各期少付利息而预先给投资者的补偿。如果债券的票面利率与同期银行存款利率相同，可按票面价格发行，称为面值发行。溢价或折价是发行债券企业在债券存续期内对利息费用的一种调整。

公司债券的发行企业发行的债券通常超过一年期，由于利息这一货币时间价值的因素，若干年之后债券的价值必然不等于发行日价值。因此，债券发行价格应理解为债券在未来偿付的本息的折现值。在复利计息的条件下，债券发行价格的计算，有以下两种情况:

(1) 到期一次还本付息债券的发行价格计算。

发行价格 =（债券面值 + 债券票面利息）× 按实际利率和期数计算的复利现值系数

(2) 分期付息、一次还本债券的发行价格计算。

发行价格=债券面值×按实际利率和期数计算的复利现值系数+每期支付的债券票面利息×按实际利率和期数计算的年金现值系数

【例 13-2】 甲公司 2×25 年 1 月 1 日发行 6 年期一次还本、按年付息的公司债券 800 000 元，债券利息每年 1 月 1 日结算，票面利率为 7%，发行时实际利率为 6%。假定不考虑其他因素：

债券发行价格 = 800 000 × (P/F,6%,6) + 800 000 × 7% × (P/A,6%,6)
　　　　　　 = 800 000 × 0.70 496 + 56 000 × 4.9173 = 839 336.80（元）

【例 13-3】 沿用【例 13-2】的资料。甲公司 2×25 年 1 月 1 日发行 6 年期一次还本付息的公司债券 800 000 元，票面利率为 7%，发行时实际利率为 6%。假定不考虑其他因素：

债券发行价格 = (800 000 + 56 000 × 6) × (P/F,6%,6)
　　　　　　 = (800 000 + 56 000 × 6) × 0.70496 = 800 834.56（元）

三、债券的核算

（一）一般公司债券

1. 债券的发行

企业发行债券时，无论是按面值发行，还是溢价发行或折价发行，均按实际收到的款项，借记"银行存款"、"库存现金"等账户，按债券的票面价值贷记"应付债券——面值"账户，按实际收到的款项与票面价值之间的差额，贷记或借记"应付债券——利息调整"账户。

2. 利息调整的摊销

利息调整应在债券存续期间内采用实际利率法进行摊销。实际利率法，是指按照应付债券的实际利率计算其摊余成本及各期利息费用的方法；实际利率是指将应付债券在债券存续期间的未来现金流量，折现为该债券当前账面价值所使用的利率。

资产负债表日，企业应将按摊余成本和实际利率计算确定的债券利息费用，借记"在建工程"、"制造费用"、"财务费用"、"研发支出"、"合同履约成本"等账户，按票面利率计算确定的应付未付利息，贷记"应付债券——应计利息"账户，按其差额，借记或贷记"应付债券——利息调整"账户。对于已过付息期但尚未支付的利息，应借记"应付债券——应计利息"账户，贷记"应付利息"账户。

【例 13-4】 2×21 年 12 月 31 日，甲公司经批准发行 5 年期一次还本、分期付息的公司债券 10 000 000 元，债券利息在每年 12 月 31 日支付，票面利率为年利率 6%。假定债券发行时的市场利率为 5%。

甲公司该批债券实际发行价格 = 10 000 000 × (P/F,5%,5) + 10 000 000 × 6% ×
　　　　　　　　　　　　　　　(P/A,5%,5)
　　　　　　　　　　　　　　 = 10 000 000 × 0.7835 + 10 000 000 × 6% × 4.3295
　　　　　　　　　　　　　　 = 10 432 700（元）

甲公司根据上述资料，采用实际利率法和摊余成本计算确定的利息费用，如表 13-1 所示。

表 13-1 利息费用一览表 单位：元

付息日期	支付利息	利息费用	摊销的利息调整	应付债券摊余成本
2×21年12月31日				10 432 700
2×22年12月31日	600 000	521 635	78 365	10 354 335
2×23年12月31日	600 000	517 716.75	82 283.25	10 272 051.75
2×24年12月31日	600 000	513 602.59	86 397.41	10 185 654.34
2×25年12月31日	600 000	509 282.72	90 717.28	10 094 937.06
2×26年12月31日	600 000	505 062.94*	94 937.06	10 000 000

注：* 尾数调整。505 062.94 = 600 000 - (432 700 - 78 365 - 82 283.25 - 86 397.41 - 90 717.28) = 600 000 - 94 937.06。

根据表 13-1 的资料，甲公司的账务处理如下：

(1) 2×21 年 12 月 31 日发行债券时：

借：银行存款　　　　　　　　　　　　　　　　　　　　　　10 432 700
　　贷：应付债券——面值　　　　　　　　　　　　　　　　　10 000 000
　　　　　　　　——利息调整　　　　　　　　　　　　　　　　432 700

(2) 2×22 年 12 月 31 日计算利息费用时：

借：财务费用　　　　　　　　　　　　　　　　　　　　　　　　521 635
　　应付债券——利息调整　　　　　　　　　　　　　　　　　　78 365
　　贷：应付债券——应计利息　　　　　　　　　　　　　　　600 000
借：应付债券——应计利息　　　　　　　　　　　　　　　　　600 000
　　贷：银行存款　　　　　　　　　　　　　　　　　　　　　600 000

(3) 2×23 年、2×24 年、2×25 年确认利息费用的会计处理同 2×22 年。

(4) 2×26 年 12 月 31 日归还债券本金及最后一期利息费用时：

借：财务费用　　　　　　　　　　　　　　　　　　　　　　505 062.94
　　应付债券——面值　　　　　　　　　　　　　　　　　　10 000 000
　　　　　　——利息调整　　　　　　　　　　　　　　　　94 937.06
　　贷：银行存款　　　　　　　　　　　　　　　　　　　　10 600 000

3. 债券的偿还

长期债券到期，支付债券本息时，借记"应付债券——面值/应计利息"等账户，贷记"银行存款"等账户。同时，存在利息调整余额的，借记或贷记"应付债券——利息调整"账户，贷记或借记"在建工程"、"制造费用"、"财务费用"、"研发支出"、"合同履约成本"等账户。

（二）可转换公司债券

我国发行可转换公司债券采取记名式无纸化发行方式。企业发行的可转换公司债券在"应付债券"账户下设置"可转换公司债券"明细科目核算。

企业发行的可转换公司债券，应当在初始确认时将其包含的负债成分和权益成分进行分拆，将负债成分确认为应付债券，将权益成分确认为其他权益工具。在进行分拆时，应当先对负债成分的未来现金流量进行折现确定负债成分的初始确认金额，再按发行价格总额扣除负债成分初始确认金额后的金额确定权益成分的初始确认金额。发行可转换公司债券发生的交易费用，应当在负债成分和权益成分之间按照各自的相对公允价值进行分摊。企业应按实际收到的款项，借记"银行存款"等账户，按可转换公司债券包含的负债成分面值，贷记"应付债券——可转换公司债券（面值）"账户，按权益成分的公允价值，贷记"其他权益工具"账户，按借贷双方之间的差额，借记或贷记"应付债券——可转换公司债券（利息调整）"账户。

【例 13-5】 甲公司经批准于 2×24 年 1 月 1 日按面值发行 5 年期一次还本、按年付息的可转换公司债券 200 000 000 元，款项已收存银行，债券票面年利率为 6%。债券发行一年后可转换为普通股股票，初始转股价为每股 10 元，股票面值为每股 1 元。债券持有人若在当期付息前转换股票的，应按债券面值和应计利息之和除以转股价，计算转换的股份数。假定 2×25 年 1 月 1 日债券持有人将持有的可转换公司债券全部转换为普通股股票，甲公司发行可转换公司债券时二级市场上与之类似的没有附带转换权的债券市场利率为 9%。假定不考虑其他因素，甲公司的账务处理如下：

（1）2×24 年 1 月 1 日发行可转换公司债券时：

可转换公司债券负债成分的公允价值 = 200 000 000 × (P/F, 9%, 5) + 200 000 000 × 6% × (P/A, 9%, 5)
= 200 000 000 × 0.6499 + 200 000 000 × 6% × 3.8897
= 176 656 400（元）

可转换公司债券权益成分的公允价值 = 200 000 000 − 176 656 400 = 23 343 600（元）

借：银行存款　　　　　　　　　　　　　　　　　　　　　　　　200 000 000
　　应付债券——可转换公司债券（利息调整）　　　　　　　　　　23 343 600
　　贷：应付债券——可转换公司债券（面值）　　　　　　　　　　200 000 000
　　　　其他权益工具　　　　　　　　　　　　　　　　　　　　　23 343 600

（2）2×24 年 12 月 31 日确认利息费用时：

借：财务费用等科目　　　　　　　　　　（176 656 400 × 9%）15 899 076
　　贷：应付债券——可转换公司债券（应计利息）
　　　　　　　　　　　　　　　　　　　（200 000 000 × 6%）12 000 000
　　　　　　——可转换公司债券（利息调整）　　　　　　　　　　3 899 076

借：应付债券——可转换公司债券（应计利息）　　　　　　　　　12 000 000
　　贷：银行存款　　　　　　　　　　　　　　　　　　　　　　12 000 000

（3）2×25 年 1 月 1 日债券持有人行使转换权时（假定利息尚未支付）：

转换的股份数 = (200 000 000 + 12 000 000) ÷ 10 = 21 200 000（股）

借：应付债券——可转换公司债券（面值）　　　　　　　　　　　200 000 000
　　　　　　——可转换公司债券（应计利息）　　　　　　　　　　12 000 000
　　其他权益工具　　　　　　　　　　　　　　　　　　　　　　23 343 600
　　贷：股本　　　　　　　　　　　　　　　　　　　　　　　　21 200 000
　　　　应付债券——可转换公司债券（利息调整）
　　　　　　　　　　　　　　　　　（23 343 600 − 3 899 076）19 444 524
　　　　资本公积——股本溢价　　　　　　　　　　　　　　　　194 699 076

企业发行附有赎回选择权的可转换公司债券,其在赎回日可能支付的利息补偿金,即债券约定赎回期届满日应当支付的利息减去应付债券票面利息的差额,应当在债券发行日至债券约定赎回届满日期间计提应付利息,计提的应付利息,分别计入相关资产成本或财务费用。

第四节 长期应付款

一、长期应付款的概念

长期应付款,是指企业除长期借款和应付债券以外的其他各种长期应付款项,如以分期付款方式购入固定资产发生的应付款项等。

二、长期应付款的核算

企业购买资产有可能延期支付有关价款,这是具有融资性质的延期付款购买资产。如果延期支付的购买价款超过正常信用条件,实质上具有融资性质的,所购资产的成本应当以延期支付购买价款的现值为基础确定。实际支付的价款与购买价款的现值之间的差额,应当在信用期间内采用实际利率法进行摊销,计入相关资产成本或当期损益。具体来说,企业购入资产超过正常信用条件延期付款实质上具有融资性质时,应按购买价款的现值,借记"固定资产"、"在建工程"等账户,按应支付的价款总额,贷记"长期应付款"账户,按其差额,借记"未确认融资费用"账户。

【例13-6】2×21年1月1日,甲公司与乙公司签订一项购货合同,甲公司从乙公司购入一台需要安装的大型机器设备。合同约定,甲公司采用分期付款方式支付价款。该设备价款共计900 000元,首期款项150 000元于2×21年1月1日支付,其余款项在2×21年至2×25年的5年期间平均支付,每年的付款日期为当年12月31日。

2×21年1月1日,设备如期运抵甲公司并开始安装,发生运杂费和相关税费160 000元(不含增值税),已用银行存款支付。2×21年12月31日,设备达到预定可使用状态,发生安装费40 000元,已用银行存款支付。

甲公司按照合同约定用银行存款如期支付了款项。假定折现率为5%。

(1) 购买价款的现值为:

150 000 + 150 000 × (P/A,5%,5) = 150 000 + 150 000 × 4.3295 = 799 425(元)

2×21年1月1日甲公司的账务处理如下:

借:在建工程　　　　　　　　　　　　　　　　　　　　　　　799 425
　　未确认融资费用　　　　　　　　　　　　　　　　　　　　100 575
　　　贷:长期应付款　　　　　　　　　　　　　　　　　　　　　　　900 000
借:长期应付款　　　　　　　　　　　　　　　　　　　　　　150 000
　　　贷:银行存款　　　　　　　　　　　　　　　　　　　　　　　　150 000
借:在建工程　　　　　　　　　　　　　　　　　　　　　　　160 000
　　　贷:银行存款　　　　　　　　　　　　　　　　　　　　　　　　160 000

(2) 确定信用期间未确认融资费用的分摊额,如表13-2所示。

表 13-2　　　　　　　　甲公司未确认融资费用分摊表

2×21年1月1日　　　　　　　　　　　　　　　　　　　　　单位：元

日期 ①	分期付款额 ②	确认的融资费用 ③=期初⑤×5%	应付本金减少额 ④=②-③	应付本金余额 期末⑤=期初⑤-④
2×21.1.1				649 425*
2×21.12.31	150 000	32 471.25	117 528.75	531 896.25
2×22.12.31	150 000	26 594.81	123 405.19	408 491.06
2×23.12.31	150 000	20 424.55	129 575.45	278 915.61
2×24.12.31	150 000	13 945.78	136 054.22	142 861.39
2×25.12.31	150 000	7 138.61*	142 861.39	0
合计	750 000	100 575	649 425	

649 425* = 799 425 - 150 000；

尾数调整有两种方法：

① 7 138.61* = 100 575 - 32 471.25 - 26 594.81 - 20 424.55 - 13 945.78

② 7 138.61* = 150 000 - 142 861.39

(3) 2×21年1月1日至2×21年12月31日为设备的安装期间，未确认融资费用的分摊额符合资本化条件，计入固定资产成本。

2×21年12月31日甲公司的账务处理如下：

借：在建工程　　　　　　　　　　　　　　　　　　　32 471.25
　　贷：未确认融资费用　　　　　　　　　　　　　　32 471.25
借：长期应付款　　　　　　　　　　　　　　　　　　150 000
　　贷：银行存款　　　　　　　　　　　　　　　　　150 000
借：在建工程　　　　　　　　　　　　　　　　　　　40 000
　　贷：银行存款　　　　　　　　　　　　　　　　　40 000
借：固定资产　　　　　　　　　　　　　　　　　　　1 031 896.25
　　贷：在建工程　　　　　　　　　　　　　　　　　1 031 896.25

固定资产的成本为：799 425 + 160 000 + 32 471.25 + 40 000 = 1 031 896.25（元）

(4) 2×22年1月1日至2×25年12月31日，设备已经达到预定可使用状态，未确认融资费用的分摊额不再符合资本化条件，应计入当期损益。

2×22年12月31日：

借：财务费用　　　　　　　　　　　　　　　　　　　26 594.81
　　贷：未确认融资费用　　　　　　　　　　　　　　26 594.81
借：长期应付款　　　　　　　　　　　　　　　　　　150 000
　　贷：银行存款　　　　　　　　　　　　　　　　　150 000

2×23年12月31日：

借：财务费用　　　　　　　　　　　　　　　　　　　20 424.55
　　贷：未确认融资费用　　　　　　　　　　　　　　20 424.55
借：长期应付款　　　　　　　　　　　　　　　　　　150 000

贷：银行存款	150 000

2×24年12月31日：

借：财务费用	13 945.78
贷：未确认融资费用	13 945.78
借：长期应付款	150 000
贷：银行存款	150 000

2×25年12月31日：

借：财务费用	7 138.61
贷：未确认融资费用	7 138.61
借：长期应付款	150 000
贷：银行存款	150 000

案例分析：

损失5 000万！

宋都股份"退地风波"背后：非流动负债上涨超289%，存货压力大增。

宋都股份（600077.SH）深陷退地风波。

近日，宋都股份发布公告称，宋都基业投资股份有限公司董事会决议放弃杭政储出〔2021〕8号地块（以下简称8号地块）的土地使用权。此前因竞买该地块而缴纳的5 000万元保证金不予退还。

调退地始末

2021年7月21日，宋都基业投资股份有限公司发布关于放弃竞得土地使用权的公告。

据了解，该地块为杭州拱墅区运河新城GS1001-17地块（原A-C4-01），由宋都股份于5月7日以上限价17.83亿元竞得，楼面价20 962元/平方米，溢价率29.86%，自持不少于21%。地块东至新开河，南至蒋家桥街，西至皇蒋路，北至新开河；土地用途为城镇住宅用地（普通商品房）和住宅（配套公建）用地，容积率在1.0到2.5之间，出让面积34 025平方米。

据宋都股份发布公告，公司于2021年5月15日披露了《关于竞得土地使用权的公告》，公司全资子公司杭州绍辉企业管理有限公司（简称"杭州绍辉"）通过浙江省土地使用权网上交易系统竞价竞得国有建设用地杭政储出〔2021〕8号地块的土地使用权。此后，公司并未签署《杭州市国有建设用地使用权出让合同》。

宋都股份称，2021年5月，杭州市推出集中供地政策以来，结合全国房地产政策环境与公司良性生态发展，经公司与杭州市规划和自然资源局沟通、协商后，公司于2021年7月20日收到杭州市规划和自然资源局出具的决定书，杭州绍辉前期获得的杭政储出〔2021〕8号地块的竞得资格取消，杭州绍辉已缴纳的5 000万元预约申请保证金不予返还，涉及金额占公司最近一期经审计净利润（35 238.88万元）的14.19%。

本次放弃竞得的土地使用权，是公司经营管理层审慎考虑市场风险因素，基于公司稳健发展谨慎作出的决策，公司将不排除保留申请行政复议或提起行政诉讼的权利。

负债上涨 289.68%

在"三条红线"的背景下,房企纷纷降低负债水平,宋都股份负债水平出现不降反升的情况。宋都股份2020年报显示,公司一年内到期的非流动负债为22.53亿元,较2019年一年内到期的非流动负债5.78亿元上涨289.68%。

如果说利润决定企业成败,那么现金流就决定了企业的生死。据2021年一季度报告数据,宋都股份的经营现金流仅有1.81亿元。

开发成本占存货87%

在房地产市场红利期,销售额排名靠前也一度表明了企业的行业地位,不少企业通过祭出"合作开发"这一法宝实现规模扩张,提高销售排名。

宋都股份也通过合作开发的方式不断地提升销售排名。2018年,宋都股份的销售额排名位居162位,此后,2019年和2020年宋都股份的销售排名大幅上升,分别位居125位、126位。

公开资料显示,2018年至2020年,宋都股份销售权益占比却出现走低的情况,分别为100%、63.74%和57.34%。

数据显示,2018年,宋都股份操盘金额和销售额均为99亿元;而从2019年开始,宋都股份操盘金额和销售金额差距扩大。2019年操盘金额为118.5亿元,销售金额为185.9亿元;2020年,宋都股份实际操盘113.6亿元,销售金额高达198.1亿元。

合作开发虽然可以降低企业的投资风险,但在一定程度上,企业的决策也会受到合作方的牵制。在合作开发的背景下,宋都股份虽然扩大了自身的体量和销售规模,但是也出现了公司存货水平偏高的问题。

截至2020年年末,宋都股份存货价值为284.68亿元,占期末资产总额的66.18%。宋都股份在2020年年报中表示,由于存货金额较大,且估计房地产项目达到完工状态时将要发生的建造成本和预期售价存在固有风险。

据了解,房地产公司的开发成本主要指处于开发建设中但未完工的项目,包括拿地投入、开发建设投入,以及利息成本中资本化的部分,而开发商品主要指已完工但未交付或未售出的房子。

除此之外,截至2020年年末,宋都股份所有权或使用权受到资产限制的资产高达244.66亿元,受限的原因是按揭保证金、贷款备偿保证金、履约保证金、质押担保等。宋都股份的存货、固定资产、长期股权投资和投资性房地产均出现抵押和质押融资担保的情况。

公开资料显示,宋都股份及控股子公司对外担保总额也逐年递增。2015年至2020年,宋都股份及控股子公司对外担保总额分别为142.39亿元、98.26亿元、236.70亿元、204.26亿元、223.84亿元和235.07亿元。

讨论:

1. 宋都股份拿地又退地的原因是什么?此次退地对宋都股份有怎样的影响?

2. 2021年一季度报告显示,宋都股份的经营现金流仅有1.81亿元。宋都股份退地与公司的现金流状况有怎样的关系?公司摇摆的拿地政策背后,折射出了哪些行业问题及市场现状,对中小房企有哪些借鉴意义?

3. 非流动负债的上涨对于企业经营会产生什么影响?

思考题

1. 什么是非流动负债？其具有哪些主要特征？
2. 非流动负债按照债务资金来源渠道的不同可以划分为哪些类别？
3. 分期付息、到期还本的长期借款与到期一次还本付息的长期借款，它们的会计核算方法存在哪些差异？
4. 企业债券的溢价发行和折价发行在会计核算方法上存在什么异同？
5. 企业在发行可转换债券时应当如何对发行的可转换债券进行初始确认？
6. 什么是租赁负债？应当如何在财务报表中列报？

练习题

1. 甲公司2×25年1月1日发行3年期可转换公司债券，实际发行价款100 000万元，其中负债成分的公允价值为90 000万元。假定发行债券时另支付发行费用300万元。根据上述资料，编制甲公司发行债券时的会计分录。

2. 甲公司经批准于2×25年1月1日以50 000万元的价格（不考虑相关税费）发行面值总额为50 000万元的可转换公司债券。该可转换公司债券期限为5年，每年1月1日付息、票面年利率为4%，实际年利率为6%。已知（P/A，6%，5）=4.2124，（P/F，6%，5）=0.7473。根据上述资料，编制2×25年1月1日发行可转换公司债券时的会计分录。

3. 甲公司2×22年1月1日发行1 000万份可转换公司债券，每份面值为100元、每份发行价格为100.5元，可转换公司债券发行2年后，每份可转换公司债券可以转换4股甲公司普通股（每股面值1元）。甲公司发行该可转换公司债券确认的负债初始计量金额为100 150万元。2×23年12月31日，与该可转换公司债券相关负债的账面价值为100 050万元。2×24年1月2日，该可转换公司债券全部转换为甲公司股份。根据上述资料，编制甲公司的会计分录。

第十四章

债务重组

本章结构

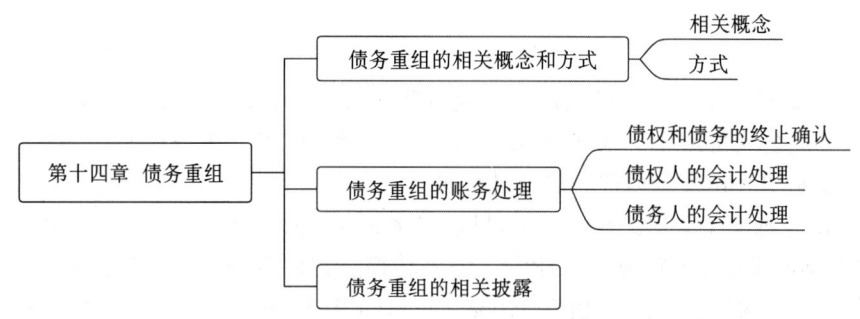

第一节 债务重组的相关概念和方式

一、债务重组的相关概念

债务重组涉及债权人和债务人,对债权人而言属于"债权重组",对债务人而言属于"债务重组",但为便于表述统称为"债务重组"。债务重组,是指在不改变交易对手方的情况下,经债权人和债务人协定或法院裁定,就清偿债务的时间、金额或方式等重新达成协议的交易。

债务重组没有强调在债务人发生财务困难的背景下进行,也无需考虑债权人是否作出让步。即无论何种原因导致债务人未按原定条件偿还债务,也无论双方是否同意债务人以低于债务的金额偿还债务,只要债权人和债务人就债务条款重新达成了协议,就符合债务重组的定义。

(一) 交易对手方

债务重组是在不改变交易对手方的情况下进行的交易。但是,在实务中经常出现第三方参与相关交易的情形,例如,第三方公司以不同于原合同条款的方式代债务人向债权人偿债;或者新组建的公司承接原债务人的债务,与债权人进行债务重组;抑或资产管理公司从债权人处购得债权,再与债务人进行债务重组。那么在上述情形下,企业应当首先考虑债权和债务是否发生终止确认,适用《企业会计准则第 22 号——金融工具确认和计量》和《企业会计准则第 23 号——金融资产转移》等准则，再就债务重组交易适用《企业会计准则第 12 号——债务重组》。

（二）关于债权和债务的范围

债务重组涉及的债权和债务，是指《企业会计准则第 22 号——金融工具确认和计量》规范的债权和债务，不包括合同资产、合同负债、预计负债，但包括租赁应收款和租赁应付款。债务重组中涉及的债权、重组债权、债务、重组债务和其他金融工具的确认、计量和列报，适用《企业会计准则第 22 号——金融工具确认和计量》和《企业会计准则第 37 号——金融工具列报》等金融工具相关准则。

（三）关于债务重组的范围

通过债务重组形成企业合并的，适用《企业会计准则第 20 号——企业合并》。债务人以股权投资清偿债务或者将债务转为权益工具，可能对应导致债权人取得被投资单位或债务人控制权，在合并财务报表层面，债权人取得资产和负债的确认与计量适用《企业会计准则第 20 号——企业合并》的有关规定。

债务重组构成权益性交易的，应当适用权益性交易的有关会计处理规定，债权人和债务人不确认债务重组相关损益。但是，债务重组中不属于权益性交易的部分仍然应当确认债务重组相关损益。债务重组构成权益性交易的情形包括：（1）债权人直接或间接对债务人持股，或者债务人直接或间接对债权人持股，且持股方以股东身份进行债务重组；（2）债权人与债务人在债务重组前后均受同一方或相同的多方最终控制，且该债务重组的交易实质是债权人或债务人进行了权益性分配或接受了权益性投入。企业在判断债务重组是否构成权益性交易时，应当遵循实质重于形式原则。假设债权人对债务人的权益性投资通过其他人代持，债权人不具有股东身份，但实质上以股东身份进行债务重组，债权人和债务人应当认为该债务重组构成权益性交易。

【例 14-1】甲公司是乙公司股东，为了弥补乙公司临时性经营现金流短缺，甲公司向乙公司提供 1 000 万元无息借款，并约定于 6 个月后收回。借款期满时，尽管乙公司具有充足的现金流，甲公司仍然决定免除乙公司部分本金还款义务，仅收回 200 万元借款。

【分析】：在此项交易中，如果甲公司不以股东身份而是以市场交易者身份参与交易，在乙公司具有足够偿债能力的情况下不会免除其部分本金。因此，甲公司和乙公司应当将该交易作为权益性交易，不确认债务重组相关损益。

假设债务人乙公司确实出现财务困难，其他债权人对其债务普遍进行了减半的豁免，那么甲公司作为股东比其他债权人多豁免 300 万元债务的交易应当作为权益性交易，正常豁免 500 万元债务的交易应当确认债务重组相关损益。

二、债务重组的方式

债务重组的方式主要包括：债务人以资产清偿债务、将债务转为权益工具、修改其他条款，以及前述一种以上方式的组合。这些债务重组方式都是通过债权人和债务人重新协定或者法院裁定达成的，与原来约定的偿债方式不同。

（一）债务人以资产清偿债务

债务人以资产清偿债务，是指债务人转让其资产给债权人以清偿债务的债务重组方式。债务人用于偿债的资产通常是已经在资产负债表中确认的资产，如货币资金、应收账款、存货、长期股权投资、投资性房地产、固定资产、在建工程、生物资产、无形资产等。除上述已经在资产负债表中确认的资产外，债务人也可能以不符合确认条件而未予确认的资产清偿债务。例如，债务人以未确认的内部产生品牌清偿债务，债权人在获得的商标权符合无形资产确认条件的前提下作为无形资产核算。在少数情况下，债务人还可能以处置组（即一组资产和与这些资产直接相关的负债）清偿债务。在受让上述资产后，按照相关会计准则要求及本企业的会计核算要求，债权人核算相关受让资产的归类可能与债务人存在差异。

（二）债务人将债务转为权益工具

债务人将债务转为权益工具，账务处理上体现为股本、实收资本、资本公积等科目。其中，权益工具是指根据《企业会计准则第37号——金融工具列报》分类为"权益工具"的金融工具。

（三）修改其他条款

修改债权和债务的其他条款，是债务人不以资产清偿债务，也不将债务转为权益工具，而是改变债权和债务其他条款的债务重组方式，如调整债务本金、改变债务利息、变更还款期限等。经修改其他条款的债权和债务分别形成重组债权和重组债务。

（四）组合方式

组合方式，是采用债务人以资产清偿债务、债务人将债务转为权益工具、修改其他条款三种方式中一种以上方式的组合清偿债务的债务重组方式。例如，债权人和债务人约定，由债务人以机器设备清偿部分债务，将另一部分债务转为权益工具，调减剩余债务的本金，但利率和还款期限不变。

第二节　债务重组的账务处理

一、债权和债务的终止确认

债务重组中涉及的债权和债务的终止确认，应当遵循《企业会计准则第22号——金融工具确认和计量》和《企业会计准则第23号——金融资产转移》有关金融资产和金融负债终止确认的规定。债权人在收取债权现金流量的合同权利终止时终止确认债权，债务人在债务的现时义务解除时终止确认债务。

由于债权人与债务人之间进行的债务重组涉及债权和债务的认定以及清偿方式和期限等的协商，通常需要经历较长时间。只有在符合上述终止确认条件时才能终止确认相关债权和债务，并确认债务重组相关损益。对于在报告期间已经开始协商，但在报告期资产负债表日后的债务重组，不属于资产负债表日后调整事项。

对于终止确认的债权，债权人应当结转已计提的减值准备中对应该债权终止确认部分的金额。对于终止确认的分类为以公允价值计量且其变动计入其他综合收益的债权，之前计入其他综合收益的累计利得或损失应当从其他综合收益中转出，记入"投资收益"账户。

（一）以资产清偿债务或将债务转为权益工具

对于以资产清偿债务或者将债务转为权益工具方式进行的债务重组，由于债权人在拥有或控制相关资产时，通常其收取债权现金流量的合同权利也同时终止，债权人一般可以终止确认该债权。同样地，由于债务人通过交付资产或权益工具解除了其清偿债务的现时义务，债务人一般可以终止确认该债务。

（二）修改其他条款

对于债权人，债务重组通过调整债务本金、改变债务利息、变更还款期限等修改合同条款方式进行的，合同修改前后的交易对手方没有发生改变，合同涉及的本金、利息等现金流量很难在本息之间及债务重组前后作出明确分割，即很难单独识别合同的特定可辨认现金流量。因此通常情况下，应当整体考虑是否对全部债权的合同条款作出了实质性修改。

如果作出了实质性修改，或者债权人与债务人之间签订协议，以获取实质上不同的新金融资产方式替换债权，对于债权人，应当终止确认原债权，并按照修改后的条款或新协议确认新金融资产。对于债务人，应当终止确认原债务，同时按照修改后的条款确认一项新金融负债。实质性修改，是指重组债务未来现金流量（包括支付和收取的某些费用）现值与原债务的剩余期间现金流量现值之间的差异超过10%。其中，有关现值的计算均采用原债务的实际利率。

（三）组合方式

对于债权人，通常情况下应当整体考虑是否终止确认全部债权。由于组合方式涉及多种债务重组方式，一般可以认为对全部债权的合同条款作出了实质性修改，从而终止确认全部债权，并按照修改后的条款确认新金融资产。

对于债务人，组合中以资产清偿债务或者将债务转为权益工具方式进行的债务重组，如果债务人清偿该部分债务的现时义务已经解除，应当终止确认该部分债务。组合中以修改其他条款方式进行债务重组，需要根据具体情况，判断对应的部分债务是否满足终止确认条件。

二、债权人的账务处理

（一）以资产清偿债务或将债务转为权益工具

债务重组采用以资产清偿债务或者将债务转为权益工具方式进行的，债权人应当在受让的相关资产符合其定义和确认条件时予以确认。

1. 债权人受让金融资产

债权人受让包括现金在内的单项或多项金融资产的，应当按照《企业会计准则第22号——金融工具确认和计量》的规定进行确认和计量。金融资产初始确认时应当以其公允价值计量，金融资产确认金额与债权终止确认日账面价值之间的差额，记入"投资收益"账户。但是，收取的金融资产的公允价值与交易价格（即放弃债权的公允价值）存在差异的，应当按照《企业会计准则第22号——金融工具确认和计量》第三十四条的规定处理。

2. 债权人受让非金融资产

债权人初始确认受让的金融资产以外的资产时，应当按照下列原则以成本计量：①存货的成本，包括放弃债权的公允价值，以及使该资产达到当前位置和状态所发生的可直接归属于该资产的税金、运输费、装卸费、保险费等其他成本。②对联营企业或合营企业投资的成本，包括放弃债权的公允价值，以及可直接归属于该资产的税金等其他成本。③投资性房地产的成本，包括放弃债权的公允价值，以及可直接归属于该资产的税金等其他成本。④固定资产的成本，包括放弃债权的公允价值，以及使该资产达到预定可使用状态前所发生的可直接归属于该资产的税金、运输费、装卸费、安装费、专业人员服务费等其他成本。确定固定资产成本时，应当考虑预计弃置费用因素。⑤生物资产的成本，包括放弃债权的公允价值，以及可直接归属于该资产的税金、运输费、保险费等其他成本。⑥无形资产的成本，包括放弃债权的公允价值，以及可直接归属于使该资产达到预定用途所发生的税金等其他成本。同时，放弃债权的公允价值与账面价值之间的差额，记入"投资收益"账户。

3. 债权人受让多项资产

债权人受让多项非金融资产，或者包括金融资产、非金融资产在内的多项资产的，应当按照《企业会计准则第 22 号——金融工具确认和计量》的规定确认和计量受让的金融资产；按照受让的金融资产以外的各项资产在债务重组合同生效日的公允价值比例，对放弃债权在合同生效日的公允价值扣除受让金融资产当日公允价值后的净额进行分配，并以此为基础分别确定各项资产的成本。放弃债权的公允价值与账面价值之间的差额，记入"投资收益"账户。

4. 债权人受让处置组

债务人以处置组清偿债务的，债权人应当分别按照《企业会计准则第 22 号——金融工具确认和计量》和其他相关准则的规定，对处置组中的金融资产和负债进行初始计量，然后按照金融资产以外的各项资产在债务重组合同生效日的公允价值比例，对放弃债权在合同生效日的公允价值以及承担的处置组中负债的确认金额之和，扣除受让金融资产当日公允价值后的净额进行分配，并以此为基础分别确定各项资产的成本。放弃债权的公允价值与账面价值之间的差额，记入"投资收益"账户。

5. 债权人将受让的资产或处置组划分为持有待售类别

债务人以资产或处置组清偿债务，且债权人在取得日未将受让的相关资产或处置组作为非流动资产和非流动负债核算，而是将其划分为持有待售类别的，债权人应当在初始计量时，比较假定其不划分为持有待售类别情况下的初始计量金额和公允价值减去出售费用后的净额，以两者孰低计量。

（二）修改其他条款

债务重组采用以修改其他条款方式进行的，如果修改其他条款导致全部债权终止确认，债权人应当按照修改后的条款以公允价值初始计量新的金融资产，新金融资产的确认金额与债权终止确认日账面价值之间的差额，记入"投资收益"账户。

如果修改其他条款未导致债权终止确认，债权人应当根据其分类，继续以摊余成本、以公允价值计量且其变动计入其他综合收益，或者以公允价值计量且其变动计入当期损益进行后续计量。对于以摊余成本计量的债权，债权人应当根据重新议定合同的现金流量变化情况，重新计算该重组债权的账面余额，并将相关利得或损失记入"投资收益"账户。重新计算的该重组债权的账面余额，应当根据将重新议定或修改的合同现金流量按债权原实际利率折现的现值确定，购买或源生的已发生信用减值的重组债权，应按经信用调整的实际利率折现。对于修改或重新议定合同所产生的成本或费用，债权人应当调整修改后的重组债权的账面价值，并在修改后重组债权的剩余期限内摊销。

（三）组合方式

债务重组采用组合方式进行的，一般可以认为对全部债权的合同条款作出了实质性修改，债权人应当按照修改后的条款，以公允价值初始计量新的金融资产和受让的新金融资产，按照受让的金融资产以外的各项资产在债务重组合同生效日的公允价值比例，对放弃债权在合同生效日的公允价值扣除受让金融资产和重组债权当日公允价值后的净额进行分配，并以此为基础分别确定各项资产的成本。放弃债权的公允价值与账面价值之间的差额，记入"投资收益"账户。

三、债务人的账务处理

（一）债务人以资产清偿债务

债务重组采用以资产清偿债务方式进行的，债务人应当将所清偿债务账面价值与转让资产账面价值之间的差额计入当期损益。

1. 债务人以金融资产清偿债务

债务人以单项或多项金融资产清偿债务的，债务的账面价值与偿债金融资产账面价值的差额，记入"投资收益"账户。偿债金融资产已计提减值准备的，应结转已计提的减值准备。对于以分类为以公允价值计量且其变动计入其他综合收益的债务工具投资清偿债务的，之前计入其他综合收益的累计利得或损失应当从其他综合收益中转出，记入"投资收益"账户。对于以指定为以公允价值计量且其变动计入其他综合收益的非交易性权益工具投资清偿债务的，之前计入其他综合收益的累计利得或损失应当从其他综合收益中转出，记入"盈余公积"、"利润分配——未分配利润"等账户。

2. 债务人以非金融资产清偿债务

债务人以单项或多项非金融资产清偿债务，或者以包括金融资产和非金融资产在内的多项资产清偿债务的，不需要区分资产处置损益和债务重组损益，也不需要区分不同资产的处置损益，而应将所清偿债务账面价值与转让资产账面价值之间的差额，记入"其他收益——债务重组收益"账户。偿债资产已计提减值准备的，应结转已计提的减值准备。

债务人以包含非金融资产的处置组清偿债务的，应当将所清偿债务和处置组中负债的账面价值之和，与处置组中资产的账面价值之间的差额，记入"其他收益——债务重组收益"账户。处置组所属的资产组或资产组组合按照《企业会计准则第 8 号——资产减值》分摊了企业合并中取得的商誉的，该处置组应当包含分摊至处置组的商誉。处置组中的资产已计提减值准备的，应结转已计提的减值准备。债务人以日常活动产出的商品或服务清偿债务的，应当将所清偿债务账面价值与存货等相关资产账面价值之间的差额，记入"其他收益——债务重组收益"账户。

（二）债务人将债务转为权益工具

债务重组采用将债务转为权益工具方式进行的，债务人初始确认权益工具时，应当按照权益工具的公允价值计量，权益工具的公允价值不能可靠计量的，应当按照所清偿债务的公允价值计量。所清偿债务账面价值与权益工具确认金额之间的差额，记入"投资收益"账户。债务人因发行权益工具而支出的相关税费等，应当依次冲减资本溢价、盈余公积、未分配利润等。

（三）修改其他条款

债务重组采用修改其他条款方式进行的，如果修改其他条款导致债务终止确认，债务人应当按照公允价值计量重组债务，终止确认的债务账面价值与重组债务确认金额之间的差额，记入"投资收益"账户。如果修改其他条款未导致债务终止确认，或者仅导致部分债务终止确认，对于未终止确认的部分债务，债务人应当根据其分类，继续以摊余成本、以公允价值计量且其变动计入当期损益或其他适当方法进行后续计量。对于以摊余成本计量的债务，债务人应当根据重新议定合同的现金流量变化情况，重新计算该重组债务的账面价值，并将相关利得或损失记入"投资收益"账户。重新计算的该重组债务的账面价值，应当根据将重新议定或修改的合同现金流量按债务的原实际利率或按《企业会计准则第24号——套期会计》第二十三条规定的重新计算的实际利率（如适用）折现的现值确定。对于修改或重新议定合同所产生的成本或费用，债务人应当调整修改后的重组债务的账面价值，并在修改后重组债务的剩余期限内摊销。

（四）组合方式

债务重组采用以资产清偿债务、将债务转为权益工具、修改其他条款等方式的组合进行的，对于权益工具，债务人应当在初始确认时按照权益工具的公允价值计量，权益工具的公允价值不能可靠计量的，应当按照所清偿债务的公允价值计量。对于修改其他条款形成的重组债务，债务人应当参照修改其他条款部分的内容，确认和计量重组债务。所清偿债务的账面价值与转让资产的账面价值以及权益工具和重组债务的确认金额之和的差额，记入"其他收益——债务重组收益"或"投资收益"（涉及金融工具时）账户。

值得注意的是，对于企业因破产重整而进行的债务重组交易，由于涉及破产重整的债务重组协议执行过程及结果存在重大不确定性，因此，企业通常应在破产重整协议履行完毕后确认债务重组收益，除非有确凿证据表明上述重大不确定性已经消除。

【例14-2】 2×24年6月18日，甲公司向乙公司销售商品一批，应收乙公司款项的入账金额为95万元。甲公司将该应收款项分类为以摊余成本计量的金融资产。乙公司将该应付账款分类为以摊余成本计量的金融负债。2×24年10月18日，双方签订债务重组合同，乙公司以一项作为无形资产核算的非专利技术偿还该欠款。该无形资产的账面余额为100万元，累计摊销额为10万元，已计提减值准备2万元。10月22日，双方办理完成该无形资产转让手续，甲公司支付评估费用4万元。当日，甲公司应收款项的公允价值为87万元，已计提坏账准备7万元，乙公司应付款项的账面价值仍为95万元。假设不考虑相关税费。

【分析】：

（1）债权人甲公司的账务处理：

2×24年10月22日，债权人甲公司取得该无形资产的成本构成为：债权公允价值87万元+评估费用4万元=91万元。

借：无形资产	910 000
坏账准备	70 000
投资收益	10 000
贷：应收账款	950 000
银行存款	40 000

（2）债务人乙公司的账务处理：

借：应付账款	950 000
累计摊销	100 000
无形资产减值准备	20 000
贷：无形资产	1 000 000
其他收益——债务重组收益	70 000

【例 14 -3】 沿用【例 14 -2】的资料。假设甲公司管理层决议，受让该非专利技术后将在半年内将其出售，当日无形资产的公允价值为 87 万元，预计未来出售该非专利技术时将发生 1 万元的出售费用，该非专利技术满足持有待售资产确认条件。假定不考虑其他因素。

【分析】：

10 月 22 日，甲公司对该非专利技术进行初始确认时，按照无形资产入账价值 91 万元与公允价值减出售费用 86（87 -1）（万元）孰低计量。

债权人甲公司的账务处理：

借：持有待售资产——无形资产　　　　　　　　　　　　　860 000
　　坏账准备　　　　　　　　　　　　　　　　　　　　　 70 000
　　资产减值损失　　　　　　　　　　　　　　　　　　　 60 000
　　贷：应收账款　　　　　　　　　　　　　　　　　　　　　　 950 000
　　　　银行存款　　　　　　　　　　　　　　　　　　　　　　　40 000

【例 14 -4】 2×24 年 2 月 10 日，甲公司从乙公司购买一批材料，约定 6 个月后甲公司应结清款项 100 万元（假定无重大融资成分）。乙公司将该应收款项分类为以公允价值计量且其变动计入当期损益的金融资产；甲公司将该应付款项分类为以摊余成本计量的金融负债。2×24 年 8 月 12 日，甲公司因无法支付货款与乙公司协商进行债务重组，双方商定乙公司将该债权转为对甲公司的股权投资。10 月 20 日，乙公司办结了对甲公司的增资手续，甲公司和乙公司分别支付手续费等相关费用 1.5 万元和 1.2 万元。债转股后甲公司总股本为 100 万元，乙公司持有的抵债股权占甲公司总股本的 25%，对甲公司具有重大影响，甲公司股权公允价值不能可靠计量。甲公司应付款项的账面价值仍为 100 万元。

2×24 年 6 月 30 日，应收款项和应付款项的公允价值均为 85 万元。

2×24 年 8 月 12 日，应收款项和应付款项的公允价值均为 76 万元。

2×24 年 10 月 20 日，应收款项和应付款项公允价值为 76 万元。假定不考虑其他相关税费。

【分析】：

（1）债权人乙公司的账务处理：

①6 月 30 日：

借：公允价值变动损益　　　　　　　　　　　　　　　　　150 000
　　贷：交易性金融资产——公允价值变动　　　　　　　　　　　 150 000

②8 月 12 日：

借：公允价值变动损益　　　　　　　　　　　　　　　　　 90 000
　　贷：交易性金融资产——公允价值变动　　　　　　　　　　　　90 000

③10 月 20 日，乙公司对甲公司长期股权投资的成本为应收款项公允价值 76 万元与相关税费 1.2 万元的合计 77.2 万元。

借：长期股权投资——甲公司　　　　　　　　　　　　　　772 000
　　交易性金融资产——公允价值变动　　　　　　　　　　 240 000
　　贷：交易性金融资产——成本　　　　　　　　　　　　　　 1 000 000
　　　　银行存款　　　　　　　　　　　　　　　　　　　　　　 12 000

(2) 债务人甲公司的账务处理:

10 月 20 日, 由于甲公司股权的公允价值不能可靠计量, 初始确认权益工具公允价值时应当按照所清偿债务的公允价值 76 万元计量, 并扣除因发行权益工具支出的相关税费 1.5 万元。

借: 应付账款	1 000 000
贷: 实收资本	250 000
资本公积——资本溢价	495 000
银行存款	15 000
投资收益	240 000

【例 14 - 5】2×23 年 11 月 5 日, 甲公司向乙公司赊购一批材料, 含税价为 234 万元。2×24 年 9 月 10 日, 甲公司因发生财务困难, 无法按合同约定偿还债务, 双方协商进行债务重组。乙公司同意甲公司用其生产的商品、作为固定资产管理的机器设备和一项债券投资抵偿欠款。当日, 该债权的公允价值为 210 万元, 甲公司用于抵债的商品市价(不含增值税)为 90 万元, 抵债设备的公允价值为 75 万元, 用于抵债的债券投资市价为 23.55 万元。

抵债资产于 2×24 年 9 月 20 日转让完毕, 甲公司发生设备运输费用 0.65 万元, 乙公司发生设备安装费用 1.5 万元。

乙公司以摊余成本计量该项债权。2×24 年 9 月 20 日, 乙公司对该债权已计提坏账准备 19 万元, 债券投资市价为 21 万元。乙公司将受让的商品、设备和债券投资分别作为低值易耗品、固定资产和以公允价值计量且其变动计入当期损益的金融资产核算。

甲公司以摊余成本计量该项债务。2×24 年 9 月 20 日, 甲公司用于抵债的商品成本为 70 万元; 抵债设备的账面原价为 150 万元, 累计折旧为 40 万元, 已计提减值准备 18 万元; 甲公司以摊余成本计量用于抵债的债券投资, 债券票面价值总额为 15 万元, 票面利率与实际利率一致, 按年付息。当日, 该项债务的账面价值仍为 234 万元。

甲、乙公司均为增值税一般纳税人, 适用增值税税率为 13%, 经税务机关核定, 该项交易中商品和设备的计税价格分别为 90 万元和 75 万元。不考虑其他相关税费。

【分析】:

(1) 债权人乙公司的账务处理:

低值易耗品可抵扣增值税 = 90 × 13% = 11.7(万元)

设备可抵扣增值税 = 75 × 13% = 9.75(万元)

低值易耗品和固定资产的成本应当以其公允价值比例 (90:75) 对放弃债权公允价值扣除受让金融资产公允价值后的净额进行分配后的金额为基础确定。

低值易耗品的成本 = 90/(90 + 75) × (210 - 23.55 - 11.7 - 9.75) = 90(万元)

固定资产的成本 = 75/(90 + 75) × (210 - 23.55 - 11.7 - 9.75) = 75(万元)

2×24 年 9 月 20 日, 乙公司的账务处理如下:

①结转债务重组相关损益时:

借: 周转材料——低值易耗品	900 000
在建工程——在安装设备	750 000
应交税费——应交增值税(进项税额)	214 500
交易性金融资产	210 000

坏账准备		190 000
投资收益		75 500
贷：应收账款——甲公司		2 340 000

②支付安装成本时：

借：在建工程——在安装设备		15 000
贷：银行存款		15 000

③安装完毕达到可使用状态时：

借：固定资产——××设备		765 000
贷：在建工程——在安装设备		765 000

（2）债务人甲公司的账务处理：

借：固定资产清理		920 000
累计折旧		400 000
固定资产减值准备		180 000
贷：固定资产		1 500 000
借：固定资产清理		6 500
贷：银行存款		6 500
借：应付账款		2 340 000
贷：固定资产清理		926 500
库存商品		700 000
应交税费——应交增值税（销项税额）		214 500
债权投资——成本		150 000
其他收益——债务重组收益		349 000

【例14-6】 2×24年7月1日，乙公司向甲公司销售商品，甲公司开出已承兑的商业汇票，乙公司以摊余成本计量该项应收票据，甲公司以摊余成本计量该项应付票据。票据面值为10 000万元，期限为半年，年利率6%，2×24年12月31日票据到期，票据利息已经支付，由于甲公司出现严重资金周转问题，无法偿还票据本金。当日乙公司将应收票据转换为应收账款，甲公司将应付票据转换为应付账款。

（1）2×25年1月10日，乙公司同意与甲公司就该项应收账款重新达成协议，新协议约定：

①甲公司将一项作为固定资产核算的房产转让给乙公司，用于抵偿部分债务2 000万元。该房产账面原值2 400万元，累计折旧800万元，未计提减值准备；

②甲公司向乙公司增发股票1 000万股，面值1元/股，占甲公司股份总额的1%，用于抵偿部分债务4 000（1 000×4）万元，甲公司股票在2×25年1月10日的收盘价为4元/股；

③在甲公司履行上述偿债义务后，乙公司免除甲公司1 000万元债务，并将尚未偿还的债务3 000万元（原债务=10 000-2 000-4 000-1 000）展期至2×25年12月31日，年利率8%；如果甲公司未能履行①②所述偿债义务，乙公司有权终止债务重组协议，尚未履行的债权调整承诺随之失效。

乙公司该项应收账款2×25年1月10日（合同生效日）的公允价值为9 200万元，予以展期的应收账款的公允价值为3 000万元，已计提坏账准备600万元。

2×25 年 3 月 2 日，双方办理完成房产转让手续，乙公司将该房产作为投资性房地产核算。

要求：根据资料（1），编制乙公司和甲公司 2×25 年 3 月 2 日的会计分录。

【分析】：

① 债权人（乙公司）的会计处理：

投资性房地产成本 = 合同生效日放弃债权公允价值 9 200 - 受让股权公允价值 4 000（合同生效日 1 000×4）- 重组债权公允价值 3 000（合同生效日）= 2 200（万元）

借：投资性房地产　　　　　　　　　　　　　　　　2 200
　　贷：应收账款　　　　　　　　　　　　　　　　　　　2 200

提示：债权人应在收取债权现金流量的合同权利终止时，同时终止确认全部债权，所以 2×25 年 3 月 2 日不能终止确认全部债权，也就不能确认债务重组相关损益。

② 债务人（甲公司）的会计处理：

借：固定资产清理　　　　　　　　　　　　　　　　1 600
　　累计折旧　　　　　　　　　　　　　　　　　　　　800
　　贷：固定资产　　　　　　　　　　　　　　　　　　　2 400
借：应付账款　　　　　　　　　　　　　　　　　　1 600
　　贷：固定资产清理　　　　　　　　　　　　　　　　　1 600

提示：债务人通过交付资产或权益工具解除了其清偿债务的现时义务，债务人一般可以终止确认该债务。但是，债务人 2×25 年 3 月 2 日不能终止确认全部债务，也就不能确认债务重组相关损益。

（2）2×25 年 5 月 9 日，双方办理完成股权转让手续，乙公司将该股权投资分类为以公允价值计量且其变动计入当期损益的金融资产，甲公司股票当日收盘价为 4.02 元/股。

要求：根据资料（2），编制乙公司和甲公司 2×25 年 5 月 9 日的会计分录。

【分析】：

① 债权人（乙公司）的会计处理：

甲公司与乙公司以组合方式进行债务重组，同时涉及以资产清偿债务、将债务转为权益工具、债务豁免、修改其他条款等方式，可以认为对全部债权的合同条款作出了实质性修改，债权人在收取债权现金流量的合同权利终止时应当终止确认全部债权，即 2×25 年 5 月 9 日该债务重组协议的执行过程和结果不确定性消除时，可以确认全部债务重组相关损益，并按照修改后的条款确认新金融资产。

受让股权的公允价值 = 4.02×1 000 = 4 020（万元）

投资收益 = 新金融资产的确认金额（4 020 + 3 000）- 债权终止确认日账面价值（账面余额 10 000 - 2 200 - 坏账准备 600）= -180（万元）

借：交易性金融资产　　　　　　　　　（1000×4.02）4 020
　　应收账款　　　　　　　　　　　　　　　　　　　3 000
　　坏账准备　　　　　　　　　　　　　　　　　　　　600
　　投资收益　　　　　　　　　　　　　　　　　　　　180
　　贷：应收账款　　　　　　　　　　　（10 000 - 2 200）7 800

②债务人(甲公司)的会计处理:

该债务重组协议的执行过程和结果不确定性于2×25年5月9日消除时,债务人清偿该部分债务的现时义务已经解除,可以确认债务重组相关损益,并按照修改后的条款确认新金融负债。

判断3 000万元本金部分的合同条款的修改是否构成实质性修改:

新债务未来现金流量现值 = 3 000 × (1 + 8%)/(1 + 6%) = 3 056.6 (万元)

现金流变化 = (3 056.6 − 3 000)/3 000 × 100% = 1.9%

由于1.9% < 10%,因此,针对3 000万元本金部分的合同条款的修改不构成实质性修改,不终止确认该部分负债。

借:应付账款　　　　　　　　　　　　　　　　(10 000 − 1 600) 8 400
　　贷:股本　　　　　　　　　　　　　　　　　　　　　　　1 000
　　　　资本公积　　　　　　　　　　　　　　　(1 000 × 3.02) 3 020
　　　　应付账款　　　　　　　　　　　　　　　　　　　　3 056.60
　　　　其他收益——债务重组收益　　　　　　　　　　　　1 323.40

第三节　债务重组的相关披露

债务重组中涉及的债权、重组债权、债务、重组债务和其他金融工具的披露,应当按照《企业会计准则第37号——金融工具列报》的规定处理。此外,债权人和债务人还应当在附注中披露与债务重组有关的额外信息。债权人应当在附注中披露与债务重组有关的下列信息:(1)根据债务重组方式,分组披露债权账面价值和债务重组相关损益。分组时,债权人可以按照以资产清偿债务方式、将债务转为权益工具方式、修改其他条款方式、组合方式为标准分组,也可以根据重要性原则以更细化的标准分组。(2)债务重组导致的对联营企业或合营企业的权益性投资增加额,以及该投资占联营企业或合营企业股份总额的比例。债务人应当在附注中披露与债务重组有关的下列信息:(1)根据债务重组方式,分组披露债务账面价值和债务重组相关损益,分组的标准与对债权人的要求类似。(2)债务重组导致的股本等所有者权益的增加额。

案例分析:

2 192亿元债务重组计划出炉　华夏幸福化解流动性风险困局

这只是"长征"第一步,毕竟问题不止这些,华夏幸福仍需努力。

自华夏幸福披露债务"爆雷"后,外界翘首以盼的债务重组计划终于在国庆长假前公布了。

华夏幸福2021年9月30日傍晚公告,公司初步拟订了债务重组计划,并在省、市政府的指导下,与债权人就债务重组计划的相关内容进行了沟通。

据此，华夏幸福表示以"不逃废债"为基本前提，通过卖出资产回笼资金、出售资产带走金融债务、优先类金融债务展期或清偿、现金兑付等6种方式安排债务清偿，涉及金融债务达2 192亿元。

若简单对照华夏幸福2021年中报披露的有息负债1 876.19亿元，此次债务重组计划，预计可以"消化"掉大部分有息负债压力，且将支持其恢复项目的正常运营与交付，以保障后续债务清偿的可能。

经过这次债务重组后，华夏幸福的业务与区域布局预计将迎来全新的变局。

华夏幸福在公告中指出，公司经过资产及业务重组后，将保留孔雀城住宅业务、部分产业新城业务、物业管理业务及其他业务。以往被指责较多的"环京"集中布局或将改变，因华夏幸福表示，产业新城业务布局过于集中的问题将明显改善，抵御区域政策和市场风险的能力显著提高。

或许还有债务问题需要在后续解决，或许还有不少细节需要进一步落实，但对于华夏幸福和它的投资者及业主而言，这份债务重组计划无疑是一份大礼，也是最好的重新出发。

2 192亿元债务重组

按照华夏幸福的计划，债务清偿共有6种主要方式，最主要也是最直接的方式就是出售资产，这不但可以回笼资金偿付债务，同时还可以带走不少标的公司自身的金融债务。

华夏幸福表示，对于变现能力强的资产，公司将积极寻找资金实力强、协同效应好的潜在投资者予以出售，回笼资金主要用于偿付金融债，出售资产预计能够回笼资金约750亿元。

回笼资金后，首要任务是安排约570亿元用于现金偿付金融债务；剩余部分用于落实住宅开发和交付责任及恢复产业新城及其他业务板块的正常运营，以保障经营债务及承接金融债务的清偿。

除了现金兑付约570亿元金融债务，伴随这些资产出售，预计将有500亿元金融债务被带走。

华夏幸福表示："出售项目公司的自身金融债务，随项目公司股权出售一并带走并转出公司，展期、降息，由项目公司依据债务重组协议约定还本付息。出售项目公司通过债务置换方式，有条件承接相应的由公司统借统还的金融债务，置换后的债务展期、降息，具体置换方式由公司、可出售项目公司的收购方、相关金融债权人具体协商。"

第四种方式，计划优先类金融债务展期或清偿约352亿元，这包括两种情况：

应收账款质押和实物资产抵押的金融债务展期留债，维持原财产担保措施不变。展期期间利率下调。如若实物资产抵押相关担保物被处置或出售的，所担保债权可在担保物处置或出售价款范围内优先清偿；应收账款质押的，按年度分期按比例偿还。

与房地产开发建设等业务相关的开发贷，由相关金融机构维持开发贷余额不变，利率下调，存量项目逐步销售偿还，新增项目逐步投放。

第五种方式，以持有型物业等约 220 亿元资产设立的信托受益权份额抵偿，即以公司约 220 亿元有稳定现金流的持有型物业等资产设立信托计划，并以信托受益权份额偿付相关金融债务。

最后，剩余约 550 亿元金融债务由公司承接，展期、降息，通过后续经营发展逐步清偿。展期届满后，根据企业后续经营情况，可协商直接清偿或继续展期。

事实上，由于债务爆雷曾引发了一系列债务违约，对此华夏幸福也作了三点补充：

在欠息、罚息等事项上，由于企业经营困难，本债务重组计划项下的金融债务，已发生未支付的利息豁免或利随本清如选择利随本清，则利率下调；已发生未支付的罚息、违约金、复利及其他违约责任予以豁免。

公开市场债券兑付方面，对于公司在境内外发行债券的清偿，应根据监管部门的监管制度、债券发行及募集资金文件的相关要求，按照同债同权、公平公正的原则妥善予以安排。其中，对于境外债券，引导债券持有人委托境内代理人加入金融机构债权人委员会，并参与本次债务重组。

担保措施调整方面，如存在以下两种情形：一是按照上述现金兑付约 570 亿元金融债务、以持有型物业等约 220 亿元资产设立的信托受益权份额抵偿，剩余约 550 亿元金融债务由公司承接等方式清偿的债存在股权质押；二是涉及可出售资产或项目公司的担保措施、确因出售资产或上市公司监管要求需要解除担保的申请债权人配合解除相应担保措施。

希望恢复正常经营后，一切问题也将迎刃而解。

或如公告所言，通过债务重组、持续运营，在地方财政、税收、土地政策的支持下，华夏幸福将逐步完善经营状况，恢复"造血"能力，积极争取修复资信，及早恢复融资能力，保障公司经营债和公司在现金清偿及信托受益权份额抵偿后承接的金融债务的稳定清偿。

产城与"环京"

事实上，在本次债务重组计划公布之前，华夏幸福已在努力自救，如出售资产回笼资金，缓解债务压力。

上半年，华夏幸福接连转让武汉、南京、嘉兴以及北京等项目，就连深圳公司及旗下城市更新项目也一售而空。

与此同时，华夏幸福也在积极引入外援。

2021 年 2 月，廊坊市人民政府与河北省产业投资基金管理公司共同出资的河北新空港发展投资有限公司已正式成立，据传该公司将成为华夏幸福债务重组的主体。

结合最新的债务重组计划高达 2 192 亿元债务"去化"，预计可以消掉不小有息负债压力，但这只是"长征"的第一步，毕竟问题不止这些，华夏幸福仍需努力。

据观点地产新媒体了解，由于疫情暴发，加之其项目多布局在环京一带，华夏幸福上一年的经营受到严重影响，在 2020 年年底一场境外投资人电话会议上，华夏幸福表示，2020 年大概率无法完成净利润目标。

彼时消息传出后，有关华夏幸福境内外债务暴跌、违约消息传来，资金链危机全面爆发。

至2021年中期业绩报告公布,华夏幸福对此的说明是:受宏观经济环境、行业环境、信用环境叠加多轮疫情影响,特别是2020年年底至2021年3月北京、河北新一轮疫情的影响,以及公司流动性自2020年第四季度出现的阶段性紧张,公司融资业务受到较大影响,产业新城及相关业务、商业地产及相关业务的正常开展均受到一定影响。截至报告期末,累计未能如期偿还债务本息合计691.66亿元,正在与上述逾期涉及的金融机构积极协调展期相关事宜。

据观点地产新媒体近期报道,华夏幸福9月3日公布最新的债务逾期情况显示,累计未能如期偿还债务本息合计已达878.99亿元。

另据中期财报显示,上半年末,华夏幸福负债总额为3 923.41亿元,有息负债账面余额1 876.19亿元。其中,一年内到期的长期借款334.81亿元,短期借款及短期应付债券291.36亿元,应付账款392.36亿元,一年内到期的非流动负债789.02亿元,合计1 807.55亿元。

虽然此次公布的债务重组计划并非最终确定版本,仍有不少债务需要在后续的日子中解决,也有不少细节需要进一步落实,但随着方案的逐步落实,过往占用资金较多的产城业务以及"环京"集中布局或将改变。

华夏幸福公告中有这样的表述:公司经过资产及业务重组后,将保留孔雀城住宅业务、部分产业新城业务、物业管理业务及其他业务。

"其中,孔雀城住宅业务板块,多措并举缓解资金压力,有序运营,落实交房责任,通过成立专门的住宅开发和交付运作平台,由'政债企'三方共同监督,努力恢复孔雀城品牌形象,提振去化速度和销售价格,逐步恢复孔雀城板块融资功能,探讨以滚动拿地开发等多元化手段,更好地完成房地产开发与交付任务。"

"产业新城业务布局过于集中的问题将明显改善,抵御区域政策和市场风险的能力显著提高。"

另外,在2021年2月内部讲话中,王文学将公司陷入流动性困境的原因归纳为四点:第一,错误研判了环京的房地产形势,投资过于集中。第二,新拓区域尚在培育中,效果不及预期。第三,前期扩张激进,管理不够精细。第四,多轮疫情冲击使经营困境雪上加霜。

结合这些表述,或许可以合理猜想,华夏幸福即将出售的资产大概率的布局情况。

债务化解方案虽然较开始的预计时间推迟了4个月公布,具体将出售哪些资产,目前仍不得而知,债务重组从"计划"到"落实"也尚需时日,但如今已迈出了重要的一步。

讨论:

1. 该债务重组计划能否破解公司的流动性风险?
2. 该债务重组计划会如何影响公司净利润?

思考题

1. 什么是债务重组？主要存在哪些债务重组的方式？
2. 债务重组中债权和债务终止确认的原则是什么？
3. 债务人将债务转为权益工具的会计核算方法是什么？

练习题

1. 甲企业于2×25年1月20日销售一批材料给乙企业，不含税价格为200 000元，增值税税率为13%，按合同规定，乙企业应于2×25年4月1日前偿付货款。由于乙企业发生财务困难，无法按合同规定的期限偿还债务，经双方协议于7月1日进行债务重组。债务重组协议规定，甲企业同意减免乙企业30 000元债务，余额用现金立即偿清。乙企业于当日通过银行转账支付了该笔剩余款项，甲企业随即收到了通过银行转账偿还的款项。甲企业已为该项应收债权计提了20 000元的坏账准备。假定不考虑其他因素，请完成债权人和债务人的账务处理。

2. A公司2×24年1月1日与B公司进行债务重组，A公司应收B公司账款120万元，已提坏账准备30万元。协议规定，豁免20万元，剩余债务在2×24年12月31日支付。但附有一条件，若B公司在2×24年度获利，则需另付10万元。B公司认为2×24年很可能获利。假定不考虑其他因素，请完成债权人和债务人的账务处理。

3. A公司为上市公司，2×24年5月按法院裁定进行破产债务重整，2×24年10月法院裁定批准了A公司的破产重整计划。截至2×25年1月20日，A公司已经清偿了所有应以现金清偿的债务；截至2×25年4月10日，应清偿给债权人的5 000万股股票已经过户到相应的债权人名下，预留给尚未登记债权人的股票也过户到管理人指定的账户。

A公司于2×25年4月25日披露的2×24年年报中确认了破产重整收益，理由是：在年报披露之前，有关重整事项已经基本执行完毕，公司认为很可能将得到法院的最终裁定。

问题：A公司能否将破产重整收益计入2×24年？

第十五章

所有者权益

本章结构

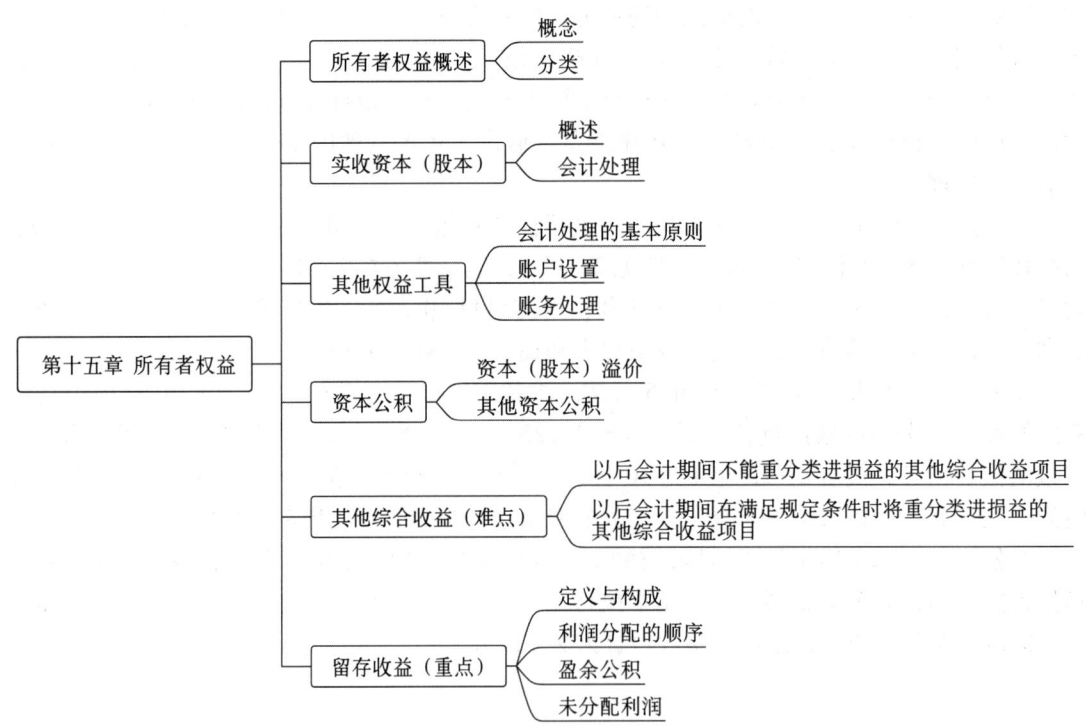

第一节 所有者权益概述

一、所有者权益概念

所有者权益（owner's equity）是指企业资产扣除负债（债权人权益）后由所有者享有的剩余权益。公司的所有者权益又称为股东权益。从数量上分析，企业所有者权益的金额等于资产与负债的差额，即"净资产"，是存在具体形态的企业净资产的权益性来源渠道，如某企业接受其股东投入的资本就属于该企业的所有者权益。一般地，企业所有者权益的核心内容包括所有者投入资本、留存收益两大方面和实收资本（股本）、资本公积、盈余公积、未分配利润四小方面。

对所有者权益概念和特征的把握，还可结合会计实务中金融工具在核算时其所属类别的判断来深化。根据金融工具相关准则的规定，企业发行的金融工具应分类为权益工具（所有者权益）和债务工具（金融负债），企业应按照发行金融工具的合同条款及其所反映的经济实质而非法律形式并遵循实质重于形式原则进行判断。在初始确认时将该金融工具或其组成部分分类为金融负债或权益工具。

权益工具和债务工具（金融负债）区分的基本原则是：（1）是否存在无条件地避免交付现金或其他金融资产的合同义务（即能否避免要偿还）。①如果企业不能无条件地避免以交付现金或其他金融资产来履行一项合同义务，则该合同义务符合金融负债的定义。②如果企业能够无条件地避免交付现金或其他金融资产，则该金融工具分类为权益工具。（2）是否通过交付固定数量的自身权益工具结算。如果交付自身权益工具数量是可变的，则应划分为金融负债，否则属于权益工具。

【例15-1】甲公司发行了一项年利率为8%、无固定还款期限、可自主决定是否支付利息的不可累积永续债，其他合同条款如下：（1）该永续债嵌入了一项看涨期权，允许甲公司在发行第5年及之后以面值回购该永续债。（2）如果甲公司在第5年末没有回购该永续债，则之后的票息率增加至11%（通常称为"票息递增"特征）。（3）该永续债票息在甲公司向其普通股股东支付股利时必须支付（即"股利推动机制"）。甲公司根据相应的议事机制能够自主决定普通股股利的支付；该公司发行该永续债之前多年来均支付普通股股利。

要求：根据以上资料，判断甲公司发行的上述金融工具应分类为债务工具还是权益工具？

本例中，尽管甲公司多年来均支付普通股股利，但由于甲公司能够根据相应的议事机制自主决定普通股股利的支付，并进而影响永续债利息的支付，对甲公司而言，该永续债利息并未形成支付现金或其他金融资产的合同义务；尽管甲公司有可能在第5年末行使回购权，但是甲公司并没有回购的合同义务。如果没有其他情形导致该工具被分类为金融负债，则该永续债应整体被分类为权益工具（所有者权益）而非债务工具。同时，虽然合同中存在利率跳升安排，但该安排也不构成企业无法避免的支付义务。

二、所有者权益的分类

（一）按来源分类

按来源分类，所有者权益可分为所有者投入的资本（所有者的出资额）、直接计入所有者权益的利得和损失、留存收益等三大类。

1. 所有者投入的资本（所有者的出资额）

按照我国有关法律规定，所有者（投资者）设立企业首先必须投入资本（invested capital）。所有者在企业增资时会再向企业投入资本。所有者投入的资本（capital invested by the owners）是指所有者实际投入到企业的所有资本，主要包括：投入资本构成企业注册资本或者股本部分的金额（实收资本或股本），投入资本超过注册资本或者股本部分的金额（资本公积——资本溢价或者股本溢价），企业发行其他权益工具而形成的资本（其他权益工具）等。此概念中的"企业注册资本（或股本）"是企业在工商登记机关登记的法定资本，是企业承担民事责任的财力保证。

投入资本按照所有者作为出资财产的形态不同，可以分为货币投资、实物投资和无形资产投资等。

2. 直接计入所有者权益的利得和损失

直接计入所有者权益的利得和损失（gains and losses directly recognised in owners' equity），是指不应计入当期损益、会导致所有者权益发生增减变动的、与所有者投入资本或者向所有者分配利润无关的利得或者损失。例如，企业期末时"其他债权投资的公允价值变动额"、"其他权益工具投资的公允价值变动额"等就是"直接计入所有者权益的利得和损失（其他综合收益）"。

3. 留存收益

留存收益（retained earnings）是企业历年实现并留存于企业的净利润，包括累计计提的盈余公积（含法定盈余公积、任意盈余公积）和未分配利润。

（二）按财务报表列报项目分类

按财务报表列报项目分类，所有者权益可分为实收资本或股本、其他权益工具、资本公积、其他综合收益、盈余公积和未分配利润（或未弥补亏损）六小类。

1. 实收资本或股本

实收资本（paid-in capital）是企业收到投资者投入资本中的其在企业注册资本（或股本）中所占份额的投资。股份制企业的实收资本称为股本。

2. 其他权益工具

其他权益工具（other equity instruments）是企业发行的按照金融负债和权益工具区分原则被分类为权益工具（而不是被分类为债务工具或被分类为债务与权益复合工具）的优先股、永续债、可转换公司债券等除普通股（作为实收资本或股本）以外的金融工具。企业发行其他权益工具而形成的资本，就属于企业所有者权益中的"其他权益工具"。

3. 资本公积

资本公积（capital reserve）是企业收到投资者投入资本中的超出其在企业注册资本（或股本）中所占份额的投资，以及某些特定情况下直接计入所有者权益的项目。资本公积包括资本溢价（或股本溢价）和其他资本公积。

资本溢价（或股本溢价）是企业收到投资者投入资本中的超出其在企业注册资本（或股本）中所占份额的投资。形成资本溢价（或股本溢价）的原因有溢价发行股票、投资者超额缴入资本等。

4. 其他综合收益

其他综合收益（other comprehensive income，OCI）是指企业根据相关具体会计准则的"特殊会计监管性条款"的规定，在发生当期不可以确认为当期损益项目和资本公积、只能确认为当期所有者权益项目的各项利得和损失。

其他综合收益按其"在（发生当期的）以后会计期间能否重分类进损益"分为"以后会计期间不能重分类进损益的其他综合收益项目"和"以后会计期间在满足规定条件时将重分类进损益的其他综合收益项目"两类。

5. 盈余公积

盈余公积（surplus reserve）是指企业按照规定从净利润中提取的归所有者所共有的各

种积累资金。盈余公积主要包括法定盈余公积（statutory surplus reserve）、任意盈余公积（discretionary surplus reserve）等。

上述资本公积和盈余公积都归企业所有者所共有，统称为"企业的公积金"。企业的公积金用于弥补企业的亏损、扩大企业生产经营或者转为增加企业的注册资本。公积金弥补企业亏损，应当先使用任意盈余公积和法定盈余公积；仍不能弥补完亏损的，可以按照规定使用资本公积金弥补亏损。

6. 未分配利润（或未弥补亏损）

未分配利润（undistributed profit）是企业留待以后年度进行分配的累计净利润。从数量上来讲，（期末）未分配利润是期初未分配利润，加上本期实现的净利润，减去本期分配的净利润（包括本期提取的各种盈余公积、向投资者分配的利润或股利）后的余额。负数的未分配利润，称为未弥补亏损，即企业有待以后年度进行弥补的累计净亏损。

上述所有者权益两种分类的关系，见图 15-1。

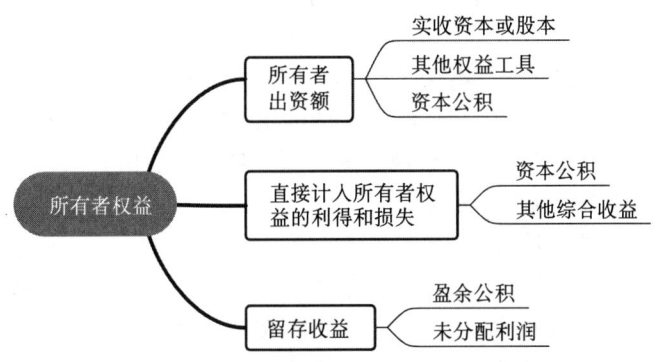

图 15-1 所有者权益的来源及报表项目列示

第二节 实收资本（股本）

一、实收资本（股本）概述

实收资本是企业收到投资者投入资本中的其在企业注册资本（或股本）中所占份额的投资。

为核算投资者投入资本中的其在企业注册资本（或股本）中所占份额的投资，企业应当设置"实收资本"或"股本"科目。投资者可以用现金投资，也可以用现金以外的其他有形资产投资，符合国家规定比例的，还可以用无形资产投资。企业收到投资时，一般应作如下会计处理：收到投资人投入的现金，应在实际收到或者存入企业开户银行时，按实际收到的金额，借记"银行存款"科目，以实物资产投资的，应在办理实物产权转移手续时，借记有关资产科目，以无形资产投资的，应按照合同、协议或公司章程规定移交有关凭证时，借记"无形资产"科目，按投入资本在注册资本或股本中所占份额，贷记"实收资本"或"股本"科目，按其差额，贷记"资本公积——资本溢价"或"资本公积——股本溢价"等科目。

"股本"科目核算股东投入股份有限公司的股本，企业应将核定的股本总额、股份总数、每股面值在股本账户中作备查记录。为提供企业股份的构成情况，企业可在"股本"科目下按股东单位或姓名设置明细账。但值得注意的是，企业发行股票取得的收入与股本总额往往不一致，公司发行股票取得的收入大于股本总额的，称为溢价发行；小于股本总额的，称为折价发行；等于股本总额的，称为面值发行。我国不允许企业折价发行股票。在采用溢价发行股票的情况下，企业应将相当于股票面值的部分记入"股本"科目，其余部分在扣除发行手续费、佣金等发行费用后记入"资本公积——股本溢价"科目。

二、实收资本的会计处理

（一）实收资本增加的会计处理

企业增加资本的途径一般有三条：一是所有者（包括原企业所有者和新投资者）投入，二是将资本公积转为实收资本或者股本，三是将盈余公积转为实收资本或者股本。此外，企业增加资本的途径还有"股份有限公司发放股票股利"、"可转换公司债券持有人行使转换权利"、"企业将重组债务转为资本"、"以权益结算的股份支付的行权"等。《公司法》（2024 年 7 月 1 日起实施）规定，全体股东认缴的出资额由股东按照公司章程的规定自公司成立之日起 5 年内缴足，法律法规另有规定的，从其规定；股份有限公司发起人应当在公司成立前按照其认购的股份全额缴纳股款。

1. 所有者投入资本的会计处理

企业接受所有者投入的资本，如何计量取得资产的入账价值呢？一般按合同、协议约定的价值，若合同、协议约定的价值不公允的，则按照公允价值计量，借记"银行存款"、"固定资产"、"应交税费——应交增值税（进项税额）"等科目；按投入资本在注册资本或股本中所占份额，贷记"实收资本（或股本）"科目；按其差额计入"资本公积——资本溢价/股本溢价"科目。

【例 15-2】某企业收到股东投入的原材料一批，双方协议的不含税价值为 1 000 000 元，增值税为 130 000 元。双方约定在注册资本中的份额为 1 130 000 元。根据以上资料，做会计分录如下：

借：原材料　　　　　　　　　　　　　　　　　　　　　1 000 000
　　应交税费——应交增值税（进项税额）　　　　　　　　130 000
　　贷：实收资本　　　　　　　　　　　　　　　　　　　　　1 130 000

2. 资本公积转为实收资本（股本）的会计处理

将资本公积转为实收资本或者股本。会计上应借记"资本公积——资本溢价"或"资本公积——股本溢价"科目，贷记"实收资本"或"股本"科目。

3. 盈余公积转为实收资本（股本）的会计处理

公司法定公积金转增为注册资本的，留存的该项公积金不少于转增前公司注册资本的 25%。将盈余公积转为实收资本，会计上应借记"盈余公积"科目，贷记"实收资本"或"股本"科目。

4. 股份有限公司发放股票股利的会计处理

股份有限公司采用发放股票股利实现增资的，在发放股票股利时，按照股东原来持有的股数分配。股东会批准的利润分配方案中分配的股票股利,应在办理增资手续后,借记"利润分配"科目,贷记"股本"科目。

5. 可转换公司债券持有人行使转换权利的会计处理

可转换公司债券持有人行使转换权利,将其持有的债券转换为股票,按可转换公司债券的余额,借记"应付债券——可转换公司债券(面值、利息调整)"科目,按其权益成分的金额,借记"其他权益工具"科目,按股票面值和转换的股数计算的股票面值总额,贷记"股本"科目,按其差额,贷记"资本公积——股本溢价"科目。

6. 企业将重组债务转为资本的会计处理

企业将重组债务转为资本的,应按重组债务的账面余额,借记"应付账款"等科目,按债权人因放弃债权而享有本企业股份的面值总额,贷记"实收资本"或"股本"科目,按股份的公允价值总额与相应的实收资本或股本之间的差额,贷记或借记"资本公积——资本溢价"或"资本公积——股本溢价"科目,按其差额,贷记"投资收益"科目。

7. 以权益结算的股份支付的行权的会计处理

以权益结算的股份支付换取职工或其他方提供服务的,应在行权日,按根据实际行权情况确定的金额,借记"资本公积——其他资本公积"科目,按应计入股本的金额,贷记"股本"科目,按其差额,贷记"资本公积——股本溢价"科目。

(二) 实收资本减少的会计处理

企业实收资本减少的原因大体有两种:一是资本过剩;二是企业发生重大亏损而需要减少实收资本。企业因资本过剩而减资,一般要发还股款。有限责任公司和国有独资企业发还投资的会计处理比较简单,按法定程序报经批准减少注册资本的,借记"实收资本"科目,贷记"库存现金"、"银行存款"等科目。

公司减少注册资本,应当编制资产负债表及财产清单;应当自股东会作出减少注册资本决议之日起10日内通知债权人,并于30日内在报纸上或者国家企业信用信息公示系统公告;债权人自接到通知之日起30日内,未接到通知的自公告之日起45日内,有权要求公司清偿债务或者提供相应的担保。公司减少注册资本,应当按照股东出资或者持有股份的比例相应减少出资额或者股份,法律另有规定、有限责任公司全体股东另有约定或者股份有限公司章程另有规定的除外。

股份有限公司因减少注册资本而回购本公司股份的,应按实际支付的金额,借记"库存股"科目,贷记"银行存款"等科目。注销库存股时,应按股票面值和注销股数计算的股票面值总额,借记"股本"科目,按注销库存股的账面余额,贷记"库存股"科目,按其差额,冲减股票发行时原记入资本公积的溢价部分,借记"资本公积——股本溢价"科目,回购价格超过上述冲减"股本"及"资本公积——股本溢价"科目的部分,应依次借记"盈余公积"、"利润分配——未分配利润"等科目;如回购价格低于回购股份所对应的股本,所注销库存股的账面余额与所冲减股本的差额作为增加股本溢价处理,按回购股份所对应的股本面值,借记"股本"科目,按注销库存股的账面余额,贷记"库存股"科目,按其差额,贷记"资本公积——股本溢价"科目。

【例15-3】A股份有限公司截至2×24年12月31日共发行股票30 000 000股,股票面值为1元,资本公积(股本溢价)6 000 000元,盈余公积4 000 000元。经股东会批准,A公司以现金回购本公司股票3 000 000股并注销。假定A公司按照每股4元回购股票,不考虑其他因素，A 公司的账务处理如下：

  借：库存股   12 000 000
    贷：银行存款   12 000 000
  借：股本   3 000 000
    资本公积——股本溢价   6 000 000
    盈余公积   3 000 000
    贷：库存股   12 000 000

公司发生重大亏损，可以按照规定使用盈余公积、资本公积弥补亏损；仍不能弥补完亏损，可以按照规定用"减少注册资本"弥补亏损。减少注册资本弥补亏损的，公司不得向股东分配，也不得免除股东缴纳出资或者股款的义务。违反规定减少注册资本给公司造成损失的，股东及负有责任的董事、监事、高级管理人员应当承担赔偿责任。

第三节　其他权益工具

企业发行的优先股、永续债、可转换公司债券等除普通股以外的金融工具，如果按照金融负债和权益工具区分原则，其被分类为权益工具（而不是被分类为债务工具或被分类为包含负债成分和权益成分的债务与权益复合工具），则此优先股、永续债、可转换公司债券等除普通股以外的金融工具就属于其他权益工具。换言之，其他权益工具是企业发行的按照金融负债和权益工具区分原则被分类为权益工具的优先股、永续债、可转换公司债券等除普通股（作为实收资本或股本）以外的金融工具。

一、其他权益工具会计处理的基本原则

对于归类为权益工具的金融工具，无论其名称中是否包含"债"，其利息支出或股利分配都应当作为发行企业的利润分配，其回购、注销等作为权益的变动处理；对于归类为金融负债的金融工具，无论其名称中是否包含"股"，其利息支出或股利分配原则上按照借款费用进行处理，其回购或赎回产生的利得或损失等计入当期损益。

二、科目设置

在所有者权益类科目中设置"其他权益工具"科目，核算企业发行的（优先股、永续债、可转换公司债券等）除普通股以外的归类为权益工具的各种金融工具。

对于发行方发行的优先股、永续债、可转换公司债券等除普通股以外的金融工具被分类为包含负债成分和权益成分的债务与权益复合工具，其公允价值中包含的权益成分的价值和该权益成分分摊的交易费用金额，也在"其他权益工具"科目核算。

"其他权益工具"科目应按发行金融工具的种类等进行明细核算。

三、主要账务处理

（1）发行方发行的优先股、永续债、可转换公司债券等除普通股以外的金融工具归类为权益工具的，应按实际收到的金额，借记"银行存款"等科目，贷记"其他权益工

具——优先股、永续债等"科目。

分类为权益工具的金融工具,在存续期间分派股利(含分类为权益工具的工具所产生的利息,下同)的,作为利润分配处理。发行方应根据经批准的股利分配方案,按应分配给金融工具持有者的股利金额,借记"利润分配——应付优先股股利、应付永续债利息等"科目,贷记"应付股利——优先股股利、永续债利息等"科目。

发行方发行的金融工具归类为债务工具并以摊余成本计量的,应按实际收到的金额,借记"银行存款"等科目,按债务工具的面值,贷记"应付债券——优先股、永续债等(面值)"科目,按其差额,贷记或借记"应付债券——优先股、永续债等(利息调整)"科目。在该工具存续期间,计提利息并对账面的利息调整进行调整等的会计处理,按照金融工具确认和计量准则中有关金融负债按摊余成本后续计量的规定进行会计处理。

(2)发行方发行的金融工具为包含负债成分和权益成分复合金融工具的,应按实际收到的金额,借记"银行存款"等科目,按金融工具的面值,贷记"应付债券——优先股、永续债(面值)等"科目,按负债成分的公允价值与金融工具面值之间的差额,借记或贷记"应付债券——优先股、永续债等(利息调整)"科目,按实际收到的金额扣除负债成分的公允价值后的金额,贷记"其他权益工具——优先股、永续债等"科目。发行复合金融工具发生的交易费用,应当在负债成分和权益成分之间按照各自占总发行价款的比例进行分摊。与多项交易相关的共同交易费用,应当在合理的基础上,采用与其他类似交易一致的方法,在各项交易之间进行分摊。具体内容已在本教材非流动负债一章介绍。

(3)发行方按合同条款约定赎回所发行的除普通股以外的分类为权益工具的金融工具时,按赎回价格,借记"库存股——其他权益工具"科目,贷记"银行存款"等科目;注销所购回的金融工具,按该工具对应的其他权益工具的账面价值,借记"其他权益工具"科目,按该工具的赎回价格,贷记"库存股——其他权益工具"科目,按其差额,借记或贷记"资本公积——资本溢价(或股本溢价)"科目,如资本公积不够冲减的,依次冲减盈余公积和未分配利润。

发行方按合同条款约定赎回所发行的分类为金融负债的金融工具时,按该工具赎回日的账面价值,借记"应付债券"等科目,按赎回价格,贷记"银行存款"等科目,按其差额,借记或贷记"财务费用"科目。

(4)发行方按合同条款约定将发行的除普通股以外的金融工具转换为普通股的,按该工具对应的金融负债或其他权益工具的账面价值,借记"应付债券"、"其他权益工具"等科目,按普通股的面值,贷记"实收资本(或股本)"科目,按其差额,贷记"资本公积——资本溢价(或股本溢价)"科目。

第四节 资本公积

如前所述,资本公积(capital reserve)是企业收到投资者投入资本中的超出其在企业注册资本(或股本)中所占份额的投资,以及某些特定情况下直接计入所有者权益的项目。资本公积包括资本溢价(或股本溢价)和其他资本公积。企业为核算其资本公积应开设"资本公积"账户,并一般应当设置"资本(或股本)溢价"、"其他资本公积"明细科目。

一、资本（股本）溢价

所有者投入资本中超过企业注册资本或者股本部分的金额要记入"资本公积——资本溢价或者股本溢价"科目。

1. 资本溢价

投资者经营的企业（不含股份有限公司），投资者依其出资份额对企业经营决策享有表决权，依其所认缴的出资额对企业承担有限责任。为明确记录投资者按照公司章程所规定的出资比例实际缴付的出资额，真实地反映各投资者对企业享有的权利与承担的义务，会计上应设置"实收资本"和"资本公积"科目，分别核算"企业收到投资者投入资本中的其在企业注册资本中所占份额的投资"和"企业收到投资者投入资本中的超出其在企业注册资本中所占份额的投资"。

【例15-4】某有限责任公司由甲、乙两位股东各出资500 000元建立。5年以后，该公司的留存收益为200 000元。此时有丙投资者希望加入，实际出资600 000元，占有1/3的股份。丙投资者投资后，该公司的注册资本为1 500 000元，甲、乙、丙股东各占1/3的股份。丙股东的实际出资额600 000元大于其在注册资本中占有的份额500 000元的差额为资本溢价。该公司收到丙股东的出资时，编制会计分录如下：

借：银行存款等　　　　　　　　　　　　　　　　600 000
　　贷：实收资本　　　　　　　　　　　　　　　　500 000
　　　　资本公积——资本溢价　　　　　　　　　　100 000

2. 股本溢价

股份有限公司是以发行股票的方式筹集股本的，股票是企业签发的证明股东按其所持股份享有权利和承担义务的书面证明。由于股东按其所持企业股份享有权利和承担义务，为了反映和便于计算各股东所持股份占企业全部股本的比例，企业的股本总额应按股票的面值与股份总数的乘积计算。因此，为提供企业股本总额及其构成和注册资本等信息，在采用与股票面值相同的价格发行股票的情况下，企业发行股票取得的收入，应全部记入"股本"科目；在采用溢价发行股票的情况下，企业发行股票取得的收入，相当于股票面值的部分记入"股本"科目，超出股票面值的溢价收入记入"资本公积——股本溢价"科目。委托证券商代理发行股票而支付的手续费、佣金等，应从溢价发行收入中扣除，企业应按扣除手续费、佣金后的数额记入"资本公积——股本溢价"科目。

股份有限公司发行无面额股所得股款未计入注册资本的金额，也应当列为公司资本公积金，记入"资本公积——股本溢价"科目。

二、其他资本公积

其他资本公积是指除资本溢价（或股本溢价）项目以外所形成的资本公积。其他资本公积包括：

1. 长期股权投资采用权益法核算下被投资单位除净损益、其他综合收益和利润分配以外所有者权益的其他变动时，企业按持股比例计算应享有的份额

长期股权投资采用权益法核算的，被投资单位除净损益、其他综合收益和利润分配以外的所有者权益的其他变动，投资企业按持股比例计算应享有的份额，应当增加或减少长期股

权投资的账面价值，同时增加或减少资本公积（其他资本公积）。当处置采用权益法核算的长期股权投资时，应当将原记入资本公积（其他资本公积）的相关金额转入投资收益（除不能转入损益的项目外）。

【例15-5】 甲公司对乙公司的投资占乙公司注册资本的40%，按权益法核算该项投资。2×01年10月乙公司因增发股份产生资本溢价200万元。

甲公司的会计分录如下：

借：长期股权投资——乙公司（所有者权益其他变动）　　　　80 000
　　贷：资本公积——其他资本公积　　　　　　　　　　　　　　800 000

2. 以权益结算的股份支付换取职工或其他方提供服务时权益工具在授予日的公允价值

以权益结算的股份支付换取职工或其他方提供服务的，应按照确定的金额，记入"管理费用"等科目，同时增加资本公积（其他资本公积）。在行权日，应按实际行权的权益工具数量计算确定的金额，借记"资本公积——其他资本公积"科目，按计入股本的金额，贷记"股本"科目，并将其差额记入"资本公积——股本溢价"科目。

三、资本公积转增资本

按照《公司法》经股东会或类似机构决议，用资本公积转增资本时，应冲减资本公积，同时按照转增前的实收资本（或股本）的结构或比例，将转增的金额记入"实收资本"（或"股本"）科目下各所有者的明细分类账。

第五节 其他综合收益

一、以后会计期间不能重分类进损益的其他综合收益项目

（一）重新计量设定受益计划净负债或净资产导致的变动

所谓重新计量设定受益计划净负债或净资产导致的变动是指对设定受益计划净负债或净资产重新计量形成的利得和损失，按职工薪酬准则规定，重新计量设定受益计划净负债或净资产导致的变动额应计入其他综合收益，并且在后续会计期间不允许转回至损益。借记"其他综合收益——重新计量设定受益计划净负债或净资产导致的变动"科目，贷记"应付职工薪酬——离职后福利"科目；或者相反分录。

（二）其他权益工具投资公允价值变动

其他权益工具投资公允价值变动是指企业指定为以公允价值计量且其变动计入其他综合收益的非交易性权益工具投资发生的公允价值变动。借记"其他权益工具投资——公允价值变动"科目，贷记"其他综合收益"科目；或者相反分录。

（三）权益法下长期股权投资企业分享被投资企业实现的以后会计期间不能重分类进损益的其他综合收益

长期股权投资采用权益法核算的，投资企业对于被投资单位以后会计期间的不重分类进损益的其他综合收益项目变动额所分享的份额，相应调整长期股权投资的账面价值，同时增加或减少其他综合收益。即借记或贷记"长期股权投资——其他综合收益"科目，贷记或

借记"其他综合收益"科目。

【例15-6】A企业持有B企业30%的股份,能够对B企业施加重大影响。当期B企业因重新计量设定受益计划变动额为120万元(利得),B企业当期实现的净利润为6 400万元。假定A企业与B企业适用的会计政策、会计期间相同,投资时B企业有关资产、负债的公允价值与其账面价值也相同,双方在当期及以前期间未发生任何内部交易。

则A企业在确认应享有被投资单位所有者权益变动时:

借:长期股权投资——B企业(损益调整)　　　　　　19 200 000
　　　　　　　　——B企业(其他综合收益)　　　　　　360 000
　　贷:投资收益　　　　　　　　　　　　　　　　　　19 200 000
　　　　其他综合收益　　　　　　　　　　　　　　　　360 000

(四)企业自身信用风险公允价值变动

企业自身信用风险公允价值变动是指企业指定为以公允价值计量且其变动计入当期损益的金融负债,由企业自身信用风险变动引起的公允价值变动而计入其他综合收益的金额。借记"交易性金融负债——公允价值变动"科目,贷记"其他综合收益"科目;或者相反分录。

二、以后会计期间在满足规定条件时将重分类进损益的其他综合收益项目

(一)金融资产重分类计入其他综合收益的金额

金融资产重分类计入其他综合收益的金额是指企业将一项以摊余成本计量的金融资产重分类为以公允价值计量且其变动计入其他综合收益的金融资产时,计入其他综合收益的原账面价值与公允价值之间的差额。

企业将一项以摊余成本计量的金融资产重分类为以公允价值计量且变动计入其他综合收益的金融资产的,应当按照该金融资产在重分类日的公允价值进行计量。原账面价值与公允价值之间的差额计入其他综合收益。

【例15-7】2×24年6月30日,P上市公司因金融资产管理业务模式发生变更,将一项原分类为以摊余成本计量的债券投资重分类为以公允价值计量且变动计入其他综合收益的金融资产。当日,该债权投资的账面余额为430 000元,已计提减值准备50 000元,公允价值为400 000元。假定不考虑其他因素,P公司做会计分录如下:

借:其他债权投资　　　　　　　　　　　　　　　　　　400 000
　　债权投资减值准备　　　　　　　　　　　　　　　　　50 000
　　贷:债权投资　　　　　　　　　　　　　　　　　　　430 000
　　　　其他综合收益　　　　　　　　　　　　　　　　　 20 000

待该项其他债权投资处置时,上述计入其他综合收益的金额应转入当期损益。

(二)其他债权投资公允价值变动

资产负债表日,其他债权投资的公允价值高于其账面余额的差额,借记"其他债权投资——公允价值变动"科目,贷记"其他综合收益——其他债权投资公允价值变动"科目;公允价值低于其账面余额的差额,做相反的会计分录。

【例15-8】2×25年4月30日,P上市公司持有的S公司债券(P公司将其作为其他债权投资核算)月初公允价值为540 000元,月末公允价值为560 000元。假定不考虑其他因素,P公司做会计分录如下:

借：其他债权投资——公允价值变动　　　　　　　　　　　　　　　20 000
　　　贷：其他综合收益——其他债权投资公允价值变动　　　　　　　　20 000

待该项其他债权投资处置时，上述计入其他综合收益的金额应转入当期损益。

（三）权益法下长期股权投资企业分享被投资企业实现的以后会计期间在满足规定条件时将重分类进损益的其他综合收益

长期股权投资采用权益法核算的，投资企业对于被投资单位以后会计期间在满足规定条件时将重分类进损益的其他综合收益项目中所享有的份额，相应调整长期股权投资的账面价值，同时增加或减少其他综合收益。即借记或贷记"长期股权投资——其他综合收益"科目，贷记或借记"其他综合收益——权益法下被投资企业可转损益的其他综合收益"科目。

【例15-9】 P企业持有S企业30%的股份，能够对S企业施加重大影响。当期S企业因持有的其他债权投资公允价值变动计入其他综合收益的金额为1 200万元，S企业当期实现的净利润为6 400万元。假定P企业与S企业适用的会计政策、会计期间相同，投资时S企业有关资产、负债的公允价值与其账面价值也相同，双方在当期及以前期间未发生任何内部交易。

则P企业在确认应享有被投资单位所有者权益变动时：

借：长期股权投资——损益调整　　　　　　　　　　　　　　　19 200 000
　　　　　　　　——其他综合收益　　　　　　　　　　　　　　　3 600 000
　　贷：投资收益　　　　　　　　　　　　　　　　　　　　　　19 200 000
　　　　其他综合收益——权益法下被投资企业可转损益的其他综合收益
　　　　　　　　　　　　　　　　　　　　　　　　　　　　　　3 600 000

待该项长期股权投资处置时，上述计入其他综合收益的金额应转入当期损益。

（四）自用房地产或作为存货的房地产转为采用公允价值计量的投资性房地产在转换日形成的利得

企业将作为存货的房地产转换为采用公允价值模式计量的投资性房地产时，应当按该项房地产在转换日的公允价值，借记"投资性房地产——成本"科目，原已计提跌价准备的，借记"存货跌价准备"科目，按其账面余额，贷记"开发产品"等科目；同时，转换日的公允价值小于账面价值的，按其差额，借记"公允价值变动损益"科目，转换日的公允价值大于账面价值的，按其差额，贷记"其他综合收益"科目。

企业将自用的建筑物等转换为采用公允价值模式计量的投资性房地产时，应当按该项房地产在转换日的公允价值，借记"投资性房地产——成本"科目，原已计提减值准备的，借记"固定资产减值准备"科目，按已计提的累计折旧等，借记"累计折旧"等科目，按其账面余额，贷记"固定资产"等科目；同时，转换日的公允价值小于账面价值的，按其差额，借记"公允价值变动损益"科目，转换日的公允价值大于账面价值的，按其差额，贷记"其他综合收益"科目。

待该项投资性房地产处置时，因转换计入其他综合收益的部分应转入当期损益。

（五）计提其他债权投资信用减值准备

其他债权投资信用减值准备指企业按照《企业会计准则第22号——金融工具确认和计量》规定分类为以公允价值计量且其变动计入其他综合收益的金融资产计提的信用损失准

备。借记"信用减值损失"科目，贷记"其他综合收益"科目。其他综合收益以后期间转入投资收益或转回。

（六）现金流量套期储备

现金流量套期储备是指现金流量套期工具产生的利得或损失中属于有效套期的部分。借记"套期工具——商品期货合同"科目，贷记"其他综合收益——套期储备"科目；之后，借记"其他综合收益"科目，贷记"主营业务收入"科目。这一内容将在高级财务会计课程中详细介绍。

（七）外币财务报表折算差额

按照外币折算的要求，企业在处置境外经营的当期，将已列入合并财务报表所有者权益的外币报表折算差额中与该境外经营相关部分，自其他综合收益项目转入处置当期损益。如果是部分处置境外经营，应当按处置的比例计算处置部分的外币报表折算差额，转入处置当期损益。这将在高级财务会计课程中详细介绍。

第六节 留存收益

一、留存收益的含义与构成

留存收益是企业历年实现并留存于企业的净利润，包括累计计提的盈余公积和累计留存的未分配利润。其中，盈余公积又包括法定盈余公积和任意盈余公积等。企业主要通过"盈余公积"和"未分配利润"两个资产负债表项目和"盈余公积"、"利润分配——未分配利润"等科目反映其留存收益。

二、利润分配的顺序

企业取得的净利润，应当按《公司法》等有关法规的规定在各方利益人之间进行分配。企业利润分配的对象是"本年可供分配的利润"，即企业本年实现的净利润加上年初未分配利润。根据《公司法》等有关法规的规定，企业当年实现的净利润，一般应当按照如下顺序进行分配：

1. 弥补以前年度亏损

企业发生亏损时，应由企业自行弥补。弥补亏损的渠道主要有四条：一是用以后年度税前利润弥补。按照现行制度规定，企业发生亏损时，可以用以后五年内实现的税前利润弥补，即税前利润弥补亏损的期间为五年。二是用以后年度税后利润弥补。企业发生的亏损经过五年期间仍未弥补足额的，尚未弥补的亏损应用所得税后的利润弥补。三是以盈余公积弥补亏损。企业以提取的盈余公积弥补亏损时，应当由公司董事会提议，并经股东会批准。四是以资本公积弥补亏损。以公积金弥补公司亏损，应当先使用任意公积金和法定公积金；仍不能弥补的，可以按照规定使用资本公积金。

2. 提取法定公积金

公司制企业的法定公积金按照税后利润的10%的比例提取。公司法定公积金累计额为公司注册资本的50%以上时，可以不再提取法定公积金。

公司的法定公积金不足以弥补以前年度亏损的，在提取法定公积金之前，应当先用当年利润弥补亏损。

3. 提取任意公积金

公司从税后利润中提取法定公积金后，经股东会决议，还可以从税后利润中提取任意公积金。

4. 向投资者分配利润或股利

公司弥补亏损和提取公积金后所余税后利润，即可供分配的利润减去企业提取盈余公积后的金额，为可向投资者分配的利润。对于可向投资者分配的利润，有限责任公司股东按照实缴的出资比例分取红利，但是，全体股东约定不按照出资比例分取红利的除外；股份有限公司按照股东持有的股份比例分配，但股份有限公司章程规定不按持股比例分配的除外。

可供投资者分配的利润，按下列顺序进行分配：向优先股股东分配股利→向普通股股东分配股利，此后仍有余额的是"未分配利润"，是企业留待以后年度进行分配的累计净利润。股东会作出分配利润的决议的，董事会应当在股东会决议作出之日起六个月内进行分配。

值得注意的是，上述利润分配的法定顺序是不可以颠倒的：企业以前年度亏损未弥补完的，不得提取法定盈余公积金；在提取法定盈余公积金前，不得向投资者分配利润。若有股东会或者董事会违反规定，在公司弥补亏损和提取法定公积金之前向股东分配利润的，股东必须将违反规定分配的利润退还公司；给公司造成损失的，股东及负有责任的董事、监事、高级管理人员应当承担赔偿责任。公司持有的本公司股份不得分配利润。

核算上述法定顺序的净利润分配业务，企业应开设一个总账科目"利润分配"及其下的"利润分配——未分配利润"、"利润分配——提取法定盈余公积"等两大类十一个明细科目：设置"利润分配"这一所有者权益类科目，核算企业利润的分配（或亏损的弥补）和历年分配（或弥补）后的积存余额。它是"本年利润"账户的调整账户。其借方反映利润分配的各项内容，如提取法定盈余公积和应付股利等以及发生的亏损的结转；贷方反映本年利润的结转及用盈余公积弥补的亏损等；期末余额如果在借方，表示历年积存的未弥补的亏损，如果余额在贷方，则表示历年积存的未分配利润。"利润分配"科目下应分别设置以下明细科目：（1）盈余公积补亏；（2）提取法定盈余公积；（3）提取储备基金；（4）提取企业发展基金；（5）提取职工奖励及福利基金；（6）利润归还投资；（7）应付优先股股利；（8）提取任意盈余公积；（9）应付普通股股利；（10）转作资本（或股本）的普通股股利；（11）未分配利润。

三、盈余公积

（一）盈余公积的定义与分类

盈余公积是指企业按照规定从净利润中提取的归所有者所共有的可用于补亏或转增资本的各种积累资金。公司制企业的盈余公积分为法定盈余公积和任意盈余公积。两者的区别就在于其各自计提的依据不同。前者以国家的法律或行政规章为依据提取；后者则由企业自行决定提取。值得注意的是，按《公司法》（自 2024 年 7 月 1 日起施行）第二百一十条的规定，公司分配当年税后利润时，应当提取利润的 10% 列入公司法定公积金（即法定盈余公积)。公司法定公积金累计额为公司注册资本的50%以上的,可以不再提取。

(二) 盈余公积的用途

1. 用于弥补亏损

如前所述,企业发生亏损时,应由企业自行弥补。弥补亏损的渠道主要有三条,即用以后年度税前利润弥补、用以后年度税后利润弥补和用盈余公积弥补亏损。企业以提取的盈余公积弥补亏损时,应当由公司董事会提议,并经股东会批准。

2. 用于转增资本

企业将盈余公积转增资本或用盈余公积派送新股时,必须经股东会决议批准。在实际将盈余公积转增资本时,要按股东原有持股比例结转。盈余公积转增资本时,转增后留存的盈余公积的数额不得少于注册资本的25%。

3. 用于扩大企业生产经营

企业盈余公积的结存数,是企业所有者权益的组成部分,是企业增量生产经营资金的一个重要来源,其形成的增量资金可能表现为一种货币资金,也可能表现为一定的实物资产,如存货和固定资产等,随同企业的其他来源所形成的资金进行循环周转。

(三) 盈余公积的账务处理

1. 账户设置

为了反映盈余公积的形成及使用情况,企业应设置"盈余公积"账户,并应当分别"法定盈余公积"、"任意盈余公积"进行明细核算。外商投资企业还应分别"储备基金"、"企业发展基金"进行明细核算。中外合作经营企业在合作期间归还投资者的投资,应设置"利润归还投资"明细科目进行核算。

2. 账务处理

(1) 提取盈余公积。

当企业提取盈余公积时,借记"利润分配——提取法定盈余公积、提取任意盈余公积"科目,贷记"盈余公积——法定盈余公积、任意盈余公积"科目。

外商投资企业按规定提取的储备基金、企业发展基金、职工奖励及福利基金,借记"利润分配——提取储备基金"、"利润分配——提取企业发展基金"、"利润分配——提取职工奖励及福利基金"科目,贷记"盈余公积——储备基金"、"盈余公积——企业发展基金"、"应付职工薪酬"科目。

【例15-10】某企业本年实现净利润2 000 000元,本年按10%的比例计提法定盈余公积200 000元,经股东会批准,按净利润的5%提取任意盈余公积100 000元。

借:利润分配——提取法定盈余公积　　　　　　　　　　　　　　200 000
　　　　　　——提取任意盈余公积　　　　　　　　　　　　　　100 000
　　贷:盈余公积——法定盈余公积　　　　　　　　　　　　　　200 000
　　　　　　　——任意盈余公积　　　　　　　　　　　　　　100 000

(2) 用盈余公积弥补亏损或转增资本。

企业经股东会或类似机构决议,用盈余公积弥补亏损或转增资本时,借记"盈余公积"科目,贷记"利润分配——盈余公积补亏"、"实收资本"或"股本"科目。经股东会决议,用盈余公积派送新股,按派送新股计算的金额,借记"盈余公积"科目,按股票面值和派送新股总数计算的股票面值总额,贷记"股本"科目。

【例15-11】某股份有限公司经股东会批准，用盈余公积150 000元弥补以前年度亏损，并将110 000元盈余公积用于转增资本，转增的实收资本总额为100 000元，另10 000元增加资本公积。

　　借：盈余公积　　　　　　　　　　　　　　　　　　　　260 000
　　　　贷：利润分配——盈余公积补亏　　　　　　　　　　　150 000
　　　　　　股本　　　　　　　　　　　　　　　　　　　　　100 000
　　　　　　资本公积——股本溢价　　　　　　　　　　　　　 10 000

【例15-12】某股份有限公司经股东会决议，用盈余公积派送新股，该公司发行在外的普通股总股数为1 000万股，每10股派送1股，每股面值1元。用于送股的盈余公积总额为1 300 000元。

　　借：盈余公积　　　　　　　　　　　　　　　　　　　　1 300 000
　　　　贷：股本　　　　　　　　　　　　　　　　　　　　1 000 000
　　　　　　资本公积——股本溢价　　　　　　　　　　　　　300 000

四、未分配利润

（一）未分配利润的概念与内容

未分配利润是企业历年实现的净利润中留待以后年度进行分配的累计净利润。从数量上来讲，（年末）未分配利润是年初未分配利润，加上本年实现的净利润，减去本年分配的净利润后的余额。本年分配的净利润包括本年提取的各种盈余公积、向投资者分配的利润或股利。负数的未分配利润，称为未弥补亏损，即企业历年发生的净亏损中有待以后年度进行弥补的累计净亏损。

（二）未分配利润的核算

企业是通过"利润分配"科目来最终核算其年末未分配利润的。前述本年分配净利润业务中的"提取法定或任意公积金"和"用盈余公积弥补亏损"就是通过该科目核算的。而"向投资者分配利润或股利"、"期末结转本期实现与分配的净利润"也要通过该科目核算：

（1）向投资者分配利润或股利的会计处理。经股东会或类似机构决议，分配给股东或投资者的现金股利或利润，借记"利润分配——应付现金股利或利润"科目，贷记"应付股利"科目。经股东会或类似机构决议，分配给股东的股票股利，应在办理增资手续后，借记"利润分配——转作股本的股利"科目，贷记"股本"科目。

（2）期末结转本期实现与分配的净利润的会计处理。企业期末结转利润时，应将各损益类科目的余额转入"本年利润"科目，结平各损益类科目。结转后"本年利润"科目的贷方余额为当期实现的净利润，借方余额为当期发生的净亏损。年度终了，应将本年收入和支出相抵后结出的本年实现的净利润或净亏损，转入"利润分配——未分配利润"科目。同时，将"利润分配"科目所属的其他明细科目的余额，转入"未分配利润"明细科目。年末结转后，"未分配利润"明细科目的贷方余额，就是历年累计的未分配利润的金额；如出现借方余额，则表示历年累计的未弥补亏损的金额。"利润分配"科目所属的其他明细科目应无余额。

（3）弥补亏损的会计处理。企业在生产经营过程中既可能发生盈利，也有可能出现亏损。企业在当年发生亏损的情况下，与实现利润的情况相同，应当将本年发生的亏损自"本年利润"科目，转入"利润分配——未分配利润"科目，借记"利润分配——未分配利润"科目，贷记"本年利润"科目，结转后"利润分配"科目的借方余额，即为"未弥补亏损的数额"。

由于未弥补亏损形成的时间长短不同等原因，以前年度结转的未弥补亏损有的可以用当年实现的税前利润弥补，有的则须用税后利润弥补（还可用亏损年度之前的盈利年度提取的盈余公积弥补）。以当年实现的税前或税后利润（具体是亏损年度之后五年内的当年实现的税前利润，或亏损年度之后五年外的当年实现的税后利润）弥补以前年度结转的未弥补亏损，都不需要进行专门的账务处理。但是，两者在计算交纳所得税时的处理（算税处理）是不同的：在以税前利润弥补亏损的情况下，其弥补的数额可以抵减当期企业应纳税所得额，而以税后利润弥补的数额，则不能作为纳税所得扣除处理。

【例15-13】吉客公司创建于2×19年2月，该公司在2×19年至2×27年共九个年度中，每年实现的净利润（或利润总额）、每年分配的利润见表15-1。所得税税率为25%。则该公司对其2×27年度实现净利润的结转、2×27年亏损弥补、利润分配、年度分配利润的结转等业务，应做如下会计分录（其他年度从略）：

表15-1　　　　　　　　企业补亏的3条渠道及适用情形表　　　　　　　　单位：万元

年度	2×19	2×20	2×21	2×22	2×23	2×24	2×25	2×26	2×27
利润总额、净利润实现与分配	实现净利润1 000，提取法定盈余公积100，分派股利900	实现利润总额-6 000，用盈余公积补亏0	实现利润总额1 000，用税前利润补亏1 000	实现利润总额1 000，用税前利润补亏1 000	实现利润总额1 000，用税前利润补亏1 000	实现利润总额1 000，用税前利润补亏1 000	实现利润总额1 000，用税前利润补亏1 000	实现利润总额1 000，用盈余公积补亏100	实现利润总额1 000，用税后利润补亏150，亏损补完之后的可供分配利润600，提取法定盈余公积100，决定分派现金股利200

解析：吉客公司2×20年发生亏损6 000万元。按照现行制度规定，企业发生亏损时，可以用以后五年内实现的税前利润弥补；企业亏损经过五年期间仍未弥补足额的，尚未弥补的亏损应使用所得税后的利润弥补（即用以后年度税后利润弥补）。因而，根据企业所得税法规定和表15-1数据可知，该企业2×27年年初的未弥补亏损=6 000-1 000×5-[(1 000-1 000×25%)+100]=150（万元）。该企业2×27年实现利润总额1 000万元，则税后净利润为750万元，用此税后净利润750万元可将该企业上述2×27年年初的未弥补亏损150万元全部弥补完毕，亏损全部弥补完毕之后还有600万元可供分配利润。对此可供分配利润，提取法定盈余公积100万元，分派现金股利200万元。

①2×27年度实现净利润的结转：

2×27年度终了时，公司结转本年实现的净利润：（单位为万元）

　　借：本年利润　　　　　　　　　　　　　　　(1 000-1 000×25%) 750
　　　　贷：利润分配——未分配利润　　　　　　　　　　　　　　750

② 2×27 年亏损弥补业务：

该公司用税后利润补亏 150 万元，不需要进行专门的账务处理。

因为该公司将当年实现的（税后的正数）利润 750 万元自"本年利润"科目转入"利润分配——未分配利润"科目的贷方（见上述分录①），这个转入到"利润分配——未分配利润"科目的贷方发生额 750 万元，与其"利润分配——未分配利润"科目的借方余额（即以前年度结转的未弥补亏损额 150 万元）自然抵补（即抵销方式性地弥补）。

③ 进行利润分配与分配利润的结转：

提取法定盈余公积时：

借：利润分配——提取法定盈余公积　　　　　　　　　　100
　　贷：盈余公积——法定盈余公积　　　　　　　　　　　　100

决定分派现金股利 200 万元时：

借：利润分配——应付现金股利　　　　　　　　　　　　200
　　贷：应付股利　　　　　　　　　　　　　　　　　　　　200

结转"利润分配"的明细科目：

借：利润分配——未分配利润　　　　　　　　　　　　　300
　　贷：利润分配——提取法定盈余公积　　　　　　　　　　100
　　　　　　　　——应付现金股利　　　　　　　　　　　　200

案例分析：

以下是富仙公司 2×20 – 2×24 年度库存股的相关业务：

（1）2×20 年 10 月 10 日，经公司股东会批准授予管理层 100 万份股票期权，公允价值为 15 元；条件是管理层人员未来三年继续在公司服务，三年中一旦离开期权作废。可行权日为 2×24 年 1 月 1 日，行权截止日为 2×24 年 1 月 31 日。假定该公司在这三年中的每年年末都估计没有管理层人员离开，三年期满时也实际没有管理人员离开。假定在这三年中的每年年末该公司股票市场价格均为 19 元/股。

（2）2×23 年 10 月 15 日，公司从证券市场回购本公司股票 400 万股，每股成本 7.2 元，其中 300 万股将注销，100 万股作激励用。

（3）2×23 年 10 月 22 日，将回购的 300 万股注销。

（4）2×24 年 1 月 10 日，管理层人员全部对股票期权行权（每份期权行权价为 4 元）。

讨论：

1. 形成库存股的原因有哪些？上述库存股相关业务如何核算？
2. 公司实施股票股权激励而回购股份的依据是什么？会有何经济后果？

思考题

1. 区分金融负债和权益工具需考虑的因素、基本原则分别是什么？
2. 其他权益工具怎样核算？
3. 什么是其他综合收益？它与资本公积有何区别？其他综合收益怎样核算？

练习题

富仙公司的股本为 100 000 万元，每股面值 1 元。2×20 年年初未分配利润为贷方 80 000 万元，2×20 年实现净利润 50 000 万元。

该公司按照 2×20 年实现净利润的 10% 提取法定盈余公积，5% 提取任意盈余公积，同时向股东按每股 0.2 元派发现金股利，按每 10 股送 3 股的比例派发股票股利。

2×21 年 3 月 15 日，公司以银行存款支付了全部现金股利，新增股本也已经办理完股权登记和相关增资手续。

要求：根据以上经济业务，为富仙公司编制有关的会计分录。

第十六章

合同收入

本章结构

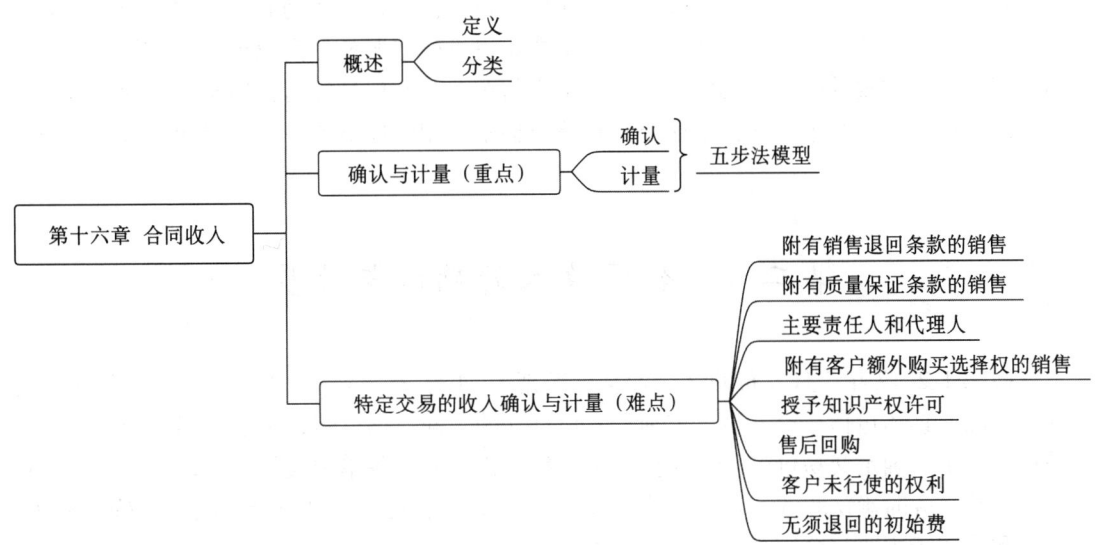

第一节 合同收入概述

一、合同收入的定义

合同是指双方或多方之间订立的有法律约束力的权利义务的协议,包括书面形式、口头形式以及其他可验证的形式(如隐含于商业惯例或企业以往的习惯做法中等)。

收入是指企业在日常活动中形成的、会导致所有者权益增加的、与所有者投入资本无关的经济利益的总流入。企业获取收入离不开交易合同,故称合同收入。其中,日常活动是指企业为完成其经营目标所从事的经常性活动以及与之相关的其他活动。工业企业制造并销售产品、商品流通企业销售商品、咨询公司提供咨询服务、软件公司为客户开发软件、安装公司提供安装服务、建筑企业提供建造服务等,均属于企业的日常活动。企业确认收入的方式应当反映其向客户转让商品(或提供服务,以下统称转让商品)的模式。收入的金额应当反映企业因转让这些商品而预期有权收取的对价金额。

收入准则适用于所有与客户之间的合同，但下列各项除外：长期股权投资、金融工具确认和计量、金融资产转移、套期会计、合并财务报表、合营安排、租赁、保险合同。因此，企业对外出租资产收取的租金、进行债权投资收取的利息、进行股权投资取得的现金股利以及保险合同取得的保费收入等，均不适用收入准则。企业以存货换取客户的存货、固定资产、无形资产以及长期股权投资等，按本章规定进行会计处理；其他非货币性资产交换，按照非货币性资产交换的规定进行会计处理。

二、合同收入的分类

收入按企业从事日常活动的主次不同，分为主营业务收入和其他业务收入。主营业务收入是指企业为完成其经营目标从事的经常性活动实现的收入。如：工业企业制造并销售产品、商业流通企业销售商品、保险公司签发保单、咨询公司提供咨询服务、软件开发企业为客户开发软件、安装公司提供安装服务、建筑企业提供建造服务、商业银行对外贷款、租赁公司出租资产等实现的收入。其他业务收入是指与企业为完成其经营目标所从事的经常性活动相关的活动实现的收入。如：工业企业对外出售不需用的原材料、对外转让无形资产使用权等。

第二节 合同收入的确认与计量

财政部于 2017 年 7 月发布的《企业会计准则第 14 号——收入》对收入确认与计量规定了五个步骤，具体包括：第一步，识别与客户订立的合同；第二步，识别合同中的单项履约义务；第三步，确定交易价格；第四步，将交易价格分摊至各单项履约义务；第五步，履行各单项履约义务时确认收入。其中，第一步、第二步和第五步主要与合同收入的确认有关，第三步和第四步主要与合同收入的计量有关。

一、收入的确认

（一）收入确认的原则

企业应当在履行了合同中的履约义务，即在客户取得相关商品控制权时确认收入。取得相关商品控制权，是指能够主导该商品的使用并从中获得几乎全部的经济利益，也包括有能力阻止其他方主导该商品的使用并从中获得经济利益。

（二）识别与客户订立的合同

1. 合同的识别

（1）合同的含义。合同是指双方或多方之间订立的有法律约束力的权利义务的协议。合同有书面形式、口头形式（如即时交易、钱货两清）以及其他形式（如商业惯例等）。《民法典》（自 2021 年 1 月 1 日起施行）第四百六十九条规定，当事人订立合同，可以采用书面形式（即合同书、信件、电报、电传、传真等可以有形地表现所载内容的形式）、口头形式或者其他形式；以电子数据交换、电子邮件等方式能够有形地表现所载内容，并可以随时调取查用的数据电文，视为书面形式；第四百七十条规定，合同的内容由当事人约定，一般包括下列条款：当事人的姓名或者名称和住所，标的，数量，质量，价款或者报酬，履行期限、地点和方式，违约责任，解决争议的方法。

识别与客户的合同主要是关注有没有合同，有合同的话，是一个或多个合同、新合同还是老合同。

企业与客户之间的合同同时满足下列五项条件的，企业应当在履行了合同中的履约义务，即在客户取得相关商品控制权时确认收入：

一是合同各方已批准该合同并承诺将履行各自义务（实务中体现为合同已经签字盖章）。

二是该合同明确了合同各方与所转让商品相关的权利和义务；值得注意的是，该合同不包括框架协议、战略合作协议，因为没有法律约束力。

三是该合同有明确的与所转让商品相关的支付条款。没有支付条款属于捐赠。

四是该合同具有商业实质，即履行该合同将改变企业未来现金流量的风险、时间分布或金额。

五是企业因向客户转让商品而有权取得的对价很可能收回。

合同需要满足的上述五个条件可简记为：批准合同且承诺履行＋明确合同特征（权利、义务、支付条款、商业实质）＋很可能。

在进行上述判断时，需要注意以下三点：

一是合同约定的权利和义务是否具有法律约束力，需要根据企业所处的法律环境和实务操作进行判断，包括合同订立的方式和流程、具有法律约束力的权利和义务的设立时间等。

二是合同具有商业实质，是指履行该合同将改变企业未来现金流量的风险、时间分布或金额。关于商业实质，应按照非货币性资产交换准则中有关商业实质的说明进行判断。

三是企业在评估其因向客户转让商品而有权取得的对价是否很可能收回时，仅应当考虑客户到期时支付对价的能力和意愿（即客户的信用风险）即可。

【例16-1】甲房地产开发公司与乙公司签订合同，向其销售一栋建筑物，合同价款为100万元。该建筑物的成本为60万元，乙公司在合同开始日即取得了该建筑物的控制权。根据合同约定，乙公司在合同开始日支付了5%的保证金5万元，并就剩余95%的价款与甲公司签订了不附追索权的长期融资协议，如果乙公司违约，甲公司可重新拥有该建筑物，即使收回的建筑物不能涵盖所欠款项的总额，甲公司也不能向乙公司索取进一步的赔偿。

乙公司计划在该建筑物内开设一家餐馆，并以该餐馆的收益偿还甲公司的欠款。但是，在该建筑物所在的地区，餐饮行业面临激烈的竞争，且乙公司缺乏餐饮行业的经营经验。

【分析】本例中，乙公司计划以该餐馆产生的收益偿还甲公司的欠款，除此之外并无其他经济来源，乙公司也未对该笔欠款设定任何担保。如果乙公司违约，则甲公司可重新拥有该建筑物，但是，根据合同约定，即使收回的建筑物不能涵盖所欠款项的总额，甲公司也不能向乙公司索取进一步的赔偿。因此，甲公司对乙公司还款的能力和意图存在疑虑，认为该合同不满足合同价款很可能收回的条件。甲公司应当将收到的5万元确认为一项负债。

（2）合同的持续评估。企业与客户之间的合同在合同开始日（即合同生效日，下同）满足五项条件的，后续无需重新评估，除非发生重大变化。后续期间，若客户信用风险（即违约风险）显著升高，企业需重新评估是否同时满足五项条件。企业与客户之间的合同若在合同开始日不满足五项条件，则企业需要持续评估是否满足五项条件。

2. 合同合并

企业与同一客户（或该客户的关联方）同时订立或在相近时间内先后订立的两份或多份合同，在满足属于一揽子交易、一份合同对价取决于其他合同、两份及以上合同承诺的商品构成单项履约义务三种情形之一时，应当合并为一份合同进行会计处理。

3. 合同变更

合同变更，是指经合同各方批准对原合同范围或价格作出的变更。合同变更既可能形成新的具有法律约束力的权利和义务，也可能是变更了合同各方现有的具有法律约束力的权利和义务。

企业应当区分下列三种情形对合同变更分别进行会计处理：

（1）合同变更部分作为单独合同进行会计处理的情形。合同变更增加了可明确区分的商品及合同价款，且新增合同价款反映了新增商品单独售价的，应当将该合同变更部分作为一份单独的合同进行会计处理。此类合同变更不影响原合同的会计处理。判断新增合同价款是否反映了新增商品的单独售价时，应当考虑为反映该特定合同的具体情况而对新增商品价格所作的适当调整。

【例16-2】甲公司承诺向某客户销售120件产品，每件产品售价100元。该批产品彼此之间可明确区分，且将于未来6个月内陆续转让给该客户。甲公司将其中的60件产品转让给该客户后，双方对合同进行了变更，甲公司承诺向该客户额外销售30件相同的产品，这30件产品与原合同中的产品可明确区分，其售价为每件95元（假定该价格反映了合同变更时该产品的单独售价）。上述价格均不包含增值税。

【分析】

本例中，由于新增的30件产品是可明确区分的，且新增的合同价款反映了新增产品的单独售价，因此，该合同变更实际上构成了一份单独的、在未来销售30件产品的新合同，该新合同并不影响对原合同的会计处理。甲公司应当对原合同中的120件产品按每件产品100元确认收入，对新合同中的30件产品按每件产品95元确认收入。

（2）合同变更作为原合同终止及新合同订立（注：原合同未履约部分+变更部分）进行会计处理的情形。合同变更不属于上述第（1）种情形，且在合同变更日已转让的商品与未转让的商品之间可明确区分的，应当视为原合同终止，同时，将原合同未履约部分与合同变更部分合并为新合同进行会计处理。

未转让的商品既包括原合同中尚未转让的商品，也包括合同变更新增的商品。新合同的交易价格应当为下列两项金额之和：一是原合同交易价格中尚未确认为收入的部分（包括已从客户收取的金额）；二是合同变更中客户已承诺的对价金额。

【例16-3】沿用【例16-2】，甲公司新增销售的30件产品售价为每件80元（假定该价格不能反映合同变更时该产品的单独售价）。同时，由于客户发现甲公司已转让的60件产品存在瑕疵，要求甲公司对已转让的产品提供每件15元的销售折让以弥补损失。经协商，双方同意将价格折让在销售新增的30件产品的合同价款中进行抵减，金额为900元。上述价格均不包含增值税。

【分析】本例中，由于900元的折让金额与已经转让的60件产品有关，因此应当将其作为已销售的60件产品的销售价格的抵减，在该折让发生时冲减当期销售收入。对于合同变更新增的30件产品，由于其售价不能反映该产品在合同变更时的单独售价，因此，该合同变更不能作为单独合同进行会计处理。由于尚未转让给客户的产品（包括原合同中尚未交付的60件产品以及新增的30件产品）与已转让的产品是可明确区分的，因此，甲公司应当将该合同变更作为原合同终止，同时，将原合同的未履约部分与合同变更合并为新合同进行会计处理。该新合同中，剩余产品为90件，其对价为8 400元，即原合同下尚未确认收入的客户已承诺对价6 000（100×60）元与合同变更部分的对价2 400（80×30）元之和，新合同中的90件产品每件产品应确认的收入为93.33（8 400÷90）元。

原合同120件产品中的60件转让给客户时：

借：应收账款　　　　　　　　　　　　　　　　　　　　(60×100) 6 000
　　贷：主营业务收入　　　　　　　　　　　　　　　　　　　　　　6 000

转让的60件产品发生销售折让时：

借：主营业务收入　　　　　　　　　　　　　　　　　　　　(60×15) 900
　　贷：应收账款　　　　　　　　　　　　　　　　　　　　　　　　900

原合同中尚未交付的60件产品以及新增的30件产品转让时：

借：应收账款　　　　　　　　　　　　　　　　　　　　(90×93.33) 8 400
　　贷：主营业务收入　　　　　　　　　　　　　　　　　　　　　　8 400

（3）合同变更部分作为原合同的组成部分进行会计处理的情形。合同变更不属于上述第（1）种情形，且在合同变更日已转让的商品与未转让的商品之间不可明确区分的，应当将该合同变更部分作为原合同的组成部分，在合同变更日重新计算履约进度，并调整当期收入和相应成本等。

【例16-4】2×23年1月15日，乙建筑公司和客户签订了一项总金额为1 000万元的固定造价合同，在客户自有土地上建造一幢办公楼，预计合同总成本为700万元。假定该建造服务属于在某一时段内履行的履约义务，并根据累计发生的合同成本占合同预计总成本的比例确定履约进度。

截至2×23年年末，乙公司累计已发生成本420万元，履约进度为60%（420÷700）。因此，乙公司在2×23年确认收入600（1000×60%）万元。

2×24年年初，合同双方同意更改该办公楼屋顶的设计，合同价格和预计总成本因此而分别增加200万元和120万元。

【分析】本例中，由于合同变更后拟提供的剩余服务与在合同变更日或之前已提供的服务不可明确区分（即该合同仍为单项履约义务），因此，乙公司应当将合同变更作为原合同的组成部分进行会计处理。合同变更后的交易价格为1 200（1 000+200）万元，乙公司重新估计的履约进度为51.2%［420÷(700+120)］，乙公司在合同变更日应额外确认收入14.4（51.2%×1 200-600）万元。

（三）识别合同中的单项履约义务

合同开始日，企业应当对合同进行评估，识别该合同所包含的各单项履约义务，并确定各单项履约义务是在某一时段内履行，还是在某一时点履行，然后，在履行了各单项履约义务时分别确认收入。履约义务，是指合同中企业向客户转让可明确区分商品的承诺。

下列情况下，企业应当将向客户转让商品的承诺作为单项履约义务：

（1）企业向客户转让可明确区分商品的承诺。可明确区分的商品是指商品本身可区分且在合同中可区分。下列情形，通常表明企业向客户转让商品的承诺与合同中的其他承诺不可单独区分：①企业需提供重大的服务以将该商品与合同中承诺的其他商品进行整合，形成合同约定的某个或某些组合产出转让给客户（即组合产出）。②该商品将对合同中承诺的其他商品予以重大修改或定制（即重大修改或定制）。③该商品与合同中承诺的其他商品具有高度关联性（即高度关联）。

值得注意的是，识别单项履约义务的关键是"承诺可明确区分"。在识别合同中的单项履约义务时，如果合同承诺的某项商品不可明确区分，企业应当将该商品与合同中承诺的其他商品进行组合，直到该组合满足可明确区分的条件。

（2）企业向客户转让一系列实质相同且转让模式相同的、可明确区分商品的承诺。当企业向客户连续转让某项承诺的商品时，如每天提供类似劳务的长期劳务合同等，如果这些商品属于实质相同且转让模式相同的一系列商品，企业应当将这一系列商品作为单项履约义务。其中，转让模式相同，是指每一项可明确区分的商品均满足在某一时段内履行履约义务的条件，且采用相同方法确定其履约进度。

（四）履行每一项履约义务时确认收入

企业应当在履行了合同中的履约义务，即客户取得相关商品控制权时确认收入。企业应当在合同开始日，判断确定各单项履约义务是否满足在某一时段内履行的条件，如不满足，则该履约义务属于在某一时点履行的履约义务。对于在某一时段内履行的履约义务，企业应当选取恰当的方法来确定履约进度；对于在某一时点履行的履约义务，企业应当综合分析控制权转移的迹象，判断其转移时点。

1. 在某一时段内分期确认收入

满足下列条件之一的，属于在某一时段内履行的履约义务，相关收入应当在该履约义务履行的期间内确认：

（1）客户在企业履约的同时即取得并消耗企业履约所带来的经济利益。企业在履约过程中是持续地向客户转移企业履约所带来的经济利益的，该履约义务属于在某一时段内履行的履约义务，企业应当在履行履约义务的期间内确认收入。例如，企业为客户提供的保洁服务、管理服务、维修服务等，属于在某一时段内履行的履约义务。

（2）客户能够控制企业履约过程中在建的商品。企业在履约过程中创建的商品包括在产品、在建工程、尚未完成的研发项目、正在进行的服务等（有形或无形资产），如果客户在企业创建该商品的过程中就能够控制这些商品，应当认为企业提供该商品的履约义务属于在某一时段内履行的履约义务。

【例 16-5】 企业与客户签订合同，在客户拥有的土地上按照客户的设计要求为其建造厂房。在建造过程中客户有权修改厂房设计，并与企业重新协商设计变更后的合同价款。客户每月末按当月工程进度向企业支付工程款。如果客户终止合同，已完成建造部分的厂房归客户所有。

【分析】 本例中，企业为客户建造厂房，该厂房位于客户的土地上，客户终止合同时，已建造的厂房归客户所有。这些均表明客户在该厂房建造的过程中就能够控制该在建的厂房。因此，企业提供的该建造服务属于在某一时段内履行的履约义务，企业应当在提供该服务的期间内确认收入。

（3）企业履约过程中所产出的商品具有不可替代用途，且该企业在整个合同期间内有权就累计至今已完成的履约部分收取款项（已发生成本＋合理利润）。

【例16-6】甲公司是一家造船企业，与乙公司签订了一份船舶建造合同，按照乙公司的具体要求设计和建造船舶。甲公司在自己的厂区内完成该船舶的建造，乙公司无法控制在建过程中的船舶。甲公司如果想把该船舶出售给其他客户，需要发生重大的改造成本。双方约定，如果乙公司单方面解约，乙公司需向甲公司支付相当于合同总价30%的违约金，且建造中的船舶归甲公司所有。假定该合同仅包含一项履约义务，即设计和建造船舶。

【分析】本例中，船舶是按照乙公司的具体要求进行设计和建造的，甲公司需要发生重大的改造成本将该船舶改造之后才能将其出售给其他客户，因此，该船舶具有不可替代用途。然而，如果乙公司单方面解约，仅需向甲公司支付相当于合同总价30%的违约金，表明甲公司无法在整个合同期间内都有权就累计至今已完成的履约部分收取能够补偿其已发生成本和合理利润的款项。因此，甲公司为乙公司设计和建造船舶不属于在某一时段内履行的履约义务。

2. 在某一时段内分期确认收入的方法

对于在某一时段内履行的履约义务，企业应当在该段时间内按照履约进度确认收入，履约进度不能合理确定的除外。企业应当采用恰当的方法确定履约进度，以使其如实反映企业向客户转让商品的履约情况。企业应当考虑商品的性质，采用产出法或投入法确定恰当的履约进度，并且在确定履约进度时，应当扣除那些控制权尚未转移给客户的商品和服务。

（1）产出法。产出法主要是根据已转移给客户的商品对于客户的价值确定履约进度，主要包括按照实际测量的完工进度、评估已实现的结果、已达到的里程碑、时间进度、已完工或交付的产品等确定履约进度的方法。企业在评估是否采用产出法确定履约进度时，应当考虑所选择的产出指标是否能够如实地反映向客户转移商品的进度。

产出法是根据能够代表向客户转移商品控制权的产出指标直接计算履约进度的，因此通常能够客观地反映履约进度。但是，产出法下有关产出指标的信息有时可能无法直接观察获得，企业为获得这些信息需要花费很高的成本，这就可能需要采用投入法来确定履约进度。

（2）投入法。投入法主要是根据企业履行履约义务的投入确定履约进度，通常可采用投入的材料数量、花费的人工工时或机器工时、发生的成本和时间进度等投入指标确定履约进度。当企业从事的工作或发生的投入是在整个履约期间内平均发生时，按照直线法确认收入是合适的。由于企业的投入与向客户转移商品的控制权之间未必存在直接的对应关系，因此，企业在采用投入法时，应当扣除那些虽然已经发生但未导致向客户转移商品的投入。实务中，企业通常按照累计实际发生的成本占预计总成本的比例（即成本法）确定履约进度，累计实际发生的成本包括企业向客户转移商品过程中所发生的直接成本和间接成本，如直接人工、直接材料、分包成本以及其他与合同相关的成本。

对于每一项履约义务，企业只能采用一种方法来确定其履约进度，并加以一贯运用。对于类似情况下的类似履约义务，企业应当采用相同的方法确定履约进度。资产负债表日，企业应当在按照合同的交易价格总额乘以履约进度扣除以前会计期间累计已确认的收入后的金额，确认为当期收入。当履约进度不能合理确定时，企业已经发生的成本预计能够得到补偿的，应当按照已经发生的成本金额确认收入，直到履约进度能够合理确定为止。每一资产负债表日，企业应当对履约进度进行重新估计。当客观环境发生变化时，企业也需要重新评估履约进度是否发生变化，以确保履约进度能够反映履约情况的变化，并且该变化应当作为会计估计变更进行会计处理。

【例16-7】甲公司接受乙公司提供的劳务，与乙公司签订了一项2年期的劳务提供合同，合同总收入为600万元，合同总成本预计为400万元。当采用产出法确定履约进度时，在资产负债表日，经专业测量师评估并经双方确认，该项劳务的价值累计履约进度为15%，则乙公司应确认营业收入90万元；当采用投入法确定履约进度时，在资产负债表日，该项劳务的累计劳务成本为100万元，累计履约进度为25%，应累计确认营业收入150万元；当甲公司无法确定履约进度时，在资产负债表日，该项劳务的累计劳务成本为100万元，已经发生的成本预计能够得到补偿，则应累计确认营业收入100万元。

【例16-8】甲公司为建筑企业，适用的增值税税率为9%，2×21年年初与其客户签订一项总金额为1 160万元的固定造价合同，为其建造一住宅小区，该合同不可撤销。甲公司负责工程的施工及全面管理，客户按照第三方工程监理公司确认的工程完工量，每年与甲公司结算一次；该工程已于2×21年2月开工，预计2×24年6月完工；预计可能发生的工程总成本为1 100万元。到2×22年年底，由于材料价格上涨等因素，甲公司将预计工程总成本调整为1 200万元。

2×23年年末根据工程最新情况将预计工程总成本调整为1 220万元。假定该建造工程整体构成单项履约义务，并属于在某一时段内履行的履约义务，该公司采用投入法确定履约进度，不考虑其他相关因素。该合同的其他有关资料如表16-1所示。

表16-1　　　　　　　　　　　合同有关资料　　　　　　　　　　　单位：万元

项目	2×21年	2×22年	2×23年	2×24年	2×25年
年末累计实际发生成本	308	600	976	1220	—
年末预计完成合同尚需发生成本	792	600	244	—	—
本期结算合同价款（不含税）	348	392	360	60	—
本期实际收到价款（含税）	379.32	427.28	392.4	—	65.4

上述支出均为原材料和应付职工薪酬。按照合同约定，工程质保金60万元需等到客户于2×25年年底保证期结束且未发生重大质量问题时方能收款。上述价款均不含增值税税额（本期实际收到价款除外）。假定甲公司与客户结算时即发生增值税纳税义务。

要求：编制甲公司2×21年至2×25年与上述业务相关的会计分录。

【分析】

2×21年账务处理如下（单位：万元）：

(1) 实际发生合同成本时：

借：合同履约成本　　　　　　　　　　　　　　　　　　308
　　贷：原材料、应付职工薪酬　　　　　　　　　　　　　　308

(2) 确认计量当年的收入并结转成本时：

履约进度 = 308 ÷ (308 + 792) = 28%

合同收入 = 1 160 × 28% = 324.8（万元）

借：合同结算——收入结转　　　　　　　　　　　　　324.80
　　贷：主营业务收入　　　　　　　　　　　　　　　　　324.80

借：主营业务成本　　　　　　　　　　　　　　　　　308

　　　　贷：合同履约成本　　　　　　　　　　　　　　　　　　　　　　308
（3）结算合同价款时：
　　借：应收账款　　　　　　　　　　　　　　　　　　　　　　379.32
　　　　贷：合同结算——价款结算　　　　　　　　　　　　　　　　348
　　　　　　应交税费——应交增值税（销项税额）　　　　　　　　31.32
（4）实际收到合同价款时：
　　借：银行存款　　　　　　　　　　　　　　　　　　　　　　379.32
　　　　贷：应收账款　　　　　　　　　　　　　　　　　　　　379.32

2×21年12月31日，"合同结算"科目的余额为贷方23.2（348－324.8）万元，表明甲公司已经与客户结算但尚未履行履约义务的金额为23.2万元，由于甲公司预计该部分履约义务将在2×22年内完成，因此，应在资产负债表中作为合同负债列示。

2×22年的账务处理如下：
（1）实际发生合同成本时：
　　借：合同履约成本　　　　　　　　　　　　　　　　　（600－308）292
　　　　贷：原材料、应付职工薪酬等　　　　　　　　　　　　　　　292
（2）确认计量当年的收入并结转成本，同时确认合同预计损失时：
履约进度=600÷(600+600)=50%
合同收入=1 160×50%－324.8=255.2（万元）
　　借：合同结算——收入结转　　　　　　　　　　　　　　　　255.20
　　　　贷：主营业务收入　　　　　　　　　　　　　　　　　　255.20
　　借：主营业务成本　　　　　　　　　　　　　　　　　　　　　292
　　　　贷：合同履约成本　　　　　　　　　　　　　　　　　　　292
合同预计损失=(600+600－1 160)×(1－50%)=20（万元）

2×22年年底，由于该合同预计总成本（1 200万元）大于合同总收入（1 160万元），预计发生损失总额为40万元，由于其中20万元（40万元×50%）已经反映在损益中，因此应将剩余的、未完成工程将发生的预计损失20万元确认为当期损失。根据《企业会计准则第13号——或有事项》的相关规定，待执行合同变成亏损合同的，该亏损合同产生的义务满足相关条件的，则应当对亏损合同确认预计负债。因此，为完成工程将发生的预计损失20万元应当确认为预计负债。

　　借：主营业务成本　　　　　　　　　　　　　　　　　　　　　20
　　　　贷：预计负债　　　　　　　　　　　　　　　　　　　　　20

值得注意的是，其中20万元（40万元×50%）已经反映在损益中，即2×21年（确认收入324.8－结转成本308）+2×22年（确认收入255.2－结转成本292）=－20（万元）。

（3）结算合同价款时：
　　借：应收账款　　　　　　　　　　　　　　　　　　　　　　427.28
　　　　贷：合同结算——价款结算　　　　　　　　　　　　　　　　392
　　　　　　应交税费——应交增值税（销项税额）　　　　　　　　35.28
（4）实际收到合同价款时：
　　借：银行存款　　　　　　　　　　　　　　　　　　　　　　427.28

　　　　贷：应收账款　　　　　　　　　　　　　　　　　　　　　　　　　　427.28

2×22年12月31日，"合同结算"科目的余额为贷方160（23.2＋392－255.2）万元，表明甲公司已经与客户结算但尚未履行履约义务的金额为160万元，由于甲公司预计该部分履约义务将在2×23年内完成，因此，应在资产负债表中作为合同负债列示。

　　2×23年的账务处理如下：
　　（1）实际发生合同成本时：
　　借：合同履约成本　　　　　　　　　　　　　　　　　　（976－600）376
　　　　贷：原材料、应付职工薪酬　　　　　　　　　　　　　　　　　　376
　　（2）确认计量当年的合同收入并结转成本，同时调整合同预计损失时：
　　履约进度＝976÷（976＋244）＝80％
　　合同收入＝1 160×80％－324.8－255.2＝348（万元）
　　合同预计损失＝（976＋244－1 160）×（1－80％）－20＝－8（万元）
　　借：合同结算——收入结转　　　　　　　　　　　　　　　　　　　348
　　　　贷：主营业务收入　　　　　　　　　　　　　　　　　　　　　　348
　　借：主营业务成本　　　　　　　　　　　　　　　　　　　　　　　376
　　　　贷：合同履约成本　　　　　　　　　　　　　　　　　　　　　　376

2×23年年底，由于该合同预计总成本（1 220万元）大于合同总收入（1 160万元），预计发生损失总额为60万元，由于其中48万元（60万元×80％）已经反映在损益中，因此预计负债的余额为12万元（60万元－48万元），反映剩余的、未完成工程将发生的预计损失，因此，本期应转回合同预计损失8万元。

　　借：预计负债　　　　　　　　　　　　　　　　　　　　　　　　　　8
　　　　贷：主营业务成本　　　　　　　　　　　　　　　　　　　　　　　8
　　（3）结算合同价款时：
　　借：应收账款　　　　　　　　　　　　　　　　　　　　　　　　392.4
　　　　贷：合同结算——价款结算　　　　　　　　　　　　　　　　　　360
　　　　　　应交税费——应交增值税（销项税额）　　　　　　　　　　32.4
　　（4）实际收到合同价款时：
　　借：银行存款　　　　　　　　　　　　　　　　　　　　　　　　392.4
　　　　贷：应收账款　　　　　　　　　　　　　　　　　　　　　　　392.4

2×23年12月31日，"合同结算"科目的余额为贷方172（160－348＋360）万元，表明甲公司已经与客户结算但尚未履行履约义务的金额为172万元，由于该部分履约义务将在2×24年6月底前完成，因此，应在资产负债表中作为合同负债列示。

　　2×24年1—6月的账务处理如下：
　　（1）实际发生合同成本时：
　　借：合同履约成本　　　　　　　　　　　　　　　　　　（1 220－976）244
　　　　贷：原材料、应付职工薪酬等　　　　　　　　　　　　　　　　　244
　　（2）确认计量当期的合同收入并结转成本及已计提的合同损失时：
　　2×24年1—6月确认的合同收入＝合同总金额－截至目前累计已确认的收入＝1 160－324.8－255.2－348＝232（万元）

借：合同结算——收入结转	232	
贷：主营业务收入		232
借：主营业务成本	244	
贷：合同履约成本		244
借：预计负债	（20-8）12	
贷：主营业务成本		12

2×24年6月30日，"合同结算"科目的余额为借方60（232-172）万元，是工程质保金，需等到客户于2×25年年底保质期结束且未发生重大质量问题后方能收款，应当在资产负债表中作为合同资产列示。

2×25年的账务处理如下：

（1）保质期结束且未发生重大质量问题时：

借：应收账款 65.4
    贷：合同结算——价款结算 60
        应交税费——应交增值税（销项税额） 5.4

（2）实际收到合同价款时：

借：银行存款 65.4
    贷：应收账款 65.4

（3）结转合同结算的明细账户时：

借：合同结算——价款结算 1 160
    贷：合同结算——收入结转 1 160

值得注意的是，"合同结算"科目一般用于建造合同，如建造办公楼、建造高速公路、建造生产线、制造船舶、制造飞机等合同。

3. 在某一时点确认收入

当一项履约义务不属于在某一时段内履行的履约义务时，应当属于在某一时点履行的履约义务。对于在某一时点履行的履约义务，企业应当在客户取得相关商品控制权的时点确认收入。在判断客户是否已取得商品控制权时，企业应当考虑下列迹象：

（1）企业就该商品享有现时收款权利，即客户就该商品负有现时付款义务。

（2）企业已将该商品的法定所有权转移给客户，即客户已拥有该商品法定所有权。

（3）企业已将该商品实物转移给客户，即客户已占有该商品实物。需要说明的是，客户占有了某项商品的实物并不意味着其就一定取得了该商品的控制权，反之亦然。例如，采用支付手续费方式的委托代销安排下，虽然企业作为委托方已将商品发送给受托方，但是受托方并未取得该商品的控制权，因此，企业不应在向受托方发货时确认销售商品的收入，而仍然应当根据控制权是否转移来判断何时确认收入，通常应当在受托方售出商品时确认销售商品收入；受托方应当在商品销售后，按合同或协议约定的方法计算确定的手续费确认收入。

【例16-9】甲公司委托乙公司销售W商品1 000件，W商品已经发出，每件成本为70元。合同约定乙公司应按每件100元对外销售，甲公司按不含增值税的销售价格的10%向乙公司支付手续费。除非这些商品在乙公司存放期间内由于乙公司的责任发生毁损或丢失，否则在W商品对外销售之前，乙公司没有义务向甲公司支付货款。乙公司不承担包销责任,没有售出的 W 商品须退回给甲公司,同时,甲公司也有权要求收回 W 商品或将其销售给其他客户。乙公司对外实际销售 1 000 件,开出的增值税专用发票上注明的销售价格为 100 000 元,增值税税额为 13 000 元,款项已经收到,乙公司立即向甲公司开具代销清单并支付货款。甲公司收到乙公司开具的代销清单时,向乙公司开具一张相同金额的增值税专用发票。假定甲公司发出 W 商品时纳税义务尚未发生,手续费增值税税率为 6%,不考虑其他因素。

【分析】本例中,甲公司将 W 商品发送至乙公司后,乙公司虽然已经实际占有 W 商品,但是仅是接受甲公司的委托销售 W 商品,并根据实际销售的数量赚取一定比例的手续费。甲公司有权要求收回 W 商品或将其销售给其他客户,乙公司并不能主导这些商品的销售,这些商品对外销售与否、是否获利以及获利多少等不由乙公司控制,乙公司没有取得这些商品的控制权。因此,甲公司将 W 商品发送至乙公司时,不应确认收入,而应当在乙公司将 W 商品销售给最终客户时确认收入。

甲公司的账务处理如下:
(1) 发出商品时:
借:发出商品——乙公司　　　　　　　　　　　　　　　　70 000
　　贷:库存商品——W 商品　　　　　　　　　　　　　　　　70 000
(2) 收到代销清单,同时发生增值税纳税义务时:
借:应收账款——乙公司　　　　　　　　　　　　　　　　113 000
　　贷:主营业务收入——销售 W 商品　　　　　　　　　　　100 000
　　　　应交税费——应交增值税(销项税额)　　　　　　　　13 000
借:主营业务成本——销售 W 商品　　　　　　　　　　　　70 000
　　贷:发出商品——乙公司　　　　　　　　　　　　　　　　70 000
借:销售费用——代销手续费　　　　　　　　　　　　　　　10 000
　　应交税费——应交增值税(进项税额)　　　　　　　　　　600
　　贷:应收账款——乙公司　　　　　　　　　　　　　　　　10 600
(3) 收到乙公司支付的货款时:
借:银行存款　　　　　　　　　　　　　　　　　　　　　102 400
　　贷:应收账款——乙公司　　　　　　　　　　　　　　　　102 400

乙公司的账务处理如下:
(1) 收到商品时:
借:受托代销商品——甲公司　　　　　　　　　　　　　　100 000
　　贷:受托代销商品款——甲公司　　　　　　　　　　　　　100 000
(2) 对外销售时:
借:银行存款　　　　　　　　　　　　　　　　　　　　　113 000
　　贷:受托代销商品——甲公司　　　　　　　　　　　　　　100 000
　　　　应交税费——应交增值税(销项税额)　　　　　　　　13 000
(3) 收到增值税专用发票时:
借:受托代销商品款——甲公司　　　　　　　　　　　　　100 000
　　应交税费——应交增值税(进项税额)　　　　　　　　　13 000

```
        贷：应付账款——甲公司                                  113 000
（4）支付货款并计算代销手续费时：
  借：应付账款——甲公司                                  113 000
        贷：银行存款                                             102 400
            其他业务收入——代销手续费                            10 000
            应交税费——应交增值税（销项税额）                      600
```

实务中，企业有时根据合同已经就销售的商品向客户收款或取得了收款权利，但是，由于客户因为缺乏足够的仓储空间或生产进度延迟等原因，直到在未来某一时点将该商品交付给客户之前，企业仍然继续持有该商品实物，这种情况通常称为"售后代管商品"安排。此时，企业除了考虑客户是否取得商品控制权的迹象之外，还应当同时满足下列条件，才表明客户取得了该商品的控制权：①该安排必须具有商业实质，例如该安排是应客户的要求而订立的；②属于客户的商品必须能够单独识别，例如将属于客户的商品单独存放在指定地点；③该商品可以随时交付给客户；④企业不能自行使用该商品或将该商品提供给其他客户。企业根据上述条件对尚未发货的商品确认了收入的，还应当考虑是否还承担了其他履约义务，例如向客户提供保管服务等，从而应当将部分交易价格分摊至该其他履约义务。越是通用的、可以和其他商品互相替换的商品，可能越难满足上述条件。

【例16-10】2×18年1月1日，甲公司与乙公司签订合同，向其销售一台设备和专用零部件。该设备和零部件的制造期为2年。甲公司在完成设备和零部件的生产之后，能够证明其符合合同约定的规格。假定企业向客户转让设备和零部件为两个单项履约义务，且都属于在某一时点履行的履约义务。2×19年12月31日，乙公司支付了该设备和零部件的合同价款，并对其进行了验收。乙公司运走了设备，但是考虑到其自身的仓储能力有限，且其工厂紧邻甲公司的仓库，因此要求将零部件存放于甲公司的仓库中，并且要求甲公司按照其指令随时安排发货。乙公司已拥有零部件的法定所有权，且这些零部件可明确识别为属于乙公司的物品。甲公司在其仓库内的单独区域内存放这些零部件，并且应乙公司的要求可随时发货，甲公司不能使用这些零部件，也不能将其提供给其他客户使用。

【分析】本例中，2×19年12月31日，该设备的控制权转移给乙公司；对于零部件而言，甲公司已经收取合同价款，但是应乙公司的要求尚未发货，乙公司已拥有零部件的法定所有权并且对其进行了验收，虽然这些零部件实物尚由甲公司持有，但是其满足在"售后代管商品"的安排下客户取得商品控制权的条件，这些零部件的控制权也已经转移给了乙公司。因此，甲公司应当确认销售设备和零部件的相关收入。除销售设备和零部件之外，甲公司还为乙公司提供了仓储保管服务，该服务与设备和零部件可明确区分，构成单项履约义务，甲公司需要将部分交易价格分摊至该项服务，并在提供该项服务的期间确认收入。

（4）企业已将该商品所有权上的主要风险和报酬转移给客户，即客户已取得该商品所有权上的主要风险和报酬。企业在判断时，不应当考虑保留了除转让商品之外产生其他履约义务的风险的情形。例如，企业将产品销售给客户，并承诺提供后续维护服务，销售产品和维护服务均构成单项履约义务，企业保留的因维护服务而产生的风险并不影响企业有关主要风险和报酬转移的判断。

(5) 客户已接受该商品。企业在判断是否已经将商品的控制权转移给客户时，应当考虑客户是否已接受该商品。如果企业能够客观地确定其已经按照合同约定的标准和条件将商品的控制权转移给客户，那么客户验收可能只是一项例行程序，并不会影响企业判断客户取得该商品控制权的时点。

需要强调的是，在上述迹象中，并没有哪一个或哪几个迹象是决定性的，企业应当根据合同条款和交易实质进行分析，综合判断其是否以及何时将商品的控制权转移给客户，从而确定收入确认的时点。

二、收入的计量

企业应当按照各单项履约义务的交易价格计量收入。因此，对收入进行计量，需要先确定各单项履约义务的交易价格。

（一）确定交易价格

交易价格，是指企业因向客户转让商品而预期有权收取的对价金额。企业代第三方收取的款项（例如增值税）以及企业预期将退还给客户的款项（质保金），应当作为负债进行会计处理，不计入交易价格。

合同标价并不一定代表交易价格，企业应当根据合同条款，并结合以往的习惯做法等确定交易价格。企业在确定合同的交易价格时，应当考虑可变对价、合同中存在重大融资成分、非现金对价、应付客户对价等事项。

1. 可变对价

企业与客户的合同中约定的对价金额可能会因折扣、价格折让、返利、退款、奖励积分、激励措施、业绩奖金、索赔、罚款等因素而变化。合同中存在可变对价的，企业应当按照期望值（适用于合同产生两个以上结果）或最可能发生金额（适用于合同仅有两个结果）确定可变对价的最佳估计数。

企业按照期望值或最可能发生金额确定可变对价金额之后，计入交易价格的可变对价金额还应该满足限制条件，即包含可变对价的交易价格，应当不超过在相关不确定性消除时，累计已确认的收入极可能不会发生重大转回的金额。企业在评估是否极可能不会发生重大转回时，应当同时考虑收入转回的可能性及其比重。其中，"极可能"发生的概率应远高于"很可能"（即可能性超过 50%），但不要求达到"基本确定"（即可能性超过 95%），其目的是避免因为一些不确定性因素的发生导致之前已经确认的收入发生重大转回。

每一资产负债表日，企业应当重新估计应计入交易价格的可变对价金额，包括重新评估将估计的可变对价计入交易价格是否受到限制，以如实反映报告期末存在的情况以及报告期内发生的情况变化。

【例 16-11】甲公司生产和销售电视机。2×23 年 3 月，甲公司向零售商乙公司销售 1 000 台电视机，每台价格为 3 000 元，合同价款合计 300 万元。甲公司向乙公司提供价格保护，同意在未来 6 个月内，如果同款电视机售价下降，则按照合同价格与最低售价之间的差额向乙公司支付差价。甲公司根据以往执行类似合同的经验，预计各种结果发生的概率如表 16-2 所示。上述价格均不包含增值税。

表 16-2　　　　　　　　　　　预计结果发生概率

未来6个月内的降价金额（元/台）	概率
0	40%
200	30%
500	20%
1 000	10%

【分析】甲公司认为期望值能够更好地预测其有权获取的对价金额。在该方法下，甲公司估计每台电视机的交易价格 = (3 000 - 0) × 40% + (3 000 - 200) × 30% + (3 000 - 500) × 20% + (3 000 - 1 000) × 10% = 2 740（元）。

【例16-12】甲公司为其客户建造一栋厂房，合同约定的价款为100万元，但是，如果甲公司不能在合同签订之日起的120天内竣工，则须支付10万元罚款，该罚款从合同价款中扣除。甲公司对合同结果的估计如下：工程按时完工的概率为90%，工程延期的概率为10%。

【分析】由于该合同涉及两种可能结果，甲公司认为按照最可能发生金额能够更好地预测其有权获取的对价金额。因此，甲公司估计的交易价格为100万元，即为最可能发生的单一金额。

【例16-13】2×23年12月1日，甲公司与其分销商乙公司签订合同，向乙公司销售1000件产品，每件产品的售价为100元，合同总价为10万元，乙公司当日取得这些产品的控制权。乙公司通常在取得产品后的90天内将其对外售出，且乙公司在这些产品售出后才向甲公司支付货款。上述价格均不包含增值税。该合同中虽然约定了销售价格，但是基于甲公司过往的实务经验，为了维护与乙公司的客户关系，甲公司预计会向乙公司提供价格折扣，以便于乙公司能够以更加优惠的价格向最终客户销售这些产品，从而促进该产品的整体销量。因此，甲公司认为该合同的对价是可变的。

甲公司已销售该产品及类似产品多年，积累了丰富的经验，可观察的历史数据表明，甲公司以往销售此类产品时会给予客户大约20%的折扣。同时，根据当前市场信息分析，20%的降价幅度足以促进该产品的销量，从而提高其周转率。甲公司多年来向客户提供的折扣从未超过20%。

【分析】本例中，甲公司按照期望值估计可变对价的金额，因为该方法能够更好地预测其有权获得的对价金额。甲公司估计的交易价格为80 000 [100 × (1 - 20%) × 1 000] 元。同时，甲公司还需考虑有关将可变对价计入交易价格的限制要求，以确定能否将估计的可变对价金额80 000元计入交易价格。根据其销售此类产品的历史经验、所取得的当前市场信息以及对当前市场的估计，甲公司预计，尽管存在某些不确定性，但是该产品的价格将可在短期内确定。因此，甲公司认为，在不确定性消除（即折扣的总金额最终确定）时，已确认的累计收入80 000元极可能不会发生重大转回。因此，甲公司应当于2×23年12月1日将产品控制权转移给乙公司时，确认收入80 000元。

借：应收账款　　　　　　　　　　　　　　　　　　　　　　80 000
　　贷：主营业务收入　　　　　　　　　　　　　　　　　　　　　80 000

2. 合同中存在的重大融资成分

当合同各方以在合同中（或者以隐含的方式）约定的付款时间为客户或企业就该交易提供了重大融资利益时，合同中即包含了重大融资成分。例如，企业以赊销的方式销售商品等。合同中存在重大融资成分的，企业应当按照假定客户在取得商品控制权时即以现金支付的应付金额（即现销价格）确定交易价格。例如，某公司与客户签订了一项分五年期付款的商品销售合同，不含增值税总价为 500 万元，合同约定每年年末向客户收款 100 万元；客户在合同开始日即获得了该商品的控制权，该商品的现销价格为 400 万元。则该合同存在重大融资成分，其交易价格应按照现销价格 400 万元确定。为简化实务操作，如果在合同开始日，企业预计客户取得商品控制权与客户支付价款间隔不超过一年的，可以不考虑合同中存在的重大融资成分，分期付款总额即交易价格。

企业确定的交易价格（现销价格）与合同承诺的对价金额（名义金额）之间的差额，其实质是一项融资利息收入，在合同期间内按应收款项的摊余成本与实际利率计算得出的金额进行摊销，冲减财务费用。实际利率可采用应收销售商品合同价格折算为现实商品销售公允价值（现销价格）的折现率。

在评估合同中是否存在融资成分以及该融资成分对于该合同而言是否重大时，企业应当考虑所有相关的事实和情况，包括：①已承诺的对价金额与已承诺商品的现销价格之间的差额；②下列两项的共同影响：一是企业将承诺的商品转让给客户与客户支付相关款项之间的预计时间间隔；二是相关市场的现行利率。

企业向客户转让商品与客户支付相关款项之间虽然存在时间间隔，但两者之间的合同没有包含重大融资成分的情形有三种，如表 16-3 所示。此外，在某些交易中企业向客户转让商品或服务的时间与收款的时间间隔可能较长，而导致该时间间隔的主要原因是国家有关部门需要履行相关的审批程序，且该时间间隔是履行上述程序所需经历的必要时间，其性质并非提供融资利益。

表 16-3　　　　　　　　　合同未包含重大融资成分的情形

一是客户就商品支付了预付款，且可以自行决定这些商品的转让时间	【例】企业向客户出售其发行的储值卡，客户可随时到该企业持卡购物；企业向客户授予奖励积分，客户可随时到该企业兑换这些积分等
二是客户承诺支付的对价中有相当大的部分是可变的，该对价金额或付款时间取决于某一未来事项是否发生，且该事项实质上不受客户或企业控制	【例】按实际销量收取的特许权使用费
三是合同承诺的对价金额与现销价格之间的差额是由于向客户或企业提供融资利益以外的其他原因所导致的，且这一差额与产生该差额的原因是相称的	【例】合同约定的支付条款目的是向企业或客户提供保护，以防止另一方未能依照合同充分履行其部分或全部义务

【例 16-14】甲公司售出大型设备一套，协议约定采用分期收款方式，从销售当年的年末开始分 5 年收款，每年 2 000 万元，合计 10 000 万元。假定暂不考虑增值税。若购货方在取得设备控制权时支付货款，则只须付现 8 000 万元。要求：作出相关会计分录。

【分析】对于先销售后收款的情形，企业应当按照假定客户在取得商品控制权时即以现金支付的应付金额（即现销价格）确定交易价格。实际利息与摊余成本计算如表 16-4 所示。

(1) 收入确认时：(单位：万元)

借：长期应收款　　　　　　　　　　　　　　　　　　10 000
　　贷：主营业务收入　　　　　　　　　　　　　　　　　　8 000
　　　　未实现融资收益　　　　　　　　　　　　　　　　　2 000

计算实际利率：8 000 = 2 000 × (P/A, i, 5)

i = 7.93%

表 16-4　　　　　　　　　　　实际利息与摊余成本计算表　　　　　　　　　　单位：万元

	名义利息 D	实际利息 B = A × 7.93%	收回本金 C = D − B	摊余成本 A = A − C
销售日				8 000
第 1 年	2 000	634	1 366	6 634
第 2 年	2 000	526	1 474	5 160
第 3 年	2 000	410	1 590	3 570
第 4 年	2 000	283	1 717	1 853
第 5 年	2 000	147	1 853	0
总额	10 000	2 000	8 000	

表 16-4 中第五年实际利息采用倒挤法，2 000 − (634 + 526 + 410 + 283) = 147（万元）。

(2) 每年年末收回 2 000 万元时：

借：银行存款　　　　　　　　　　　　　　　　　　　　2 000
　　贷：长期应收款　　　　　　　　　　　　　　　　　　　2 000

每年年末分别摊销未实现融资收益时：

借：未实现融资收益　　　　　　　　　　　　　634/526/410/283/147
　　贷：财务费用　　　　　　　　　　　　　　　634/526/410/283/147

【例 16-15】 2×18 年 1 月 1 日，甲公司与乙公司签订合同，向其销售一批产品。合同约定，该批产品将于 2 年之后交货。合同中包含两种可供选择的付款方式，即乙公司可以在 2 年后交付产品时支付 449.44 万元，或者在合同签订时支付 400 万元。乙公司选择在合同签订时支付货款。该批产品的控制权在交货时转移。甲公司于 2×18 年 1 月 1 日收到乙公司支付的货款。上述价格均不包含增值税，且假定不考虑相关税费影响。

【分析】 对于先收款后销售的情形，企业应当按照假定客户在未来取得商品控制权时即以未来销售价格确定交易价格。

本例中，按照上述两种付款方式计算的内含利率为 6%。考虑到乙公司付款时间和产品交付时间之间的间隔以及现行市场利率水平，甲公司认为该合同包含重大融资成分，在确定交易价格时，应当对合同承诺的对价金额进行调整，以反映该重大融资成分的影响，假定该融资费用不符合借款费用资本化的要求。甲公司的账务处理为：

①2×18 年 1 月 1 日收到货款时：

借：银行存款　　　　　　　　　　　　　　　　　　　　4 000 000
　　未确认融资费用　　　　　　　　　　　　　　　　　　494 400

　　　　贷：合同负债　　　　　　　　　　　　　　　　　　　　　　　4 494 400
②2×18年12月31日确认融资成分的影响时：
　　借：财务费用　　　　　　　　　　　　（4 000 000×6%）240 000
　　　　贷：未确认融资费用　　　　　　　　　　　　　　　　　240 000
③2×19年12月31日交付产品时：
　　借：财务费用　　　　　　　　　　　　（4 240 000×6%）254 400
　　　　贷：未确认融资费用　　　　　　　　　　　　　　　　　254 400
　　借：合同负债　　　　　　　　　　　　　　　　　　　　　　4 494 400
　　　　贷：主营业务收入　　　　　　　　　　　　　　　　　　4 494 400

3. 非现金对价

非现金对价包括实物资产、无形资产、股权、客户提供的广告服务等。客户支付非现金对价的，通常情况下，企业应当按照非现金对价在合同开始日的公允价值确定交易价格。非现金对价公允价值不能合理估计的，企业应当参照其承诺向客户转让商品的单独售价间接计量确定交易价格。

非现金对价的公允价值可能会因对价的形式而发生变动（例如，企业有权向客户收取的对价是股票，股票本身的价格会发生变动），也可能会因为其形式以外的原因而发生变动。合同开始日后，非现金对价的公允价值因对价形式以外的原因而发生变动的，应当作为可变对价，按照与计入交易价格的可变对价金额的限制条件相关的规定进行处理；合同开始日后，非现金对价的公允价值因对价形式而发生变动的，该变动金额不应计入交易价格。

【例16－16】甲企业为客户生产一台专用设备。双方约定，如果甲企业能够在30天内交货，则可以额外获得100股客户的股票作为奖励。合同开始日，该股票的价格为每股5元；由于缺乏执行类似合同的经验，当日，甲企业估计该100股股票的公允价值计入交易价格将不满足累计已确认的收入极可能不会发生重大转回的限制条件。合同开始日之后的第25天，企业将该设备交付给客户，从而获得了100股股票，该股票在此时的价格为每股6元。假定企业将该股票作为以公允价值计量且其变动计入当期损益的金融资产。

【分析】本例中，合同开始日，该股票的价格为每股5元，由于缺乏执行类似合同的经验，当日，甲企业估计该100股股票的公允价值计入交易价格将不满足累计已确认的收入极可能不会发生重大转回的限制条件，因此，甲企业不应将该100股股票的公允价值500元计入交易价格。合同开始日之后的第25天，甲企业获得了100股股票，该股票在此时的价格为每股6元。甲企业应当将股票（非现金对价）的公允价值因对价形式以外的原因而发生的变动，即500（5×100）元确认为收入，因对价形式原因而发生的变动，即100（600－500）元计入公允价值变动损益。

　　借：交易性金融资产　　　　　　　　　　　　　　　　　　　　600
　　　　贷：主营业务收入　　　　　　　　　　　　　　　　　　　500
　　　　　　公允价值变动损益　　　　　　　　　　　　　　　　　100

4. 应付客户对价

企业存在应付客户（或向客户购买本企业商品的第三方，下同）对价的（如支付给超市的上架费、支付供应商的提名费等），应当将该应付对价冲减交易价格，在确认相关收入与支付（或承诺支付）客户对价二者孰晚的时点冲减当期收入，但应付客户对价是为了自客户取得其他可明确区分商品的除外。企业应付客户对价是为了向客户取得其他可明确区分商品的，应当采用与企业其他采购相一致的方式确认所购买的商品。企业应付客户对价超过向客户取得可明确区分商品公允价值的，超过金额应当冲减交易价格。向客户取得的可明确区分商品公允价值不能合理估计的，企业应当将应付客户对价全额冲减交易价格。

例如，某消费品制造商甲公司与一家大型连锁超市签订了一年期合同。该超市承诺，在合同期限内以约定价格购买至少价值 1 500 万元的产品。合同同时约定，甲公司需在合同开始时向该超市支付 150 万元的不可退回款项。该款项旨在补偿超市更改货架以使其适合放置甲公司产品。第一个月该企业销售货物开具发票的金额为 200 万元。由于甲公司支付给超市的 150 万元，并未取得可明确区分的商品或服务，因此作为应付客户对价，作为交易价格的抵减。则甲公司第一个月确认收入应为：$200 - 200 \times 10\% = 180$（万元）。

（二）将交易价格分摊至各单项履约义务

1. 分摊合同交易价格

当合同中包含两项或多项履约义务时，为了使企业分摊至每一单项履约义务的交易价格能够反映其因向客户转让已承诺的相关商品（或提供已承诺的相关服务）而预期有权收取的对价金额，企业应当在合同开始日，按照各单项履约义务所承诺商品的单独售价的相对比例，将交易价格分摊至各单项履约义务。

例如，甲公司与客户签订合同，向其销售 A、B 两件产品，合同价款为 9 000 元。A、B 产品的单独售价分别为 6 000 元和 4 000 元，合计 10 000 元。上述价格均不包含增值税。根据交易价格分摊原则，A 产品应当分摊的交易价格为 5 400（$6\,000 \div 10\,000 \times 9\,000$）元，B 产品应当分摊的交易价格为 3 600（$4\,000 \div 10\,000 \times 9\,000$）元。

单独售价，是指企业向客户单独销售商品的价格。单独售价无法直接观察的，企业应当综合考虑其能够合理取得的全部相关信息，采用市场调整法、成本加成法、余值法等方法合理估计单独售价。市场调整法，是指企业根据某商品或类似商品的市场售价，考虑本企业的成本和毛利等进行适当调整后，确定其单独售价的方法。成本加成法，是指企业根据某商品的预计成本加上其合理毛利后的价格，确定其单独售价的方法。余值法，是指企业根据合同交易价格减去合同中其他商品可观察的单独售价后的余值，确定某商品单独售价的方法。企业应当最大限度地采用可观察的输入值，并对类似的情况采用一致的估计方法。

企业在商品近期售价波动幅度巨大，或者因未定价且未曾单独销售而使售价无法可靠确定时，可采用余值法估计其单独售价。

【例 16-17】 甲公司与客户签订合同，向其销售 A、B 两项商品。A 商品的单独售价为 0.6 万元，B 商品的单独售价为 2.4 万元，合同价款为 2.5 万元。合同约定，A 商品于合同开始日交付，B 商品在一个月之后交付，只有当两项商品全部交付之后，甲公司才有权收取 2.5 万元的合同对价。假定 A 商品和 B 商品分别构成单项履约义务，其控制权在交付时转移给客户。上述价格均不包含增值税，且假定不考虑相关税费影响。

【分析】 分摊至 A 商品的合同价款 = $0.6 \div (0.6 + 2.4) \times 2.5 = 0.5$（万元）；

分摊至 B 商品的合同价款 = $2.4 \div (0.6 + 2.4) \times 2.5 = 2$（万元）。

甲公司的账务处理如下：（单位：万元）

(1) 交付 A 商品时：

借：合同资产　　　　　　　　　　　　　　　　　　　0.5
　　贷：主营业务收入　　　　　　　　　　　　　　　　　　0.5

(2) 交付 B 商品时：

借：应收账款　　　　　　　　　　　　　　　　　　　2.5
　　贷：合同资产　　　　　　　　　　　　　　　　　　　　0.5
　　　　主营业务收入　　　　　　　　　　　　　　　　　　2

合同资产，是指企业已向客户转让商品而有权收取对价的权利，且该权利取决于时间流逝之外的其他因素。应收款项是企业无条件收取合同对价的权利，该权利应当作为应收款项单独列示。二者的区别在于：应收款项代表的是无条件收取合同对价的权利，即企业仅仅随着时间的流逝即可收款，而合同资产并不是一项无条件收款权，该权利除了时间流逝之外，还取决于其他条件（例如，履行合同中的其他履约义务）才能收取相应的合同对价。因此，与合同资产和应收款项相关的风险是不同的，应收款项仅承担信用风险，而合同资产除信用风险之外，还可能承担其他风险，如履约风险等。合同资产减值的计量、列报和披露应当按照相关金融工具准则的要求进行会计处理。

2. 分摊合同折扣

合同折扣，是指合同中各单项履约义务所承诺商品的单独售价之和高于合同交易价格的金额。对于合同折扣，企业应当在各单项履约义务之间按比例分摊。有确凿证据表明合同折扣仅与合同中一项或多项（而非全部）履约义务相关的，企业应当将该合同折扣分摊至相关一项或多项履约义务。

有确凿证据表明合同折扣仅与合同中的一项或多项（而非全部）履约义务相关，且企业采用余值法估计单独售价的，企业应当首先在该一项或多项（而非全部）履约义务之间分摊合同折扣，然后再采用余值法估计单独售价。即余值法下折扣分摊规则是：先分摊折扣，得出分摊折扣后的单独售价，再用余值法确定某产品或服务的单独售价。

【例 16-18】甲公司与客户签订合同，向其销售 A、B、C 三种产品，合同总价款为 120 万元，这三种产品构成 3 个单项履约义务。企业经常单独出售 A 产品，其可直接观察的单独售价为 50 万元；B 产品和 C 产品的单独售价不可直接观察，企业采用市场调整法估计 B 产品的单独售价为 25 万元，采用成本加成法估计 C 产品的单独售价为 75 万元。甲公司经常以 50 万元的价格单独销售 A 产品，并且经常将 B 产品和 C 产品组合在一起以 70 万元的价格销售。假定上述价格均不包含增值税。

【分析】本例中，这三种产品的单独售价合计为 150 万元，而该合同的价格为 120 万元，因此该合同的折扣为 30 万元。由于甲公司经常将 B 产品和 C 产品组合在一起以 70 万元的价格销售，该价格与其单独售价的差额为 30 万元，与该合同的折扣一致，而 A 产品的单独售价 50 万元与该合同总价款扣减 B、C 产品组合售价（即 120－70＝50 万元）一致，证明该合同的折扣仅应归属于 B 产品和 C 产品。因此，在该合同下，分摊至 A 产品的交易价格为 50 万元，分摊至 B 产品和 C 产品的交易价格合计为 70 万元，甲公司应当进一步按照 B 产品和 C 产品的单独售价的相对比例将该价格在二者之间进行分摊。

因此，各产品分摊的交易价格分别为：A 产品为 50 万元，B 产品为 17.5（25÷100×70）万元，C 产品为 52.5（75÷100×70）万元。

3. 分摊可变对价

合同中包含可变对价的，该可变对价可能与整个合同相关，也可能仅与合同中的某一特定组成部分有关，后者包括两种情形：一是可变对价可能与合同中的一项或多项（而非全部）履约义务有关；二是可变对价可能与企业向客户转让的构成单项履约义务的一系列可明确区分商品中的一项或多项（而非全部）商品有关。

同时满足下列两项条件的，企业应当将可变对价及可变对价的后续变动额全部分摊至与之相关的某项履约义务，或者构成单项履约义务的一系列可明确区分商品中的某项商品：

一是可变对价的条款专门针对企业为履行该项履约义务或转让该项可明确区分商品所作的努力（或者是履行该项履约义务或转让该项可明确区分商品所导致的特定结果）；

二是企业在考虑了合同中的全部履约义务及支付条款后，将合同对价中的可变金额全部分摊至该项履约义务或该项可明确区分商品符合分摊交易价格的目标。

对于不满足上述条件的可变对价及可变对价的后续变动额，以及可变对价及其后续变动额中未满足上述条件的剩余部分，企业应当按照分摊交易价格的一般原则，将其分摊至合同中的各单项履约义务。对于已履行的履约义务，其分摊的可变对价后续变动额应当调整变动当期的收入。

【例 16-19】甲公司与乙公司签订合同，将其拥有的两项专利技术 X 和 Y 授权给乙公司使用。假定两项授权均构成单项履约义务，且都属于在某一时点履行的履约义务。合同约定，授权使用 X 的价格为 80 万元，授权使用 Y 的价格为乙公司使用该专利技术所生产的产品销售额的 3%。X 和 Y 的单独售价分别为 80 万元和 100 万元。甲公司估计其就授权使用 Y 而有权收取的特许权使用费为 100 万元。假定上述价格均不包含增值税。

【分析】本例中，该合同中包含固定对价和可变对价。其中，授权使用 X 的价格为固定对价且与其单独售价一致，授权使用 Y 的价格为乙公司使用该专利技术所生产的产品销售额的 3%，属于可变对价，该可变对价全部与授权使用 Y 能够收取的对价有关，且甲公司估计基于实际销售情况收取的特许权使用费的金额接近 Y 的单独售价。因此，甲公司将可变对价部分的特许权使用费金额全部由 Y 承担符合交易价格的分摊目标。

4. 交易价格的后续变动

交易价格发生后续变动的，企业应当按照在合同开始日所采用的基础将该后续变动金额分摊至合同中的履约义务。

（1）企业不得因合同开始日之后单独售价的变动而重新分摊交易价格。

（2）对于合同变更导致的交易价格后续变动，应当按照本节有关合同变更的要求进行会计处理。

（3）合同变更之后发生可变对价后续变动的，企业应当区分下列三种情形分别进行会计处理：

①合同变更属于第（1）种情形的，企业应当判断可变对价后续变动与哪一项合同相关，并按照分摊可变对价的相关规定进行会计处理。

②合同变更属于第（2）种情形的，且可变对价后续变动与合同变更前已承诺可变对价相关的，企业应当首先将该可变对价后续变动额以原合同开始日确定的单独售价为基础进行分摊，然后再将分摊至合同变更日尚未履行履约义务的该可变对价后续变动额，以新合同开始日确定的基础进行二次分摊。

③合同变更之后发生除上述第（1）和第（2）种情形以外的，可变对价后续变动的，企业应当将该可变对价后续变动额分摊至合同变更日尚未履行（或部分未履行）的履约义务。

【例16-20】2×18年9月1日，甲公司与乙公司签订合同，向其销售A产品和B产品。A产品和B产品均为可明确区分商品，其单独售价相同，且均属于在某一时点履行的履约义务。合同约定，A产品和B产品分别于2×18年11月1日和2×19年3月31日交付给乙公司。合同约定的对价包括1 000元的固定对价和估计金额为200元的可变对价。假定甲公司将200元的可变对价计入交易价格，满足本节有关将可变对价金额计入交易价格的限制条件。因此，该合同的交易价格为1 200元。假定上述价格均不包含增值税。

2×18年12月1日，双方对合同范围进行变更，乙公司向甲公司额外采购C产品，合同价格增加300元，C产品与A、B两种产品可明确区分，但该增加的价格不反映C产品的单独售价。C产品的单独售价与A产品和B产品相同。C产品将于2×19年6月30日交付给乙公司。

2×18年12月31日，企业预计有权收取的可变对价的估计金额由200元变更为240元，该金额符合计入交易价格的条件。因此，合同的交易价格增加了40元，且甲公司认为该增加额与合同变更前已承诺的可变对价相关。假定上述三种产品的控制权均随产品交付而转移给乙公司。

【分析】本例中，在合同开始日，该合同包含两个单项履约义务，甲公司应当将估计的交易价格分摊至这两项履约义务。由于两种产品的单独售价相同，且可变对价不符合分摊至其中一项履约义务的条件，因此，甲公司将交易价格1 200元平均分摊至A产品和B产品，即A产品和B产品各自分摊的交易价格均为600元。

2×18年11月1日，当A产品交付给客户时，甲公司相应确认收入600元。

2×18年12月1日，双方进行合同变更。该合同变更属于本节合同变更的第（2）种情形，因此该合同变更应当作为原合同终止，并将原合同的未履约部分与合同变更部分合并为新合同进行会计处理。

该新合同下，合同交易价格为900（600+300）元，由于B产品和C产品的单独售价相同，分摊至B产品和C产品的交易价格的金额均为450元。

2×18年12月31日，甲公司重新估计可变对价，增加交易价格40元。由于该增加额与合同变更前已承诺的可变对价相关，因此应首先将该增加额分摊给A产品和B产品，之后再将分摊给B产品的部分在B产品和C产品形成的新合同中进行二次分摊。

本例中，由于A产品、B产品和C产品的单独售价相同，在将40元的可变对价后续变动分摊至A产品和B产品时，各自分摊的金额为20元。由于甲公司已经转让A产品，在交易价格发生变动的当期即应将分摊至A产品的20元确认为收入。之后，甲公司将分摊至B产品的20元平均分摊至B产品和C产品，即各自分摊的金额为10元，经过上述分摊后，B产品和C产品的交易价格金额均为460（450+10）元。因此，甲公司分别在B产品和C产品控制权转移时确认收入460元。

第三节 特定交易合同收入的会计处理

一、附有销售退回条款的销售

对于附有销售退回条款的销售,企业应当在客户取得相关商品控制权时,按照企业已收或应收对价总额,借记"银行存款"或"应收账款"等科目;按照因向客户转让商品而预期有权收取的对价金额(即不包含预期因销售退回将退还的金额)确认收入,贷记"主营业务收入"科目;按照预期因销售退回将退还的金额确认负债,贷记"预计负债——应付退货款"科目。同时,按照所转让商品转让时的账面价值,借记"库存商品"科目;按照预期将退回商品转让时的账面价值,扣除收回该商品预计发生的成本(包括退回商品的价值减损)后的余额,确认为一项资产,借记"应收退货成本"科目;按照所转让商品转让时的账面价值,扣除上述"应收退货成本"资产成本的净额结转成本,借记"主营业务成本"科目。每一资产负债表日,企业应当重新估计未来销售退回情况,如有变化,应当作为会计估计变更进行会计处理。

【例16-21】2×24年10月15日,甲公司向乙公司销售2 000件商品,每件售价为1 000元,单位成本为800元,增值税税率13%。根据合同约定,乙公司应于2×24年12月31日之前支付货款,并有权在2×25年4月1日之前退还有质量问题的商品。甲公司根据历史经验,估计该批商品退货率约为20%。2×24年12月31日,甲公司重新评估并调整退货率为15%。假定商品已发货并且控制权转移给乙公司,2×24年12月1日,甲公司收到全部销货款,2×25年3月20日收到乙公司退货280件。甲公司为增值税一般纳税人,增值税税率13%,商品发出时纳税义务已经发生,实际发生退回时取得税务机关开具的红字增值税专用发票。甲公司有关会计处理如下(单位:万元):

(1) 2×24年10月15日,销售并发出商品、开具增值税专用发票:

主营业务收入 = 2 000 × 1 000 × (1 - 20%) = 160(万元)

预计负债 = 2 000 × 1 000 × 20% = 40(万元)

应交税费 = 2 000 × 1 000 × 13% = 26(万元)

借:应收账款 226
  贷:主营业务收入 160
    预计负债——应付退货款 40
    应交税费——应交增值税(销项税额) 26

同时:

主营业务成本 = 2 000 × 800 × (1 - 20%) = 128(万元)

应收退货成本 = 2 000 × 800 × 20% = 32(万元)

借:主营业务成本 128
  应收退货成本 32
  贷:库存商品 160

(2) 2×24年12月1日前收到2 000件商品含税销售货款:

借:银行存款 226
  贷:应收账款 226

(3) 2×24年12月31日,甲公司重新评估、调整退货率为15%,需要转回多计提的预计负债和应收退货成本:

预计负债 = 2 000×1 000×(15% − 20%) = −10(万元)
应收退货成本 = 2 000×800×(15% − 20%) = −8(万元)

借:预计负债——应付退货款 10
  贷:主营业务收入 10
借:主营业务成本 8
  贷:应收退货成本 8

(4) 2×25年3月20日,乙公司发生销售退回280件,退货款项已经支付:

借:库存商品 22.4
  主营业务成本 1.6
  应交税费——应交增值税(销项税额) 3.64
  预计负债——应付退货款 30
  贷:应收退货成本 24
    主营业务收入 2
    银行存款 31.64

二、附有质量保证条款的销售

对于附有质量保证条款的销售,企业应当评估该质量保证是否在向客户保证所销售商品符合既定标准之外提供了一项单独的服务。企业提供额外服务的,应当作为单项履约义务,按照本节进行会计处理;否则,质量保证责任应当按照或有事项的要求进行会计处理。在评估质量保证是否在向客户保证所销售商品符合既定标准之外提供了一项单独的服务时,企业应当考虑该质量保证是否为法定要求、质量保证期限以及企业承诺履行任务的性质(如是否必须履行)等因素。企业提供的质量保证同时包含上述两类的,应当分别对其进行会计处理,无法合理区分的,应当将这两类质量保证一起作为单项履约义务进行会计处理。

上述规则可总结为:质量保证条款若属于保证类,则适用或有事项准则;若属于服务类,则按单项履约义务处理;同时包括两类,则分别处理;若两类无法区分,则合并作为单项履约义务处理。

【例16-22】甲公司与客户签订合同,销售一部手机。该手机自售出起一年内如果发生质量问题,甲公司负责提供质量保证服务。此外,在此期间内,由于客户使用不当(例如,手机进水)等原因造成的产品故障,甲公司也免费提供维修服务。该维修服务不能单独购买。

【分析】本例中,甲公司的承诺包括:销售手机、提供质量保证服务以及维修服务。甲公司针对产品的质量问题提供的质量保证服务是为了向客户保证所销售商品符合既定标准,因此不构成单项履约义务;甲公司对由于客户使用不当而导致的产品故障提供的免费维修服务,属于在向客户保证所销售商品符合既定标准之外提供的单独服务,尽管其没有单独销售,该服务与手机可明确区分,应该作为单项履约义务。因此,在该合同下,甲公司的履约义务有两项：销售手机和提供维修服务，甲公司应当按照其各自单独售价的相对比例，将交易价格分摊至这两项履约义务，并在各项履约义务履行时分别确认收入。

三、主要责任人和代理人

当存在第三方参与企业向客户提供商品时，企业应当根据其在向客户转让商品前是否拥有对该商品的控制权，来判断其从事交易时的身份是主要责任人还是代理人。企业在向客户转让商品前能够控制该商品的，应当作为主要责任人，并按照已收或应收对价总额确认收入；否则，该企业为代理人，应当按照预期有权收取的佣金或手续费的金额确认收入，该金额应当按照已收或应收对价总额扣除应支付给其他相关方的价款后的净额，或者按照既定的佣金金额或比例等确定。

企业作为主要责任人的情形包括：出售商品前取得控制权，承诺自行提供商品，承担验收风险、存货风险和价格风险其中之一的。

【例16-23】 甲旅行社从某航空公司购买了一定数量的折扣机票并对外销售。甲旅行社向旅客销售机票时，可自行决定机票的价格等，未售出的机票不能退还给航空公司。

【分析】 本例中，甲旅行社向客户提供的特定商品为机票，并在确定特定客户之前已经预先从航空公司购买了机票，因此，该权利在转让给客户之前已经存在。甲旅行社从航空公司购入机票后，可以自行决定该机票的价格、向哪些客户销售等，甲旅行社有能力主导该机票的使用并且能够获得其几乎全部的经济利益。因此，甲旅行社在将机票销售给客户之前，能够控制该机票，甲旅行社的身份是主要责任人。

四、附有客户额外购买选择权的销售

对于附有客户额外购买选择权的销售，企业应当评估该选择权是否向客户提供了一项重大权利。企业提供重大权利的，应当作为单项履约义务，按照有关交易价格分摊的要求将交易价格分摊至该履约义务，在客户未来行使购买选择权取得相关商品控制权时，或者该选择权失效时，确认相应的收入。客户额外购买选择权的单独售价无法直接观察的，企业应当综合考虑客户行使和不行使该选择权所能获得的折扣的差异、客户行使该选择权的可能性等全部相关信息后，予以合理估计。

额外购买选择权的情况包括销售激励、客户奖励积分、未来购买商品的折扣券以及合同续约选择权等。对于附有客户额外购买选择权的销售，企业应当评估该选择权是否向客户提供了一项重大权利。如果客户只有在订立了一项合同的前提下才取得了额外购买选择权，并且客户行使该选择权购买额外商品时，能够享受到超过该地区或该市场中其他同类客户所能够享有的折扣，则通常认为该选择权向客户提供了一项重大权利。该选择权向客户提供了重大权利的，应当作为单项履约义务。在考虑授予客户的该项权利是否重大时，应根据其金额和性质综合进行判断。

客户虽然有额外购买商品选择权，但客户行使该选择权购买商品时的价格反映了这些商品单独售价的，不应被视为企业向该客户提供了一项重大权利。为简化实务操作，企业向客户提供续约选择权，当客户行使该权利购买的额外商品与原合同下购买的商品类似，且企业将按照原合同条款提供该额外的商品时，企业可以无须估计该选择权的单独售价，而是直接把其预计将提供的额外商品的数量以及预计将收取的相应对价金额纳入原合同，并进行相应

的会计处理。

企业提供的额外购买选择权构成单项履约义务的，企业应当按照交易价格分摊的相关原则，将交易价格分摊至该履约义务。

【例16-24】2×22年1月1日，甲公司开始推行一项奖励积分计划。根据该计划，客户在甲公司每消费10元可获得1个积分，每个积分从次月开始在购物时可以抵减1元。截至2×22年1月31日，客户共消费100 000元，可获得10 000个积分，根据历史经验，甲公司估计该积分的兑换率为95%。上述金额均不包含增值税，且假定不考虑相关税费影响。

【分析】本例中，甲公司认为其授予客户的积分为客户提供了一项重大权利，应当作为单项履约义务。客户购买商品的单独售价合计为100 000元，考虑积分的兑换率，甲公司估计积分的单独售价为9 500（1×10 000×95%）元。甲公司按照商品和积分单独售价的相对比例对交易价格进行分摊：

商品分摊的交易价格 = [100 000÷(100 000 + 9 500)]×100 000 = 91 324（元），积分分摊的交易价格 = [9 500÷(100 000 + 9 500)]×100 000 = 8 676（元）。因此，甲公司应当在商品的控制权转移时确认收入91 324元，同时，确认合同负债8 676元。

借：银行存款　　　　　　　　　　　　　　　　　　100 000
　　贷：主营业务收入　　　　　　　　　　　　　　　　91 324
　　　　合同负债　　　　　　　　　　　　　　　　　　 8 676

截至2×22年12月31日，客户共兑换了4 500个积分，甲公司对该积分的兑换率进行了重新估计，仍然预计客户将会兑换的积分总数为9 500个。因此，甲公司以客户兑换的积分数占预期将兑换的积分总数的比例为基础确认收入。积分当年应当确认的收入为4 110（4 500÷9 500×8 676）元；剩余未兑换的积分为4 566（8 676 - 4 110）元，仍然作为合同负债。

借：合同负债　　　　　　　　　　　　　　　　　　　4 110
　　贷：主营业务收入　　　　　　　　　　　　　　　　 4 110

截至2×23年12月31日，客户累计兑换了8 500个积分。甲公司对该积分的兑换率进行了重新估计，预计客户将会兑换的积分总数为9 700个。积分当年应当确认的收入为3 493（8 500÷9 700×8 676 - 4 110）元；剩余未兑换的积分为1 073（8 676 - 4 110 - 3 493）元，仍然作为合同负债。

借：合同负债　　　　　　　　　　　　　　　　　　　3 493
　　贷：主营业务收入　　　　　　　　　　　　　　　　 3 493

企业在向客户转让商品之前，如果客户已经支付了合同对价或企业已经取得了无条件收取合同对价的权利，则企业应当在客户实际支付款项与到期应支付款项孰早时点，将该已收或应收的款项列示为合同负债。合同负债，是指企业已收或应收客户对价而应向客户转让商品的义务。合同资产和合同负债应当在资产负债表中单独列示，并按流动性分别列示为"合同资产"或"其他非流动资产"以及"合同负债"或"其他非流动负债"。同一合同下的合同资产和合同负债应当以净额列示，不同合同下的合同资产和合同负债不能相互抵销。

五、授予知识产权许可

授予知识产权许可是指企业授予客户对企业拥有的知识产权享有相应的权利。企业向客户授予知识产权许可的,应当按照要求评估该知识产权许可是否构成单项履约义务。对于不构成单项履约义务的,企业应当将该知识产权许可和其他商品一起作为一项履约义务进行会计处理。授予知识产权许可不构成单项履约义务的情形包括:一是该知识产权许可构成有形商品的组成部分并且对于该商品的正常使用不可或缺,例如,企业向客户销售设备和相关软件,该软件内嵌于设备之中,该设备必须安装了该软件之后才能正常使用;二是客户只有将该知识产权许可和相关服务一起使用才能够从中获益,例如,客户取得授权许可,但是只有通过企业提供的在线服务才能访问相关内容。对于构成单项履约义务的,应当进一步确定其是在某一时段内履行还是在某一时点履行,同时满足下列条件时,应当作为在某一时段内履行的履约义务确认相关收入;否则,应当作为在某一时点履行的履约义务确认相关收入:

(1) 合同要求或客户能够合理预期企业将从事对该项知识产权有重大影响的活动。一是这些活动预期将显著改变该项知识产权的形式或者功能(例如,知识产权的设计、内容、功能性等);二是客户从该项知识产权中获益的能力在很大程度上来源于或者取决于这些活动,即这些活动会改变该项知识产权的价值(例如,企业向客户授权使用其品牌,客户从该品牌获益的能力取决于该品牌价值,而企业所从事的活动为维护或提升其品牌价值提供了支持)。

(2) 该活动对客户将产生有利或不利影响。

(3) 该活动不会导致向客户转让商品。企业向客户授予知识产权许可不能同时满足上述条件的,则属于在某一时点履行的履约义务,并在该时点确认收入。

【例16-25】甲公司向乙公司转让某软件使用权,如果合同约定企业后续将对该软件进行改进,改进后的软件将对客户产生影响,并且该软件的使用费将根据其使用效果进行调整,则转让该软件使用权的收入应在合同约定的期限内分期确认,并通过"其他业务收入"科目核算;假如客户在使用该软件前,需要企业向其提供密钥,否则客户无法使用该软件,就不应确认收入;如果企业后续不需要对该专利进行改进,则应在客户接受该软件时确认收入,并通过"其他业务收入"科目核算。

企业向客户授予知识产权许可,并约定按客户实际销售或使用情况收取特许权使用费的,应当在客户后续销售或使用行为实际发生与企业履行相关履约义务两项孰晚的时点确认收入。

【例16-26】甲公司是一家著名的足球俱乐部。甲公司授权乙公司在其设计生产的服装、帽子、水杯以及毛巾等产品上使用甲公司球队的名称和图标,授权期间为2年。合同约定,甲公司收取的合同对价由两部分组成:一是200万元固定金额的使用费;二是按照乙公司销售上述商品所取得销售额的5%计算的提成。乙公司预期甲公司会继续参加当地顶级联赛,并取得优异的成绩。

【分析】本例中,该合同仅包括一项履约义务,即授予使用权许可,甲公司继续参加比赛并取得优异成绩等活动是该许可的组成部分,而并未向客户转让任何可明确区分的商品或服务。由于乙公司能够合理预期甲公司将继续参加比赛,甲公司的成绩将会对其品牌(包括名称和图标等)的价值产生重大影响,而该品牌价值可能会进一步影响乙公司产品的销量,甲公司从事的上述活动并未向乙公司转让任何可明确区分的商品,因此,甲公司授予的该使用权许可,属于在某一时段内履行的履约义务。甲公司收取的200万元固定金额的使用费应当在2年内平均确认收入,按照乙公司销售相关商品所取得销售额的5%计算的提成应当在乙公司的销售实际完成时确认收入。

六、售后回购

售后回购，是指企业销售商品的同时承诺或有权选择日后再将该商品（包括相同或几乎相同的商品，或以该商品作为组成部分的商品）购回的销售方式。对于不同类型的售后回购交易，企业应当区分下列两种情形分别进行会计处理：

（1）企业因存在与客户的远期安排而负有回购义务或企业享有回购权利的，表明客户在销售时点并未取得相关商品控制权，企业应当作为租赁交易或融资交易进行相应的会计处理。其中，回购价格低于原售价的，应当视为租赁交易，进行相关会计处理；回购价格不低于原售价的，应当视为融资交易，在收到客户款项时确认金融负债，并将该款项和回购价格的差额在回购期间内确认为利息费用等。企业到期未行使回购权利的，应当在该回购权利到期时终止确认金融负债，同时确认收入。

【例16-27】2×23年1月1日，甲公司向乙公司销售一台设备，销售价格为1 000万元，同时双方约定一年之后，即2×23年12月31日：

假定一：甲公司将以800万元的价格回购该设备。

假定二：甲公司将以1 200万元的价格回购该设备。

假定不考虑相关税费。

要求：根据上述资料，说明甲公司应如何进行会计处理，并编制相关会计分录（单位：万元）。

【分析】

（1）回购价格低于原售价（按租赁交易处理）时：

乙公司并未取得该设备的控制权。假定不考虑货币时间价值，该交易的实质是乙公司支付了200（1 000-800）万元的对价取得了该设备一年的使用权。甲公司应当将该交易作为租赁交易进行会计处理。

①出售时：

借：银行存款　　　　　　　　　　　　　　　　　　　　　　1 000
　　贷：其他应付款　　　　　　　　　　　　　　　　　　　　　　1 000

②确认租赁收入时：

借：其他应付款　　　　　　　　　　　　　　　　　（1 000-800）200
　　贷：其他业务收入　　　　　　　　　　　　　　　　　　　　　200

③回购时：

借：其他应付款　　　　　　　　　　　　　　　　　　　　　　800
　　贷：银行存款　　　　　　　　　　　　　　　　　　　　　　　800

（2）回购价格不低于原售价（按融资交易处理）时：

该交易的实质是甲公司以该设备作为质押取得了1 000万元的借款，一年后归还本息合计1 200万元。甲公司应当将该交易视为融资交易，不应当终止确认该设备，而应当在收到客户款项时确认金融负债，并将该款项和回购价格的差额在回购期间内确认为利息费用等。

①出售时：

借：银行存款　　　　　　　　　　　　　　　　　　　　　　1 000
　　贷：其他应付款　　　　　　　　　　　　　　　　　　　　　　1 000

②确认利息费用时:
借:财务费用 (1 200-1 000) 200
　　贷:其他应付款 200
③回购时:
借:其他应付款 1 200
　　贷:银行存款 1 200

(2) 企业负有应客户要求回购商品义务的,应当在合同开始日评估客户是否具有行使该要求权的重大经济动因。客户具有行使该要求权重大经济动因的,企业应当将售后回购作为租赁交易或融资交易,按照上述第(1)种情形进行会计处理;否则,企业应当将其作为附有销售退回条款的销售交易进行会计处理。在判断客户是否具有行权的重大经济动因时,企业应当综合考虑各种相关因素,包括回购价格与预计回购时市场价格之间的比较,以及权利的到期日等。例如,如果回购价格明显高于该资产回购时的市场价值,则表明客户有行权的重大经济动因。客户拥有回售选择权的会计处理参见图16-1。

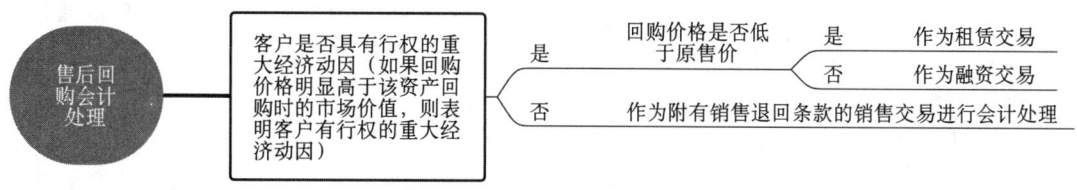

图 16-1 售后回购的会计处理

【例 16-28】甲公司向乙公司销售其生产的一台设备,销售价格为 2 000 万元,双方约定,乙公司在 5 年后有权要求甲公司以 1 500 万元的价格回购该设备。甲公司预计该设备在回购时的市场价值将远低于 1 500 万元。

【分析】本例中,假定不考虑时间价值的影响,甲公司的回购价格低于原售价,但远高于该设备在回购时的市场价值,甲公司判断乙公司有重大的经济动因行使其权利要求甲公司回购该设备。因此,甲公司应当将该交易作为租赁交易进行会计处理。

七、客户未行使的权利

企业向客户预收销售商品款项的,应当首先将该款项确认为负债,待履行了相关履约义务时再转为收入。当企业预收款项无须退回,且客户可能会放弃其全部或部分合同权利时(例如,放弃储值卡的使用等),企业预期将有权获得与客户所放弃的合同权利相关的金额的,应当按照客户行使合同权利的模式按比例将上述金额确认为收入;否则,企业只有在客户要求其履行剩余履约义务的可能性极低时,才能将上述负债的相关余额转为收入。企业在确定其是否预期将有权获得与客户所放弃的合同权利相关的金额时,应当考虑将估计的可变对价计入交易价格的限制要求。

如果有相关法律规定,企业所收取的与客户未行使权利相关的款项须转交给其他方的(例如,法律规定无人认领的财产需上交政府),企业不应将其确认为收入。

【例 16-29】甲公司经营一家电商平台,平台商家自行负责商品的采购、定价、发货以及售后服务,甲公司仅提供平台供商家与消费者进行交易并负责协助商家和消费者结算货款,甲公司按照货款的5%向商家收取佣金,并判断自己在商品买卖交易中是代理人。2×24年,甲公司向平台的消费者销售了1 000张不可退的电子购物卡,每张卡的面值为200元,总额20万元。假设不考虑相关税费的影响。

【分析】本例中,考虑到甲公司在商品买卖交易中为代理人,仅为商家和消费者提供平台及结算服务,并收取佣金,因此,甲公司销售电子购物卡收取的款项20万元中,仅佣金部分1万元(20×5%,不考虑相关税费)代表甲公司已收客户(商家)对价而应在未来消费者消费时作为代理人向商家提供代理服务的义务,应当确认合同负债。其余部分(19万元),为甲公司代商家收取的款项,作为其他应付款,待未来消费者消费时支付给相应的商家。

【例16-30】甲公司经营连锁面包店。2×24年,甲公司向客户销售了5 000张储值卡,每张卡的面值为200元,总额为1 000 000元。客户可在甲公司经营的任何一家门店使用该储值卡进行消费。根据历史经验,甲公司预期客户购买的储值卡中将有大约相当于储值卡面值金额5%(50 000元)的部分不会被消费。截至2×24年12月31日,客户使用该储值卡消费的金额为400 000元。甲公司为增值税一般纳税人,在客户使用该储值卡消费时发生增值税纳税义务。

【分析】本例中,甲公司预期将有权获得与客户未行使的合同权利相关的金额为50 000元,该金额应当按照客户行使合同权利的模式按比例确认为收入。因此,甲公司在2×23年销售的储值卡应当确认的收入金额为372 613〔(400 000+50 000×400 000÷950 000)÷(1+13%)〕元。甲公司的账务处理为:

(1) 销售储值卡时:

借:库存现金　　　　　　　　　　　　　　　　　　　　1 000 000
　　贷:合同负债　　　　　　　　　　　　　　　　　　　　884 956
　　　　应交税费——待转销项税额　　　　　　　　　　　115 044

(2) 根据储值卡的消费金额确认收入,同时将对应的待转销项税额确认为销项税额:

借:合同负债　　　　　　　　　　　　　　　　　　　　　372 613
　　应交税费——待转销项税额　　　　　　　　　　　　　 46 018
　　贷:主营业务收入　　　　　　　　　　　　　　　　　 372 613
　　　　应交税费——应交增值税(销项税额)　　　　　　　46 018

值得注意的是,收入准则应用指南中相关例题的处理坚持"合同负债"为不含税的金额。但是,根据财政部关于印发《增值税会计处理规定》的通知(财会〔2016〕22号)的规定,在"一、会计科目及专栏"设置"(六)待转销项税额"明细科目,该科目核算一般纳税人销售货物、加工修理修配劳务、服务、无形资产或不动产,已确认相关收入(或利得)但尚未发生增值税纳税义务而需于以后期间确认为销项税额的增值税额。简言之,该文件中的"待转销项税额"核算会计中确认的收入(或利得)早于增值税纳税义务发生时间的情形。而本例中,会计上并未确认收入,而是确认为"合同负债",此处贷记"应交税费——待转销项税额"并未得到该文件的支持。建议修改财会〔2016〕22号文的相关规定,涵盖本例中的情形。

八、无须退回的初始费

企业在合同开始（或接近合同开始）日向客户收取的无须退回的初始费（如俱乐部的入会费等）应当计入交易价格。企业应当评估该初始费是否与向客户转让已承诺的商品相关：若相关，并且该商品构成单项履约义务的，企业应当在转让该商品时，按照分摊至该商品的交易价格确认收入；若相关，但该商品不构成单项履约义务的，企业应当在包含该商品的单项履约义务履行时，按照分摊至该单项履约义务的交易价格确认收入；若不相关，该初始费应当作为未来将转让商品的预收款，在未来转让该商品时确认为收入。

企业收取了无须退回的初始费且为履行合同应开展初始活动，但这些活动本身并没有向客户转让已承诺的商品的。例如，企业为履行会员健身合同开展了一些行政管理性质的准备工作，该初始费与未来将转让的已承诺商品相关，应当在未来转让该商品时确认为收入，企业在确定履约进度时不应考虑这些初始活动；企业为该初始活动发生的支出应当按照合同成本部分的要求确认为一项资产或计入当期损益。

【例 16-31】甲公司经营一家会员制健身俱乐部。甲公司与客户签订了为期 2 年的合同，客户入会之后可以随时在该俱乐部健身。除俱乐部的年费 2 000 元之外，甲公司还向客户收取了 50 元的入会费，用于补偿俱乐部为客户进行注册登记、准备会籍资料以及制作会员卡等初始活动所花费的成本。甲公司收取的入会费和年费均无须返还。

【分析】本例中，甲公司承诺的服务是向客户提供健身服务，而甲公司为会员入会所进行的初始活动并未向客户提供其所承诺的服务，而只是一些内部行政管理性质的工作。因此，甲公司虽然为补偿这些初始活动向客户收取了 50 元入会费，但是该入会费实质上是客户为健身服务所支付的对价的一部分，故应当作为健身服务的预收款，与收取的年费一起在 2 年内分摊确认为收入。

> **案例分析：**
>
> #### 新收入准则对房地产企业的影响——以碧桂园为例
>
> 2017 年 9 月在香港上市的碧桂园控股有限公司（股票代码：02007.hk，以下简称碧桂园）发布中期报告时，提前采用了香港财务报告准则第 15 号（HKFRS15），依照收入确认五步法基本模型对部分业务采用在某一个时间段内确认收入，碧桂园 2017 年中期报表收入和利润分别增加 147 亿元和 33 亿元，同比增幅分别为 23% 和 66%，其在中期报告中披露："由于提早采纳香港财务报告准则第 15 号的影响，本集团于 2017 年 1 月 1 日的权益中的留存收益期初余额增加了人民币 3 152.3 百万元"，这引发了社会各界的广泛关注。
>
> 在旧收入准则下，碧桂园的收入确认时点为竣工交付时，对于客户以按揭贷款方式购买房地产的，根据按揭付款完成后确认收入。而在新收入准则下，企业管理层需要根据合同判断，从而确定收入是按时段还是时点进行确认。碧桂园在其 2017 年度报告中披露了其收入确认的判断："在履约过程中所产出的商品具有不可替代用途，且在整个合约期间内有就累计至今已完成的履约部分的可强制执行的付款请求权的情况下，本集团按在一段时间内的方法确认收入；除此之外，本集团在买房者取得已完工物业

控制权的某一时点确认收入。由于与客户的合同限制,本集团不得更改或替换物业单元,或改变物业单元的用途,因此本集团并不能将该物业单元用于其他用途。但是,本集团是否有就累计至今已完成的履约部分的可强制执行的付款请求权并采用在一段时间内的方法确认收入,取决于每个合同条款约定和该合同适用的法律解释,以及需要重大会计判断。关于销售合同可强制执行的付款请求权,本集团获得了法律顾问的意见。基于法律顾问的意见,管理层通过判断将销售合同进行分类:有付款请求权的合同和没有付款请求权的合同。"

根据碧桂园2017年年报,按时段确认的房地产开发收入为608.069亿元,约占房地产开发收入的27.6%,占合计收入的26.8%,与同样在2017年提前采用新收入准则的融创公司以及在2018年采用新收入准则的恒大集团的财报数据相比,可以发现,在采用新收入准则后,融创公司增加了28.23亿元的收入,约占总收入的4.28%,相比于碧桂园的26.8%有着较大的差距;而恒大集团在采用新收入准则后,收入确认的金额未发生较大的变动。由此可见,碧桂园这一部分收入的增加受合同条款以及会计估计的影响较大,其房地产开发业务均存在选用在某一个时间段内确认收入的情形。

讨论:
1. 对比分析新旧收入准则内容的差异。
2. 通过案例分析执行新收入准则对房地产企业财务报表的影响。

思考题

1. 合同收入确认的条件包括哪些?
2. 收入的确认与计量的五个步骤是什么?分别是如何处理的?
3. 举例说明某一类特殊交易的会计处理。

练习题

1. 甲公司为增值税一般纳税人,2×19年发生的与收入有关的资料如下:

(1) 1月1日,甲公司与乙公司签订一份销售合同,即向乙公司销售A商品3 000件,单位销售价格为1 000元,单位成本为600元,开出的增值税专用发票上注明的销售价款为300万元,增值税税额为39万元,当日该批货物已发出,收到款项存入银行。同时协议约定,甲公司将于2年后回购该批产品,回购单位价格为360元。

(2) 2月1日,甲公司与丙公司签订一份销售合同,根据合同约定,向乙公司销售B商品6 000件,单位销售价格为1 000元,单位成本为600元,未计提存货跌价准备,开出的增值税专用发票上注明的销售价款为600万元,增值税税额为78万元,当日该批货物已发出,货款尚未收到。同时协议约定,丙公司在6月30日之前验收合同后并支付款项,在此期间,丙公司有权退回该商品。假定甲公司根据过去的经验,估计该批商品退货率约为10%。商品发出时纳税义务已经发生;实际发生销售退回时取得税务机关开具的红字增值税专用发票。6月20日，丙公司验收该商品时发现部分商品有瑕疵，发生销售退回，退货量为600件，同时向甲公司支付剩余款项。不考虑其他因素。

(3) 12月10日，甲公司向丁公司转让一项商品的商标使用权，合同期限5年，收取使用费2 000万元，甲公司不负责商品的商标使用权的任何后续服务。该商品的商权使用权月摊销额15万元。款项已收取存入银行。

要求：根据上述业务，编制甲公司2×19年相关会计分录。

2. 2×18年12月18日，A公司商场周年庆，开展一项奖励积分计划，即：

自2×19年1月1日起，客户每在商场内消费10元可兑换1个积分，每个积分可在未来3年内购买产品时按1元的折扣兑现。

2×19年1月1日，客户购买了20万元的商品，获得可在未来购买时兑现的积分2万个。基于兑换的可能性估计每个积分的单独售价为1元。A公司预计积分兑换率为98%。

2×19年度，有9 600个积分被兑换，并且A公司预计积分兑换率变为95%。

至2×20年年末，累计有17 400个积分被兑换，A公司预计积分兑换率变为97%。

2×21年12月31日，授予的奖励积分剩余部分失效。

假定不考虑相关税费等因素的影响。

要求：(1) 计算A公司2×19年1月1日授予奖励积分的公允价值、因销售商品应当确认的销售收入，并编制相关会计分录；

(2) 计算A公司2×19年度因客户使用奖励积分应当确认的收入，并编制相关会计分录。

(3) 计算A公司2×20年度因客户使用奖励积分应当确认的收入，并编制相关会计分录。

(4) 计算甲公司2×21年度因客户使用奖励积分应当确认的收入，并编制相关会计分录。

3. 甲公司为通信服务运营企业。2×17年12月发生的有关交易或事项如下：

(1) 2×17年12月1日，甲公司推出预缴话费送手机活动，客户只需预缴话费5 000元，即可免费获得市价为2 400元、成本为1 700元的手机一部，并从参加活动的当月起未来24个月内每月享受价值150元、成本为90元的通话服务。当月共有10万名客户参与了此项活动。

(2) 2×17年11月30日，甲公司董事会批准了管理层提出的客户忠诚度计划。具体如下：客户在甲公司消费价值满100元的通话服务时，甲公司将在下月向其免费提供价值10元的通话服务。2×17年12月，客户消费了价值10 000万元的通话服务（假定均符合下月享受免费通话服务的条件），甲公司已收到相关款项。

(3) 2×17年12月25日，甲公司与丙公司签订合同，甲公司以2 000万元的价格向丙公司销售市场价格为2 200万元、成本为1 600万元的通信设备一套。作为与该设备销售合同相关的一揽子合同的一部分，甲公司同时还与丙公司签订通信设备维护合同，约定甲公司将在未来10年内为丙公司的该套通信设备提供维护服务，每年收取固定维护费用200万元。类似维护服务的市场价格为每年180万元。销售的通信设备已发出，价款至年末尚未收到。

不考虑货币时间价值以及税费等其他因素。

要求：根据资料(1)至(3)，分别说明所包含的履约义务并计算甲公司2×17年12月应确认的收入金额，说明理由；编制与收入确认相关的会计分录（无须编制与成本结转相关的会计分录）。

第十七章

合同成本、费用与利润

本章结构

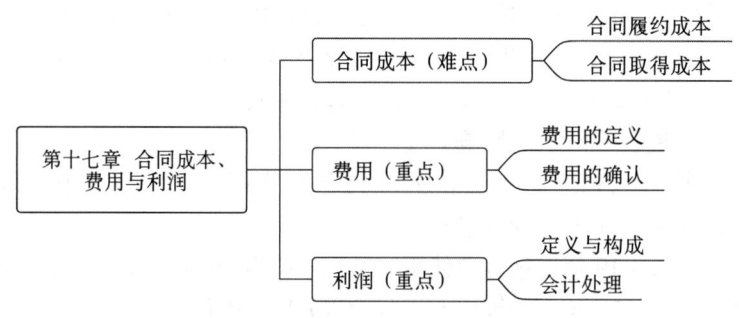

第一节 合同成本

一、合同履约成本

企业为履行合同可能会发生各种成本,企业在确认收入的同时应当对这些成本进行分析,属于存货、固定资产、无形资产等规范范围的,应当按照相关企业会计准则进行会计处理;不属于其他企业会计准则规范范围且同时满足下列条件的,应当作为合同履约成本确认为一项资产:

(1) 该成本与一份当前或预期取得的合同直接相关。预期取得的合同应当是企业能够明确识别的合同,如现有合同续约后的合同、尚未获得批准的特定合同等。与合同直接相关的成本包括直接人工(例如,支付给直接为客户提供所承诺服务的人员的工资、奖金等)、直接材料(例如,为履行合同耗用的原材料、辅助材料、构配件、零件、半成品的成本和周转材料的摊销及租赁费用等)、制造费用或类似费用(例如,为组织和管理生产、施工、服务等活动发生的费用,包括管理人员的职工薪酬、劳动保护费、固定资产折旧费及修理费、物料消耗、取暖费、水电费、办公费、差旅费、排污费等)、明确由客户承担的成本以及仅因该合同而发生的其他成本。

(2) 该成本增加了企业未来用于履行(或持续履行)履约义务的资源。

(3) 该成本预期能够收回。

企业应当在下列支出发生时，将其计入当期损益：一是管理费用，除非这些费用明确由客户承担；二是非正常消耗的直接材料、直接人工和制造费用（或类似费用），这些支出为履行合同发生，但未反映在合同价格中；三是与履约义务中已履行（或已部分履行）部分相关的支出；四是无法在尚未履行的与已履行（或已部分履行）的履约义务之间区分的相关支出。

【例17-1】甲公司与乙公司签订合同，为其信息中心提供管理服务，合同期限为5年。在向乙公司提供服务之前，甲公司设计并搭建了一个信息技术平台供其内部使用，该信息技术平台由相关的硬件和软件组成。甲公司需要提供设计方案，将该信息技术平台与乙公司现有的信息系统对接，并进行相关测试。该平台并不会转让给乙公司，但是将用于向乙公司提供服务。甲公司为该平台的设计、购买硬件和软件以及信息中心的测试发生了成本。除此之外，甲公司专门指派两名员工，负责向乙公司提供服务。

【分析】本例中，甲公司为履行合同发生的上述成本中，购买硬件和软件的成本应当分别按照固定资产和无形资产进行会计处理；设计服务成本和信息中心的测试成本不属于其他企业会计准则的规范范围，但是这些成本与履行该合同直接相关，并且增加了甲公司未来用于履行履约义务（即提供管理服务）的资源，如果甲公司预期该成本可通过未来提供服务收取的对价收回，则甲公司应当将这些成本确认为一项资产。甲公司向两名负责该项目的员工支付的工资费用，虽然与向乙公司提供服务有关，但是由于其并未增加企业未来用于履行履约义务的资源，因此，应当于发生时计入当期损益。

对于与履行客户合同无关的运输费用，若运输费用属于使存货达到目前场所和状态的必要支出，运输费用应当计入存货成本，否则应计入期间费用。对于为履行客户合同而发生的运输费用，属于合同履约成本。若运输活动发生在商品的控制权转移之前，其通常不构成单项履约义务，企业应将相关支出作为与商品销售相关的成本计入合同履约成本，最终计入营业成本。若运输活动发生在商品控制权转移之后，可能构成单项履约义务，企业应在确认运输服务收入的同时将相关支出计入运输服务成本。

对于在某一时段内履行的履约义务，由于履行义务所产生的商品或服务的控制权在一段时间内持续转移给客户，因此企业实际发生的履约支出仅与已转移给客户的部分相关，并未增加企业用于未来履行履约义务的资源，即不满足资本化条件，应计入当期损益。

二、合同取得成本

企业为取得合同发生的增量成本预期能够收回的，应当作为合同取得成本确认为一项资产。增量成本，是指企业不取得合同就不会发生的成本，例如销售佣金等。为简化实务操作，该资产摊销期限不超过一年的，可以在发生时计入当期损益。

企业为取得合同发生的、除预期能够收回的增量成本之外的其他支出（如无论是否取得合同均会发生的差旅费、投标费、为准备投标资料发生的相关费用等），应当在发生时计入当期损益，但是明确由客户承担的支出除外。

【例17-2】甲公司是一家咨询公司，其通过竞标赢得一个新客户，为取得和该客户的合同，甲公司发生下列支出：(1) 聘请外部律师进行尽职调查的支出为15 000元；(2) 因投标发生的差旅费为10 000元；(3) 销售人员佣金为5 000元，甲公司预期这些支出未来能够收回。此外，甲公司根据其年度销售目标、整体盈利情况及个人业绩等，向销售部门经理支付年度奖金10 000元。

【分析】本例中，甲公司向销售人员支付的佣金属于为取得合同发生的增量成本，应当将其作为合同取得成本确认为一项资产。甲公司聘请外部律师进行尽职调查发生的支出、为投标发生的差旅费，无论是否取得合同都会发生，不属于增量成本。因此，应当于发生时直接计入当期损益。甲公司向销售部门经理支付的年度奖金也不是为取得合同发生的增量成本，这是因为该奖金发放与否以及发放金额还取决于其他因素（包括公司的盈利情况和个人业绩），其并不能直接归属于可识别的合同。

实务中，涉及合同取得成本的安排可能会比较复杂。例如，合同续约或合同变更时需要支付额外的佣金、企业支付的佣金金额取决于客户未来的履约情况或者取决于累计取得的合同数量或金额等，企业需要进行判断，对发生的合同取得成本进行恰当的会计处理。企业因现有合同续约或发生合同变更需要支付的额外佣金，也属于为取得合同发生的增量成本。

【例17-3】甲公司相关政策规定，销售部门的员工每取得一份新的合同，可以获得提成100元，现有合同每续约一次，员工可以获得提成60元。甲公司预期上述提成均能够收回。

【分析】本例中，甲公司为取得新合同支付给员工的提成100元，属于为取得合同发生的增量成本，且预期能够收回，因此，应当确认为一项资产。同样地，甲公司为现有合同续约支付给员工的提成60元，也属于为取得合同发生的增量成本，这是因为如果不发生合同续约，就不会支付相应的提成，由于该提成预期能够收回，甲公司应当在每次续约时将应支付的相关提成确认为一项资产。除上述规定外，甲公司相关政策规定，当合同变更时，如果客户在原合同的基础上，向甲公司支付额外的对价以购买额外的商品，甲公司需根据该新增的合同金额向销售人员支付一定的提成，此时，甲公司均应当将应支付的提成视同为取得合同（变更后的合同）发生的增量成本进行会计处理。

三、与合同履约成本和合同取得成本有关的资产的摊销和减值

1. 摊销

对于确认为资产的合同履约成本和合同取得成本，企业应当采用与该资产相关的商品收入确认相同的基础（即在履约义务履行的时点或按照履约义务的履约进度）进行摊销，计入当期损益（分别对应于营业成本和销售费用）。

在确定与合同履约成本和合同取得成本有关的资产的摊销期限和方式时，如果该资产与一份预期将要取得的合同（如续约后的合同）相关，则在确定相关摊销期限和方式时，应当考虑该预期将要取得的合同的影响。但是，对于合同取得成本而言，如果合同续约时，企业仍需要支付与取得原合同相当的佣金，这表明取得原合同时支付的佣金与预期将要取得的合同无关，该佣金只能在原合同的期限内进行摊销。

2. 减值

合同履约成本和合同取得成本的账面价值高于下列两项的差额的，超出部分应当计提减值准备，并确认为资产减值损失：(1) 企业因转让与该资产相关的商品预期能够取得的剩余对价；(2) 为转让该相关商品估计将要发生的成本。估计将要发生的成本主要包括直接人工、直接材料、制造费用（或类似费用）、明确由客户承担的成本以及仅因该合同而发生的其他成本（例如，支付给分包商的成本）等。

以前期间减值的因素之后发生变化,使得上述(1)减(2)的差额高于该资产账面价值的,应当转回原已计提的资产减值准备,并计入当期损益,但转回后的资产账面价值不应超过假定不计提减值准备情况下该资产在转回日的账面价值。

在确定与合同成本有关的资产减值损失时,企业应当首先确定其他资产减值损失;然后,按照本节的要求确定合同履约成本和合同取得成本的减值损失。

企业按照《企业会计准则第8号——资产减值》测试相关资产组的减值情况时,应当将按照上述规定确定与合同成本有关的资产减值后的新账面价值计入相关资产组的账面价值。

【例17-4】 拉夏贝尔集团年报:合同成本包括合同履约成本和合同取得成本。本集团为提供线上店铺运营劳务而发生的成本,确认为合同履约成本,并在确认收入时,按照已完成劳务的进度结转计入主营业务成本。本集团为获取线上店铺运营劳务合同而发生的增量成本,确认为合同取得成本,对于摊销期限不超过一年的合同取得成本,在其发生时计入当期损益;对于摊销期限在一年以上的合同取得成本,本集团按照相关合同下与确认线上店铺运营劳务收入相同的基础摊销计入损益。如果合同成本的账面价值高于因提供该劳务预期能够取得的剩余对价减去估计将要发生的成本,本集团对超出的部分计提减值准备,并确认为资产减值损失。于资产负债表日,本集团对于合同履约成本根据其初始确认时摊销期限是否超过一年,以减去相关资产减值准备后的净额,分别列示为存货和其他非流动资产;对于初始确认时摊销期限超过一年的合同取得成本,以减去相关资产减值准备后的净额,列示为其他非流动资产。

第二节 费 用

一、费用的定义

费用是指企业在日常活动中发生的、会导致所有者权益减少的、与向所有者分配利润无关的经济利益的总流出。

费用有狭义和广义之分。广义的费用泛指企业各种日常活动发生的所有耗费和损失;狭义的费用仅指与本期营业收入相配比的那部分耗费。本节所学的费用是指狭义费用,具体包括成本费用和期间费用。成本费用包括:主营业务成本、其他业务成本、税金及附加等;期间费用包括管理费用、研发费用、销售费用和财务费用。

二、费用的确认

费用只有在经济利益很可能流出从而导致企业资产减少或者负债增加、且经济利益的流出额能够可靠计量时才能予以确认。费用应按照权责发生制和配比原则确认,凡应属于本期发生的费用,不论其款项是否支付,均确认为本期费用;反之,不属于本期发生的费用,即使其款项已在本期支付,也不确认为本期费用。

确认费用时,区分以下界限:

(1)应当划分生产费用与非生产费用的界限。生产费用是指与企业日常生产经营活动有关的费用,如生产产品所发生的原材料费用、人工费用等(包括直接材料、直接人工和制造费用）；非生产费用是指不属于生产费用的费用，如用于购建固定资产所发生的费用，不属于生产费用。

（2）应当区分收益性支出和资本性支出。如果某项支出的效益期间涉及一个以上的会计年度（或几个营业周期），则该项支出应予资本化，不能作为当期费用处理，如与固定资产构建相关的支出，应计入固定资产成本；如果某项支出的效益仅涉及支出发生当年，就应作为收益性支出，如生产产品消耗的原材料、直接人工，销售商品发生的支出等期间费用，直接计入当期费用。

（3）应当分清生产费用与产品成本的界限。生产费用与一定的期间相联系，而与生产的产品无关；产品成本与一定品种和数量的产品相联系，而不论发生在哪一期。

（4）应当分清生产费用与期间费用的界限。生产费用应当计入产品成本，而期间费用直接计入当期损益。在确认费用时，对于确认为期间费用的费用，必须进一步划分为管理费用、研发费用、销售费用和财务费用。对于确认为生产费用的费用，必须根据该费用发生的实际情况分别将其确认为不同产品所负担的费用；对于几种产品共同发生的费用，必须按受益原则，采用一定方法和程序将其分配计入相关产品的生产成本。

第三节 期间费用

期间费用是企业当期发生的费用中的重要组成部分，是指本期发生的、不能直接或间接归入某种产品成本的、直接计入损益的各项费用，包括管理费用、研发费用、销售费用和财务费用。

一、管理费用

管理费用是指企业为组织和管理企业生产经营所发生的费用，包括企业在筹建期间内发生的开办费、董事会和行政管理部门在企业的经营管理中发生的或者应由企业统一负担的公司经费（包括行政管理部门职工工资及福利费、物料消耗、低值易耗品摊销、办公费和差旅费等）、工会经费、董事会费（包括董事会成员津贴、会议费和差旅费等）、聘请中介机构费、咨询费（含顾问费）、诉讼费、业务招待费、技术转让费、排污费以及企业生产车间（部门）和行政管理部门等发生的固定资产日常修理费用等后续支出。

企业发生的管理费用，在"管理费用"科目核算，并在"管理费用"科目下按费用项目设置明细账，进行明细核算。期末，"管理费用"科目的余额结转至"本年利润"科目后无余额。

二、销售费用

销售费用是指企业在销售商品和材料、提供劳务的过程中发生的各项费用，包括企业在销售商品过程中发生的保险费、包装费、展览费和广告费、商品维修费、装卸费等（不包括构成合同履约成本从而应当计入主营业务成本的情形）、运输费、委托代销手续费、预计产品质量保证损失等，以及为销售本企业商品而专设的销售机构（含销售网点、售后服务网点等）的职工薪酬、业务费、折旧费、固定资产修理费用等支出。

企业发生的销售费用，在"销售费用"科目核算，并在"销售费用"科目下按费用项目设置明细账，进行明细核算。期末，"销售费用"科目的余额结转至"本年利润"科目后无余额。

三、财务费用

财务费用是指企业在筹集资金过程中发生的各项费用，包括生产经营期间发生的不应计入固定资产价值的利息费用（减利息收入）、金融机构手续费、汇兑损失（减汇兑收益）及其他财务费用。

企业发生的财务费用，在"财务费用"科目核算，并在"财务费用"科目下按费用项目设置明细账，进行明细核算。期末，"财务费用"科目的余额结转至"本年利润"科目后无余额。

四、研发费用

研发费用是指企业进行研究与开发过程中发生的费用化支出，以及计入管理费用的自行开发无形资产的摊销金额。其包括"管理费用"科目下"研发费用"明细科目的当期发生额，以及"管理费用"科目下"无形资产摊销"明细科目中属于开发费用资本化金额在当期的摊销额。

第四节 利 润

一、利润的定义和构成

利润是指企业在一定会计期间的经营成果。利润包括收入减去费用后的净额、直接计入当期利润的利得和损失等。

直接计入当期利润的利得和损失，是指应当计入当期损益、会导致所有者权益发生增减变动的、与所有者投入资本或者向所有者分配利润无关的利得或者损失。

利润金额取决于收入和费用的计量。利润总额包括营业利润和营业外收支净额；净利润是利润总额扣除所得税费用后的净额，利润各组成部分具体计算方法如下。

（一）营业利润

营业利润＝营业收入－营业成本－税金及附加－销售费用－管理费用－研发费用－财务费用＋其他收益＋投资收益（－投资损失）＋净敞口套期收益（－净敞口套期损失）＋公允价值变动收益（－公允价值变动损失）－信用减值损失－资产减值损失＋资产处置收益（－资产处置损失）

其中，营业收入是指企业经营业务所实现的收入总额，包括主营业务收入和其他业务收入；营业成本是指企业经营业务所发生的实际成本总额，包括主营业务成本和其他业务成本；资产减值损失是指企业计提各项资产减值准备所形成的损失；信用减值损失反映企业计提的各项金融工具信用减值准备所确认的信用损失；公允价值变动收益（或损失）是指企业交易性金融资产等公允价值变动形成的应计入当期损益的利得（或损失）；其他收益反映总额法下与企业日常活动有关的政府补助、企业当期直接减免的增值税、实际缴纳增值税时加计抵减的金额、企业作为个人所得税扣缴义务人收到的扣缴税款手续费以及债务重组形成的利得或损失;投资收益(或损失)是指企业以各种方式对外投资所取得的收益(或发生的损失)。

(二) 利润总额

利润总额 = 营业利润 + 营业外收入 − 营业外支出

其中,营业外收入(或支出)是指企业发生的与日常活动无直接关系的各项利得(或损失)。

(三) 净利润

净利润 = 利润总额 − 所得税费用

其中,所得税费用是指企业确认的应从当期利润总额中扣除的所得税费用。

二、营业外收支的会计处理

营业外收支是指企业发生的与日常活动无直接关系的各项利得或损失。营业外收支虽然与企业生产经营活动没有多大的关系,但从企业主体来考虑,同样带来收入或形成企业的支出,也是增加或减少利润的因素,对企业的利润总额及净利润产生较大的影响。

(一) 营业外收入

营业外收入是指企业发生的营业利润以外的收益。它是与企业正常生产经营活动无直接关系的各项利得,主要包括非流动资产毁损报废利得、与企业日常活动无关的政府补助、盘盈利得、捐赠利得等。

非流动资产毁损报废利得,指因自然灾害等发生毁损、已丧失使用功能而报废非流动资产所产生的清理收益。

与企业日常活动无关的政府补助,指与企业日常活动无关的、从政府无偿取得货币性资产或非货币性资产形成的利得。

盘盈利得,指企业对于现金等资产清查盘点中盘盈的资产,报经批准后计入营业外收入的金额。

捐赠利得,指企业接受捐赠产生的利得。企业接受的捐赠和债务豁免,按照会计准则规定符合确认条件的,通常应当确认为当期收益。但是,企业接受控股股东(或控制股东的子公司)或非控股股东(或非控股股东的子公司)直接或间接代为偿债、债务豁免或捐赠,经济实质表明属于控股股东或非控股股东对企业的资本性投入,应当将相关利得计入所有者权益(资本公积)。

企业发生破产重整,其非控股股东因执行人民法院批准的破产重整计划,通过让渡所持有的该企业部分股份向企业债权人偿债的,企业应将非控股股东所让渡股份按照其在让渡之日的公允价值计入所有者权益(资本公积),减少所豁免债务的账面价值,并将让渡股份公允价值与被豁免的债务账面价值之间的差额计入当期损益。控股股东按照破产重整计划让渡了所持有的部分该企业股权向企业债权人偿债的,该企业也按此原则处理。

企业应当通过"营业外收入"科目,核算营业外收入的取得和结转情况。该科目可按营业外收入项目设置明细账,进行明细核算。期末,应将该科目余额转入"本年利润"科目,结转后该科目无余额。

(二) 营业外支出

营业外支出是指企业发生的营业利润以外的支出。它是与企业正常生产经营活动无直接关系的各项损失,主要包括非流动资产毁损报废损失、公益性捐赠支出、非常损失、盘亏损失等。

非流动资产毁损报废损失,指因自然灾害等发生毁损、已丧失使用功能而报废非流动资产所产生的清理损失。

公益性捐赠支出,指企业对外进行公益性捐赠发生的支出。

非常损失,指企业对于因客观因素(如自然灾害等)造成的损失,在扣除保险公司赔偿后计入营业外支出的净损失。

企业应通过"营业外支出"科目,核算营业外支出的发生及结转情况。该科目可按营业外支出项目进行明细核算。期末,应将该科目余额转入"本年利润"科目,结转后该科目无余额。

需要注意的是,营业外收入并不是由企业经营资金耗费所产生的,不需要企业付出代价,实际上是一种纯收入,不可能也不需要与有关费用进行配比。因此,在具体核算时,企业不得以营业外支出直接冲减营业外收入,也不得以营业外收入直接冲减营业外支出,即企业在进行会计核算时,营业外收入和营业外支出应当分别核算。

三、本年利润的会计处理

企业应设置"本年利润"科目,核算企业当期实现的净利润(或发生的净亏损)。企业期(月)末结转利润时,应将各损益类科目的金额转入本科目,结平各损益类科目。结转后本科目的贷方余额为当期实现的净利润;借方余额为当期发生的净亏损。年度终了,应将本年收入、利得和费用、损失相抵后结出的本年实现的净利润,转入"利润分配"科目,借记本科目,贷记"利润分配——未分配利润"科目;如为净亏损作相反的会计分录。结转后本科目应无余额。

【例17-5】红星企业 2×23 年 12 月 31 日,有关账户发生额如下,贷方发生额合计金额:"主营业务收入"账户 960 万元,"投资收益"账户 20 万元,"公允价值变动损益"账户 18 万元,"营业外收入"账户 10 万元;借方发生额合计金额:"主营业务成本"账户 375 万元,"税金及附加"账户 42.5 万元,"资产减值损失"账户 18 万元,"销售费用"账户 32.5 万元,"管理费用"账户 40 万元,"财务费用"账户 9 万元,"营业外支出"账户 3 万元,"所得税费用"账户 122 万元。假定,当年 12 月 1 日"本年利润"账户贷方合计发生额 3 000 万元。

【分析】有关会计处理如下(单位:万元):

(1) 2×23 年年末,结转 12 月利润:

借:主营业务收入	960
投资收益	20
公允价值变动损益	18
营业外收入	10
贷:本年利润	1 008

同时:

借:本年利润	642

贷：主营业务成本		375
税金及附加		42.5
资产减值损失		18
销售费用		32.5
管理费用		40
财务费用		9
营业外支出		3
所得税费用		122

（2）结转全年净利润：

净利润 = 3 000 + (1 008 - 642) = 3 366（万元）

借：本年利润	3 366
贷：利润分配——未分配利润	3 366

四、综合收益总额

净利润加上其他综合收益扣除所得税影响后的净额为综合收益总额。其他综合收益是指企业根据其他会计准则规定未在当期损益中确认的各项利得或损失。

案例分析：

上市公司虚增利润手段多

（1）少计财务费用虚增利润。

2021年3月4日，中信国安发布公告收到证监会《行政处罚事先告知书》，《行政处罚事先告知书》显示，中信国安2009年、2010年、2011年、2012年、2013年、2014年、2015年连续七年财务造假，累计虚增利润总额10.12亿元。其中，青海中信国安与客户签订的预售合同，未发货资金占用成本为12%~15%，青海中信国安以银行存款、银行承兑汇票和货物支付产生的财务费用，未进行入账。在2009年至2014年纳入中信国安合并财务报表期间累计少计财务费用高达5亿元。2015年，青海中信国安与中农集团、邦力达、四川农资、中农上海、湖北楚丰、安徽辉隆、河北农资、吉林倍丰、广东天禾和江苏永德丰等10家客户签订保利、计息预售氯化钾合同，因账面虚增收入、少计财务费用，造成2015年1月至6月虚增净利润0.68亿元，导致2015年中信国安账面投资收益多计0.33亿元，占当年中信国安投资收益的6.24%，利润总额的8.56%。

（2）将未执行合同入账、虚增销售单价，上市公司虚增收入领证监会罚单。

2015年，科菲特利用新诺化工、永远化工、农用激素的产品销售业务，通过将未执行合同入账、虚增销售单价的方式，2015年合计虚增营业收入（不含税）0.14亿元，占当期营业收入的6.13%。上述情况导致科菲特2016年6月14日披露的《江苏科菲特生化技术股份有限公司2015年度财务报表及审计报告》存在虚假记载。

（3）中潜股份2019年年度报告存在虚假记载。

中潜股份原拟以1元收购北海慧玉网络科技有限公司（以下简称"北海慧玉"）失

败后，于 2019 年 8 月 12 日投资设立子公司北海中潜科技有限公司（以下简称"北海中潜"），聘请北海慧玉核心技术团队具体运营。

北海中潜 2019 年年报虚增营业收入 0.37 亿元，虚增营业成本 0.11 亿元，导致营业利润虚增 0.25 亿元，占当期利润总额的 62.08%。

经北海中潜介绍，上海天放网络科技有限公司（以下简称"上海天放"）购买了泰康在线财产保险股份有限公司（以下简称"泰康在线"）的团体意外险产品。上海天放支付保费后，泰康在线以技术服务费的名义向北海中潜支付保费的 92%，北海中潜就此确认对泰康在线的主营业务收入 0.37 亿元；北海中潜以向上海天放采购网络推广服务的名义向上海天放支付 0.11 亿元并确认主营业务成本。北海中潜对泰康在线确认的主营业务收入，对上海天放确认的主营业务成本，不符合会计准则要求，北海中潜虚增业绩导致中潜股份 2019 年年度报告中披露的财务数据存在虚假记载。

(4) 上市公司涉伪造银行回单，财务总监罚 100 万元。

2016 年至 2018 年，新疆同济堂健康产业股份有限公司（以下简称"同济堂"）通过虚构销售及采购业务、虚增销售及管理费用、伪造银行回单等方式，累计虚增收入 207.35 亿元，虚增成本 178.51 亿元，虚增利润总额 24.3 亿元。2019 年同济堂通过虚构业务的方式虚增营业收入——其他业务收入 3.86 亿元，虚增利润总额 3.86 亿元，虚增净利润 2.99 亿元，占 2019 年年度报告中披露净利润的 226.52%，上述情况导致同济堂披露的 2019 年年度报告存在虚假记载。

讨论：

通过案例分析上市公司虚增收入、利润的惯用手段。谈谈如何防范上市公司虚假记载。

思考题

1. 合同成本包括哪些组成部分？它们如何进行摊销和减值？
2. 简述期间费用的构成与特点。
3. 简述利润的构成与计算。

练习题

甲公司为增值税一般纳税人，适用的增值税税率为 13%，商品、原材料售价中不含增值税。假定销售商品、原材料和提供劳务均符合收入确认条件，其成本在确认收入时逐笔结转，不考虑其他因素。2×19 年 10 月，甲公司发生如下交易或事项：

(1) 销售商品一批，按商品标价计算的金额为 200 万元，由于是成批销售，甲公司给予客户 10% 的商业折扣并开具了增值税专用发票，款项尚未收回。该批商品实际成本为 150 万元。

(2) 向本公司行政管理人员发放自产产品作为福利，该批产品的实际成本为 8 万元，市场售价为10万元。

（3）向乙公司转让一项软件的使用权，合同期限为20个月，一次性收取使用费20万元并存入银行，甲公司负责该软件的后续服务。

（4）销售一批原材料，增值税专用发票注明售价80万元，款项收到并存入银行。该批材料的实际成本为59万元。

（5）签订一项合同，向一家全球大型连锁零售店客户销售商品，合同期限为一年。该零售商承诺，在合同期限内以约定价格购买至少价值1 500万元的产品。同时合同约定，甲公司需在合同开始时向该零售商支付150万元（不含税）的不可退回款项。该款项旨在就零售商需更改货架以使其适合放置甲公司产品而作出补偿。10月甲公司向零售店销售金额为500万元（不含增值税），成本300万元。

（6）确认本月设备安装劳务收入。该设备安装劳务合同总收入为100万元，预计合同总成本为70万元，合同价款在前期签订合同时已收取。采用完工百分比法确认劳务收入。截止到本月月末，该劳务的累计完工进度为60%，前期已累计确认劳务收入50万元、劳务成本35万元。

（7）以银行存款支付管理费用20万元，研发费用10万元，财务费用10万元，营业外支出5万元。

要求：①逐笔编制甲公司上述交易或事项的会计分录（"应交税费"科目要写出明细科目及专栏名称）。

②计算甲公司10月的营业收入、营业成本、营业利润、利润总额。

第十八章 借款费用

本章结构

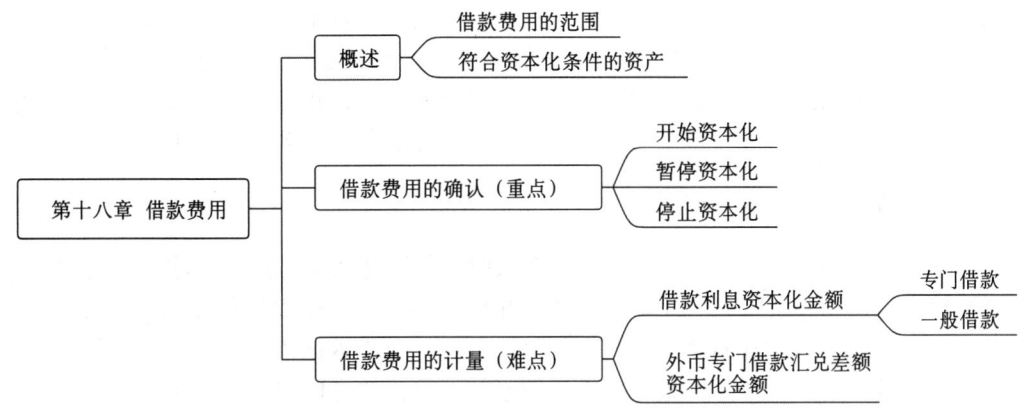

第一节 借款费用概述

一、借款费用的范围

借款费用是企业因借入资金所付出的代价，它包括借款利息费用（包括借款折价或者溢价的摊销和相关辅助费用）以及因外币借款而发生的汇兑差额等。对于企业发生的权益性融资费用，不应包括在借款费用中。承租人根据租赁会计准则所确认的融资租赁发生的融资费用属于借款费用。

（一）因借款而发生的利息

因借款而发生的利息，包括企业向银行或者其他金融机构等借入资金发生的利息、发行公司债券发生的利息以及为购建或者生产符合资本化条件的资产而发生的带息债务所承担的利息等。

（二）因借款而发生的折价或溢价的摊销

因借款而发生的折价或者溢价主要是指发行债券等所发生的折价或者溢价，发行债券中的折价或者溢价，其实质是对债券票面利息的调整（即将债券票面利率调整为实际利率），属于借款费用的范畴。

(三) 因外币借款而发生的汇兑差额

因外币借款而发生的汇兑差额，是指由于汇率变动导致市场汇率与账面汇率出现差异，从而对外币借款本金及其利息的记账本位币金额所产生的影响金额。由于汇率的变化往往和利率的变化相联动，它是企业外币借款所需承担的风险，因此，因外币借款相关汇率变化所导致的汇兑差额属于借款费用的有机组成部分。

(四) 因借款而发生的辅助费用

因借款而发生的辅助费用，是指企业在借款过程中发生的诸如手续费、佣金、印刷费等费用，由于这些费用是因安排借款而发生的，也属于借入资金所付出的代价，是借款费用的构成部分。

二、借款的范围

借款包括专门借款和一般借款。专门借款是指为购建或者生产符合资本化条件的资产而专门借入的款项。专门借款通常应当有明确的用途，即为购建或者生产某项符合资本化条件的资产而专门借入的。一般借款是指除专门借款之外的借款，相对于专门借款而言，一般借款在借入时，其用途通常没有特指用于符合资本化条件的资产的购建或者生产。

三、符合资本化条件的资产

符合资本化条件的资产是指需要经过相当长时间的购建或者生产活动才能达到预定可使用或者可销售状态的固定资产、投资性房地产和存货等资产。建造合同成本、确认为无形资产的开发支出等在符合条件的情况下，也可以认定为符合资本化条件的资产。符合资本化条件的存货，主要包括房地产开发企业开发的用于对外出售的房地产开发产品、企业制造的用于对外出售的大型机械设备等，这类存货通常需要经过相当长时间的建造或者生产过程，才能达到预定可销售状态。其中，"相当长时间"应当是指为资产的购建或者生产所必要的时间，通常为一年以上（含一年）。

在实务中，如果由于人为或者故意等非正常因素导致资产的购建或者生产时间相当长的，该资产不属于符合资本化条件的资产。购入即可使用的资产，或者购入后需要安装但所需安装时间较短的资产，或者需要建造或者生产但所需建造或者生产时间较短的资产，均不属于符合资本化条件的资产。

第二节 借款费用确认

借款费用的确认主要解决的是将每期发生的借款费用资本化、计入相关资产的成本，还是将有关借款费用费用化、计入当期损益的问题。根据借款费用准则的规定，借款费用确认的基本原则是：企业发生的借款费用，可直接归属于符合资本化条件的资产的购建或者生产的，应当予以资本化，计入相关资产成本；其他借款费用，应当在发生时根据其发生额确认为费用，计入当期损益。

企业只有发生在资本化期间内的有关借款费用，才允许资本化，资本化期间的确定是借款费用确认和计量的重要前提。借款费用资本化期间，是指从借款费用开始资本化时点到停止资本化时点的期间，但不包括借款费用暂停资本化的期间。

一、借款费用开始资本化的时点

借款费用允许开始资本化必须同时满足三个条件，即资产支出已经发生、借款费用已经发生、为使资产达到预定可使用或者可销售状态所必要的购建或者生产活动已经开始。

（一）"资产支出已经发生"的界定

资产支出已经发生，是指企业已经发生了支付现金、转移非现金资产或者承担带息债务形式所发生的支出。其中：

（1）支付现金，是指用货币资金支付符合资本化条件的资产的购建或者生产支出。

（2）转移非现金资产，是指企业将自己的非现金资产直接用于符合资本化条件的资产的购建或者生产。

（3）承担带息债务，是指企业为了购建或者生产符合资本化条件的资产所需用物资等而承担的带息应付款项（如带息应付票据）。

（二）"借款费用已经发生"的界定

借款费用已经发生，是指企业已经发生了因购建或者生产符合资本化条件的资产而专门借入款项的借款费用或者所占用的一般借款的借款费用。

（三）"为使资产达到预定可使用或者可销售状态所必要的购建或者生产活动已经开始"的界定

为使资产达到预定可使用或者可销售状态所必要的购建或者生产活动已经开始，是指符合资本化条件的资产的实体建造或者生产工作已经开始，如主体设备的安装、厂房的实际开工建造等。

企业只有在上述三个条件同时满足的情况下，有关借款费用才可开始资本化，只要其中有一个条件没有满足，借款费用就不能开始资本化。

二、借款费用暂停资本化的时间

符合资本化条件的资产在购建或者生产过程中发生非正常中断，且中断时间连续超过3个月的，应当暂停借款费用的资本化。中断的原因必须是非正常中断，属于正常中断的，相关借款费用仍可资本化。在实务中，企业应当遵循"实质重于形式"等原则来判断借款费用暂停资本化的时间，如果相关资产购建或者生产的中断时间较长而且满足其他规定条件的，相关借款费用应当暂停资本化。

非正常中断，通常是由于企业管理决策上的原因或者其他不可预见的原因等所导致的中断。比如，企业因与施工方发生了质量纠纷，或者工程、生产用料没有及时供应，或者资金周转发生了困难，或者施工、生产发生了安全事故，或者发生了与资产购建、生产有关的劳动纠纷等原因，导致资产购建或者生产活动发生中断，均属于非正常中断。例如，某企业在北方某地建造某工程期间，遇上冰冻季节（通常为6个月），工程施工因此中断，待冰冻季节过后方能继续施工。由于该地区在施工期间出现较长时间的冰冻为正常情况，由此导致的施工中断是可预见的不可抗力因素导致的中断，属于正常中断。在正常中断期间所发生的借款费用可以继续资本化，计入相关资产的成本。

三、借款费用停止资本化的时点

购建或者生产符合资本化条件的资产达到预定可使用或者可销售状态时,借款费用应当停止资本化。在符合资本化条件的资产达到预定可使用或者可销售状态之后所发生的借款费用,应当在发生时根据其发生额确认为费用,计入当期损益。购建或者生产符合资本化条件的资产达到预定可使用或者可销售状态,可从下列几个方面进行判断:

(1) 符合资本化条件的资产的实体建造(包括安装)或者生产工作已经全部完成或者实质上已经完成。

(2) 所购建或者生产的符合资本化条件的资产与设计要求、合同规定或者生产要求相符或者基本相符,即使有极个别与设计、合同或者生产要求不相符的地方,也不影响其正常使用或者销售。

(3) 继续发生在所购建或生产的符合资本化条件的资产上的支出金额很少或者几乎不再发生。所购建或者生产的资产如果分别建造、分别完工的,企业应当区别情况界定借款费用停止资本化的时点。所购建或者生产的符合资本化条件的资产的各部分分别完工,且每部分在其他部分继续建造或者生产过程中可供使用或者可对外销售,且为使该部分资产达到预定可使用或可销售状态所必要的购建或者生产活动实质上已经完成的,应当停止与该部分资产相关的借款费用的资本化,因为该部分资产已经达到了预定可使用或者可销售状态。

第三节 借款费用计量

一、借款利息资本化金额的确定

在借款费用资本化期间内,每一会计期间的利息资本化金额,应当按照下列规定确定:

(1) 为购建或者生产符合资本化条件的资产而借入专门借款的,应当以专门借款当期实际发生的利息费用,减去将尚未动用的借款资金存入银行取得的利息收入或进行暂时性投资取得的投资收益后的金额确定。

(2) 为购建或者生产符合资本化条件的资产而占用了一般借款的,企业应当根据累计资产支出超过专门借款部分的资产支出加权平均数乘以所占用一般借款的资本化率,计算确定一般借款应予资本化的利息金额。资本化率应当根据一般借款加权平均利率计算确定。

(3) 每一会计期间的利息资本化金额,不应当超过当期相关借款实际发生的利息金额。企业在确定每期利息资本化金额时,应当首先判断符合资本化条件的资产在购建或者生产过程所占用的资金来源,如果所占用的资金是专门借款资金,则应当在资本化期间内,根据每期实际发生的专门借款利息费用,确定应予资本化的金额。在企业将闲置的专门借款资金存入银行取得利息收入或者进行暂时性投资获取投资收益的情况下,企业还应当将这些相关的利息收入或者投资收益从资本化金额中扣除,以如实反映符合资本化条件资产的实际成本。

【例18−1】A公司于2×17年1月1日正式动工兴建一幢厂房,工期预计为1年零6个月,工程采用出包方式,分别于2×17年1月1日、2×17年7月1日和2×18年1月1日支付工程进度款。A公司为建造厂房于2×17年1月1日专门借款2 000万元,借款期限为3年,年利率为6%。另外在2×17年7月1日又专门借款4 000万元，借款期限为5年，年利率为7%。借款利息按年支付。（如无特别说明，本章例题中名义利率与实际利率均相同。）

闲置借款资金均用于固定收益债券短期投资，该短期投资月收益率为0.5%。

厂房于2×18年6月30日完工，达到预定可使用状态。

A公司为建造该厂房的支出金额如表18-1所示。

表18-1　　　　　　　　A公司专门借款及资产支出金额　　　　　　　　单位：万元

日期	专门借款	每期资产支出金额	累计资产支出金额	闲置借款资金用于短期投资金额
2×17.1.1	2 000	1 500	1 500	500
2×17.7.1	4 000	2 500	4 000	2 000
2×18.1.1		1 500	5 500	500
总计	6 000	5 500	—	

【分析】由于A公司使用专门借款建造厂房，而且厂房建造支出没有超过专门借款金额，因此公司2×17年、2×18年为建造厂房应予资本化的利息金额计算如下：

（1）确定借款费用资本化期间为2×17年1月1日至2×18年6月30日。

（2）计算在资本化期间内专门借款实际发生的利息金额：

2×17年专门借款发生的利息金额 = 2 000×6% + 4 000×7%×6÷12 = 260（万元）

2×18年1月1日—6月30日专门借款发生的利息金额 = 2 000×6%×6÷12 + 4 000×7%×6÷12 = 200（万元）

（3）计算在资本化期间内利用闲置的专门借款资金进行短期投资的收益：

2×17年短期投资收益 = 500×0.5%×6 + 2 000×0.5%×6 = 75（万元）

2×18年1月1日—6月30日短期投资收益 = 500×0.5%×6 = 15（万元）

（4）由于在资本化期间内专门借款利息费用的资本化金额应当以其实际发生的利息费用减去将闲置的借款资金进行短期投资取得的投资收益后的金额确定，因此：

公司2×17年的利息资本化金额 = 260 - 75 = 185（万元）

公司2×18年的利息资本化金额 = 200 - 15 = 185（万元）

有关账务处理如下（单位：万元）：

2×17年12月31日：

借：在建工程　　　　　　　　　　　　　　　　　185
　　应收利息（或银行存款）　　　　　　　　　　 75
　　贷：长期借款——应计利息　　　　　　　　　　　　260

2×18年6月30日：

借：在建工程　　　　　　　　　　　　　　　　　185
　　应收利息（或银行存款）　　　　　　　　　　 15
　　贷：长期借款——应计利息　　　　　　　　　　　　200

企业在购建或者生产符合资本化条件的资产时，如果专门借款资金不足，占用了一般借款资金的，或者企业为购建或者生产符合资本化条件的资产并没有借入专门借款，而占用的都是一般借款资金,则企业应当根据为购建或者生产符合资本化条件的资产而发生的累计资产支出超过专门借款部分的资产支出加权平均数乘以所占用一般借款的资本化率,计算确定一般借款应予资本化的利息金额。资本化率应当根据一般借款加权平均利率计算确定。如果符合资本化条件的资产的购建或者生产没有借入专门借款,则应以累计资产支出加权平均数为基础计算所占用的一般借款利息资本化金额。即企业占用一般借款资金购建或者生产符合资本化条件的资产时,一般借款的借款费用的资本化金额的确定应当与资产支出相挂钩。

【例18-2】沿用【例18-1】的资料,假定甲公司为建造厂房于2×17年1月1日专门借款2 000万元,借款期限为3年,年利率为6%。除此之外,没有其他专门借款。在厂房建造过程中占用了两笔一般借款,具体资料如下:

(1) 向甲银行长期贷款2 000万元,期限为2×16年12月1日至2×19年12月1日,年利率为6%,按年支付利息。

(2) 发行公司债券1亿元,于2×16年1月1日发行,期限为5年,年利率为8%,按年支付利息。

假定全年按360天计算。

其他相关资料均同【例18-1】。

【分析】在这种情况下,公司应当首先计算专门借款利息的资本化金额,然后计算所占用一般借款利息的资本化金额。

具体计算如下:

(1) 计算专门借款利息资本化金额:

2×17年专门借款利息资本化金额 = 2 000 × 6% − 500 × 0.5% × 6 = 105(万元)

2×18年专门借款利息资本化金额 = 2 000 × 6% × 180/360 = 60(万元)

(2) 计算一般借款资本化金额:

在建造厂房过程中,自2×17年7月1日起已经有2 000万元占用一般借款,另外,2×18年1月1日支出的1 500万元也占用了一般借款。

计算这两笔资产支出的加权平均数如下:

①2×17年占用一般借款的资产支出加权平均数

= 2 000 × 180 ÷ 360 = 1 000(万元)

一般借款利息资本化率(年)

= (2 000 × 6% + 10 000 × 8%) ÷ (2 000 + 10 000) = 7.67%

2×17年应予资本化的一般借款利息金额 = 1 000 × 7.67% = 76.70(万元)

②2×18年占用一般借款的资产支出加权平均数

= (2 000 + 1 500) × 180 ÷ 360 = 1 750(万元)

2×18年应予资本化的一般借款利息金额 = 1 750 × 7.67% = 134.23(万元)

(3) 根据上述计算结果,公司建造厂房应予资本化的利息金额如下:

2×17年利息资本化金额 = 105 + 76.70 = 181.70(万元)

2×18年利息资本化金额 = 60 + 134.23 = 194.23(万元)

(4) 有关账务处理如下:

①2×17年12月31日:

借:在建工程　　　　　　　　　　　　　　　　　　　　　　　1 817 000

财务费用		8 433 000
应收利息（或银行存款）		150 000
贷：长期借款——应计利息		10 400 000

注：2×17年实际借款利息=2 000×6%+2 000×6%+10 000×8%=1 040（万元）

②2×18年6月30日：

借：在建工程		1 942 300
财务费用		3 257 700
贷：长期借款——应计利息		5 200 000

注：2×18年1月1日至6月30日的实际借款利息=1 040÷2=520（万元）

二、外币专门借款汇兑差额资本化金额的确定

当企业为购建或者生产符合资本化条件的资产所借入的专门借款为外币借款时，由于企业取得外币借款日、使用外币借款日和会计结算日往往并不一致，而外汇汇率又在随时发生变化，因此，外币借款会产生汇兑差额。相应地，在借款费用资本化期间内，为购建固定资产而专门借入的外币借款所产生的汇兑差额，是购建固定资产的一项代价，应当予以资本化，计入固定资产成本。出于简化核算的考虑，在资本化期间内，外币专门借款本金及其利息的汇兑差额，应当予以资本化，计入符合资本化条件的资产的成本。而除外币专门借款之外的其他外币借款本金及其利息所产生的汇兑差额应当作为财务费用，计入当期损益。

【例18-3】甲公司于2×17年1月1日，为建造某工程项目专门以面值发行美元公司债券1 000万元，年利率为8%，期限为3年，假定不考虑与发行债券有关的辅助费用、未支出专门借款的利息收入或投资收益。合同约定，每年1月1日支付利息，到期还本。

工程于2×17年1月1日开始实体建造，2×18年6月30日完工，达到预定可使用状态，期间发生的资产支出如下：

2×17年1月1日，支出200万美元；

2×17年7月1日，支出500万美元；

2×18年1月1日，支出300万美元。

公司的记账本位币为人民币，外币业务采用外币业务发生时当日的市场汇率折算。相关汇率如下：

2×17年1月1日，市场汇率为1美元=7.70元人民币；

2×17年12月31日，市场汇率为1美元=7.75元人民币；

2×18年1月1日，市场汇率为1美元=7.77元人民币；

2×18年6月30日，市场汇率为1美元=7.80元人民币。

【分析】本例中，公司计算外币借款汇兑差额资本化金额如下：

（1）计算2×17年汇兑差额资本化金额：

①债券应付利息=1 000×8%×7.75=80×7.75=620（万元）

账务处理为（单位：万元）：

借：在建工程		620
贷：应付债券——应计利息		620

②外币债券本金及利息汇兑差额=1 000×(7.75-7.70)+80×(7.75-7.75)=50（万元）

账务处理为：

借：在建工程　　　　　　　　　　　　　　　　　　　　　50
　　贷：应付债券——汇兑差额　　　　　　　　　　　　　　　　50

(2) 2×18年1月1日实际支付利息时，应当支付80万美元，折算成人民币为621.60万元。该金额与原账面金额之间的差额1.60万元应当继续予以资本化，计入在建工程成本。

借：应付债券——应计利息　　　　　　　　　　　　　　　620
　　在建工程　　　　　　　　　　　　　　　　　　　　　1.6
　　贷：银行存款　　　　　　　　　　　　　　(80×7.77) 621.6

(3) 计算2×18年6月30日的汇兑差额资本化金额：

①债券应付利息 = 1 000×8%×1/2×7.80 = 40×7.80 = 312（万元）

借：在建工程　　　　　　　　　　　　　　　　　　　　　312
　　贷：应付债券——应计利息　　　　　　　　　　　　　　　312

②外币债券本金及利息汇兑差额 = 1 000×(7.80 − 7.75) + 40×(7.80 − 7.80) = 50（万元）

借：在建工程　　　　　　　　　　　　　　　　　　　　　50
　　贷：应付债券——汇兑差额　　　　　　　　　　　　　　　50

案例分析：

财务魔术之借款费用资本化

借款费用资本化的时点存在较大的会计选择空间，将本该费用化处理的借款费用予以资本化，会对财务报表产生直接影响，造成报表相关数据失真。

(1) 天丰节能。

天丰节能通过虚构向台湾后东机械公司和意大利OMS进口设备商采购交易虚增固定资产和在建工程，以及通过国家开发银行河南省分行贷款利息支出不正当资本化虚增在建工程，2010年至2011年累计虚增固定资产和在建工程1 031.61万元，占2011年末公司资产总额的3.08%；2010年至2012年共计虚增固定资产和在建工程2 792.40万元，占公司2012年年末资产总额的5.83%。

(2) 中弘股份。

中弘股份2017年第一季度报告、半年度报告、第三季度报告财务数据显示，当期利润总额分别为1 517.16万元、7 075.37万元、9 148.87万元。经证监会安徽监管局核查，中弘股份违规扩大北京弘某鼎成房地产开发有限公司等12家子公司在上述报告期内的借款费用资本化范围，少计财务费用，直接导致其当期利润总额分别虚增26 551.35万元、55 589.31万元、30 220.90万元，合计虚增前三季度利润85 810.21万元。

(3) 凯迪生态。

凯迪生态借款费用资本化的会计处理不当，导致2015年至2017年年度报告存在虚假记载，具体情况如下：

凯迪生态对于所有借款统借统还，借款费用纳入总部统一核算，并在每个季度向在建电厂进行分摊。2015年凯迪生态向87家在建电厂分摊借款费用，利息资本化金额近1.43亿元；2016年向82家在建电厂分摊借款费用，利息资本化金额高达4.63亿元；2017年向54家在建电厂分摊借款费用，利息资本化金额达5.42亿元。

经证监会核查，凯迪生态在2015年1月1日至2017年12月31日期间，部分借款费用资本化的在建电厂存在停建情形。2015年、2016年、2017年，凯迪生态分别有75家、36家、34家在建电厂建设发生非正常中断且中断时间连续超过3个月。经测算（按照账面实际资本化金额乘以停建月数占全年总月数的比例计算），2015年、2016年、2017年凯迪生态上述电厂建设中断期间借款费用资本化金额分别为1.50亿元、2.73亿元、2.09亿元。

依据《企业会计准则第17号——借款费用》第四条、第五条、第十一条的规定及凯迪生态会计政策，符合资本化条件的资产在购建或者生产过程中发生非正常中断且中断时间连续超过3个月的，应当暂停借款费用的资本化。在中断期间发生的借款费用应当确认为费用，计入当期损益，直至资产的购建或者生产活动重新开始。凯迪生态并未按照相关规定，暂停上述停建电厂的借款费用资本化的会计处理，导致2015年、2016年、2017年财务报告存在虚增在建工程、虚减财务费用、虚增利润总额的情形。其中，2015年度虚增在建工程、虚减财务费用、虚增利润总额1.5亿元；2016年度虚增在建工程、虚减财务费用、虚增利润总额2.73亿元；2017年度虚增在建工程、虚减财务费用、虚增利润总额2.09亿元。

讨论：
1. 通过案例讨论分析将本应费用化的利息费用资本化对企业财务报表带来的影响。
2. 对于投资者，如何避开借款费用的资本化支出陷阱。

思考题

1. 简述借款费用的范围。
2. 借款费用开始资本化和停止资本化的时间是什么？
3. 如何确定借款利息资本化金额。

练习题

甲公司拟自建一条生产线，与该生产线建造相关的情况如下：

（1）2×19年1月1日，甲公司发行一般公司债券，专门筹集生产线建设资金。该公司债券为3年期分期付息、到期还本债券，面值总额为3 000万元，票面年利率为5%，发行价格为3 069.75万元，另在发行过程中支付中介机构佣金150万元，实际募集资金净额为2 919.75万元。

（2）甲公司除上述所发行公司债券外还存在两笔一般借款：一笔于2×18年10月1日借入，本金为2 000万元，年利率为6%，期限为2年；另一笔于2×18年12月1日借入，本金为3 000万元，年利率为7%，期限为1年6个月。

（3）生产线建造工程于2×19年1月1日开工，采用外包方式进行，预计工期一年。有关建造支出情况如下：

2×19年1月1日，支付建造商1 000万元；

2×19年5月1日，支付建造商1 600万元；

2×19年8月1日，支付建造商2 800万元。

（4）2×19年9月1日，生产线建造工程因资金周转困难发生中断，工程于2×20年1月1日恢复建造，当日向建造商支付工程款1 200万元。建造工程于2×20年3月31日完成，并经有关部门验收，试生产出合格产品。

（5）甲公司将闲置专门借款资金投资固定收益理财产品，月收益率为0.5%。

其他资料：本题中不考虑所得税等相关税费以及其他因素。

（P/A，5%，3）=2.7 232，（P/A，6%，3）=2.6 730，（P/A，7%，3）=2.6 243

（P/F，5%，3）=0.8 638，（P/F，6%，3）=0.8 396，（P/F，7%，3）=0.8 163

要求：①确定甲公司生产线建造工程借款费用的资本化期间，并说明理由。

②计算甲公司发行公司债券的实际利率，并编制发行债券的会计分录。

③分别计算甲公司2×19年专门借款、一般借款利息应予资本化的金额，并对生产线建造工程进行会计处理。

④分别计算甲公司2×20年专门借款、一般借款利息应予资本化的金额，并对生产线建造工程进行会计处理，编制结转固定资产的会计分录。

第十九章

资产负债表

本章结构

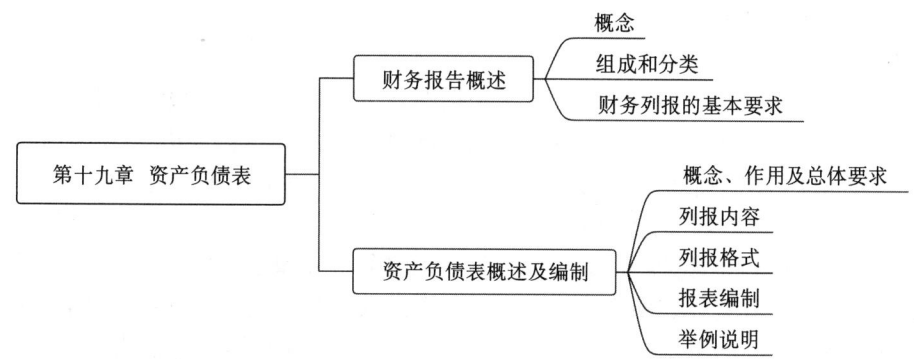

第一节 财务报告概述

一、财务报告的概念

财务会计报告,简称财务报告,是指企业对外提供的反映企业某一特定日期的财务状况和某一会计期间的经营成果、现金流量、股东权益变动等会计信息的文件。它包括以下三层含义:

(1) 财务报告是对外报告。财务报告的对象是企业财务报告使用者,包括投资者及潜在投资者、债权人、政府相关部门、供应商、经销商、企业员工、当地社区公众等企业外部利益相关者,区别于专门为内部管理需要而编制的管理会计报告。

(2) 财务报告应当按照规定的要求编制。财务报告是企业管理层与企业财务报告使用者进行沟通的媒介和桥梁。企业应当按照相关会计法规的规定编制并对外提供财务报告,确保财务报告提供的财务会计信息规范、正确。

(3) 财务报告是一整套全面系统的文件。财务报告的内容全面覆盖企业的生产经营活动及其相关情况。财务报告反映的财务会计信息是一套系统的信息,相关信息之间存在着内在的相互联系。

企业提供财务报告的目标,是为了向投资者及潜在投资者、债权人、政府相关部门、供应商、经销商、企业员工、当地社区公众等企业财务报告使用者提供反映企业某一特定日期的财务状况和某一会计期间的经营成果、现金流量、股东权益变动等财务会计信息，以如实反映企业管理层受托责任履行情况，并有助于企业财务报告使用者作出经济决策。

二、财务报告的组成和财务报表的分类

（一）财务报告的组成

财务报告包括财务报表和其他应当在财务报告中披露的相关信息和资料。财务报表是财务报告的核心内容。

财务报表是对企业财务状况、经营成果、现金流量和股东权益等的结构性表述。一套完整的财务报表应当包括四张报表及其附注，即"四表一注"，分别是资产负债表、利润表、现金流量表、所有者权益变动表及财务报表附注，这些组成部分具有同等的重要程度。

（二）财务报表的分类

1. 中期财务报表和年度财务报表

财务报表按照编报期间的不同，可分为中期财务报表和年度财务报表。中期财务报表是以短于一个完整会计年度的报告期间为基础编制的财务报表，包括月报、季报和半年报等种类。年度财务报表是以一个完整会计年度的报告期间为基础编制的财务报表。

2. 个别财务报表和合并财务报表

财务报表按照编报主体的不同，可以分为个别财务报表和合并财务报表。个别财务报表是以企业自身作为会计主体，由企业根据自身的会计核算结果编制而成的反映企业自身财务会计信息的财务报表。合并财务报表是以母公司和子公司组成的企业集团为会计主体，根据母公司和所属子公司的个别财务报表，由母公司编制的综合反映企业集团财务会计信息的财务报表。

三、财务报表列报的基本要求

（一）依据各项会计准则确认和计量的结果编制财务报表

财务报表是企业依据各项会计准则进行确认和计量的综合结果。企业应当依据各项会计准则确认和计量的结果编制财务报表，并且在附注中对这一情况作出声明。

（二）列报基础

一般情况下，企业应当按照持续经营的基本前提进行会计确认和计量。我国《企业会计准则第30号——财务报表列报》（以下简称"财务报表列报准则"）中的规定是以企业能够持续经营为列报基础的。如果企业出现了非持续经营的极端情况，如企业已经在当期进行清算或停止营业，或企业已经正式决定在下一个会计期间进行清算或停止营业，那么，企业应当采用其他基础编制财务报表，如对于资产采用可变现净值计量、对于负债按照预计结算金额计量等，并且在附注中对非持续经营的相关情况进行披露。企业是否持续经营的信息对财务报表的使用者而言非常重要。

（三）权责发生制编制基础

财务报表列报准则规定，除现金流量表按照收付实现制编制外，企业应当按照权责发生制编制其他财务报表。在采用权责发生制情况下，当有关项目符合财务报表要素的定义和确认标准时，企业就应当确认相应的资产、负债、所有者权益、收入和费用，并在财务报表中

加以反映。

(四) 列报的一致性

财务报表的列报应当在各个会计期间保持一致。其中，既包括项目名称的一致，也包括项目内容、项目排列顺序等方面的一致。财务报表的列报保持一致性，可以增强同一企业不同会计期间以及不同企业的财务报表之间的可比性。当然，当会计准则要求改变财务报表的列报项目，或者当企业经营业务的性质发生重大变化，改变财务报表的列报项目能够提供更加可靠、更加相关的会计信息时，企业也可以改变财务报表的列报项目。在这种情况下，企业应当对相应的情况进行附注说明。

(五) 依据重要性原则单独或汇总列报项目

企业日常财务会计核算涉及大量的交易或事项，由此形成的财务会计信息非常具体，种类也很多。这些财务会计信息在财务报表的相关项目中进行列报时，应当根据其重要性来列报。即对于重要的项目，应当在财务报表中单独列报；对于不重要的项目，则可与其他项目合并列报。所谓重要的项目，是指如果某项目的省略会影响报表使用者据此作出经济决策的项目。如果某项目的省略不会影响报表使用者据此作出经济决策，则该项目不具有重要性。一般来说，性质不同的项目，如存货和固定资产项目等，应当在财务报表中单独列报；性质相似的项目，如原材料和在产品项目，可以合并列报。企业在判断某个项目是否具有重要性时，应当根据所处的环境，从项目的性质和金额两个方面进行判断。但财务报表列报准则中规定应当单独列报的项目，以及其他具体会计准则中规定应当在财务报表中单独列报的项目，企业都应当在财务报表中单独列报。

(六) 财务报表项目金额间的相互抵销

财务报表项目的金额原则上不能相互抵销，应当进行单独列示。例如，企业的应收账款与应付账款不能进行抵销；企业的收入和费用应当在财务报表中单独列示，不能直接以抵销后的净额列示。对财务报表的有关项目分别进行单独列示，有利于全面完整地反映企业在各有关项目上的财务会计信息，提高财务报表的有用性。

但以下三种情况不属于相互抵销：一是一组类似交易形成的利得和损失。例如，为交易目的而持有的金融工具形成的利得和损失以净额列报。但如果相关的利得和损失具有重要性，则应当单独列报；二是有关资产的减值准备。计提减值准备的有关资产，应当按照计提减值准备后的净额列示。该净额反映资产的真实价值；三是非日常活动中产生的利得和损失。这类利得和损失应当按照同一交易中形成的收益扣减相应费用后的净额列示。例如，处置非流动资产形成的利得和损失，应当按照处置收入扣减资产账面余额和相关处置费用后的净额列示。这样处理更有利于财务报表使用者阅读和理解，也符合报表列示的重要性要求。

(七) 比较信息的列报

企业在列报当期财务报表时，至少应当提供所有列报项目上一可比会计期间的比较数据。如果财务报表的列报项目发生了改变，企业应当对上期比较数据按照当期的列报要求进行调整，并在附注中披露调整的具体情况。上期数据确实难以调整的，应当在附注中披露不能调整的原因。企业在当期财务报表中同时列报上一可比会计期间的比较数据，可以帮助报表使用者分析企业财务状况、经营成果和现金流量等的变化情况，从而有助于报表使用者进行判断并作出相应的经济决策。

(八) 财务报表表首的列报要求

财务报表一般分为表首和正表两部分。企业在财务报表的表首部分，应当明确地标明有关的基本信息。这些基本信息主要有：编报企业的名称、资产负债表所属的资产负债表日、利润表、现金流量表和所有者权益变动表所涵盖的会计期间、人民币金额单位等。

(九) 报告期间

企业至少应当编制年度财务报表。《会计法》规定，会计年度自公历1月1日起至12月31日止。企业在编制年度财务报表时，可能会存在年度财务报表的涵盖期间短于一年的情况。例如，企业在年度中间成立，如在6月1日成立，此时，企业编制的第一年度的财务报表，其涵盖期间短于一年。在这种情况下，企业应当披露当年度财务报表的实际涵盖期间及其短于一年的原因，并在第二年度编制比较财务报表时，说明前后两期财务报表不具有直接可比性这一事实。

第二节 资产负债表概述及编制

一、资产负债表的概念、作用及列报的总体要求

(一) 资产负债表的概念

资产负债表（balance sheet）是反映企业在某一特定日期财务状况的报表。根据"资产＝负债＋所有者权益"这一会计等式，按照一定的分类标准和次序，把企业在特定日期（如年末、半年末、季末以及月末）的资产、负债和所有者权益各项目予以适当排列，并对日常会计工作中形成的大量数据进行加工整理后编制而成。它提供了关于企业在某一特定日期的资产、负债和所有者权益及其相互关系的财务状况信息。

(二) 资产负债表的作用

资产负债表为财务报告使用者（包括投资者、债权人、政府及其有关部门和社会公众等）了解与分析企业财务状况、合理作出各自的经济决策，提供了重要的财务信息。其作用主要表现在以下几方面：

1. 反映企业拥有的经济资源及其分布情况

资产负债表把企业所拥有或控制的资产按经济性质、用途分成流动资产和非流动资产两大类，在各类别下又分成若干明细项目。这样，财务会计报告使用者可以一目了然地从报表上了解到企业在某一特定日期所拥有或控制的资产总量及其结构。

2. 反映企业的权益结构

所谓权益结构，又称资本结构，是指在企业的权益总额中负债和所有者权益（股东权益）的相对比例。企业资金的提供者，不外乎债权人和所有者（股东），相应地，企业的权益也由它们享有。资产负债表把企业的权益分成负债（债权人权益）和所有者权益两大类，同时，又把各种不同性质的负债分为流动负债和非流动负债；把所有者权益分为实收资本（股本）、资本公积、其他综合收益、盈余公积和未分配利润。这样，企业的资金来源及其构成情况可以在资产负债表中得到充分反映，可以为财务报告使用者解释、评价、预测企业的资本结构和长期偿债能力提供基本资料。

3. 反映企业的流动性和财务实力

所谓流动性，是指资产转化为现金的能力或负债到期清偿所需时间的长短。资产转化为现金越快或负债到期清偿所需时间越短，表明企业流动性越强。通过对资产负债表中的流动资产和流动负债的对比，可以帮助财务报告使用者解释、评价、预测企业的流动性和短期偿债能力。

所谓财务实力，是指企业运用其财务资源以适应环境变化的能力。企业的财务实力主要是由其资产结构和权益结构决定的。保持合理的资产和权益结构，既能使企业以较低的成本获得资金，又能维持企业应付突发事件和有利可图机会的能力（即增强企业的"财务弹性"或"财务适应性"）。资产负债表所展示的资产分布情形以及对资产的要求权，有助于评估企业的财务实力。

（三）资产负债表列报的总体要求

资产负债表是企业的主要财务报表（financial statement）之一，每一会计主体都必须按期编制资产负债表。企业在列报资产负债表时应符合以下总体要求：

1. 分类别列报

资产负债表列报应当如实反映企业在资产负债表日所拥有的资源、所承担的负债以及所有者拥有的权益。财务报表列报准则规定，资产负债表应当按照资产、负债和所有者权益三大类别分类列报。

2. 资产和负债按照流动性列报

财务报表列报准则规定，资产负债表上资产和负债应当按照流动性分别分为流动资产和非流动资产、流动负债和非流动负债列示。流动性，通常按照资产的变现或耗用时间长短或者负债的偿还时间长短来确定。企业应当先列报流动性强的资产和负债，再列报流动性弱的资产和负债。

3. 列报相关的合计、总计项目

资产负债表中的资产类至少应当列示流动资产和非流动资产的合计项目；负债类至少应当列示流动负债和非流动负债的合计项目；所有者权益类应当列示所有者权益的合计项目。但是，按照企业的经济性质列报"流动资产合计"、"非流动资产合计"、"流动负债合计"、"非流动负债合计"等项目不切实可行的，则无需列报这些项目。比如，金融企业等特殊行业的资产和负债按照流动性顺序列报的情况。此外，财务报表列报准则规定，资产负债表还应当分别列示资产总计项目、负债与所有者权益之和的总计项目。

二、资产负债表列报的内容

为了便于财务报告使用者充分理解和使用财务信息，财务报表上的信息必须按照一定的标准进行分类组合。一般而言，资产负债表列报的内容是由该报表的最终用途与会计信息的特征决定的。由于现行的资产负债表主要是用于反映企业的财务状况，因此财务报表列报准则规定，企业的资产负债表应该按资产、负债和所有者权益三大项目分类列报，其中资产和负债应按流动性列报、所有者权益应按来源和用途列报。但应注意的是，国际财务报告准则没有明显区分资产、负债和所有者权益三大项目，只是笼统地列了16个项目，而且也没有按流动性排列。

（一）资产项目的列报

企业的资产项目按流动性可分为流动资产项目和非流动资产项目，并在资产负债表中按流动性的强弱排列报告，流动性强的资产项目排在前面报告，流动性弱的资产项目排在后面报告。

1. 流动资产和非流动资产的划分

财务报表列报准则规定，企业的资产满足下列条件之一的，应当归类为流动资产（current assets）：

（1）预计在一个正常营业周期中变现、出售或耗用。这主要包括应收账款和存货等资产。变现一般针对应收账款、应收票据而言，需要将应收账款变为现金；出售一般针对商品、产品而言；耗用一般针对原材料等存货转变成另一种产成品形态。

（2）主要为交易目的而持有。比如，一些划分为交易性金融资产的股票、债券等。但是，并非所有交易性金融资产均为流动资产，如自资产负债表日起超过12个月到期且预期持有超过12个月的衍生工具应当划分为非流动资产。

（3）预计在自资产负债表日起一年内（含一年，下同）变现。

（4）自资产负债表日起一年内，用于交换其他资产或清偿负债的能力不受限制的现金或现金等价物。

除流动资产外的其他资产应归类为非流动资产。对于同时包含资产负债表日后一年内和一年之后预期将收回或清偿金额的资产和负债单列项目，财务报表列报准则还要求企业应当披露超过一年之后预期收回或清偿的金额。比如，金融企业资产负债表中的资产和负债项目中同时包含了资产负债表日后一年内和一年之后预期收回或清偿的金额，针对这些项目，企业应当在附注中披露资产负债表日后一年之后预期收回或清偿的金额。再如，房地产开发企业的正常营业周期通常长于一年，其已经开发完工和正在开发的房地产作为存货在资产负债表的流动资产部分列示，企业对于该项存货还应当在附注中披露资产负债表日后一年之后预期收回的金额。

2. 正常营业周期

正常营业周期（operating cycle）一般是指企业从购买用于加工的资产起至实现现金或现金等价物的期间。正常营业周期通常短于一年，在一年内有几个营业周期。但是，也存在正常营业周期长于一年的情况，如房地产开发企业开发用于出售的房地产开发产品，造船企业制造的用于对外出售的大型船只等，从购买原材料进入生产，到制造出产品出售并收回现金或现金等价物的过程，往往超过一年，在这种情况下，与生产周转相关的产成品、应收账款、原材料尽管往往超过一年才变现、出售或耗用，但仍应划分为流动资产。

正常营业周期不能确定时，企业应当以一年（12个月）作为正常营业周期。

3. 持有待售的非流动资产、处置组的列报

处置组是指在一项交易中作为整体通过出售或其他方式一并处置的一组资产以及在该交易中转让的与这些资产直接相关的负债。对于根据企业会计准则划分为持有待售的非流动资产（如固定资产、无形资产等）、处置组中的资产，财务报表列报准则规定，应当归类为流动资产；同时规定，被划分为持有待售的处置组中的与转让资产相关的负债应当归类为流动负债。二者不得相互抵销，应分别作为"持有待售资产"和"持有待售负债"在资产负债表中单独列报。

4. 资产类至少应单独列报的项目

在资产负债表中，资产类至少应单独列示反映下列信息的项目：货币资金、交易性金融资产、衍生金融资产、应收票据、应收账款、预付款项、其他应收款、存货、合同资产、持有待售资产、债权投资、其他债权投资、长期应收款、长期股权投资、其他权益工具投资、投资性房地产、固定资产、在建工程、无形资产、开发支出、商誉、长期待摊费用和递延所得税资产等。

（二）负债项目的列报

企业的负债项目按流动性可分为流动负债项目和非流动负债项目，并在资产负债表中按到期日的远近排列报告，到期日近的负债项目排在前面报告，到期日远的负债项目排在后面报告。

1. 流动负债和非流动负债的划分

流动负债的判断标准与流动资产的判断标准相类似。财务报表列报准则规定，企业的负债满足下列条件之一的，应当归类为流动负债（current liabilities）：（1）预计在一个正常营业周期中清偿；（2）主要为交易目的而持有；（3）自资产负债表日起一年内到期应予以清偿；（4）企业无权自主地将清偿推迟至资产负债表日后一年以上。

企业在应用流动负债的判断标准时，应当注意以下两点：第一，企业对资产和负债进行流动性分类时，应当采用相同的正常营业周期。第二，企业正常营业周期中的经营性负债项目即使在资产负债表日后超过一年才予以清偿的，仍应划分为流动负债。经营性负债项目包括应付账款、应付职工薪酬等，这些项目属于企业正常营业周期中使用的营运资金的一部分。

2. 资产负债表日后事项对流动负债与非流动负债划分的影响

流动负债与非流动负债的划分是否正确，直接影响到对企业短期和长期偿债能力的判断。企业在判断流动负债与非流动负债的划分时，对于资产负债表日后事项对流动负债与非流动负债划分的影响，需要特别加以考虑。总的判断原则是，企业在资产负债表上对债务的流动与非流动的划分，应当反映在资产负债表日有效的合同安排，考虑从资产负债表日起一年内企业是否必须无条件清偿，而资产负债表日之后（即使财务报告批准报出日前）的再融资、展期或提供宽限期等行为，与资产负债表日判断负债的流动性无关。

（1）资产负债表日起一年内到期的负债。

财务报表列报准则规定，对于从资产负债表日起一年内到期的负债，企业有意图且有能力自主地将清偿义务展期至资产负债表日后一年以上的，应当归类为非流动负债；不能自主地将清偿义务展期的，即使在资产负债表日后、财务报告批准报出日前签订了重新安排清偿计划协议，该项负债在资产负债表日仍应归类为流动负债。

（2）在资产负债表日或之前企业违反了长期借款协议。

财务报表列报准则规定，企业在资产负债表日或之前违反了长期借款协议，导致贷款人可随时要求清偿的负债，应当归类为流动负债。因为在这种情况下，债务清偿的主动权并不在企业，企业只能被动地无条件归还贷款，而且该事实在资产负债表日即已存在，所以该项负债应当作为流动负债列报。但是，如果贷款人在资产负债表日或之前同意提供在资产负债表日后一年以上的宽限期，企业能够在此期限内改正违约行为，且贷款人不要求随时清偿的，在资产负债表日的此项负债并不符合流动负债的判断标准，应当归类为非流动负债。

企业的其他长期负债存在类似情况的,应当比照上述有关规定进行处理。

3. 负债类至少应单独列报的项目

在资产负债表中,负债类至少应单独列示反映下列信息的项目:短期借款、交易性金融负债、衍生金融负债、应付票据、应付账款、预收款项、合同负债、应付职工薪酬、应交税费、其他应付款、持有待售负债、长期借款、应付债券、长期应付款、预计负债、递延收益和递延所得税负债等。

(三)所有者权益项目的列报

所有者权益(Owner's equity)是指企业资产扣除负债后由所有者享有的剩余权益。在以股份公司形式建立起来的现代企业,所有者权益就是股东权益。所有者权益的来源包括所有者投入的资本、直接计入所有者权益的利得和损失、留存收益等。从数量关系来看,所有者权益是根据特定程序计量的资产和负债相减后的结果,即企业资产总额扣除负债总额之后的净资产。因此它不同于资产和负债,所有者权益的期末计量不存在单独的计价标准。为了如实反映企业的各种净权益,有必要对它进行分类。一般来说,在公司中所有者权益的分类依据是其不同来源和特定用途。所有者权益项目按永久性由高到低排列,依次是实收资本、资本公积、其他综合收益、盈余公积和未分配利润。

在资产负债表中,所有者权益类至少应当单独列示反映下列信息的项目:实收资本(或股本)、其他权益工具、资本公积、其他综合收益、盈余公积和未分配利润等。在合并资产负债表中,还应当在所有者权益类单独列示少数股东权益项目。

三、资产负债表的格式

作为披露企业财务信息的书面文件,财务报表的格式应该在充分披露所有相关的重要事实的基础上尽可能简练与明晰。资产负债表的格式,目前国际上通行的主要有账户式和报告式两种。我国企业会计准则规定,企业资产负债表的格式应采用账户式。

(一)账户式资产负债表

账户式资产负债表,又称横式资产负债表,它依据"资产=负债+所有者权益"的会计平衡公式,采用账户形式列示各类项目,即在报表的左方列示资产类各项目数额,在报表的右方列示负债类和所有者权益类各项目数额,并使资产负债表左右两方的数额保持平衡关系。此外,为了便于使用者比较不同时点的资产负债表的数据,掌握企业财务状况的变动情况及发展趋势,资产负债表还就各项目再分为"年初余额"和"期末余额"两栏分别填列。

(二)报告式资产负债表

报告式资产负债表,又称竖式资产负债表,它是将资产、负债和所有者权益三类各项目,按照书写报告的形式自上而下列示。报告式资产负债表又分为三种不同的排列方法:(1)"资产=权益"报告式。这种格式先列示资产类各项目及其合计数,再列示负债类和所有者权益类各项目以及二者的合计数。(2)"资产-负债=所有者权益"报告式。这种格式先列示资产类和负债类各项目以及二者相减的数额,再列示所有者权益类各项目及其合计数,它突出了企业净资产的列示。(3)财务状况报告式。这种格式按照"流动资产-流动负债=营运资金,营运资金+非流动资产-非流动负债=所有者权益"的等式排列,它突出了营运资金的列示。

四、资产负债表的编制

资产负债表的编制,其实是以日常会计处理(初始确认)的数据和信息为基础进行再确认的过程。企业发生的大量交易和事项已经在会计账簿记录中予以确认,但初始确认的结果不等于原封不动地在报表中加以披露,这就存在一个再确认(甚至再计量)的问题。因此,资产负债表的编制,表面上看来似乎是一些会计技术上的处理问题,实际上这些日常会计信息在报表中如何恰当地披露,在很大程度上影响到对外公开的会计信息的质量。

(一) 资产负债表数据的主要来源

1. 资产负债表"年初余额"栏的数据来源

资产负债表的"年初余额"栏目各项目数字,应根据上年末资产负债表"期末余额"栏内所列数字填列。如果本年度资产负债表规定的各个项目的名称和内容同上年度不相一致,应对上年年末资产负债表各项目的名称和数字按照本年度的相关规定进行调整,填入到资产负债表的"年初余额"栏内。

2. 资产负债表"期末余额"栏的数据来源

资产负债表的"期末余额"栏目各项目数字,应根据资产、负债和所有者权益类科目的期末余额填列。一般而言,资产类报表项目的"期末余额"应根据资产类科目的期末借方余额填列,负债及所有者权益类报表项目的"期末余额"应根据负债类科目和所有者权益类科目的期末贷方余额填列。资产负债表中各项目"期末余额"的数据,主要通过以下几种方式取得:

(1) 根据总账科目余额直接或计算填列。资产负债表某些项目需要根据总账科目期末余额直接填列,如"其他权益工具投资"、"长期待摊费用"、"递延所得税资产"、"短期借款"、"持有待售负债"、"递延收益"、"递延所得税负债"、"实收资本(或股本)"、"资本公积"、"库存股"、"其他综合收益"、"盈余公积"等项目。资产负债表某些项目需要根据若干个总账科目的期末余额计算填列,如"货币资金"、"持有待售资产"、"长期股权投资"、"固定资产"、"在建工程"、"无形资产"、"生产性生物资产"、"油气资产"、"商誉"、"长期应付款"等项目。

(2) 根据明细账科目余额分析计算填列。资产负债表某些项目不能根据总账科目的期末余额直接填列,或若干个总账科目的期末余额计算填列,而是需要根据有关总账科目所属的相关明细账科目的期末余额计算填列,如"交易性金融资产"、"衍生金融资产"、"预付款项"、"开发支出"、"一年内到期的非流动资产"、"交易性金融负债"、"衍生金融负债"、"预收款项"、"应交税费"、"应付职工薪酬"、"预计负债"、"一年内到期的非流动负债"、"未分配利润"等项目。"应收账款"项目,应根据"应收账款"和"预收账款"科目所属的相关明细科目的期末借方余额合计数填列;"预付款项"项目,应根据"预付账款"和"应付账款"科目所属的相关明细科目的期末借方余额合计数填列;"应付账款"项目,应根据"应付账款"和"预付账款"科目所属的相关明细科目的期末贷方余额合计数填列;"预收款项"项目,应根据"预收账款"和相关应收款项类科目所属各明细科目的期末贷方余额合计数填列。

(3) 根据总账科目和明细账科目余额分析计算填列。资产负债表某些项目既不能根据有关总账科目的期末余额直接或计算填列,也不能根据有关明细账科目余额分析计算填列,而是需要根据相关总账科目和相关明细账科目余额分析计算填列,如"应收票据"、"应收账款"、"其他应收款"、"存货"、"其他流动资产"、"长期应收款"、"应付票据"、"应付账款"、"其他应付款"、"其他流动负债"、"长期借款"、"应付债券"等项目。

(4) 根据有关科目余额减去其备抵科目余额后的净额填列。如"持有待售资产"、"债权投资"、"长期股权投资"、"在建工程"、"商誉"等项目,应根据相关科目的期末余额填列,已计提减值准备的,还应扣减相应的减值准备。"固定资产"、"无形资产"、"投资性房地产"、"生产性生物资产"、"油气资产"等项目,应根据相关科目的期末余额扣减相关的累计折旧(或摊销、折耗)填列,已计提减值准备的,还应扣减相应的减值准备,但采用公允价值计量的上述资产,应根据相关科目的期末余额填列。

(二) 资产负债表各项目"期末余额"的填列

1. "货币资金"项目

反映资产负债表日企业持有的库存现金、银行存款和其他货币资金等总额。本项目应根据"库存现金"、"银行存款"、"其他货币资金"总账科目的期末余额合计填列。

2. "交易性金融资产"项目

反映资产负债表日企业分类为以公允价值计量且其变动计入当期损益的金融资产,以及企业持有的直接指定为以公允价值计量且其变动计入当期损益的金融资产的期末账面价值。本项目应根据"交易性金融资产"总账科目的相关明细账科目期末余额分析填列。自资产负债表日起超过一年到期且预期持有超过一年的以公允价值计量且其变动计入当期损益的非流动金融资产的期末账面价值,应在本表"其他非流动金融资产"项目填列。

3. "衍生金融资产"项目

反映资产负债表日企业持有的"衍生工具"、"套期工具"、"被套期项目"等衍生金融资产的价值。本项目应根据"衍生工具"、"套期工具"、"被套期项目"等总账科目所属明细账科目期末借方余额合计填列。

4. "应收票据"项目

反映资产负债表日以摊余成本计量的、企业因销售商品、提供服务等收到的商业汇票,包括银行承兑汇票和商业承兑汇票。本项目应根据"应收票据"科目的期末余额,减去"坏账准备"科目中相关坏账准备期末余额后的金额分析填列。已向银行贴现和已背书转让的银行承兑汇票不包括在本项目内,但已贴现的商业承兑汇票包括在本项目内且还应在财务会计报表附注中单独披露。

5. "应收账款"项目

反映资产负债表日以摊余成本计量的、企业因销售商品、提供服务等经营活动应收取的款项。该项目应根据"应收账款"总账科目所属各明细账科目的期末借方余额与"预收账款"总账科目所属各明细账科目的期末借方余额的合计数,减去"坏账准备"科目中相关坏账准备期末余额后的金额分析填列。"应收账款"总账科目所属明细账科目期末的贷方余额,不包括在本项目内,应在本表"预收款项"项目中填列。

6. "应收款项融资"项目

反映资产负债表日以公允价值计量且其变动计入其他综合收益的应收票据和应收账款等。本项目应根据"应收款项融资"总账科目的期末余额填列。

7. "预付款项"项目

反映企业按照购货合同的约定，提前支付给供应单位的款项。本项目应根据"预付账款"总账科目所属各明细账科目的期末借方余额与"应付账款"总账科目所属各明细账科目的期末借方余额合计数填列。但"预付账款"总账科目所属明细账科目期末的贷方余额，不包括在本项目内，应在本表"应付账款"项目中填列。

8. "其他应收款"项目

反映资产负债表日企业除应收票据、应收账款、预付账款以外的其他各种应收、暂付款，包括其他应收款、应收利息以及应收股利等。本项目应根据"应收利息"、"应收股利"和"其他应收款"科目的期末余额合计数，减去"坏账准备"科目中相关坏账准备期末余额后的金额填列。其中的"应收利息"仅反映相关金融工具已过付息期（即逾期）但于资产负债表日尚未收到的利息。基于实际利率法计提的金融工具的利息应包含在相应金融工具的账面余额中。

9. "存货"项目

反映资产负债表日企业持有的在日常活动以备出售的产成品或商品，处在生产过程中的在产品、半成品，在生产过程或提供劳务过程中耗用的材料和物料等。本项目应根据"在途物资"、"材料采购"、"原材料"、"发出商品"、"库存商品"、"周转材料"、"委托加工物资"、"生产成本"、"受托代销商品"等总账科目的期末余额及"合同履约成本"总账科目的相关明细账科目中初始确认时摊销期限不超过一年或一个正常营业周期的期末余额合计，减去"受托代销商品款"、"存货跌价准备"总账科目期末余额及"合同履约成本减值准备"总账科目中相应的期末余额之后的金额填列。材料采用计划成本核算，以及库存商品采用计划成本或售价核算的企业，还应按加或减材料成本差异、商品进销差价后的数额填列。

10. "合同资产"和"合同负债"项目

反映资产负债表日企业履行履约义务与客户付款之间产生的合同资产或合同负债。应分别根据"合同资产"、"合同负债"总账科目所属明细账科目期末余额分析填列，同一合同下的合同资产和合同负债应当以净额列示，其中净额为借方余额的，应当根据其流动性在"合同资产"或"其他非流动资产"项目中填列，已计提减值准备的，还应减去"合同资产减值准备"科目中相关的期末余额后的金额填列；其中净额为贷方余额的，应当根据其流动性在"合同负债"或"其他非流动负债"项目中填列。

11. "持有待售资产"项目

反映资产负债表日企业划分为持有待售类别的非流动资产及被划分为持有待售的处置组中的流动资产和非流动资产的期末账面价值，本项目应当根据"持有待售资产"总账科目期末余额，减去"持有待售资产减值准备"总账科目期末余额之后的金额填列。

12. "一年内到期的非流动资产"项目

通常反映预计自资产负债表日起一年内变现的非流动资产。本项目应根据"长期应收款"、"债权投资"、"其他债权投资"等总账科目中将于一年内到期的明细账科目的数额填列。对于按照相关会计准则采用折旧（或摊销、折耗）方法进行后续计量的固定资产、使用权资产、无形资产和长期待摊费用等非流动资产，折旧（或摊销、折耗）年限（或期限）只剩一年或不足一年的，或预计在一年内（含一年）进行折旧（或摊销、折耗）的部分，不得在本项目中反映,仍在各非流动资产项目中填列。

13. "债权投资"项目

反映资产负债表日企业以摊余成本计量的长期债权投资的期末账面价值。本项目应根据"债权投资"总账科目所属相关明细账科目期末余额,减去"债权投资减值准备"总账科目中相关减值准备的期末余额之后的金额分析填列。自资产负债表日起一年内到期的长期债权投资的期末账面价值,在"一年内到期的非流动资产"项目中填列。企业购入的以摊余成本计量的一年内到期的债权投资的期末账面价值,在"其他流动资产"项目中填列。

14. "其他债权投资"项目

反映资产负债表日企业分类为以公允价值计量且其变动计入其他综合收益的长期债权投资的期末账面价值。本项目应根据"其他债权投资"总账科目所属相关明细账科目期末余额分析填列。自资产负债表日起一年内到期的长期债权投资的期末账面价值,在"一年内到期的非流动资产"项目中填列。企业购入的以公允价值计量且其变动计入其他综合收益的一年内到期的债权投资的期末账面价值,在"其他流动资产"项目中填列。

15. "其他权益工具投资"项目

反映资产负债表日企业指定为以公允价值计量且其变动计入其他综合收益的非交易性权益工具投资的期末账面价值。本项目应根据"其他权益工具投资"总账科目的期末余额填列。

16. "固定资产"项目

反映资产负债表日企业持有的固定资产的期末账面价值和尚未清理完毕的固定资产清理净损益。本项目应根据"固定资产"总账科目期末余额,减去"累计折旧"和"固定资产减值准备"总账科目期末余额,加减"固定资产清理"总账科目期末余额之后的金额填列。折旧年限(或期限)只剩一年或不足一年的或者预计在一年内(含一年)进行折旧的部分,仍在本项目中列示,不转入"一年内到期的非流动资产"项目。

17. "在建工程"项目

反映资产负债表日企业持有的尚未达到预定使用状态的在建工程和为在建工程准备的工程物资的期末账面价值,本项目应根据"在建工程"和"工程物资"总账科目期末余额的合计数,减去"在建工程减值准备"和"工程物资减值准备"总账科目期末余额之后的金额填列。

18. "使用权资产"项目

反映资产负债表日承租人企业持有的使用权资产的期末账面价值。本项目应根据"使用权资产"科目的期末余额,减去"使用权资产累计折旧"和"使用权资产减值准备"科目的期末余额后的金额填列。

19. "长期待摊费用"项目

反映资产负债表日企业已经支出,但摊销期限在一年以上(不含一年)的各项费用。本项目应根据"长期待摊费用"总账科目的期末余额填列。长期待摊费用摊销年限(或期限)只剩一年或不足一年的,或者预计在一年内(含一年)进行摊销的部分,仍在本项目中列示,不转入"一年内到期的非流动资产"项目。

20. "长期应收款"项目

反映资产负债表日企业融资租赁产生的应收款项和采用递延方式分期收款、实质上具有融资性质的销售商品和提供劳务等经营活动产生的应收款项。本项目应根据"长期应收款"

总账科目期末余额，减去"未实现融资收益"总账科目期末余额和"坏账准备"总账科目所属相关明细账科目期末余额之后的金额填列。自资产负债表日起一年内到期的长期应收款的期末账面价值，在"一年内到期的非流动资产"项目中填列。

21. "开发支出"项目

反映资产负债表日企业开发无形资产过程中能够资本化形成无形资产成本的支出部分。本项目应根据"研发支出"总账科目中所属的"资本化支出"明细账科目期末余额填列。

22. "长期股权投资"、"投资性房地产"、"生产性生物资产"、"油气资产"、"无形资产"、"商誉"项目

反映资产负债表日企业持有的相应资产的账面价值。本项目应根据有关资产科目的期末余额扣减相应的累计折旧（折耗）、累计摊销、累计减值准备后的账面价值填列。折旧（或摊销、折耗）年限（或期限）只剩一年或不足一年的或者预计在一年内（含一年）进行折旧（或摊销、折耗）的部分，仍在本项目中列示，不转入"一年内到期的非流动资产"项目。

23. "其他非流动资产"项目

本项目应根据"合同取得成本"、"合同履约成本"、"应收退货成本"等科目分析填列。确认为资产的合同取得成本，应当根据"合同取得成本"总账科目所属明细账科目初始确认时摊销期限是否超过一年或一个正常营业周期，在"其他流动资产"或"其他非流动资产"项目中填列，已计提减值准备的，还应减去"合同取得成本减值准备"科目中相关的期末余额之后的金额填列；确认为资产的合同履约成本，应当根据"合同履约成本"总账科目所属明细账科目初始确认时摊销期限是否超过一年或一个正常营业周期，在"存货"或"其他非流动资产"项目中填列，已计提减值准备的，还应减去"合同履约成本减值准备"科目中相关的期末余额之后的金额填列；确认为资产的应收退货成本，应当根据"应收退货成本"总账科目是否在一年或一个正常营业周期内出售，在"其他流动资产"或"其他非流动资产"项目中填列。

24. "交易性金融负债"项目

反映资产负债表日企业承担的交易性金融负债，以及企业持有的直接指定为以公允价值计量且其变动计入当期损益的金融负债的期末账面价值。本项目应根据"交易性金融负债"总账科目的相关明细账科目期末余额填列。

25. "衍生金融负债"项目

反映资产负债表日企业持有的衍生工具、套期工具、被套期项目等衍生金融负债。本项目应根据"衍生工具"、"套期工具"、"被套期项目"等总账科目所属明细账科目期末贷方余额合计填列。

26. "应付票据"项目

反映资产负债表日以摊余成本计量的，企业因购买材料、商品和接受服务等开出、承兑的商业汇票，包括银行承兑汇票和商业承兑汇票。本项目应根据"应付票据"总账科目的期末余额填列。

27. "应付账款"项目

反映资产负债表日以摊余成本计量的，企业因购买材料、商品和接受服务等经营活动应支付的款项。本项目应根据"应付账款"和"预付账款"科目所属的相关明细账科目的期

末贷方余额合计数填列。"应付账款"总账科目所属明细账科目期末的借方余额，不包括在本项目内，应在本表"预付账款"项目中填列。

28."预收款项"项目

反映资产负债表日企业按照合同规定向购货单位预收的款项。本项目应根据"预收账款"和"应收账款"总账科目所属各明细账科目的期末贷方余额合计数填列。但"预收账款"总账科目所属明细账科目期末的借方余额，不包括在本项目内，应在本表"应收账款"项目中填列。

29."应交税费"项目

反映企业根据在一定时期内取得的营业收入、实现的利润等，按照现行税法规定，采用一定的计税方法计提的应交纳的各种税费。本项目应根据"应交税费"总账科目所属明细账科目的期末余额分析填列，其中的借方余额，应当根据其流动性在"其他流动资产"或"其他非流动资产"项目中填列。

30."其他应付款"项目

反映资产负债表日企业除应付职工薪酬、应交税费、应付票据、应付账款、预收账款以外的其他各种应付、暂收款，包括其他应付款、应付利息以及应付股利等。本项目根据"其他应付款"、"应付利息"、"应付股利"等总账科目的期末余额合计数填列。其中的"应付利息"仅反映相关金融工具已过付息期（即逾期）但于资产负债表日尚未支付的利息。基于实际利率法计提的金融工具的利息应包含在相应金融工具的账面余额中。

31."持有待售负债"项目

反映资产负债表日处置组中与划分为持有待售类别的资产直接相关的负债的期末账面价值。本项目应根据"持有待售负债"总账科目的期末余额填列。

32."一年内到期的非流动负债"项目

反映长期应付款、长期借款、应付债券等非流动负债中将于一年内（含一年）到期的部分。本项目应根据"长期应付款"、"长期借款"、"应付债券"等总账科目所属明细账科目期末余额中将于一年内到期的金额填列。但是，"递延收益"项目中摊销期限只剩一年或不足一年的，或预计在一年内（含一年）进行摊销的部分，不得在本项目中填列。

33."其他流动负债"项目

本项目应根据"预计负债"总账科目中的相关明细账科目期末余额分析填列。按照收入准则的相关规定，确认为预计负债的应付退货款，应当根据"预计负债"总账科目下的"应付退货款"明细账科目是否在一年或一个正常营业周期内清偿，在"其他流动负债"或"预计负债"项目中填列。

34."长期借款"和"应付债券"项目

反映企业期末尚未偿还的这两种长期负债的账面余额。本项目应根据"长期借款"、"应付债券"等总账科目期末余额，减去各自所属明细账科目期末余额中一年内（含一年）到期的长期借款和应付债券之后的金额填列。

35."租赁负债"项目

反映资产负债表日承租人企业尚未支付的租赁付款额的账面价值。本项目应根据"租赁负债"科目的期末余额填列。自资产负债表日起一年内到期应予以清偿的租赁负债的期末账面价值，在"一年内到期的非流动负债"项目中填列。

36. "长期应付款"项目

反映资产负债表日企业除长期借款、应付债券外的其他各种长期应付款项的账面价值。本项目应根据"长期应付款"总账科目期末余额，减去"未确认融资费用"总账科目期末余额和一年内（含一年）到期的长期应付款，加上"专项应付款"总账科目期末余额之后的金额填列。

37. "实收资本（或股本）"、"资本公积"、"库存股"、"其他综合收益"、"盈余公积"项目

反映资产负债表日企业持有的接受投资者投入企业的实收资本、企业收购的尚未转让或注销的本公司股份金额、企业发生的其他综合收益、从净利润中提取的盈余公积余额等。本项目应根据"实收资本（或股本）"、"资本公积"、"库存股"、"其他综合收益"、"盈余公积"总账科目的期末余额填列。

38. "其他权益工具"项目

反映资产负债表日企业发行在外的除普通股以外分类为权益工具的金融工具的账面价值。对于资产负债表日企业发行的金融工具，分类为金融负债的，应在"应付债券"项目填列，对于优先股和永续债，还应在"应付债券"项目下的"优先股"项目和"永续债"项目分别填列；分类为权益工具的，应在"其他权益工具"项目填列，对于优先股和永续债，还应在"其他权益工具"项目下的"优先股"项目和"永续债"项目分别填列。

39. "未分配利润"项目

反映企业尚未分配的利润或留待以后年度分配的利润。1—11月，本项目应根据"本年利润"总账科目和"利润分配"总账科目期末余额计算分析填列；年度终了12月，本项目应根据"利润分配"总账科目中的"未分配利润"明细账科目的余额直接填列。未弥补的亏损，在本项目内以"-"号填列。

另外，高危行业企业如有按国家规定提取的安全生产费的，应当在资产负债表所有者权益项目下"其他综合收益"项目和"盈余公积"项目之间增设"专项储备"项目，反映资产负债表日高危行业企业按国家规定提取的安全生产费的账面价值。该项目应根据"专项储备"科目的期末余额填列。

五、资产负债表编制举例说明

【例19-1】中海股份有限公司属于生产数控机床的高科技制造企业。2×20年12月31日和2×19年12月31日的科目余额表如表19-1和表19-2所示：

表19-1　　　　　　　　　　　　　　　科目余额表

2×20年12月31日　　　　　　　　　　　　　　　　　　　　单位：元

总账科目	明细科目	借方余额	贷方余额
库存现金		6 845	
银行存款		8 555 966	
其他货币资金		4 871 085	
	银行汇票存款	1 984 516	
	银行本票存款	180 411	
	存出投资款	2 706 158	

续表

总账科目	明细科目	借方余额	贷方余额
交易性金融资产		2 262 700	
	成本	2 121 281	
	公允价值变动	141 419	
衍生金融资产		58 000	
应收票据		58 500	
应收账款		254 369	11 460
	东方股份有限公司	92 578	
	黄山股份有限公司	25 569	
	江夏股份有限公司	60 837	
	中际股份有限公司	75 385	
	星海股份有限公司		11 460
其他应收款		57 253	
其中：应收股利		36 100	
应收利息			
坏账准备			6 559
其中：应收账款			3 306
其他应收款			3 253
预付账款		37 200	6 200
	长兴股份有限公司	37 200	
	兴盛股份有限公司		6 200
原材料		413 328	
材料采购		6 802	
材料成本差异			20 928
周转材料		9 052	
	包装物	4 155	
	低值易耗品	4 897	
委托加工物资		22 602	
发出商品		4 133	
库存商品		745 375	
	甲产品	573 365	
	乙产品	172 010	
生产成本		15 068	
存货跌价准备			34 531
债权投资		90 000	
	上海电力债券	60 000	
	中国重工债券	30 000	
债权投资减值准备			
长期股权投资		22 256 324	

续表

总账科目	明细科目	借方余额	贷方余额
	兴海股份	7 882 660	
	五凌公司	6 232 801	
	新发公司	8 140 863	
长期股权投资减值准备			498 624
其他权益工具投资		663 600	
其他非流动金融资产		144 100	
其他债权投资			
投资性房地产		10 000	
固定资产		602 959	
	生产用固定资产	350 152	
	管理用固定资产	204 359	
	融资租入固定资产	48 448	
累计折旧			52 959
在建工程		100 700	
	生产线工程	81 210	
	机房工程	19 490	
工程物资			
固定资产清理			
固定资产减值准备			
无形资产		544 513	
	专利权	460 358	
	商标权	84 155	
开发支出		14 000	
累计摊销			144 513
长期待摊费用			
递延所得税资产		11 000	
短期借款			4 159 000
衍生金融负债			320 000
应付票据			31 000
应付账款		16 661	230 661
	明际股份有限公司		120 329
	上华股份有限公司		110 332
	金鑫股份有限公司	16 661	
预收账款			90 000
	东海股份有限公司		70 000
	宏达股份有限公司		20 000
合同负债			30 540

续表

总账科目	明细科目	借方余额	贷方余额
应付职工薪酬			97 000
	工资		3 698
	职工福利		21 661
	五险一金		71 641
应交税费			123 000
其他应付款			9 879 000
其中：应付股利			14 000
应付利息			
一年内到期的非流动负债			694 000
长期借款			1 798 000
	工商银行		1 112 012
	建设银行		685 988
应付债券			
	三年期债券		
	可转换公司债券		
长期应付款			
预计负债			238 000
递延收益			10 000
递延所得税负债			
股本			8 478 000
资本公积			5 762 000
减：库存股			713 000
其他综合收益			380 260
盈余公积			2 862 000
未分配利润			6 586 900
合计		41 832 135	41 832 135

表 19-2　　　　　　　　　　　科目余额表

2×19 年 12 月 31 日　　　　　　　　　　　　　　　　单位：元

总账科目	明细科目	借方余额	贷方余额
库存现金		6 400	
银行存款		7 999 498	
其他货币资金		4 554 272	
	银行汇票存款	1 855 444	
	银行本票存款	168 677	
	存出投资款	2 530 151	

续表

总账科目	明细科目	借方余额	贷方余额
交易性金融资产		636 000	
	成本	596 250	
	公允价值变动	39 750	
衍生金融资产		17 000	
应收票据		45 400	
应收账款		1 149 752	51 809
	东方股份有限公司	418 454	
	黄山股份有限公司	115 573	
	江夏股份有限公司	274 984	
	中际股份有限公司	340 741	
	星海股份有限公司		51 809
其他应收款		90 121	
其中：应收股利			
应收利息			
坏账准备			20 065
其中：应收账款			14 944
其他应收款			5 121
预付账款		2 520	420
	长兴股份有限公司	2 520	
	兴盛股份有限公司		420
原材料		751 435	
材料采购		12 365	
材料成本差异			38 047
周转材料		16 456	
	包装物	7 554	
	低值易耗品	8 902	
委托加工物资		41 091	
发出商品		7 514	
库存商品		1 355 101	
	甲产品	1 042 385	
	乙产品	312 716	
生产成本		27 394	
存货跌价准备			62 778
债权投资			
	上海电力债券		
	中国重工债券		

续表

总账科目	明细科目	借方余额	贷方余额
债权投资减值准备			
长期股权投资		14 219 571	
	兴海股份	5 036 234	
	五凌公司	3 982 138	
	新发公司	5 201 199	
长期股权投资减值准备			318 571
其他权益工具投资		721 000	
其他非流动金融资产		134 000	
其他债权投资			
投资性房地产		11 000	
固定资产		567 877	
	生产用固定资产	329 779	
	管理用固定资产	192 469	
	融资租入固定资产	45 629	
累计折旧			49 878
在建工程		300 300	
	生产线工程	242 177	
	机房工程	58 123	
工程物资			
固定资产清理			
固定资产减值准备			
无形资产		409 066	
	专利权	345 844	
	商标权	63 222	
开发支出		10 000	
累计摊销			108 566
长期待摊费用			
递延所得税资产			
短期借款			4 504 000
衍生金融负债			
应付票据			12 000
应付账款		9 810	135 810
	明际股份有限公司		70 848
	上华股份有限公司		64 962
	金鑫股份有限公司	9 810	
预收账款		9 118	24 118

续表

总账科目	明细科目	借方余额	贷方余额
	东海股份有限公司		24 118
	宏达股份有限公司	9 118	
合同负债			
应付职工薪酬			71 999
	工资		2 745
	职工福利		16 078
	五险一金		53 176
应交税费			138 000
其他应付款			263 000
其中：应付股利			26 000
应付利息			
一年内到期的非流动负债			1 205 000
长期借款			490 000
	工商银行		303 051
	建设银行		186 949
应付债券			
	三年期债券		
	可转换公司债券		
长期应付款			20 000
预计负债			201 000
递延收益			11 000
递延所得税负债			
股本			8 478 000
资本公积			5 592 000
减：库存股			839 000
其他综合收益			570 400
盈余公积			2 725 600
未分配利润			8 851 000
合计		33 104 061	33 104 061

2×20年12月31日，中海股份有限公司根据相关资料编制资产负债表，如表19-3所示。

表19-3　　　　　　　　　　资产负债表　　　　　　　　　　会企01表

编制单位：中海股份有限公司　　　2×20年12月31日　　　　　　单位：元

项目	2×20年12月31日	2×19年12月31日
流动资产：		
货币资金	13 433 896	12 560 170

续表

项目	2×20年12月31日	2×19年12月31日
交易性金融资产	2 262 700	636 000
衍生金融资产	58 000	17 000
应收票据	58 500	45 400
应收账款	251 063	1 143 926
应收款项融资		
预付款项	53 861	12 330
其他应收款	54 000	85 000
其中：应收利息		
应收股利	36 100	
存货	1 160 901	2 110 531
其中：数据资源		
合同资产		
持有待售资产		
一年内到期的非流动资产		
其他流动资产		
流动资产合计	17 332 921	16 610 357
非流动资产：		
债权投资	90 000	
其他债权投资		
长期应收款		
长期股权投资	21 757 700	13 901 000
其他权益工具投资	663 600	721 000
其他非流动金融资产	144 100	134 000
投资性房地产	10 000	11 000
固定资产	550 000	517 999
在建工程	100 700	300 300
生产性生物资产		
油气资产		
使用权资产		
无形资产	400 000	300 500
其中：数据资源		
开发支出	14 000	10 000
其中：数据资源		
商誉		
长期待摊费用		
递延所得税资产	11 000	
其他非流动资产		
非流动资产合计	23 741 100	15 895 799
资产总计	41 074 021	32 506 156

续表

项目	2×20年12月31日	2×19年12月31日
流动负债:		
短期借款	4 159 000	4 504 000
交易性金融负债		
衍生金融负债	320 000	
应付票据	31 000	12 000
应付账款	236 861	136 230
预收款项	101 460	75 927
合同负债	30 540	
应付职工薪酬	97 000	71 999
应交税费	123 000	138 000
其他应付款	9 879 000	263 000
其中:应付利息		
应付股利	14 000	26 000
持有待售负债		
一年内到期的非流动负债	694 000	1 205 000
其他流动负债		
流动负债合计	15 671 861	6 406 156
非流动负债:		
长期借款	1 798 000	490 000
应付债券		
其中:优先股		
永续债		
租赁负债		
长期应付款		20 000
预计负债	238 000	201 000
递延收益	10 000	11 000
递延所得税负债		
其他非流动负债		
非流动负债合计	2 046 000	722 000
负债合计	17 717 861	7 128 156
所有者权益(或股东权益):		
实收资本(或股本)	8 478 000	8 478 000
其他权益工具		
其中:优先股		
永续债		
资本公积	5 762 000	5 592 000

续表

项目	2×20年12月31日	2×19年12月31日
减：库存股	713 000	839 000
其他综合收益	380 260	570 400
专项储备		
盈余公积	2 862 000	2 725 600
未分配利润	6 586 900	8 851 000
所有者权益（或股东权益）合计	23 356 160	25 378 000
负债和所有者权益（或股东权益）总计	41 074 021	32 506 156

思考题

1. 阐述财务报告的作用。
2. 什么是资产负债表？资产负债表能提供哪些信息？

练习题

1. 甲公司为从事国家重点扶持的公共基础设施建设项目的公司，根据税法规定，2×24年度免交企业所得税。甲公司2×24年度发生的有关交易或事项如下：

（1）以盈余公积转增资本5 500万元；
（2）向股东分配股票股利4 500万元；
（3）接受控股股东的现金捐赠350万元；
（4）外币报表折算差额本年增加70万元；
（5）因自然灾害发生固定资产净损失1 200万元；
（6）因会计政策变更调减年初留存收益560万元；
（7）持有的以公允价值计量且其变动计入当期损益的金融资产本年公允价值上升60万元；
（8）因处置联营企业股权相应结转原因其他权益工具投资公允价值变动计入其他综合收益贷方的金额50万元；
（9）以摊余成本计量的金融资产转回预期损失准备180万元。

要求：计算上述交易或事项对甲公司2×24年12月31日所有者权益总额的影响额。

2. 2×24年1月1日，甲公司与乙公司签订一项商品购销合同，乙公司向甲公司销售一台大型机器设备，设备于当日发出。合同约定，乙公司采用分期收款方式销售商品。该设备价款共计900万元，分6期平均支付，首期款项150万元于2×24年1月1日支付，其余款项在2×24年至2×28年的5年期间平均支付，每年的付款日期为当年12月31日。假定不考虑增值税等因素的影响。乙公司按照合同约定如期收到了款项。假定实际年利率为10%，$(P/A, 10\%, 5) = 3.7908$。

要求：计算2×24年12月31日乙公司资产负债表中"长期应收款"项目列报的金额。

第二十章 利润表

本章结构

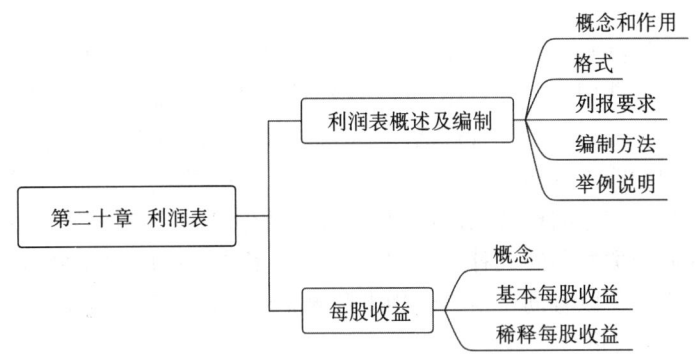

第一节 利润表概述及编制

一、利润表的概念与作用

利润表，又称收益表或损益表。利润表是反映企业在一定会计期间的经营成果的会计报表，反映了企业经营业绩的主要来源和构成。它反映的经营成果包括企业一定会计期间的收入与费用相配比形成的净收益，以及直接计入当期利润的利得和损失等。

利润表主要提供有关企业经营成果方面的信息，通过利润表，可以反映企业在一定会计期间的收入实现情况、费用耗费情况以及除生产经营活动之外所取得的各种利得和损失。

二、利润表的格式

利润表是根据"利润＝收入－费用"的基本关系而编制的。我国企业会计准则规定，利润表的格式应采用多步式。

多步式利润表是通过对企业当期的收入、费用、支出项目按性质加以归类，按利润形成的主要环节列示一些中间性利润指标，分步反映本期净利润的计算过程。多步式利润表提供了不同业务的盈亏状况，反映了各部分利润的主要构成要素，由此可以了解不同构成要素对各部分利润的影响和贡献的大小，从而了解企业利润的主要取得途径，并通过不同期间相同构成要素的比较，可以判断各利润构成要素的变化对利润总额变化的影响程度。而且多步式利润表有助于不同企业或同一企业不同时期相应项目的比较分析，便于使用者理解企业经营成果的不同来源。根据财务报表列报准则的规定，多步式利润表还就各项目再分为"本期金额"和"上期金额"两栏分别填列，以便报表使用者通过比较不同期间利润表的数据，判断企业经营成果的未来发展趋势。多步式利润表的内容与格式如表20-3所示。

三、利润表报表项目的列报要求

（一）收入列报

财务报表列报准则规定，收入不再区分主营业务收入和其他业务收入，全部归类于营业收入。由于现代企业多种经营的发展使得主营业务与其他业务的差别并不明显，因此将两者合并列作营业收入。

（二）费用列报

我国财务报表列报准则规定，企业在利润表中应当对费用按照功能分类，分为从事经营业务发生的成本、管理费用、销售费用和财务费用等。例如，制造业和商业企业，其经营活动可划分为生产活动、销售活动、管理活动、筹资活动和投资活动等。企业发生在每一种活动上的费用所发挥的功能并不相同，按功能分类列报，既有助于使用者了解费用发生的活动领域，也符合我国会计实务的传统做法和习惯。同时财务报表列报准则还规定，企业在附注中披露费用按照性质分类的利润表补充资料，可将费用分为耗用的原材料、职工薪酬费用、折旧费用、摊销费用等，以有助于报表使用者预测企业的未来现金流量。

（三）综合收益的列报

综合收益，是指企业在某一期间除与所有者以其所有者身份进行的交易之外的其他交易或事项所引起的所有者权益变动。综合收益总额项目反映净利润和其他综合收益扣除所得税影响后的净额相加后的合计金额。其他综合收益，是指企业根据相关会计准则规定未在当期损益中确认的各项利得和损失。财务报表列报准则规定，企业应当以扣除相关所得税后的净额在利润表上单独列示各项其他综合收益项目，并且其他综合收益项目应当根据其他相关会计准则的规定分为下列两类列报：

1. 不能重分类进损益的其他综合收益
（1）重新计量设定受益计划的变动额。
（2）权益法下不能转损益的其他综合收益。
（3）其他权益工具投资公允价值变动。
（4）企业自身信用风险公允价值变动。
2. 将重分类进损益的其他综合收益
（1）权益法下可转损益的其他综合收益。
（2）其他债权投资公允价值变动。
（3）金融资产重分类计入其他综合收益的金额。
（4）其他债权投资信用减值准备。
（5）现金流量套期储备。

（四）列报项目

财务报表列报准则规定，利润表中至少应当单独列示反映下列信息的项目：营业收入、营业成本、税金及附加、管理费用、销售费用、财务费用、投资收益、公允价值变动损益、资产减值损失、资产处置损益、所得税费用、净利润、其他综合收益各项目分别扣除所得税影响后的净额、综合收益总额。

四、利润表的编制

（一）利润表"上期金额"栏内各项数字的填列

本年度利润表的"上期金额"栏各项数字，应当根据上年同期利润表"本期金额"栏内所列数字填列。如果企业上年该期利润表规定的项目的名称和内容与本期不一致，应当对上年该期利润表相关项目的名称和金额按照本期的规定进行调整，填入"上期金额"栏。

（二）利润表"本期金额"栏内各项数字的填列

本年度利润表的"本期金额"栏各项数字，应当根据本期损益类科目和所有者权益类有关科目的发生额填列，具体如下：

1. "营业收入"项目

反映企业经营主要业务和其他业务所确认的收入总额。本项目应根据"主营业务收入"和"其他业务收入"科目的本期发生额的合计数分析填列。

2. "营业成本"项目

反映企业经营主要业务和其他业务发生的实际成本总额。本项目应根据"主营业务成本"和"其他业务成本"科目的本期发生额的合计数分析填列。

3. "税金及附加"项目

反映企业经营业务应负担的消费税、房产税、印花税、车船税、土地使用税、城市维护建设税、资源税、土地增值税和教育费附加等。本项目应根据"税金及附加"科目的本期发生额分析填列。

4. "销售费用"项目

反映企业在销售商品过程中发生的包装费、广告费等费用和为销售本企业商品而专设的销售机构的职工薪酬、业务费等经营费用。本项目应根据"销售费用"科目的本期发生额分析填列。

5. "管理费用"项目

反映企业为组织和管理生产经营发生的管理费用。本项目应根据"管理费用"科目的本期发生额分析填列，但不包括"管理费用"科目下的"研发费用"、"无形资产摊销"明细科目的发生额。

6. "研发费用"项目

反映企业进行研究与开发过程中发生的费用化支出，以及计入管理费用的自行开发无形资产的摊销。本项目应根据"管理费用"科目下的"研发费用"明细科目的发生额，以及"管理费用"科目下的"无形资产摊销"明细科目的发生额分析填列。

7. "财务费用"项目

反映企业筹集生产经营所需资金等而发生的筹资费用。本项目应根据"财务费用"科目的本期发生额分析填列。

"财务费用"项目下的"利息费用"项目，反映企业为筹集生产经营所需资金等而发生的应予费用化的利息支出。本项目应根据"财务费用"科目的相关明细科目的发生额分析填列。该项目作为"财务费用"项目的分项,以正数填列。

"财务费用"项目下的"利息收入"项目,反映企业按照相关会计准则确认的应冲减财务费用的利息收入。本项目应根据"财务费用"科目的相关明细科目的发生额分析填列。该项目作为"财务费用"项目的分项,以正数填列。

8. "其他收益"项目

反映企业计入其他收益的政府补助,以及其他与日常活动相关且计入其他收益的项目。该项目应根据"其他收益"科目的发生额分析填列。企业作为个人所得税的扣缴义务人,根据《中华人民共和国个人所得税法》收到的扣缴税款手续费,应作为其他与日常活动相关的收益在该项目中填列。

9. "投资收益"项目

反映企业以各种方式对外投资所取得的收益。本项目应根据"投资收益"科目借贷方发生额的净额填列,如为净损失,以"-"号填列。

"投资收益"项目下的"以摊余成本计量的金融资产终止确认收益"项目,反映企业因转让等情形导致终止确认以摊余成本计量的金融资产而产生的利得或损失。该项目应根据"投资收益"科目的相关明细科目的发生额分析填列;如为损失,以"-"号填列。

10. "净敞口套期收益"项目

反映净敞口套期下被套期项目累计公允价值变动转入当期损益的金额或现金流量套期储备转入当期损益的金额。本项目应根据"净敞口套期损益"科目的发生额分析填列;如为套期损失,以"-"号填列。

11. "公允价值变动收益"项目

反映企业按照相关准则规定应当计入当期损益的资产或负债公允价值变动净收益,如交易性金融资产当期公允价值的变动额。本项目应根据"公允价值变动损益"科目的本期借贷方发生额净额分析填列。如为净损失,以"-"号填列。

12. "信用减值损失"和"资产减值损失"项目

反映企业相关资产发生的减值损失,应根据"信用减值损失"、"资产减值损失"科目的本期发生额分析填列。

13. "资产处置收益"项目

反映企业出售划分为持有待售的非流动资产(金融工具、长期股权投资和投资性房地产除外)或处置组(子公司和业务除外)时确认的处置利得或损失,以及处置未划分为持有待售的固定资产、在建工程、生产性生物资产及无形资产而产生的处置利得或损失。债务重组中因处置非流动资产产生的利得或损失和非货币性资产交换中换出非流动资产产生的利得或损失也包括在本项目内。本项目应根据"资产处置损益"科目的发生额分析填列,如为处置损失,以"-"号填列。

14. "营业外收入"项目

反映企业发生的除营业利润以外的收益,主要包括与企业日常活动无关的政府补助、盘盈利得、捐赠利得(企业接受股东或股东的子公司直接或间接的捐赠,经济实质属于股东对企业的资本性投入的除外)等。本项目应根据"营业外收入"科目的发生额分析填列。

15. "营业外支出"项目

反映企业发生的除营业利润以外的支出,主要包括公益性捐赠支出、非常损失、盘亏损失、非流动资产毁损报废损失等。本项目应根据"营业外支出"科目的发生额分析填列。非流动资产毁损报废损失，通常包括因自然灾害发生毁损、已丧失使用功能等原因而报废清理产生的损失。企业在不同交易中形成的非流动资产毁损报废利得和损失不得相互抵销，应分别在"营业外收入"项目和"营业外支出"项目进行填列。

16. "所得税费用"项目

反映企业根据所得税准则确认的应计入当期损益的所得税费用。本项目应根据"所得税费用"科目的本期发生额分析填列。

17. "其他综合收益的税后净额"项目

本项目及其各组成部分，应根据"其他综合收益"科目及其所属明细科目的本期发生额分析填列。

18. "营业利润"、"利润总额"、"净利润"、"综合收益总额"项目

分别反映企业实现的营业利润、利润总额、净利润和综合收益总额，应根据利润表中相关项目计算分析填列。净利润中的"持续经营净利润"和"终止经营净利润"项目，分别反映净利润中与持续经营相关的净利润和与终止经营相关的净利润；如为净亏损，以"－"号填列。该两个项目应按照《企业会计准则第42号——持有待售的非流动资产、处置组和终止经营》的相关规定分别列报。

19. "其他权益工具投资公允价值变动"项目

反映企业指定为以公允价值计量且其变动计入其他综合收益的非交易性权益工具投资发生的公允价值变动。本项目应根据"其他综合收益"科目的相关明细科目的发生额分析填列。

20. "企业自身信用风险公允价值变动"项目

反映企业指定为以公允价值计量且其变动计入当期损益的金融负债，由企业自身信用风险变动引起的公允价值变动而计入其他综合收益的金额。本项目应根据"其他综合收益"科目的相关明细科目的发生额分析填列。

21. "其他债权投资公允价值变动"项目

反映企业分类为以公允价值计量且其变动计入其他综合收益的债权投资发生的公允价值变动。企业将一项以公允价值计量且其变动计入其他综合收益的金融资产重分类为以摊余成本计量的金融资产，或重分类为以公允价值计量且其变动计入当期损益的金融资产时，之前计入其他综合收益的累计利得或损失从其他综合收益中转出的金额作为本项目的减项。本项目应根据"其他综合收益"科目下的相关明细科目的发生额分析填列。

22. "金融资产重分类计入其他综合收益的金额"项目

反映企业将一项以摊余成本计量的金融资产重分类为以公允价值计量且其变动计入其他综合收益的金融资产时，计入其他综合收益的原账面价值与公允价值之间的差额。本项目应根据"其他综合收益"科目下的相关明细科目的发生额分析填列。

23. "其他债权投资信用减值准备"项目，反映企业分类为以公允价值计量且其变动计入其他综合收益的金融资产的损失准备。本项目应根据"其他综合收益"科目下的"信用减值准备"明细科目的发生额分析填列。

24. "现金流量套期储备"项目

反映企业套期工具产生的利得或损失中属于套期有效的部分。本项目应根据"其他综

合收益"科目下的"套期储备"明细科目的发生额分析填列。

25. "基本每股收益"和"稀释每股收益"项目

对于普通股或潜在普通股已公开交易的企业以及正处于公开发行普通股或潜在普通股过程中的企业,如果不存在稀释性潜在普通股则应当在利润表中单独列示基本每股收益;如果存在稀释性潜在普通股则应当在利润表中单独列示基本每股收益和稀释每股收益。本项目应当根据每股收益准则的规定计算的金额填列,基本每股收益和稀释每股收益的计算详见本章第二节。

五、利润表编制举例说明

【例 20-1】中海公司 2×19 年 1—12 月和 2×20 年 1—12 月有关利润表项目的本期发生额分别如表 20-1 和表 20-2 所示:

表 20-1 中海公司 2×19 年 1—12 月利润表本期发生额 单位:元

账户	本期发生额
主营业务收入	3 294 000
主营业务成本	3 221 100
销售费用	54 000
管理费用(不含"研发费用"和"无形资产摊销"两个明细账户)	359 800
管理费用——研发费用	
管理费用——无形资产摊销	
财务费用	322 800
其中:利息费用	322 800
利息收入	
其他业务收入	366 000
其他业务成本	357 900
投资收益	888 900
公允价值变动损益	10 606
资产减值损失	-2 759
信用减值损失	-155 590
税金及附加	11 000
所得税费用	7 530
资产处置损益	-700
营业外收入	3 669
营业外支出	43 226
其他综合收益	299 200
其中:其他权益工具投资公允价值变动	279 900
其他债权投资公允价值变动	19 300

表 20 - 2 中海公司 2×20 年 1—12 月利润表本期发生额 单位：元

账户	本期发生额
主营业务收入	5 713 200
主营业务成本	5 520 960
销售费用	61 850
管理费用（不含"研发费用"和"无形资产摊销"两个明细账户）	368 400
管理费用——研发费用	39 500
管理费用——无形资产摊销	
财务费用	318 500
其中：利息费用	318 500
利息收入	
其他业务收入	634 800
其他业务成本	613 440
投资收益	2 420 000
公允价值变动损益	-231 000
资产减值损失	-3 800
信用减值损失	-47 000
税金及附加	12 000
所得税费用	289 900
资产处置损益	-600
营业外收入	1 500
营业外支出	71 200
其他综合收益	-154 452
其中：其他权益工具投资公允价值变动	-158 000
其他债权投资公允价值变动	3 548

2×20 年 12 月 31 日，中海公司根据相关资料编制的本月利润表如表 20 - 3 所示：

表 20 - 3　　　　　　　　　　利润表　　　　　　　　　　会企 02 表
编制单位：中海公司　　　　　　2×20 年 1—12 月　　　　　　　　单位：元

项目	2×20 年度	2×19 年度
一、营业收入	6 348 000	3 660 000
减：营业成本	6 134 400	3 579 000
税金及附加	12 000	11 000
销售费用	61 850	54 000
管理费用	368 400	359 800
研发费用	39 500	
财务费用	318 500	322 800
其中：利息费用	318 500	322 800
利息收入		

续表

项目	2×20 年度	2×19 年度
加：其他收益		
投资收益（损失以"-"号填列）	2 420 000	888 900
其中：对联营企业和合营企业的投资收益		
以摊余成本计量的金融资产终止确认收益（损失以"-"号填列）		
净敞口套期收益（损失以"-"号填列）		
公允价值变动收益（损失以"-"号填列）	-231 000	10 606
信用减值损失（损失以"-"号填列）	-47 000	-155 590
资产减值损失（损失以"-"号填列）	-3 800	-2 759
资产处置收益（损失以"-"号填列）	-600	-700
二、营业利润（亏损以"-"号填列）	1 550 950	73 857
加：营业外收入	1 500	3 669
减：营业外支出	71 200	43 226
三、利润总额（亏损总额以"-"号填列）	1 481 250	34 300
减：所得税费用	289 900	7 530
四、净利润（净亏损以"-"号填列）	1 191 350	26 770
（一）持续经营净利润（净亏损以"-"号填列）		
（二）终止经营净利润（净亏损以"-"号填列）		
五、其他综合收益的税后净额	-154 452	299 200
（一）不能重分类进损益的其他综合收益	-158 000	279 900
1. 重新计量设定受益计划变动额		
2. 权益法下不能转损益的其他综合收益		
3. 其他权益工具投资公允价值变动	-158 000	279 900
4. 企业自身信用风险公允价值变动		
（二）将重分类进损益的其他综合收益	3 548	19 300
1. 权益法下可转损益的其他综合收益		
2. 其他债权投资公允价值变动	3 548	19 300
3. 金融资产重分类计入其他综合收益的金额		
4. 其他债权投资信用减值准备		
5. 现金流量套期储备		
6. 外币财务报表折算差额		
7. 其他		
六、综合收益总额	1 036 898	325 970
七、每股收益		
（一）基本每股收益（元/股）		
（二）稀释每股收益（元/股）		

第二节 每股收益

一、每股收益的概念

每股收益（earningsper share），是反映企业普通股股东每持有 1 股普通股所能享有的企业净利润或需承担的企业净亏损。每股收益是用于反映企业的经营成果，衡量普通股的获利水平及投资风险，是投资者、债权人等信息使用者据以评价企业盈利能力、预测企业成长潜力、进而作出相关经济决策的一项重要的财务指标。

每股收益包括基本每股收益和稀释每股收益两类。基本每股收益仅考虑当期实际发行在外的普通股股份，而稀释每股收益的计算和列报主要是为了避免每股收益虚增可能带来的信息误导。例如，一家公司发行可转换公司债券融资，由于转换选择权的存在，这些可转换债券的利率低于正常同等条件下普通债券的利率，从而降低了融资成本，在经营业绩和其他条件不变的情况下，相对提高了基本每股收益金额。要求考虑可转换公司债券的影响计算和列报稀释每股收益，就是为了能够提供一个更可比、更有用的财务指标。

普通股或潜在普通股已公开交易的企业，以及正处于公开发行普通股或潜在普通股过程中的企业，应当计算每股收益指标，在招股说明书、年度财务报告、中期财务报告等公开披露信息予以列报。按照企业会计准则规定，企业应当在利润表中单独列示基本每股收益和稀释每股收益。

二、基本每股收益

基本每股收益（basic earningsper share）是在只考虑当期实际发行在外的普通股股份的情况下，按照归属于普通股股东（common stockholder）的当期净利润除以发行在外普通股的加权平均数计算的比值。

（一）归属于普通股股东的当期净利润

归属于普通股股东的当期净利润，即企业当期实现的可供普通股股东分配的净利润或应由普通股股东分担的净亏损金额。发生亏损的企业，每股收益以负数列示。以合并财务报表为基础计算的每股收益，分子应当是归属于母公司普通股股东的当期合并净利润，即扣减少数股东损益后的余额。与合并财务报表一同提供的母公司财务报表中企业自行选择列报每股收益的，以母公司个别财务报表为基础计算的每股收益，分子应当是归属于母公司全部普通股股东的当期净利润。

（二）发行在外的普通股加权平均数

计算每股收益时，普通股的数量应为当期发行在外普通股的加权平均数。它是期初发行在外普通股股数按当期赎回或发行的普通股股数乘以时间权数调整的结果。时间权数是特定股份发行在外的天数占当期总天数的比例。需要指出的是，公司库存股不属于发行在外的普通股，且无权参与利润分配，应当在计算发行在外的普通股加权平均数时扣除。

发行在外普通股加权平均数 = 期初发行在外普通股股数 + 当期新发行普通股股数 × 已发行时间 ÷ 报告期时间 − 当期回购普通股股数 × 已回购时间 ÷ 报告期时间

发行在外普通股加权平均数的已发行时间、报告期时间和已回购时间一般按天数计算；在不影响计算结果合理性的前提下，也可以采用简化的计算方法，即按月数计算。

新发行普通股股数，应当根据发行合同的具体条款，从应收对价之日（一般为股票发行日）起计算确定。通常包括下列情况：

（1）为收取现金而发行的普通股股数，从应收现金之日起计算。即从实际发行股票并收到股东购买现金之日起计算，计入普通股加权平均数。

（2）因债务转资本而发行的普通股股数，从停计债务利息之日或结算日起计算。如甲公司因为没有足够的现金支付所欠乙公司借款，将其转为乙公司持有甲公司15%的普通股股份，8月31日起协议生效，则从9月1日起，由债务转增的普通股应该计入加权平均股数。

（3）非同一控制下的企业合并，作为对价发行的普通股股数，从购买日起计算，因为购买方自该日起将被购买方的经营成果并入其利润表；同一控制下的企业合并，作为对价发行的普通股股数，应当计入各列报期间普通股的加权平均数，因为合并企业的财务报表就是将合并企业视作一直存在而编制的。因此，同一控制下的企业合并基本每股收益的普通股股数是已合并企业股份的加权平均数的合计，并调整为相当于合并以后其股份发行在外的企业的股数。

（4）为收购非现金资产而发行的普通股股数，从确认收购之日起计算。

【例20-2】甲公司2×19年全年实现净利润3 408 767元，当年普通股股票发行和回购情况如表20-4所示，其中回购200万股普通股，以备将来用于奖励职工。

表20-4　　　　　　　　甲公司2×19年股票发行在外普通股股数

项目	新发行股数	回购股数	剩余发行在外股数
2×19年1月1日			400万股
2×19年7月1日	100万股		500万股
2×19年9月30日		200万股	300万股
2×19年12月31日		30万股	270万股

2×19年甲公司的基本每股收益计算如下：

发行在外普通股加权平均数 = 400 + 100 × (6 ÷ 12) − 200 × (3 ÷ 12) = 400（万股）

或者400 × (6 ÷ 12) + 500 × (3 ÷ 12) + 300 × (3 ÷ 12) = 400（万股）

基本每股收益 = 3 408 767 ÷ 4 000 000 = 0.85（元）

三、稀释每股收益

（一）基本计算原则

稀释每股收益（diluted earnings per share），是指企业在具有稀释性潜在普通股的情况下，以基本每股收益的计算为基础，在分母中考虑稀释性潜在普通股的影响，同时对分子作出相应调整后计算的每股收益。其计算公式如下：

稀释每股收益 = 调整后归属于普通股股东的当期净利润 ÷ 根据稀释性潜在普通股调整后的发行在外普通股的加权平均数

1. 潜在普通股及其稀释性

潜在普通股是指赋予其持有者在报告期或以后期间享有取得普通股权利的一种金融工具或其

他合同。目前，我国企业发行的潜在普通股主要有可转换公司债券、认股权证、股份期权等。

稀释性潜在普通股，是指假设当期转换为普通股会减少每股收益的潜在普通股。对于亏损企业而言，稀释性潜在普通股假设当期转换为普通股，将会增加每股亏损的金额。计算稀释每股收益时，只考虑稀释性潜在普通股的影响，而不考虑不具有稀释性的潜在普通股。

应特别注意的是，潜在普通股是否具有稀释性的判断标准是看其对持续经营每股收益的影响。也就是说，假定潜在普通股当期转换为普通股，如果会减少持续经营每股收益或增加持续经营每股亏损，表明具有稀释性，否则，具有反稀释性。

2. 分子和分母的调整

（1）分子的调整。

计算稀释每股收益时，应当根据下列事项对归属于普通股股东的当期净利润进行调整：①当期已确认为费用的稀释性潜在普通股的利息；②稀释性潜在普通股转换时将产生的收益或费用。上述调整应当考虑相关的所得税影响。对于包含负债和权益成分的金融工具，仅需调整属于金融负债部分的相关利息、利得或损失。

（2）分母的调整。

计算稀释每股收益时，当期发行在外普通股的加权平均数应当为计算基本每股收益时普通股的加权平均数与假定稀释性潜在普通股转换为已发行普通股而增加的普通股股数的加权平均数之和。

假定稀释性潜在普通股转换为已发行普通股而增加的普通股股数，应当根据潜在普通股的条件确定。当存在不止一种转换基础时，应当假定会采取从潜在普通股持有者角度看最有利的转换率或执行价格。

假定稀释性潜在普通股转换为已发行普通股而增加的普通股股数，应当按照其发行在外时间进行加权平均。以前期间发行的稀释性潜在普通股，应当假设在当期期初转换为普通股；当期发行的稀释性潜在普通股，应当假设在发行日转换普通股；当期被注销或终止的稀释性潜在普通股，应当按照当期发行在外的时间加权平均计入稀释每股收益；当期被转换或行权的稀释性潜在普通股，应当从当期期初至转换日（或行权日）计入稀释每股收益中，从转换日（或行权日）起所转换的普通股则计入基本每股收益中。

（二）可转换公司债券

可转换公司债券是指发行公司依法发行、在一定期间内依据约定的条件可以转换成股份的公司债券。对于可转换公司债券，可以采用假设转换法判断其稀释性，并计算稀释每股收益。首先，假设这部分可转换公司债券在当期期初（或发行日）即已转换成普通股，从而一方面增加了发行在外的普通股股数，另一方面节约了公司债券的利息费用，增加了归属于普通股股东的当期净利润。其次，用增加的净利润除以增加的普通股股数，得出增量股的每股收益，与原来的每股收益进行比较。如果增量股的每股收益小于原每股收益，则说明该可转换公司债券具有稀释作用，应当计入稀释每股收益的计算中。

对于具有稀释性的可转换公司债券，在计算稀释每股收益时，以基本每股收益为基础，分子的调整项目为当期已确认为费用的利息等的税后影响额；分母的调整项目为假定可转换公司债券当期期初（或发行日）转换为普通股的股数加权平均数。

【例20-3】某上市公司2×19年归属于普通股股东的净利润为36 200万元，期初发行在外普通股股数20 000万股，年内普通股股数未发生变化。2×19年1月1日，公司按面值发行 50 000 万元的三年期可转换公司债券，债券每张面值 100 元，票面固定年利率为 3%，利息自发行之日起每年支付一次，即每年 12 月 31 日为付息日。该批可转换公司债券自发行日起一年以后即可转换为公司股票，转股价格为每股 10 元，即每 100 元债券可转换为 10 股面值为 1 元的普通股。债券利息不符合资本化条件，直接计入当期损益，所得税税率为 25%。假设不具备转换选择权的类似债券的市场利率为 4%。公司在对该批可转换公司债券初始确认时，根据《企业会计准则第 37 号——金融工具列报》的有关规定将负债和权益成分进行了分拆。2×19 年度每股收益计算如下：

基本每股收益 = 36 200 ÷ 20 000 = 1.81（元）

每年支付利息 = 50 000 × 3% = 1 500（万元）

负债成分公允价值 = 1 500 ÷ (1 + 4%) + 1 500 ÷ (1 + 4%)^2 + 51 500 ÷ (1 + 4%)^3
= 48 612.45（万元）

权益成分公允价值 = 50 000 − 48 612.45 = 1 387.55（万元）

假设转换所增加的净利润 = 48 612.45 × 4% × (1 − 25%) = 1 458.37（万元）

假设转换所增加的普通股股数 = 50 000 ÷ 10 = 5 000（万股）

增量股的每股收益 = 1 458.37 ÷ 5 000 = 0.29（元）

增量股的每股收益小于基本每股收益，可转换公司债券具有稀释作用。

稀释每股收益 = (36 200 + 1 458.37) ÷ (20 000 + 5 000) = 1.51（元）

（三）认股权证和股份期权

认股权证是指公司发行的、约定持有人有权在履约期间内或特定到期日按约定价格向本公司购买新股的有价证券。股份期权是指公司授予持有人在未来一定期限内以预先确定的价格和条件购买本公司一定数量股份的权利，股份期权持有人对于其享有的股份期权，可以在规定的期间内以预先确定的价格和条件购买公司一定数量的股份，也可以放弃该种权利。

对于盈利企业，认股权证、股份期权等的行权价格低于当期普通股平均市场价格时，具有稀释性。对于亏损企业，认股权证、股份期权的假设行权一般不影响净亏损，但增加普通股股数，从而导致每股亏损金额的减少，实际上产生了反稀释的作用，因此，这种情况下，不应当计算稀释每股收益。

对于稀释性认股权证、股份期权，计算稀释每股收益时，一般无需调整分子净利润金额，只需要按照下列步骤对分母普通股加权平均数进行调整：

（1）假设这些认股权证、股份期权在当期期初（或发行日）已经行权，计算按约定行权价格发行普通股将取得的股款金额。

（2）假设按照当期普通股平均市场价格发行股票，计算需发行多少普通股能够带来上述相同的股款金额。

（3）比较行使股份期权、认股权证将发行的普通股股数与按照平均市场价格发行的普通股股数，差额部分相当于无对价发行的普通股，作为发行在外普通股股数的净增加。也就是说，认股权证、股份期权行权时发行的普通股可以视为两部分，一部分是按照平均市场价格发行的普通股，这部分普通股由于是按市价发行，导致企业经济资源流入与普通股股数同比例增加，既没有稀释作用也没有反稀释作用，不影响每股收益金额；另一部分是无对价发行的普通股，这部分普通股由于是无对价发行，企业可利用的经济资源没有增加，但发行在外普通股股数增加，因此具有稀释性，应当计入稀释每股收益中。

增加的普通股股数＝拟行权时转换的普通股股数－行权价格×拟行权时转换的普通股股数÷当期普通股平均市场价格

其中，普通股平均市场价格的计算，理论上应当包括该普通股每次交易的价格，但实务操作中通常对每周或每月具有代表性的股票交易价格进行简单算术平均即可。股票价格比较平稳的情况下，可以采用每周或每月股票的收盘价作为代表性价格；股票价格波动较大的情况下，可以采用每周或每月股票最高价与最低价的平均值作为代表性价格。无论采用何种方法计算平均市场价格，一经确定，不得随意变更，除非有确凿证据表明原计算方法不再适用。当期发行认股权证或股份期权的，普通股平均市场价格应当自认股权证或股份期权的发行日起计算。

（4）将净增加的普通股股数乘以其假设发行在外的时间权数，据此调整计算稀释每股收益的分母数。

【例20－4】某公司2×18年度归属于普通股股东的净利润为3 750万元，发行在外普通股加权平均数为7 500万股，该普通股平均每股市场价格为9元。2×18年1月1日，该公司对外发行1 500万份认股权证，行权日为2×19年3月1日，每份认股权证可以在行权日以6元的价格认购本公司1股新发的股份。该公司2×18年度每股收益计算如下：

基本每股收益＝3 750÷7 500＝0.5（元）

调整增加的普通股股数＝1 500－1 500×6÷9＝500（万股）

稀释每股收益＝3 750÷（7 500＋500）＝0.47（元）

（四）多项潜在普通股

企业对外发行不同潜在普通股的，单独考察其中某潜在普通股可能具有稀释作用，但如果和其他潜在普通股一并考察时可能恰恰变为反稀释作用。为了反映潜在普通股最大的稀释作用，应当按照各潜在普通股的稀释程度从大到小的顺序计入稀释每股收益，直至稀释每股收益达到最小值。稀释程度根据增量股的每股收益衡量，即假定稀释性潜在普通股转换为普通股的情况下，将增加的归属于普通股股东的当期净利润除以增加的普通股股数的金额。需要强调的是，企业每次发行的潜在普通股应当视作不同的潜在普通股，分别判断其稀释性，而不能将其作为一个总体考虑。通常情况下，股份期权和认股权证排在前面计算，因为其假设行权一般不影响净利润。

对外发行多项潜在普通股的企业应当按照下列步骤计算稀释每股收益：

（1）列出企业对外发行的各潜在普通股。

（2）假设各潜在普通股已于当期期初或发行日转换为普通股，确定其对归属于普通股股东当期净利润的影响金额。应注意的是，可转换公司债券的假设转换一般会增加当期净利润金额；股份期权和认股权证的假设行权一般不影响当期净利润。

（3）确定各潜在普通股假设转换后将增加的普通股股数。值得注意的是，稀释性股份期权和认股权证假设行权后，计算增加的普通股股数不是发行的全部普通股股数，而应当是其中无对价发行部分的普通股股数。

（4）计算各潜在普通股的增量股每股收益，判断其稀释性。增量股每股收益越小的潜在普通股稀释程度越大。

（5）按照潜在普通股稀释程度从大到小的顺序，将各稀释性潜在普通股分别计入稀释每股收益中。分步计算过程中，如果下一步得出的每股收益小于上一步得出的每股收益，表明新计入的潜在普通股具有稀释作用,应当计入稀释每股收益中;反之,则表明具有反稀释作用,不计入稀释每股收益中。

(6) 最后得出的最小每股收益金额即为稀释每股收益。

【例20-5】 某公司2×19年度归属于普通股股东的净利润为75 000万元,发行在外普通股加权平均数为150 000万股。年初已发行在外的潜在普通股有:(1) 认股权证14 000万份,每份认股权证可在行权日以9元的价格购买1股本公司新发股票。(2) 按面值发行的5年期可转换公司债券650 000万元,债券每张面值100元,票面年利率为4.1%,转股价格为每股13元。(3) 按面值发行的3年期可转换公司债券1 250 000万元,债券每张面值100元,票面年利率为1.6%,转股价格为每股10元。当期普通股平均市场价格为14元,年度内没有认股权证被行权,也没有可转换公司债券被转换或赎回,所得税税率为25%。为简化核算,假设不考虑可转换公司债券在负债和权益成份的分拆,且债券的票面利率等于实际利率。该公司2×19年度基本每股收益和稀释每股收益计算如下:

基本每股收益 = 75 000 ÷ 150 000 = 0.5(元)

计算稀释每股收益:

(1) 假设各潜在普通股转换为普通股,计算其增量每股收益并确定稀释程度大小顺序,如表20-5所示:

表20-5　　　　　　　　　　　　增量每股收益的计算

项目	净利润增加(万元)	股数增加(万股)	增量股的每股收益(元)	顺序
认股权证	0	5 000	0	①
4.1%债券	19 987.5	50 000	0.4	③
1.6%债券	15 000	125 000	0.12	②

认股权证假设行权所增加的普通股股数 = 14 000 - 14 000 × 9 ÷ 14 = 5 000(万股)

4.1%债券假设转换所增加的普通股股数 = 650 000 ÷ 13 = 50 000(万股)

1.6%债券假设转换所增加的普通股股数 = 1 250 000 ÷ 10 = 125 000(万股)

4.1%债券假设转换所增加的净利润 = 650 000 × 4.1% × (1 - 25%) = 19 987.5(万元)

1.6%债券假设转换所增加的净利润 = 1 250 000 × 1.6% × (1 - 25%) = 15 000(万元)

(2) 分步计入稀释每股收益如表20-6所示:

表20-6　　　　　　　　　　　　稀释每股收益的计算

项目	净利润(万元)	股数(万股)	每股收益(元)	稀释性
基本每股收益	75 000	150 000	0.5	
①认股权证	0	5 000		
小计	75 000	155 000	0.48	稀释
②1.6%债券	15 000	125 000		
小计	90 000	280 000	0.32	稀释
③4.1%债券	19 987.5	50 000		
小计	109 987.5	330 000	0.33	反稀释

从以上计算可知，该公司发行的两种可转换公司债券中，票面利率为 4.1% 的债券导致的增量股每股收益为 0.4 元，票面利率为 1.6% 的债券导致的增量股每股收益为 0.12 元，基本每股收益为 0.5 元。如果分别考察这两种可转换公司债券，增量股每股收益均小于基本每股收益，两种债券都具有稀释作用。并且，由于增量股每股收益越小，其稀释作用越大，票面利率为 1.6% 的债券的稀释作用大于票面利率为 4.1% 的债券。然而，如果综合考察这两种可转换公司债券，先计入票面利率为 1.6% 的债券使得每股收益稀释为 0.32 元，若再计入票面利率为 4.1% 的债券则使得每股收益反弹为 0.33 元，因此，票面利率为 4.1% 的债券在这种情况下不再具有稀释作用，不应计入稀释每股收益中。所以，该公司 2×19 年度的稀释每股收益为 0.32 元。

思考题

1. 简述利润表的编制方法。
2. 现行利润表体现的是当期经营收益观还是全面收益观？为什么？
3. 什么是基本每股收益和稀释每股收益？为什么要求企业提供此类信息？

练习题

1. 甲公司为增值税一般纳税人，2×24 年发生的有关交易或事项如下：

（1）销售产品确认收入 12 000 万元，结转成本 8 000 万元，当期应交纳的增值税为 1 060 万元，有关税金及附加为 100 万元；

（2）持有的以公允价值计量且其变动计入当期损益的金融资产当期市价上升 320 万元、以公允价值计量且其变动计入其他综合收益的金融资产当期市价上升 260 万元；

（3）出售一项专利技术产生收益 600 万元；

（4）计提无形资产减值准备 820 万元。

（5）甲公司上述金融资产在 2×24 年年末未对外出售。

要求：不考虑其他因素，计算甲公司 2×24 年营业利润。

2. 某公司 2×24 年度归属于普通股股东的净利润为 65 000 万元，发行在外普通股加权平均数为 120 000 万股。年初已发行在外的潜在普通股有：(1) 认股权证 10 000 万份，每份认股权证可在行权日以 8 元的价格购买 1 股本公司新发股票。(2) 按面值发行的 5 年期可转换公司债券 600 000 万元，债券每张面值 100 元，票面年利率为 3.6%，转股价格为每股 10.5 元。(3) 按面值发行的 3 年期可转换公司债券 1 000 000 万元，债券每张面值 100 元，票面年利率为 1.4%，转股价格为每股 10 元。当期普通股平均市场价格为 15 元，年度内没有认股权证被行权，也没有可转换公司债券被转换或赎回，所得税税率为 25%。为简化核算，假设不考虑可转换公司债券在负债和权益成分的分拆，且债券的票面利率等于实际利率。

要求：计算该公司 2×24 年度基本每股收益和稀释每股收益。

第二十一章 现金流量表

本章结构

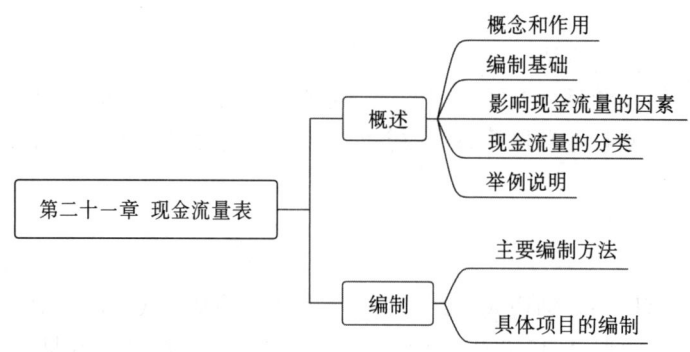

第一节 现金流量表概述

一、现金流量表的概念与作用

（一）现金流量表

现金流量表（cash flow statement）是反映企业在一定会计期间现金及现金等价物流入和流出情况的报表。

企业的现金流转情况在很大程度上影响着企业的生存和发展。企业现金充裕，就可以及时购入必要的材料物资和固定资产，及时支付工资、偿还债务、支付股利和利息；反之，轻则影响企业的正常生产经营，重则危及企业的生存。现金管理已经成为企业财务管理的一个重要方面，受到企业管理人员、投资者、债权人以及政府监管部门的关注。因此，编制现金流量表的主要目的，是为财务报表使用者提供企业一定会计期间内现金和现金等价物流入和流出的信息，以便于财务报表使用者了解和评价企业获取现金和现金等价物的能力，并据以预测企业未来现金流量。

（二）现金流量表的作用

1. 有助于反映企业资产的变现能力、支付能力、偿债能力和对外筹资能力

评估企业的资产是否具有变现能力、支付能力、偿债能力，最有效的方法是分析企业的

现金流量。企业只有在能产生有利的现金流量的情况下，企业资产才有变现能力，企业才会有支付能力、偿债能力和对外筹资能力。现金流量表中的净现金流量便能客观地反映这些指标的情况。

2. 有助于评价企业的收益质量，满足财务报表使用者的需要

财务会计反映的企业收益是以权责发生制为基础确认的，采用权责发生制确认收入、费用时，会计收入与现金收入、会计费用与现金支出出现一定的偏离，致使企业的会计账面收入不能真实反映企业的实际收入、会计账面费用不能真实反映企业的实际支出，更不能反映企业的现金流动情况和获利能力。以权责发生制为基础编制的资产负债表、利润表均无法解决这些问题，而现金流量表则可以消除这些因素的影响，真实地反映企业本期的实际收入和费用，真实地反映企业的现金流动情况和获利能力。

3. 有助于分析、评价企业过去的现金流量合理性，预测企业未来获得现金流量的能力

现金流量表反映的是企业过去一定会计期间的现金流量信息，可以分析和评价企业现金流来源和用途的结构是否合理，从而提示企业过去的现金流入、流出及现金流量净额的变动情况和原因。过去的现金流量是未来现金流量金额、时间和不确定性的指示器，因此，现金流量表既可以分析、评价企业过去的现金流量合理性，还可以预测企业未来获得现金流量的能力。

4. 有助于提高会计信息的真实性，防止会计造假

由于现金流量表是按照收付实现制原则编制的，它剔除了不同企业对相同交易和事项采用不同的会计政策所带来的影响，防止企业通过采用不同的会计政策来粉饰财务报表和操纵财务成果的情况，从而在防止企业会计造假的同时，提高会计信息的真实性。

二、现金流量表的编制基础

现金流量表是以现金为基础编制的。这里的"现金"主要是指企业的现金及现金等价物，具体包括：

（一）现金

现金是指企业库存现金以及可以随时用于支付的存款，主要包括：

（1）库存现金。库存现金是指企业持有可随时用于支付的现金，与"库存现金"科目的核算内容一致。

（2）银行存款。银行存款是指企业存入金融机构、可以随时用于支取的存款，与"银行存款"科目核算内容基本一致，但不包括不能随时用于支付的存款。例如，不能随时支取的定期存款等不应作为现金；但提前通知金融机构便可支取的定期存款则应包括在现金范围内。

（3）其他货币资金。其他货币资金是指存放在金融机构的外埠存款、银行汇票存款、银行本票存款、信用卡存款、信用证保证金存款和存出投资款等，与"其他货币资金"科目核算内容一致。

（二）现金等价物

现金等价物，是指企业持有的期限短、流动性强、易于转换为已知金额现金、价值变动风险很小的投资。现金等价物虽然不是现金，但其支付能力与现金的差别不大，可视为现金。例如，企业为保证支付能力，手持必要的现金，为了不使现金闲置，可以购买短期债

券，在需要现金时，随时可以变现。

一项投资是否属于现金等价物需同时具备以下四个条件：（1）期限短；（2）流动性强；（3）易于转换为已知金额的现金；（4）价值变动风险很小。其中，期限短（一般是指从购买日起3个月内到期）和流动性强，强调了变现能力；而易于转换为已知金额的现金和价值变动风险很小，则强调了支付能力的大小。现金等价物通常包括3个月内到期的短期债券投资。权益性投资变现的金额通常不确定，因而不属于现金等价物。

（三）现金及现金等价物范围的确定和变更

不同企业现金及现金等价物的范围可能不同。企业应当根据经营特点等具体情况，确定现金及现金等价物的范围。商业银行与一般工商企业的现金及现金等价物的范围可能不同，例如，某商业银行的现金及现金等价物包括库存现金、存放中央银行可随时支取的备付金、存放同业款项、拆放同业款项、同业间买入返售证券、短期国债投资等。根据现金流量表准则及其指南的规定，企业应当根据具体情况，确定现金及现金等价物的范围，一经确定，不得随意变更。如果发生变更，应当按照会计政策变更处理。

三、影响现金流量的因素

企业的日常经营业务是影响现金流量的重要因素，但并非所有的交易都影响现金流量。是否影响现金流量，主要分析如下：

（一）现金各项目之间的增减变动

现金各项目之间的增减变动（包括现金或现金等价物之间的增减变动），如从银行提取现金、将现金存入银行等，不会影响现金流量净额的变动。

（二）非现金各项目之间的增减变动

非现金各项目之间的增减变动，如用固定资产清偿债务、用原材料对外投资等，不会影响现金流量净额的变动。

（三）现金各项目与非现金各项目之间的增减变动

现金各项目与非现金各项目之间的增减变动，如用现金购买原材料、固定资产，用现金对外投资等，会影响现金流量净额的变动。

由此可见，只有现金各项目与非现金各项目之间的增减变动，才影响现金流量净额的变动；因此，现金流量表主要反映现金各项目与非现金各项目之间的增减变动对现金流量净额的影响。

四、现金流量的分类

不同国家的会计准则对现金流量的分类规定有所不同，我国《企业会计准则第31号——现金流量表》（以下简称现金流量表准则）对现金流量的分类借鉴了国际会计准则，将现金流量按其产生载体的不同分成经营活动产生的现金流量、投资活动产生的现金流量、筹资活动产生的现金流量三大类。

（一）经营活动的现金流量

经营活动（operating activities）是指企业投资活动和筹资活动以外的所有交易和事项。各类企业由于行业特点不同，对经营活动的认定存在一定差异。对于工商企业而言，经营活动主要包括销售商品、提供劳务、购买商品、接受劳务、支付税费等。对于商业银行而言，经营活动主要包括吸收存款、发放贷款、同业存放、同业拆借等。对于保险公司而言，经营活动主要包括原保险业务和再保险业务等。对于证券公司而言，经营活动主要包括自营证券、代理承销证券、代理兑付证券、代理买卖证券等。

（二）投资活动的现金流量

投资活动（investing activities）是指企业长期资产的购建和不包括在现金等价物范围内的投资及处置活动。长期资产是指固定资产、无形资产、在建工程、其他资产等持有期限在一年或一个营业周期以上的资产。这里所讲的投资活动，既包括实物资产投资，也包括金融资产投资。这里之所以将"包括在现金等价物范围内的投资"排除在投资活动之外，是因为已经将包括在现金等价物范围的投资视同现金。不同企业由于行业特点不同，对投资活动的认定也存在差异。

（三）筹资活动的现金流量

筹资活动（financing activities）是指导致企业资本及债务规模和构成发生变化的活动。这里所说的资本，既包括实收资本（股本），也包括资本溢价（股本溢价）；这里所说的债务，指对外举债，包括向银行借款、发行债券以及偿还债务等。通常情况下，应付账款、应付票据等属于经营活动，不属于筹资活动。

对于企业日常活动之外特殊的、不经常发生的特殊项目，如自然灾害损失、保险赔款、捐赠等，应当归并到相关类别中，单独反映。比如，对于自然灾害损失和保险赔款，如果能够确指，属于流动资产损失，应当列入经营活动产生的现金流量；属于固定资产损失，应当列入投资活动产生的现金流量。如果不能确指，则可以列入经营活动产生的现金流量。捐赠收入和支出，可以列入经营活动。如果特殊项目的现金流量金额不大，则可以列入现金流量类别下的"其他"项目，不单列项目。

五、现金流量表的结构

我国现金流量表基本结构借鉴了国际会计惯例，其正表主要由三部分构成，即经营活动产生的现金流量、投资活动产生的现金流量、筹资活动产生的现金流量。除现金流量表正表反映的信息外，企业还应在现金流量表的补充资料中披露将净利润调节为经营活动现金流量、不涉及现金收支的重大投资和筹资活动、现金及现金等价物净变动情况等信息。

第二节 现金流量表的编制

一、现金流量表编制的主要方法

编制现金流量表时，列报经营活动现金流量的方法有两种：一是直接法；二是间接法。这两种方法通常也称为编制现金流量表的方法。

（一）直接法

直接法是指按现金收入和现金支出的主要类别直接反映企业经营活动产生的现金流量，如销售商品、提供劳务收到的现金；购买商品、接受劳务支付的现金等就是按现金收入和支出的类别直接反映的。在直接法下，一般是以利润表中的营业收入为起算点，调节与经营活动有关的项目的增减变动,然后计算出经营活动产生的现金流量。

(二) 间接法

间接法是指以净利润为起算点,调整不涉及现金的收入、费用、营业外收支等有关项目,剔除投资活动、筹资活动对现金流量的影响,据此计算出经营活动产生的现金流量。由于净利润是按照权责发生制原则确定的,且包括与投资活动和筹资活动相关的收益和费用,将净利润调节为经营活动现金流量,实际上就是将按权责发生制原则确定的净利润调整为现金净流入,并剔除投资活动和筹资活动对现金流量的影响。

采用直接法编报的现金流量表,便于分析企业经营活动产生的现金流量的来源和用途,预测企业现金流量的未来前景;采用间接法编报现金流量表,便于将净利润与经营活动产生的现金流量净额进行比较,了解净利润与经营活动产生的现金流量差异的原因,从现金流量的角度分析净利润的质量。所以,现金流量表准则规定企业应当采用直接法编报现金流量表,同时要求在附注中提供以净利润为基础调节到经营活动现金流量的信息。

二、现金流量表各项目的编制

一般企业现金流量表的正表主要由三部分构成,即经营活动产生的现金流量、投资活动产生的现金流量、筹资活动产生的现金流量。除现金流量表正表反映的信息外,企业还应在现金流量表的补充资料中披露将净利润调节为经营活动现金流量、不涉及现金收支的重大投资和筹资活动、现金及现金等价物净变动情况等信息。其格式如表21-1和表21-2所示。

表 21-1　　　　　　　　　　　　现金流量表　　　　　　　　　　　会企03表
编制单位:　　　　　　　　　　　　___年___月　　　　　　　　　　　单位:元

项目	本期金额	上期金额
一、经营活动产生的现金流量:		
销售商品、提供劳务收到的现金		
收到的税费返还		
收到其他与经营活动有关的现金		
经营活动现金流入小计		
购买商品、接受劳务支付的现金		
支付给职工以及为职工支付的现金		
支付的各项税费		
支付其他与经营活动有关的现金		
经营活动现金流出小计		
经营活动产生的现金流量净额		
二、投资活动产生的现金流量:		
收回投资收到的现金		
取得投资收益收到的现金		
处置固定资产、无形资产和其他长期资产收回的现金净额		

续表

项目	本期金额	上期金额
处置子公司及其他营业单位收到的现金净额		
收到其他与投资活动有关的现金		
投资活动现金流入小计		
购建固定资产、无形资产和其他长期资产支付的现金		
投资支付的现金		
取得子公司及其他营业单位支付的现金净额		
支付其他与投资活动有关的现金		
投资活动现金流出小计		
投资活动产生的现金流量净额		
三、筹资活动产生的现金流量：		
吸收投资收到的现金		
取得借款收到的现金		
收到其他与筹资活动有关的现金		
筹资活动现金流入小计		
偿还债务支付的现金		
分配股利、利润或偿付利息支付的现金		
支付其他与筹资活动有关的现金		
筹资活动现金流出小计		
筹资活动产生的现金流量净额		
四、汇率变动对现金及现金等价物的影响		
五、现金及现金等价物净增加额		
加：期初现金及现金等价物余额		
六、期末现金及现金等价物余额		

表 21-2　　　　　　　　　　　　　现金流量表补充资料

补充资料	本期金额	上期金额
1. 将净利润调节为经营活动现金流量：		
净利润		
加：资产减值准备		
信用减值准备		
固定资产折旧、使用权资产折旧、油气资产折耗、生产性生物资产折旧		
无形资产摊销		
长期待摊费用摊销		
处置固定资产、无形资产和其他长期资产的损失（收益以"-"号填列）		

续表

补充资料	本期金额	上期金额
固定资产报废损失（收益以"-"号填列）		
公允价值变动损失（收益以"-"号填列）		
财务费用（收益以"-"号填列）		
投资损失（收益以"-"号填列）		
递延所得税资产减少（增加以"-"号填列）		
递延所得税负债增加（减少以"-"号填列）		
存货的减少（增加以"-"号填列）		
经营性应收项目的减少（增加以"-"号填列）		
经营性应付项目的增加（减少以"-"号填列）		
其他		
经营活动产生的现金流量净额		
2. 不涉及现金收支的重大投资和筹资活动：		
债务转为资本		
一年内到期的可转换公司债券		
新增使用权资产		
3. 现金及现金等价物净变动情况：		
现金的期末余额		
减：现金的期初余额		
加：现金等价物的期末余额		
减：现金等价物的期初余额		
现金及现金等价物净增加额		

（一）经营活动产生的现金流量有关项目的编制

1. "销售商品、提供劳务收到的现金"项目

本项目反映企业销售商品、提供劳务实际收到的现金，包括销售收入和应向购买者收取的增值税销项税额，具体包括：本期销售商品、提供劳务收到的现金，以及前期销售商品、提供劳务本期收到的现金和本期预收的款项，减去本期销售本期退回的商品和前期销售本期退回的商品支付的现金。企业销售材料和代购代销业务收到的现金，也在本项目反映。本项目可以根据"库存现金"、"银行存款"、"应收票据"、"应收账款"、"预收账款"、"主营业务收入"、"其他业务收入"科目的记录分析填列。

企业当期销售商品、提供劳务收到的现金，可用如下公式计算得出：

销售商品、提供劳务收到的现金＝当期销售商品或提供劳务收到的现金＋当期收到前期的应收账款＋当期收到前期的应收票据＋当期的预收账款－当期因销售退回而支付的现金＋当期收回前期核销的坏账损失

或：销售商品、提供劳务收到的现金＝当期营业收入＋当期收到的增值税销项税额＋当期应收账款（期初余额－期末余额）＋当期应收票据（期初余额－期末余额）＋当期预收账款（期末余额－期初余额）－当期核销的坏账损失＋当期收到的前期已核销的坏账损失－当期票据贴现所支付的利息

【例 21-1】 甲企业本期销售一批商品，开出的增值税专用发票上注明的销售价款为 3 000 000 元，增值税销项税额为 390 000 元，以银行存款收讫；应收账款期初余额为 1 000 000 元，期末余额为 400 000 元；应收票据期初余额为 270 000 元，期末余额为 60 000 元；年度内核销的坏账损失为 25 000 元。另外，本期因商品质量问题发生退货，支付银行存款 35 000 元，货款已通过银行转账支付。

本期销售商品、提供劳务收到的现金计算如下：

本期销售商品收到的现金	3 390 000
加：本期收到前期的应收账款（1 000 000 - 400 000 - 25 000）	575 000
本期收到前期的应收票据（270 000 - 60 000）	210 000
减：本期因销售退回支付的现金	35 000
本期销售商品、提供劳务收到的现金	4 140 000

2. "收到的税费返还"项目

本项目反映企业收到返还的各种税费，如收到的增值税、所得税、消费税、关税和教育费附加返还款等。本项目可以根据有关科目的记录分析填列。

【例 21-2】 甲企业前期出口商品一批，已交纳增值税，按规定应退增值税 4 500 元，前期未退，本期以转账方式收讫；本期收到退回的消费税款 11 000 元、收到的教育费附加返还款 5 000 元，款项已存入银行。

本期收到的税费返还计算如下：

本期收到的出口退增值税额	4 500
加：收到的退消费税额	11 000
收到的退教育费附加返还额	5 000
本期收到的税费返还	20 500

3. "收到其他与经营活动有关的现金"项目

本项目反映企业除上述各项目外，收到的其他与经营活动有关的现金，如罚款收入、经营租赁固定资产收到的现金、投资性房地产收到的租金收入、流动资产损失中由个人赔偿的现金收入、除税费返还外的其他政府补助收入等。其他与经营活动有关的现金，如果价值较大的，应单列项目反映。本项目可以根据"库存现金"、"银行存款"、"管理费用"、"销售费用"等科目的记录分析填列。

4. "购买商品、接受劳务支付的现金"项目

本项目反映企业购买材料、商品、接受劳务实际支付的现金，包括支付的货款以及与货款一并支付的增值税进项税额，具体包括：本期购买商品、接受劳务的现金，以及本期支付前期购买商品、接受劳务的未付款项和本期预付款项，减去本期发生的购货退回收到的现金。为购置存货而发生的借款利息资本化部分，应在"分配股利、利润或偿付利息支付的现金"项目中反映。本项目可以根据"库存现金"、"银行存款"、"应付票据"、"应付账款"、"预付账款"、"主营业务成本"、"其他业务成本"等科目的记录分析填列。

企业当期购买商品、接受劳务支付的现金，可通过以下公式计算得出：

购买商品、接受劳务支付的现金＝当期购买商品、接受劳务支付的现金＋当期支付前期的应付账款＋当期支付前期的应付票据＋当期预付的账款－当期因购货退回收到的现金

或：购买商品、接受劳务支付的现金＝当期的营业成本＋当期支付的增值税进项税额＋

当期存货（期末余额－期初余额）＋当期应付账款（期初余额－期末余额）＋当期应付票据（期初余额－期末余额）＋当期预付账款（期末余额－期初余额）－当期列入生产成本的非材料消耗部分－当期列入制造费用中的非材料消耗部分－本期购货退回所收到的现金

【例21-3】甲公司本期购买原材料，收到的增值税专用发票上注明的材料价款为100 000元，增值税进项税额为13 000元，款项已通过银行转账支付；本期支付应付票据9 000元；购买工程用物资150 000元，货款已通过银行转账支付。

本期购买商品、接受劳务支付的现金计算如下：

本期购买原材料支付的价款	100 000
加：本期购买原材料支付的增值税进项税额	13 000
本期支付的应付票据	9 000
本期购买商品、接受劳务支付的现金	122 000

注：购买工程用物资支付的现金150 000元不属于经营活动的现金流量。

5."支付给职工以及为职工支付的现金"项目

本项目反映企业实际支付给职工的现金以及为职工支付的现金，包括企业为获得职工提供的服务，本期实际给予各种形式的报酬以及其他相关支出，如支付给职工的工资、奖金、各种津贴和补贴等，以及为职工支付的其他费用，不包括支付给在建工程人员的工资。支付的在建工程人员的工资，在"购建固定资产、无形资产和其他长期资产所支付的现金"项目中反映。

企业为职工支付的医疗、养老、失业、工伤、生育等社会保险基金、补充养老保险、住房公积金，企业为职工交纳的商业保险金，因解除与职工劳动关系给予的补偿，现金结算的股份支付，以及企业支付给职工或为职工支付的其他福利费用等，应根据职工的工作性质和服务对象，分别在"购建固定资产、无形资产和其他长期资产所支付的现金"和"支付给职工以及为职工支付的现金"项目中反映。

本项目可以根据"库存现金"、"银行存款"、"应付职工薪酬"等科目的记录分析填列。

【例21-4】甲企业本期实际支付工资600 000元，其中经营人员的工资为400 000元，在建工程人员工资为200 000元。

本期支付给职工以及为职工支付的现金为400 000元。

6."支付的各项税费"项目

本项目反映企业按规定支付的各项税费，包括本期发生并支付的税费，以及本期支付以前各期发生的税费和预交的税金，如支付的消费税、增值税、所得税、教育费附加、印花税、房产税、土地增值税、车船税、土地使用税等。不包括本期退回的增值税、所得税等。本期退回的增值税、所得税等，在"收到的税费返还"项目中反映。本项目可以根据"应交税费"、"库存现金"、"银行存款"等科目分析填列。

【例21-5】甲企业本期向税务机关交纳增值税39 000元；本期发生的所得税2 100 000元已全部交纳；企业期初未交所得税250 000元，期末未交所得税130 000元。

本期支付的各项税费计算如下：

本期支付的增值税额	39 000
加：本期发生并交纳的所得税额	2 100 000
前期发生本期交纳的所得税额（250 000－130 000）	120 000
本期支付的各项税费	2 259 000

7. "支付其他与经营活动有关的现金"项目

本项目反映企业除上述各项外,支付的其他与经营活动有关的现金,如罚款支出、支付的差旅费、业务招待费、保险费、经营租赁支付的现金等。其他与经营活动有关的现金,如果金额较大的,应单列项目反映。本项目可以根据有关科目的记录分析填列。

(二) 投资活动产生的现金流量有关项目的编制

1. "收回投资收到的现金"项目

本项目反映企业出售、转让或到期收回除现金等价物以外的交易性金融资产、债权投资、其他债权投资、其他权益工具投资、长期股权投资等而收到的现金。不包括债权性投资收回的利息、收回的非现金资产,以及处置子公司及其他营业单位收到的现金净额。债权性投资收回的本金,在本项目反映,债权性投资收回的利息,不在本项目中反映,而在"取得投资收益所收到的现金"项目中反映。处置子公司及其他营业单位收到的现金净额单设项目反映。本项目可以根据"交易性金融资产"、"债权投资"、"其他债权投资"、"其他权益工具投资"、"长期股权投资"、"库存现金"、"银行存款"等科目的记录分析填列。

【例21-6】甲企业出售某项长期股权投资,收回的全部投资金额为410 000元;出售某项长期债权性投资,收回的全部投资金额为300 000元,其中,60 000元是债券利息。

本期收回投资所收到的现金计算如下:

收回长期股权投资金额	410 000
加:收回长期债权性投资本金(300 000 - 60 000)	240 000
本期收回投资所收到的现金	650 000

2. "取得投资收益收到的现金"项目

本项目反映企业因股权性投资而分得的现金股利,因债权性投资而取得的现金利息收入。股票股利由于不产生现金流量,不在本项目中反映;包括在现金等价物范围内的债权性投资,其利息收入在本项目中反映。本项目可以根据"应收股利"、"应收利息"、"投资收益"、"库存现金"、"银行存款"等科目的记录分析填列。

【例21-7】甲企业期初长期股权投资余额2 000 000元,其中1 500 000元投资于联营企业A企业,占其股本的25%,采用权益法核算,另外200 000元和300 000元分别投资于B企业和C企业,各占接受投资企业总股本的55%和60%,采用成本法核算;当年A企业盈利2 000 000元,分配现金股利880 000元,B企业亏损没有分配股利,C企业盈利600 000元,分配现金股利200 000元。企业已如数收到现金股利。

本期取得投资收益收到的现金计算如下:

取得A企业实际分回的投资收益(880 000×25%)	220 000
加:取得C企业实际分回的投资收益(200 000×60%)	120 000
本期取得投资收益收到的现金	340 000

3. "处置固定资产、无形资产和其他长期资产收回的现金净额"项目

本项目反映企业出售固定资产、无形资产和其他长期资产(如投资性房地产)所取得的现金,减去为处置这些资产而支付的有关税费后的净额。处置固定资产、无形资产和其他长期资产所收到的现金,与处置活动支付的现金,两者在时间上比较接近,以净额更能准确反映处置活动对现金流量的影响。由于自然灾害等原因所造成的固定资产等长期资产报废、毁损而收到的保险赔偿收入,在本项目中反映。本项目可以根据"固定资产清理"、"库存

现金"、"银行存款"等科目的记录分析填列。

【例21-8】乙公司出售一台不需用设备，收到价款30 000元，该设备原价40 000元，已提折旧15 000元。支付该项设备拆卸费用400元，运输费用100元，设备已由购入单位运走。

本期处置固定资产、无形资产和其他长期资产所收回的现金净额计算如下：

本期出售固定资产收到的现金	30 000
减：支付出售固定资产的清理费用	500
本期处置固定资产、无形资产和其他长期资产所收回的现金净额	25 000

注：如处置固定资产、无形资产和其他长期资产所收回的现金净额为负数，在"支付其他与投资活动有关的现金"项目中反映。

4. "处置子公司及其他营业单位收到的现金净额"项目

本项目反映企业处置子公司及其他营业单位所取得的现金减去子公司及其他营业单位持有的现金和现金等价物以及相关处置费用后的净额。本项目可以根据有关科目的记录分析填列。

企业处置子公司及其他营业单位是整体交易，子公司和其他营业单位可能持有现金和现金等价物。这样，整体处置子公司或其他营业单位的现金流量，就应以处置价款中收到现金的部分，减去子公司或其他营业单位持有的现金和现金等价物以及相关处置费用后的净额反映。

现金流量表准则要求企业在附注中以总额披露当期取得或处置子公司及其他营业单位的下列信息：①取得或处置价格；②取得或处置价格中以现金支付的部分；③取得或处置子公司及其他营业单位所取得的现金；④取得或处置子公司及其他营业单位按主要类别分类的非现金资产和负债。

处置子公司及其他营业单位收到的现金净额如为负数，则将该金额填列至"支付其他与投资活动有关的现金"项目中。

5. "收到其他与投资活动有关的现金"项目

本项目反映企业除上述各项目外，收到的其他与投资活动有关的现金。其他与投资活动有关的现金，如果价值较大的，应单列项目反映。本项目可以根据有关科目的记录分析填列。

6. "购建固定资产、无形资产和其他长期资产支付的现金"项目

本项目反映企业购买、建造固定资产，取得无形资产和其他长期资产（如投资性房地产）支付的现金，包括购买机器设备所支付的现金、建造工程支付的现金、支付在建工程人员的工资等现金支出，不包括为购建固定资产、无形资产和其他长期资产而发生的借款利息资本化部分，以及融资租入固定资产所支付的租赁费。为购建固定资产、无形资产和其他长期资产而发生的借款利息资本化部分，在"分配股利、利润或偿付利息支付的现金"项目中反映；融资租入固定资产所支付的租赁费，在"支付其他与筹资活动有关的现金"项目中反映。本项目可以根据"固定资产"、"在建工程"、"工程物资"、"无形资产"、"库存现金"、"银行存款"等科目的记录分析填列。

【例21-9】甲公司购入房屋一幢，价款1 850 000元，通过银行转账1 700 000元，其他价款用公司产品抵偿。为在建厂房购进建筑材料一批，价值为150 000元，价款已通过银行转账支付。

本期购建固定资产、无形资产和其他长期资产支付的现金计算如下:

购买房屋支付的现金	1 700 000
加:为在建工程购买材料支付的现金	150 000
本期购建固定资产、无形资产和其他长期资产支付的现金	1 850 000

7. "投资支付的现金"项目

本项目反映企业进行权益性投资和债权性投资所支付的现金,包括企业取得的除现金等价物以外的交易性金融资产、债权投资、其他债权投资、其他权益工具投资、长期股权投资而支付的现金,以及支付的佣金、手续费等交易费用。

企业购买股票和债券时,实际支付的价款中包含的已宣告但尚未领取的现金股利或已到付息期但尚未领取的债券利息,应在"支付其他与投资活动有关的现金"项目中反映;收回购买股票和债券时支付的已宣告但尚未领取的现金股利或已到付息期但尚未领取的债券利息,应在"收到其他与投资活动有关的现金"项目中反映。

本项目可以根据"交易性金融资产"、"债权投资"、"其他债权投资"、"其他权益工具投资"、"长期股权投资"、"库存现金"、"银行存款"等科目的记录分析填列。

【例21-10】甲企业以银行存款1 000 000元投资于A企业的股票。此外,购买中国光大银行发行的金融债券,面值总额500 000元,票面利率8%,实际支付金额为504 000元。

本期投资所支付的现金计算如下:

投资于A企业的现金总额	1 000 000
加:投资于中国光大银行金融债券的现金总额	504 000
本期投资所支付的现金	1 504 000

8. "取得子公司及其他营业单位支付的现金净额"项目

本项目反映企业取得子公司及其他营业单位购买出价中以现金支付的部分,减去子公司或其他营业单位持有的现金和现金等价物后的净额。本项目可以根据有关科目的记录分析填列。

整体购买一个单位,其结算方式是多种多样的,如购买方全部以现金支付或一部分以现金支付而另一部分以实物清偿。同时,企业购买子公司及其他营业单位是整体交易,子公司和其他营业单位除有固定资产和存货外,还可能持有现金和现金等价物。这样,整体购买子公司或其他营业单位的现金流量,就应以购买出价中以现金支付的部分减去子公司或其他营业单位持有的现金和现金等价物后的净额反映,如为负数,应在"收到其他与投资活动有关的现金"项目中反映。

【例21-11】甲企业收购丙企业的一子公司,出价200 000元,全部以银行存款转账支付。该子公司的有关资料见表21-3:

表21-3　　　　　　　　　　资产负债表(简表)　　　　　　　　　　单位:元

资产	期末余额	负债及所有者权益	期末余额
货币资金	15 000	短期借款	40 000
存货	30 000	应付账款	50 000
长期股权投资	60 000	长期应付款	20 000

续表

资产	期末余额	负债及所有者权益	期末余额
固定资产	150 000	实收资本（或股本）	120 000
其他非流动资产	5 000	资本公积	20 000
		盈余公积	10 000
资产总计	260 000	负债及所有者权益总计	260 000

该子公司有 15 000 元的现金及银行存款，没有现金等价物，企业的实际现金流出为：

购买子公司出价	200 000
减：子公司持有的现金和现金等价物	15 000
购买子公司支付的现金净额	185 000

9．"支付其他与投资活动有关的现金"项目

本项目反映企业除上述各项目外，支付的其他与投资活动有关的现金。其他与投资活动有关的现金，如果价值较大的，应单列项目反映。本项目可以根据有关科目的记录分析填列。

（三）筹资活动产生的现金流量有关项目的编制

1．"吸收投资收到的现金"项目

本项目反映企业以发行股票等方式筹集资金实际收到的款项净额（发行收入减去支付的佣金等发行费用后的净额）。以发行股票等方式筹集资金而由企业直接支付的审计、咨询等费用，在"支付其他与筹资活动有关的现金"项目中反映。本项目可以根据"实收资本（或股本）"、"资本公积"、"库存现金"、"银行存款"等科目的记录分析填列。

【例21-12】甲企业对外公开募集股份 1 000 000 股，每股面值 1 元，发行价每股 1.2 元，代理发行的证券公司为其支付的各种费用，共计 55 000 元。甲企业已收到全部发行价款。

本期吸收投资收到的现金计算如下：

发行股票取得的现金	1 200 000
减：发行费用	55 000
本期吸收投资收到的现金	1 145 000

2．"取得借款收到的现金"项目

本项目反映企业举借各种短期、长期借款而收到的现金，以及发行债券实际收到的款项净额（发行收入减去直接支付的佣金等发行费用后的净额）。本项目可以根据"短期借款"、"长期借款"、"交易性金融负债"、"应付债券"、"库存现金"、"银行存款"等科目的记录分析填列。

3．"收到其他与筹资活动有关的现金"项目

本项目反映企业除上述各项目外，收到的其他与筹资活动有关的现金。其他与筹资活动有关的现金，如果价值较大的，应单列项目反映。本项目可根据有关科目的记录分析填列。

4．"偿还债务支付的现金"项目

本项目反映企业以现金偿还债务的本金，包括：归还金融企业的借款本金、偿付企业到期的债券本金等。企业偿还的借款利息、债券利息，在"分配股利、利润或偿付利息所支

付的现金"项目中反映。本项目可以根据"短期借款"、"长期借款"、"交易性金融负债"、"应付债券"、"库存现金"、"银行存款"等科目的记录分析填列。

5. "分配股利、利润或偿付利息支付的现金"项目

本项目反映企业实际支付的现金股利、支付给其他投资单位的利润或用现金支付的借款利息、债券利息。不同用途的借款，其利息的开支渠道不一样，如在建工程、财务费用等，均在本项目中反映。本项目可以根据"应付股利"、"应付利息"、"利润分配"、"财务费用"、"在建工程"、"制造费用"、"研发支出"、"库存现金"、"银行存款"等科目的记录分析填列。

【例21-13】甲企业期初应付现金股利为25 000元，本期宣布并发放现金股利60 000元，期末应付现金股利11 000元。

本期分配股利、利润或偿付利息所支付的现金计算如下：

本期宣布并发放的现金股利	60 000
加：本期支付的前期应付股利（25 000 - 11 000）	14 000
本期分配股利、利润或偿付利息支付的现金	74 000

6. "支付其他与筹资活动有关的现金"项目

本项目反映企业除上述各项外，支付的其他与筹资活动有关的现金，如以发行股票、债券等方式筹集资金而由企业直接支付的审计、咨询等费用，融资租赁各期支付的现金、以分期付款方式构建固定资产、无形资产等各期支付的现金等。其他与筹资活动有关的现金，如果价值较大的，应单列项目反映。本项目可以根据有关科目的记录分析填列。

（四）汇率变动对现金及现金等价物的影响

现金流量表准则规定，外币现金流量以及境外子公司的现金流量，应当采用现金流量发生日的即期汇率或即期汇率近似的汇率折算。汇率变动对现金的影响额应当作为调节项目，在现金流量表中单独列报。

汇率变动对现金的影响，指企业外币现金流量及境外子公司的现金流量折算成记账本位币时，所采用的是现金流量发生日的汇率或即期汇率近似的汇率，而现金流量表"现金及现金等价物净增加额"项目中外币现金净增加额是按资产负债表日的即期汇率折算。这两者的差额即为汇率变动对现金的影响。

【例21-14】甲企业当期出口商品一批，售价10 000美元，款项已收到，收汇当日汇率为1:6.40。当期进口货物一批，价值5 000美元，款项已支付，结汇当日汇率为1:6.52。资产负债表日的即期汇率为1:6.63。假设银行存款的期初余额为0，当期没有其他业务发生。

汇率变动对现金及现金等价物的影响额计算如下：

经营活动流入的现金	10 000（美元）
汇率变动	(6.63 - 6.40)
汇率变动对现金流入的影响额	2 300（元）
经营活动流出的现金	5 000（美元）
汇率变动	(6.63 - 6.52)
汇率变动对现金流出的影响额	550（元）
汇率变动对现金的影响额	1 750（元）

在编制现金流量表时，对当期发生的外币业务，也可不必逐笔计算汇率变动对现金的影

响，可以通过现金流量表补充资料中"现金及现金等价物净增加额"数额与现金流量表中"经营活动产生的现金流量净额"、"投资活动产生的现金流量净额"、"筹资活动产生的现金流量净额"三项之和比较，其差额即为"汇率变动对现金及现金等价物的影响额"。

（五）现金流量表补充资料的编制

现金流量表补充资料包括将净利润调节为经营活动现金流量、不涉及现金收支的重大投资和筹资活动、现金及现金等价物净变动情况等项目。企业应当采用间接法在现金流量附注中披露"将净利润调节为经营活动现金流量"的信息。

1. 将净利润调节为经营活动现金流量的编制

（1）"资产减值准备"项目。

这里所指的资产减值准备是指当期计提扣除转回的减值准备，包括：存货跌价准备、投资性房地产减值准备、长期股权投资减值准备、固定资产减值准备、在建工程减值准备、工程物资减值准备、生产性生物资产减值准备、无形资产减值准备、商誉减值准备等。企业当期计提和按规定转回的各项资产减值准备，包括在利润表中，属于利润的减除项目，但没有发生现金流出。所以，在将净利润调节为经营活动现金流量时，需要加回。本项目可根据"资产减值损失"科目的记录分析填列。

（2）"信用减值准备"项目。

信用减值准备包括：坏账准备、债权投资减值准备、贷款损失准备、租赁应收款减值准备等。企业当期计提和按规定转回的各项信用减值准备，包括在利润表中，属于利润的减除项目，但没有发生现金流出。所以，在将净利润调节为经营活动现金流量时，需要加回。本项目可根据"信用减值损失"科目的记录分析填列。

（3）"固定资产折旧、使用权资产折旧、油气资产折耗、生产性生物资产折旧"项目。

企业计提的固定资产折旧，有的包括在管理费用等期间费用中，有的包括在制造费用中。计入管理费用等期间费用中的部分，作为期间费用在计算净利润时从中扣除，但没有发生现金流出，在将净利润调节为经营活动现金流量时，需要予以加回。计入制造费用中已经变现的部分，在计算净利润时通过销售成本予以扣除，但没有发生现金流出；计入制造费用中没有变现的部分，既不涉及现金收支，也不影响企业当期净利润。由于在调节存货时，已经从中扣除，在将净利润调节为经营活动现金流量时，需要予以加回。同理，企业计提的油气资产折耗、生产性生物资产折旧、使用权资产折旧，也需要予以加回。本项目可根据"累计折旧"、"累计折耗"、"生产性生物资产折旧"、"使用权资产折旧"等科目的贷方发生额分析填列。

（4）"无形资产摊销"和"长期待摊费用摊销"项目。

企业对使用寿命有限的无形资产计提摊销时，计入管理费用或制造费用。长期待摊费用摊销时，有的计入管理费用，有的计入销售费用，有的计入制造费用。计入管理费用等期间费用和计入制造费用中的已变现的部分，在计算净利润时已从中扣除，但没有发生现金流出；计入制造费用中的没有变现的部分，在调节存货时已经从中扣除，但不涉及现金收支，所以，在此处将净利润调节为经营活动现金流量时，需要予以加回。本项目可根据"累计摊销"、"长期待摊费用"科目的贷方发生额分析填列。

（5）"处置固定资产、无形资产和其他长期资产的损失"项目。

企业处置固定资产、无形资产和其他长期资产发生的损益，属于投资活动产生的损益，不属于经营活动产生的损益,所以,在将净利润调节为经营活动现金流量时,需要予以剔除。如为损失,在将净利润调节为经营活动现金流量时,应当加回;如为收益,在将净利润调节为经营活动现金流量时,应当扣除。本项目可根据"资产处置损益"科目所属有关明细科目的记录分析填列;如为净收益,以"-"号填列。

(6)"固定资产报废损失"项目。

企业发生的固定资产报废损益,属于投资活动产生的损益,不属于经营活动产生的损益,所以,在将净利润调节为经营活动现金流量时,需要予以剔除。如为净损失,在将净利润调节为经营活动现金流量时,应当加回;如为净收益,在将净利润调节为经营活动现金流量时,应当扣除。本项目可根据"营业外支出"、"营业外收入"等科目所属有关明细科目的记录分析填列。如为净收益,以"-"号填列。

(7)"公允价值变动损失"项目。

公允价值变动损失反映企业交易性金融资产、投资性房地产等公允价值变动形成的应计入当期损益的利得或损失。企业发生的公允价值变动损益,通常与企业的投资活动或筹资活动有关,而且并不影响企业当期的现金流量。为此,应当将其从净利润中剔除。本项目可以根据"公允价值变动损益"科目的发生额分析填列。如为持有损失,在将净利润调节为经营活动现金流量时,应当加回;如为持有利得,在将净利润调节为经营活动现金流量时,应当扣除。

【例21-15】2×23年12月31日,甲企业持有交易性金融资产的公允价值为800万元,2×24年度未发生交易性金融资产的增减变动,2×24年12月31日,该企业持有交易性金融资产的公允价值为805万元,公允价值变动损益为5万元。这5万元的资产持有利得,在将净利润调节为经营活动现金流量时应当扣除。

(8)"财务费用"项目。

企业发生的财务费用中不属于经营活动的部分,应当在将净利润调节为经营活动现金流量时将其加回。本项目可根据"财务费用"科目的本期借方发生额分析填列;如为收益,以"-"号填列。

(9)"投资损失"项目。

企业发生的投资损益,属于投资活动产生的损益,不属于经营活动产生的损益,所以,在将净利润调节为经营活动现金流量时,需要予以剔除。如为净损失,在将净利润调节为经营活动现金流量时,应当加回;如为净收益,在将净利润调节为经营活动现金流量时,应当扣除。本项目可根据利润表中"投资收益"项目的数字填列;如为投资收益,以"-"号填列。

(10)"递延所得税资产减少"项目。

递延所得税资产减少使计入所得税费用的金额大于当期应交的所得税金额,其差额没有发生现金流出,但在计算净利润时已经扣除,在将净利润调节为经营活动现金流量时,应当加回。递延所得税资产增加使计入所得税费用的金额小于当期应交的所得税金额,二者之间的差额并没有发生现金流入,但在计算净利润时已经包括在内,在将净利润调节为经营活动现金流量时,应当扣除。本项目可以根据资产负债表"递延所得税资产"项目期初、期末余额分析填列。如为增加,以"-"号填列。

【例21-16】2×24年1月1日,甲企业递延所得税资产借方余额为5 000元;2×24年

12月31日，递延所得税资产借方余额为12 500元，增加了7 500元，经分析，为该企业计提了固定资产减值准备30 000元，使资产和负债的账面价值与计税基础不一致。递延所得税资产增加的7 500元，在将净利润调节为经营活动现金流量时应当扣减。

(11)"递延所得税负债增加"项目。

递延所得税负债增加使计入所得税费用的金额大于当期应交的所得税金额，其差额没有发生现金流出，但在计算净利润时已经扣除，在将净利润调节为经营活动现金流量时，应当加回。递延所得税负债减少使计入当期所得税费用的金额小于当期应交的所得税金额，其差额并没有发生现金流入，但在计算净利润时已经包括在内，在将净利润调节为经营活动现金流量时，应当扣除。本项目可以根据资产负债表"递延所得税负债"项目期初、期末余额分析填列。如为减少，以"-"号填列。

(12)"存货的减少"项目。

期末存货比期初存货减少，说明本期生产经营过程耗用的存货有一部分是期初的存货，耗用这部分存货并没有发生现金流出，但在计算净利润时已经扣除，所以，在将净利润调节为经营活动现金流量时，应当加回。期末存货比期初存货增加，说明当期购入的存货除耗用外，还剩余了一部分，这部分存货也发生了现金流出，但在计算净利润时没有包括在内，所以，在将净利润调节为经营活动现金流量时，需要扣除。当然，存货的增减变化过程还涉及应付项目，这一因素在"经营性应付项目的增加（减：减少）"中考虑。本项目可根据资产负债表中"存货"项目的期初数、期末数之间的差额填列；期末数大于期初数的差额为增加额，以"-"号填列。如果存货的增减变化过程属于投资活动，如在建工程领用存货，应当将这一因素剔除。

【例21-17】2×24年1月1日，甲企业存货余额为300 000元；2×24年12月31日，存货余额为560 000元；2×24年度，存货增加了260 000（560 000 - 300 000）元。存货的增加金额260 000元，在将净利润调节为经营活动现金流量时应当扣除。

(13)"经营性应收项目的减少"项目。

经营性应收项目包括应收票据、应收账款、预付账款、合同资产、长期应收款和其他应收款中与经营活动有关的部分，以及应收的增值税销项税额等。经营性应收项目期末余额小于经营性应收项目期初余额，说明本期收回的现金大于利润表中所确认的销售收入，所以，在将净利润调节为经营活动现金流量时，需要加回。经营性应收项目期末余额大于经营性应收项目期初余额，说明本期销售收入中有一部分没有收回现金，但是，在计算净利润时这部分销售收入已包括在内，所以，在将净利润调节为经营活动现金流量时，需要扣除。本项目应当根据有关科目的期初、期末余额分析填列；如为增加，以"-"号填列。

【例21-18】2×24年1月1日，甲企业应收账款为750 000元，应收票据为230 000元；2×24年12月31日，该企业应收账款为950 000元，应收票据为100 000元；2×24年度内，该企业经营性应收项目年末比年初增加了70 000[(950 000 - 750 000) + (100 000 - 230 000)]元。经营性应收项目增加金额70 000元，在将净利润调节为经营活动现金流量时应当扣除。

(14)"经营性应付项目的增加"项目。

经营性应付项目包括应付票据、应付账款、预收账款、合同负债、应付职工薪酬、应交税费、应付利息、长期应付款、其他应付款中与经营活动有关的部分，以及应付的增值税进项税额等。经营性应付项目期末余额大于经营性应付项目期初余额,说明本期购入的存货中有一部分没有支付现金,但是,在计算净利润时却通过销售成本包括在内,在将净利润调节为经营活动现金流量时,需要加回;经营性应付项目期末余额小于经营性应付项目期初余额,说明本期支付的现金大于利润表中所确认的销售成本,在将净利润调节为经营活动产生的现金流量时,需要扣除。本项目应当根据有关科目的期初、期末余额分析填列;如为减少,以"-"号填列。

【例21-19】2×24年1月1日,甲企业应付账款为600 000元,应付票据为390 000元,应付职工薪酬为10 000元,应交税费为50 000元;2×24年12月31日,该企业应付账款为850 000元,应付票据为300 000元,应付职工薪酬为15 000元,应交税费为40 000元;2×24年度内,该企业经营性应付项目年末比年初增加了155 000 [(850 000 - 600 000) + (300 000 - 390 000) + (15 000 - 10 000) + (40 000 - 50 000)]元。经营性应付项目增加金额155 000元,在将净利润调节为经营活动现金流量时应当加回。

2. 不涉及现金收支的重大投资和筹资活动的披露

不涉及现金收支的重大投资和筹资活动,反映企业一定期间内影响资产或负债但不形成该期现金收支的所有投资和筹资活动的信息。这些投资和筹资活动虽然不涉及当期现金收支,但对以后各期的现金流量有重大影响。例如,企业融资租入设备(短期租赁或低价值租赁除外),将形成的负债记入"租赁负债"科目,当期并不支付租金,但以后各期必须为此支付现金,从而在一定期间内形成了一项固定的现金支出。

企业应当在附注中披露不涉及当期现金收支但影响企业财务状况或在未来可能影响企业现金流量的重大投资和筹资活动,主要包括:(1)债务转为资本,反映企业本期转为资本的债务金额;(2)一年内到期的可转换公司债券,反映企业一年内到期的可转换公司债券的本息;(3)新增使用权资产,反映企业本期因租赁而新增的使用权资产。

三、影响企业现金流量其他重要信息的披露

(一)企业当期取得或处置子公司及其他营业单位

现金流量表准则应用指南中列示了企业当期取得或处置子公司及其他营业单位有关信息的披露格式。主要项目包括:取得和处置子公司及其他营业单位的有关信息。其中,取得子公司及其他营业单位的有关信息包括:取得的价格、支付现金和现金等价物金额、支付的现金和现金等价物净额、取得子公司净资产等信息。处置子公司及其他营业单位的有关信息包括:处置的价格、收到的现金和现金等价物金额、收到的现金净额、处置子公司的净资产等信息。

(二)现金和现金等价物有关信息

现金流量表准则要求企业在附注中披露与现金和现金等价物有关的下列信息:(1)现金和现金等价物的构成及其在资产负债表中的相应金额;(2)企业持有但不能由母公司或集团内其他子公司使用的大额现金和现金等价物金额。

四、现金流量表的编制程序

(一)工作底稿法及其编制程序

采用工作底稿法编制现金流量表,是以工作底稿为手段,以资产负债表和利润表数据为

基础，对每一项目进行分析并编制调整分录，从而编制现金流量表。工作底稿法的程序是：

第一步，将资产负债表的期初数和期末数过入工作底稿的期初数栏和期末数栏。

第二步，对当期业务进行分析并编制调整分录。编制调整分录时，要以利润表项目为基础，从"营业收入"开始，结合资产负债表项目逐一进行分析。在调整分录中，有关现金和现金等价物的事项，并不直接借记或贷记现金，而是分别计入"经营活动产生的现金流量"、"投资活动产生的现金流量"、"筹资活动产生的现金流量"有关项目。借记表示现金流入，贷记表示现金流出。

第三步，将调整分录过入工作底稿中的相应部分。

第四步，核对调整分录，借方、贷方合计数均已经相等，资产负债表项目期初数加减调整分录中的借贷金额以后，也等于期末数。

第五步，根据工作底稿中的现金流量表项目部分编制正式的现金流量表。

（二）T型账户法及其编制程序

采用T型账户法编制现金流量表，是以T型账户为手段，以资产负债表和利润表数据为基础，对每一项目进行分析并编制调整分录，从而编制现金流量表。T型账户法的程序是：

第一步，为所有的非现金项目（包括资产负债表项目和利润表项目）分别开设T型账户，并将各自的期末、期初变动数过入各相关账户。如果项目的期末数大于期初数，则将差额过入和项目余额相同的方向；反之，过入相反的方向。

第二步，开设一个大的"现金及现金等价物"T型账户，每边分为经营活动、投资活动和筹资活动三个部分，左边记现金流入，右边记现金流出。与其他账户一样，过入期末、期初变动数。

第三步，以利润表项目为基础，结合资产负债表分析每一个非现金项目的增减变动，并据此编制调整分录。

第四步，将调整分录过入各T型账户，并进行核对，该账户借贷相抵后的余额与原先过入的期末、期初变动数应当一致。

第五步，根据大的"现金及现金等价物"T型账户编制正式的现金流量表。

（三）分析填列法及其编制程序

分析填列法是直接根据资产负债表、利润表和有关会计科目明细账的记录，分析计算出现金流量表各项目的金额，并据以编制现金流量表的一种方法。

思考题

1. 简述编制现金流量表的作用。
2. 简述现金流量的分类及其反映的现金流量信息特点。
3. 比较编制现金流量表的直接法与间接法的异同点和优缺点。

练习题

甲股份有限公司（以下简称"甲公司"）为增值税一般纳税人，适用的增值税税率为13%，2×24年度，甲公司有关业务资料如下：

(1) 部分账户年初、年末余额或本年发生额如表 21-4 所示：

表 21-4 账户余额或发生额 单位：万元

资产类账户名称	年初余额	年末余额	负债类账户名称	年初余额	年末余额
交易性金融资产	200	500	短期借款	120	140
应收账款	1 200	1 600	应付账款	250	600
坏账准备	12	16	预收账款	124	224
预付账款	126	210	应付职工薪酬	383	452
存货	620	900	应付股利	30	0
存货跌价准备	20	40	应交税费——应交增值税	0	0
合同资产	220	700	合同负债	210	215
长期股权投资	720	1 360	长期借款	360	840
固定资产	8 600	8 880			
无形资产	640	180			
无形资产减值准备	20	40			
损益类账户名称	借方发生额	贷方发生额	损益类账户名称	借方发生额	贷方发生额
主营业务收入		8 400	财务费用	40	
主营业务成本	4 600		投资收益		405
销售费用	265		营业外支出	49	
管理费用	908				

(2) 其他有关资料如下：

①交易性金融资产不属于现金等价物，本期以现金购入短期股票投资 400 万元，本期出售短期股票投资，款项已存入银行，获得投资收益 40 万元，不考虑其他与短期股票投资增减变动有关的交易或事项。

②应收账款、预收账款的增减变动仅与产成品销售有关，且均以银行存款结算，采用备抵法核算坏账损失，本期收回以前年度核销的坏账 2 万元，款项已存入银行，销售产成品均开出增值税专用发票。

③原材料的增减变动均与购买原材料或生产产品消耗原材料有关。年初存货均为外购原材料，年末存货仅为外购原材料和库存产成品。其中，库存产成品成本为 630 万元，外购原材料成本为 270 万元。年末库存产成品成本中，原材料为 252 万元；工资及福利费为 315 万元；制造费用为 63 万元，其中，折旧费 13 万元；其余均为以货币资金支付的其他制造费用。本年已销产成品的成本（即主营业务成本）中，原材料为 1 840 万元；工资及福利费为 2 300 万元；制造费用为 460 万元，其中，折旧费 60 万元，其余均为以货币资金支付的其他制造费用。

④4 月 1 日，以专利权向乙公司的投资，占乙公司有表决权股份的 40%，采用权益法核算；甲公司所享有乙公司所有者权益的份额为 400 万元。该专利权的账面余额为 420 万元，已计提减值准备 20 万元（按年计提）。2×24 年 4 月 1 日至 12 月 31 日，乙公司实现的净利润为 600 万元；甲公司和乙公司适用的所得税税率均为 25%。

⑤1 月 1 日，以银行存款 400 万元购置设备一台，不需要安装，当月投入使用；4 月 2 日，对一台管理用设备进行清理，该设备账面原价 120 万元，已计提折旧 80 万元，已计提减值准备 20 万元，以银行存款支付清理费用 2 万元，收到变价收入 13 万元，该设备已清理完毕。

⑥无形资产摊销额为40万元,其中,包括专利权对外投出前摊销额15万元,年末计提无形资产减值准备40万元。

⑦借入短期借款240万元,借入长期借款460万元,长期借款年末余额中包括确认的20万元长期借款利息费用。预提费用年初数和年末数均为预提短期银行借款利息,本年度的财务费用均为利息费用。财务费用包括预提的短期借款利息费用5万元,确认长期借款利息费用20万元,其余财务费用均以银行存款支付。

⑧应付账款、预付账款的增减变动均与购买原材料有关,以银行存款结算,本期购买原材料均取得增值税专用发票。

本年应交增值税借方发生额为1 428万元,其中,购买商品发生的增值税进项税额为296.14万元,已交税金为1 131.86万元,贷方发生额为1 428万元,均为销售商品发生的增值税销项税额。

⑨应付职工薪酬年初数、年末数均与投资活动和筹资活动无关,本年确认的职工薪酬均与投资活动和筹资活动无关。

⑩销售费用包括工资及福利费114万元,均以货币资金结算或形成应付债务,折旧费用4万元,其余营业费用均以银行存款支付。

⑪管理费用包括工资及福利费285万元,均以货币资金结算或形成应付债务,折旧费用124万元,无形资产摊销40万元,一般管理用设备租金摊销60万元,计提坏账准备2万元,计提存货跌价准备20万元,其余管理费用均以银行存款支付。

⑫投资收益包括从丙股份有限公司分得的现金股利125万元,款项已存入银行,甲公司对丙股份有限公司的长期股权投资采用成本法核算,分得的现金股利为甲公司投资后丙股份有限公司实现净利润的分配额。

⑬除上述资料外,有关债权债务的增减变动均以货币资金结算。

⑭不考虑本年度发生的其他交易或事项,以及除增值税以外的其他相关税费。

要求:计算"甲公司2×24年度现金流量表有关项目"的金额,并将结果填入相应的表格内(见表21-5)。

表21-5　　　　甲股份有限公司2×24年度现金流量表有关项目

	项目	金额(万元)
1	销售商品、提供劳务收到的现金	
2	购买商品、接受劳务支付的现金	
3	支付给职工以及为职工支付的现金	
4	支付其他与经营活动有关的现金	
5	收回投资收到的现金	
6	取得投资收益收到的现金	
7	处理固定资产、无形资产和其他长期资产收回的现金净额	
8	购建固定资产、无形资产和其他长期资产支付的现金	
9	投资支付的现金	
10	取得借款收到的现金	
11	偿还债务支付的现金	
12	分配股利、利润或偿付利息支付的现金	

第二十二章

所有者权益变动表

本章结构

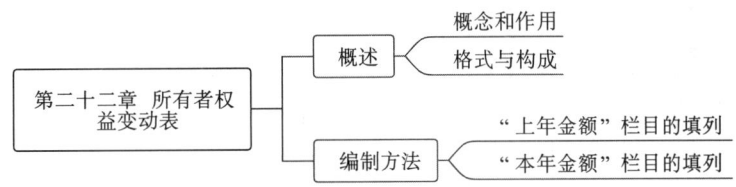

第一节 所有者权益变动表概述

一、所有者权益变动表的概念和作用

所有者权益变动表,又称为股东权益变动表,它是反映构成所有者权益的各组成部分当期的增减变动情况的报表。所有者权益变动表应当全面反映一定时期所有者权益变动的情况,不仅包括所有者权益总量的增减变动,还包括所有者权益增减变动的重要结构性信息,特别是要反映直接计入所有者权益的利得和损失,让报表使用者准确理解所有者权益增减变动的根源。

二、所有者权益变动表的格式与构成

(一)所有者权益变动表的格式

为了清楚地表明构成所有者权益的各组成部分当期的增减变动情况,所有者权益变动表应当以矩阵的形式列示。一方面,列示导致所有者权益变动的交易或事项,改变了以往仅仅按照所有者权益的各组成部分反映所有者权益变动情况,而是按所有者权益变动的来源对一定时期所有者权益变动情况进行全面反映;另一方面,按照所有者权益各组成部分(包括实收资本、资本公积、其他综合收益、盈余公积、未分配利润和库存股)及其总额列示交易或事项对所有者权益的影响。根据财务报表列报准则的规定,企业需要提供比较所有者权益变动表。因此,所有者权益变动表还就各项目再分为"本年金额"和"上年金额"两栏分别填列。所有者权益变动表格式如表22-1所示。

所有者权益变动表

编制单位：　　　　　　　　　　　　　　　　　　　年度　　　　　　　　　　　　　　　　　　会企04表

表22-1　　单位：元

项目	本年金额							上年金额						
	实收资本（或股本）	其他权益工具（优先股、永续债、其他）	资本公积	减：库存股	其他综合收益	盈余公积	未分配利润	所有者权益合计	实收资本（或股本）	其他权益工具（优先股、永续债、其他）	资本公积	减：库存股	其他综合收益	盈余公积	未分配利润	所有者权益合计
一、上年年末余额																
加：会计政策变更																
前期差错更正																
其他																
二、本年年初余额																
三、本年增减变动金额（减少以"-"号填列）																
（一）综合收益总额																
（二）所有者投入和减少资本																
1. 所有者投入普通股																
2. 其他权益工具持有者投入资本																
3. 股份支付计入所有者权益的金额																
4. 其他																
（三）利润分配																
1. 提取盈余公积																
2. 对所有者（或股东）的分配																
3. 其他																

续表

项目	本年金额								上年金额							
	实收资本（或股本）	其他权益工具（优先股、永续债、其他）	资本公积	减：库存股	其他综合收益	盈余公积	未分配利润	所有者权益合计	实收资本（或股本）	其他权益工具（优先股、永续债、其他）	资本公积	减：库存股	其他综合收益	盈余公积	未分配利润	所有者权益合计
（四）所有者权益内部结转																
1. 资本公积转增资本（或股本）																
2. 盈余公积转增资本（或股本）																
3. 盈余公积弥补亏损																
4. 设定受益计划变动额结转留存收益																
5. 其他综合收益结转留存收益																
6. 其他																
四、本年年末余额																

企业如有下列情况,应当在所有者权益变动表中调整或者增设相关项目。如高危行业企业如有按国家规定提取的安全生产费的,应当在"未分配利润"栏和"所有者权益合计"栏之间增设"专项储备"栏。

(二) 所有者权益变动表的构成

所有者权益变动表作为反映企业所有者权益构成情况的动态报表,其内容主要包括当期损益、直接计入所有者权益的利得和损失以及与所有者(或股东)的资本交易导致的所有者权益的变动等。根据财务报表列报准则的相关规定,所有者权益变动表至少应当单独列示反映下列信息的项目:

(1) 综合收益总额,在合并所有者权益变动表中还应单独列示归属于母公司所有者的综合收益总额和归属于少数股东的综合收益总额;

(2) 会计政策变更和前期差错更正的累积影响金额;

(3) 所有者投入资本和向所有者分配利润等;

(4) 按照规定提取的盈余公积;

(5) 所有者权益各组成部分的期初和期末余额及其调节情况,主要是指实收资本(或股本)、资本公积、其他综合收益、盈余公积、未分配利润的期初和期末余额及其调节情况。

第二节 所有者权益变动表的编制

一、"上年金额"栏目的填列

所有者权益变动表"上年金额"栏内各项数字,应当根据上年度所有者权益变动表"本年金额"栏目内所列数字填列。如果上年度所有者权益变动表规定的项目的名称和内容与本年度不一致,应对上年度所有者权益变动表相关项目的名称和金额按照本年度的规定进行调整,填入所有者权益变动表"上年金额"栏内。

二、"本年金额"栏目的填列

所有者权益变动表"本年金额"栏内各项数字,一般应当根据所有者权益类科目和损益类有关科目的发生额分析填列。具体而言,各项目的填列如下:

1. "上年年末余额"项目

本项目应当根据上年资产负债表中"实收资本(或股本)"、"资本公积"、"其他综合收益"、"盈余公积"、"未分配利润"等项目的年末余额填列。

2. "会计政策变更"和"前期差错更正"项目

分别反映企业采用追溯调整法处理的会计政策变更的累积影响金额和采用追溯重述法处理的会计差错更正的累积影响金额。为了体现会计政策变更和前期差错更正的影响,企业应当在上期期末所有者权益余额的基础上进行调整得出本期期初所有者权益,根据"盈余公积"、"利润分配"、"以前年度损益调整"等科目的发生额分析填列,并在"上年年末余额"的基础上调整得出"本年年初金额"项目。

3. "本年增减变动金额"项目

（1）"综合收益总额"项目，反映企业当年的综合收益总额，应根据当年利润表中"其他综合收益的税后净额"和"净利润"项目填列，并对应列在"其他综合收益"和"未分配利润"栏。

（2）"所有者投入和减少资本"项目，反映企业当年所有者投入的资本和减少的资本。其中：

"所有者投入普通股"项目，反映企业接受投资者投入形成的实收资本（或股本）和资本公积，应根据"实收资本"、"资本公积"等科目发生额分析填列，并对应列在"实收资本"和"资本公积"栏。

"股份支付计入所有者权益的金额"项目，反映企业处于等待期中的权益结算的股份支付当年计入资本公积的金额，应根据"资本公积"科目所属的"其他资本公积"二级科目发生额分析填列，并对应列在"资本公积"栏。

（3）"利润分配"下各项目，反映当年对所有者（或股东）分配的利润（或股利）金额和按照规定提取的盈余公积金额，并对应列在"未分配利润"和"盈余公积"栏。其中：

"提取盈余公积"项目，反映企业按照规定提取的盈余公积，应根据"盈余公积"、"利润分配"等科目的发生额分析填列。

"对所有者（或股东）的分配"项目，反映对所有者（或股东）分配的利润（或股利）金额，应根据"利润分配"科目的发生额分析填列。

（4）"所有者权益内部结转"下各项目，反映不影响当年所有者权益总额的所有者权益各组成部分之间当年的增减变动，包括资本公积转增资本（或股本）、盈余公积转增资本（或股本）、盈余公积弥补亏损等项金额。为了全面反映所有者权益各组成部分的增减变动情况，所有者权益内部结转也是所有者权益变动表的重要组成部分，主要指不影响所有者权益总额、所有者权益的各组成部分当期的增减变动。其中：

"资本公积转增资本（或股本）"项目，反映企业以资本公积转增资本或股本的金额。本项目应根据"实收资本"、"资本公积"等科目的发生额分析填列。

"盈余公积转增资本（或股本）"项目，反映企业以盈余公积转增资本或股本的金额。本项目应根据"实收资本"、"盈余公积"等科目的发生额分析填列。

"盈余公积弥补亏损"项目，反映企业以盈余公积弥补亏损的金额。本项目应根据"盈余公积"、"利润分配"等科目的发生额分析填列。

"其他综合收益结转留存收益"项目，主要反映：①企业指定为以公允价值计量且其变动计入其他综合收益的非交易性权益工具投资终止确认时，之前计入其他综合收益的累计利得或损失从其他综合收益中转入留存收益的金额；②企业指定为以公允价值计量且其变动计入当期损益的金融负债终止确认时，之前由企业自身信用风险变动引起而计入其他综合收益的累计利得或损失从其他综合收益中转入留存收益的金额等。本项目应根据"其他综合收益"科目的相关明细科目的发生额分析填列。

思考题

1. 什么是所有者权益变动表？
2. 所有者权益变动表应披露哪些信息？

练习题

甲公司 2×23 年年末所有者权益合计数为 4 735 万元，2×23 年实现净利润 1 560 万元，2×24 年 3 月分配上年现金股利 630 万元；2×24 年 8 月发现 2×22 年、2×23 年行政部门使用的固定资产分别少提折旧 200 万元和 300 万元（达到重要性要求）。甲公司自 2×23 年 4 月 1 日起持有乙公司 30% 的股权（具有重大影响），2×24 年 10 月乙公司将自用房地产转换为采用公允价值模式计量的投资性房地产，该项转换导致乙公司其他综合收益增加 400 万元，乙公司 2×24 年实现净利润 1 000 万元。

要求：不考虑所得税等其他因素，计算甲公司 2×24 年度"所有者权益变动表"中所有者权益合计数本年年末余额项目应列示的金额。

第二十三章

会计调整

本章结构

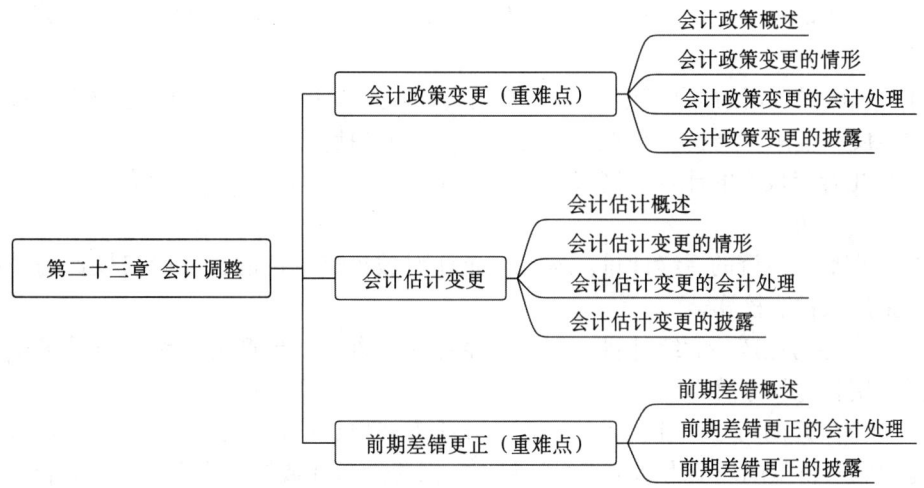

第一节 会计政策变更

一、会计政策概述

按照企业会计准则规定,一般地,企业应当对相同或者相似的交易或者事项采用相同的会计政策进行处理。会计政策是"企业会计制度设计层面的具体会计政策"的简称,是指企业在会计确认、计量和报告中所采用的原则、基础和会计处理方法。从这一定义可以看出,会计政策具有以下特点:

第一,会计政策的选择性。企业可在允许的会计原则、计量基础和会计处理方法中选择其具体会计政策。由于企业经济业务的复杂性和多样化,某些经济业务在符合会计原则和计量基础的要求下,可以有多种会计处理方法,即存在不止一种可供选择的会计政策。例如,确定发出存货的实际成本时可以在先进先出法、加权平均法或者个别计价法中进行选择。

第二,会计政策应当在会计准则规定的范围内选择。在我国,会计准则和会计制度属于行政规章,会计政策所包括的具体会计原则、计量基础和具体会计处理方法由会计准则或会计制度规定，具有一定的强制性。企业必须在法规所允许的范围内选择适合本企业实际情况的会计政策，即企业在发生某项经济业务时，必须从允许的会计原则、计量基础和会计处理方法中选择出适合本企业特点的会计政策。

第三，会计政策的层次性。会计政策包括会计原则、计量基础和会计处理方法三个层次。其中：(1) 会计原则，是指按照企业会计准则规定的、适合企业会计核算的具体会计原则。(2) 计量基础，是指为了将会计原则应用于交易或者事项而采用的基础，是为将会计原则体现在会计核算中而采用的计量基础。例如，《企业会计准则第 8 号——资产减值》等涉及的历史成本、重置成本、可变现净值、现值和公允价值等计量属性就是计量基础。(3) 会计处理方法，是指企业在会计核算中按照法律、行政法规或者国家统一的会计制度等规定采用或者选择的、适合本企业的具体会计处理方法。例如，《企业会计准则第 14 号——收入》规定的完工百分比法（履约进度法）就是会计处理方法。会计原则、计量基础和会计处理方法三者是一个具有逻辑性的、密不可分的整体，通过这个整体，会计政策才能得以应用和落实。

企业应当披露采用的重要会计政策。判断会计政策是否重要，应当考虑与会计政策相关的项目的性质和金额。企业应当披露的重要会计政策包括：

(1) 发出存货成本的计量。例如，企业发出存货成本的计量是采用先进先出法，还是采用其他计量方法。

(2) 长期股权投资的后续计量。例如，企业对被投资单位的长期股权投资是采用成本法，还是采用权益法核算。

(3) 投资性房地产的后续计量。例如，企业对投资性房地产的后续计量是采用成本模式，还是采用公允价值模式。

(4) 固定资产的初始计量。例如，企业外购方式取得的固定资产初始成本是以购买价款，还是以购买价款的现值为基础进行计量，以及企业自建或投入或换入或企业合并方式取得的固定资产初始成本的计量等。

(5) 生物资产的初始计量。例如，企业为取得生物资产而产生的借款费用，是予以资本化，还是计入当期损益。

(6) 无形资产的确认。例如，企业内部研究开发项目开发阶段的支出是资本化而确认为无形资产，还是在发生时费用化而计入当期损益。

(7) 非货币性资产交换的计量。例如，非货币性资产交换是以换出资产的公允价值作为确定换入资产成本的基础，还是以换出资产的账面价值作为确定换入资产成本的基础。

(8) 借款费用的确认，即是采用资本化，还是采用费用化。

(9) 合并政策，是指编制合并财务报表所采用的原则。例如，母公司与子公司的会计年度不一致的处理原则、合并范围的确定原则、母公司与子公司的报告货币不一致时的处理原则等。

(10) 合同收入确认。如合同收入确认时间的原则是采用"商品控制权转移观"而不是"商品所有权上的主要风险和报酬转移观"。又如，合同收入确认金额的方法是采用履约进度法（完工百分比法）还是非完工百分比法。

(11) 资产减值的计量。如期末时固定资产减值采用账面价值与可收回金额孰低法、应收账款和债权投资减值采用预期信用减值损失估计法等。

(12) 其他重要的会计政策。如预计负债的确认条件、外币交易记账方法、外币交易与外币报表的折算方法等。

二、会计政策变更的情形

会计政策变更,是指企业对相同的交易或者事项由原来采用的会计政策改用另一会计政策的行为。如发出存货成本的计量方法由后进先出法变更为先进先出法;投资性房地产的后续计量方法由成本模式变更为公允价值模式。

企业会计准则规定,企业采用的会计政策,在每一会计期间和前后各期应当保持一致,不得随意变更。随意"采用新会计政策",不利于保证会计信息的可比性质量特征,也不利于财务报表使用者通过比较同一企业多个会计期间的财务报表而正确判断该企业财务与经营状况的趋势,进而不利于其正确决策。

(一) 采用新会计政策属于会计政策变更的情形

企业会计准则规定,满足下列条件之一的,可以变更会计政策(即可以采用新会计政策):

1. 法律、行政法规或者国家统一的会计制度等要求变更

这种情况是指按照法律、行政法规以及国家统一的会计制度的规定,要求企业采用新的会计政策,则企业应当按照法律、行政法规以及国家统一的会计制度的规定改变原会计政策,按照新的会计政策执行。

2. 会计政策变更能够提供更可靠、更相关的会计信息

由于经济环境、客观情况的改变,使企业原采用的会计政策所提供的会计信息,不能恰当地反映企业的财务状况、经营成果和现金流量等情况。在这种情况下,应改变原会计政策,按变更后新的会计政策进行会计处理,以便对外提供更可靠、更相关的会计信息。

(二) 采用新会计政策不属于会计政策变更的情形

对会计政策变更的认定,直接影响会计处理方法的选择。因此,在会计实务中,企业应当正确认定"(企业对其在后期发生的与前期相同的交易或事项的会计处理)采用新的会计政策"是否属于会计政策变更。下列两种采用新会计政策的情形不属于会计政策变更:

1. 本期发生的交易或事项与以前相比具有本质差别而采用新的会计政策。
2. 对初次发生的或不重要的交易或事项采用新的会计政策。

三、会计政策变更的会计处理方法

(一) 会计政策变更的会计处理原则

会计政策变更根据具体情况,分别按照下列规定处理:

(1) 法律、行政法规或者国家统一的会计制度等要求变更的情况下,企业应当分别按下列情况进行处理:

①国家发布相关的会计处理办法,则按照国家发布的相关会计处理规定进行处理。如自2018年1月1日起修订印发后的《企业会计准则第14号——收入》在我国执行企业会计准则的企业中分步实施,相关会计政策发生了较大的变动,《企业会计准则第14号——收入》中的衔接规定明确了企业执行新收入准则时应遵循的处理办法。

②国家没有发布相关的会计处理办法,则采用追溯调整法进行会计处理。

（2）在会计政策变更能够提供更可靠、更相关的会计信息的情况下，企业应当采用追溯调整法进行会计处理，将会计政策变更累积影响数调整列报前期最早期初留存收益，其他相关项目的期初余额和列报前期披露的其他比较数据也应当一并调整。

（3）确定会计政策变更对列报前期影响数不切实可行的，应当从可追溯调整的最早期间期初开始应用变更后的会计政策。

（4）在当期期初确定会计政策变更对以前各期累积影响数不切实可行的应当采用未来适用法处理。例如，企业因账簿、凭证超过法定保存期限而销毁，或因不可抗力而毁坏、遗失，如火灾、水灾等，或因人为因素，如盗窃、故意毁坏等，可能使当期期初确定会计政策变更对以前各期累积影响数无法计算，即不切实可行，在这种情况下，会计政策变更应当采用未来适用法进行处理。

（二）追溯调整法

追溯调整法是指对某项交易或事项变更会计政策，视同该项交易或事项初次发生时，即采用变更后的会计政策，并以此对财务报表相关项目进行调整的方法。

追溯调整法的运用通常由下列步骤构成：

第一步，计算会计政策变更的累积影响数；

第二步，编制相关项目的调整分录；

第三步，调整列报前期最早期初财务报表相关项目及其金额；

第四步，附注说明。

采用追溯调整法时，对于比较财务报表期间的会计政策变更，应调整各期间净损益各项目和财务报表其他相关项目，视同该政策在比较财务报表期间一直采用。对于比较财务报表可比期间以前的会计政策变更的累积影响数，应调整比较财务报表最早期间的期初留存收益，财务报表其他相关项目的数字也应一并调整。因此，追溯调整法是将会计政策变更的累积影响数调整列报前期最早期初留存收益，而不是计入当期损益。但是，确定会计政策变更对列报前期影响数不切实可行的，应当从可追溯调整的最早期间期初开始应用变更后的会计政策。

（三）会计政策变更累积影响数

会计政策变更累积影响数是指按照变更后的会计政策对以前各期追溯计算的列报前期最早期初留存收益应有金额与现有金额之间的差额。根据上述定义的表述，会计政策变更的累积影响数可以分解为下列两个金额之间的差额：（1）在变更会计政策当期，按变更后的会计政策对以前各期追溯计算，所得到的列报前期最早期初留存收益金额；（2）在变更会计政策当期，列报前期最早期初留存收益金额。

上述留存收益金额，包括法定盈余公积、任意盈余公积以及未分配利润各项目，不考虑由于损益的变化而应当补分的利润或股利。例如，某企业由于会计政策变化，增加了以前期间可供分配的利润，该企业通常按净利润的20%分派股利。但在计算调整会计政策变更当期期初的留存收益时，不应当考虑由于以前期间净利润的变化而需要分派的股利。

在财务报表只提供列报项目上一个可比会计期间比较数据的情况下，上述第（2）项在变更会计政策当期，列报前期最早期初留存收益金额，即为上期资产负债表所反映的期初留存收益，可以从上年资产负债表项目中获得；需要计算确定的是第（1）项，即按变更后的会计政策对以前各期追溯计算所得到的上期期初留存收益金额。

累积影响数通常可以通过下列步骤计算获得：

第一步，根据新会计政策重新计算受影响的前期交易或事项；

第二步，计算两种会计政策下的差异；

第三步，计算差异的所得税影响金额；

第四步，确定前期中的每一期的税后差异；

第五步，计算会计政策变更的累积影响数。

（四）不切实可行的判断

不切实可行是指企业在作出所有合理努力后仍然无法采用某项会计准则规定。对于下列特定前期，对某项会计政策变更应用追溯调整法是不切实可行的：

（1）应用追溯调整法的累积影响数不能确定；

（2）应用追溯调整法要求对管理层在该期当时的意图作出假定；

（3）应用追溯调整法要求对有关金额进行重大估计，并且不可能将提供有关交易发生时存在状况的证据（例如，有关金额确认、计量或披露日期存在事实的证据，以及在受变更影响的当期和未来期间确认会计估计变更的影响的证据）和该期间财务报表批准报出时能够取得的信息这两类信息与其他信息客观地加以区分。

在某些情况下，调整一个或者多个前期比较信息以获得与当期会计信息的可比性是不切实可行的。例如，某个或者多个前期财务报表有关项目的数据难以收集，而要再造会计信息则可能是不切实可行的。在前期采用一项新会计政策时，不论是对管理层在某个前期的意图作出假定，还是估计在前期确认、计量或者披露的金额，都不应当使用"后见之明"。

（五）未来适用法

未来适用法是指将变更后的会计政策应用于变更日及以后发生的交易或者事项，或者在会计估计变更当期和未来期间确认会计估计变更影响数的方法。

在未来适用法下，不需要计算会计政策变更产生的累积影响数，也无须重编以前年度的财务报表。企业会计账簿记录及财务报表上反映的金额，变更之日仍保留原有的金额，不因会计政策变更而改变以前年度的既定结果，并在现有金额的基础上再按新的会计政策进行核算。

【例23-1】甲股份有限公司（以下简称"甲公司"）是一家海洋石油开采公司，于2×15年开始建造一座海上石油开采平台，根据法律法规规定，该开采平台在使用期满后要将其拆除，需要对其造成的环境污染进行整治。2×16年12月15日，该开采平台建造完成并交付使用，建造成本共120 000 000元，预计使用寿命10年，采用年限平均法计提折旧，预计净残值为零。2×22年1月1日甲公司开始执行企业会计准则，企业会计准则对于具有弃置义务的固定资产，要求将相关弃置费用计入固定资产成本，对之前尚未计入资产成本的弃置费用，应当进行追溯调整。已知甲公司保存的会计资料比较齐备，可以通过会计资料追溯计算。甲公司预计该开采平台的弃置费用为10 000 000元。假定甲公司只有该开采平台一项固定资产，折现率（即为实际利率）为10%。不考虑相关税费及其他因素影响。

根据上述资料，甲公司的会计处理如下：

（1）计算确认弃置义务后的累积影响数（见表23-1）。

表 23-1　　　　　　　　　　　　　　相关数据　　　　　　　　　　　　　　单位：元

年份	计息金额	实际利率	利息费用①	折旧②	累积影响数 = -（①+②）
2×17	3 855 000	10%	385 500	385 500	-771 000
2×18	4 240 500	10%	424 050	385 500	-809 550
2×19	4 664 550	10%	466 455	385 500	-851 955
2×20	5 131 005	10%	513 100.50	385 500	-898 600.50
小计	—	—	1 789 105.50	1 542 000	-3 331 105.50
2×21	5 644 105.50	10%	564 410.55	385 500	-949 910.55
合计	—	—	2 353 516.05	1 927 500	-4 281 016.05

2×17 年 1 月 1 日，该开采平台计入资产成本弃置费用的现值 = 10 000 000 × (P/F, 10%, 10) = 10 000 000 × 0.3855 = 3 855 000（元）；每年应计提折旧 = 3 855 000 ÷ 10 = 385 500（元）。

甲公司确认该开采平台弃置费用后的净影响额为 -4 281 016.05 元，即为该公司确认资产弃置费用后的累积影响数。

(2) 2×22 年 1 月 1 日，编制有关项目的调整分录：

①调整确认的弃置费用：

借：固定资产——开采平台——弃置义务　　　　　　　　　　　3 855 000
　　贷：预计负债——开采平台弃置义务　　　　　　　　　　　　　　3 855 000

②调整会计政策变更累积影响数：

借：利润分配——未分配利润　　　　　　　　　　　　　　　　4 281 016.05
　　贷：累计折旧　　　　　　　　　　　　　　　　　　　　　　　　1 927 500
　　　　预计负债——开采平台弃置义务　　　　　　　　　　　　　2 353 516.05

此处对留存收益的调整均计入未分配利润。实务中，影响盈余公积计提的，企业还应对盈余公积作相应调整。

(3) 财务报表调整和重述：

甲公司在编制 2×22 年度财务报表时，应调整资产负债表的年初数（见表 23-2），利润表、股东权益变动表的上年数（见表 23-3 和表 23-4）也应作相应调整。2×22 年 12 月 31 日资产负债表的期末数栏、股东权益变动表的未分配利润项目上年数栏应以调整后的数字为基础编制。

表 23-2　　　　　　　　　　　　　资产负债表（简表）　　　　　　　　　　　　　　会企01表

编制单位：甲股份有限公司　　　　　　　2×22 年 12 月 31 日　　　　　　　　　　　　单位：元

资产	年初余额		负债和股东权益	年初余额	
	调整前	调整后		调整前	调整后
……			……		
固定资产	60 000 000	61 927 500	预计负债	0	6 208 516.05
			……		
			未分配利润	5 000 000	718 983.95
……			……		

在利润表中，根据账簿记录，甲公司重新确认了2×21年度营业成本和财务费用，分别调增385 500元和564 410.55元，其结果为净利润调减949 910.55（385 500 + 564 410.55）元。

表23-3　　　　　　　　　　　　利润表（简表）　　　　　　　　　　会企02表
编制单位：甲股份有限公司　　　　　　2×22年度　　　　　　　　　　　单位：元

项目	上期金额	
	调整前	调整后
一、营业收入	18 000 000	18 000 000
减：营业成本	13 000 000	13 385 500
……		
财务费用	260 000	824 410.55
……		
二、营业利润	3 900 000	2 950 089.45
……		
四、净利润	4 060 000	3 110 089.45
……		

表23-4　　　　　　　　　　　股东权益变动表（简表）　　　　　　　　会企04表
编制单位：甲股份有限公司　　　　　　2×22年度　　　　　　　　　　　单位：元

项目	本年金额			
……	……	未分配利润	……	
一、上年年末余额		5 000 000		
加：会计政策变更		-4 281 016.05		
前期差错更正				
二、本年年初余额		718 983.95		
……				

(4) 附注说明：

2×22年1月1日，甲公司按照企业会计准则规定，对2×16年12月15日建造完成并交付使用的开采平台的弃置义务进行确认。此项会计政策变更采用追溯调整法，2×21年的比较报表已经调整。2×22年期初运用新的方法追溯计算的会计政策变更累积影响数为-4 281 016.05元。会计政策变更对2×21年度财务报表损益的影响为调减净利润949 910.55元，调减2×21年的期末未分配利润4 281 016.05元。

【例23-2】红星公司从2×23年开始对发出存货采用后进先出法。由于会计准则修改变化，公司从2×27年1月1日起改用先进先出法。该公司2×23年至2×26年各年的存货相关数据都缺失。2×27年1月1日存货的价值为25 000元，公司购入存货实际成本为180 000元，2×27年12月31日按后进先出法计算确定的存货价值为45 000元，当年销售额为250 000元，假设该年度其他费用为12 000元，所得税税率为25%。2×27年12月31日按先进先出法计算的存货价值为22 000元。

要求：按未来适用法进行会计政策变更的处理；计算确定会计政策变更对当期净利润的影响数。

解析：由于2×26年及其之前各期的存货相关数据缺失。故在变更当期2×27年1月1日计算确定"该会计政策变更对2×26年及其之前的前期全部各期或前期某一（或多）期的'会计政策变更的累积影响数'"不切实可行，因而只能采用未来适用法进行该会计政策变更的会计处理。

（1）对当年净利润的影响数计算表，如表23-5所示。

表23-5　　　　　　　　2×27年（变更当期）净利润差异额表　　　　　　　　单位：元

项目	先进先出法	后进先出法
营业收入	250 000	250 000
减：营业成本	183 000	160 000
减：其他费用	12 000	12 000
利润总额	55 000	78 000
减：所得税费用	13 750	19 500
净利润	41 250	58 500
差额	-17 250	—

由于会计政策变更使公司当期净利润减少了17 250元。

其中：采用先进先出法的销售成本为25 000+180 000-22 000=183 000（元），采用后进先出法的销售成本为25 000+180 000-45 000=160 000（元）。

（2）附注说明：

红星公司本年度按照企业会计准则规定，对存货的计价由后进先出法改为先进先出法。此项会计政策的变更由于变更日前期各期的存货相关数据都缺失，无法确定其累积影响数而无法追溯调整变更当年2×27年年报中的年初数据。该会计政策变更使变更当期净利润减少了17 250元。

四、会计政策变更的披露

对于会计政策变更，企业应当在财务报表附注中披露与其有关的下列信息：

1. 会计政策变更的性质、内容和原因。包括：对会计政策变更的简要阐述、变更的日期、变更前采用的会计政策和变更后所采用的新会计政策及会计政策变更的原因。

2. 当期和各个列报前期财务报表中受影响的项目名称和调整金额。包括：采用追溯调整法时，计算出的会计政策变更的累积影响数；当期和各个列报前期财务报表中需要调整的净损益及其影响金额，以及其他需要调整的项目名称和调整金额。

3. 无法进行追溯调整的，说明该事实和原因以及开始应用变更后会计政策的时点、具体应用情况。包括：无法进行追溯调整的事实；确定会计政策变更对列报前期影响数不切实可行的原因；在当期期初确定会计政策变更对以前各期累积影响数不切实可行的原因；开始应用新会计政策的时点和具体应用情况。

需要注意的是，在以后期间的财务报表中，不需要重复披露在以前期间的附注中已披露的会计政策变更的信息。

第二节 会计估计变更

一、会计估计概述

会计估计是指企业对结果不确定的交易或事项以最近可利用的信息为基础所作的判断。会计估计具有以下特点:

1. 会计估计的存在是由于经济活动中内在的不确定性因素的影响。
2. 进行会计估计时,往往以最近可利用的信息或资料为基础。
3. 进行会计估计并不会削弱会计确认和计量的可靠性。

企业应当披露重要的会计估计。判断会计估计是否重要,应当考虑与会计估计相关项目的性质和金额。企业应当披露的重要会计估计包括:

(1) 应收账款和其他应收款预期能收回金额的确定、存货可变现净值的确定。

(2) 采用公允价值模式下的投资性房地产公允价值的确定。

(3) 固定资产的预计使用寿命、净残值、折旧方法、期末可收回金额的确定。

(4) 生产性生物资产的预计使用寿命、净残值、折旧方法、期末可收回金额的确定。

(5) 使用寿命有限的无形资产的预计使用寿命、净残值、摊销方法、期末可收回金额的确定。

(6) 可收回金额按照资产组的公允价值减去处置费用后的净额确定的,资产组公允价值减去处置费用后的净额的确定;可收回金额按照资产组预计未来现金流量的现值确定的,资产组预计未来现金流量的确定。

(7) 收入计量中的合同履约进度的确定;预计有权收取的可变对价的估计金额的确定;附有销售退回条款销售的估计退货率的确定。

(8) 权益工具公允价值的确定。

(9) 债权人债务重组中受让的非现金资产的公允价值、由债权转成的股份的公允价值和修改其他债务条件后债权的公允价值的确定;债务人债务重组中转让的非现金资产的公允价值、由债务转成的股份的公允价值和修改其他债务条件后债务的公允价值的确定。

(10) 预计负债初始计量的最佳估计数的确定。

(11) 金融资产公允价值的确定。

(12) 长期赊购方或非短期且非低价值资产租赁的承租方对未确认融资费用的分摊额的确定;长期赊销方或融资租赁的出租方对未实现融资收益的分摊额的确定。

(13) 探明矿区权益、井及相关设施的折耗方法的确定;与油气开采活动相关的辅助设备及设施的折旧方法的确定。

(14) 非同一控制下企业合并成本的公允价值的确定。

(15) 合同履约成本和合同取得成本资产摊销期限的确定。合同收入业务中客户额外购买选择权的行权比率的确定。

(16) 附有客户额外购买选择权的销售的各年行权概率的确定。

(17) 其他重要的会计估计。

二、会计估计变更的情形

(一) 会计估计变更的含义与情形

会计估计变更是指由于资产和负债的当前状况及预期经济利益和义务发生了变化,从而对资产或负债的账面价值或者资产的定期消耗金额进行调整。会计估计变更的依据应当真实、可靠。从会计估计变更的原因来看,会计估计变更的情形包括:

1. 赖以进行估计的基础发生了变化而进行的会计估计变更。例如,企业的某项无形资产摊销年限原定为 15 年,以后发生的情况表明,该资产的受益年限已不足 15 年,因而相应调减摊销年限。

2. 取得了新的信息、积累了更多的经验而进行的会计估计变更。例如,企业原根据当时能够得到的信息,采用应收账款预期信用损失估计法估计而对应收账款每年按其余额的 6% 计提坏账准备。现在掌握了新的信息,参考新信息进行估计而判定不能收回的应收账款比例已达 16%,企业改按 16% 的比例计提坏账准备。

应该指出的是,会计估计变更并不意味着以前期间会计估计是错误的,而是由于"在后期时的最近可利用的信息"较之于"该交易或事项发生时或在前期时的最近可利用的信息"发生了变化,或者由于取得新信息、积累更多经验,使得变更会计估计能够更好地反映企业的财务状况和经营成果。如果以前期间的会计估计是错误的(即在前期当时以"在前期时的最近可利用的信息"为基础所作的判断是错误的),则属于前期差错,应按前期差错更正的会计处理方法进行处理。

(二) 会计估计变更与会计政策变更的划分基础与方法

企业应当以变更事项的会计确认、计量基础和列报项目是否发生变更,变更事项的数值及计量结果的不确定性估计是否发生变更作为判断该变更是会计政策变更还是会计估计变更的划分基础。

第一,以变更事项的会计确认是否发生变更作为判断基础。一般来说,对会计确认的指定或选择是会计政策,其相应的变更是会计政策变更。会计确认的变更一般会引起列报项目的变更。例如,企业在前期将某项内部研究开发项目开发阶段的支出计入当期损益,而当期按照《企业会计准则第 6 号——无形资产》的规定,该项支出符合无形资产的确认条件,应当确认为无形资产。该变更事项的会计确认发生了变更(前期将研发费用确认为一项费用,而当期将其确认为一项资产),所以该变更是会计政策变更。

第二,以变更事项的计量基础是否发生变更作为判断基础。一般来说,对计量基础的指定或选择是会计政策,其相应的变更是会计政策变更。例如,企业在前期对购入的价款超过正常信用条件延期支付的固定资产初始计量采用历史成本,而当期按照《企业会计准则第 4 号——固定资产》的规定,该类固定资产的初始成本应以购买价款的现值为基础确定。该变更事项的计量基础发生了变化,所以该变更是会计政策变更。

第三,以变更事项的列报项目是否发生变更作为判断基础。一般来说,对列报项目的指定或选择是会计政策,其相应的变更是会计政策变更。例如,某商业企业在前期按原会计准则规定将商品采购费用列入营业费用,当期根据新发布的《企业会计准则第 1 号——存货》的规定,将采购费用列入存货成本。该变更事项的列报项目发生了变化,所以该变更是会计政策变更。

第四，以变更事项的数值及计量结果的不确定性估计是否发生变更作为判断基础。一般来说，对数值及计量结果的不确定性估计的确定是会计估计，其相应的变更是会计估计变更。例如，企业在前期对投资性房地产公允价值根据前期时估计的相关数值进行了结果确定，而当期在企业面对的市场情况发生变化时，应对投资性房地产公允价值根据当期时估计的因该变化而不同于前期的相关数值进行结果再确定。该变更事项的计量数值及结果的不确定性估计发生了变化，所以该变更是会计估计变更。

企业可以采用以下具体方法划分会计政策变更与会计估计变更：分析判断该变更事项的会计确认、计量基础和列报项目是否发生变更，当发生至少一项上述（划分基础）变更时，该变更是会计政策变更；当不涉及上述划分基础变更，但变更事项的数值及计量结果的不确定性估计发生了变更时，该变更为会计估计变更。

三、会计估计变更的会计处理方法

企业对会计估计变更应当采用未来适用法处理。即在会计估计变更当期及以后期间，采用新的会计估计，不改变以前期间的会计估计，也不调整以前期间的报告结果。会计估计变更的会计处理，具体应区分以下两种情况进行：

1. 如果会计估计变更仅影响变更当期的，其影响数应当在变更当期予以确认。例如，企业原按应收账款余额的5%提取坏账准备，由于企业不能收回应收账款的比例已达10%，则企业改按应收账款余额的10%提取坏账准备，这类会计估计的变更，只影响变更当期。因此，应于变更当期确认。

2. 如果会计估计的变更既影响变更当期又影响未来期间的，其影响数应当在变更当期和未来期间予以确认。例如，计提折旧的固定资产，其有效使用年限或预计净残值的估计发生的变更，常常影响变更当期及资产以后使用年限内各个期间的折旧费用。因此，这类会计估计的变更，应于变更当期及以后各期确认。

为了保证不同期间的会计报表具有可比性，会计估计变更的影响数应计入变更当期与前期相同的项目中。

【例23-3】红星公司从2×21年1月1日起计提折旧的管理用设备一台，价值8.4万元，估计使用年限为8年，净残值为0.4万元，按直线法计提折旧。至2×25年年初，由于新技术的发展等原因，需要对原估计的使用年限和净残值作出修正，修改后该设备的耐用年限为6年，净残值为0.2万元。所得税税率25%。

在本例中，该变更事项的数值及计量结果的不确定性估计发生了变化，所以该变更——预计使用年限和净残值方面的管理用设备折旧变更，是会计估计变更。企业对该会计估计变更应当采用未来适用法处理：

（1）在2×25年（会计估计变更当期），不计算此会计估计变更的累积影响数，不调整2×21年至2×24年的折旧、不调整财务报表中的固定资产项目的期初数和利润表中的管理费用项目的上年数。

（2）该会计估计的变更既影响2×25年（会计估计变更当期）的折旧金额，又影响2×26—2×28年的折旧金额。在2×25—2×26年，采用新的会计估计而每年应计提折旧费用为2.1万元，而在2×27—2×28年则此折旧金额为0元。其影响数是使2×25年和2×26年每年净利润减少0.825〔$(2.1-1) \times (1-25\%)$〕万元，同时使2×27年和2×28年每年净利润增加 0.75 [(1-0)×(1-25%)] 万元。对于这一影响,要在 2×25 年的财务报表附注中说明。相关计算过程和会计分录如下:

按原估计,每年折旧额为 1 [(8.4-0.4)/8] 万元,至 2×25 年年初发生会计估计变更时已提折旧 4 年,共计 4 万元,固定资产折余价值为 4.4(8.4-4)万元。

改变估计使用年限和净残值后,2×25 年和 2×26 年采用新的会计估计而每年期末(非变更日)应计提折旧费用为 2.1 [(4.4-0.2)÷(6-4)] 万元,编制会计分录如下:

借:管理费用　　　　　　　　　　　　　　　　　　　　　21 000
　　贷:累计折旧　　　　　　　　　　　　　　　　　　　　　21 000

应该指出的是,企业通过判断会计政策变更和会计估计变更划分基础仍然难以对某项变更区分为会计政策变更或会计估计变更的,应当将其作为会计估计变更处理。

四、会计估计变更的披露

对于会计估计变更,企业除了按前文所述进行会计处理外,还应在财务报表附注中披露下列与会计估计变更有关的信息:

1. 会计估计变更的内容和原因。包括变更的内容、变更日期以及为什么要对会计估计进行变更。

2. 会计估计变更对当期和未来期间的影响数。包括会计估计变更对当期和未来期间损益的影响金额,以及对其他各项目的影响金额。

3. 会计估计变更的影响数不能确定的,披露这一事实和原因。

【例 23-4】对于【例 23-3】所述情形,应在会计报表附注中作如下说明:

本公司一台管理用设备,原始价值 84 000 元,原估计使用年限为 8 年,预计净残值 4 000 元,按直线法计提折旧。由于新技术的发展,该设备已不能按原估计使用年限计提折旧。本公司于 2×25 年年初变更该设备的耐用年限为 6 年,预计净残值为 2 000 元,以反映该设备的真实耐用年限和净残值。此会计估计变更:①对变更当年 2×25 年度税后利润的影响金额为 -8 250 元;②对变更年度 2×25 年的未来期间 2×26 年、2×27 年、2×28 年的税后利润的影响金额分别为 -8 250 元、7 500 元和 7 500 元。

第三节　前期差错更正

一、前期差错概述

(一) 前期差错的含义

前期差错,是指由于没有运用或错误运用以下两种信息,从而对前期财务报表造成省略或错报:(1)编报前期财务报表时预期能够取得并加以考虑的可靠信息;(2)前期财务报表批准报出时能够取得的可靠信息。前期差错通常包括计算错误、应用会计政策错误、疏忽或曲解事实以及舞弊产生的影响以及存货、固定资产盘盈等。从产生的原因来看,没有运用或错误运用上述两种信息而形成前期差错的情形主要有:

1. 会计政策选用的前期差错

会计政策选用的前期差错是指企业在会计确认、计量和报告上，在前期时不是基于提供可靠、相关的会计信息、在会计准则规定的范围内选用会计政策，而是采用法律、行政法规或者国家统一的会计制度等不允许的会计政策。

2. 会计估计确定的前期差错

会计估计确定的前期差错，即会计估计错误导致的前期差错，是指企业在对计量数值及其结果不确定的交易或事项的会计估计或判断上，不是基于提供可靠、相关的会计信息、以最近可利用的信息为基础确定会计估计，而是没有运用或错误运用编报前期财务报表时和前期财务报表批准报出时能够取得的可靠信息而确定会计估计。

需要进一步指出的是，在实务中，如果企业前期作出会计估计时，未能合理使用报表编报时已经存在且能够取得的可靠信息，导致前期会计估计结果未恰当反映当时情况，则应属于前期差错，应当适用前期差错更正的会计处理方法；反之，如果企业前期的会计估计是以当时存在且预期能够取得的可靠信息为基础作出的，随后因资产和负债的当前状况及预期经济利益和义务发生了变化而变更会计估计的，则属于会计估计变更，应当适用会计估计变更的会计处理方法。

3. 其他前期差错

在会计核算中，企业有可能发生除以上两种差错以外的其他前期差错。包括：

（1）计算以及账户分类错误。

（2）对事实曲解甚至舞弊。

（3）对事实的疏忽而漏记或重记交易或事项。

（二）重要或不重要的前期差错

重要的前期差错是指足以影响财务报表使用者对企业财务状况、经营成果和现金流量作出正确判断，即影响财务报表使用者根据财务报表所作出的经济决策的前期差错。不重要的前期差错，是指不足以影响财务报表使用者对企业财务状况、经营成果和现金流量作出正确判断的会计差错。

前期差错的重要性取决于在相关环境下对遗漏或错误表述的规模和性质的判断。前期差错所影响的财务报表项目的金额或性质，是判断该前期差错是否具有重要性的决定性因素。一般来说，前期差错所影响的财务报表项目的金额越大、性质越严重，其重要性水平越高。

二、前期差错更正的会计处理

（一）重要的前期差错更正的会计处理

企业应当采用追溯重述法更正重要的前期差错，但确定前期差错累积影响数不切实可行的除外。追溯重述法，是指在发现前期差错时，视同该项前期差错从未发生过，从而对财务报表相关项目进行更正的方法。

具体地，企业应当在重要的前期差错发现当期的财务报表中，通过下述"四大步骤的追溯重述法"的会计处理对其进行追溯更正，调整前期比较数据：

第一步，确认重要的前期差错及其后果（影响数）。

第二步，进行"编制相关更正性会计分录"等相关账务处理。对于发生的重要的前期差错，如果影响损益，应将其对损益的影响数调整发现当期的期初留存收益，会计报表其他相关项目的期初数也应一并调整；如果不影响损益，应调整会计报表相关项目的期初数。

第三步，通过下述处理追溯调整财务报表相关项目金额。

（1）追溯重述差错发生期间列报的前期比较金额。

（2）如果前期差错发生在列报的最早前期之前，则追溯重述列报的最早前期的资产、负债和所有者权益相关项目的期初余额。

对于发生的重要的前期差错，如影响损益，应将其对损益的影响数调整发现当期的期初留存收益，财务报表其他相关项目的期初数也应一并调整；如不影响损益，应调整财务报表相关项目的期初数。

在编制比较财务报表时，对于比较财务报表期间的重要的前期差错，应调整各该期间的净损益和其他相关项目，视同该差错在产生的当期已经更正；对于比较财务报表期间以前的重要的前期差错，应调整比较财务报表最早期间的期初留存收益，财务报表其他相关项目的数字也应一并调整。

确定前期差错影响数不切实可行的，可以从可追溯重述的最早期间开始调整留存收益的期初余额，财务报表其他相关项目的期初余额也应当一并调整，也可以采用未来适用法。当企业确定前期差错对列报的一个或者多个前期比较信息的特定期间的累积影响数不切实可行时，应当追溯重述切实可行的最早期间的资产、负债和所有者权益相关项目的期初余额（可能是当期）；当企业在当期期初确定前期差错对所有前期的累积影响数不切实可行时，应当从确定前期差错影响数切实可行的最早日期开始采用未来适用法追溯重述比较信息。

需要注意的是，对于年度资产负债表日至财务报告批准报出日之间发现的报告年度的会计差错及报告年度前不重要的前期差错，应按照《企业会计准则第29号——资产负债表日后事项》的规定进行处理。

第四步，在财务报表附注中披露。

【例23-5】2×21年5月18日，红星公司发现2×20年公司漏记一项管理用固定资产的折旧费用150 000元，在所得税申报表中也没有扣除该项折旧费用。税法对此项固定资产折旧计提方法和折旧年限与会计相同。该公司所得税采用资产负债表债务法核算，所得税税率为25%，无其他纳税调整事项；按净利润的10%提取法定盈余公积，按5%提取任意盈余公积。假定税法允许调整应交所得税。

针对上述业务，红星公司首先应判断该业务属于（非资产负债表日后事项性质的）前期差错，并按追溯重述法进行更正性会计处理如下：

（1）分析前期差错的后果（更正对象）：

2×20年少计提固定资产折旧费用和累计折旧150 000元

多计所得税费用和应交税费——应交所得税37 500（150 000×25%）元

多计净利润112 500（150 000 - 150 000×25%）元

多提取盈余公积16 875元

（2）账务处理：

补提折旧：

借：以前年度损益调整　　　　　　　　　　　　　　　　　　150 000
　　贷：累计折旧　　　　　　　　　　　　　　　　　　　　　　　　150 000

调整所得税：

借：应交税费——应交所得税　　　　　　　　　　　　　　　37 500
　　　贷：以前年度损益调整　　　　　　　　　　　　　　　　　　　37 500
将"以前年度损益调整"科目的余额转入"利润分配"：
借：利润分配——未分配利润　　　　　　　　　　　　　　　112 500
　　　贷：以前年度损益调整　　　　　　　　　　　　　　　　　　　112 500
调整"利润分配"有关数字：
借：盈余公积　　　　　　　　　　　　　　　　　　　　　　16 875
　　　贷：利润分配——未分配利润　　　　　　　　　　　　　　　　16 875

（3）调整该前期差错发现年度的财务报表相关项目的数字（资产负债表年初数、利润表上年数）

红星公司 2×21 年度资产负债表的年初数和利润表的上年数栏分别按调整前和调整后的金额列示，如表 23-6、表 23-7 所示。

表 23-6　　　　　　　　　　　　资产负债表（部分）

编制单位：红星公司　　　　　　　　2×21 年 12 月 31 日　　　　　　　　　　单位：元

资产	年初数			负债及所有者权益	年初数		
	调整前	调增（减）	调整后		调整前	调增（减）	调整后
……	……	……	……	应交税费	37 500	(37 500)	0
固定资产	1 600 000	(150 000)	1 450 000	盈余公积	60 000	(16 875)	43 125
……	……	……	……	未分配利润	100 000	(95 625)	4 375

表 23-7　　　　　　　　　　　　　　利润表

编制单位：红星公司　　　　　　　　　2×21 年度　　　　　　　　　　　　　单位：元

项目	上年数		
	调整前	调增（减）	调整后
……	……	……	……
减：管理费用	150 000	150 000	300 000
……	……	……	……
二、营业利润	1 110 000	-150 000	960 000
……	……	……	……
三、利润总额	1 200 000	-150 000	1 050 000
减：所得税费用	396 000	-37 500	358 500
四、净利润	804 000	-112 500	691 500
……	……	……	……

另外，所有者权益变动表项目的调整如下：调减前期差错更正项目中盈余公积上年金额 16 875 元，未分配利润上年金额 95 625 元，所有者权益合计上年金额 112 500 元。

（二）不重要的前期差错更正的会计处理

对于不重要的前期差错，应当采用未来适用法，企业不需追溯调整该差错发现当期的财务报表相关项目的期初数和上期数,但仍应简化更正调整该差错发现当期与前期相同的财务报表相关项目的期末数(资产负债表)或本期数(利润表)。属于影响损益的,应直接计入本期与上期相同的净损益项目,其他相关项目也一并调整;属于不影响损益的,应调整本期与前期相同的相关项目。

【例23-6】2×22年12月31日,红星公司发现2×20年的一台管理用设备少提折旧费用仅5 000元。

针对上述业务,红星公司首先应判断该业务属于(非资产负债表日后事项性质的)前期差错。该公司少提折旧费用5 000元相对于折旧总额而言金额不大,故该前期差错属于不重要的前期差错,应当采用未来适用法进行简化性更正会计处理如下:

红星公司发现该前期差错时编制会计分录:

借:管理费用　　　　　　　　　　　　　　　　　　　　　　5 000
　　贷:累计折旧　　　　　　　　　　　　　　　　　　　　　　5 000

即将少提的折旧费用5 000元简化更正性地调整(直接计入)该前期差错发现当期的相关资产负债表项目的期末数和相关利润表项目的本期数。

三、前期差错更正的披露

企业应当在附注中披露与前期差错更正有关的下列信息:

1. 前期差错的性质。
2. 各个列报前期财务报表中受影响的项目名称和更正金额。
3. 无法进行追溯重述的,说明该事实和原因以及对前期差错开始进行更正的时点、具体更正情况。

应该指出的是,在以后期间的财务报表中,不需要重复披露在以前期间的附注中已披露的前期差错更正的信息。

【例23-7】对于【例23-5】中的情形,应在会计报表附注中作如下说明:

本年度发现2×20年漏记固定资产折旧150 000元,在编制2×20年与2×21年可比会计报表时,已对该项差错进行了更正。更正后,调减2×20年净利润及留存收益112 500元,调增累计折旧150 000元。

案例分析:

利用网上下载和其他渠道取得我国上市公司"美的集团股份有限公司"(股票代码000333)的2020年年度报告等业财信息资料,通过阅读这些资料等方式了解其业务概要、经营情况、公司治理和财务报表信息,然后:(1)评价该公司对其(财务报告中的审计报告中的关键审计事项)"暖通空调及消费电器收入确认"和"商誉减值测试"所采用或确定的会计政策和会计估计的合理性、合法性和披露上的可改进之处;(2)评价该公司"公允价值估计"的可靠性和披露上的可改进之处;(3)列举该公司该年度选用或确定的除上述(1)和(2)两方面之外的重要会计政策和会计估计各3项;(4)评价该公司该年度主要会计政策变更在披露上的可改进之处。

思考题

1. 什么是会计政策？会计政策有何特点？
2. 会计政策变更的条件是什么？如何进行会计处理和披露？
3. 什么是追溯调整法？其步骤包括哪些？
4. 什么是会计估计？会计估计变更的原因是什么？
5. 企业发生会计估计变更和前期差错应怎样进行会计处理？
6. 简述"以前年度损益调整"账户的基本内容。

练习题

1. 资料：甲公司系国有独资公司，按净利润的10%提取法定盈余公积，不提取任意盈余公积。2×16年度的财务报告已批准报出。

2×17年，甲公司内部审计人员对2×17年以前的会计资料进行复核，发现以下问题：

(1) 甲公司以1 200万元的价格于2×15年7月1日购入一套计算机软件，在购入当日将其作为管理费用处理。按照甲公司的会计政策，该计算机软件应作为无形资产确认入账，预计使用年限为5年，采用直线法摊销，无残值。

(2) 2×16年12月31日"其他应收款"账户余额中的200万元未按期结转为费用，其中应确认为2×16年销售费用的金额为150万元，应确认为2×15年销售费用的金额为50万元。

(3) 甲公司从2×16年3月1日开始自行研究开发一项专利技术，该专利技术用于企业内部管理，在研究开发过程中发生材料费1 400万元、人工工资500万元，以及用银行存款支付的其他费用100万元，总计2 000万元。2×16年10月1日，该专利技术已经达到预定用途，甲公司将发生的2 000万元研发支出全部费用化，计入当期管理费用。

经查，上述研发支出中，符合资本化条件的支出为1 200万元，假定形成无形资产的专利技术采用直线法按10年摊销，无残值。

(4) 甲公司于2×16年3月30日将当月建造完工的一栋写字楼直接对外出租，并采用公允价值模式进行后续计量。该写字楼账面原价为36 000万元，出租时甲公司认定的公允价值为40 000元，2×16年12月31日甲公司认定的公允价值为42 000万元。经查，该写字楼不符合采用公允价值模式进行后续计量的条件，应采用成本模式进行后续计量。若采用成本模式进行后续计量，该写字楼应采用年限平均法计提折旧，预计使用年限为25年，预计净残值为零。

(5) 2×16年5月20日，甲公司向乙公司销售商品一批，售价为1 170万元（含增值税），双方约定8个月后收款。甲公司由于急需资金，于2×16年12月30日将该笔应收账款作价1 150万元出售给银行，银行对该应收账款具有追索权。甲公司进行如下账务处理：

借：银行存款　　　　　　　　　　　　　　　1 150
　　营业外支出　　　　　　　　　　　　　　　　20
　　贷：应收账款　　　　　　　　　　　　　　　　　1 170

(6) 其他资料:
①假定上述差错均具有重要性。
②假定不考虑所得税的影响。

要求:对资料(1)至资料(5)的差错进行更正(合并编制结转以前年度损益调整及调整盈余公积的分录)。

2. 资料:注册会计师在对甲股份有限公司(以下简称"甲公司")2×17年度财务报表进行审计时,关注到以下交易或事项的会计处理。

(1) 2×17年,甲公司将本公司商品出售给关联方(乙公司),期末形成应收账款2 000万元。甲公司对一年以内的应收账款按5%计提坏账准备,但对应收关联方款项不计提坏账准备,该2 000万元应收账款未计提坏账准备。注册会计师了解到,乙公司2×17年年末财务状况恶化,估计甲公司应收乙公司货款中的20%无法收回。

(2) 2×17年5月10日,甲公司以600万元自市场回购本公司普通股,拟用于对员工进行股权激励。因甲公司的母公司(丁公司)于2×17年7月1日与甲公司高管签订了股权激励协议,甲公司暂未实施本公司的股权激励。根据丁公司与甲公司高管签订的股权激励协议,丁公司对甲公司10名高管每人授予100万份丁公司股票期权,授予日每份股票期权的公允价值为6元,行权条件为自授予日起,高管人员需在甲公司服务满3年。至2×17年12月31日,甲公司没有高管人员离开,预计未来3年也不会有人离开。

甲公司的会计处理如下:

借:股本   100
    资本公积   500
    贷:银行存款   600

对于丁公司授予甲公司高管人员的股票期权,甲公司未进行会计处理。

(3) 甲公司2×17年7月1日发行的可转换公司债券将权益成分公允价值800万元记入"资本公积——其他资本公积"科目。

(4) B公司为甲公司的控股子公司,甲公司持股70%,对B公司实施控制。B公司的其他股东为C公司和D公司,C、D公司分别对B公司持股15%。甲公司与C公司和D公司之间不存在关联方关系。根据B公司的章程,B公司以未分配利润转增股本需全体股东一致表决通过。2×17年3月,B公司股东会决议通过B公司以截至2×16年12月31日的经审计未分配利润2 000万元直接转增股本,股东不附带现金选择权。B公司法律顾问就此事项的法律合规性出具了法律意见。甲公司的会计处理如下:

借:长期股权投资   1 400
    贷:投资收益   1 400

(5) 其他有关资料:
①甲公司按净利润的10%提取法定盈余公积,不提取任意盈余公积。
②不考虑所得税及其他相关税费。

要求:根据资料(1)至(4),判断甲公司对相关事项的会计处理是否正确,并说明理由;对于不正确的事项,需要编制调整分录的,编制更正有关账簿记录的调整分录。

3. 资料:甲股份有限公司(以下简称"甲公司")的注册会计师在对其2×17年财务报表进行审计时,就以下事项的会计处理与甲公司管理层进行沟通:

(1) 2×17年12月，甲公司收到财政部门拨款2 000万元，系对甲公司2×17年执行国家计划内政策价差的补偿。甲公司A商品售价为5万元/台，成本为2.5万元/台，但在纳入国家计划内政策体系后，甲公司对国家规定范围内的用户销售A商品的售价为3万元/台，国家财政给予2万元/台的补贴。2×17年甲公司共销售政策范围内A商品1 000件。甲公司对该事项的会计处理如下（会计分录中的金额单位为万元，下同）：

借：应收账款 3 000
　　贷：主营业务收入 3 000
借：主营业务成本 2 500
　　贷：库存商品 2 500
借：银行存款 2 000
　　贷：递延收益 2 000

(2) 2×17年，甲公司尝试通过中间商扩大B商品市场占有率。甲公司与中间商签订的合同分为两类。第一类合同约定：甲公司按照中间商要求发货，中间商按照甲公司确定的售价3 000元/件对外出售，双方按照实际售出数量定期结算，未售出商品由甲公司收回，中间商就所销售B商品收取提成费200元/件；该类合同下，甲公司2×17年共发货1 000件，中间商实际售出800件（甲公司已经收到代销清单）。第二类合同约定：甲公司按照中间商要求的时间和数量发货，甲公司出售给中间商的价格为2 850元/件，中间商对外出售的价格自行确定，未售出商品由中间商自行处理；该类合同下，甲公司2×17年共向中间商发货2 000件。甲公司向中间商所发送B商品数量、质量均符合合同约定，成本为2 400元/件。甲公司对上述事项的会计处理如下：

借：应收账款 870
　　贷：主营业务收入 870
借：主营业务成本 720
　　贷：库存商品 720
借：销售费用 20
　　贷：应付账款 20

(3) 2×17年6月，董事会决议将公司生产的一批C商品作为职工福利发放给部分员工。该批C商品的成本为3 000元/件，市场售价为4 000元/件。受该项福利计划影响的员工包括：中高层管理人员200人、公司正在进行的某研发项目相关人员50人，甲公司向上述员工每人发放1件C商品。研发项目已进行至后期开发阶段，甲公司预计能够形成无形资产，至2×17年12月31日，该研发项目仍在进行中。甲公司进行的会计处理如下：

借：管理费用 75
　　贷：库存商品 75

(4) 2×17年7月，甲公司一未决诉讼结案。法院判定甲公司承担损失赔偿责任3 000万元。该诉讼事项源于2×16年9月竞争对手提起的对甲公司的起诉，编制2×16年财务报表期间，甲公司曾在法院的调解下，与原告方达成初步和解意向。按照该意向，甲公司需向对方赔偿1 000万元，甲公司据此在2×16年确认预计负债1 000万元。2×17年，原告方控股股东变更，新的控股股东认为原调解决定不合理，不再承认原初步和解相关事项，向法院请求继续原法律程序。因实际结案时需赔偿金额与原确认预计负债的金额差别较大，甲公司于2×17年进行了以下会计处理：

借：以前年度损益调整　　　　　　　　　　　　　　　　　　　　　　2 000
　　　贷：预计负债　　　　　　　　　　　　　　　　　　　　　　　　　2 000
借：盈余公积　　　　　　　　　　　　　　　　　　　　　　　　　　　　200
　　利润分配——未分配利润　　　　　　　　　　　　　　　　　　　1 800
　　　贷：以前年度损益调整　　　　　　　　　　　　　　　　　　　　　2 000

其他资料：①假定本题中有关事项均具有重要性，不考虑相关税费及其他因素。
②甲公司按照净利润的10%提取法定盈余公积，不提取任意盈余公积。

要求：判断甲公司对事项（1）至事项（4）的会计处理是否正确，并说明理由。对于甲公司会计处理不正确的，编制更正2×17年度财务报表相关项目的会计分录。

第二十四章 资产负债表日后事项

本章结构

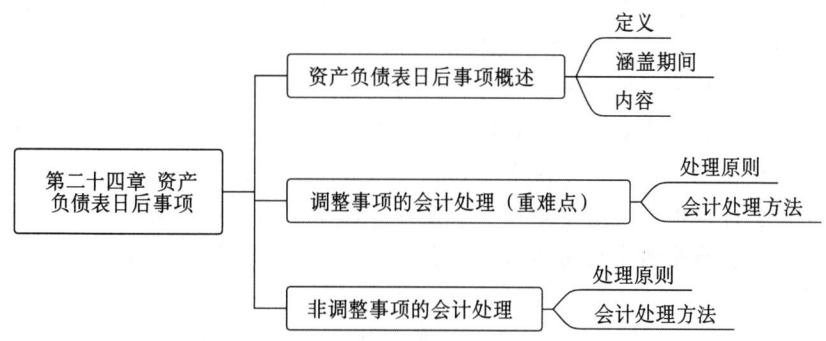

第一节 资产负债表日后事项概述

一、资产负债表日后事项的定义

资产负债表日后事项，是指资产负债表日至财务报告批准报出日之间发生的有利或不利事项。资产负债表日，包括年度资产负债表日和中期资产负债表日。年度资产负债表日是指每年的 12 月 31 日；中期资产负债表日是指年度中间各期期末，包括半年度、季度和月度等，会计中期期末相应地是指公历半年末、季末和月末等。根据我国《会计法》的规定，"会计年度自公历 1 月 1 日起至 12 月 31 日止"。如果母公司在国外或子公司在国外，无论国外母公司或子公司是如何确定会计年度的，其向国内提供的财务会计报表均应按照我国对会计中期和会计年度的规定，提供相应期间的财务报表，而不能以国外母公司或子公司确定的会计中期或会计年度作为依据。

财务报告批准报出日，是指董事会或类似权力机构批准财务报告报出的日期。其通常是指对财务报告的内容负有法律责任的单位或个人批准企业的财务报告对外公布的日期。对于公司制企业而言，财务报告批准报出日是指董事会批准财务报告报出的日期，而不是股东会审议批准的日期，更不是注册会计师出具审计报告的日期。对于其他企业而言，财务报告批准报出日是指经理（厂长）会议或类似机构批准财务会计报告报出的日期。

资产负债表日后事项包括有利事项和不利事项。有利或不利事项,是指对企业报告期或这些事项发生期及发生期以后的财务状况、经营成果产生影响(包括有利影响和不利影响)的事项。其可能会影响企业财务报告使用者作出正确的估计和决策。如果某些事项的发生对企业既无有利影响也无不利影响,那么,这些事项就既不是有利事项也不是不利事项,进而也就不属于上述资产负债表日后事项。

二、资产负债表日后事项涵盖的期间

资产负债表日后事项涵盖的期间是自资产负债表日次日起至财务报告批准报出日止的一段期间。对上市公司而言,这一期间内涉及几个日期,包括完成财务报告编制日、注册会计师出具审计报告日、董事会批准财务报告可以对外公布日、实际对外公布日等。具体而言,资产负债表日后事项涵盖的期间应当包括:

1. 报告期间下一期间的第一天至董事会或类似机构批准财务报告对外公布的日期;

2. 如果企业在其董事会批准财务报告可以对外公布日之后、实际对外公布日之前的期间内又发生了需要调整报告期财务报表相关项目的数字或需要在财务报表附注中披露的重大事项,并由此影响财务报告对外公布日期的,应以董事会或类似机构再次批准财务报告对外公布的日期为截止日期。在这种情况下,如果还由此影响审计报告的内容,按照独立审计准则的规定,注册会计师可以签署双重报告日期,即保留原定审计报告日,并就该期后事项注明新的审计报告日;或更改审计报告日期,即将原定审计报告日推迟至完成追加审计程序时的审计报告日。

【例24-1】驰牡公司2×20年的年度财务会计报告于2×21年2月15日编制完成,注册会计师完成整个年度审计工作并签署审计报告的日期为2×21年4月18日,经董事会批准财务会计报告可以对外公布的日期为2×21年4月22日,财务会计报告实际对外公布的日期为2×21年4月25日,股东会召开日期为2×21年5月6日。

本例中,驰牡公司2×20年度财务会计报告批准报出日为2×21年4月22日,因而该公司2×20年度资产负债表日后事项涵盖的期间为2×21年1月1日至2×21年4月22日。

本例中,如果该公司在2×21年4月22日至25日之间发生了重大事项,需要调整财务报表相关项目的数字或需要在财务报表附注中披露,经数字调整或附注说明后的该公司2×20年度财务报告再经董事会批准报出的日期为2×21年4月27日,实际报出的日期为2×21年4月30日,则该公司2×20年度资产负债表日后事项涵盖的期间为2×21年1月1日至2×21年4月27日。

三、资产负债表日后事项的内容

资产负债表日后事项包括资产负债表日后调整事项(以下简称"调整事项")和资产负债表日后非调整事项(以下简称"非调整事项")两类。

(一)调整事项

资产负债表日后调整事项,是指对资产负债表日已经存在的情况提供了新的或进一步证据的事项。

企业发生的资产负债表日后调整事项,通常包括下列各项:

1. 资产负债表日后诉讼案件结案,法院判决证实了企业在资产负债表日已经存在现时义务，需要调整原先确认的与该诉讼案件相关的预计负债，或确认一项新负债。

2. 资产负债表日后取得确凿证据，表明某项资产在资产负债表日发生了减值或者需要调整该项资产原先确认的减值金额。

3. 资产负债表日后进一步确定了资产负债表日前购入资产的成本或售出资产的收入。

4. 资产负债表日后发现了财务报表舞弊或差错。

企业发生的资产负债表日后调整事项，应当据其调整资产负债表日所属期间（报告期）的财务报表。这是因为：如果资产负债表日及所属会计期间已经存在某种情况，但当时并不知道其存在或者不能知道确切结果，资产负债表日后发生的事项能够证实该情况的存在或者确切结果，则该事项属于资产负债表日后事项中的调整事项；如果资产负债表日后事项对资产负债表日的情况提供了进一步的证据，该证据表明的情况与原来的估计和判断不完全一致，则需要对原来的会计处理进行调整。

【例24-2】驰牡公司应收乙企业账款560 000元，按合同约定应在2×20年11月10日前偿还。在2×20年12月31日结账时，驰牡公司尚未收到这笔应收账款，并已知乙企业财务状况不佳，近期内难以偿还债务，驰牡公司对该项应收账款提取了20%的坏账准备。2×21年2月10日，在驰牡公司报出财务报告之前收到乙企业通知，乙企业已宣告破产，无法偿还大部分欠款。

本例中，驰牡公司于2×20年12月31日结账时已经知道乙企业财务状况不佳，即在2×20年12月31日资产负债表日，乙企业财务状况不佳的事实已经存在，但未得到乙企业破产的确切证据，因此，对该项应收账款提取了20%的坏账准备。2×21年2月10日，驰牡公司在报出财务报告之前收到乙企业"其已宣告破产，无法偿还大部分欠款"通知。该资产负债表日后调整事项表明驰牡公司根据2×20年12月31日存在情况提供的资产负债表所反映的应收乙企业账款中大部分已成为坏账，驰牡公司根据资产负债表日存在状况编制的会计报表所提供的信息已不能真实反映驰牡公司应收乙企业账款的实际情况，因此，驰牡公司应据此资产负债表日后调整事项对其2×20年度财务报表相关项目的数字进行调整。

（二）非调整事项

资产负债表日后非调整事项，是指表明资产负债表日后发生的情况的事项。

企业发生的资产负债表日后非调整事项，通常包括下列各项：

1. 资产负债表日后发生重大诉讼、仲裁、承诺。
2. 资产负债表日后资产价格、税收政策、外汇汇率发生重大变化。
3. 资产负债表日后因自然灾害导致资产发生重大损失。
4. 资产负债表日后发行股票和债券以及其他巨额举债。
5. 资产负债表日后资本公积转增资本。
6. 资产负债表日后发生巨额亏损。
7. 资产负债表日后发生企业合并或处置子公司。
8. 资产负债表日后，企业利润分配方案中拟分配的以及经审议批准宣告发放的股利或利润。
9. 资产负债表日后，企业与其债权人达成的债务重组交易。

企业发生的资产负债表日后非调整事项，不应当据其调整资产负债表日所属期间（报告期）的财务报表；企业发生的重要的资产负债表日后非调整事项，应在资产负债表日所属期间（报告期）的财务报表附注中进行披露。资产负债表日后发生的非调整事项，是表明资产负债表日后才发生（或存在）的情况的事项，其与"资产负债表日已经存在的情况"无关（即不是"对资产负债表日已经存在的情况提供了新的或进一步证据的事项"），因而不应当据其调整资产负债表日所属期间（报告期）的财务报表；有的非调整事项对财务报告使用者具有重大影响，如对其不在资产负债表日所属期间（报告期）的财务报表附注中加以说明，将不利于财务报告使用者作出正确估计和决策。

【例24-3】驰牡公司应收B公司一笔货款，在2×20年12月31日结账时，B公司经营状况良好，并无显示财务困难的迹象。但在2×21年1月25日，B公司发生火灾，烧毁了全部厂房、设备和存货，无法偿还驰牡公司的货款。

对于这一事项，完全是资产负债表日后才发生的，与资产负债表日存在状况无关，故驰牡公司应将其作为非调整事项进行会计处理。

（三）调整事项与非调整事项的区别与判断原则

判断资产负债表日后发生的某一事项究竟是调整事项还是非调整事项，原则上取决于该事项表明的情况在资产负债表日或资产负债表日以前是否已经存在。若该情况在资产负债表日或之前已经存在，则属于调整事项；反之，则属于非调整事项。

【例24-4】甲公司2×20年10月向乙公司出售一批原材料，价款为2 000万元，根据销售合同，乙公司应在收到原材料后3个月内付款。至2×20年12月31日，乙公司尚未付款。假定甲公司在编制2×20年度财务报告时存在有如下两种情形的资产负债表日后事项：

（1）2×20年12月31日，甲公司根据掌握的资料判断，乙公司有可能破产清算，估计该应收账款将有20%无法收回，故按20%的比例计提坏账准备；2×21年1月20日，甲公司收到通知，乙公司已被宣告破产清算，甲公司估计有70%的债权无法收回。

（2）2×20年12月31日乙公司的财务状况良好，甲公司预计应收账款可按时收回；2×21年1月20日，乙公司意外发生重大火灾，导致甲公司50%的应收账款无法收回。

2×21年3月15日，甲公司的财务报告经批准对外公布。

本例中，（1）导致甲公司应收账款无法收回的事实是乙公司财务状况恶化，该事实在资产负债表日已经存在，乙公司被宣告破产只是证实了资产负债表日乙公司财务状况恶化的情况。因此，乙公司破产导致甲公司应收款项无法收回的事项属于甲公司2×20年度资产负债表日后调整事项。

（2）导致甲公司应收账款损失的因素是乙公司意外发生重大火灾，火灾是不可预计的，应收账款发生损失这一事实在资产负债表日以后才发生。因此，乙公司发生火灾导致甲公司应收款项发生坏账的事项属于甲公司2×20年度资产负债表日后非调整事项。

在理解资产负债表日后事项的会计处理时，还需要明确以下两个问题：

第一，如何确定资产负债表日后某一事项是调整事项还是非调整事项，是对资产负债表日后事项进行会计处理的关键。

第二，企业会计准则以列举的方式说明了资产负债表日后事项中，哪些属于调整事项，哪些属于非调整事项，但并没有列举详尽。实务中，会计人员应按照上述企业会计准则中对这两类事项的判断原则，判断资产负债表日后发生的事项中哪些属于调整事项，哪些属于非调整事项。

第二节 调整事项的会计处理

一、调整事项的处理原则

如前所述,企业发生的资产负债表日后调整事项,应当据其调整资产负债表日所属期间(报告期)的财务报表。企业要按"证账表(4表1注)"程序进行调整事项的具体会计处理:首先,据其进行调整性账务处理。其次,调整资产负债表日所属期间即报告期的财务报表相关项目(报告期财务报表的现金项目即报告期资产负债表的货币资金项目与现金流量表正表各项目除外,因现金项目是基于收付实现制而非权责发生制反映的而只在报告期的次期调整)的数字,如果涉及财务报表附注内容的,还应当在附注中作出相应调整。

对于年度财务报告而言,由于资产负债表日后事项发生在报告年度的次年,企业对调整事项进行会计处理时,报告年度的有关账目已经结转,特别是损益类科目在结账后已无余额。而且,涉及损益(及利润分配)的调整事项,一般会需要调整所得税与利润分配。因此,年度资产负债表日后发生的调整事项,应具体按以下步骤进行处理:

1. 涉及损益的调整事项,应通过"以前年度损益调整"科目进行调整性账务处理。调整事项发生时,应将调整增加以前年度利润或调整减少以前年度亏损的金额,记入"以前年度损益调整"科目的贷方;应将调整减少以前年度利润或调整增加以前年度亏损的金额,记入"以前年度损益调整"科目的借方。

2. 对于涉及损益的调整事项,企业在据其调整所得税时,应按照税法规定视此事项是发生在该企业资产负债表日所属年度(即报告年度)所得税汇算清缴之前还是之后,而分别调整报告年度的、报告年度的次年的应纳税所得额与应纳所得税税额:

如果其发生在该企业资产负债表日所属年度(即报告年度)所得税汇算清缴之前的,应作为报告年度的纳税调整事项,应调整报告年度应纳税所得额与应纳所得税税额。

如果其发生在该企业资产负债表日所属年度(即报告年度)所得税汇算清缴之后的,不应作为报告年度的而应作为报告年度次年的纳税调整事项,不应调整报告年度而应调整本调整事项发生当年(即报告年度的次年)的应纳税所得额与应纳所得税税额。

对于涉及损益的调整事项,企业在据其调整所得税时,由于以前年度损益调整增加的所得税费用,记入"以前年度损益调整"科目的借方,同时贷记"应交税费——应交所得税"等科目;由于以前年度损益调整减少的所得税费用,记入"以前年度损益调整"科目的贷方,同时借记"应交税费——应交所得税"等科目。

3. 上述调整完成后,应将"以前年度损益调整"科目的贷方或借方余额,转入"利润分配——未分配利润"科目。

4. 涉及利润分配调整的事项,应直接通过借记或贷记"利润分配——未分配利润"科目,调整"利润分配"有关数字。

不涉及损益(及利润分配)的调整事项,不存在调整所得税与利润分配,因而就没有上述四个方面而只有一个方面(即该调整事项发生业务)的账务处理。

5. 根据上述调整性账务处理,调整财务报表(含比较财务报表)相关项目的数字,包括：

①调整资产负债表日编制的（即报告年度的）财务报表相关项目的期末数或本年发生数（最关键）。

应注意的是，企业发生的资产负债表日后调整事项涉及现金项目的，均不要调整"报告期财务报表的现金项目即资产负债表的货币资金项目与现金流量表正表各项目"的数字。这是因为：现金项目是基于收付实现制而非权责发生制反映的而只在报告期的次期调整。

②调整当年（本调整事项发生当年，即报告年度的次年）编制的财务报表相关项目的期初数或上年数。

③经过上述会计报表调整后，如果涉及财务报表附注内容的，还应当在附注中作出相应调整。

还应注意的是，若企业资产负债表日后事项的发生表明其持续经营假设不再适用的，企业不应当在持续经营基础上编制其财务报表。

二、调整事项的会计处理方法

（一）资产负债表日后诉讼案件结案，法院判决证实了企业在资产负债表日已经存在现时义务

这一事项是指资产负债表日已确认的某项负债，资产负债表日后至财务报告批准报出日之间获得新的或进一步的证据，表明需要对已确认的金额进行调整；或者资产负债表日以前或资产负债表日已经存在的某项现时义务尚未确认，资产负债表日后至财务报告批准报出日之间获得了新的或进一步的证据，表明符合负债的确认条件，应在财务报告中予以确认，从而需要对会计报表相关项目进行调整。

【例24-5】甲公司与乙公司签订一项供销合同，合同中订明甲公司在2×20年11月内供应给乙公司一批物资。由于甲公司未能按照合同发货，致使乙公司发生重大经济损失。乙公司通过法律程序要求甲公司赔偿经济损失65 000元。该诉讼案件在12月31日尚未判决，甲公司记录了40 000元的预计负债，并将该项赔偿款反映在12月31日的会计报表上，乙公司未记录应收赔偿款。

2×21年2月1日，经法院一审判决，甲公司需要偿付乙公司经济损失60 000元，甲公司不再上诉，并假定赔偿款已经支付。假定税法规定上述预计负债所产生的损失不允许在税前扣除。两公司均于2×21年2月15日完成了2×20年所得税汇算清缴。

假定甲公司和乙公司2×20年度的财务报告批准报出日均为次年4月30日；所得税采用资产负债表债务法核算，所得税税率为25%，资产负债表日计算的税前会计利润等于按税法规定计算的应纳税所得额；按净利润的10%提取法定盈余公积，提取法定盈余公积之后，不再作其他分配。

针对上述事项，甲公司和乙公司首先应判断该事项属于资产负债表日后事项中的调整事项，并分别按调整事项的处理原则进行处理如下：

甲公司：

1. 记录支付的赔偿款：

借：以前年度损益调整——营业外支出　　　　　　　　　　　　　20 000
　　贷：其他应付款——乙公司　　　　　　　　　　　　　　　　　　　20 000

借：预计负债 40 000
　　　贷：其他应付款——乙公司 40 000
借：其他应付款——乙公司 60 000
　　　贷：银行存款 60 000

（注：资产负债表日后事项如涉及现金收支项目的，均不调整报告年度资产负债表的货币资金项目和现金流量表正表各项目数字。本例中，虽然已支付了赔偿款，但在调整财务会计报表相关项目数字时，只需要调整上述第一、二笔分录，不需要调整上述第三笔分录。上述第三笔分录作为2×21年的会计事项处理。）

2. 调整所得税：
借：应交税费——应交所得税 15 000
　　　贷：以前年度损益调整——所得税费用 5 000
　　　　　递延所得税资产 10 000

[注：调整的应交所得税金额=60 000×25%=15 000（元）；调整的所得税费用金额=20 000×25%=5 000（元）]

3. 将"以前年度损益调整"科目余额转入"利润分配"：
借：利润分配——未分配利润 15 000
　　　贷：以前年度损益调整 15 000

4. 调整"利润分配"有关数字：
借：盈余公积 1 500
　　　贷：利润分配——未分配利润 1 500

5. 调整该调整事项的报告年度财务报表相关项目的数字（年末数或本年数）：

（1）资产负债表项目的调整：
调增其他应付款60 000元；调减预计负债40 000元；调减递延所得税资产10 000元；调减应交税费15 000元；调减盈余公积1 500元；调减未分配利润13 500元。

（2）利润表项目的调整：
调增营业外支出20 000元；调减所得税费用5 000元；调减净利润15 000元。

（3）所有者权益变动表项目的调整：
调减净利润15 000元；提取盈余公积项目中盈余公积一栏调减1 500元，未分配利润一栏调减13 500元。

乙公司：

1. 记录已收到的赔偿款：
借：其他应收款——甲公司 60 000
　　　贷：以前年度损益调整 60 000
借：银行存款 60 000
　　　贷：其他应收款——甲公司 60 000

（注：资产负债表日后发生的调整事项如涉及现金收支项目的，均不调整报告年度资产负债表的货币资金项目和现金流量表正表各项目数字。本例中，虽然收到了赔偿款并存入银行，但在调整财务报表相关项目数字时，只需调整上述第一笔分录，不需要调整上述第二笔分录。上述第二笔分录作为2×21年的会计事项处理。）

2. 调整所得税：

借：以前年度损益调整　　　　　　　　　　　　　　　　15 000
　　贷：应交税费——应交所得税　　　　　　　　　　　　　　15 000

3. 将"以前年度损益调整"科目余额转入"利润分配"：

借：以前年度损益调整　　　　　　　　　　　　　　　　45 000
　　贷：利润分配——未分配利润　　　　　　　　　　　　　　45 000

4. 调整"利润分配"有关数字：

借：利润分配——未分配利润　　　　　　　　　　　　　　4 500
　　贷：盈余公积　　　　　　　　　　　　　　　　　　　　4 500

5. 调整该调整事项的报告年度财务报表相关项目的数字（年末数或本年数；财务报表略）：

（1）资产负债表项目的调整：

调增其他应收款 60 000 元；调增应交税费 15 000 元；调增盈余公积 4 500 元；调增未分配利润 40 500 元。

（2）利润表项目的调整：

调增营业外收入 60 000 元；调增所得税费用 15 000 元；调增净利润 45 000 元。

（3）所有者权益变动表项目的调整：

调增净利润 45 000 元；提取盈余公积项目中盈余公积一栏调增 4 500 元，未分配利润一栏调增 40 500 元。

（二）资产负债表日后取得确凿证据，表明某项资产在资产负债表日发生了减值或者需要调整该项资产原先确认的减值金额

这一事项是指在资产负债表日，根据当时的资料判断某项资产可能发生了损失或减值，但没有最后确定是否会发生，因而按照当时的最佳估计金额反映在财务报表中。但在资产负债表日至财务报告批准报出日之间，所取得的确凿证据能证明该事实成立，即某项资产已经发生了损失或减值，则应对资产负债表日所作的估计予以修正。

【例 24-6】甲公司 2×20 年 4 月销售给乙企业一批产品，价款为 580 000 元（含应向购货方收取的增值税额），乙企业于 5 月收到所购物资并验收入库。按合同规定乙企业应于收到所购物资后一个月内付款。由于乙企业财务状况不佳，到 2×20 年 12 月 31 日仍未付款。甲公司于 12 月 31 日编制 2×20 年度财务会计报表时，已为该项应收账款提取坏账准备 2 900 元（假定坏账准备提取比例为 5‰），12 月 31 日资产负债表上"应收账款"项目的金额为 577 100 元，该项应收账款已按 577 100 元列入资产负债表"应收账款"项目内。甲公司于 2×21 年 3 月 2 日收到乙企业通知，乙企业已经破产清算，无力偿还所欠部分货款，预计甲公司可收回应收账款的 40%。税法规定，按应收账款期末余额的 5‰计提的坏账准备准予在计算应纳税所得额时扣除。2×21 年 3 月 15 日完成了 2×20 年所得税汇算清缴。

甲公司 2×20 年度的财务报告批准报出日、采用的所得税核算方法、所得税税率、利润分配的内容比率等与前述【例 24-5】相同。

针对上述事项，甲公司在接到乙企业通知时，首先判断是属于资产负债表日后事项中的调整事项，并根据调整事项的处理原则进行处理如下：

1. 补提坏账准备：

应补提的坏账准备 = 580 000 × 60% − 2 900 = 345 100（元）

借：以前年度损益调整　　　　　　　　　　　　　　　345 100
　　贷：坏账准备　　　　　　　　　　　　　　　　　　　345 100

2. 调整所得税：

借：递延所得税资产　　　　　　　　　　　　　　　　86 275
　　贷：以前年度损益调整　　　　　　　　　　　　　　　86 275

注：调整的所得税费用金额 = 345 100 × 25% = 86 275（元）

3. 将"以前年度损益调整"科目的余额转入"利润分配"：

借：利润分配——未分配利润　　　　　　　　　　　　258 825
　　贷：以前年度损益调整　　　　　　　　　　　　　　258 825

4. 调整"利润分配"有关数字：

借：盈余公积　　　　　　　　　　　　　　　　　　　25 882.5
　　贷：利润分配——未分配利润　　　　　　　　　　　　25 882.5

5. 调整该调整事项的报告年度财务报表相关项目的数字（年末数或本年数）：

（1）资产负债表项目的调整：

调减应收账款 345 100 元；调增递延所得税资产 86 275 元；调减盈余公积 25 882.5 元；调减未分配利润 232 942.5 元。

（2）利润表项目的调整：

调增信用减值损失 345 100 元；调减所得税费用 86 275 元；调减净利润 258 825 元。

（3）所有者权益变动表项目的调整：

调减净利润 258 825 元；提取盈余公积项目中盈余公积一栏调减 25 882.5 元，未分配利润一栏调减 232 942.5 元。

（三）资产负债表日后（事项）进一步确定了资产负债表日前购入资产的成本或售出资产的收入

这类调整事项包括两方面的内容：（1）若资产负债表日前购入的资产已经按暂估金额等入账，资产负债表日后获得证据，可以进一步确定该资产的成本，则应对已入账的资产成本进行调整。（2）企业在资产负债表日已根据收入确认条件确认资产销售收入，但资产负债表日后获得关于资产收入的进一步证据，如发生销售退回等，此时也应调整财务报表相关项目的金额。需要说明的是，资产负债表日后发生的销售退回，既包括报告年度或报告中期销售的商品在资产负债表日后发生的销售退回，也包括以前期间销售的商品在资产负债表日后发生的销售退回。

资产负债表所属期间或以前期间所售商品在资产负债表日后退回的，应作为资产负债表日后调整事项处理。发生于资产负债表日后至财务报告批准报出日之间的销售退回调整事项，可能发生于该企业报告年度所得税汇算清缴之前，也可能发生于该企业报告年度所得税汇算清缴之后，其会计处理分别为：

1. 销售退回调整事项发生于该企业报告年度所得税汇算清缴之前的，应调整报告年度利润表的收入、成本等，并遵照税法规定应将其作为报告年度的纳税调整事项而相应调整报告年度的应纳税所得额与应纳所得税税额。

【例 24-7】 甲公司 2×20 年 11 月销售给丙企业一批产品，销售价格 250 000 元（不含应向购买方收取的增值税额），销售成本 200 000 元，货款当年 12 月 31 日尚未收到。2×20 年 12 月 25 日接到丙企业通知，丙企业在验收物资时发现该批产品存在严重质量问题需要退货。甲公司希望通过协商解决问题，并与丙企业协商解决办法。甲公司在 12 月 31 日编制资产负债表时将该应收账款 282 500 元（包括向购买方收取的增值税额）列示于资产负债表的"应收账款"项目内，公司按应收账款年末余额的 5% 计提坏账准备。2×21 年 1 月 10 日双方协商未成，甲公司收到丙企业通知，该批产品已经全部退回。甲公司于 2×21 年 1 月 15 日收到退回的产品以及购货方退回的增值税专用发票的发票联和税款抵扣联（假如该物资增值税税率为 13%，丙企业为增值税一般纳税人。不考虑其他税费因素）。甲公司已经税务部门批准在应收账款余额的 5‰ 范围内计提的坏账准备可以税前扣除，除应收丙企业账款计提的坏账准备外，无其他纳税调整事项。2×21 年 2 月 15 日完成了 2×20 年度所得税汇算清缴。

甲公司 2×20 年度的财务报告批准报出日、采用的所得税核算方法、所得税税率、利润分配的内容比率等与前述【例 24-5】相同。

针对上述事项，甲公司首先应判断该事项属于调整事项，再按调整事项的处理原则进行处理如下：

1. 调整销售收入：

借：以前年度损益调整　　　　　　　　　　　　　　　　　250 000
　　应交税费——应交增值税（销项税额）　　　　　　　　 32 500
　　贷：应收账款　　　　　　　　　　　　　　　　　　　　　　282 500

2. 调整坏账准备余额：

借：坏账准备　　　　　　　　　　　　　　　　 (282 500×5%) 14 125
　　贷：以前年度损益调整　　　　　　　　　　　　　　　　　 14 125

3. 调整销售成本：

借：库存商品　　　　　　　　　　　　　　　　　　　　　 200 000
　　贷：以前年度损益调整　　　　　　　　　　　　　　　　　 200 000

4. 调整所得税：

借：应交税费——应交所得税　　　　　　　　　　　　　　 12 147
　　贷：以前年度损益调整　　　　　　　　　　　　　　　　　 8 969
　　　　递延所得税资产　　　　　　　　　　　　　　　　　　 3 178

注：调整的应交所得税金额 = (250 000 - 200 000 - 282 500×5‰)×25% = 12 147（元）；调整的所得税费用金额 = (250 000 - 200 000 - 282 500×5%)×25% = 8 969（元）

5. 将"以前年度损益调整"科目余额转入"利润分配"：

借：利润分配——未分配利润　　　　　　　　　　　　　　 26 906
　　贷：以前年度损益调整　　　　　　　　　　　　　　　　　 26 906

6. 调整"利润分配"有关数字：

借：盈余公积　　　　　　　　　　　　　　　　　　　　　 2 691
　　贷：利润分配——未分配利润　　　　　　　　　　　　　　 2 691

7. 调整该调整事项的报告年度财务报表相关项目的数字（年末数或本年数）：

（1）资产负债表项目的调整：

调减应收账款 268 375 元；调增存货 200 000 元；调减递延所得税资产 3 178 元；调减应交税费 44 647 元；调减盈余公积 2 691 元；调减未分配利润 24 215 元。

（2）利润表项目的调整：

调减营业收入 250 000 元；调减营业成本 200 000 元；调减信用减值损失 14 125 元；调减所得税费用 8 969 元；调减净利润 26 906 元。

（3）所有者权益变动表项目的调整：

调减净利润 26 906 元；提取盈余公积项目中盈余公积一栏调减 2 690.6 元，未分配利润一栏调减 24 215.4 元。

2. 销售退回调整事项发生于该企业报告年度所得税汇算清缴之后的，应调整报告年度利润表的收入、成本等，并遵照税法规定将其（不应作为报告年度的）应作为报告年度次年的纳税调整事项而（不应调整报告年度）相应调整报告年度次年（本调整事项发生当年）的应纳税所得额与应纳所得税税额。

（四）资产负债表日后（事项涵盖的期间）发现了财务报表舞弊或差错

【例 24-8】甲公司于 2×21 年 1 月 18 日发现，2×20 年公司漏记了一项管理用固定资产的折旧费用 150 000 元，所得税申报表中也没有包括这笔费用。税法对此项固定资产折旧计提方法和折旧年限与会计相同。甲公司 2×21 年 2 月 15 日完成了 2×20 年度所得税汇算清缴。

该公司 2×20 年度的财务报告批准报出日、采用的所得税核算方法、所得税税率、利润分配的内容比率等与前述【例 24-5】相同。

针对上述事项，甲公司首先应判断该事项属于（前期差错性质的）调整事项，并按调整事项的处理原则进行更正性会计处理如下：

1. 分析该前期差错性质的调整事项的后果（更正对象）：

2×20 年少计提固定资产折旧费用和累计折旧 150 000 元

多计所得税费用和应交税费——应交所得税 37 500（150 000×25%）元

多计净利润 112 500（150 000-150 000×25%）元

多提盈余公积 11 250 元

2. 账务处理：

补提折旧：

借：以前年度损益调整	150 000	
贷：累计折旧		150 000

调整所得税：

借：应交税费——应交所得税	37 500	
贷：以前年度损益调整		37 500

将"以前年度损益调整"科目余额转入"利润分配"：

借：利润分配——未分配利润	112 500	
贷：以前年度损益调整		112 500

调整"利润分配"有关数字：

借：盈余公积	11 250	
贷：利润分配——未分配利润		11 250

3. 调整该调整事项的报告年度财务报表相关项目的数字（资产负债表年末数、利润表

本年数）：

（1）资产负债表项目的调整：

调减固定资产 150 000 元；调减应交税费 37 500 元；调减盈余公积 11 250 元；调减未分配利润 101 250 元。

（2）利润表项目的调整：

调增管理费用 150 000 元；调减所得税费用 37 500 元；调减净利润 112 500 元。

（3）所有者权益变动表项目的调整：

调减净利润 112 500 元；提取盈余公积项目中盈余公积一栏调减 11 250 元，未分配利润一栏调减 101 250 元。

第三节 非调整事项的会计处理

一、非调整事项的会计处理原则

企业发生的资产负债表日后非调整事项，是表明资产负债表日后才发生（或存在）的情况的事项，其与"资产负债表日已经存在的情况"无关（即不是"对资产负债表日已经存在的情况提供了新的或进一步证据的事项"），因而不应当据其调整资产负债表日的财务报表。

对于财务报告使用者而言，企业发生的资产负债表日后非调整事项说明的情况有的重要，有的不重要。其中，重要的资产负债表日后非调整事项，虽然不调整资产负债表日的财务报表数字，但其可能影响资产负债表日以后的财务状况和经营成果，因而基于相关性、重要性和及时性等会计信息质量要求，应对其在财务报表附注中进行披露，以利于财务报告使用者作出正确估计和决策。

二、常见非调整事项的会计处理

对于资产负债表日后发生的非调整事项，企业应当在其财务报表附注中披露每项重要的资产负债表日后非调整事项的性质、内容及其对财务状况和经营成果的影响。无法就其对财务状况和经营成果影响作出估计的，应当说明原因。

1. 资产负债表日后发生重大诉讼、仲裁、承诺

这类事项是指企业在资产负债表日后至财务报告批准报出日之间发生的重大诉讼、仲裁或承诺事项。由于这类事项比较重大，为防止误导投资者及其他财务报告使用者，应当在财务报表附注中进行相关披露。

【例 24—9】甲企业是房地产的销售代理商，在买卖双方同意房地产的销售条款时确认佣金收入，佣金由卖方支付。2×20 年，甲企业同意替乙企业的房地产寻找买主。在 2×20 年后期，甲企业找到一位有意的买主丁企业，丁企业以其获得银行融资的能力与乙企业签订购买该房地产的合同。2×21 年 1 月，丁企业通知甲企业，其在获得银行贷款方面有一定困难，但仍能够履行合同。之后不久，甲企业找到另一位以现金购买该房地产的买主，该买主买走了乙企业的房地产。2×21 年 2 月，丁企业通过法律手段起诉乙企业违反房地产买卖合

同约定，同时起诉甲企业违反中介服务协议约定。2×21年3月，乙企业同意付给丁企业50万元的现金以使其撤回法律诉讼。假设这些企业财务报告批准报出日均为4月30日。

该例中，不管是乙企业、丁企业还是甲企业，均应将此事项作为非调整事项，在其2×20年度财务报表附注中进行附注披露。

2. 资产负债表日后资产价格、税收政策、外汇汇率发生重大变化

这类事项是指企业在资产负债表日后至财务报告批准报出日之间发生的资产价格、税收政策、外汇汇率的重大变化。资产价格、税收政策发生重大变化将会影响企业的财务状况和经营成果，应将由此产生的影响在财务报表附注中进行披露。另外，对于资产负债表日后的外汇汇率变动，不应影响按资产负债表日的汇率折算的财务报表数字，因为企业已经在资产负债表日按照当时的汇率对有关账户进行调整；但是，如果资产负债表日后汇率发生重大变化，如我国1994年汇率并轨，应对由此产生的影响在财务报表附注中进行披露。

3. 资产负债表日后因自然灾害导致资产发生重大损失

这一事项是指企业在资产负债表日后至财务报告批准报出日之间发生的自然灾害导致的资产损失。自然灾害导致的资产损失不是企业主观上能够决定的，是不可抗力造成的。但这一事项对企业财务状况所产生的影响，如果不加以披露，有可能使财务报告使用者产生误解，导致作出错误的决策。因此，自然灾害导致的资产损失应作为非调整事项在财务报表附注中进行披露。

4. 资产负债表日后发行股票和债券以及其他巨额举债

这一事项是指企业在资产负债表日后至财务报告批准报出日之间经批准发行股票、债券或其他巨额举债。企业发行股票、债券和其他巨额举债是比较重大的事项，虽然这一事项与企业资产负债表日的存在状况无关，但应对这一事项作出附注披露，以使财务报告使用者了解与此有关的情况及可能带来的影响。

【例24-10】富仙公司2×20年度财务报告附注中对资产负债表日后发行债券的说明：2×20年10月17日，经中国证券监督管理委员会核准，甲公司获准向合格投资者公开发行面值不超过20亿元（含20亿元）的公司债券；本次公司债券采用分期发行方式，首期发行债券的面值不少于总发行面值的50%，自核准发行之日起6个月内完成；其余各期债券发行，自核准发行之日起24个月内完成。2×21年1月26日，甲公司公开发行公司债券（第一期）面值10亿元，期限为5年，票面年利率为6.60%。甲公司于2×21年1月27日实际收到公司债券募集资金99 430万元（已扣除承销费570万元）。

5. 资产负债表日后资本公积转增资本

这一事项是指企业在资产负债表日后至财务报告批准报出日之间经批准以资本公积转增资本。企业以资本公积转增资本将会对企业的资本公积和资本（或股本）结构产生较大影响，需要在财务报表附注中披露。

6. 资产负债表日后发生巨额亏损

这一事项是指企业在资产负债表日后至财务报告批准报出日之间发生巨额亏损。虽然这一事项与企业资产负债表日存在状况无关，但企业发生巨额亏损将会对企业报告期后的财务状况和经营成果产生重大影响，应当在财务报表附注中及时披露该事项，以便为投资者或其他财务报告使用者作出正确决策提供信息。

7. 资产负债表日后发生企业合并或处置子公司

这一事项是指在资产负债表日后至财务报告批准报出日之间发生的重大企业合并或处置子公司的事项。企业合并或者处置子公司的行为可以影响股权结构、经营范围等方面，对企业未来的生产经营活动会产生重大影响，应当在财务报表附注中进行披露。

【例 24-11】2×21年1月20日，甲企业与乙企业签订协议，乙企业将其持有的丁企业80%的股权出售给甲企业。甲、乙两企业2×20年度财务报告批准报出日均为2×21年4月30日。

该例中，不管是甲企业还是乙企业，均应将此事项作为非调整事项，在其2×20年度财务报表附注中进行附注披露。

8. 资产负债表日后，企业利润分配方案中拟分配的以及经审议批准宣告发放的股利或利润

资产负债表日后，企业制定利润分配方案，拟分配或经审议批准宣告发放股利或利润的行为，并不会导致企业在资产负债表日形成现时义务，虽然该事项的发生可导致企业负有支付股利或利润的义务，但支付义务在资产负债表日尚不存在，不应该调整资产负债表日的财务报告。因此，该事项为非调整事项。不过，该事项对企业资产负债表日后的财务状况有较大影响，可能导致现金大规模流出、企业股权结构变动等，为便于财务报告使用者更充分地了解相关信息，企业应当在财务报表附注中单独披露该信息。

【例 24-12】富仙公司2×20年度财务报告附注中对资产负债表日后利润分配情况的说明：根据2×21年3月16日董事会决议，本公司拟以2×20年12月31日的股份为基准向全体股东每10股分配股利0.5元（含税），共计分配股利12亿元。该股利分配预案尚待本公司股东会批准。

9. 资产负债表日后，企业与其债权人达成的债务重组交易

对于在报告期资产负债表日已经存在的债务，在其资产负债表日后期间与债权人达成的债务重组交易不属于资产负债表日后调整事项，不能据以调整报告期资产、负债项目的确认和计量。在报告期资产负债表中，债务重组中涉及的相关负债仍应按照达成债务重组协议前具有法律效力的有关协议等约定进行确认和计量。

案例分析：

下载阅读美的集团2020年年度报告：①讨论其所披露的资产负债表日后事项"业务收购"、"股份回购"和"利润分配"的动因（动机）和可能的经济后果；②讨论其财务报告在资产负债表日后事项披露上的可改进之处。

思考题

1. 什么是资产负债表日后事项？如何确定资产负债表日后事项的涵盖期间？
2. 什么是调整事项？什么是非调整事项？各有何特点？
3. 调整事项如何进行会计处理？
4. 常见的非调整事项有哪些？

练习题

甲公司为境内上市公司，2×16年度财务报表于2×17年2月28日经董事会批准对外报出。甲公司发生的有关交易或事项如下：

（1）甲公司历年来对所售乙产品实行"三包"服务，根据产品质量保证条款，乙产品出售后两年内如发生质量问题，甲公司将负责免费维修、调换等（不包括非正常损坏）。甲公司2×16年年初与"三包"服务相关的预计负债账面余额为60万元，当年实际发生"三包"服务费用45万元。按照以往惯例，较小质量问题发生的维修等费用为当期销售乙产品收入总额的0.5%；较大质量问题发生的维修等费用为当期销售乙产品收入总额的2%；严重质量问题发生的维修等费用为当期销售乙产品收入总额的1%。根据乙产品质量检测及历年发生"三包"服务等情况，甲公司预计2×16年度销售乙产品中的75%不会发生质量问题，20%可能发生较小质量问题，4%可能发生较大质量问题，1%可能发生严重质量问题。甲公司2×16年销售乙产品收入总额为50 000万元。

（2）2×17年1月20日，甲公司收到其客户丁公司通知，因丁公司所在地区于2×17年1月18日发生自然灾害，导致丁公司财产发生重大损失，无法偿付所欠甲公司货款1 200万元的60%。甲公司已对该应收账款于2×16年年末计提了200万元的坏账准备。

（3）根据甲公司与丙公司签订的协议，甲公司应于2×16年9月20日向丙公司交付一批乙产品，因甲公司未能按期交付，导致丙公司延迟向其客户交付商品而产生违约损失1 000万元。为此，丙公司于2×16年10月8日向法院提起诉讼，要求甲公司按合同约定支付违约金950万元以及由此导致的丙公司违约损失1 000万元。截至2×16年12月31日，双方拟进行和解，和解协议正在商定过程中，甲公司经咨询其法律顾问后，预计很可能赔偿金额在950万元至1 000万元。为此，甲公司于年末预计975万元损失并确认为预计负债。2×17年2月10日，甲公司与丙公司达成和解。甲公司同意支付违约金950万元和丙公司的违约损失300万元，丙公司同意撤诉。甲公司于2×17年3月20日通过银行转账支付上述款项。

本题不考虑相关税费及其他因素。

要求：（1）根据资料（1），说明甲公司因"三包"服务确定预计负债最佳估计数的原则；计算甲公司2×16年应计提的产品"三包"服务费用；计算甲公司2×16年12月31日与产品"三包"服务有关的预计负债年末余额。

（2）根据资料（2）和（3），分别说明与甲公司有关的事项属于资产负债表日后调整事项还是非调整事项，并说明理由，如为调整事项，分别计算甲公司应调整2×16年年末留存收益的金额；如为非调整事项，说明其会计处理方法。

参考文献

王善平，等，2019．中级财务会计学［M］．6 版．长沙：湖南人民出版社．
戴德明，等，2021．财务会计学［M］．13 版．北京：中国人民大学出版社．
中国注册会计师协会，2024．会计［M］．北京：中国财政经济出版社．
财政部会计司编写组，2024．企业会计准则应用指南汇编 2024［M］．北京：中国财政经济出版社．